# 革命文献伪装本图录题解 上

吴密 / 著

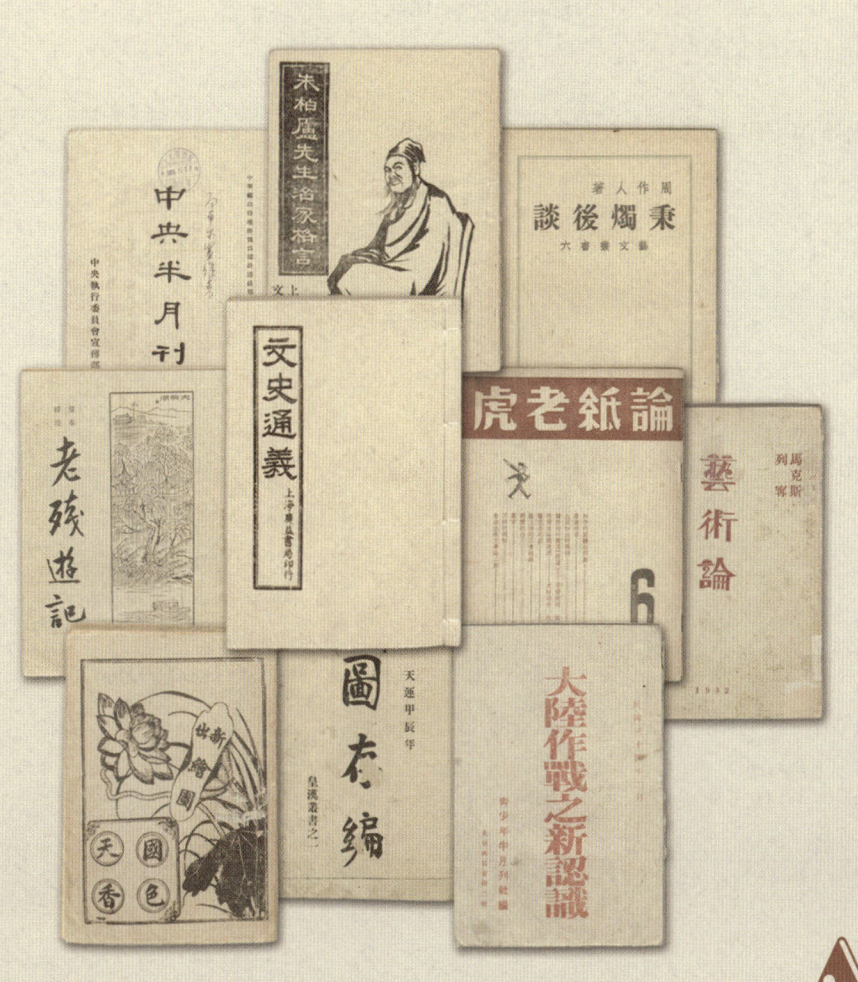

广西师范大学出版社
·桂林·

革命文献伪装本图录题解
GEMING WENXIAN WEIZHUANGBEN TULU TIJIE

**图书在版编目（CIP）数据**

革命文献伪装本图录题解：上、下 / 吴密著. --桂林：广西师范大学出版社，2024.3
ISBN 978-7-5598-6221-1

Ⅰ. ①革… Ⅱ. ①吴… Ⅲ. ①出版事业－文化史－中国－民国 Ⅳ. ①G239.296

中国国家版本馆 CIP 数据核字（2023）第 136419 号

广西师范大学出版社出版发行
（广西桂林市五里店路 9 号　邮政编码：541004）
　网址：http://www.bbtpress.com
出版人：黄轩庄
全国新华书店经销
北京汇瑞嘉合文化发展有限公司印刷
（北京市北京经济技术开发区荣华南路 10 号院 5 号楼 1501
邮政编码：100176）
开本：787 mm × 1 092 mm　1/16
印张：68.25　　　　字数：408 千
2024 年 3 月第 1 版　　2024 年 3 月第 1 次印刷
定价：2980.00 元（上、下）

如发现印装质量问题，影响阅读，请与出版社发行部门联系调换。

# 代 序

　　党的十八大以来，习近平总书记在各地考察调研时总是特别安排参观革命博物馆，访问革命纪念地，瞻仰革命历史纪念场所，反复强调要保护好革命文物，用好红色资源，传承好红色基因。我们党历来高度注重总结历史经验。在庆祝中国共产党成立100周年大会上，习近平总书记强调"以史为鉴，可以知兴替""以史为鉴，开创未来"。党的十九届六中全会上历史性地通过了《中共中央关于党的百年奋斗重大成就和历史经验的决议》，强调"全党要坚持唯物史观和正确党史观，从党的百年奋斗中看清楚过去我们为什么能够成功、弄明白未来我们怎样才能继续成功"，号召"全党全军全国各族人民要更加紧密地团结在以习近平同志为核心的党中央周围，全面贯彻习近平新时代中国特色社会主义思想，大力弘扬伟大建党精神，勿忘昨天的苦难辉煌，无愧今天的使命担当，不负明天的伟大梦想"。

　　国家图书馆是国家总书库，建馆百十年来积累了宏富的馆藏，这其中有一类习称"新善本"的革命文献特藏，其主体是新民主主义革命这一特定历史时期内，中国共产党带领全国人民进行艰苦卓绝革命斗争，最终建立中华人民共和国这一非凡历史过程中所形成的各种文献资料。革命文献是革命文化的重要载体，记载了中国共产党为实现民族独立和人民解放而斗争的奋斗历史，昭示着中国共产党人的初心和使命，见证了中国人民站起来了的光辉历程，是党史学习教育、革命传统教育和爱国主义教育的重要资源。

　　国家图书馆从抗日战争时期就开始刻意搜求革命文献，当时南迁的北平图书馆与西南联合大学组建了中日战事史料征辑会，得到周恩来和林伯渠的热情支持。1946年底，又从以叶剑英为首的北平军事调处执行部中共代表团处获得了大批赠书。这些书籍后来都成为馆藏革命文献的一部分。中华人民共和国成立后，革命文物的征集与保护工作受到党和国家的重视。20世纪50年代初，北京图书馆创建新善本手稿特藏库，首先提出了"新善本"的概念，主要搜集革命文献。近70年来，经过几代图书馆人不间断的索求征集，加上社会各界人士的无私捐赠，如今新善本成为独具特色、内涵丰富的特藏。中国特色社会主义新时代，党和国家高度重视革命文物的传承和保护工作，国家图书馆围绕革命文献做了大量的工作和探索，取得了不俗的成绩。

### 一、革命文献征集成果显著

为抢救和发掘革命文献，国家图书馆积极拓宽征集渠道，深入革命老区调查研究，密切联系老一辈无产阶级革命家，积极推动海外文献回归，时刻关注市场动态，革命文献的征集取得了极为丰硕的成果。近10年来，入藏国家图书馆的革命文献达2000多册件，其中不乏毛泽东、朱德、刘少奇等党和国家领导人著作的早期版本，还有像中共中央书记处编《六大以来选集》《抗战以来重要文件汇集》《两条路线》，中共中央北方局编《抗战以来选集》《党的路线问题选集》，党的六届七中全会通过的《关于若干历史问题的决议》等重要的党史文献资料。

### 二、原生性保护稳步推进

革命文献属于不可再生的文化资源，由于纸张材质和制造工艺的先天不足，加上天灾人祸、虫鼠危害，其保存状况不容乐观。国家图书馆有国家级文献修复中心，根据革命文献的珍贵和破损程度，制订方案，逐年修复。近年在"革命文献与民国时期文献保护计划"的专项支持下，为革命文献定制、更新和维护了数千套装具。国家图书馆还拥有古籍保护科技文化和旅游部重点实验室，为促进保护工作的科学化、规范化，制定了《民国时期文献库房建设规范》，研发出脱酸设备和溶液，为文献的保护和利用带来了广阔的前景。

### 三、宣传和推广的社会效益日渐彰显

为传承革命文化，弘扬革命精神，国家图书馆策划并举办了"《共产党宣言》专题展""庆祝新中国成立七十周年暨澳门回归二十周年文献特展""钢铁长城——纪念中国人民解放军建军九十周年馆藏文献展""红色记忆——纪

念中国共产党成立九十五周年馆藏文献展""不朽的长城——纪念中国人民抗日战争暨世界反法西斯战争胜利七十周年馆藏文献展"等近10个大型公益展览，取得了非常好的社会反响。此外，国家图书馆长期为社会各界提供阅览咨询和展览展陈服务，充分发挥革命文献的利用效率。

**四、数字化和整理出版初显成效**

为推动革命文献再生利用和资源共享，国家图书馆近年来开启了数字化工作并将部分成果纳入"红色文献专题数据库"。根据文献的文物价值和学术价值，国家图书馆还策划、实施和参与了一系列革命文献与民国时期文献整理出版项目。鲁迅先生是中国伟大的文学家、思想家、革命家，习近平总书记多次强调要从鲁迅先生的作品中汲取营养并加以继承和发扬。国家图书馆名家手稿文库中的鲁迅手稿占现存鲁迅手稿三分之一强，革命文献特藏中有大量鲁迅著作的早期版本和鲁迅题字签赠的珍贵版本。2012年，国家图书馆参与了《鲁迅手稿全集》国家社科重大招标项目的研究工作。2017年，又参与了由中宣部指导，文化和旅游部会同国家文物局组织实施，国家图书馆具体承办的《鲁迅手稿全集》国家重大编辑出版项目。2021年，在中国共产党成立100周年，同时也是鲁迅先生140周年诞辰之际，按照"全、精、真、新"的标准，顺利完成了全集的编辑出版任务，引起社会的广泛关注。

中国的自信，本质上是文化自信。革命文化是新时代中国特色社会主义文化的重要组成部分，是文化自信的重要源头。中国共产党从诞生之日起，就自觉担负起为中国人民谋幸福、为中华民族谋复兴的初心使命，用伟大的革命实践造就了伟大的革命文化，用伟大的红船精神、井冈山精神、长征精神、延安精神、西柏坡精神，引领和支撑中国人民站起来，党的历史也因之成为最生动、最有说服力的教科书。革命文献作为党史学习、研究和教育的宝库，是弘扬革命文化、传承革命精神、激发爱国热情、振奋民族精神的不可或缺的重要资源，需要一代又一代图书馆人的传承和守护。国家图书馆建馆110周年之际，习近平总书记回信给国家图书馆的8位老专家，诚挚问候了国家图书馆全体同志，指出"图书馆是国家文化发展水平的重要标志，是滋养民族心灵、培育文化自信的重要场所"，勉励国家图书馆坚持正确政治方向，为建设社会主义文化强国再立新功。

吴密同志入馆十余年，专注于革命文献的保护、整理和研究，秉承"传承文明、服务社会"的宗旨和初心，弘扬革命文化，服务社会大众，取得了可喜的成绩。主要以伪装图书封面的形式出版的革命和进步书刊的伪装本，是中国共产党艰苦卓绝领导革命，胜利成果来之不易的见证，也是国家图书馆新善本特藏的一大特色，具有极高的研究价值，素为外界关注。吴密同志长期从事革命文献征集工作，十分注意革命文献伪装本的搜集和整理，业务钻研和科学研究相得益彰，经他征集入藏的伪装本有数十种之多。就在本书的写作过程中，他又努力征集到了托名《文史通义》（内篇之三）的毛泽东著作《新民主主义论》的伪装本，与馆藏托名为《文史通义》（内篇之一）（《论持久战》的伪装本）和《文史通义》（内篇之二）（《论新阶段》的伪装本）的两部伪装本形成全帙。有鉴于伪装本的文献价值、文物价值、版本价值和伪装艺术上的审美价值，吴密同志挑选馆藏精品，撰写叙录，将积年搜集整理的《革命文献伪装本知见录》公之于众。希望通过他的研究和发现，推动社会各界对这一类珍贵革命历史文献的关注和保护。

当然，由于伪装本可供研究的资料非常有限，限于时间和条件，部分书刊无法逐一查考，有些问题仍然存疑待解，错漏之处亦在所难免，深望学界同仁批评指正，共同推动这一课题的深入研究。

是为序。

陈红彦
2022 年春

# 目 录

## 上 册

### 第一章　革命文献伪装本概述 ……………………………… 1

#### 第一节　革命文献伪装本研究综述 ………………………… 1
一、伪装本的发现与目录整理 ………………………………… 1
二、亲历者的忆述 ……………………………………………… 3
三、伪装本的鉴藏与研究 ……………………………………… 6
四、国家图书馆对伪装本的保护和研究 …………………… 10

#### 第二节　伪装本的概念与学界对伪装本的认识 ………… 13
一、书籍的伪装现象 ………………………………………… 13
二、学界对伪装本的认识 …………………………………… 16
三、伪装本的概念 …………………………………………… 19
四、查禁与伪装（一）………………………………………… 23
五、查禁与伪装（二）………………………………………… 27

#### 第三节　伪装本的鉴别与价值 ……………………………… 31
一、伪书、盗印书与伪装本 …………………………………… 31
二、伪装出版的其他政治类书刊 …………………………… 34
三、伪装本的价值 …………………………………………… 37

#### 第四节　伪装本的类型及其样本分析 …………………… 41
一、伪装题名与内容主旨没有关联性的伪装本 …………… 41
（一）伪装成官方政治读物 ………………………………… 41

（二）伪装成敌伪书刊 ········································································· 43
（三）伪装成古典论著 ········································································· 44
（四）伪装成现代文学论著 ································································ 45
（五）伪装成各类教学用书 ································································ 46
（六）伪装成宗教宣传册 ···································································· 47
（七）伪装成医疗卫生类读物 ··························································· 48
（八）伪装成休闲读物 ········································································ 49
二、伪装题名与内容主旨存在关联性的伪装本 ································ 50
（一）删减敏感文字的题名 ······························································· 50
（二）主题切近或相关的题名 ··························································· 51
（三）带有寓意的题名 ········································································ 52
（四）取自书籍本身的题名 ······························································· 54

# 第二章　国家图书馆藏革命文献伪装本叙录 ·············· 57

## 第一节　清末至大革命时期的革命文献伪装本
（1900年1月—1927年7月）·············································· 57
（一）《图存编》·················································································· 57
（二）《黄帝之魂》·············································································· 70
（三）《金刚卖国记》·········································································· 87

## 第二节　土地革命战争时期的革命文献伪装本
（1927年8月—1937年7月）············································ 104
一、图书 ································································································ 104
（一）《妙手回春》············································································ 104
（二）《新出绘图国色天香》··························································· 111
（三）《帝国主义与战争》······························································· 119
（四）《一九二九第六次大会后的政治工作》····························· 127

（五）《社会科学研究初步》……135
（六）《世界经济危机》……147
（七）《国民政府建国大纲》……154
（八）《艺术论》……162
（九）《宣言》……170
（十）《宣言》……177
（十一）《世界之动向》……183
（十二）《时代文选（第一集）》……198

二、期刊……205
（一）《中国工人》系列伪装本……205
（二）《布尔塞维克》系列伪装本……225
（三）《卫生丛书》第十种……250
（四）《最近日帝国主义在中国屠杀民众的残酷》……257
（五）《北方红旗》系列伪装本……266
（六）《针灸医报》第二十七期……282

## 第三节　全民族抗日战争时期的革命文献伪装本（1937年7月—1945年8月）……289

一、图书……289
（一）《论青年修养》……289
（二）《论革命的修养》……296
（三）《青苗》（《新文艺集刊》1）……301
（四）《青苗》（《新文艺集刊》6）……305
（五）《论战争》……310
（六）《新文化运动论》……317
（七）《新民主主义》……324
（八）《修道新介绍》……329
（九）《到自由幸福之路》……334

（十）《日语》（第五册）……340
（十一）《东厂实录》……347
（十二）《大乘起信论》……353
（十三）《大东亚之路》……362
（十四）《大东亚之路》……368
（十五）《不惑集》……375
（十六）《新式标点秦袁新史》……383
（十七）《中国之命运》……389
（十八）《我们往那里走？》……395
（十九）《高小论说精华》……402
（二十）《回答两个问题》……406
（二十一）《秦庭泪痕》……414
（二十二）《新式标点处世指南》……420
（二十三）《战国策注解》……424
（二十四）《中国内幕》……428
（二十五）《新山海经》……433
（二十六）《救世箴言》……440
（二十七）《华夏春秋续编》……447
（二十八）《文史通义》（内篇之一）……457
（二十九）《文史通义》（内篇之二）……465
（三十）《文史通义》（内篇之三）……472
（三十一）《弃暗投明记》……479
（三十二）《光荣壮举》……487
（三十三）《新金刚经》……494
（三十四）《大东亚战争下的国际情势——加藤华北军报道部长讲演词》……498
（三十五）《纪念孙中山》……503

（三十六）《胜利的指南》 509
　（三十七）《中日事变解决的根本途径》 517
　（三十八）《美军登陆与中国前途》 526
　（三十九）《大陆作战之新认识》 533
　（四十）《婴儿保育法》 541
二、期刊 547
　（一）《新民会分会员必携》 547
　（二）《自由祖国》半月刊系列伪装本 555

# 下　册

## 第四节　全国解放战争时期的革命文献伪装本（1945年8月—1949年9月） 583
一、图书 583
　（一）《东周列国志》 583
　（二）《孙中山先生论地方自治》 592
　（三）《中国之前途》 600
　（四）《赤胆忠心录》 608
　（五）《辩证法唯物论》 617
　（六）《蒋委员长日记》 624
　（七）《戴笠将军及其事业》 630
　（八）《军人乐》 637
　（九）《灯塔小丛书》系列伪装本 645
　（十）《二中全会》 683
　（十一）《钢铁的炼成》 689
　（十二）《苦海明灯》 698
　（十三）《新老残游记》 704

| | |
|---|---|
| （十四）《指南针使用法》 | 710 |
| （十五）《七个月总结》 | 714 |
| （十六）《虞初近志》 | 718 |
| （十七）《大拍卖》 | 730 |
| （十八）《总灾》 | 738 |
| （十九）《中央军作战史录》 | 744 |
| （二十）《朱柏庐先生治家格言》 | 753 |
| （二十一）《总动员与总崩溃》 | 761 |
| （二十二）《复兴宣言》 | 765 |
| （二十三）《论田赋法案》 | 770 |
| （二十四）《歧路灯》 | 775 |
| （二十五）《悟性修道须知》 | 779 |
| （二十六）《时事评论》 | 783 |
| （二十七）《一九四七·十二·廿五报告》 | 788 |
| （二十八）《足本七剑十三侠》 | 794 |
| （二十九）《救国之路》 | 804 |
| （三十）《中国往那里去？》 | 812 |
| （三十一）《原本精校老残游记》 | 818 |
| （三十二）《人民文丛①》 | 837 |
| （三十三）《和平奋斗救中国！》 | 843 |
| （三十四）《严冬的末梢》 | 848 |
| （三十五）《秉烛后谈》 | 854 |
| （三十六）《不夜集》 | 863 |
| （三十七）《怎样在改革》 | 869 |
| （三十八）《中国往何处去？》 | 879 |

二、期刊 ......................................................................... 885

（一）《文革丛刊》系列伪装本 ................................. 885

（二）《群众》周刊香港版系列伪装本·····················929

## 第三章　革命文献伪装本知见录·····················**984**

### 第一节　清末至大革命时期的革命文献伪装本
　　　　（1900年1月—1927年7月）·····················985
　　一、图书·····················985
　　二、报刊·····················987

### 第二节　土地革命战争时期的革命文献伪装本
　　　　（1927年8月—1937年7月）·····················988
　　一、图书·····················988
　　二、报刊·····················1004

### 第三节　全民族抗日战争时期的革命文献伪装本
　　　　（1937年7月—1945年8月）·····················1029
　　一、图书·····················1029
　　二、报刊·····················1041

### 第四节　全国解放战争时期的革命文献伪装本
　　　　（1945年8月—1949年9月）·····················1044
　　一、图书·····················1044
　　二、报刊·····················1056

## 附录　革命文献伪装本揭载和研究论著索引·····················**1064**

## 后记·····················**1069**

# 第一章　革命文献伪装本概述

## 第一节　革命文献伪装本研究综述

革命文献伪装本（下文简称"伪装本"）是我国近代历史文献中一类特殊版本的书刊文献，其中又以中国共产党领导和影响下的出版机构出版印发的伪装本居多。伪装本是革命和进步阵营对敌斗争的产物和见证，在传播革命思想、宣传党的政策、团结革命和进步力量等方面发挥着不可估量的作用，具有极高的文献价值、版本价值和文物价值。伪装本存世量极少，可供参考的资料也不多，自中华人民共和国成立以来，仅有少量研究者、亲历者和收藏爱好者进行过探幽索隐式的整理和研究工作。

### 一、伪装本的发现与目录整理

中华人民共和国成立后，通过伪装书籍的方法开展对敌斗争已经成为历史，伪装本一下子成为珍贵的革命历史文献，再次引起了人们的注意。1959年，中华书局出版的《中国现代出版史料》收录了《第二次国内革命战争时期上海革命报刊伪装名目摭谈》[1]一文，这是目前可见的专门揭示伪装本现象最早的一篇文章。第二次国内革命战争时期是伪装本集中出现的一个历史时期，也是伪装本出版最多的一个历史时期。这一时期的伪装本有中共中央机关刊物《布尔塞维克》和《红旗》，中共中央在上海编辑出版的党内秘密刊物《党的生活》，中国共产党青年团主办的《列宁青年》，党领导的中华全国总工会出版的《工人宝鉴》特刊，上海总工会印行的《上海工人特刊》，中共江苏省委出版的《白话日报》，等等。该文也介绍了少量以伪装形式出版的书籍和宣传品，如瞿秋

---

[1] 吴贵芳：《第二次国内革命战争时期上海革命报刊伪装名目摭谈》，载张静庐辑注《中国现代出版史料·丁编》上卷，北京：中华书局，1959年，第139页。

白著《三民主义批判》（托名《三民主义》）、王明等翻译的《武装暴动》（托名《艺术论》），以及第五次全国劳动大会通过的系列纲领性文件伪装本。虽然这篇"撮谈"性质的文章介绍的主要是报刊，范围有限，种类亦不全面，但它使人们注意到有这么一类珍贵革命历史文献的存在。

伪装本是革命和进步出版机构应对反动当局书刊检查的产物。鲁迅的著作是国民党政府的重点查禁对象。1933年，鲁迅题赠日本友人山县初男《呐喊》一书时写道："弄文罹文网，抗世违世情。积毁可销骨，空留纸上声。"表达了鲁迅对于国民党政府严酷的书刊审查和文化专制制度的愤懑与不满。在《且介亭杂文二集》的后记中，他谈及1934年国民党政府一次较大规模的禁书行动，并附了一份涉及149种禁书的目录。在"文禁如毛，缇骑遍地"的20世纪30年代，鲁迅产生了编写一部中国文网史的想法，这一想法促使唐弢有意识地搜集民国时期的禁书材料。1962年，唐弢在《人民日报》连续发表《"取缔新思想"》《关于禁书之二》《关于禁书之三》《书刊的伪装》《"奉令停刊"》《别开生面的斗争》《若有其事的声明》等书话作品，对20世纪二三十年代和解放战争时期出现的多种伪装本进行了简略介绍，已经触及伪装本产生的背景和原因。这些文章收录在同年6月北京出版社出版的《书话》之中。① 1980年，生活·读书·新知三联书店对《书话》加以扩充，出版了《晦庵书话》，这本专门谈论五四运动以来现代书刊掌故的书籍引起了读者的广泛关注。

1963年，上海古旧书店的刘华庭将工作中见到的和相关书刊记载的伪装本精心拣选和整理出来，编成《革命书刊伪装本目录》。这本书目按第二次国内革命战争时期、抗日战争时期和第三次国内革命战争时期的次序进行编排，每一时间段又按图书、期刊、报纸、特刊、宣传品等类别进行分类，收录伪装本共计187种，绝大部分书刊详细载明其版本特征和主要内容，是迄今为止著录伪装本最为详尽的一部专题目录。上海古旧书店的经营范围非常广泛，其前身为1954年成立的上海图书发行公司，1958年改为上海古旧书店，是当时上海唯一经营古旧图书的专业单位。在当时的条件下，作者整理了如此详尽的伪装本目录，可见对于这类特殊版本革命文献的重视以及社会大众的兴趣和需求。《革命书刊伪装本目录》主要是帮助上海古旧书店工作人员了解革命书刊的出版情

---

① 参见唐弢：《书话》，北京：北京出版社，1962年。

况，提高购销古旧图书的工作质量，这本供内部参考的油印小册为后来的伪装本研究提供了很好的指引。

在中国第二历史档案馆工作的张克明特别留意民国时期查禁目录的整理和研究。20世纪80年代，他根据档案资料先后整理了北洋政府查禁书目，第二次国内革命战争时期、抗日战争时期和第三次国内革命战争时期国民党政府查禁书刊目录，辑录民国时期查禁书目近5000种。[①] 在整理禁目的过程中，张克明注意到革命书刊化名出版这一极为有趣的现象，于是怀着激动和兴奋的心情从事伪装本的整理和研究工作。1982年，他发表《第二次国内革命战争时期革命书刊的伪装》，介绍这一时期这类文献的概况，附录了50余种伪装本书目；1987年，发表《二战时期以伪装面目在上海流传的革命书刊》，介绍这一时期上海出版和流传的伪装本的各种类型，附录100多种伪装本书目；1987年，公布完整的《革命书刊化名录（1927—1949）》，收录伪装本285种，这是目前收录数量最多的一部伪装本目录。张克明在从事这项工作时遇到了许多困难，档案中的相关记载非常简单，为此他经常到图书馆搜集资料，借阅原书核对和考订版本信息。伪装本存世原件毕竟少之又少，故张克明搜集的目录比较简略，有的伪装本甚至仅有一个书刊原名和化名。

刘华庭整理的《革命书刊伪装本目录》和张克明整理的《革命书刊化名录（1927—1949）》具有非常高的参考价值，为后续鉴藏和研究提供了许多便利。后来也有一些学者整理伪装本目录，但数量均不多，且与这两部目录多有重复。

## 二、亲历者的忆述

伪装本虽然有实物佐证，但是仅凭有限的资料，无从知晓其出版经过、传播途径等细节。一些老同志参与过伪装本的出版、印刷和发行工作，还有一些读者受到过伪装本的影响，这些亲历者的回忆为我们了解伪装本的产生和传播提供了十分重要的参考。

中国共产党在保定成立的地下出版机构——北方人民出版社曾出版和翻印

---

[①] 张克明整理的查禁书目侧重于政治性书目，没有收录其他类别的查禁书目和抗日战争时期日伪的查禁书目。如果把这些全部算进去的话，民国时期的禁书数量至少有15000种。

过大量革命书刊。据其负责人王禹夫回忆："一九三一年秋天，在国民党血腥统治的北方，上海的党中央出版物很难运来，而北平又缺乏刊印进步书刊的印刷所，保定的党组织因此决定刊印一些适宜群众阅读的马列主义读物，以应急需。"通过保定进步人士所办的协生印书局，保定的党组织首先试印了两种书籍，其中一种是托名《社会科学研究初步》的瞿秋白著《社会科学概论》。试印成功后，党决定采用对读者有较大影响的"人民出版社"这个名号继续印书，后来出版的书都印上了"人民出版社出版"（有的书前面还加上"北方"二字）、"新生书店发行"等；为了避免国民党政府的检扣和查禁，有时对书籍进行改装，在封面或版权页印上"人民书店""北国书社""新光书店""新生书社"等名号。北方人民出版社出版的书籍绝大部分是重印人民出版社、新青年社、上海书店、华兴书局、无产阶级书店、启阳书店等党的出版机构的优秀读物。为了适应白区工作的需要，其对书刊版权信息上的地址进行伪装，邮件来往也多采用不同的化名且经常变更。① 目前我们知道北方人民出版社出版的伪装本有《孙文主义理论与实际》（《民众革命与民众政权》伪装本）、《政治问题讲话》[《斯大林同志在联共（布）第十六次大会上的政治报告》伪装本]、《艺术论》（《武装暴动》伪装本）、《国际政治法典》（《第三国际议案及宣言》伪装本）、《中国革命论》（《共产国际对中国革命的决议案》伪装本）、《中国革命与中共的任务》（《国际代表在中共六次大会上的政治报告》伪装本）、《资本主义之解剖》（《共产主义ABC》伪装本）等。这些出版物除了寄往上海，大部分寄到北平和北方的其他城市，为发展革命力量，扩大党在北方的影响发挥了积极作用。

著名爱国人士董竹君利用自己的特殊身份和社会地位，协助中国共产党做了大量文化和宣传工作，《灯塔小丛书》就是她出资秘密印刷的一套伪装本。据董竹君在自传《我的一个世纪》中回忆说："1946年2月，中国灯塔出版社以党的整风文献二十三篇为内容出版的《灯塔小丛书》，以一两篇文章印成一本（共十四本出齐）打成纸型，一再再版。小丛书携带方便，售价为一张报纸

---

① 参见王禹夫：《忆北方人民出版社》，载上海市出版工作者协会《出版史料》编辑部编《出版史料》第三辑，上海：学林出版社，1984年，第81—83页。此文最早以丁珉的名字、以《记北方人民出版社》为题刊登在张静庐辑注《中国现代出版史料·乙编》（北京：中华书局，1957年，第18—21页）。

的售价，起初由上海书报联合发行所代发行，后被特务干扰，发行受阻，即改由地下党组织传送。"由于当时这些文献在国民党统治区是严禁发行的，为了掩人耳目，印刷厂不得不把这些书籍伪装成普通书。《灯塔小丛书》又薄又小，携带方便，起到了很好的宣传作用，产生广泛的影响。①

　　1947年9月，向愚（又名向金声）、刘国英（又名刘雯）夫妇创办的金国印书馆接受中共湖南省工会领导和指示，无偿印刷党的学习文件和宣传资料。根据肖功璞、向佑文回忆，1948年初，向愚接受省工委的任务，印刷第一批文献，"计《目前形势和我们的任务》5000本，封面改装为《和平奋斗救中国！》；毛泽东著《新民主主义论》3000本，封面改装为《中国往何处去？》，以香港某出版社印刷发行"。根据这段回忆，我们才了解到现存托名《中国往何去处？》（《新民主主义论》伪装本）、《和平奋斗救中国！》（《论联合政府》伪装本），伪托"香港时代出版社时论丛刊"的毛泽东著作伪装本正是这一时期金国印书馆所印。②

　　1988年，原国家海洋局副局长张玉麟向中央文献研究室捐赠3册托名《文史通义》的毛泽东著作伪装本。因为该书未署出版时间、出版者和出版地点，所以中央文献研究室研究人员介绍这套书的同时，呼吁参与这类书籍出版、印刷或发行的老同志提供更加详细的情况③，引起一部分亲历者和研究者的兴趣。高文明在《书刊印刷见闻片断——回忆华北〈新华日报〉、华北新华书店书刊印刷厂和永兴印刷局片断情况》中就披露太行革命根据地华北新华书店首先出版了这套伪装本。④1992年，张玉麟撰文回忆了他在山西祁县工作时得到这三本书的情形。⑤抗日战争时期曾在晋察冀日报社印刷厂工作的周明、邢显廷、曹国

---

① 参见董竹君：《我的一个世纪》（增订版），北京：生活·读书·新知三联书店，2013年，第391页。
② 参见肖功璞、向佑文：《坚持地下斗争的印刷厂：金国印书馆纪实》，《长沙党史通讯》1986年第1期。
③ 参见张鹏：《三本毛泽东著作的伪装本简介》，《党的文献》1988年第4期。
④ 参见高文明：《书刊印刷见闻片断——回忆华北〈新华日报〉、华北新华书店书刊印刷厂和永兴印刷局片断情况》，载太行革命根据地史总编委会编《太行革命根据地史料丛书之八：文化事业》，太原：山西人民出版社，1989年，第268页。
⑤ 参见张玉麟：《关于以〈文史通义〉伪装的毛主席著作的一些回忆》，《党的文献》1992年第1期。

辉撰文回忆了印刷装订毛泽东著作伪装本的一些情况，其中就有这一套伪装本。这些书印成后，有的经过刘仁领导的城工部秘密发行到北平、天津、保定、石家庄、太原、大同、张家口等敌占城市，有的经过韩光领导的东北工委秘密发行到沈阳、大连等地。①这些忆述让我们大致了解了这套书的出版发行和传播情况。

北平解放前后，有两种分别托名周作人自编文集《秉烛后谈》和老舍幽默文学《不夜集》的中共时评文件汇编本在进步学生中辗转传阅。这两种书伪装巧妙，颇有影响。经济日报社的周铭撰文回忆了这两种书的出版背景和版本特征，并将其捐赠给了中共中央文献研究室。②1949年1月17日，顾随在日记中隐晦地记载了他到中法大学授课，"学生某君以新出版之老舍幽默文学《不夜集》见借。归时风势益狂。灯下饮咖啡，阅《不夜》"③。著名藏书家姜德明认为顾随当时阅读的很有可能就是进步学生传阅的伪装本。

这些亲身经历者的记述虽然只字片言，甚或不那么准确，但是为我们了解这类革命文献出版和传播过程带来一种历史感和现场感，也为这些书籍的进一步研究提供了极有价值的线索。

### 三、伪装本的鉴藏与研究

伪装本遗存较少，一般人难以见到实物，从事伪装本研究和整理的主要是公藏单位的研究者和一部分私人藏家，他们或拾遗补缺，或揭示藏品，或辨析概念，一点一滴地推进着这类特殊文献的保护和研究。

湖南省图书馆李龙如长于伪装本的挖掘和鉴藏，他在《革命书刊的伪装》一文中探讨了伪装本的形式，整理了一份《所知曾伪装过的革命进步书刊目录》④，辑录见存目录50多种，并且撰文揭示了湖南图书馆收藏的伪装本情况⑤。李龙如的整理和发现对刘华庭和张克明所辑目录有所增益。1996年，《北

---

① 参见周明、邢显廷、曹国辉：《印行毛泽东著作伪装本的回忆》，《党的文献》1992年第1期。
② 参见周铭：《两本党的文件集伪装本的来历》，《党的文献》1990年第4期。
③ 顾随：《顾随全集》卷二，石家庄：河北教育出版社，2014年，第232页。
④ 参见李龙如：《革命书刊的伪装》，载中国近代现代出版史编纂组编《新民主主义革命时期出版史学术讨论会文集》，北京：中国书籍出版社，1993年，第412—419页。
⑤ 参见李龙如：《湖南图书馆收藏的伪装本书刊》，《图书馆》2008年第6期。

京出版史》第 8 辑刊出《国统区的革命书刊伪装出版拾零》《"国统区"革命书刊的伪装三例》两文，文中公布的伪装本有几种未见著录：前者公布了 1929 年 11 月第五次全国劳动大会通过的《第五次劳动大会对黄色工会决议案》（托名《伏狗术》）、《共产国际纲领》（托名《环球旅行指南》，封面右上角印"常惺翁著"，左下角印"天津书店发行"）、《党的生活》（第七期、第八期分别托名《灵学研究》《文学研究》）三种伪装本①。后者根据 1948 年 5 月 19 日国民党北平市警察局发出的《本市各书店发现伪装中共宣传书籍饬属详查具申报核办》的训令档案，辑录了 3 种伪装书，其中的《中国土地法大纲》（托名《论田赋法案》）和《目前形势和我们的任务》（托名《时事评论》）两种见于国家图书馆藏；第三种名为《天空的秘密》，档案指称该书"最前页为科学或其他引人悦读之书名目录，实际系完全宣传中共文字"②，具有明显的伪装特征。河北省文物保护中心收藏的近现代革命文物中有不少伪装本，其公布的 7 种精品之中有一种托名《三国新志》、伪托"新中国书局印行"、真实题名为《莫斯科三国会议的伟大成功》的伪装本，收录《毛泽东在庆祝十月革命节干部晚会上的讲演》等 7 篇文章；还有一种托名《燕赵实录》的伪装本，正文收录《八路军新四军的英雄主义》等 4 篇文章。这两种伪装本均未见著录。③

大革命失败后，中共中央机关刊物《布尔塞维克》、中国共产主义青年团机关刊物《列宁青年》、中国共产党中央委员会机关刊物《红旗周报》都曾大量采取伪装的方式出版发行，这一现象早为学界关注。这些伪装本具有重要的文献价值，不易见到实物，学者的研究和出版界的影印出版，为我们了解其版本特征和伪装特点提供了诸多便利。④

陈小枚在《特殊时期的密写文件和伪装刊物》一文中披露了中央档案馆藏

---

① 参见孙春华：《国统区的革命书刊伪装出版拾零》，载《北京出版史志》编辑部编《北京出版史志》第 8 辑，北京：北京出版社，1996 年，第 36—38 页。

② 潘庆海：《"国统区"革命书刊的伪装三例》，载《北京出版史志》编辑部编《北京出版史志》第 8 辑，北京：北京出版社，1996 年，第 38 页。

③ 参见刘庆礼：《革命文献伪装本撷萃》，《当代人》2015 年第 2 期。

④ 这 3 种刊物的目录索引和伪装出版情况可参考乐丰《〈布尔塞维克〉目录》（《上海革命史资料与研究》第 6 辑）、王美娣《〈列宁青年〉期刊介绍及目录索引》（《上海革命史资料与研究，》第 3 辑）、唐正芒《〈红旗周报〉的封面伪装》（《新闻研究资料》1990 年第 2 期）。2014 年，湘潭大学出版社出版的《红藏：进步期刊总汇（1915—1949）》收录了这 3 种期刊，可以与前述研究文字互为参照。

一批党内秘密刊物伪装本,其中有中共中央委员会主办的《中央通讯》(又称"《中央政治通讯》"),出过《昭觉禅师传》《催眠术》《离骚》《宋六十名家词》等伪装本;中共中央编辑出版的党内秘密刊物《党的生活》,原来我们知道出过《卫生丛书》《知难行易浅说》《学校生活》《社会建设浅说》等伪装本,作者在文中首次披露了《南极仙翁》(《党的生活》第六期)、《世界书局》(《党的生活》第八期)两期伪装本;中共中央关于组织问题的机关报《党的建设》则有《摩登杂志》《建设杂志》等伪装本。①

伪装本中有大量中共领导人的早期著作,尤以毛泽东著作伪装本为多,向为收藏界和学界所看重。20世纪90年代初,袁竞主编的《毛泽东著作大辞典》②、何平主编的《毛泽东大辞典》③、廖盖隆等主编的《毛泽东百科全书》④等工具书均收录有毛泽东著作伪装本词条,说明这一特殊版本的文献已经引起人们的注意。刘跃进著《毛泽东著作版本导论》中提到毛泽东著作特殊版本时,就谈到当时已经发现的毛泽东著作伪装本的一些基本情况。⑤闻立树在《伪装封面版本的中共七大文献浅析》一文中介绍了托名《美军登陆与中国前途》《和平奋斗救中国!》《中日事变解决的根本途径》等多个版本的《论联合政府》伪装本。⑥李龙如发表了《形形色色的毛泽东著作伪装本》⑦《〈新民主主义论〉的伪装本》⑧等文章。奚景鹏是北京著名的毛泽东著作收藏家,擅长版本考订,他收藏的8种伪装本中,以《论新阶段》(托名南京兴华书局版《建国真旨》)、《毛泽东选集》(托名刘大白著《红楼梦考证拾遗》)和《论联合政府》(托名香港时代出版社"时论丛刊"之一《和平奋斗救中国!》)3种毛泽东著作伪装本最为珍贵。⑨此外,他还撰文考证了托名《文史通义》的3种毛泽东著作伪

---

① 参见陈小枚:《特殊时期的密写文件和伪装刊物》,《中国档案》2009年第2期。
② 袁竞主编:《毛泽东著作大辞典》,北京:中国国际广播出版社,1991年,第317页。
③ 何平主编:《毛泽东大辞典》,北京:中国国际广播出版社,1992年,第612页。
④ 廖盖隆等主编:《毛泽东百科全书》,北京:光明日报出版社,1993年,第1130页。
⑤ 参见刘跃进:《毛泽东著作版本导论》,北京:北京燕山出版社,1999年,第281页。
⑥ 参见闻立树:《伪装封面版本的中共七大文献浅析》,《中共党史研究》2004年第5期。
⑦ 李龙如:《形形色色的毛泽东著作伪装本》,《文史博览》2009年第2期。
⑧ 李龙如:《〈新民主主义论〉的伪装本》,《湘潮》2009年第9期。
⑨ 参见奚景鹏:《对八本伪装书刊的考证》,《北京党史》2008年第4期。

装本。①湖南著名的红色收藏家张曼玲收藏有大量毛泽东著作早期版本，其中伪装本有十余种之多。②王紫根所编《毛泽东书典》介绍毛泽东著作诸版本，专辟"托名本（伪装本）"一类，撰写毛泽东著作伪装本提要26种。③施金炎主编的《毛泽东著作版本述录与考订》也谈到毛泽东著作伪装本的问题。④施文岚参与了《毛泽东著作版本述录与考订》的编写，一直关注毛泽东著作伪装本的新发现，她在原有基础上将历年所见各种毛泽东著作伪装本分单行本、合订本、汇编本3类集中起来，加以述录与考订，注明其收藏地或相关出处，借以反映毛泽东著作伪装本的全貌。⑤杨志伟所撰《中国共产党伪装书研究》图文并茂地介绍6种国家博物馆藏毛泽东著作伪装本，包括《文史通义》系列伪装本3种、《一九四五年的任务》（托名《新金刚经》）、《论联合政府》与《论解放区战场》合订本（托名《婴儿保育法》）和《目前形势和我们的任务》（托名《珠帘寨》），均属毛泽东著作伪装本中的精品。⑥

从公开的资料来看，揭示、展示或报道伪装本的公藏单位有国家图书馆、中央档案馆、中央党史和文献研究院⑦、国家博物馆、上海图书馆、上海市档案馆、山西省图书馆、上海市历史博物馆、河北省文物保护中心、山东省图书馆、中国人民大学图书馆、南京图书馆、韶山毛泽东图书馆等，私人藏家则有奚景鹏、张曼玲、张国柱、张其武、张兴吉、马乃廷、何佩钦等。伪装本是一个出现得比较晚的版本学概念，唐弢、闻立树、陈巧孙、张克明、李龙如、黄霞、赵长海等学者围绕着什么是伪装本进行了讨论，详在后文论述。

---

① 参见奚景鹏：《关于以〈文史通义〉伪装的三本毛泽东著作的考证》，《党的文献》2004年第4期。
② 参见张曼玲编著：《毛泽东早期著作版本精品图录》，长沙：湖南人民出版社，2011年。
③ 参见王紫根编纂：《毛泽东书典》，武汉：湖北人民出版社，2011年，第110—114页。
④ 参见施金炎主编：《毛泽东著作版本述录与考订》，海口：海南国际新闻出版中心，1995年，第8页。
⑤ 参见施文岚：《毛泽东著作托名本版本汇订》，《文史博览（理论）》2014年第6期。
⑥ 参见杨志伟：《中国共产党伪装书研究》，《中国国家博物馆馆刊》2017年第9期。
⑦ 中央党史和文献研究院官网《馆藏资源》栏目展示有中央编译局文献信息部（图书馆）收藏的部分伪装本，包括《世界全史》（实为《列宁选集》）、《秉烛后谈》（实为解放战争时期中共时评文件汇编）、《东周列国志》（实为《高树勋将军邯郸起义特辑》），以及《平民》《光明之路》《新生活》《摩登周报》《时时周报》《实业周报》《真理》等（实为《红旗周报》）。

## 四、国家图书馆对伪装本的保护和研究

国家图书馆历来重视革命文献的保存和保护，这些传世较少、形态各异的伪装本很早就引起图书馆前辈的注意。近 20 年来国家图书馆更是利用有限的经费，抢救性地发掘和征集了大量伪装本，在伪装本的保护、研究和利用上做了大量工作。2003 年，黄霞在《简述国家图书馆藏革命历史文献中的伪装本》一文中公布了近 30 种国家图书馆早期入藏的伪装本，其对伪装本的概念和特征的描述引起学界的广泛关注。2009 年，黄霞在《国家图书馆新购毛泽东著作早期版本述录》一文中公布了《中国革命与中国共产党》（托名《修道新介绍》）、《中国人民解放军宣言》（托名《复兴宣言》）、《目前形势和我们的任务》（托名《悟性修道须知》)3 种新入藏的毛泽东著作伪装本，均为未见著录的新发现。2013 年，黄霞和笔者撰文公布了国家图书馆之前 6 年中新征集的 15 种伪装本，除了前述 3 种毛泽东著作伪装本，还有《青苗》（《新民主主义论》学习材料伪装本）、《食粮增产问题研究》（《自由祖国》半月刊系列伪装本）、《华夏春秋续编》（中国共产党时评文献汇编伪装本)、《灯塔小丛书·7》(《论毛泽东思想》伪装本)、《欧游漫记》（50）（《群众》周刊香港版第一卷第五十期伪装本）、《复兴宣言》（《中国人民解放军宣言》伪装本）、《救国之路》（《纪念五一劳动节口号》伪装本）等伪装本。① 2015 年，笔者和黄霞公布新征集的抗日战争时期和解放战争时期印行的中共领导人著作、党内文件、时事评论汇编等伪装本 17 种，属于毛泽东著作伪装本的有《新民主主义论》（托名《中国往何处去》）、《论联合政府》（托名《胜利的指南》）、《目前形势与我们的任务》（托名《歧路灯》）、《整顿"学风""党风""文风"》（《灯塔小丛书·2》），此外还有托名《大东亚之路》、《中国之命运》、《战国策注解》、《大东亚战争下的国际情势——加藤华北军报道部长讲演词》、《论战争》、《救世箴言》、《世界之动向》、《怎样在改革》、《茶亭杂话》（35）等伪装本。② 2016 年，黄霞撰文公布了《灯

---

① 参见黄霞、吴密：《国家图书馆 2007—2012 年入藏新善本述要》，载《文津学志》编委会编《文津学志（第六辑）》，北京：国家图书馆出版社，2013 年。

② 参见拙文《2013 年以来新善采访藏品介绍》，《文津流觞》2015 年第 3 期（总第 51 期）；吴密、黄霞：《国家图书馆近三年来入藏新善本述略》，载《文津学志》编委会编《文津学志（第九辑）》，北京：国家图书馆出版社，2016 年。

塔小丛书·8》（中共七大通过的《中国共产党党章》伪装本）、《指南针使用法》（《中国共产党中央委员会为"七七"九周年纪念宣言》伪装本）、《论革命的修养》（《论共产党员的修养》伪装本）3种中国共产党历史文献伪装本，以及《戴笠将军及其事业》（《特务批判》伪装本）、《二中全会》（批判国民党六届二中全会的中共时评汇编伪装本）和3种《群众》周刊香港版伪装本（第一卷第四十七期伪装本《严重的冬季》、第二卷第八期伪装本《脱胎换骨》和第三卷第十八期伪装本《奇迹》）。①

为弘扬革命文化，传承革命精神，开展革命传统教育和爱国主义教育，国家图书馆依托馆藏红色资源，举办了一系列大型公益展览，向公众展出了大量珍贵的伪装本。2001年，为庆祝中国共产党成立80周年，国家图书馆举办馆藏珍贵革命文献展览，展出的200多件实物中有《新出绘图国色天香》（《中国共产党第六次全国大会议决案》伪装本）、《布尔塞维克》（托名《中央半月刊》《中国文化史》《中国古史考》《平民》等）、《最近日帝国主义在中国屠杀民众的残酷》（《列宁青年》第四期伪装本）等伪装本。2011年，国家图书馆举办纪念辛亥革命100周年馆藏珍贵文献展，联袂展出了1903年初版《革命军》和1904年新加坡华侨集资翻印的伪装本《图存篇》。同年举办的庆祝中国共产党成立90周年的"艰难与辉煌"珍贵历史文献展，展出了托名《新出绘图国色天香》和《国民政府建国大纲》的《中国共产党第六次全国大会议决案》伪装本，以及包括毛泽东、刘少奇、朱德等著作伪装本在内的伪装本十余种。2015年，国家图书馆举办纪念中国人民抗日战争暨世界反法西斯战争胜利70周年馆藏文献展，展出了解放社出版的《论持久战》最早的单行本和托名《文史通义》（内篇之一）的伪装本，以及《大陆作战之新认识》（《论解放区战场》伪装本）。2016年，国家图书馆举办庆祝中国共产党成立95周年"红色记忆"展览，展出了《灯塔小丛书·8》（中共七大通过的《中国共产党党章》伪装本）、《卫生丛书》第十种（《党的生活》第九期伪装本）、《虞初近志》（《中国四大家族》伪装本）、《悟性修道须知》（《目前形势和我们的任务》伪装本）、《原本精校老残游记》（《庆祝济南解放特刊》伪装本）等十余种伪装本。2021年，为庆祝中国共产党成立100周年，国家图书馆与浙江省委宣传部共同主办了《共

---

① 黄霞：《新入藏革命文献伪装本介绍》，《文津流觞》2016年第3期（总第55期）。

产党宣言》专题展，在展出的众多《共产党宣言》珍贵版本中，有陈望道（署名"仁子"）译本和华岗译本两种伪装本。此外，在2012年纪念《在延安文艺座谈会上的讲话》发表70周年馆藏文献展、2017年纪念中国人民解放军建军90周年馆藏文献展、2019年庆祝中华人民共和国成立70周年暨澳门回归20周年文献特展上，国家图书馆均展出了伪装本。伪装本在讲好党的故事、革命的故事、根据地的故事等方面发挥了重要的作用，取得了非常好的社会反响。

　　伪装本具有伪装性和隐蔽性，以达到规避反动当局审查、检扣和查禁的目的，这也给现在的发现和著录工作带来极大挑战，研究起来非常困难。在长期从事革命文献征集和保护的过程中，笔者特别留意各种档案和文献资料中记载的伪装本条目，每有所见，即行摘录，集腋成裘，竟至500多种，名为《革命文献伪装本知见录》。在整理这份目录的过程中，笔者发现《上海市历史与建设博物馆筹备处文献目录》（上海市历史与建设博物馆筹备处编，1958年）、《全国解放前革命期刊联合目录（1919—1949）》（全国图书联合目录组和北京图书馆编，1965年）、《北京图书馆馆藏革命历史文献简目》（北京图书馆善本组编，书目文献出版社1984年出版）、《民国时期总书目》（北京图书馆编，书目文献出版社1986—1997年出版）、《解放区根据地图书目录》（中国人民大学图书馆编，中国人民大学出版社1989年出版）等回溯性的目录中偶见伪装本条目，这说明相关单位藏有该类珍贵文献，应当妥善保存起来，切不可当作普通书刊随意处置。根据笔者的调查，国家图书馆收藏的各类伪装本已经达到150余种，其中既有《新出绘图国色天香》、《大乘起信论》（《新民主主义论》和《论持久战》合订本的伪装本）、《新金刚经》、《朱柏庐先生治家格言》（《一年来的一笔总账》伪装本）等早经发现的伪装本，也有《修道新介绍》、《复兴宣言》、《悟性修道须知》、《东周列国志》等大量未见著录的新发现。十余年来，笔者通过各种渠道征集到《文史通义》（内篇之三）、《原本精校老残游记》、《政治工作》（《第六次大会后中国共产党的政治工作第一集》）、《和平奋斗救中国！》、《指南针使用法》、《食粮增产问题研究》等数十种珍贵的伪装本，并且不断有新的发现，这说明还有大量伪装本没有被我们充分掌握，仍然隐藏在书库和书肆之中，有待进一步探索、保护和研究。

## 第二节　伪装本的概念与学界对伪装本的认识

### 一、书籍的伪装现象

伪装是自然界的一种常见现象。变色龙通过保护色巧妙地将身体的颜色和环境融为一体，从而达到躲避天敌和迷惑猎物的目的。竹节虫、枯叶蛱蝶通过拟态伪装成其他生物，以逃避天敌的捕食。植物界同样不乏伪装高手，食虫植物猪笼草、瓶子草模拟花朵以诱捕采蜜的昆虫；角蜂眉兰酷似雌性胡蜂，释放类似雌性胡蜂的信息素，吸引雄性胡蜂为其传播花粉，以求得更好的繁衍……

伪装亦是人类社会常见的竞争手段和生存法则，在军事领域运用最为广泛，并且形成军事伪装学。20世纪二三十年代，也就是伪装本最为盛行的年代，就有《关于伪装之研究》《伪装要览》《赤军伪装教范》《防空工事及伪装》等多部军事伪装学的著作被翻译到国内。敌我双方在阶级斗争白热化、军事斗争激烈的时候，在政治、文化领域的斗争处于你死我活的状态，伪装成为一种必需的手段。伪装本可以看作伪装手段在出版、文化和宣传领域运用的结果。

著名学者和藏书家唐弢谈到书刊的伪装现象时指出："当国民党反动派残酷压迫，对革命书刊实行封锁、扣留、禁毁的时候，党和进步文化界为了满足人民的需要，采取了一种权宜而又机智的对策：把书刊伪装起来。这种书刊封面名称和内容毫不相干，进步的政治内容，往往用了个一般的甚至是十分庸俗的名称。作为反动统治下斗争的一个特色，尖锐的形势促使革命刊物和政治小册子蒙上一层足以瞒过敌人的保护色，就像战士在前沿阵地用草叶和树枝来伪装自己一样。"[①] 为了便于人们了解革命书刊的伪装现象，唐弢自然而然地提到了自然界的保护色和伪装在军事上的应用。

虽然"伪装本"是一个出现得比较晚近的概念，但是要给它下一个准确的定义并不容易。《简明古籍整理辞典》中的"伪装本"词条作"经书商作伪的版本"[②]，这一解释接近后面要讨论的伪书和盗印书，与本书的研究对象有所区

---

① 唐弢：《书话·书刊的伪装》，北京：北京出版社，1962年，第81页。
② 诸伟奇、贺友龄等编著：《简明古籍整理辞典》，哈尔滨：黑龙江人民出版社，1990年，第111页。

别。《中国出版百科全书》在"书刊发行理论和发行事业"类别下有一处"伪装书"词条，其解释为："封面与内容不同的书。一、革命年代为对付反动政权对出版物的封锁、禁行，把宣传进步思想内容的读物，故意设计不醒目的封面，取庸俗书名，以麻痹敌人。二、在开放年代，不法分子为了牟取暴利，将黄色淫秽内容的书刊，印上严肃政治读物的封面，通过个体书贩销售，以逃避工商管理部门和公安部门的检查。"[①]这一词条的解释区分了两种情况，第一种情况与前述唐弢对伪装书的描述基本一致，是本书要讨论的主题；第二种情况与以伪装方式出版革命和进步书刊有本质的不同，不是本书要讨论的主题。

对革命和进步书籍进行伪装并不是中国独有的现象。《中国出版百科全书》在"外国图书出版史"部分也撰写了"伪装书"词条，其解释是这样的："为躲避当局查禁，有人采用假书名、假封面、假封底、假出版说明、假出版社名、假出版地点蒙骗检查者，而实际上内容却完全不一样的图书。在历史上，荷兰的埃尔塞维尔家族曾在17世纪采用这种方法，将在荷兰印制的图书运往欧洲其他国家。20世纪30年代，德国共产党也采用这种方法，将被纳粹当局严禁的图书从境外运入德国。1933年5月10日，德国纳粹分子大规模地焚烧进步书刊和马列著作。从1933年至1945年，德国共产党在其他国家共产党人的协助下，在巴塞尔、苏黎世、布拉格、萨尔布吕肯、斯特拉斯堡印刷了一些伪装书，秘密地运入德国，成为德国共产党人进行反法西斯斗争的重要武器。"[②]16世纪初德国宗教改革运动和意大利文艺复兴时期，被罗马教廷视为异端的马丁·路德、新教和人文主义的书籍大量出现。1543年，罗马教廷宣布未经教会许可，任何书籍均不得印刷或出售。1557年，教皇保罗四世正式发布第一版《禁书目录》，那些被认为会造成"精神污染"的出版物均被列入目录。此后这份目录不断修订重版，很多知识分子遭到罗马宗教裁判所审判、囚禁，甚至被处以火刑。为免遭天主教廷的迫害，当时许多出版物不得不伪装封面，隐瞒作者姓名，虚构印刷者及出版地点。[③]

1933年德国的希特勒政府上台以后，德国共产党在极为艰苦的条件下印刷

---

[①] 许力以：《中国出版百科全书》，太原：书海出版社，1997年，第498页。
[②] 许力以：《中国出版百科全书》，太原：书海出版社，1997年，第662页。
[③] 参见中国大百科全书总编辑委员会《新闻出版》编辑委员会、中国大百科全书出版社编辑部编：《中国大百科全书·新闻出版》，北京：中国大百科全书出版社，1990年，第174页。

了大量传单、书籍和小册子，以鼓舞和教育广大人民同法西斯斗争。为躲过敌人的检查，这些印刷品都以伪装形式出版。这些书既薄且小，便于携带，从封面、题名页乃至前言看都是关于卫生常识、体育竞赛、流行乐曲、电影、电器修理、儿童游戏等方面的书籍，再配上一些书籍的广告做封底，虚构出版社、出版地等版本信息，以此法迷惑秘密警察的眼睛，而真正内容却是马列著作，以及德国共产党和共产国际的决议。1935年印刷的《共产党宣言》就曾伪装成赫尔曼·加肯霍尔茨著的小册子《凡尔赛和约及其后果》，为"雷克拉姆万有文库"丛书之一。这本书为64开，56页，不但在封面做了伪装，而且刊印了原书的题名页、版权页和序言，封底还有"雷克拉姆万有文库"丛书的另一种书《种族原理史》的广告和简介，正文第4—55页是《共产党宣言》的序言和正文，第56页又是加肯霍尔茨著作的最后一页，伪装极为精妙。① 此外，还有《50种大锅菜：献给寒冬赈济活动》，封面是一只手正在打开热气腾腾的饭锅，实际内容是列宁著《论国家》；《体操运动：体操、竞赛和体育运动普及训练》，封面是一名正在训练的体操运动员，实际内容是列宁著《共产主义运动中的"左派"幼稚病》；《香菇、浆果、野菜：189种香菇、浆果和野菜的详细说明》，实际上是季米特洛夫在共产国际七大上的报告《法西斯主义的进攻和共产国际在争取工人阶级团结起来反对法西斯斗争中的任务》以及总结，书后附《我们地下活动的图书销售，对全体共产党员和反法西斯战士的几点提示》；等等。②

20世纪二三十年代，中国共产党也以伪装本的形式印刷了大量马列主义著作和共产国际文件。例如，《帝国主义与战争》一书实际上是1928年共产国际第六次大会通过的决议《反帝国主义大战的斗争与共产党员的任务》，书中还有列宁语录的补白，末附《共产国际第六次世界大会对国际反战争运动的决议案》；《银行会计概要》一书实际是列宁在联邦共产主义青年团第三次全国代表大会上的演说《共产主义青年团的基本任务》；《人口粮食问题》一书实际是共产国际第六次世界大会制定的《共产国际纲领》；《爱的巡礼》一书实际是《共产国际执委第十二次全会》，收录《共产国际执委第十二次全会的通告》（共产国际执委政治秘书处）等内容。非常特殊的一种伪装本是《世界之动向》，

---

① 参见梁明：《德共出版的〈共产党宣言〉的伪装本》，载中共中央马恩列斯著作编译局编《马克思恩格斯列宁斯大林研究》总第4辑，1997年。

② 参见刘荣、王梅编著：《趣味奇书大观》，武汉：武汉大学出版社，2002年，第15页。

题名页印有真实题名《共产国际第七次全世界代表大会底决议案》，正文收录1935年8月1日共产国际第七次全世界代表大会通过的《关于共产国际执行委员会工作》等8篇文献，封底的版权信息表明该书是共产国际七大召开后不久在法国巴黎出版的伪装本，然后转运至国内传播。当时，世界上大多数共产党作为共产国际的支部，直接接受共产国际的领导，各国共产党打破反动当局的严密封锁，以伪装方式传播马列主义著作和共产国际文件是否有共产国际的影响或者相互之间的借鉴，也是值得注意的一个问题。

## 二、学界对伪装本的认识

研究伪装本，首先要知道什么是伪装本，才能对其进行鉴别、收藏、保护和利用。关于什么是伪装本的问题，有少数学者进行过探讨和摸索。唐弢经历过文网森严的民国时期，对国民党政府的文化专制有着深切的体会，前文所引他对伪装本的认识和描述最为研究者称许。闻立树认为唐弢对伪装本的论断，言简意赅，寓意深邃，但是由于政治形势复杂多变，为了引起读者注意，革命书刊在使用伪装题名时，也并非都是"封面名称和内容毫不相干，进步的政治内容，往往用了个一般的甚至是十分庸俗的名称"，有的书刊的伪装题名政治色彩浓厚，表现了豪放的革命气派和鲜明的时代特征，其名称和内容基本上是接近的或统一的，并非互相背离的或相异甚远的。① 这一分析有其道理。现存的伪装本有许多封面题名与内容有一定的相关性，后面分析伪装本的类型和特点时将会详细介绍。革命要解决的问题往往都是人民群众极为关切的重要问题，只是不同的党派代表着不同阶级的利益，对书刊题名进行伪装时，只需要隐瞒或模糊其政治立场即可有效规避检查。

陈巧孙在谈到伪装本时认为："'伪装书刊'顾名思义，它的封面是经过'乔装打扮'的，是与书的内容不相符的。进步的政治内容却用了一个毫不相干的甚至十分庸俗的艳情书名，借此来瞒过那些酒囊饭袋的老爷们的检查，掩护进步书刊的发行。"② 这一认识应该是在唐弢的提法上进行概括的结果。这里提到

---

① 参见闻立树：《伪装封面版本的中共七大文献浅析》，《中共党史研究》2004年第5期。
② 陈巧孙：《谈谈革命书刊的伪装》，《古旧书讯》1980年第2期。

革命书刊为了伪装,采用"庸俗的艳情书名"问题,唐弢也提到了有时化名选择"十分庸俗的名称",这个"庸俗"应该作"平庸鄙俗、稀松平常"来理解,这样才不至于招来检查人员。革命书刊封面伪装成消遣的软性读物比较常见,并不是伪装成艳情淫秽书刊。例如,唐弢提到1929年1月1日出版中国共产党机关刊物《布尔塞维克》第二卷第三期,当时已由周刊改为月刊,采用秘密发行的方式也不行了,于是临时改名《少女怀春》。"春"在这里象征着革命,而革命正是当时少男少女们共同向往、共同缅怀的问题。[①]这个题名类似"鸳鸯蝴蝶派"作品的风格。唐弢的理解提醒我们,一些看似庸俗的题名切不可做庸俗的理解。将革命书刊伪装成艳情读物实际上并不是一个好的策略,事实上也极其少见,《红旗》第十二期伪装成《红妮姑娘艳史》算是比较特殊的一例。中国是《国际禁止淫刊公约》的缔约国,淫秽书刊是政府部门打击取缔的主要对象,1928年上海特别市教育局在一份业务报告中甚至将取缔革命书刊和淫秽书籍并提[②],反映出这两项工作均属国民党地方机构紧要而又日常的工作,将革命刊物伪装成淫秽书刊,不论是在租界还是在租界之外,都会面临很大的风险。

张克明利用在中国第二历史档案馆工作之便,在成千上万的原始档案中爬梳整理民国时期查禁目录,在整理过程中又发现国民党政府查禁的伪装本目录。张克明不大用"伪装本"这个概念,喜用"革命书刊的伪装""革命书刊化名"之类的表述,前者实际上是来自唐弢的提法,后者则是国民党查禁档案资料中的提法。张克明引用唐弢对伪装本的看法,认为"革命书刊化名,是我们党和人民对国民党反动政府的一种极其巧妙的、文化的和政治的斗争","书刊伪装化名,标志着当时社会的黑暗,反动政治力量的暴戾,文化统治的森严。因此,搜集这方面的资料,对于我们研究党史、中国现代政治思想史、中国现代文化史、中国现代出版史都是有意义的"。[③]

湖南图书馆的李龙如也非常注意伪装本的研究和鉴别,他认为:"革命书刊的伪装,就是将被查禁的革命进步书刊的封面改换成不引人注目的书刊名,躲避敌人的封锁、查检,使之广泛流传。""北洋军阀统治时期和蒋介石叛变革命以后,在中国实行了法西斯的独裁统治,对新闻出版事业严加控制,中国

---

① 参见唐弢:《书话·书刊的伪装》,北京:北京出版社,1962年,第81—82页。
② 参见《反动及淫秽书籍之取缔》,《大学院公报》1928年第一卷第八期,第109页。
③ 张克明:《革命书刊化名录(1927—1949)》,《文教资料》1986年第3期。

共产党和进步文化界，为了冲破这种封锁，不得不在极端秘密和极端艰难的情况下出版发行革命进步书刊，其中办法之一就是采取伪装封面和改换书刊名称的办法，以躲避反动派的禁查，更加有效地同反动派进行斗争。"[1]需要指出的是，对革命书刊进行伪装不仅仅是被查禁后的一种被动应对，很多时候是主动为之，以规避被查禁的风险。

赵长海在《论"伪装本"》一文中分析形形色色的伪装本，汇集各家之说，归纳出伪装本的定义："伪装书是指将出版物的封面或其他外表形式伪装，掩盖其真实内容，以便达到宣传发行效果的出版物。又称'托名本''改题本'。在版本学上则称之为'伪装本'。"[2]施文岚倾向于使用"托名本"的提法："托名本（伪装本）是指为了使某种难以通过正常渠道出版发行的著作得以传播流通，将其真实的书名、著作者乃至出版地、出版发行者等方面伪装隐蔽起来，而假托别的书名、著作者以及出版地、出版发行者而印制散发的著作。"[3]这两种概念侧重从伪装特征进行界定，相较于本书的研究对象，无论是内涵还是外延都要大许多。事实上，赵长海特别注意伪装本与古籍中的伪书和近现代盗印书的共性的提炼，其定义立意更加长远和宽广，但也消解了伪装本一些重要特性，比如伪装本出现的时间和书籍的性质，反而不利于对伪装本的聚焦和探讨。

伪装本是国家图书馆的特色馆藏，国家图书馆比较注重对该类藏品的保护和研究。2003年，黄霞撰写《简述国家图书馆藏革命历史文献中的伪装本》一文，集中揭示国家图书馆藏伪装本。她认为："伪装本又称'托名本''伪装书'，是将封面印以其他书名以掩饰其内容的书。在中华人民共和国建立以前，中国共产党领导及其影响下的出版机构，为对付反动当局查禁革命、进步书刊，常常将书刊进行伪装传播，其具体做法通常是采取封面伪装、不断变化书刊名称以及伪托别的出版社的名号等。"长期以来，由于研究样本过少，学界往往认为伪装本是新民主主义革命时期特有的现象，黄霞的这篇文章重点表述的仍是中国共产党领导及其影响下的出版机构出版的伪装本，但是在后面介绍的近30种馆藏伪装本中打破了这一局限，按辛亥革命时期、第二次国内革命战争时期、

---

[1] 李龙如：《革命书刊的伪装》，载中国近代现代出版史编纂组编《新民主主义革命时期出版史学术讨论会文集》，北京：中国书籍出版社，1993年。

[2] 赵长海：《论"伪装本"》，《大学图书馆学报》2007年第2期。

[3] 施文岚：《毛泽东著作托名本版本汇订》，《文史博览（理论）》2014年第6期。

全民族抗日战争时期和解放战争时期 4 个时间段分类介绍伪装本，拓展了人们的认识，引起了学界的注意。

### 三、伪装本的概念

伪装本的研究资料极少，存世原件亦不多见，影响了学界对其概念的把握和认知。综合前人的认识和研究，根据现存伪装本的诸多特点，笔者认为伪装本或可做这样的定义："伪装本，通常指的是革命伪装本，又称'托名本''伪装书'，是民主主义革命时期革命和进步阵营为对付反动当局的封锁、检扣和禁毁，以伪装手段印制的革命历史文献。伪装本往往通过借用或虚构书名、作者、出版发行机构等版本信息，对文献的封面进行伪装，有的甚至对题名页、版权、封底、序言、目录、章节名称和正文内容进行深度伪装，以达到隐蔽自己，欺骗和迷惑敌人的目的。"为了更好地理解伪装本的特定内涵，还需要注意以下问题。

首先，伪装本是出现在中国民主主义革命这一特定历史时期的特殊版本的文献。中国的民主主义革命时期即 1840 年鸦片战争到 1949 年中华人民共和国成立这一历史时期，以 1919 年五四运动为界，又分为旧民主主义革命时期和新民主主义革命时期。以往学界谈及伪装本时主要有两种倾向：一是只涉及新民主主义革命时期，特别是 1927 年国民党右派发动反革命政变至 1949 年中华人民共和国成立前的这一历史时期；二是将伪装本概念泛化，放在整个历史长河中加以考察。前一种倾向抓住了重点，但有遗漏；后一种倾向则过于宽泛，未能与古籍中的伪书和近现代的盗印书，以及其他以伪装手段出版的书籍区分开来。

伪装本属于近代革命历史文献和革命文物，且辛亥革命时期即有相关实物佐证，伪装本概念就应该相应地将其涵盖进去。闻立树认为"在我国民主革命时期，特别是 1927 年国民革命失败以来，以伪装封面版本的形式，印刷、发行和传播中国共产党领导人的论著和进步的书报刊，一直是革命阵营内部比较普遍采用的办法，其事例繁多，情况复杂，需用专文介绍论析"[1]，已经敏锐地注意到伪装本是民主革命特定历史时期出现的出版文化现象，有其复杂性。将伪装本的时间界定在中国近代，契合中国历史的分期，也符合实际情况。

---

[1] 闻立树：《伪装封面版本的中共七大文献浅析》，《中共党史研究》2004 年第 5 期。

伪装本大部分收藏在图书馆、博物馆等公藏机构，从藏品分类和管理角度来说，将伪装本时间界定在近代也有其历史依据和现实考量。中华人民共和国成立后，革命文物的征集与保护工作受到党和国家的重视。1949年10月11日，也就是中华人民共和国成立后的第十天，为了征集革命文物，筹建革命博物馆，中共中央宣传部向各中央局、分局宣传部印发《关于收集革命文物的通知》，收集革命文物的范围，以五四运动以来中国共产党领导的新民主主义革命为中心，上溯鸦片战争、太平天国等革命运动及其他革命党派团体之革命事迹。[①] 与革命文献相关的文物包括秘密或公开发行之报纸、杂志、图书、表册、宣言、标语、日记、手稿、传记、墓表、信札、墨迹、影片、年画、木刻以及一切有关革命之史料（反革命文献中有关革命者的文献亦在征集之列）。革命文献征集的范围、内容及表述已经十分清晰明确，其征集的时间范围侧重于新民主主义革命时期，同时上溯至鸦片战争时期。20世纪50年代，围绕中国革命博物馆、中国人民革命军事博物馆的筹建，一次包括革命文献在内的革命文物的普查和征集的高潮形成了。在此背景下，当时的北京图书馆开始了革命文献特藏建设，首先提出了"新善本"的概念。1952年底，东北抗日联军著名将领、松江省人民政府主席冯仲云调任北京图书馆馆长。冯仲云十分注重革命文献和名家手稿的征集工作，责成专人创建并负责新善本手稿特藏库，许多伪装本就是当时从旧平装书库提入新善本特藏库，作为重要革命文献加以典藏。

其次，伪装本的版本特征比较复杂，要注意辨识伪装本的共性和特殊性，区分书籍的伪装现象和伪装本。以往学界特别注重伪装本一般特征的辨识，并以此为据进行鉴别，大多数情况下没有什么问题，但个别情况下容易出现判断失误。封面是伪装本最重要的地方，所有的伪装本都会对封面进行伪装，不然就不能称之为伪装本，这也意味着绝大多数伪装本有伪托的题名，故有时伪装本被称为"托名本""改题本"。通常情况下，伪装本有两个题名，一个是伪装题名，另一个是真实题名。封面上的伪装题名最为紧要，真实题名则非必要。有许多时评文献汇编本和论文集性质的伪装本就无真实题名，这是正常现象。需要注意的是，也有个别的伪装本无伪装题名。例如，1934年印行的《革命危机，

---

① 参见安跃华：《中国国家博物馆近现代文物的征集与捐赠》，《中国国家博物馆馆刊》2012年第10期。

法西主义与战争》系曼努意斯基在共产国际执行委员会第十三次全会上的演说，封面仅有国画一幅，余无文字。还有的伪装本无伪装题名和真实题名的区分。例如，北伐时期在江浙区委工作的赵世炎主编了一份名为《教育杂志》的党内宣传刊物，其刊名与沪上名刊《教育杂志》同名，并没有经历查禁后改名伪托的过程，这是伪装本中比较特殊的一例。又如，毛泽东的哲学讲稿《辩证法唯物论》，此前有人翻译过多种同题名的哲学论著，不易引人注意，因此保留了原题名，仅隐匿了作者姓名，以"丘引社"名义出版。

书籍的改名出版是当时比较常见的现象，一些书在传播时经作者、编者和出版者改名后再版。例如，《在延安文艺座谈会上的讲话》曾改为《党的文艺政策》《论文艺问题》《现阶段中国文艺的方向》等题名出版。翻译著作的译名一开始不容易统一，也会出现多种题名。报刊改名的情况更是屡见不鲜。例如，《青年杂志》改为《新青年》，《中国青年》改为《列宁青年》，《红色中华》改名为《新中华报》。总之，并非所有改名出版的书刊都是伪装本，需要注意鉴别。

书籍的伪装程度有深有浅，有的作者担心以文招祸，频繁更换笔名；有的虚构出版发行地点和机构，恐遭当局查抄。显而易见，不能将只具备某一伪装特征的书籍视为伪装本。笔者认为比较好的方式就是将书籍的伪装现象和伪装本区别对待，只有具备明显伪装目的和典型伪装特征的文献才能归为伪装本。例如，人民出版社是党成立后创办的第一家出版社，其社址在上海，为了转移敌人视线，人民出版社出版物的著译者一般不用真名，封面或版权页上都印上"广州人民出版社"，公开地址有意写成"广州昌兴新街二十六号"或"广州昌兴马路二十六号"。这表明中国共产党早在成立之初就已经注意运用伪装策略对敌斗争，但这些书还不能称为真正意义上的伪装本。

再次，伪装本属于革命历史文献。伪装本是民主主义革命时期革命阵营与反革命阵营在思想文化和意识形态领域斗争的产物，不同时期的斗争对象有所不同，如清政府、北洋军阀、国民党政府、日本帝国主义、日伪政权等。这里所指的革命历史文献，至少有两层意思：一是其性质是革命的和进步的文献；二是一般指政治类文献。古今中外不乏书籍作伪现象，后面谈到的伪书和盗印书中的某些书籍具备与伪装本同样的特征，但不属于伪装本。与伪装本同时期的政治类书刊也存在伪装出版的问题，例如改组派、国家主义派就以伪装面貌出版过反蒋书刊，这些书刊不属于革命和进步的文献，故不能称之为伪装本。

民国时期的新文学类书刊也存在大量改题和伪装出版现象。如鲁迅和冯雪峰主编的《萌芽》月刊出至第五期后被国民党查禁,第六期改为《新地》月刊发行;左联机关刊物《前哨》月刊出版了第一期后更名为《文学导报》;蒋光慈主编的《拓荒者》出版至第四、五期合刊后遭国民党查禁,临时将该期部分封面改为《海燕》发行;鲁迅自己出版的一些杂文集往往使用化名,虚构出版机构。这些都是值得研究的现象,有些研究者将其视为伪装本。不过文学类书刊的伪装现象非常复杂,因为不属于政治类书刊,所以笔者认为不宜将其视为伪装本。

还有一个概念的表述问题,概念中用"革命历史文献"替代过去"革命书刊"的惯用提法。这主要是因为伪装本中除了无法通过正常途径出版发行的书刊,还有大量的政治宣传品。刘华庭编的《革命书刊伪装本目录》就设有图书、期刊、报纸的"特刊和宣传品"等分类,只是纳入"特刊和宣传品"的只有少数几种,如果认真分辨和鉴别,数量远不止这些。这些革命宣传品既无定价,又无所谓版权,注重的是传播的秘密性和广泛性,并不是为了销售牟利,有的标上"欢迎翻版""非卖品""阅毕送人,功德无量"等字;有的注明"看完后请将此书借给你的亲友";有的担心给读者带来风险,特意注明"请慎传"等字样。书刊和宣传品都属于纸质文献,难以截然分开,也无大的必要。编目整理时,这种宣传品均按图书著录规则编目整理。在概念表述时,笔者考虑到严谨性,用"文献"涵盖所有书刊和宣传品;考虑到使用习惯,本书第二章和第三章将宣传品归入"图书"一类,不做鉴别和区分。

此外,还有一个问题不容忽视,即伪装本作为一个版本学概念,这些书刊应当是在出版环节进行伪装,才能称为严格意义上的伪装本。在流通环节进行伪装处理的革命书刊不能称为伪装本。据毛大风回忆,抗战时期沦陷区的读者为了躲避敌人的搜检,经常把中共晋绥分局宣传部编印的《正义报》糊上《西游记》《西厢记》等书的封面,把它伪装起来进行传阅。① 这些经过改装的革命刊物不能视为伪装本。1943年,《正义报》改名为《祖国呼声》继续出版,使用过《新民会分会员必携》《美国人眼中的重庆》等封面,这属于典型的伪装本。解放战争时期,北京大学孑民图书室为了应付国民党的查禁,将包含中国人民

---

① 参见毛大风:《从〈正义报〉到〈祖国呼声〉》,载中国人民政治协商会议山西省委员会文史资料研究委员会编《山西文史资料》第十八辑,1981年,第159页。

解放军"三大纪律八项注意"、中国共产党的解放城市政策、《论联合政府》等内容的革命书刊改装成沈从文的《湘行散记》①，这种不能算作伪装本。

**四、查禁与伪装（一）**

唐弢指出伪装本是党和进步文化界为了应对国民党反动派对革命书刊实行封锁、扣留、禁毁而采取的一种权宜而又机智的对策。实际上，在整个民主革命时期，进步思想和革命火种的传播都曾遇到这样的阻碍。伪装本是革命和进步阵营应对反动当局封锁、检扣和禁毁的产物，这一结论涉及的问题比较多，也比较复杂，因此单独拿出来说一说。

伪装本最早见于辛亥革命时期。《革命军》是清末宣传资产阶级民主革命极有影响力的一种通俗读物。该书出版后风行海内，一时无两。清政府视其为洪水猛兽，勾结上海公共租界工部局制造了轰动一时的"《苏报》案"。为躲避清政府的查禁，各地书肆多易名出版《革命军》，翻印达20多版，印数逾百万册。国家图书馆藏《革命军》早期版本，托名《图存篇》，是新加坡华侨经营的图南日报局印赠的伪装本，也是现存最早的伪装本实物之一。近年来，又有学者在中国人民大学图书馆、复旦大学图书馆、杭州章太炎纪念馆等单位发现了托名《革命先锋》《流血革命》《扬州十日记》《救急真言》等的《革命军》伪装本②，充分表明了这本革命著作在当时的影响力。1904年出版的陈天华著《猛回头》是另一部极富爱国革命热情的革命读物，出版后受到读者的热烈欢迎，重印十余次。清政府恨之入骨，视为"逆书"，"阅者杀不赦"，浙江人曹阿狗因演讲《猛回头》为金华县令嵩连所杀。这一文字狱不仅没有起到阻吓作用，反而激起浙江民众的阅读热情。③《猛回头》在湖南长沙也有广泛的传播，有的学堂集资翻印，作为课本传习。近代民主革命者陈作新任湖南炮兵

---

① 参见陈昌德：《我在孑民图书室管理股》，载李庆聪、吴晞编《北京大学孑民图书室记实》，北京：北京大学出版社，1992年，第41页。

② 参见王兆辉、王祝康：《晚清时期邹容〈革命军〉版本叙考录》，《湖南广播电视大学学报》2013年第3期。

③ 参见冯自由：《曹阿狗与〈猛回头〉案》，载《冯自由回忆录·革命逸史》下册，北京：东方出版社，2011年，第747页。

营排长时大批翻印《猛回头》，封面题名《目兵须知》，在新军中秘密散发。①这说明清末革命者在传播民主革命思想时已经注意运用伪装手段了。

中华民国成立后，《临时约法》明文规定"人民有言论、著作之自由"，使民国初期的新闻出版经历了短暂的春天。袁世凯上台后，下令封闭所有反袁报刊和国民党人办的报刊，制造了近代新闻史上有名的"癸丑报灾"。为巩固政权，打击革命力量，遏制新思想传播，袁世凯颁布了限制言论自由的《戒严法》《治安警察法》《报纸条例》《出版法》。当时的反袁读物就曾采用《万应救急方》《新爱国歌》《男女合读》《新四书》《民国还魂记》《改良最新京调》等伪装封面进行宣传。袁世凯死后，北洋军阀内部争权夺利，新思想、新道德、新文化得到一定的传播，同时北洋政府也以"宣传共产主义""乱党煽惑""鼓吹社会主义""鼓吹过激主义""传播无政府主义""诋毁山东交涉"等各种理由查禁革命和进步书刊，一些革命书刊不得不伪装出版。中国共产党的第一份党刊《共产党》月刊就曾采用《康敏主义周刊》《无政府》《安那其》等伪装封面出版；北伐时期上海泰东图书局出版的《中山全集》伪装成《老残游记》。这一时期发现的伪装本虽然不多，但是已经具备典型的伪装特征。

伪装本主要出现在国民革命失败后至中华人民共和国成立前这段时期。土地革命战争时期，国民党以"清党""分共"的名义大肆逮捕和屠杀共产党人和工农群众，在文化战线上对革命和进步新闻出版事业进行大肆"围剿"。1929年，国民党政府颁布了《宣传品审查条例》，规定的"反动宣传品"如下："一、宣传共产主义及阶级斗争者；二、宣传国家主义、无政府主义及其他主义，而攻击本党主义、政纲、政策及决议案者；三、反对或违背本党主义、政纲、政策及决议案者；四、挑拨离间分化本党者；五、妄造谣言以淆乱视听者。"②与中国共产党相关的书刊是查禁的重中之重。同年，国民党政府又颁布了《取缔销售共党书籍办法》。1932年11月，国民党中央宣传部公布了《宣传品审查标准》，规定凡宣传共产主义便是"反动宣传品"，批评国民党便是"危害民国"，对国民党统治不满则是"反动"。1934年6月，国民党政府公布了《图书杂志

---

① 参见鲁莹原稿，马文义整理纪录：《辛亥革命湖南光复回忆琐记》，《湖南历史资料》1958年创刊号。
② 中国第二历史档案馆编：《中华民国史档案资料汇编·第五辑第一编·文化1》，南京：江苏古籍出版社，1994年，第75页。

审查办法》，规定一切图书、杂志应于付印前将稿本送国民党中央宣传委员会图书杂志审查委员会审查，审查委员会有权删改稿本。

中国共产党和进步文化界人士在文化战线上开展了针锋相对的反"围剿"斗争，伪装出版成为一种有组织、有计划的反查禁斗争方法。《中国共产党第六次全国大会议决案》《第五次全国劳动代表大会决议案》《共产国际纲领》《共产国际第七次全世界代表大会底决议案》《共产党宣言》《列宁选集》等党的重要文献都曾采用伪装本的形式出版，《中央政治通讯》《红旗》《上海工人特刊》《中国工人》《布尔塞维克》《列宁青年》《支部生活》《工人宝鉴》《少年先锋》《中国海员》《中央通告》《全总通讯》《共产国际月刊》《党的建设》《党的生活》《满洲红旗》《红旗日报》《红旗周报》《北方红旗》《列宁生活》《党的建设》等党的刊物都出版过伪装本。由于白色恐怖空前笼罩，使得土地革命战争时期成为伪装本最为流行的一个时期。

全民族抗日战争时期，为抗击日本帝国主义侵略，在中国共产党的倡导和努力下，建立了抗日民族统一战线，国共两党第二次合作，共同抗战。随着抗日战争相持阶段的到来，日本帝国主义改变侵华策略，将其主要军事力量用于进攻八路军和新四军。国民党顽固派消极抗日，积极反共，不断制造反共摩擦事件，先后掀起3次反共高潮，破坏抗日民族统一战线。在出版文化领域，国民党顽固派滥用《战时图书杂志原稿审查办法》《修正抗战时期图书杂志审查标准》《战时新闻检查条例》等审查法规，通过中央图书杂志审查委员会及各地成立的图书杂志审查委员会，摧残和迫害进步文化事业，钳制新闻舆论，动辄以"诋毁本党，抨击政府""诋毁党国""诋毁政府及领袖""诋毁中央""曲解本党主义""曲解三民主义""内容荒谬""不合抗战要求""内容欠妥""触犯审查标准""违反战时图书杂志审查"等理由查禁进步书刊。中国共产党的出版物更是遭到重点封锁和查禁，其理由和名目尤多，如"强调阶级斗争""鼓吹共产主义""颂扬红军""鼓吹阶级斗争""鼓吹偏激思想""阐扬马克思之辩证唯物论""鼓吹唯物辩证法""鼓吹新民主主义""颂扬边区政府，鼓吹统一战线""以派系私利为立场""奸党宣传品"等，不一而足。在沦陷区，为了打击抗日民主力量，灭绝中华民族意识，日本侵略者和伪政权也大规模地取缔进步书刊和抗日书刊。1938年，伪北京市政府警察局检扣的书籍刊物就达786种。1939年，日本侵略者建立的伪组织"新民会中央指导部调查科"编了两辑《禁止图书目录》，其中的"抗日之部"列查禁图书1139种，"社会主义之部"列查禁图书达702种，几乎网罗了这一时期所有重要的图书。

　　为了打破国民党顽固派、日本侵略者和伪政权的摧残和禁锢，中国共产党领导下的出版机构精心设计伪装书刊，通过党的地下组织突破封锁，让国统区和沦陷区的人民听到中国共产党的声音，了解党的方针和政策。中国共产党针对国民党顽固派挑起的《中国之命运》舆论战和宣传战的反击就是极为成功的例子。1943年春，蒋介石推出《中国之命运》，公开宣扬法西斯主义，诬称中国共产党领导的抗日武装是"变相的军阀和新式割据"，利用共产国际解散的机会，要求解散共产党，取消陕甘宁边区，并且调集重兵包围陕甘宁边区，准备闪击延安。对这一系列反共活动和阴谋，中国共产党进行了坚决斗争。《解放日报》《新华日报》《群众》等发表了一系列批判《中国之命运》的文章，以伪装本的形式印制了大量驳斥《中国之命运》时评文献汇编本，输送至国统区和沦陷区，最终打赢了这场舆论战和宣传战，使第三次反共高潮在没有形成大规模的军事进攻之前就被制止，起到了以斗争求团结的作用。

　　抗日战争胜利后，蒋介石坚持内战与独裁的方针，在美国的支持和援助下，破坏国共达成的停战协定和政协协议，在军事上大举进攻解放区，在新闻出版领域加强控制。中国共产党领导和影响的报刊悉遭封禁，其他一些倾向于进步民主的书刊也大多难逃被查禁的厄运。中国共产党的重要文献，特别是毛泽东的著作继续以伪装本的形式大量出版。此外，为了揭露美蒋阴谋，反对内战与独裁，争取和平与民主，中国共产党还出版了《孙中山先生论地方自治》《中国之前途》《蒋委员长日记》《二中全会》《苦海明灯》《指南针使用法》等一系列时评文献汇编的伪装本。在中国共产党的争取和感召下，高树勋、曹又参、苏务润、潘朔端、王海青、雷文清等一批不满国民党内战和独裁统治的爱国官兵发动反内战起义。这一时期，中国共产党开展了旨在分化和瓦解国民党军队，争取国民党军队起义的"高树勋运动"，出版伪装书，取得了良好的宣传效果。董竹君是锦江川菜馆和锦江茶室的创办人，她利用自己的特殊身份和社会地位，协助中国共产党做了大量文化和宣传工作，被当时的进步人士誉为"中国的娜拉"。《灯塔小丛书》就是其经营的印刷所印发并产生广泛影响的一套革命书刊。《群众》周刊是中国共产党在国统区公开出版的机关刊物，多次被迫停刊又艰难复刊。1947年1月创办香港版，开展海外宣传工作，还出版了伪装本，秘密运回内地发行，直到中华人民共和国成立后才宣告停刊。

### 五、查禁与伪装（二）

中国禁书的历史源远流长。秦始皇统一全国后，焚书坑儒，制造了中国文化史上的第一场浩劫。明清时期皇权高度集中，禁书力度极大。民国时政权数度更迭，文化思潮互相激荡，政治斗争异常激烈，战乱频仍，社会动荡，反动当局为巩固自身的地位，出于政治、意识形态、党派、外交、宗教、道德等方面的考量，制定了出版和审查法规，成立了专门审查机构，公布了大量禁书目录。

张静庐辑注的《中国现代出版史料》收录了多种国民党政府当局颁布的重要查禁目录：《国民党反动派查禁普罗文艺密令》（1933年）、《国民党反动派查禁二百二十八种书刊目录》（1931年）、《国民党反动派查禁六百七十六种社会科学书刊目录》（1936年）、《国民党反动派查禁文艺书补遗》（1929—1936年）、《"七七"事变前被国民党反动派查禁的报刊目录》（1936—1937年）、《国民党反动派查禁九百六十一种书刊目录》（1941年）、《国民党反动派查禁报刊目录》（1929—1931年）、《国民党反动派查禁书刊补遗》（1929—1931年）和《一九三六年国民党反动派查禁刊物目录及调查表》（1936年）。王煦华搜集1927—1949年国民党党、政、军、警、文、教机构的一些不公开发行的内部书刊和工作报告，商务印书馆的档案，唐弢自1935年以来收藏和遗存的禁书材料，编成《1927—1949年禁书（刊）史料汇编》，其中既有《中央取缔社会科学反动书刊一览》（1936年）、《中央取缔反动文艺书籍一览》（1936年）、《中央图书杂志审查委员会取缔书刊一览》（第一辑，1940年）、《中央图书杂志审查委员会取缔书刊一览》（第二辑，1943年）等重要禁目，又有《上海市教育局查禁反动刊物》、《中国国民党湖南省长沙市党务整理委员会宣传部成立以来上级党部通令查禁之反动书报表》（1931年）、《西南出版物审查会查禁刊物一览》（1934年）等地方当局的查禁目录。此外，该书还抄录了《"北京市政府警察局"检扣书籍等刊物一览表》（1938年）和伪新民会中央指导委员会《禁止图书目录》（社会主义之部，1939年）两种日伪查禁目录。

民国时期的禁书数量远超古代，目前发现的许多伪装本散见于众多查禁目录和档案中。1936年，国民党中央宣传部编制印发《中央取缔社会科学反动书刊一览》，内收 1929—1935 年国民党中央宣传部查禁、查扣的所谓"社会科学反动刊物"，先按年度，再按"共产党刊物""国家主义派刊物""无政府主义派刊物""第三党刊物""帝国主义刊物""傀儡组织刊物""其他反动刊物"等门类编排，列刊名和查禁及查扣缘由、日期。其中以"共产党刊物"门类书刊居多，从中即可见到伪装本的身影（详见表1-1）：

表 1-1　国民党中央宣传部编制的《中央取缔社会科学反动书刊一览》中列出的伪装本情况表

| 刊物名称 | 查禁及查扣缘由 | 查禁及查扣日期 |
| --- | --- | --- |
| 《党的生活》（即《学校生活》） | "宣传共产主义" | "十九年七月通令各省市宣传部各邮检所查扣" |
| 《人口粮食问题》（即《共产国际纲领》） | "宣传共产" | "十九年八月中央及国府通令查禁" |
| 《民权初步》（即《中国苏维埃》） | "宣传共产主义" | "十九年八月通令各省市宣传部各邮检所查扣并函国府通令查扣" |
| 《共产国际月刊》（假名《少年的朋友保罗》） | "宣传共产" | "廿年一月通令各省市宣传部各邮检所查扣" |
| 《党的建设》（化名《建设的ABC》） | "宣传共产主义" | "二十年七月通令函各省市党部各邮检所查禁扣留" |
| 《资本的危机与世界共产主义运动的任务》（代名《风车》） | "赤匪刊物" | "二三年十二月十二日" |
| 《中国革命基本问题》（代名《中国问题》） | "共党刊物" | "二四年一月三十日" |

除了标注出来的伪装本，《中央取缔社会科学反动书刊一览》中还有大量疑似的、没有被标示出来的伪装书。例如，1930 年 10 月 "密令上海市宣传部及各地邮检所查禁扣留" 的《浪潮》，当是 1930 年中华全国总工会编印的《第五次全国劳动代表大会决议案》；1931 年 1 月 "通令查扣" 的《到光明之路》，极有可能是《共产国际月刊》第一卷第二期的伪装本；1932 年 7 月 "通令函各省市宣传部查扣" 的《武装暴动概要》一书，虽没有著录其版本特征，但很有

可能是伪装成《文字教育概要》、托名《东方文化丛书社小丛书》的伪装本，目录中只著录了真实题名；1932年7月22日以"诋毁本党及政府"为由查禁的《摩登周报》，很有可能是中国共产党中央委员会机关报《红旗周报》某一期的伪装本，这本书被归入"其他反动刊物"门类。

在"共产党刊物"门类中，还有大量书刊仅从题名来看完全看不出其真实内容，如《新时代国语教授法》《现代社会生活》《社会问题大要》《青年书信》《丰台》《少年通信》《宇宙之光》《现代文化》《世界文化》《春秋》《青年思潮》《文化战线》《科学新闻》等，其查禁理由无外乎"宣传共产主义""鼓吹阶级斗争""宣传马克思主义"等。仅从题名来看，这些书刊应该是做了一定的伪装，至于是不是伪装本、是否具备伪装本的典型特征，还有待进一步的研究。

在你死我活的斗争中，革命书刊以伪装手段求得生存，反动当局也会采取一些针对性的查禁措施。1929年4月，国民党中央宣传部发布了一个《查毁共党假名刊物》的密令。同年7月，国民党中央执行委员会要求国民党政府查禁革命书刊，除了依据国民党中央宣传部密呈的《中央查禁反动刊物名册》，还有一份单独的《共产党反动刊物化名表》（详见表1-2），以方便查禁。①

表1-2 国民党政府编制的《共产党反动刊物化名表》中刊物伪装题名和真实题名对照表

| 真实题名 | 伪装题名 |
| --- | --- |
| 《少年先锋》 | 《闺中丽影》《童话》 |
| 《布尔塞维克》 | 《中央半月刊》《少女怀春》 |
| 《工人宝鉴》 | 《卓别麟故事》 |
| 《中国工人》 | 《漫画集》《红拂夜奔》《南极仙翁》 |
| 《红旗》 | 《快乐之神》《一顾倾城》《经济统计》《红妮姑娘艳史》《出版界》 |
| 《列宁青年》 | 《何典》《列强在华经济的政治的势力及其外交政策》《青年杂志》 |
| 《半叶》 | 《烈火周刊》 |

---

① 参见《国府令发中央查禁反动刊物表》，《江苏省政府公报》1929年第208期，第13—14页。

1930年，国民党中央宣传部审查报告也专门指出革命刊物的伪装问题："反动刊物的发行，为避免查禁，常常采用'挂羊头卖狗肉'的政策。计七、八、九三个月来查禁的刊物，发现化名发行的有《共产国际纲领》化名《人口粮食问题》，《中国苏维埃》化名《民权初步》，《武装暴动》化名《艺术论》，《布尔塞维克》化名《新时代国语教科书》，《烈火》化名《叛逆》，《黑色青年》化名《监狱》，等等。而经过'红色'染浸的《三民主义》，又假借胡汉民同志的题字。"① 伪装本被国民党检查官污蔑为"挂羊头卖狗肉"，从报告列举的书目可知，国民党对当时出版的伪装本情况已经有相当的掌握。

　　查禁与伪装息息相关，现在我们还能看到极少量的带有查禁标记的伪装本实物。1930年3月25日，中国共产党中央宣传部编写的宣传品《关于苏维埃区域的宣传材料》，伪装成朱勤蒙编《群经概论》（"经学丛刊"第一辑）油印出版。这本伪装书后来被国民党当局查获，封面上写有"反动刊物，十九．八．十，在浦东杨家渡查获"等字。② 国家图书馆藏的伪装本中有两种留下了查禁标记：第一种是1946年4月出版的《解放日报》时评汇编本。这本书伪装成《蒋委员长日记》，封面右下角用墨笔书有"共匪书籍"4个字；封面和扉页之间夹有一小张白纸条，纸条上有椭圆形阳文朱印，印文自左向右为"国民政府主席广州行辕/绥靖战利品/中华民国卅五年四月于大鹏湾"，其中"五"及"大鹏湾"几字为钢笔所书。③ 也许是这种伪装手法过于引人注意，出版当月即被查抄。第二种为《用克服社会民主党传统这个方法来使资本主义各国共产党布尔塞维克化》，署名"皮亚特尼茨基著""樵夫译"，1933年8月20日由中华书店出版。这本书伪装成《民间文艺》第四期，封面盖有"中国国民党福建省思明市党部邮件检查证"戳记。这些带有查禁标记的伪装本历劫余生，是国民党反动当局实行文化专制统治的实物物证。

---

① 张克明：《国民党中宣部审查1930年7至9月份出版物总报告（节录）》，《民国档案》1991年第25期。
② 参见宋庆森：《书海珠尘——漫话老版本书刊》，北京：新华出版社，2001年，第75页。
③ 参见黄霞：《简述国家图书馆藏革命历史文献中的伪装本》，《文献》2003年第4期。

## 第三节　伪装本的鉴别与价值

### 一、伪书、盗印书与伪装本

谈到伪装本时，自然而然地会与古籍中的"伪书"和近代的"盗印书"联系起来。蔡成瑛在《伪书、伪本和伪装书漫谈》中，将古籍中的伪书和国民党统治期间革命伪装书放在一起讨论，介绍了各自产生的原因和特点，指出在国民党统治期间，"我们党为了进行革命宣传，躲避国民党反动政府的查禁不得不采取一些特殊的斗争手段，便对一些马列主义经典著作和革命书刊，改换成其他图书的书名，以便能在国民党统治区秘密流传，我们称这些书为伪装书"。伪装书在中国人民的革命事业中发挥了积极的作用，成为团结人民、教育人民，打击敌人、消灭敌人的有力武器，是十分珍贵的革命文物。[①] 作者将伪书和伪装本放在一起讨论，显然是认为它们之间有着某些共性或者联系。

伪书指的是古籍中托名伪造的书。伪书的形成各有缘由，有的是原作者已无考而托名于前人的，有的是成书较晚而相传为前代著作的，有的是原书已佚而后人有意作伪的，等等。伪书在春秋战国之前就已经出现。为了考辨古籍的真伪，考订伪书的作者或著作时代，需要对其进行辨伪工作。从西汉时期刘向、刘歆父子开始，就不断有学者注意到古籍辨伪的问题。自宋以来，出现了多部总结辨伪理论和方法的专著，如姚际恒《古今伪书考》、胡应麟《四部正讹》等。张心澂在此基础上，搜集其他书籍的辨伪之说，汇编而成《伪书通考》，所辨之书共计1104部。伪书并不限于古籍，邓瑞全、王冠英主编的《中国伪书综考》考辨之书达1200种，专辟以往的辨伪专著所没有的"近代伪书"部分，考辨近代伪书50多种。[②]

盗印书是未经作者或原出版者的许可而擅自出版发行的书籍。民国时期，书业从业者习惯上将盗印作伪的书籍称作"翻版书"。1932年，中国著作人出版人联合会北平总会在《中国新书月报》第二卷第四、五号合刊，以及第七号、

---

① 参见蔡成瑛：《伪书、伪本和伪装书漫谈》，《青海图书馆》1986年第3期。
② 参见邓瑞全、王冠英主编：《中国伪书综考》，合肥：黄山书社，1998年。

第八号上刊登了《北平市查获各种被翻书籍一览表》，表中大部分的翻版书按原版书翻印，题名、著者、内容等与原书无异，部分书假借了其他出版者印刷，这一类盗印书实际上是一种伪本。例如，现代书局出版的蒋光慈著《异邦与故国》的盗印书是照原样翻印，郭沫若著《中国古代社会研究》被不法商人假借"联合书店"名义照原书翻印。这些盗印书只能通过"纸质恶劣，印刷不良"的特点来鉴别。还有少量的盗印书采取更多的伪装手段对原书进行翻印。例如，鲁迅在北新书局出版的《呐喊》，不良书商剽窃了原书的大部分，改名为《鲁迅全集·小说集》，用劣质纸张和印刷方式盗印；冰心在开明书店出版的《往事》，盗印书剽窃原书的全部内容，改题名为《冰心全集》出版。这一类书实质上就是现代伪书。民国时期伪书和翻版书经常是同一个意思。

革命和进步书籍也饱受盗版之苦，那么因盗印而进行伪装的革命和进步书籍是不是伪装本呢？这也是一个值得关注的问题。卢正言在《伪装本和盗版书》一文中就谈到郭沫若翻译的《政治经济学批判》一书的查禁、盗版和伪装问题。这本书是马克思的重要著作，1931年12月由上海神州国光社出版。1934年2月，国民党中央宣传部查禁的25家书店出版的149种书籍中即包括这本书。同年3月20日，国民党上海特别市党部执委会又将该书列入《应禁止发售之书目》。于是，书商翻版时将译者改署"李季"，使得该书瞒过了国民党检查官的耳目，得以继续流通。1947年3月，上海群益出版社再次出版时，郭沫若写了一篇序言，无奈地表示"我很能了解这部书的译者之所以由'郭沫若'改换而为'李季'的翻版家的苦心"。此外，还出现过以"政治经济学会"名义出版，将《政治经济学批判》改题名为《经济学批判》的事情。还有一种调换了封面并伪托"李达译"的版本。卢正言介绍说，还有一种翻版书是将他人著作或译作，故意改为"郭沫若著"或"郭沫若译"，有的甚至将题名也改换了，如日本夏目漱石著、崔万秋译长篇小说《草枕》，以及曹靖华译《烟袋》、周谷城著《中国社会之结构》、成仿吾著《使命》、苏曼殊著《断鸿零雁记》等。这种就属于商人借重名人效应的牟利行为。① 卢正言认为，应该将伪装本和盗印书区分开，并将前述盗印作伪的《政治经济学批判》视为伪装本，后面的这些挂名盗印的书籍视为盗版书。在笔者看来，后面的挂名盗印的书籍属于盗版书无疑，前述盗印作

---

① 参见卢正言：《伪装本和盗版书》，《书林》1983年第4期。

伪的《政治经济学批判》也不应视为伪装本。这些盗印本虽然属革命和进步书籍，是应对官方查禁的一种伪装，客观上为马克思主义在中国的传播起了一定的积极作用，但是其出版动机是一种商人牟利的盗印行为，而且这种现象不在少数。这种盗印作伪是对著作权和版权的一种侵犯，导致出版乱象。至于后来的翻印，很难说是被之前的作伪给蒙蔽了，还是一种将错就错的故意的伪装行为。

赵长海特别留意到伪书、盗印书和伪装本的某些共同点，在《论"伪装本"》一文中专门就"伪装本与古籍中的伪书""伪装本和盗印书"进行了分析比较，认为："近现代革命文献中的伪装书、盗印书中的伪装书和古代的伪书在伪造方式、目的等方面多有相类之处，只是伪书主要针对古籍伪书而言，而伪装本主要针对近代、现代文献中的革命出版物或进步出版物而言。'伪书'稍微隐含贬义色彩，而'伪装本'则纯粹褒义色彩。如果抛弃科学研究中过重的意识形态色彩，那么，革命文献中的伪装书、盗印书中的伪装书和古籍中的伪书应是同一概念的书，只是时代不同，人们对于伪书的感情色彩不同罢了。"作者捕捉到了3个概念的时代特点和感情色彩，强调了三者的共性，得出"伪装本书刊普遍存在于古今中外出版物中""伪装本即伪书版本"这样的结论。①

明代胡应麟在《四部正讹》中按照伪书的流传情况、作伪的动机、伪书存在的形式等，将伪书分为20种：有伪作于前代而世率知之者；有伪作于近代而世反感之者；有掇古人之事而伪者；有挟古人之文而伪者；有传古人之名而伪者；有蹈古书之名而伪者；有惮于自名而伪者；有耻于自名而伪者；有袭取于人而伪者；有假重于人而伪者；有恶其人，伪以祸之者；有恶其人，伪以诬之者；有本非伪，人托之而伪者；有书本伪，人补之而益伪者；有伪而非伪者；有非伪而实伪者；有当时知其伪而后世弗传者；有当时记其伪而后人弗悟者；有本无撰人，后人因近似而伪托者；有本有撰人，后人因亡逸而伪题者。②梁启超在胡应麟的基础上，将伪书归纳为10种情况：全部伪；一部伪；本无其书而伪；曾有其书，因佚而伪；内容不尽伪而书名伪；内容不尽伪，而书名、人名皆伪；

---

① 赵长海：《论"伪装本"》，《大学图书馆学报》2007年第2期。
② 参见张三夕：《中国古典文献学》第3版，武汉：华中师范大学出版社，2018年，第172—174页。

内容、书名皆不伪而人名伪；盗袭割裂旧书而伪；伪后出伪；伪中益伪。[①] 伪书分类荦荦大端，标准不一，种类多且繁杂。如果仅从动机来看，无外乎这样3类伪书：主观故意作伪的伪书、主观过失造成的伪书、客观因素促成的伪书。盗印书可以理解为近现代的伪书，是对版权的一种侵犯，主要是盗印名人著作和畅销书籍，大多数时候是原样翻印，有时候采取作伪的方式翻印。从作伪动机来看，盗印书是以牟取利益为目的伪书。伪装本是革命和进步阵营对敌斗争的产物，其作伪动机比较纯粹，是为了宣传革命和进步思想，团结革命和进步力量，并不以赚取利润为目的。

伪装本最重要的特征就是利用假的题名和封面进行伪装，有的还会对作者、出版者、目录、内容等进行伪装。伪书、盗印书和伪装本三者在作伪或者伪装的外在形式上有许多共同点，比如作者不真、年代不实、内容伪托或虚构等。同时三者也有微妙的区别，比如产生年代、文献内容、文献性质等，特别是三者在作伪的动机上有着显著的不同。伪书，特别是盗印书，多为欺世盗名、作伪射利之作；伪装本的产生主要是阶级斗争、政治斗争和意识形态斗争的需要，是主观故意伪装的革命和进步书籍。伪装动机是区别三者的一个重要标准。伪书是版本学中的一个重要概念，其范畴更大，外延更广，成因远较伪装本复杂；伪书概念不能集中和深入地揭示伪装本；伪装本概念显然也不能用来涵盖古今中外的伪书。笔者倾向于伪装本概念用来特指革命文献中的伪装本，一方面是因为这个概念产生后在中文语境中就一直是这么运用的，将其作为特定内涵的名词概念方便对这一类文献的聚焦和研究；二是将这个概念引入古籍或新书版本中既不现实也无大的必要，因为古籍和新书已经有了"伪书""盗印书""盗版书"之类的成熟概念，基本不会使用"伪装本"这一新概念。

## 二、伪装出版的其他政治类书刊

伪装本是革命性质的政治类书刊文献。这里要说的是与伪装本产生于同一时代的其他政治类书刊的伪装现象。

---

① 参见梁启超：《古书真伪及其年代（附三种）》，扬州：江苏广陵古籍刻印社，1990年，第13—15页。

在国民党的查禁目录中，除了大量的中国共产党的革命书刊，还有国民党内讧时期的反蒋书刊和其他一些政治组织的书刊。"宁汉合流"后，汪精卫在与蒋介石的权力角逐中失败，汪派分子陈公博、顾孟余等以"拥汪"为旗帜，策划反蒋活动，于1928年冬在上海成立"中国国民党改组同志会"，又称"改组派"。《革命行动月刊》《革命时论》《黄埔周刊》《社会改造》《党务月报》《中国国民党代表的是什么》《汪精卫先生以党治军之言论》《民友周刊》等"改组派"刊物均被蒋介石集团查禁。1929年2月以"言论反动，对中央妄肆攻击，并离间挑拨"为由查禁的浙江杭州指南针社出版的《指南针》就是一份"改组派"刊物。这一杂志的题名具有迷惑性，后来也出现过伪装成《南针》《指南针》《指南针使用法》的革命伪装本。同年以"假借中央名义伪造宣言及决议案"为由查禁的《中央四次全会宣言及决议》，也有可能是国民党内反对派的刊物。

国民党中央宣传部编制的《中央取缔社会科学反动书刊一览》内有大量国家主义派、第三党等政治组织的书刊，从中也能发现一些经过伪装处理的书刊。国家主义派的前身是中国青年党，1923年在法国巴黎成立，其成员主要是一些地主、资产阶级政客和知识分子。该派极力鼓吹国家主义，打着"国家高于一切"的招牌，宣扬全民革命，反对共产主义，反对阶级斗争。1924年，该派创办机关刊物《醒狮》周报，故该派又被称为"醒狮派"。大革命时期，该派与国民党右派相勾结，支持"西山会议派"，思想和行动极为反动。1926年10月，该派发起所谓"拥护五色国旗运动"，充当各地军阀的帮凶。因为出版的《醒狮》《国光旬刊》《青年月报》《国家主义及其政策》《我们为什么拥护五色旗》等数十种书刊均被国民党查禁，所以该派对其出版物进行了伪装。1930年11月，国民党中央宣传部以"宣传国家主义"为由通令各地查禁的《救国真诠》，实际上是"青年党及青年团全国第五次代表大会宣言及青年党政策大纲之合订本"。国家主义派以"反共"著称，先后投靠军阀和国民党反动派，一部分成员后来还充当了汉奸，其以伪装面貌出版的书籍当然不属于革命伪装本。

第三党指的是由邓演达领导和创立的旨在走与国民党、共产党不同的第三条道路的政党组织。第三党主张国人联合起来，反对以蒋介石为首的新军阀统治，反对帝国主义在华的一切特权，驱除帝国主义出中国，建立以农工为中心的平民政权。因为该党出版的《行动周报》《突击》《革命行动半月刊》《现代军人》《中国国民党临时行动委员会政治主张》《青年行动》《行动日报》等书刊均被国民党查禁，所以部分第三党书刊采取了伪装的手段。据《上海市历史与建设博物馆筹备处文献目录》著录，《国民党行动委员会秘密文件》一书伪装成《旅行须知》和《日用医药》两种书。①1931年3月，国民党通令各邮检所查扣了一种题名为《中央月刊》的刊物，称其"冒用中央月刊封面"，实际上也是第三党刊物。《中央月刊》的前身即国民党中央发行的机关刊物《中央半月刊》，而第三党出版的《中央月刊》，其伪装手法与中共中央把在国民党统治区秘密出版的机关刊物《布尔塞维克》伪装成《中央半月刊》的手法是一致的。

值得注意的是，国民党出于不同的目的，也出版过带有伪装色彩的书籍。倪墨炎先生曾揭露国民党利用这一手段攻击革命，进行反动宣传，他提到了《剧中人语》和《赤裸裸》两种书籍。笔者找到了《剧中人语》的同名书籍，题名页的真实题名是《和中国的共产主义者谈话》，作者署"周康"，书前有1929年6月作者写给反省院监狱科长的信作为自序，正文包括"自白""论CP内部之纠纷""论CP之政治主张""论CP现时之策略""论CP之组织""结论"等6个部分。这本书的题名带有隐喻，章节名的"共产党"用字母"CP"（"共产党"一词的英文"Communist Party"的缩写）代称，具有一定的隐秘性。倪墨炎收藏的《剧中人语》版本封面上画着一个女人在舞台上狂舞，题名用毛笔书写，看上去很像一本20世纪20年代的文艺书；版权页署1929年12月出版，没有作者姓名，也没有出版者、发行者名称，更具迷惑性。"其实原因也很简单，因为他们这种黑暗里的东西见不了太阳。如果他们印成《共党内幕》之类，那许多人都避而远之了。他们之所以需要伪装，是希望有人能接受这本书，接受了以后或许也会翻一翻，这样就起到了宣传效果。"《赤裸裸》这本书既不是色情类图书，又不是健美类图书，而是国民党官办的开展书店出版的《开展丛书》之一。从外表看，《赤裸裸》这本书很像文艺书籍，实际上却是10个从苏联回来的叛徒写下的"投名状"。②

中国共产党在对日斗争中出版过大量输送至沦陷区的伪装本，国民党也曾出版过精心伪装的书籍。2017年，中国书店秋季书刊资料文物拍卖会拍出过两种此类书籍。第一种封面题名为《箴言录》，1940年8月出版，正文内容包括《蒋

---

① 参见上海市历史与建设博物馆筹备处编：《上海市历史与建设博物馆筹备处文献目录》，1958年，第181页。

② 参见倪墨炎：《现代文坛灾祸录》，上海：上海书店出版社，1996年，第63—64页。

委员长告沦陷区同胞书》《航委会特党部及政治部告全国同胞书》《上海特别市党部告市民书》《三民主义青年团上海支团部告青年书》，附录《全国征募寒衣运动委员会总会告海内外同胞书》《为发动征募寒衣代金运动告孤岛人士书》。第二种封面题名为《新约全书》，托名上海青年书店印，实际是国民党领导的青年组织三民主义青年团的宣传品。托名箴言录和宗教宣传册是一种常见的伪装手段。这两种书采取伪装手段的原因，《箴言录》卷首的《写在前面》做了明确的说明："这些可宝贵的文献，不幸为敌伪假手于租界当局的干涉，而不能在各报刊布，这不能不使我们抱着最大的痛愤和遗憾。但是我们深信每一个爱国的市民，都急于知道这些文献内容的究竟。所以我们不能因为各报受了租界当局的干涉而不能刊载之后，就算完结。我们觉得这些文献是有时代的价值，而每一个市民有细读一遍的必要，所以我们把这些可宝贵的文献集合起来，印成小册，分赠各界。二九，八，一五。"这两种书印发于全民族抗战三周年之际的上海，当时日军占领了上海租界以外的全部地区。"孤岛时期"的上海租界虽然宣布"中立"，但是处于日军包围之下，对日本有所顾忌。为了应对日伪的追查和租界当局的禁令，一些抗日书刊和宣传品采取伪装的形式印发。

伪装本是革命历史文献，这一点是针对伪装本的性质而言的。前述"改组派"、国家主义派虽然反蒋，但是同时也是以反共反革命著称的政治组织，其以伪装面貌出现的书籍均不能视为伪装本。爱国民主党派中国农工民主党的前身第三党属于革命和进步的党派，其以伪装面貌出现的刊物或可归入伪装本。国民党以伪装面貌印行的书籍既有反动宣传品，又有抗日战争时期针对日伪的抗日宣传品，需要对不同时期书籍的性质和作用加以鉴别和区分。

### 三、伪装本的价值

在白色恐怖包围下，革命书刊经常遭到反动当局的查禁，有的伪装之后复又被禁，不得不再度更名出版。革命事业就是在查禁和反查禁、"围剿"和反"围剿"的往复角力和斗争中前进。唐弢在《书话》中饶有趣味地提到过一本这样的书籍："我记不清是哪一个刊物了，曾经用过《脑膜炎预防法》书名，暗寓可以医治思想、清醒头脑的意思。有一次，有人拿着一本到上海邮局寄发，恰巧被国民党上海市党部派驻邮局的'检查老爷'看到了，当事人心里正在发急，不料这位'老爷'刚一伸手，看到书名，竟像烫着了火一样，立即缩回去，撅起嘴巴、扭着鼻子走掉了。原来他以为看这种书的人可能已经有脑膜炎症象，容易传染，自己性命要紧，倒不如赶快躲开为是。"① 实际上，这本看起来有点儿烫手的伪装书最终没能逃脱国民党的查禁。1929年7月，国民党湖南省党务指导委员会宣传部呈报称："封面为署名上海特别市政府卫生局印行之《脑膜炎预防法》，内容则为《政治材料》第一期，系共产党化名反动宣传品。"② 这个刊物的创刊号引起国民党当局的注意，想必其出版周期非常短，我们对其创办情况、具体内容均无从得知。该刊的伪装手段如此高明，仍然被国民党盯上，足见当时文网之严密。经过反动当局的查禁和革命战争的洗礼，伪装本百不存一，成为非常稀见的革命文物。

　　以伪装形式出版的革命文献大多是领袖著作、比较重要的会议文件和党的各级机构的机关刊物，具有极高的文献价值和文物价值。如果纯粹从书籍史的角度来看，伪装本形态各异，伪装方式和策略多种多样，同时又具有非常重要的版本价值。中华人民共和国成立后，伪装本受到图书馆界及书业界的重视，作为重要文献加以典藏。20世纪50年代，北京图书馆率先提出了"新善本"的概念，善本部主任赵万里提出了3个入藏标准，即需具有思想性、历史性和艺术性，或据其一择选，但要着重在稀有罕见上。③ 伪装本可以说是符合上述每一个条件，许多伪装本就是当时从旧平装书库中提取入藏到新善本特藏库之中。除了国家图书馆，中央档案馆、中央党史和文献研究院、国家博物馆、南京图书馆、上海图书馆、韶山毛泽东图书馆等单位也将伪装本作为重要文物加以收藏。

　　文物市场兴起以后，伪装本因其独特的文物价值和文献价值，受到了收藏界的追捧。1993年9月22日，中国书店与北京拍卖市场在北京联合举办了北京首届稀见图书拍卖会，这是中华人民共和国成立以来举办的第一场古旧书刊专场拍卖会，引起海内外相关人士及收藏家的瞩目。这次拍卖会共有拍品167件，其中有伪装本3册。拍卖的第一件拍品是拍号为96的伪装本《秉烛后谈》，

---

① 唐弢：《书话·书刊的伪装》，北京：北京出版社，1962年，第81页。
② 复旦大学新闻系新闻史教研室编：《简明中国新闻史》，福州：福建人民出版社，1986年，第254页。
③ 参见冯宝琳：《回忆五十年代创建新善本手稿特藏库的经过》，《图书馆学通讯》1982年第3期。

底价 100 元，竞价阶梯 10 元，经过 13 轮角逐，以 230 元成功拍出，买家为时任北京市新闻出版局副局长赵东鸣。此事颇具象征意义，成为收藏界的趣谈佳话。近年来，伪装本仍然是古旧图书拍卖会上的重要拍品。2018 年，泰和嘉成春季艺术品拍卖会拍出了一批伪装本，成交金额令人咋舌。其中的《文史通义》（内篇之二）（《论新阶段》伪装本）以 92000 元成交；《救国言论集》（《新民主主义论》伪装本）以 79350 元成交；原由张曼玲女士收藏的《新出绘图国色天香》（《中共党第六次全国代表大会决议案》伪装本），估价 150000～200000 元，最终拍出了 1200000 元的天价，加上 15% 的佣金，成交价高达 1380000 元。伪装本的收藏价值和经济价值可见一斑。

从学术研究的角度来看，伪装本具有非常重要的研究价值。张克明在成千上万的原始档案中发现这类书刊时，难掩无比激动和兴奋的心情，投入伪装本的整理和研究。他认为这项工作可以为出版史、思想史的研究积累素材，为后来的研究提供线索，可以看到党和进步的文化界在黑暗的旧中国进行的艰苦卓绝斗争，"将革命书刊化名录和国民党政府查禁书刊目录加以对照，就会发现一面是阴森的、恐怖的手镣脚铐之声，一面是机智的、巧妙的贩运'天火'的斗争之声。我想，这就是历史，活生生的历史。毫不夸张地说，我在从事这项工作的过程中，是接受了一次特殊形式的、极其生动的无产阶级革命传统教育"①。赵长海认为研究伪装本对版本学在新时期的发展具有 5 个方面的开拓意义：伪装本是版本学中的一项重要而且较特殊的版本形式，研究伪装本，在图书馆学、版本学、校勘学、历史学中均具有重要的意义；研究伪装本，对于马克思列宁主义在中国的传播及党史研究有着极为重要的意义；研究伪装本，是开展近现代史研究所必需的；伪装本的研究和鉴定，是图书馆开展各项工作所必需的；伪装本的研究和鉴定，可以保护珍贵的文物，以便在图书馆更好地贯彻文物保护法。②随着学界的呼吁和研究的深入，人们对伪装本的认识也在不断提升。

革命和进步阵营通过伪装手段对敌斗争是一项极其正义的事业，是革命的事业和人民的事业。经历过那个年代的人都对伪装本抱有深切的情感。现在远

---

① 张克明：《激动与兴奋——搜集〈革命书刊化名录〉的体会》，《文教资料》1986 年第 3 期。
② 参见赵长海：《论"伪装本"》，《大学图书馆学报》2007 年第 2 期。

离了那个时代，又看不到这些实物，一般读者难以感同身受，甚至会有一些误解。正因为如此，才需要不断地挖掘和保护这些革命文物，提高大众的认识水平。2021年，在中国共产党成立100周年之际，习近平总书记对革命文物工作做出了许多重要的指示。他指出，革命文物承载党和人民英勇奋斗的光荣历史，记载中国革命的伟大历程和感人事迹，是党和国家的宝贵财富，是弘扬革命传统和革命文化、加强社会主义精神文明建设、激发爱国热情、振奋民族精神的生动教材。他强调加强革命文物保护利用，弘扬革命文化，传承红色基因，是全党全社会的共同责任。各级党委和政府要把革命文物保护利用工作列入重要议事日程，加大工作力度，切实把革命文物保护好、管理好、运用好，发挥好革命文物在党史学习教育、革命传统教育、爱国主义教育等方面的重要作用，激发广大干部群众的精神力量，信心百倍为全面建设社会主义现代化国家、实现中华民族伟大复兴中国梦而奋斗。① 革命文献是革命文化的重要载体，见证了中华民族波澜壮阔的革命历程，记录了中国共产党英勇顽强的奋斗历史，蕴含着中华民族和中国共产党人的精神价值与优良传统，是党史学习、教育和研究不可或缺的宝贵资源。伪装本绝大多数为中国共产党早期领导人的重要著作、党报党刊、党的文件汇编、重要时事评论，这些书籍在传播马列主义、毛泽东思想，以及党的路线、方针、政策等方面发挥着不可估量的作用，在动员人民群众和开展对敌斗争上做出过重要的贡献，产生了重要的影响，具有极高的文献价值、文物价值、版本价值和伪装艺术上的审美价值。需要注意的是，由于版本特殊，伪装本在革命战争年代迷惑了敌人，同时也误导了一般的图书馆工作者和读者，许多珍贵的伪装本长期隐藏在故纸堆中，尘封积压，其蕴含的红色基因和文献价值还没有得到充分的挖掘，需要各方面重视起来，继续推进相关的保护和研究工作，充分发挥好伪装本在党史学习教育、革命传统教育、爱国主义教育等方面的引领和示范作用。

---

① 参见《习近平对革命文物工作作出重要指示强调　切实把革命文物保护好管理好运用好　激发广大干部群众的精神力量》，《人民日报》2021年3月31日第1版。

## 第四节　伪装本的类型及其样本分析

伪装本的伪装方法和策略多种多样，已有多位学者尝试过进行分类讨论：陈巧孙按照题名与内容毫不相干者、题名与内容完全相反者、题名内蕴含着深刻的革命内容者分为3类；张克明按照封面的伪装、封面及扉页均有伪装、有伪装名称而无原书名、有原书名而无伪装名称、特殊形式的伪装等几个方面进行分类；李龙如从伪装的形式出发分为4类，大体与张克明的分类方式类同。这几种分类较为简略，且分析的样本非常有限。

封面是伪装本展示伪装技巧最为重要的地方，故伪装本又有"托名本""改题本"之称。根据伪装题名与内容主旨的关系，笔者将伪装本分为没有关联性和存在关联性两大类别，各类之下又分为若干小类，撷取样本进行分析，以方便读者进一步地认识和了解这类珍贵革命文献。

### 一、伪装题名与内容主旨没有关联性的伪装本

#### （一）伪装成官方政治读物

伪装本本身就是极具批判性的政治类文献，伪装成符合反动当局趣味的官方政治读物会大大降低被查禁的风险。蒋介石建立南京国民政府以后，继续打着国民党的旗号，自称孙中山的忠实信徒，开口"总理遗嘱"，闭口"三民主义"，实际上完全背叛了孙中山的遗嘱，背弃了孙中山的革命三民主义。孙中山是中国民主革命的先行者，中国共产党人是孙中山革命事业最坚定的支持者、最忠诚的合作者和最忠实的继承者。中国共产党在国民党统治时期出版的书籍中就有不少伪装成孙中山遗著或相关著作。

瞿秋白所著《三民主义批判》就是比较典型的一例。1927年底至1928年初，瞿秋白连续在《布尔塞维克》上发表《"青天白日是白色恐怖的旗帜！"》《三民主义倒还没有什么？》《马克思主义还是民生主义》《民权主义与苏维埃制度》《世界革命中的民族主义》等文批判国民党的伪三民主义。1928年3月，这些批判文章结集出版，托名《三民主义》，封面为胡汉民的题字，扉页印有孙中山先生遗像和遗嘱。《中国共产党第六次全国大会议决案》伪装成孙中山制定

的《国民政府建国大纲》。1930年5月30日出版的《党的生活》第十期，封面伪装成上海三民书店印行的《知难行易浅说》，孙中山先生曾在1921年12月9日桂林学界欢迎会上做过题为《知难行易》的演讲，上海三民书店确实也出版过这种书籍。1930年"五卅"五周年纪念和全国苏维埃区域代表大会开幕之际出版的《中国苏维埃》，伪装成上海三民公司印行的孙中山编写的《民权初步》，编者说这本书是特别供给全国苏维埃区域的。这也许是考虑到这些书要送到苏区，一路上困难重重，即使是苏区内部也有大量的地方处于赤白相间或赤白对立的局面，伪装有利于书籍的流通和传播。

还有的书籍则巧妙地取了一个阐释或者研究孙中山思想的题名。例如，1932年出版的《民众革命与民众政权》，内容选辑自《红旗周报》，其伪装题名为《孙文主义理论与实际》；抗日战争胜利后出版的一本中共时评汇编本，收录《苏联对日宣战后毛主席发表声明》等24篇文献，以《孙中山先生论地方自治》作为伪装题名，难以看出其政治倾向，而伪托的出版者"正申书局"极易看成国民党中宣部设立的官办出版发行机构正中书局，具有很强的伪装色彩；1948年初，中共湖南省工委地下印刷所金国印书馆印刷的《论联合政府》，伪装题名为《和平奋斗救中国！》，采用了孙中山先生的政治遗言作为伪装题名。

土地革命战争时期至解放战争时期，还出现了大量伪装成国民党文献的伪装本。大革命失败后，中国共产党的机关刊物《布尔塞维克》创刊时处于革命低潮时期，只能秘密出版，后来连秘密出版也无法进行，只能采取伪装的手段，第二卷第四期至第六期伪装成同时期国民党中央执行委员会宣传部印行的《中央半月刊》，封面印有"中华邮政特准挂号认为新闻纸类""中央执行委员会宣传部印行"等字，字体、样式与该国民党机关刊物无异。1929年，新青年社出版的《列宁主义概论》，作者是斯大林，译者为瞿秋白，封面的伪装题名为《吴稚晖论政及其他》。吴稚晖是著名的国民党右派，1928年上海出版合作社出版了T.S编辑的《吴稚晖论政及其他》（第二集），这本《列宁主义概论》就是以此书为蓝本进行了伪装。1934年2月，蒋介石在江西南昌大本营指挥对红军的第五次"围剿"时，发起"新生活运动"，国统区各省、市、县都成立新生活运动分会。同年出版的一本批判"新生活运动"的书籍，伪装成新生活研究社出版的《新生活运动专刊》第一号。1943年批判《中国之命运》期间，陈伯达、范文澜、吕振羽、艾思奇和续范亭撰写的批判文章汇编本，伪装成国民党官办出版机构正中书局出版的《中国之命运》。当时《中国之命运》一书在国民党的强制推行下成为国统区各机关、军队、团体、学校的人人必读书，短时间内就发行了100多万册。革命书刊采用这种伪装方式出版，极难被察觉，故被多次运用。

抗日战争胜利后至全面内战爆发前的一段时间，中国共产党为争取实现国内的和平民主而进行了一系列斗争，党的一些时评文献也做了伪装。1946年出版的一本延安《解放日报》社论汇编伪装成《蒋委员长日记》，对国民党六届二中全会进行批判。1947年4月，香港中国出版社出版的宣传品伪装成《蒋主席元旦献辞》。《特务批判——中国法西斯特务往那里去？》伪装成《戴笠将军及其事业》，从外表看像是一本称颂国民党军统头子戴笠的书籍。《国民党军队为什么吃败仗？》伪装成《中央军作战史录》，貌似记录国民党中央军作战事迹的图书。

（二）伪装成敌伪书刊

有的伪装本伪装成敌伪书刊，这些书"白皮红心"，目的性很强，主动出击，深入敌人的统治区域进行革命宣传。最典型的当数抗日战争时期伪装成日伪书刊的伪装本。

中共晋西区委宣传部编印的刊物《祖国呼声》"专为适应敌占区同胞们的需要而办"，曾伪装成《国民政府还都、华北政务委员会成立三周年纪念特刊》《新民会分会员必携》《建设大东亚读本》等日伪读物，实际上是不折不扣的抗日刊物。晋察冀抗日根据地出版的刊物《自由祖国》伪装为伪天津特别市政府宣传处编印的《食粮增产问题研究》。

1943年，蒋介石抛出的《中国之命运》严重破坏了第二次国共合作和抗日民族统一战线，中国共产党为此展开了批判《中国之命运》的斗争，还专门针对沦陷区制作了两种托名《大东亚之路》的伪装本。其中一种伪托"东亚书局发行"，实际上是大众日报社出版的陈伯达著《评〈中国之命运〉》；另外一种伪托"新国民书店印行"，实际上是新四军拂晓报社印刷厂印刷的批判《中国之命运》的时评文献汇编本。

中国共产党第七次全国代表大会召开后，晋冀鲁豫边区裕民印刷厂曾出版过《论联合政府》和《论解放区战场》两种七大文献伪装本。前者以中国公论社发行的《中日事变解决的根本途径》为蓝本进行伪装；后者托名《大陆作战之新认识》，伪装成伪中华民国新民青少年团统监部文化处青少年半月刊社出版的书籍。当时正处于抗日战争取得胜利的前夜，以这样的方式进行传播，有助于沦陷区民众了解中国共产党的方针和政策。

（三）伪装成古典论著

一般情况下，古典论著不涉时事，无关政治，不会引起反动当局的注意，是伪装书比较喜欢的蓝本。

大革命时期，上海泰东图书局印行的《中山全集》，曾将封面伪装成刘鹗所著谴责小说《老残游记》，以躲避北洋军阀的查禁。大革命失败后，上海总工会编印的《上海工人特刊》伪装成在民间有着深远影响的《劝世文》，中国共产主义青年团机关刊物《列宁青年》一度伪装成清代张南庄的长篇白话讽刺小说《何典》，中共中央机关刊物《中央通讯》（又称"《中央政治通讯》"）伪装成《离骚》和《宋六十名家词》，《中国共产党第六次全国大会议决案》伪装成明代吴敬所辑纂的传奇小说选集《新出绘图国色天香》。抗日战争时期，苏中抗日革命根据地出版的一种党的文件汇编小册子伪装成《战国策注解》。解放战争时期，《高树勋将军邯郸起义特辑》伪装成清代历史演义小说《东周列国志》；中国人民解放军总部发布的解放战争第一年战绩统计《一年来的一笔总账》伪装成明清之际的学者朱柏庐所作《朱柏庐先生治家格言》；陈伯达著《人民公敌蒋介石》伪装成清代长篇白话侠义公案小说《足本七剑十三侠》，《中国四大家族》伪装成胡寄尘编选的近代短篇文言小说集《虞初近志》；《庆祝济南解放特刊》伪装成《原本精校老残游记》；等等。

毛泽东著作中就有不少这种类型的伪装本，其中最有名的当数晋察冀日报社印刷厂将毛泽东的三大名著《论持久战》《论新阶段》《新民主主义论》伪装成清代史学家章学诚的著作《文史通义》。晋察冀等解放区还将《论持久战》《新民主主义论》《论联合政府》等书籍伪装成《三国演义》《水浒传》《红楼梦》等书出版。此外，《论新阶段》伪装成明末清初张潮编辑的短篇小说集《虞初新志》，《新民主主义论》伪装成清末俞樾改编而成的近代白话章回小说《七侠五义》，《目前形势与我们的任务》伪装成清代李绿园的长篇小说《歧路灯》，

《1945年敌后的任务》伪装成蒙学经典《三字经》，等等。前几年成都市青羊区文物管理所新发现的一册《论联合政府》，伪装成明末文学家冯梦龙纂辑的白话短篇小说集《醒世恒言》，也属于这种类型。

总的来看，这类伪装本多数是以市面上流行的新式标点通俗小说作为伪装的对象。此外，还有一类伪装成古典论著的研究著作或续出作品，其用意也是一致的。例如晋察冀日报社出版的《毛泽东选集》卷四伪装成刘大白著《红楼梦考证拾遗》，"江山风雨楼丛书"系列伪装本的第二种《中国共产党对中华民族的贡献》伪装成《新山海经》，晋冀鲁豫《人民日报》反内战报道相关文章汇编伪装成《新老残游记》，等等。

（四）伪装成现代文学论著

文学论著是大众喜闻乐见的读物。除了古典文学作品，现代文学作品也是伪装本的常用伪托蓝本。1928年，王明、张闻天翻译了戈列夫和达谢夫斯基著《武装暴动》，作为莫斯科中山大学的教材和中共六大会议材料之一印发，在国内出版时以耿济之翻译的托尔斯泰《艺术论》为蓝本进行了伪装。1933年出版的斯大林、莫洛托夫著《第一个五年计划的总结与第二个五年计划的前途》，伪装成鲍文蔚译《法国名家小说杰作集》，系"欧美名家小说丛刊"之一，北新书局1927年3月初版。共产国际执行委员会书记、政治书记处委员皮亚特尼茨基在各国际共产主义大学党建会科员会议上所做的报告《用克服社会民主党传统这个方法来使资本主义各国共产党布尔塞维克化》，伪装成《民间文艺》第四期，封面印有"我们呼唤出我们的灵魂／我们呼唤出人们的同情／我们不到民间去说教／我们是从民间来说唱／——这便是我们的态度"，从外表极难发现是传达共产国际文件精神的书籍。马克思、恩格斯著，陈望道译的《共产党宣言》，曾用《美人恩》的封面进行改装，可能是借用了张恨水著长篇小说《美人恩》的名气。

延安整风运动时期，中央指定党员干部学习的《整顿三风文件二十二种》曾伪装成现代儿童文学作家王人路著《可爱的小公园》。解放战争时期有两种中共时评文件汇编本进行了深度伪装，极具特色。一种伪装成周作人的自编文集《秉烛后谈》，实际内容为中国共产党领导人的讲话、报告和著作，以及中国共产党发布的各类文件。另外一种伪装成上海毅力书局印行的《不夜集》（又名"《老舍幽默杰作集》"），实际上系《将革命进行到底》等7篇中共时评文献的汇编本。《不夜集》是一种老舍著作的盗印书，在当时颇有影响，机缘巧合，成了伪装本的封面。

（五）伪装成各类教学用书

这类伪装本以教科书最为常见。教科书需求量大，印数多，不容易引起敌人的注意。《布尔塞维克》从1929年8月1日出版的第二卷第八期开始伪装成商务印书馆出版的小学校高级用《新时代国语教授书》，此封面一直沿用到1930年5月15日出版的第三卷第四、五期合刊，是《布尔塞维克》用得最多最久的一种伪装封面。同一时期出版的中国共产党党内秘密刊物《党的生活》也一度伪装成教科书，该刊第七期至第九期均伪装成上海世界书局推出的《前期小学国语读本》，封面印有"新主义教科书"等字，表明这套教材是迎合三民主义要求的教科书。1932年1月3日，中共江苏省委党内秘密机关刊物《列宁生活》第十八期采用伪装封面出版，之后有数期伪装成讲义性质的教学用书出版，例如第二十期和第二十三、二十四期合刊伪装成南洋高级商业学校的数学科讲义《珠算口诀》，第二十六期伪装成中萃学艺研究会的《无线电浅说》。

1930年，高尔松主持的平凡书局出版了一套苏联萨可夫斯基所编的《马克思学说体系》，第一分册为《社会进化的铁则（上）》，高尔松译；第二分册为《社会进化的铁则（下）》，郭真译；第三分册为《史的唯物论（上）》，叶作舟译；第四分册为《史的唯物论（下）》，齐荪译。这些书均被国民党政府查禁，平凡书局也于1930年8月被公共租界工部局查封。不久后，市面上出现了一种春秋书店出版的《社会科学教科书》，审姻甫士基著，刘心仪译，一共3册。国民党中央宣传部在1930年7月、8月、9月的《审查全国报纸杂志刊物总报告》中称此书与平凡书局发行的《马克思学说体系》系同一著述。这么看来，《马克思学说体系》从题名、作者、译者到出版者都进行了伪装，即使这样，该书仍然遭到国民党政府的查禁。

抗日战争时期，日本侵略者在沦陷区推行奴化教育，大面积推行日语教材。国家图书馆近年发现的一册油印《日语》教材，封面印有"六年级伏期用""文登县第一区翻印会印""一九四二，七"等字，书口也印有"高级日语第五册"，正文有《东北红军的故事》《参加八路军》《到抗日根据地来》等内容，表明这是中国共产党领导的抗日革命根据地印制的伪装本。

还有一些革命书刊伪装成常识课本或者课外读本。中共陕西党组织在国统区秘密出版的兵运刊物《士兵的话》伪装成《常识课本》（第二期）。中共江苏省委出版的党内秘密刊物《真理》第二期和第四期伪装成《社会常识读本》。1943年，解放日报社出版的《中国共产党与中华民族》伪装成小学读本《高小论说精华》。

（六）伪装成宗教宣传册

宗教宣传册属于非卖品，传播便捷、隐蔽，也是革命书刊比较常见的一种伪装方式。上海市档案馆藏有两种伪装成基督教宣传品的伪装本。一种是《共青团中央第三次扩大会议各项决议案》，内收1926年7月在广州召开的中国共产主义共青团第三届中央执行委员会全体会议通过的10个决议案，附录《CP中央政治报告》《CP第二次扩大会对于中国共产主义青年团工作决议案》两个文件。这本书伪装成《约翰福音》，封底注"赠送者司密斯"，印刷者为"广州文明路中美印书馆"。题名页印有"神爱世人，甚至将他的独生子赐给他们；叫一切信他的，不至灭亡，反得永生"等字。《约翰福音》是《新约》的第四卷，是四福音书之一，主要内容是关于耶稣的生平和传说，本书以其作为题名，极易让人误以为是宣传基督教的小册子。另一种是周恩来著《目前中国党的组织问题》，是为了解释中共中央三十六号通告而作，约于1929年5月出版，托名《祈祷宝训》（*Teachings on Prayer*），伪装成教人如何祷告的实用性宗教宣传册。①

伪装成宗教宣传册需要考虑当地的受众，前述两种伪装本在广州和上海这样的大都市印发，因为两地租界林立，有大量的基督教信众，故伪装成基督教宣传品。更多的情况下，党组织把革命书刊伪装成佛教、道教或民间宗教宣传册。在毛泽东著作伪装本中就出现过不少这样的版本。例如，《新民主主义论》和《论持久战》合订本伪装成古印度马鸣所著《大乘起信论》，封面印有"阅毕送人功德无量""北京佛教总会印"等字；《中国革命和中国共产党》伪装成《修道新介绍》，封面印有"非卖品""轮流公看，功德无量。倘不敬重，或有隐匿，

---

① 参见王慧青：《伪装封面的红色"禁书"》，载上海市档案馆编《上海档案史料研究》第十辑，上海：上海三联书店，2011年。

罪莫大焉"等字;毛泽东在1944年12月15日陕甘宁边区第二届第二次参议会上的演说《一九四五年的任务》,伪装成开封三教圣会出版的《新金刚经》;毛泽东在1947年12月25日陕北米脂县杨家沟召开的中共中央扩大会议上所做的书面报告《目前形势和我们的任务》,伪装成《悟性修道须知》,封面印有"学而时习　开卷有益""轮流公看　功德无量　倘不敬重　罪莫大焉"等字。宗教宣传册的特点是属于赠送品,分发的时候不会引人疑虑,而且倡导分享和传阅,以其作为伪装对象,有利于革命书籍的广泛传播。

### (七)伪装成医疗卫生类读物

医疗药卫生类书刊具有专门性,亦是较为常见的伪装类型,且各个时期均有出现。北洋政府时期,交通部以"诬诋政府,宣传革命""煽惑印刷物"为由查禁的反袁读物中就有托名《万应救急方》的伪装本。

土地革命战争时期,中国共产主义青年团潮安县委员会油印的一份《团员须知》,伪装成潮安济善堂监印的《妙手回春》,封面有"本堂专聘法西名医,医学精良,经验有年。近复悉心研究,发明新异良方,对于社会各种毛病莫不奇功奏效,诚人类之福神也"的广告语。《粉碎五次"围剿"为苏维埃中国而斗争》伪装成中华书店出版发行、余岫云著《处方学浅说》,正文内容实际为《中央关于帝国主义国民党五次"围剿"与我们党的任务的决议(中共中央委员会一九三三年七月二十四日)》和博古所作的《为粉碎敌人的五次"围剿"与争取独立自由的苏维埃中国而斗争——在七月二十四日中央一级党的活动分子会议席上的报告》。这一时期还有《赤色职工国际五次大会对殖民地问题的决议案》伪装成《卫生常识》。一些党的刊物也伪装成医疗药卫生类读物,如《列宁生活》第二十七期伪装成《针灸医报》,《党的生活》第九期伪装成《卫生丛书》,《红旗》第六十三期伪装成《新医药刊》。

全民族抗日战争时期和全国解放战争时期,中共领导人及中共时评文献多次伪装成《婴儿保育法》。据曹国辉回忆,1945年党的七大之后,晋察冀中央分局要求各区党委、地委的印刷机关大量印刷对城市的宣传品,首先是保证毛泽东的《论联合政府》与朱德的《论解放区战场》向城市大量输入。晋察冀日报社二厂曾以《婴儿保育法》作为封面,印刷了《论联合政府》和《论解放区战场》合订袖珍本,通过刘仁领导的华北城市工作部秘密发行到北平、天津、保定等城市。① 笔者见到还有两种具有同样伪装特征的《婴儿保育法》，署"医药卫生研究会编印"，是"卫生常识小丛书之一"，均为64开小册子，一种收录《评国民党第六次全国代表大会》等中共时评文件，一种为收录《毛泽东同志关于目前国际形势与中国抗战的谈话》等15篇中共时评文件，很可能也是晋察冀日报社印刷厂的杰作。

（八）伪装成休闲读物

中国共产党部分早期出版物的伪装题名可能与当时流行的电影或剧目之类有关。1928年4月10日上海总工会编印的《上海工人特刊》，封面除了印有伪装题名《观音得道》，还印有"欢迎参观，不收票价"。这一期的伪装灵感可能来自于同年民新影片股份有限公司拍摄的《观音得道》电影。1927年，该公司拍摄过《西厢记》电影，碰巧《上海工人特刊》也出过托名《西厢记》的伪装本。此外，《上海工人特刊》还出版过以《自由之花》《时新毛毛雨》《春花秋月》《滑稽大王》《散花舞》《佛祖求道记》《苏东坡走马看花》《好姊妹》《冬天的故事》等为题名的伪装本，题名风格颇为相似。1929年，中华全国总工会出版了一系列第五次全国劳动大会决议案的伪装本，有一种托名《万王之王》，与好莱坞著名导演塞西尔·戴米尔（Cecil B.DeMille）导演的《万王之王》同名，1928年该片被引入中国，引起了广泛的瞩目；还有3种第五次全国劳动大会决议案托名《好兄弟》，与1922年任彭年导演的电影《好兄弟》同名，这中间是否有某种联系也有待考察。国家博物馆藏有一部毛泽东著《目前形势和我们的任务》伪装本，题名伪装成上海戏剧学社演出的戏剧《珠帘寨》，封面绘有戏剧中的人物插图，也属于这种伪装策略。

更为常见的是将革命书刊伪装成娱乐消遣类的作品。例如，《红旗》伪装成《快乐之神》《一顾倾城》，《中国工人》伪装成《漫画集》《爱的丛书》《南极仙翁》《少女怀春》，《列宁青年》伪装成《美满姻缘》，《工人宝鉴》伪装成《卓别麟故事》《红拂夜奔》，《少年先锋》伪装成《童话》《闺中丽影》，项英著《过去一年来职工运动发展的形势和目前的总任务》伪装成商务印书馆出版的《恋爱的故事》，

---

① 参见曹国辉：《晋察冀日报社的书刊出版工作》，载河北省出版史志编辑部编《河北出版史志资料选辑》第八辑，1990年，第8页。

《共产国际执委第十二次全会》伪装成神州国光社出版的《爱的巡礼》，等等。

除了上述 8 种伪装类型，还有伪装成其他书刊的伪装本，如罗佐夫斯基著《什么是赤色职工国际》伪装成罗素著《哲学之研究》，《拥护苏维埃与红军》伪装成《科学原理》，《第三国际议案及宣言》伪装成《国际政治法典》，《列宁选集》伪装成《世界全史》，《论人民民主专政》伪装成《中国工业化及有关诸问题》等等，伪装名目不一而足，在此不一一罗列。

## 二、伪装题名与内容主旨存在关联性的伪装本

为了避免引起反动当局的注意，取一个与内容毫无关联的题名是伪装本常见的策略。但是，伪装本并非像许多人认为的那样，封面名称和内容毫不相干。有一些伪装本并无特定的伪装对象，其伪装题名出自出版者的巧思，有的是在原有题名的基础上删减文字，有的是在被查禁之后改名出版，有的是取一个带有隐喻或者特殊寓意的题名，有的是题名取自书中的篇章名称，等等。仅从题名和外表来看，难以看出这类伪装本的立场和倾向，但与内容结合起来看时，就会恍然大悟。为了表述方便，笔者将这类自拟的伪装题名分为以下 4 个类别。

### （一）删减敏感文字的题名

删减原题名的一部分关键信息，使其看起来不再敏感或违禁，是伪装本的一种常用手段。[①] 马列主义书刊、中国共产党相关文献均是国民党反动派的重点查禁对象。《共产党宣言》是马克思主义第一个纲领性文献，也是马恩著作在中国出版的第一部单行本，陈望道译本和华岗译本都曾略去题名中的"共产党"3 个字，出版过题名为《宣言》的伪装本。1929 年 5 月出版的《马克思主义的民族革命论》，封面题名节略成《民族革命论》。中国共产党第六次全国代表大会后秘密出版的中央文件集《第六次大会后中国共产党的政治工作第一集》，封面题名删减后，仅剩"政治工作"4 个字。这样的例子还可以举出一些，如《世界经济危机与武装进攻苏联》的封面题名删减为《世界经济危机》，《苏维埃

---

① 一般情况下是删减原题名进行伪装，也有个别增加字数的情况。如《黄帝魂》伪装后变成《黄帝之魂》，增益一字，算是特殊的一例。不过这种简单的改变作用不是很大，想要达到伪装效果，还需要在封面上做出更多的伪装设计。

政府怎样为粮食问题的解决而斗争》的封面题名删减为《粮食问题》，《苏区新歌集》的封面题名删减为《新歌集》，《怎样发展党的组织》的封面题名删减为《怎样发展组织》。

毛泽东的《新民主主义论》发表之后，国民党中央图书杂志审查委员会奉国民党中央宣传部命令查禁了此书。在众多《新民主主义论》伪装本中，有一种题名为《新民主主义》的特殊版本。当时的国民党中央宣传部不但查禁《新民主主义》，而且严格审查相关文字和评论，该书题名仅省略一字，隐蔽性不是很强。这本书的特点在于封面印有"北平文化服务社出版"，配有知识分子、学生、农民、商人等手举青天白日旗的彩图，看起来更像是国民党官办机构出版的著作。

1946年3月，国民党在重庆召开六届二中全会。这次全会是第二次国共合作走向破裂的转折点。中国共产党出版了《评国民党二中全会》《国民党二中全会面目》等多种批判国民党六届二中全会时评汇编本，其中一种伪装本使用了《二中全会》这一隐晦的题名，也可看作是将原书题名删减后的结果。

（二）主题切近或相关的题名

伪装本中有许多是原书被查禁后，通过改题名伪装出版的。原来的题名不可用，就改用一个意思切近或相关的题名。邹容著《革命军》影响极大，印数极多，被禁之后曾以《革命先锋》《图存篇》《救世真言》《扬州十日记》等为题名出版，这些题名与原书的主题或多或少有某些联系。

1929年11月，第五次全国劳动大会通过的一系列决议案单独出过伪装本，其中《海员工作决议案》伪装成《航海指南》，《铁路工作决议案》伪装成《铁路世界》，《第五次劳动大会工厂委员会决议案》伪装成《工厂常识》。上海市档案馆藏有一本中共中央妇女运动委员会出版的《女工工作指南》，伪装成上海神州国光社出版的《妇女须知》。这些封面题名通过假借和指代进行伪装，看不出其政治倾向，翻开之后才会心领神会。

抗日战争时期出版的《皖南问题的报告》，伪托公民出版社出版，从题名可知是关于"皖南事变"的书籍，但看不出其立场，实际是中共关于"皖南事变"的时评汇编本。上海光华书局印行的《东厂实录》，看似是有关明代特务统治一类的书籍，实际上是揭批国民党在敌后实行特务统治的时评文献汇编本。

北平崇文书局印行的《论田赋法案》，看起来像是中国地政协会北平分会编写的关于农业土地税的相关著作，实际内容为《中国共产党中央委员会关于公布中国土地法大纲的决议》和《中国土地法大纲》全文。北平崇文书局印行的《时事评论》，题名比较笼统，实际是《目前形势和我们的任务》。

还有一种情况，书刊的题名以音译外来词进行伪装。这种情况不多。上海共产主义小组机关报《共产党》月刊因受到租界当局的检扣，不能如期出版，第三号还开了天窗，用醒目的大号字写上"此面被上海法捕房没收去了"，以示抗议。为了避人耳目，《共产党》月刊曾经出过《康敏主义周刊》《无政府》《安那其》等伪装本。"康敏"就是"共产主义"的英文"Communism"的音译，"安那其"则是"无政府"的英文"Anarchy"的音译。

### （三）带有寓意的题名

伪装本中有大量批判反动当局的书籍，带有讽刺寓意的题名是比较常见的一类。五四运动后出版的《金刚卖国记》，又名《外交大痛史》。"卖国金刚"指的是曹汝霖、章宗祥和陆宗舆三人，书前有三人肖像。1929年11月，第五次全国劳动大会通过的《第五次劳动大会对黄色工会决议案》的伪装题名为《伏狗术》，这里"狗"显然指的是被国民党和资产阶级所操纵的黄色工会组织。抗日战争时期，一种批判《中国之命运》时评文献汇编伪装本将蒋介石政权比作历史上的秦桧和袁世凯，题名作《新式标点秦袁新史》。解放战争时期，揭露美国援蒋反共，收集美蒋勾结罪证的《蒋介石通美卖国》一书，取了《大拍卖》的伪装题名；揭露国民党黑暗统治的《蒋"总灾""万税"》一书，以"蒋总裁"的谐音"蒋'总灾'"、"万岁"的谐音"万税"为题。这些题名构思巧妙，别具讽刺意味。

有一些题名则取自历史典故。1943年出版的《秦庭泪痕》，控诉日军侵略和国民党的黑暗统治造成冀南史无前例的灾荒，同时也歌颂了中国共产党和人民子弟兵，这本书的题名就借用了"哭秦庭"请兵纾国难的典故。河北省文物中心保存的《燕赵实录》，收录《八路军新四军的英雄主义》等4篇文章，其题名大概来自韩愈《送董邵南序》开篇的"燕赵古称多感慨悲歌之士"一句，以此歌颂活跃在燕赵大地的八路军。抗日战争时期，有两册外国作家和进步记者关于中国问题的时事评论汇编本，均对国民党政府持批评态度，题名分别为

《他山石》和《攻错集》，取自"他山之石，可以攻错"。解放战争时期，一本宣传华北大学的伪装本《大江流日夜》，题名语出谢朓《暂使下都夜发新林至京邑赠西府同僚》的"大江流日夜，客心悲未央"，书中引申为"大江流日夜，中国人民的血日夜在流"。

革命书刊中还有不少党的重要文献和文件，题名往往含有一些比较巧妙的政治隐喻。1931年出版的《国际七月决议及最近来信》，内容为共产国际关于中国问题的决议和指导文件，这本书取伪装题名《指南针》，表明当时的中国共产党接受共产国际的指导，以其为行动指南。1932年11月，苏维埃研究社在中华苏维埃共和国临时中央政府成立一周年之际出版了《苏维埃的中国》第一集，取伪装题名《新中国》，表明中国共产党建立新中国的政治理想。抗日战争时期出版的毛泽东著《论新阶段》，取伪装题名《建国真旨》，有很强的政治寓意。解放战争时期，由毛泽东起草，朱德、彭德怀署名发布的《中国人民解放军宣言》，取伪装题名《复兴宣言》，含有"中华民族伟大复兴"之意。1948年，中国共产党中央委员会发布《中共中央纪念"五一"劳动节口号》，迅速得到各民主党派、无党派人士和社会各界普遍而热烈的响应。当时出版了一册包含"五一"口号全文的小册子，取伪装题名《救国之路》，意指中国共产党领导人民，团结各民主党派和社会各界人士，开启建立新中国的救国之路。全国解放胜利在望之际出版的一本宣传册，取伪装题名《严冬的末梢》，与书中收录的《漫漫长夜已近破晓——加紧努力·迎接胜利》一文互相呼应，说明当时正处于严冬的尾声、黎明前的黑暗，预示革命即将取得胜利。

还一部分反映敌军反正起义的伪装本也会使用一些带有寓意和导向的题名。抗日战争时期出版的《反正抗日纪念册》是山东伪"灭共建国军"第八团司令王道率部反正起义相关资料的汇编本，取伪装题名《弃暗投明记》；同一时期反映莫正民率部起义相关资料的汇编本，伪装成济南朝阳书社印行的短篇小说，取伪装题名《光荣壮举》。解放战争初期，汇集邯郸起义、苏营起义、安边起义、辽宁海城起义、汾南起义等国民党官兵反内战起义的伪装本取题名《军人乐》；反映蒋介石亲卫纵队第十五纵队队长王一凡南泉举义的伪装本，取伪装题名《光明大路》。这些精心伪装的书籍在分化和瓦解敌人，争取伪军和国民党军队起义方面起到了很好的宣传和动员作用。

## （四）取自书籍本身的题名

伪装书的封面题名取自书籍本身，最常见的是题名来自正文的篇名。抗战胜利前夕，蒋介石集团为维持其独裁统治，倒行逆施，制造了一系列事端。《解放日报》先后刊登了《蒋介石双十节演说具有危险性》《评蒋介石元旦广播》《评蒋介石三月一日的演说》《纪念孙中山　批判蒋介石》等评论文章，对蒋介石的阴谋进行了揭露。1945年3月，《解放日报》将这4篇文章合编在一起出版了《纪念孙中山　批判蒋介石》小册子，为了在国统区传播，题名隐去"批判蒋介石"5个字，出版了题名为《纪念孙中山》的伪装本。

1946年8月中旬，延安《解放日报》发表了《七个月总结——评马、司联合声明》和《全解放区人民动员起来粉碎蒋介石的进攻》两篇社论，代表了中共中央对于时局的分析与指示。这两篇文章汇编本的伪装题名作《七个月总结》，即根据篇名而来。

革命期刊伪装本的题名取自篇名尤为多见。《文萃丛刊》系列伪装本一共出了9辑，前8辑题名分别为《论喝倒彩》《台湾真相》《人权之歌》《新畜生颂》《五月的随想》《论纸老虎》《烽火东北》《臧大咬子伸冤记》；第九辑题名有两个版本，题名分别为《论世界矛盾》和《孙哲生传》。这10个题名有7个是原封不动使用正文的篇名，其他3篇也是根据篇名和内容所拟。

目前能够见到的《群众》周刊香港版伪装本有数十种，其封面题名多取自刊物本身。例如，《历史的惩罪》《问题就在此》《活不下去了》《紫金山上看暮秋》《野火烧不尽》《诗人与诗片断》《严重的冬季》《夹缝中的人》《血不是水》《七十一个老板的商店》《迎接批评时代的一个基本问题》《我们要过年》《老巴夺》《打翻了粪缸》《日货卷土重来》《永生的坚强》《分野》《论品质》等完全来自各期的篇名。还有部分封面题名也是根据篇名而来，只是做了一定的调整。例如，《走向光明》取自短评《走向光明罢》，《虎患》取自《虎患下的梧州》，《灿烂的春季》取自《辉煌灿烂的春战场》，《脱胎换骨》取自《脱旧胎，换新骨》，《燎原》取自《星星之火可以燎原——纪念十月革命卅周年》，《岁暮杂话》取自《岁暮看战场》，《谈婚姻论道德》取自《吴老谈婚姻论道德》，《向太阳》取自《兄弟们！向太阳、向自由！》，《要书读》取自《要书读，要饭吃》，《迎接新年》取自《迎接新年，面向全国人民的彻底解放》，等等。《茶亭杂话》的题名用过多次，源自夏衍以"王老吉"笔名在刊物中撰写的一个专栏，每期写几篇介乎杂文与政论之间的随笔，因为生动活泼，所以引起了读者的注意。

此外，还有个别的伪装本的题名取自书籍的其他部分。毛泽东著《论联合政府》一书的伪装本众多，有一种取名为《胜利的指南》，题名取自序言《中国人民胜利的指南——读毛泽东同志的〈论联合政府〉》。毛泽东著《目前形势和我们的任务》是中国共产党在推翻国民党统治、建立中华人民共和国这一时期内，在军事、政治、经济等各方面的纲领性文件，中央要求大力宣传，出版过多种伪装本。其中有一种伪装题名为《一九四七·十二·廿五报告》，这个题名让人捉摸不透，实际上源自毛泽东在陕北米脂县杨家沟中共中央扩大会议上做这个报告的时间。

总的说来，伪装本的伪装手法不拘一格，没有一定之规，但有一点是相通的，即根据外部环境，隐藏书籍的革命立场、阶级立场和政治立场，从而达到躲避反动当局查禁的目的。从伪装题名与内容主旨的关联性来看，无关联性的伪装本较为典型和多见。从读者的接受度和内容属性上来看，这类名实不一的无关联性的伪装本大致又可以分为"软性读物"和"硬性读物"两个向度。邹韬奋说过："无论是一位以物理算学等科目做家常便饭的工程师，在他书房里闲散随意翻阅的时候，倘若书桌上同时放了两本书，一本是关于工程学的艰深物理学，或是艰深的算学，还有一本却是很轻松很有趣的笔记或小说，他大概要伸过手去先拿后一种来看。前一种可以说是硬性读物，后一种可以说是软性读物。"① 软性读物属于消闲、娱乐性的读物，前述文学、电影、戏剧等题材的伪装本多属于这一类。硬性读物是相对于软性读物而言的，偏于学术性和专门性，需要读者花费相当的思索和耐心去阅读，前面提到的政治类、医疗卫生类题材的伪装本属于这一类。从革命书刊的伪装实践来看，这两种情况都有，甚至同一种刊物和书籍会伪装成两种风格截然不同的读物。例如，中国共产党中央委员会的理论性机关刊物《布尔塞维克》一开始伪装成《少女怀春》，后来多次变更伪装封面，先后伪装成顾伯康编《中国文化史》、钱玄同编著《中国古史考》和中国经济协会出版之《金贵银贱之研究》；中国共产党中央委员会机关报《红旗周报》既曾伪装成《时时周报》《摩登周报》《大众文艺》《晨钟》这样的休闲刊物，也曾伪装成《佛学研究》《新医药刊》《建筑界》《机联会刊》这

---

① 邹韬奋（署名"编者"）：《硬性读物与软性读物》，《生活周刊》1932年第37期。

样比较小众和专门的刊物；《新民主主义论》既曾伪装成《满园春色》《七侠五义》，也曾伪装成《救国言论集》《验方大全》。从概率上来说，以软性读物作为伪装手段的伪装本更容易吸引读者的注意，起到好的传播效应，以硬性读物作为伪装手段的伪装本更加隐秘和安全。实践中，以伪装成软性读物最为多见。

上述各种类型之间并非绝对的界限分明，有的伪装本兼具多种属性或者综合运用了多种伪装策略。例如，国家图书馆近年发现的一册伪装本伪装成《日语》教材的伪装本，正文内容为《东北红军的故事》《参加八路军》《到抗日根据地来》等，这本书既属伪装成敌伪文献类型的伪装本，又可归为伪装成教学用书类型的伪装本。前述《文萃丛刊》系列伪装本和《群众》周刊香港版伪装本，使用的大多是内文的篇名，其篇名本身也多是饱含寓意之题。又如毛泽东在中国共产党第七次全国代表大会上所做的政治报告《论联合政府》，托名《和平奋斗救中国！》，采用了孙中山先生的政治遗言作为伪装题名，既不会触及官方的忌讳，又有很强的政治隐喻。

最后要说的一点是伪装本传世实物较少，加上史料欠缺，从而给判断其伪装方法和策略带来一定的难度。题名是对书籍内容最本质的概括，它能够帮助读者大致了解书籍的主题、内容和观点，伪装之后的书籍牺牲了题名的正常功能。闻立树发现伪装本的题名并非与内容完全不相干，曾经提到过一种《论联合政府》，托名《中日事变解决的根本途径》，他认为大体上可以归为题名与内容接近和统一的类型，实际上这本书是典型的以日伪出版物为底本制作的伪装本，题名与内容并不具太大的关联性。伪装本中还有许多的类似的情况，需要查找大量的书目数据，按图索骥，核对版本，才能查明其真相。当然也有许多伪装本没有伪托对象或者一时查不到相关证据，难以遽下判断。

# 第二章  国家图书馆藏革命文献伪装本叙录

## 第一节  清末至大革命时期的革命文献伪装本
（1900年1月—1927年7月）

（一）《图存编》

本书为邹容著《革命军》的伪装本。32开，正文28叶，竖排铅印，线装。封面为浅黄色，右上角印"天运甲辰年"，居中竖印伪装题名《图存编》，左下角印"皇汉丛书之一"。封二居中印有"甲辰年夏排聚珍版"。之后依次印有《革命军序》（署"余杭章炳麟撰"）、《革命军》（作者自序，署"革命军中马前卒邹容记"）、目次和正文。序言均为红色字体，自序后印有石达开所作对联"忍令上国衣冠沦于夷狄，相率中原豪杰还我河山"，对联下面绘有两只小鸟。目次后题霍去病名言"匈奴未灭，何以家为"，配有"苏武牧羊"题材的插图。正文卷首印有真实题名《革命军》，署"蜀人邹容泣述"。书末附刘伯温《烧饼歌》节录。正文半叶12行，每行31个字，四周双边，单鱼尾，白口。正文第一叶鱼尾上题"图存编"，其后各叶鱼尾上均题"皇汉丛书"，鱼尾下印章节名。除章炳麟序无断句，作者自序和正文均以"。"断句。

本书目次如下①：

  第一章 绪论
  第二章 革命之原因
  第三章 革命之教育
  第四章 革命必剖清人种
  第五章 革命必先去奴隶之根性

---

① 本书正文中所列各伪装本目次和目录，除脱字用"［ ］"补上、衍字用"（ ）"标示，以及伪政权、伪军等名称加引号，图书、报刊、文章名称加书名号，其余都照录原文。

第六章　革命独立之大义

第七章　结论

邹容（1885—1905），原名绍陶，又名桂文，字蔚丹，又字威丹。四川巴县（今重庆）人。1901年，考取四川官费留学生，因为思想激进被除名。次年，自费赴日留学，进入东京同文书院补习日语。在大量接触西方资产阶级民主思想与文化后，邹容的革命倾向日趋显露，结识了一些革命志士，积极参加留日学生的爱国活动。1903年春，因反对留学生监督姚文甫，邹容被迫回到上海，结识了章太炎、章士钊等革命志士，积极参加"爱国学社"的各种活动。在此期间，邹容发奋完成《革命军》的写作，章太炎亲自为之作序，章士钊题写了题名，柳亚子等人筹集了印刷费。1903年5月，《革命军》由上海大同书局正式出版。为避祸，出版时未印版权页。

《革命军》全书约两万字，热情地讴歌了革命，称革命是"郁郁勃勃，莽莽苍苍，至尊极高，独一无二，伟大绝伦之目的"，革命是"天演之公例""世界之公理"。作者以资产阶级自由、平等、博爱和天赋人权学说为武器，揭露和批判了清政府的腐朽没落和卖国罪行，指出清政府把中国推向了"十年灭国，百年亡种"的危险境地，已经成了"同胞之公敌"。因此，"中国革命亦革命，不革命亦革命"，号召四万万同胞起来革命，以"扫除数千年种种之专制政体"。作者还提出了资产阶级共和国方案，制定建立"中华共和国"的25条纲领，并响亮地高呼："中华共和国万岁！""中华共和国四万万同胞的自由万岁！"该书具有极大的革命号召力和感染力，清政府视其为洪水猛兽，勾结上海公共租界工部局制造了轰动一时的"《苏报》案"，逮捕章太炎等人。邹容激于义愤，自动投案，被租界当局判刑两年。1905年，邹容病死于狱中。1912年，经孙中山批准，南京临时政府追赠邹容为大将军。

《革命军》对于资产阶级民主革命思想的传播起了很大的作用，受到海内外读者的热烈欢迎，出版后风行海内。为避免清政府的查禁，各地在翻印《革命军》时进行了伪装。据冯自由回忆："自蔚丹入狱后，所著《革命军》风行海内外，销售逾百十万册，占清季革命群书销场第一位。各地书肆以避关邮检查故，多易名贩运，或称《革命先锋》，或称《图存编》，或称《救世真言》，或与章太炎《驳康有为政见书》并列，而简称曰'《章邹合刻》'。"① 这里提到的《革命先锋》《图存篇》《救世真言》均属《革命军》的伪装本。

  国家图书馆藏《图存篇》是目前所见最早的革命文献伪装书实物之一，学界对其多有揭示，但对其版本来源语焉不详。② 实际上，冯自由在《革命逸史》中对此有详细记载："当癸卯③闰五月上海'《苏报》案'起，楚楠、永福及永福外甥林义顺愤清廷肆虐，特用'小桃源俱乐部'名义致电驻沪英领事，请援保护国事犯条例，勿将章、邹引渡清廷，以重人权。其后复集资翻印《革命军》五千册，改名《图存篇》，设法输入漳、泉、潮、梅各乡镇，广事宣传。继以提倡革命，非借报馆为喉舌不可，遂各出资创设《图南日报》，为南洋群岛革命党人之第一言论机关，尤列与有力焉。"这段文字记载了"《苏报》案"后，陈楚楠、张永福等新加坡爱国侨商设法营救章太炎和邹容，筹资翻印《革命军》，合资创办革命报纸《图南日报》等相关史实。国家图书馆藏《图存篇》最后一页上加盖了一枚珍贵的"新嘉坡图南日报局赠"的红色戳记，表明本书正是新加坡图南日报局印本，可与冯自由前述记载相互印证。

---

  ① 冯自由：《〈革命军〉作者邹容》，载《冯自由回忆录·革命逸史》上册，北京：东方出版社，2011年，第195—196页。

  ② 参见《〈革命军〉版本叙录及各期版本》，载周勇主编《纪念辛亥革命100周年·重庆丛书·邹容集》，重庆：重庆出版社，2011年，第140页；王兆辉、王祝康：《晚清时期邹容〈革命军〉版本叙考录》，《湖南广播电视大学学报》2013年第3期。

  ③ 癸卯年：即1903年。

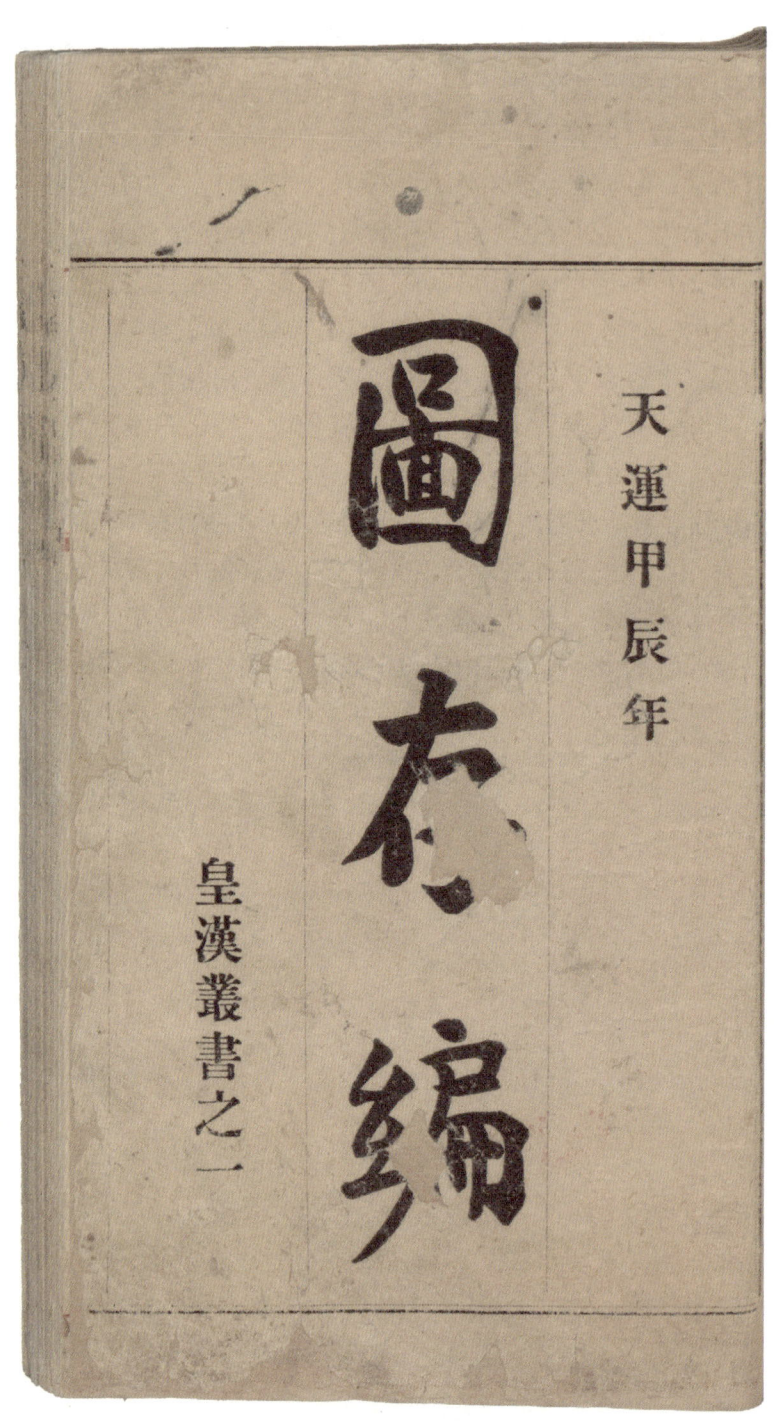

《图存编》封面

《图存编》封二

## 革命軍序

蜀鄒容爲革命軍方二萬言示余曰欲以立懍大定民志故辭多恣肆無所回避然得無惡其不文耶余曰凡事之敗在有其唱者而莫與爲和其攻擊者且千百輩故仇敵之空言足以墮吾實事夫中國吞噬於逆胡二百六十年矣宰割之酷詐暴之工人人所身受當無不昌言革命然自乾隆以往尙有呂留良曾靜齊周華等持正議以振聲俗自爾途寂泊無所聞吾觀洪氏之舉義師起而與爲敵者曾李則柔煦小人左宗棠喜功名樂戰事徒爲人策使顧勿問其操持非枉直斯固無足論者乃如羅彭邵劉之倫皆篤行有道士也其所以去洛閩而金谿餘姚衡陽之黃書曰在几閣孝弟之行華戎之辨仇國之痛作亂犯上之戒宜一切習聞之卒其行事乃相紾戾如彼材者張其角牙以覆宗國其次即以身家殉滿洲樂文采者則相與鼓吹之無他悖德逆倫亦爲一談牢不可破故雖有衡陽之書而視之若無見也然則洪氏之敗不盡由計畫失所正以空言足與爲難耳今

者風俗臭味少變更矣然其痛心疾首懇懇必以逐滿爲職志者慮不數人數人
者文墨議論又往往務爲溫藉不欲以跳踉搏躍言之雖余亦不免是也嗟乎世
皆闇昧而不知話言主文諷切勿爲動容不震以雷霆之聲其能化者幾何異時
義師再舉其必墮於衆口之不僅既可知矣今容爲是書壹以叱咤恣言發其慚
恚雖饐昧若羅彭諸子誦之猶當流汗祇悔以是爲義師先聲矯幾民無異志而
材士亦知所返乎若夫屠沽賣販之徒利其徑直易知而能恢發智識則其所化
遠矣藉非不文何以致是也抑吾聞之同族相代謂之革命異族擾竊謂之滅亡
改制同族謂之革命驅除異族謂之光復今中國既滅亡於逆胡所當謀者光復
也非革命云爾容之署斯名何哉諒以其所規畫不騙除異族而已雖政教學術
禮俗材性猶有當革者焉故大言之曰革命也
共和二千七百四十四年四月

餘杭章炳麟序

## 革命軍

不文以生。居於蜀十有六年。以辛丑出揚子江。旅上海。以壬寅游海外。留經年。錄達人名家言。印於腦中者。及思想間所不平者。列為編次。以報我同胞。其亦附於文明國中。言論自由。思想自由。出版自由者歟。雖然。中國人。奴隸也。奴隸無自由。無思想。然不文不嫌此區區微意。自以為以是報我四萬萬同胞之恩我。父母之恩我。朋友兄弟姊妹之愛我。其有責我為大逆不道者。其有信我為光明正大者。吾不計。吾但信盧騷華盛頓威曼諸大哲諸先生。於地下有靈。必哂曰。孺子有知。吾道其東。吾但信鄭成功張煌言諸先生。於地下有靈。必笑曰。後起有人。吾其瞑目。文字收功日。全球革命潮。吾言。吾心不已。

邹容自序《革命军》第1页

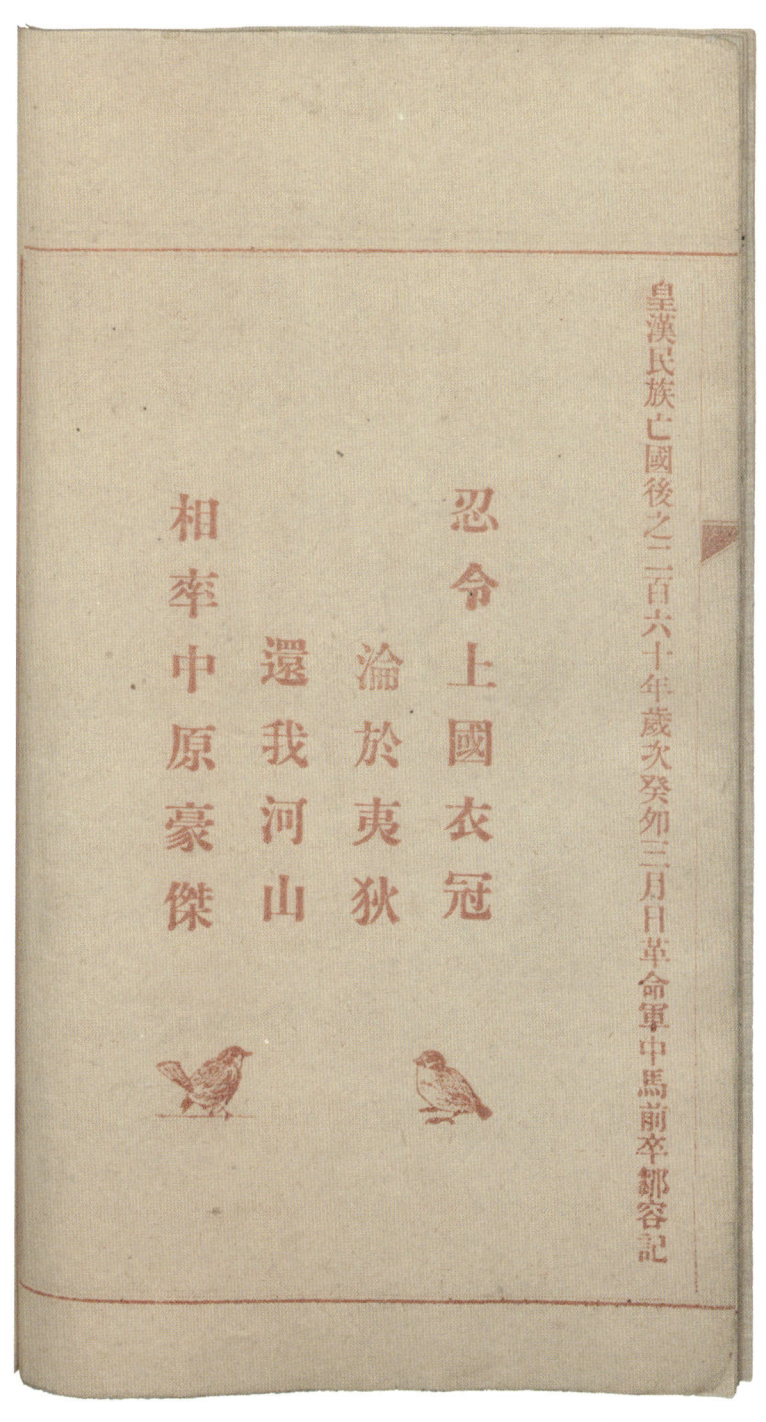

邹容自序《革命军》第2页和石达开所作对联

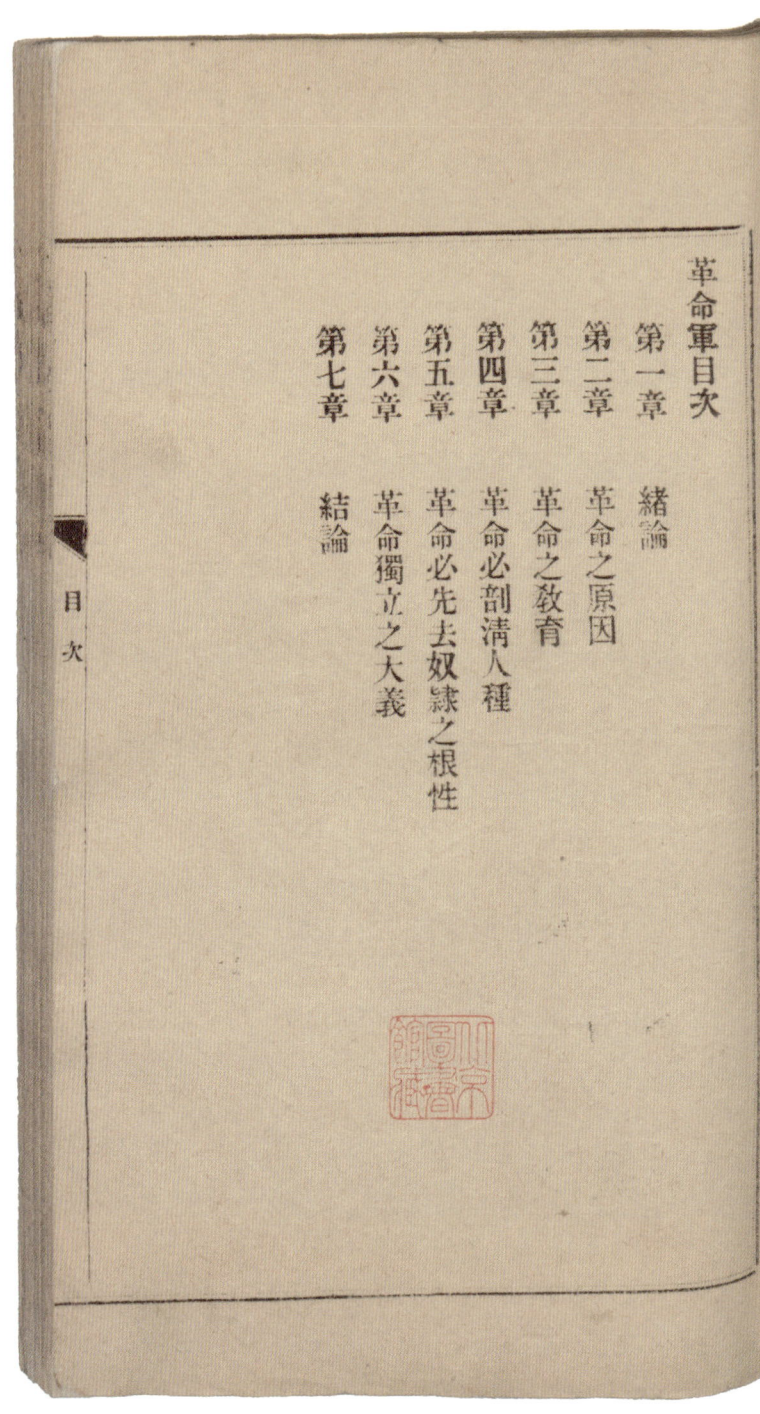

《图存编》目次

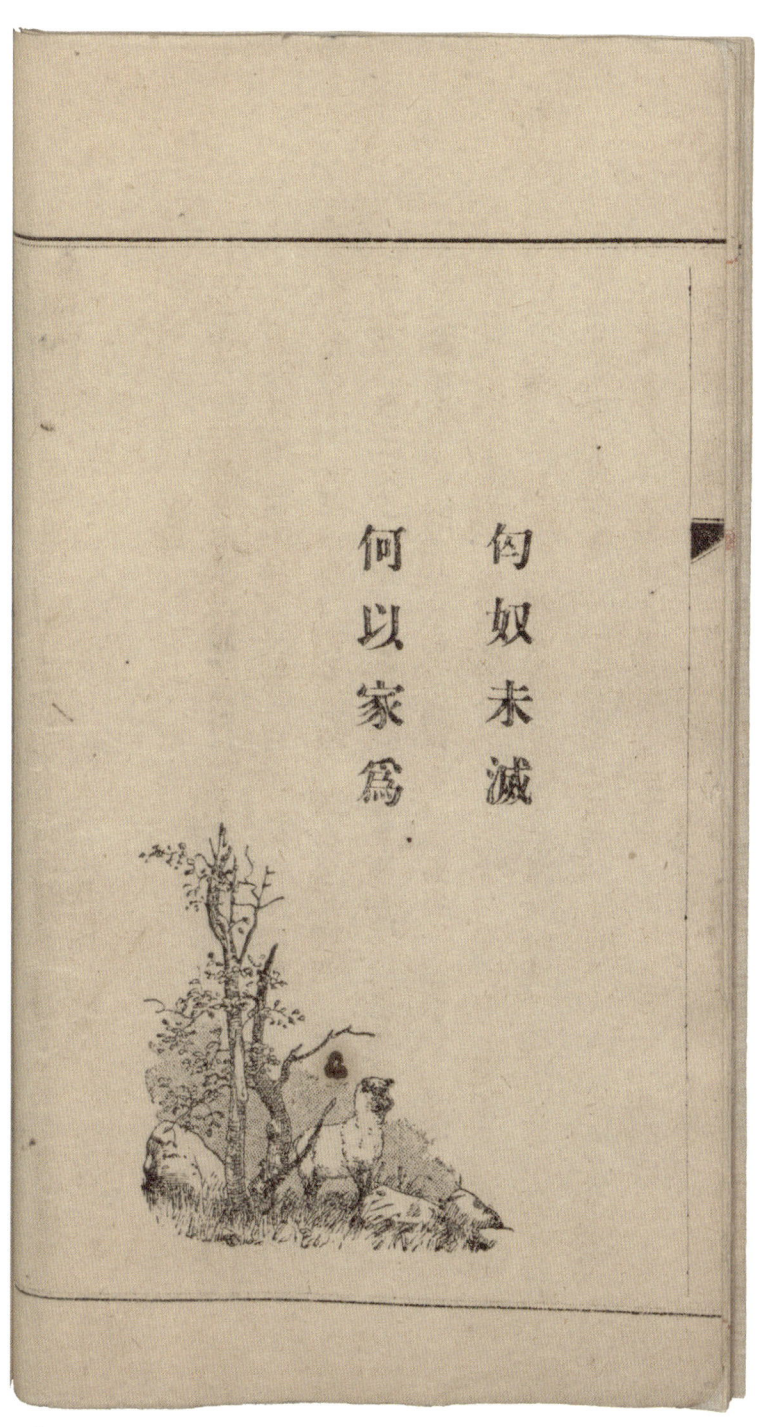

《图存编》目次页背面所印霍去病名言"匈奴未灭,何以家为"

革命軍

第一章 緒論

蜀大鄒容泣述

掃除數十年種種之專制政體。脫去數千年種種之奴隸性質。誅絕五百萬有奇披毛戴角之滿洲種。洗盡二百六十年殘慘虐酷之大恥辱。使中國大陸成乾淨土。黃帝子孫。皆華盛頓。則有起死回生。還魂返魄。出十八層地獄。昇三十三天堂。鬱鬱勃勃。莽莽蒼蒼。至尊極高。獨一無二。偉大絕倫之一目的。日革命。巍巍哉。革命也。皇皇哉。革命也。吾於是沿萬里長城。登崑崙。游揚子江上下。溯黃河。豎獨立之旗。撞自由之鐘。呼天籲地。破顙裂喉以鳴於我同胞前曰。嗚呼。我中國今日不可不革命。我中國今日欲脫滿洲之羈縛。不可不革命。我中國欲獨立。不可不革命。我中國欲與世界列強並雄。不可不革命。我中國欲長存

《圖存編》正文第1頁

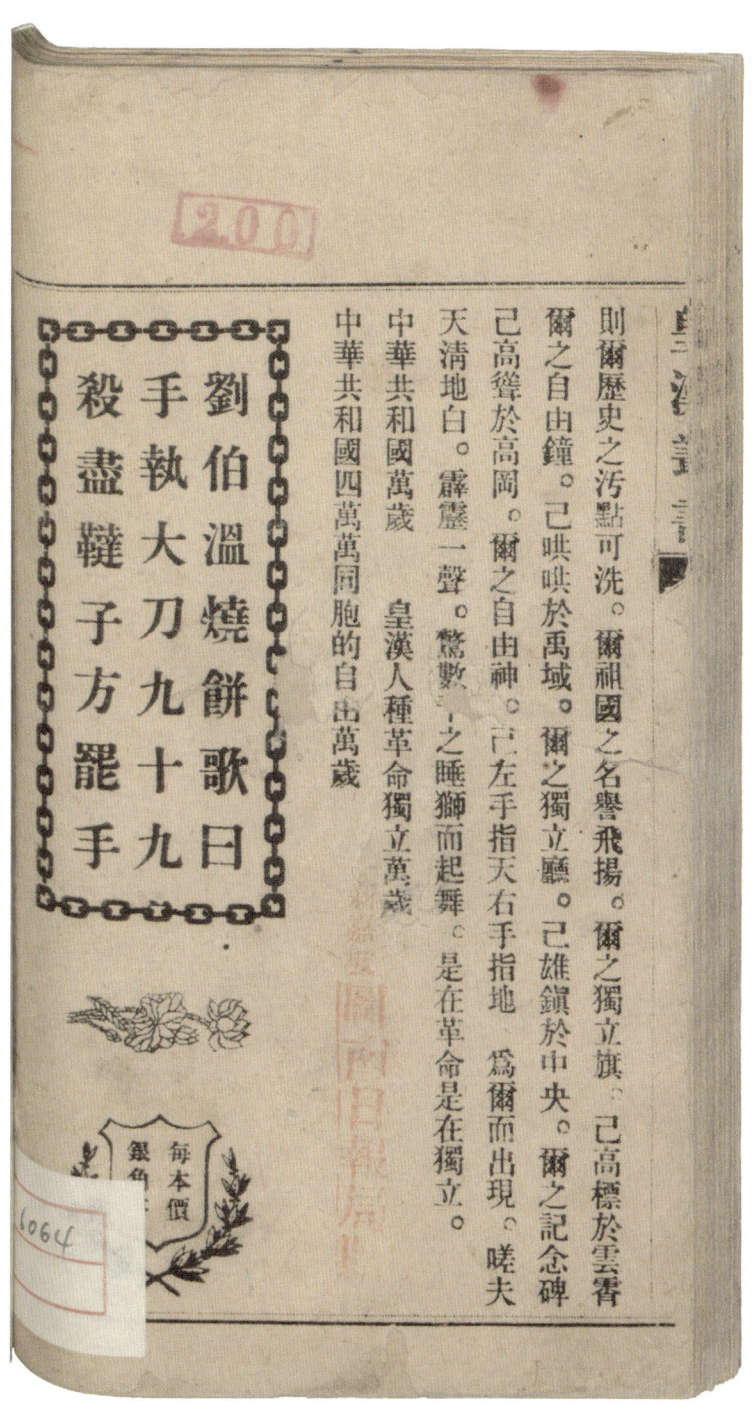

《图存编》正文末页

### (二)《黄帝之魂》

本书为《黄帝魂》的伪装本。32开，高21.8厘米，宽14.7厘米，正文218页。封面略残，伤字，中心为一半身裸露的美人图，顶端从右至左以隶书横印伪装题名《黄帝之魂》，底色较深，题名极不显眼。封面右下角有"上海四""剧"字可辨，另有"曼陀"签名和阴文印文。封三为版权页，印有伪装题名《黄帝之魂》，出版时间为"中华民国三年十二月再版"，印刷者和发行者均为"新中华书社"，特约发行者为"扫叶山房（上海四马路棋盘街）"。封面后依次为叙、例言、目次、赞、《明文待诏曲水流觞》、《明张积仁林泉小景》。

本书目次如下：

> 黄帝纪年说
> 亡国二百四十年纪年会叙
> 君祸（节《仁学》）
> 客帝
> 论发辫原由
> 正仇满论
> 释仇满
> 说汉种
> 汉奸辨
> 王船山史说申义
> 亡国篇
> 中国灭亡论
> 义和团与中国之关系
> 代满政府筹御汉人之策
> 俄据满洲后之汉人
> 满学生与汉学生
> 孙逸仙与白浪庵滔天之革命谈
> 革命之原因
> 革命必剖清人种
> 驳革命驳议

论复仇主义

黄河

扬子江

旧浙江

新湖南

福建之现势

过金陵

燕京游记

追论张汶祥

《黄帝魂》各种版本的撰述者和编辑者均署"黄帝子孙之多数人""黄帝子孙之一个人编辑"。据章士钊《疏〈黄帝魂〉》，前者指各篇的作者，后者则是指黄藻。黄藻（约1877—？），字菊人，湖南善化人。曾参与1900年唐才常领导的汉口自立军起义。失败后逃往上海，鬻文为生。1903年，"排满"革命风起云涌，为了反清和救亡，同时也为了反对梁启超《中国魂》的改良宣传，黄藻用了8个月的时间，"收摄近十年来新闻杂志及各种新撰述之精魂"，编缀成书，名为《黄帝魂》，1903年由上海东大陆图书印刷局出版发行，不久即被广为翻印，遂成为20世纪初宣传民族革命非常有影响力的一部书籍。

《黄帝魂》有45篇（目录为44篇）和30篇（目录为29篇）两种。这两个版本都因为目录遗漏了《祝北京大学堂学生》一文，以至于目录所列篇目和实际所收篇目相差1篇。《黄帝魂》45篇本重要的篇目有《国民日日报》之《黄帝纪年论》《王船山史说申义》，《国民报》之《正仇满论》《亡国篇》《中国灭亡论》，《开智录》之《义和团有功于中国说》（即《义和团与中国之关系》），《苏报》之《驳革命驳议》，等等，在当时产生了广泛的影响。《黄帝魂》30篇本属于删减本，1910年初版，1912年再版。

本书与《黄帝魂》30篇本1912年再版本的篇目、正文页数一致，甚至两书为黄帝所作赞语中的红字校改处也相一致，说明本书为1912年再版本的伪装本。本书与1912年再版本的不同之处有以下几点：一是《黄帝魂》其他各版封面均无图案，居中为黄藻以魏碑体竖题的"黄帝魂"三个大字，而本书封面做了伪装；二是其他各版正文前先印黄帝肖像、赞语，然后才是序、例言和目次，而本书装订顺序不同；三是本书增收了《明文待诏曲水流觞》《明张积仁林泉小景》扇面画作两幅。

  本书封面有"曼陀"签章及美人图。"曼陀"是中国近代擦笔水彩画技法创始人、著名的广告画革新者郑曼陀（1888—1961）的笔名。民国初年，郑曼陀到沪谋生，创作时装美女形象的擦笔水彩法月份牌，获得空前成功。本书假借了当时沪上流行的郑曼陀广告招贴画伪装封面，以广为宣传。

《黄帝之魂》封面

## 黃帝魂

### 黃帝魂叙

今人噫不曰黃帝子孫哉。雖然五帝之事若茫若昧文不雅馴薦紳難言騶詰以何以爲黃帝子孫之故蓋辭有不瞳目結舌者矣母亦名祖禮官法祖理官吾種之所由昌姑溯其派始於軒轅乎然何不曰亞當而曰黃帝也噫吾知之矣夫天者人之始也父母者人之本也故勞苦倦極未嘗不呼天也疾病慘怛未嘗不呼父母也乃者胡氛瀰漫中原陸沈寶身罵祖相處百年鞭策之毒屠剑之慘盜入主室横施無忌嗚呼復仇之訓勸夷之祖亦既照人耳目吾雖不欲祝吾黃帝誦吾黃帝功德以稍紓其痛苦又烏可得今「黃帝魂」一書之所以集正窮迫無聊欲吾兄弟共誦功德以紓其痛苦者也然而謀痛苦之所以去非計也書中宏議具在方法井然舉而行之惟吾同胞黃帝子孫之嫡派黃中黃謹識

黃帝魂

例言

## 黄帝魂例言

黄帝曰「日中必彗操刀必割」自逆胡猖獗盜主中原吾黄帝子孫暴骨於烈日之中待命於刀俎之下者二百六十年顧皆連困苦相顧莫敢發聲推原其故則以覺羅支曄（卽康熙）覺羅弘曆（卽乾隆）兩代誅求文字大獄繁興積威虐之勢然也是編所取皆吾黄帝子孫痛極思呻之言哀紘激噬絕無忌避而又言之井然讀之可泣可歌可興可發意者黄帝在天之靈實式憑之故以黄帝魂名篇亦日本人所謂大和魂之義也

是編乃收攝近十年來新聞雜誌及各種新撰述之精魂前代如黄梨洲王船山戴南山輩雖思深痛遠議論精閎因其各有專集故未採入天皇洪氏起於四夫思以熱血蕩洗祖國用心苦已而一代事實既顛倒紊亂於逆子賊孫之手（洪氏事實今東籍中尚有能存其眞相者）文章亦消減無傳不過石達開「忍令上國衣冠淪於夷狄相率中原豪傑還我河山」及「我志未酬人亦苦東南到處有啼痕」等句尚傳誦人口然已破碎不完〈石詩計七律四章東籍偶有完全者檢則止此

## 黃帝魂

### 例言

數語而已惟陳玉成等一檄尚存然文彩不佳其言亦多近君主制度）編者有遺憾焉

是編凡八閱月始搜輯成書撰者既出多數文體自殊意見亦不無稍異編者時有增刪或於篇末以已意發明之至其宏綱鉅領則始終一律

近人有撮其舊著若干首自為一書名曰中國魂者其實腐敗駁雜雖為之上窮碧落下極黃泉亦不知彼之所謂國魂安在也且其書中多主張立憲欲維持現時之清政府則直謂之曰滿洲魂可矣於吾中國何有況欲以一人而代表全國其誣枉吾國人也亦已過甚以此例彼不知讀者以為何如。

近日吾國詩界頗為發達能一掃從來孝子忠臣之習慣而空之閎著傑作美不勝收以友人黃中黃編有專集故是編不具

黃帝紀元四千六百零九年冬十二月編者校竟附識

三

《黃帝之魂》例言第 2 頁

# 黃帝魂

目次

黃帝魂目次
黃帝紀年說
亡國二百四十年紀念會叙
君禍（節仁學）
客帝
論變辯原由
正仇滿論
釋仇滿
說漢種
漢奸辨
王船山史說申義
亡國篇
中國滅亡論

《黃帝之魂》目次第1頁

## 黃帝魂

義和團與中國之關係
代滿政府籌禦漢人之策
俄據滿洲後之漢人
滿學生與漢學生
孫逸仙與白浪巷滔天之革命談
革命之原因
革命必剖清人種
駁革命駁議
論復仇主義
黃河
揚子江
舊浙江
新湖南

目次

五

《黃帝之魂》目次第 2 頁

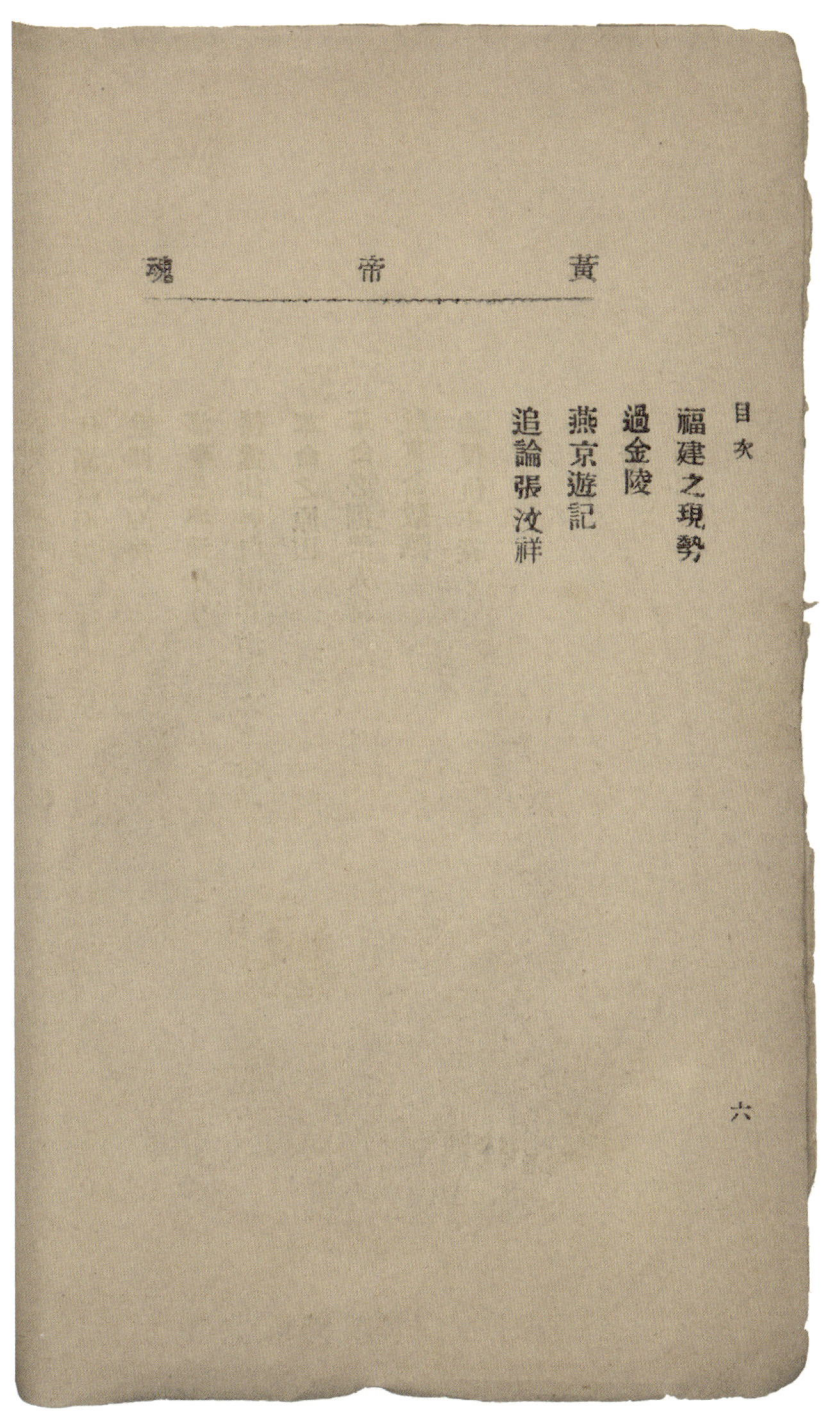

《黃帝之魂》目次第3頁

黄帝肖像

## 贊

黃帝者少典之子姓公孫名曰軒轅生而神靈弱而能言幼而徇齊長而敦敏成而聰明軒轅之時神農氏世衰諸侯相侵伐暴虐百姓而神農氏弗能征於是軒轅乃習用干戈片征不享誅蚩尤戰於涿鹿之野諸侯咸爲軒轅爲天子代神農氏是爲黃帝以雲名官置左右太監監於萬國萬國和而鬼神山川封禪與爲多焉獲寶鼎迎日推策舉風后力牧常先大鴻以治民順天地之紀幽明之占死生之說存之之難時播百穀草木淳化鳥獸蟲蛾旁羅日月星辰水波土石金玉勞勤心力耳目節用水火材物有土德之瑞故號黃帝

《黃帝之魂》贊

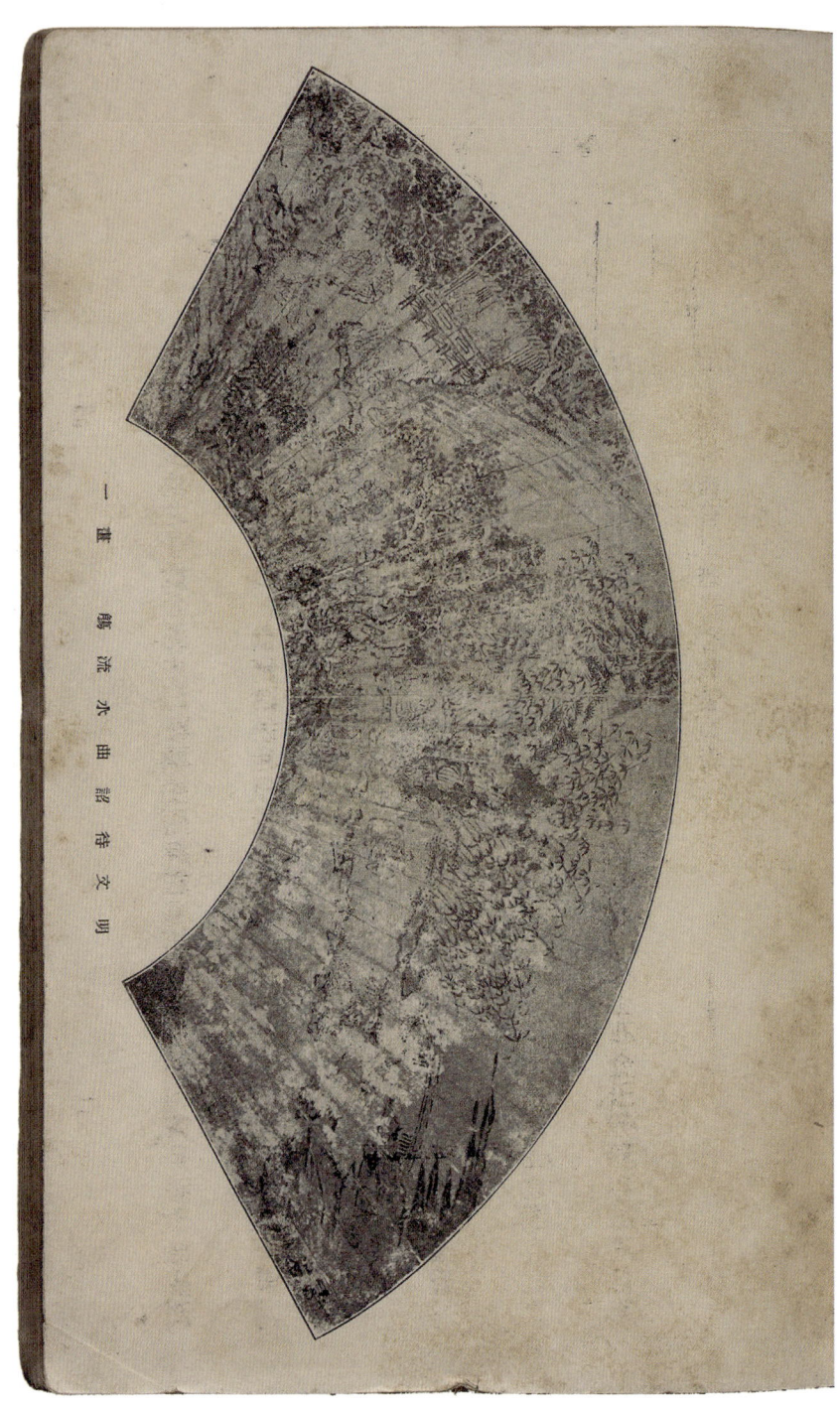

《明文待诏曲水流觞》图

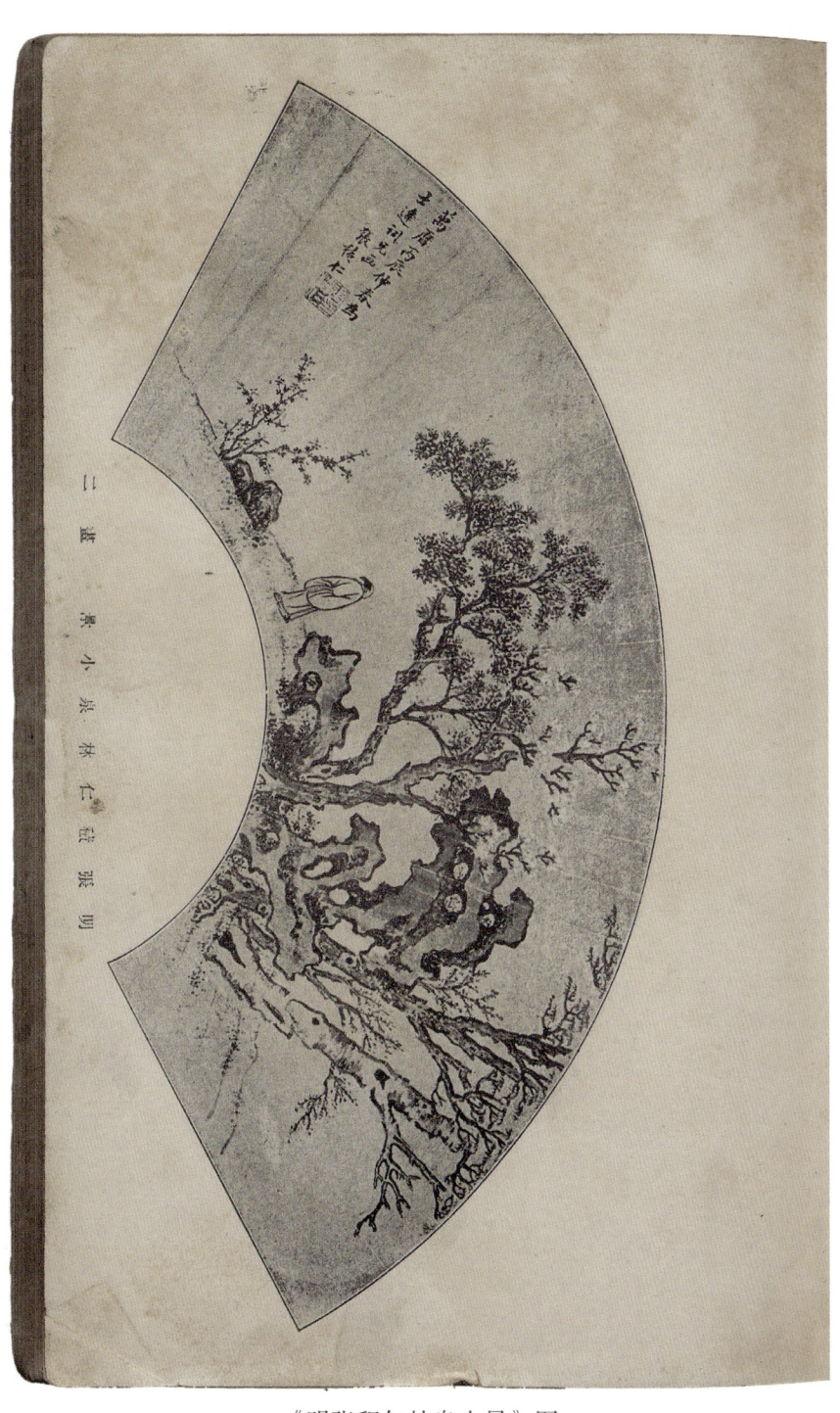

《明张积仁林泉小景》图

## 黃帝魂

黃帝魂

黃帝子孫之多數人撰述
黃帝子孫之一個人編輯

### 黃帝紀年說（附大事表）

民族者國民特立之性質也凡一民族不得不溯其起原爲吾四百兆漢種之鼻祖者誰乎是爲黃帝軒轅氏是則黃帝者乃製造文明之第一人而開四千年之化者也故欲繼黃帝之業當自用黃帝降生爲紀年始吾觀泰西各國莫不用耶穌降世紀年回敎各國亦以摩哈麥特紀年而吾中國之紀年則全用君主之年號近世以降若康梁輩漸知中國紀年之非思以孔子紀年代之吾謂不然蓋彼等借保敎爲口實故用孔子降生爲紀年吾輩以保種爲宗旨故用黃帝降生爲紀年夫用黃帝紀年其善有三黃帝以前歷史之事實少孔子以前歷史之事實多故以黃帝紀年則紀事一歸於簡便而無由後溯前之難其善一日本立國以神武天皇紀年所以溯立國之始也中國帝王雖屢易姓與日本萬世不易之君統不同然由古迄今凡

黃帝紀年說　一

《黄帝之魂》正文第 1 页

## 追論張汝祥

哉。昔歐美日本以有俠士而國日強。吾今亦以有俠士而國愈蹙。此無他一培養之以壯國家之元氣。一鋤滅之以快一人之私憤。其途徑大有異也。雖其途徑異。故興亡效驗亦因之而異焉。是不可以不論。

殺張汝祥爲曾國藩誅鋤洪氏後一大罪案。著者藉題發揮旁搜博證故泛引滿洲大長康熙乾隆兩代之惡跡以逼勒國藩之罪狀。而於張汝祥一面反徒簡畧焉。編者識。

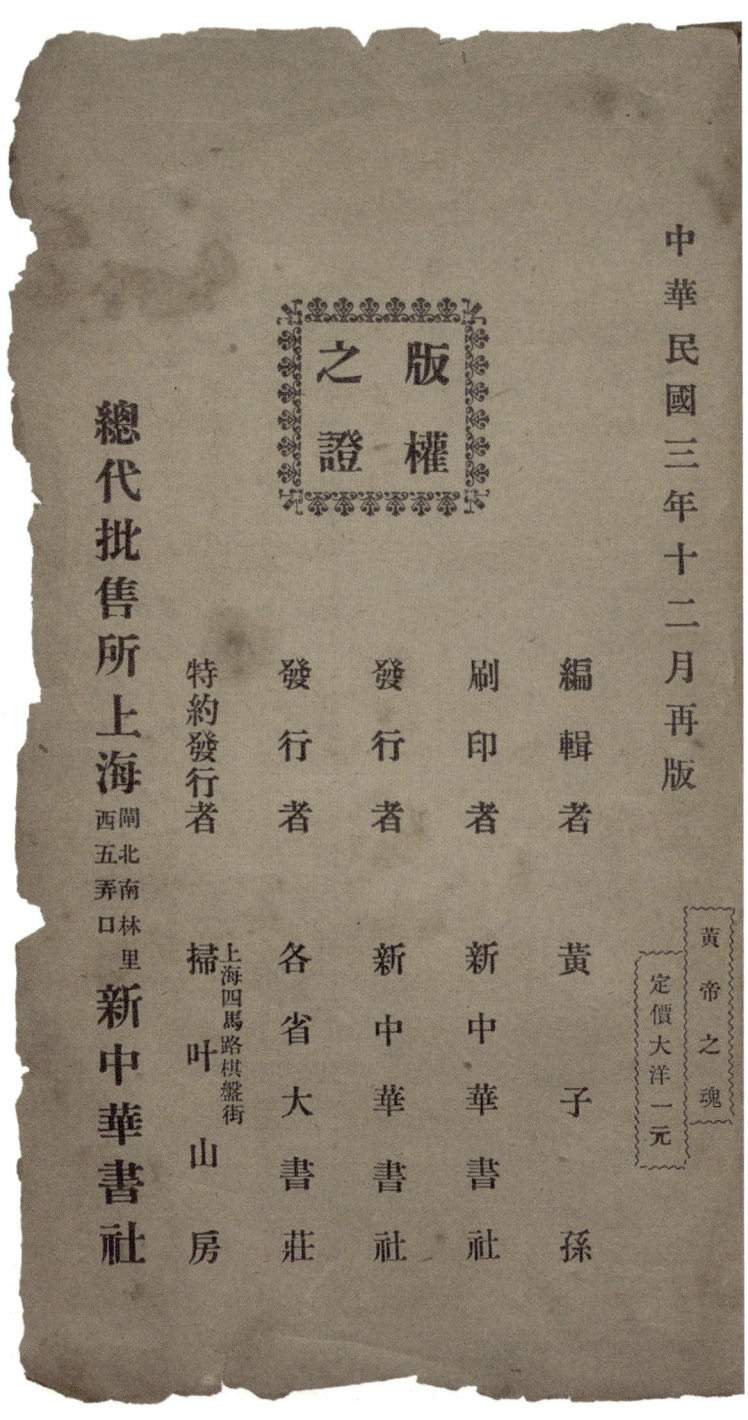

《黃帝之魂》封三上的版权页

## （三）《金刚卖国记》

本书系《外交大痛史》的伪装本。32开，正文51页，竖排铅印。封面为白色，居中竖向印有蓝色篆体伪装题名《金刚卖国记》，左下印有"吉门署崙"和"吉门"方章。版权页在正文之末，出版时间为"中华民国八年七月五号出版"，编纂者为"寒灰"，发行者为"国民社"，印刷者为"上海大书馆"。作者、发行者和印刷者均似化名。

本书目录如下：

  金刚肖像
  民国四年五月九日中日外交会议图
  金刚小史
  第一章 卖国经过之手续
    五月九日伤心史
    日本声明撤废山东胶济铁路一带设置民政署文书之原文
    高徐顺济预备合同
    开原四路合同
    吉黑林矿合同
    无线电台正附合同
    中日密约
    中日陆军共同防敌军事协定
    中日海军共同防敌军事协定
    中日海军共同防敌军事协定说明书
    战争状态终了时期协定书
    中日军事协定之内容
    中日军事秘密合同
    军械借款合同
    第一次军械合同细目
    第一次军械合同追加细目
    我国代表提出山东问题说帖全文
    我国代表宣言全文

第二章　交涉失败之原因
　　山东问题
　　外交失败之警报
　　王专使报告失败电
　　我专使对三国之抗议
　　和会竟不理我国抗议
　　青岛交涉失败原因之一
　　青岛交涉失败史
　　对日外交根本罪恶
第三章　国贼肥己收贿之黑幕
　　曹贼肥己卖国大黑幕
　　曹陆收受贿款之方法
第四章　公论及民气之一班
　　美国人正直之主张
　　西报评日本之政策
　　西报纪山东问题
　　旁观之冷眼
　　苏省学生力争山东问题
　　日本外交秘史
　　西报对山东问题之公论
　　中国对日举动之西论
　　石吴痛论山东问题
　　孙洪伊君对日之意见
　　孙洪伊君之谈话
　　周佩箴告商界书
　　国民外交协会之奋起
　　南北代表力争外交电
　　鲁人对外交问题之激昂
　　欧美留学生对外交之决议
　　京师总商会之紧急大会

陆专使最近报告
外交当局声明
国民外交之决心
鲁人为政府后盾
力争山东问题之要案
旅沪直隶商界大会议
基督教西人不平鸣
国民力争山东之电函
国民自决会
学生联合会宣言
北京学生联合会会纲
各界对山东问题之表示

第五章　学界风潮之真相
北京学界之示威行动消息一
北京学界之示威行动消息二
北京学界之示威行动消息三
北京学生示威之别报
学生团示威后之政潮
学生对外怒潮之续闻
请严惩卖国贼保释学生之电文
学生被捕与释放之真象
学生中之牺牲者
曹陆未居日使馆
章夫人陈词传说
京检察厅预审学生之结果
北京大学校长出走
蔡元培辞职后之所闻
蔡元培出京后之情形
郭钦光君不朽矣
曹汝霖辞职文

曹汝霖通电
　　陆宗舆辞职文
　　上海学生联合会职员表
　　女子救国会之组织并简章
　　学生团上大总统书
　　上海学生联合会宣言书
　　北京学生坚持主张
　　征求除章贼学籍意见
　　国会征集卖国贼罪案
附录　留日学界国耻日之惨形
　　庄璟珂电告留学界之风潮
　　留日学生驳江庸声明之通电
　　庄璟珂全无心肝
　　五月三十日非法判决被拘留日学生之东京电

全书凡5章，记述了五四运动的背景和五四运动发生发展情形。第一章《卖国经过之手续》，叙述了"五九国耻"伤心史，辑录《高徐顺济预备合同》《开原四路合同》《吉黑林矿合同》《无线电台正附合同》等北洋政府签订的借款合同，以及《中日陆海军共同防敌军事协定》《中日军事秘密合同》密约内容；第二章《交涉失败之原因》，分析了巴黎和会上中国对日交涉失败的原因；第三章《国贼肥己收贿之黑幕》，揭露了曹、章、陆卖国肥私的黑幕；第四章《公论及民气之一班》，记述国内外对巴黎和会上中日山东问题交涉的态度和主张；第五章《学界风潮之真相》，记述了巴黎和会上中国外交失败后的爱国学生运动过程；附录《留日学界国耻日之惨形》，记述了东京留日学生在"五九国耻"纪念日斗争遭到日本警察干涉镇压情形。本书指称的"卖国金刚"是曹汝霖、章宗祥和陆宗舆三人，书前有三人肖像，以及1915年5月9日袁世凯政府外交代表被迫接受日本"二十一条"中12条内容的中日外交会议照片一幅，照边旁注"四年五月九日中日外交会议""民国历史上之耻辱纪念"。

《金刚卖国记》封面

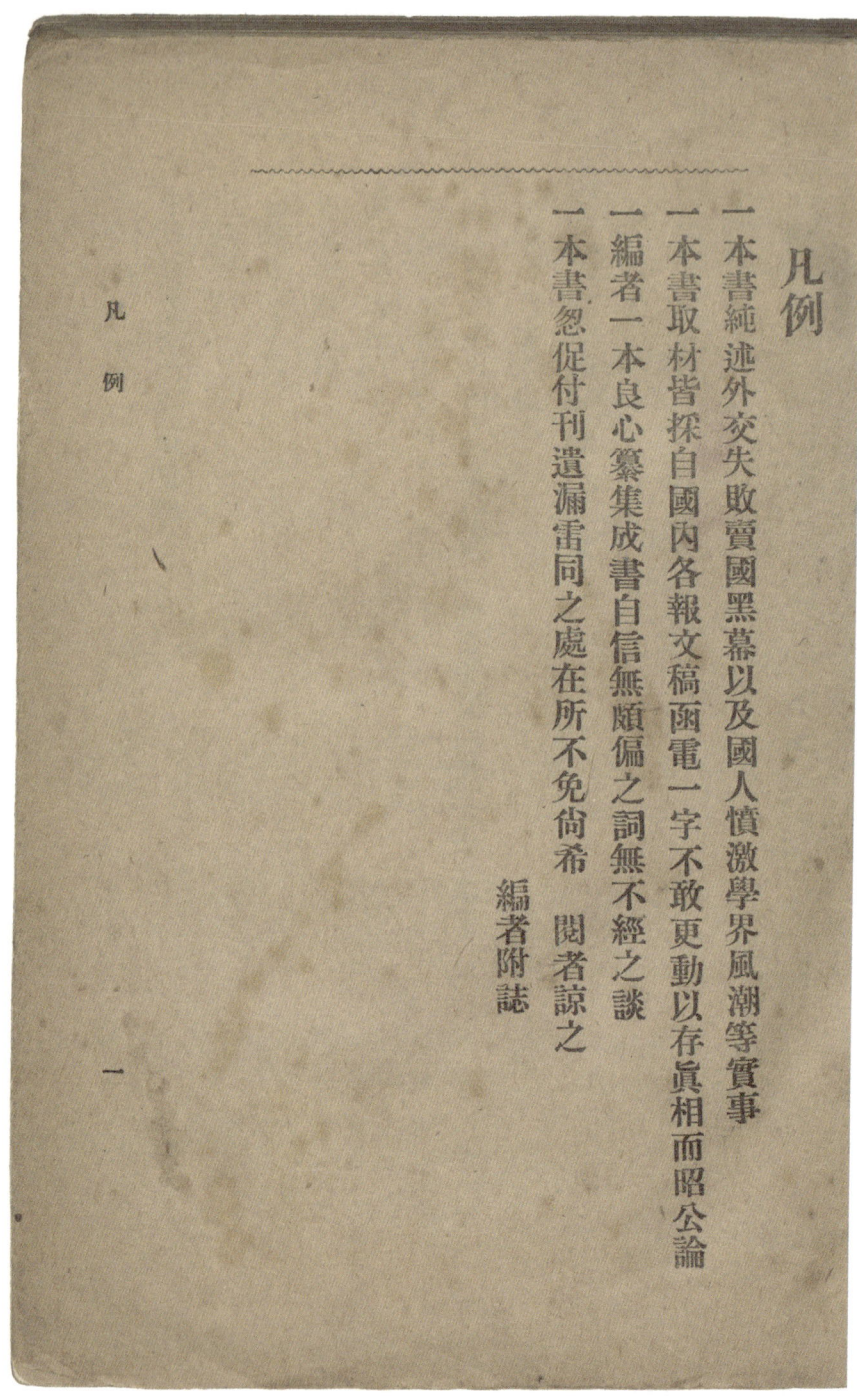

凡例

一本書純述外交失敗賣國黑幕以及國人憤激學界風潮等實事
一本書取材皆探自國內各報文稿函電一字不敢更動以存眞相而昭公論
一編者一本良心纂集成書自信無顚偏之詞無不經之談
一本書忽促付刊遺漏雷同之處在所不免尙希　閱者諒之

編者附誌

《金刚卖国记》凡例

金剛賣國記目錄　（一名外交大痛史）

金剛肖像
民國四年五月九日中日外交會議圖
金剛小史
第一章　賣國經過之手續
五月九日傷心史
日本聲明撤廢山東膠濟鐵路一帶設置民政署文書之原文
高徐順濟預備合同
開原四路合同
吉黑林礦合同
無線電台正附合同
中日密約
中日陸軍共同防敵軍事協定

目錄

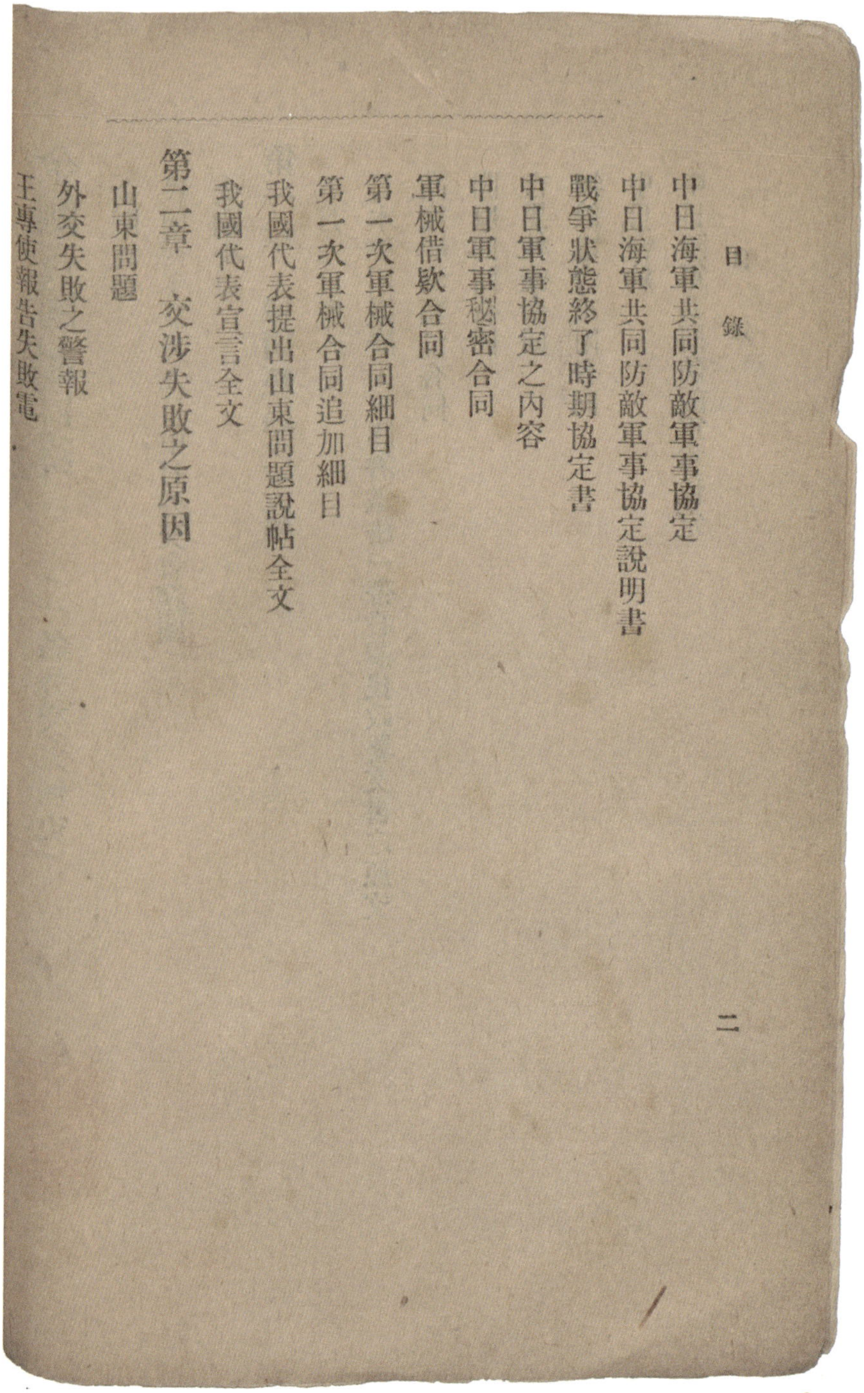

目錄

中日海軍共同防敵軍事協定
中日海軍共同防敵軍事協定說明書
戰爭狀態終了時期協定書
中日軍事協定之內容
中日軍事秘密合同
軍械借欵合同
第一次軍械合同細目
第一次軍械合同追加細目
我國代表宣言全文
我國代表提出山東問題說帖全文
第二章 交涉失敗之原因
山東問題
外交失敗之警報
王專使報告失敗電

《金刚卖国记》目录第2页

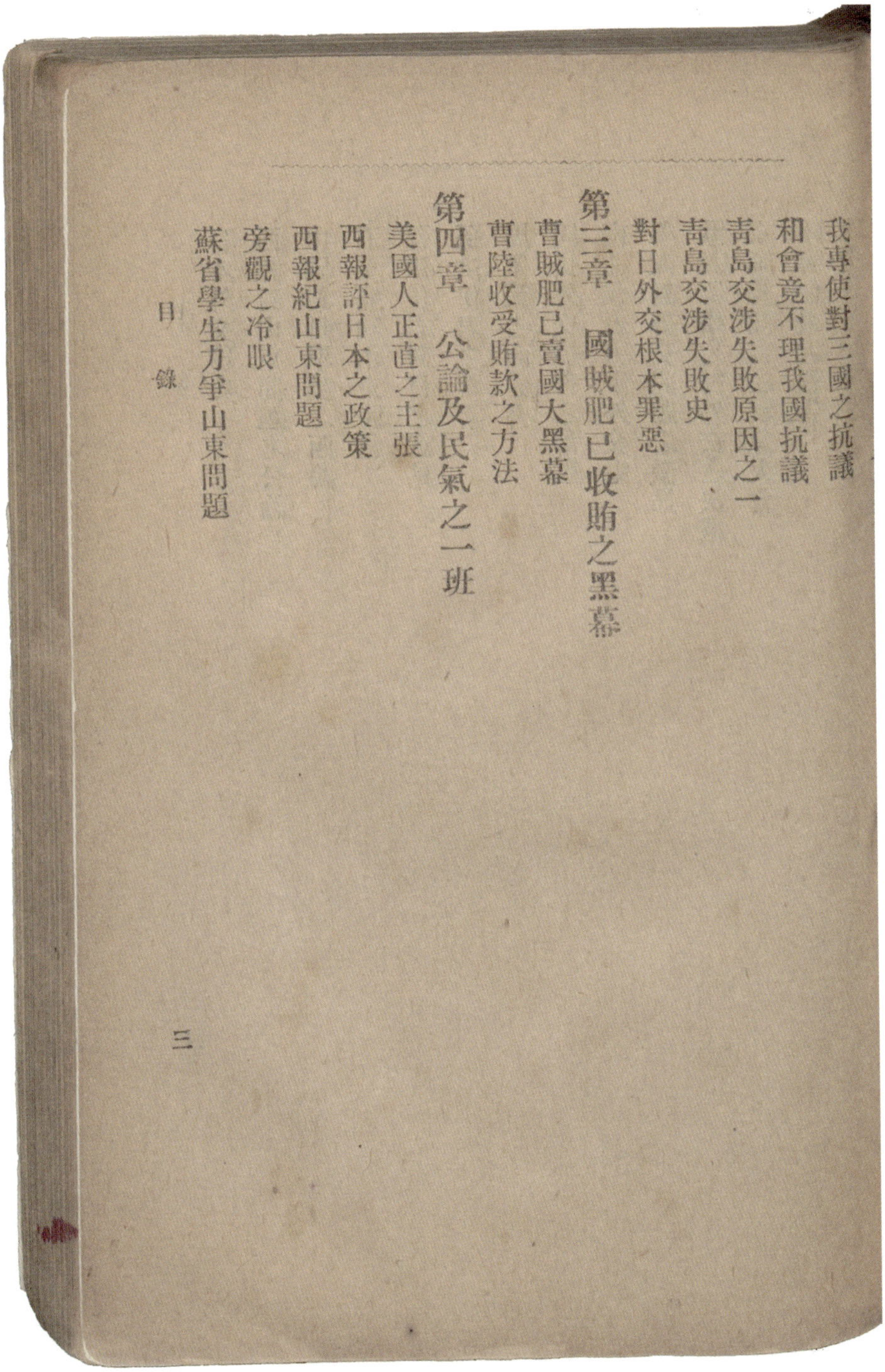

我專使對三國之抗議
和會竟不理我國抗議
青島交涉失敗原因之一
青島交涉失敗史
對日外交根本罪惡
第三章　國賊肥已收賄之黑幕
曹賊肥已賣國大黑幕
曹陸收受賄款之方法
第四章　公論及民氣之一班
美國人正直之主張
西報評日本之政策
西報紀山東問題
旁觀之冷眼
蘇省學生力爭山東問題

目錄

三

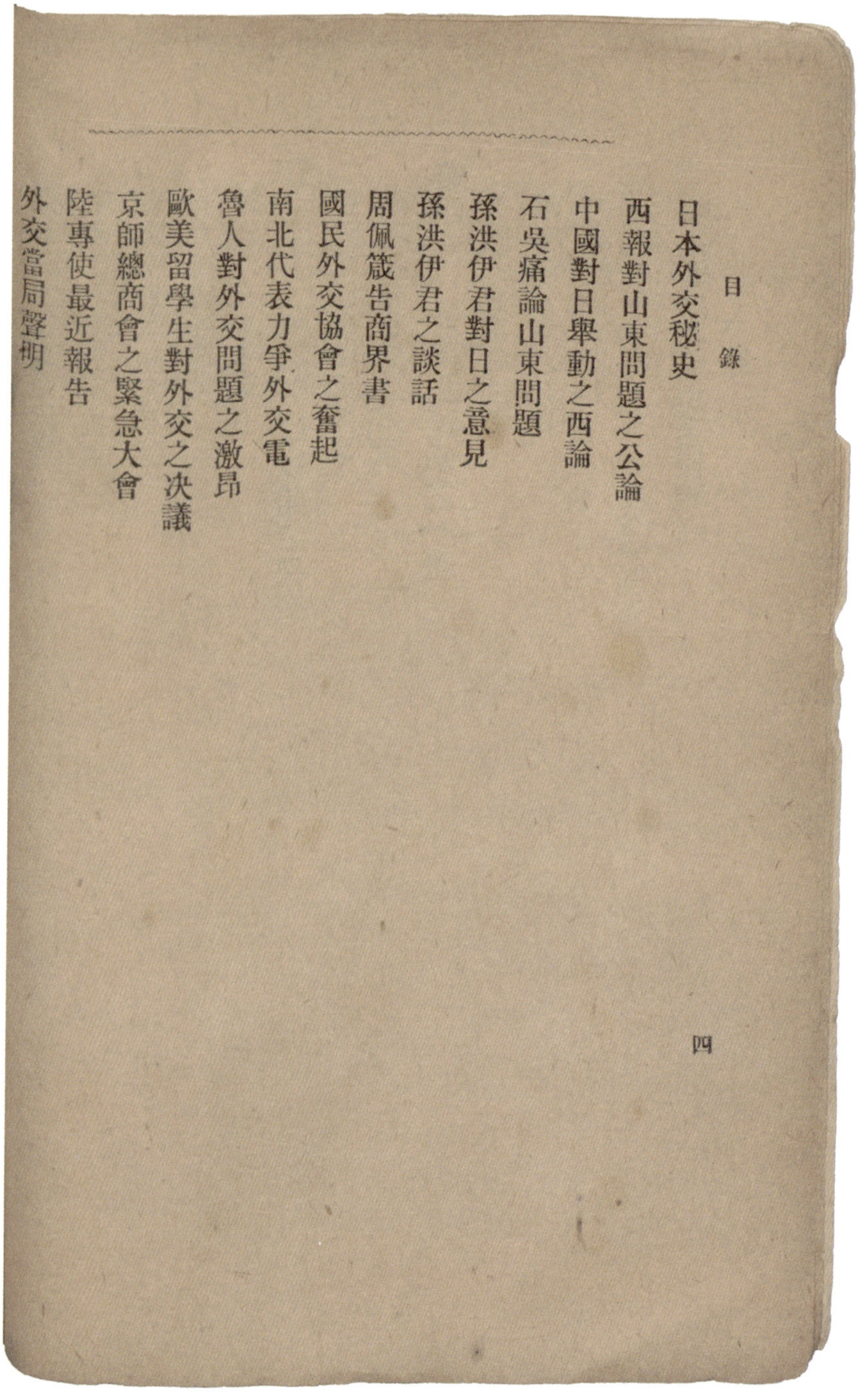

目錄

日本外交秘史
西報對山東問題之公論
中國對日舉動之西論
石吳痛論山東問題
孫洪伊君對日之意見
孫洪伊君之談話
周佩箴告商界書
國民外交協會之奮起
南北代表力爭外交電
魯人對外交問題之激昂
歐美留學生對外交之決議
京師總商會之緊急大會
陸專使最近報告
外交當局聲明

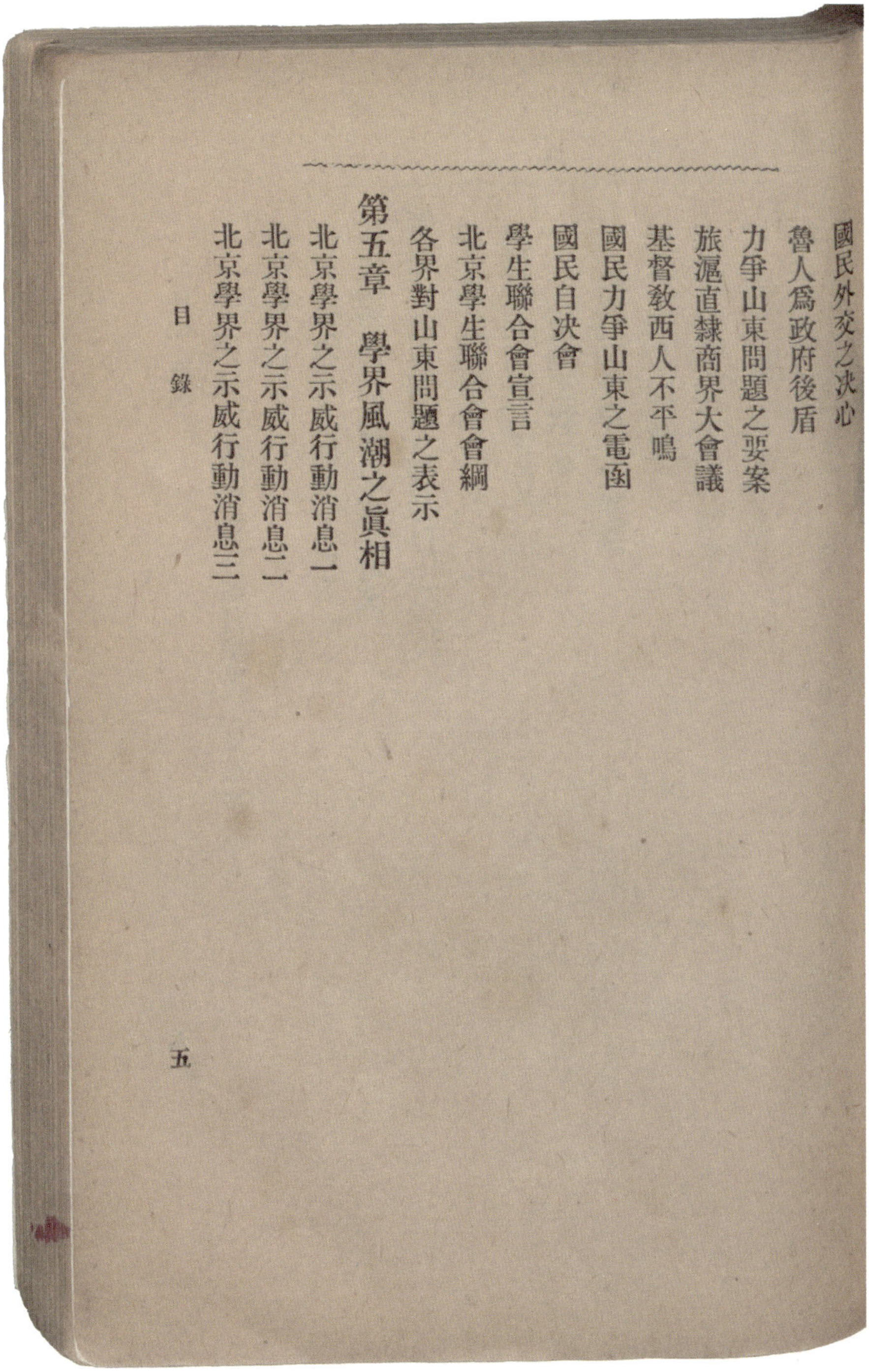

國民外交之決心
魯人爲政府後盾
力爭山東問題之要案
旅滬直隸商界大會議
基督敎西人不平鳴
國民力爭山東之電函
國民自決會
學生聯合會宣言
北京學生聯合會會綱
各界對山東問題之表示
第五章　學界風潮之眞相
北京學界之示威行動消息一
北京學界之示威行動消息二
北京學界之示威行動消息三

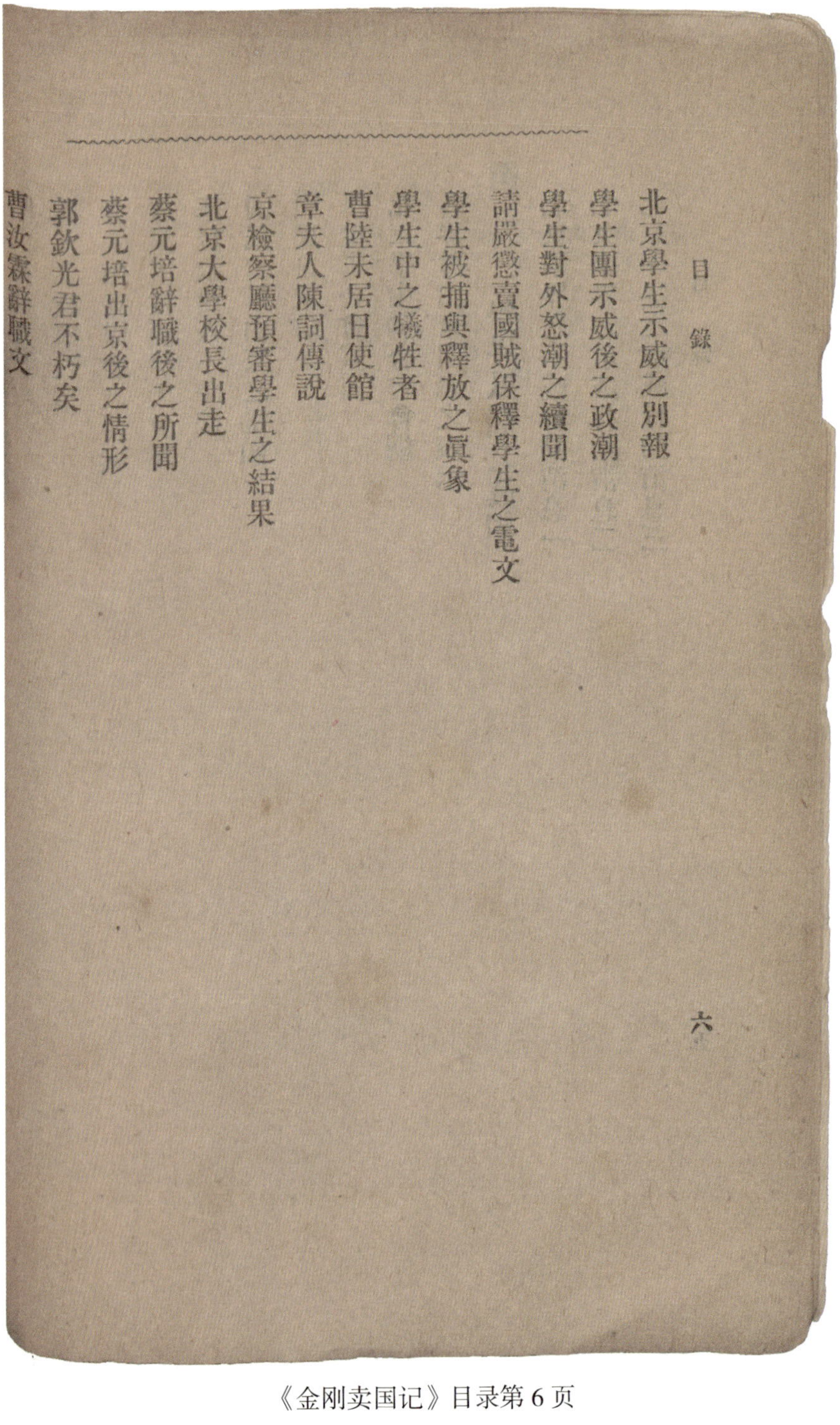

目錄

北京學生示威之別報
學生團示威後之政潮
學生對外怒潮之續聞
請嚴懲賣國賊保釋學生之電文
學生被捕與釋放之眞象
學生中之犧牲者
曹陸未居日使館
章夫人陳詞傳說
京檢察廳預審學生之結果
北京大學校長出走
蔡元培辭職後之所聞
蔡元培出京後之情形
郭欽光君不朽矣
曹汝霖辭職文

六

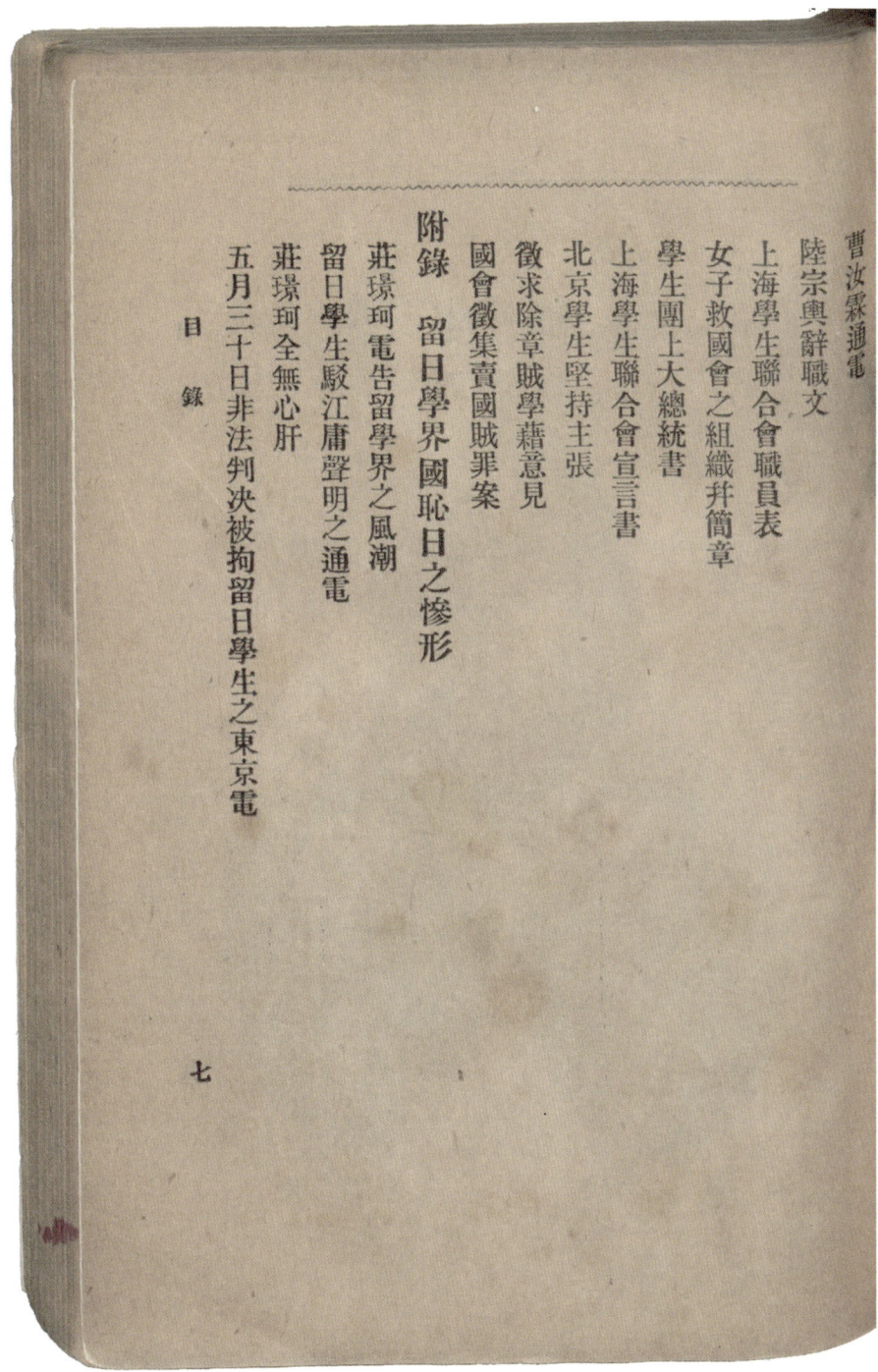

曹汝霖辭職通電
陸宗輿辭職文
上海學生聯合會職員表
女子救國會之組織并簡章
學生團上大總統書
上海學生聯合會宣言書
北京學生堅持主張
徵求除章賊學藉意見
國會徵集賣國賊罪案
附錄 留日學界國恥日之慘形
莊璟珂電告留學界之風潮
留日學生駁江庸聲明之通電
莊璟珂全無心肝
五月三十日非法判決被拘留日學生之東京電

目錄

七

《金剛賣國記》目錄第7頁

"卖国金刚"曹汝霖、章宗祥和陆宗舆三人肖像

1915年5月9日中日外交会议照片

# 金剛賣國記（一名外交大痛史）

## 金剛之歷史

### 曹汝霖小史

曹汝霖字潤田江蘇上海人豫才之子家貧乏豫才曾爲人經理房租其先世有因通敵致僇者故世世懸訓不仕滿朝至汝霖始破例汝霖性狡猾又好漁色肆業南洋公學師範班光緒二十二年留學日本改法律畢業返國諳事親貴歷任要職擢至郵傳部侍郎等鐵路案發國人已盡知其奸民國肇興退而爲律師與章宗祥上下其手獲頗不資尋爲外交次長媚外賣國益優爲之聞今日私產已不下二千餘萬矣嗚呼罪魁禍首奸惡之尤願國人盡棄之

### 章宗祥小史

章宗祥字仲和浙江湖州烏程荻港人菊生之子年十七入泮旋肆業上海南洋公學師範班畢業後留學日本入專門法政學校與曹汝霖素莫逆學成歸國初

《金剛賣國記》正文第1頁

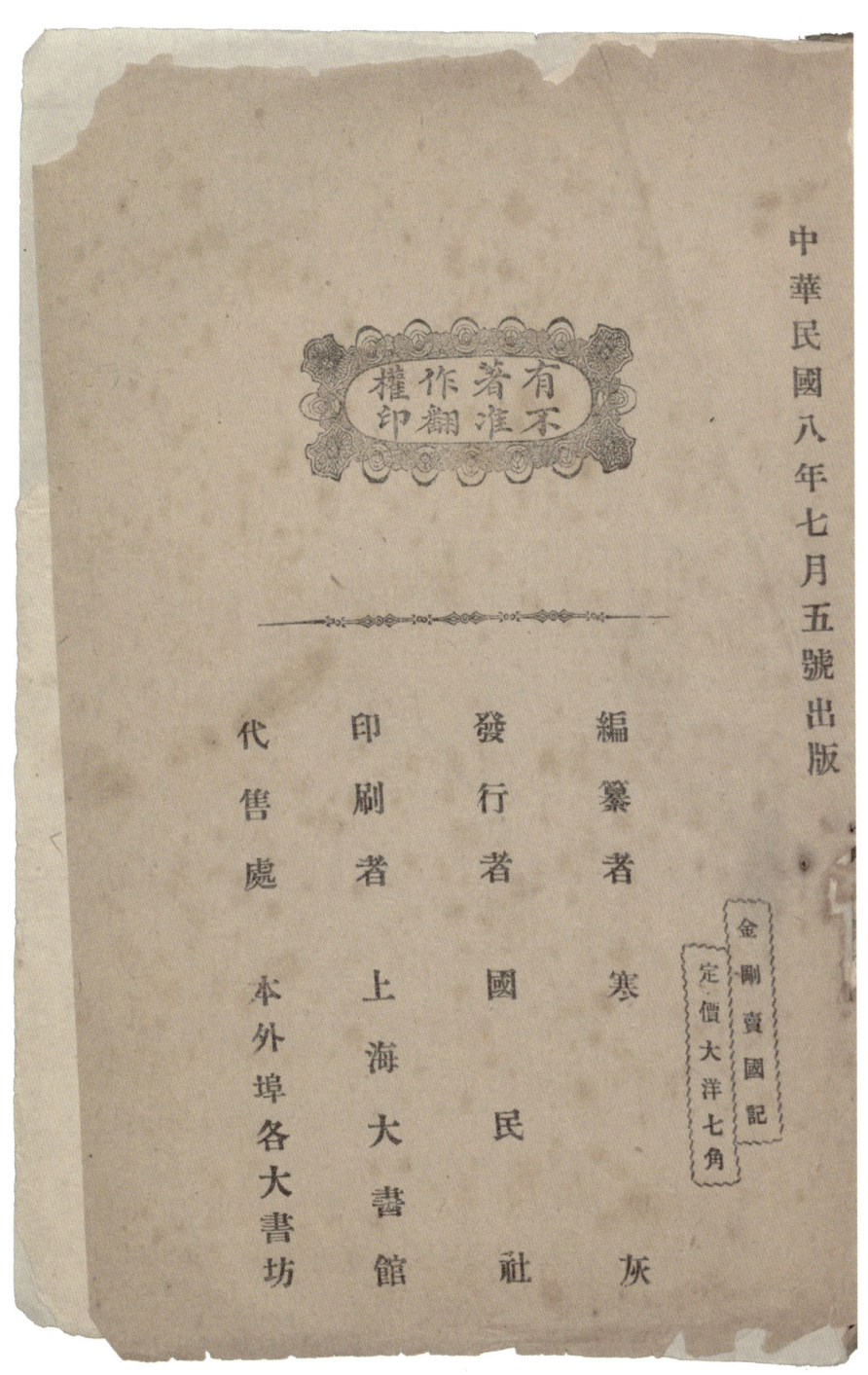

《金刚卖国记》封三上的版权页

# 第二节　土地革命战争时期的革命文献伪装本
# （1927年8月—1937年7月）

## 一、图书

（一）《妙手回春》

本书为《团员须知》的伪装本。国家图书馆藏件系广东省中山图书馆1958年10月复制本。32开，正文17叶，竖排油印。封面和封底呈灰绿色，封面居中自上而下题署伪装题名《妙手回春》，题名上方印有"济善堂"，题名下印有"益光印刷局印"，题名左右两侧印有伪装的广告语："本堂专聘法西名医，医学精良，经验有年。近复悉心研究，发明新异良方，对于社会各种毛病莫不奇功奏效，诚人类之福神也！"封面右上角印有出版时间"一九二八，三，十五，"，左下角印有"潮安济善堂监印"。

封二印有本书的真实题名《团员须知》和目次。本书目次如下：

一、绪言
二、共产主义
三、共产党
四、共产青年团
五、团的组织
六、铁的纪律
七、怎样工作
八、怎样学习

正文之后附有《甚么叫土地革命》一文，指出"打倒自己不种田，靠勒索种田的人的稻谷以为生活的地主，这就是土地革命"，全文以问答的方式，以浅显易懂的话语回答关于革命的相关问题。

1928年3月，中国共产主义青年团潮安县委员会将原来出版的《团员须知》一书中不适用于当时情形的材料进行了修改和增删，重新编印了一本关于中国共产青年团基本知识的小册子，以伪装本的形式油印出版。该书绪言部分称："潮安的团过去有广大的历史，不小的声誉，但自四月十五之后，团的组织遂归并到党中去，而至于无形消灭。……目前的团是从死中复生——团员多是新同志——他们对于团内三弯四曲，一定不知道，我们为要使各同志能够明了工作，能够切实去领导群众，首先一定要使各同志明白团里一切东西，因此,《团员须知》就在这反动注目，印刷困难中产出来了。"

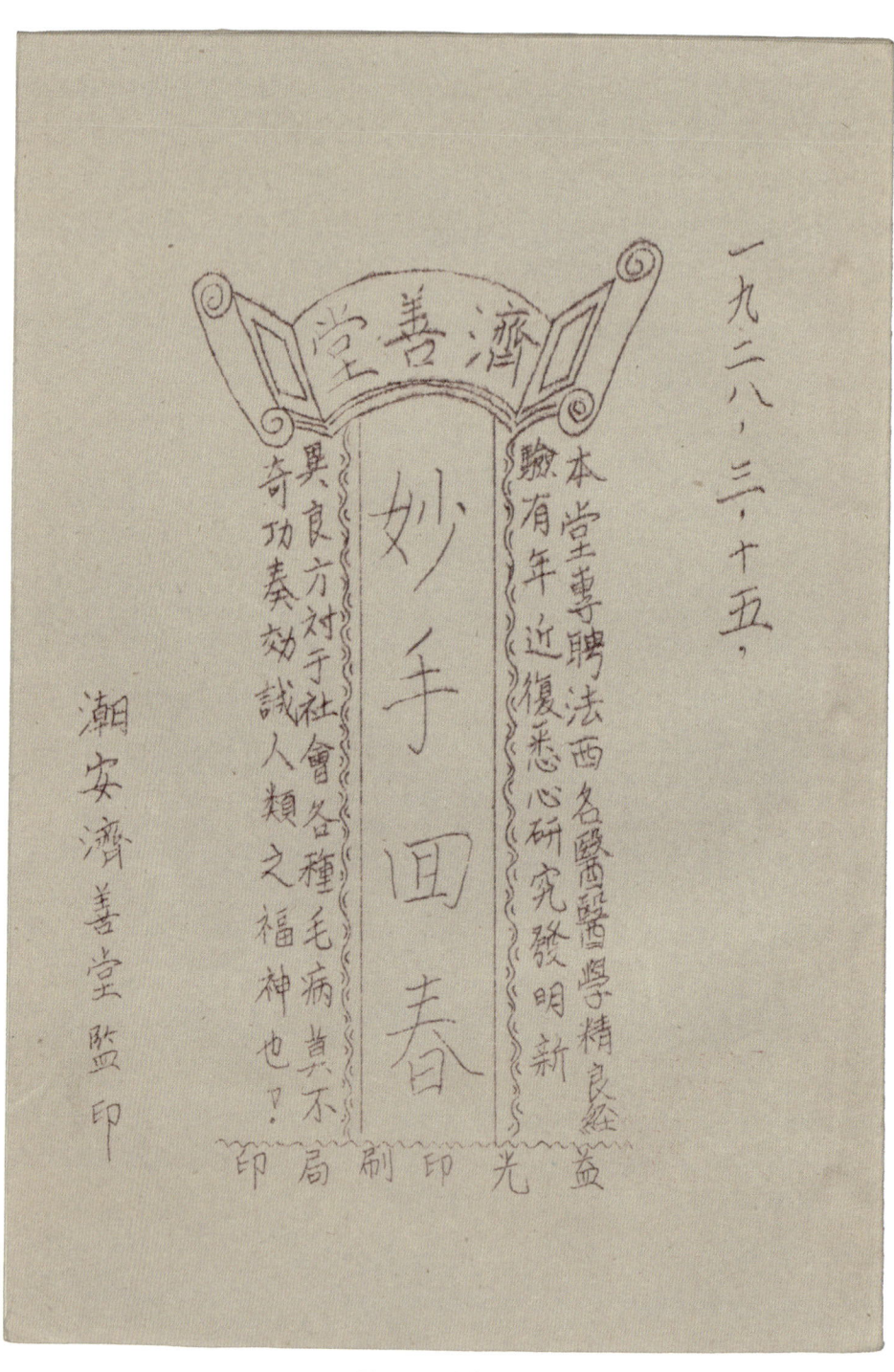

《妙手回春》封面

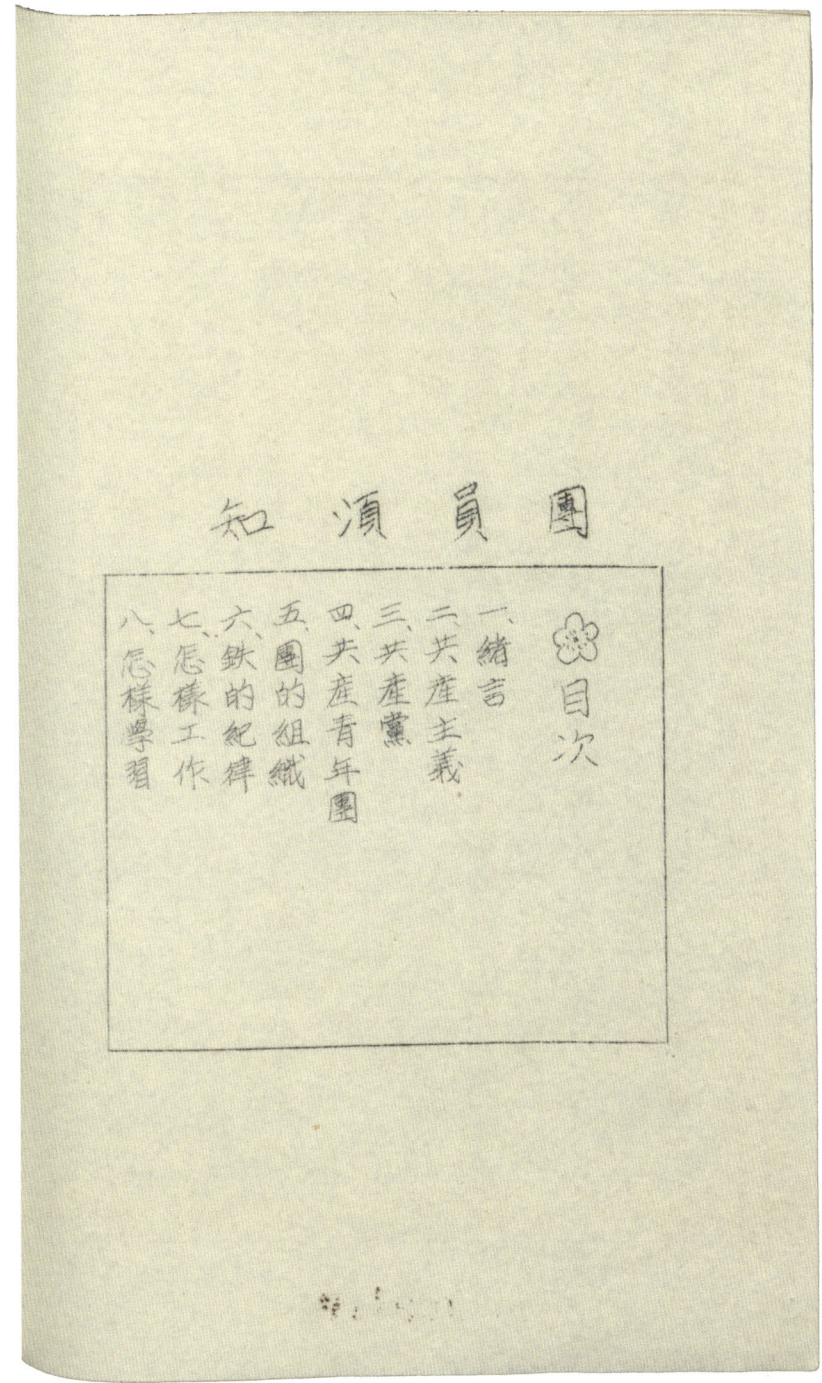

《妙手回春》封二上的目次

# 團員須知

## 一 緒言

潮安的團過去有廣大的歷史，不小的聲譽，但自四月十五之後，團的組織逐漸併到黨中去，而至于無形消滅，這種消滅，一方面由於團本身力量薄弱，（完全是智識份子組成的）一方面由於黨紀着取消主義所致。

目前的團是從死中復生——團員多是新同志——他們對于團內三彎四曲，一定不知道，我們為要使各同志能够明瞭工作，能够切實去領導群衆，首先一定要使各同志明白團裏一切東西，因此，『團員須知』就在這反動注目，『團員須知』出版已久，其中材料，多有不適用於現在的，所以另加以修改和增删，而印成這本小冊子，給各同志參改，

《妙手回春》正文第 1 頁

希望各同志要抽点時間熟讀，謹記在心，那末，才不會浪廢金錢，時間，而没一吴收劾！

縣委 一九二八、三、十五。

二　共産主義

在我們今天住着的這個社會裏，貧苦的人一天一天更貧苦，富豪的人一天一天更富豪——這是資本主義發展的必然結果，這迫告訴我們，這個社會是病了，是不適於大多數人的需要了。

這個社會需要救濟：共産主義便是救濟的藥方。

共産主義指明這個社會的病症，在於少數人壟斷了一切生產工具（機器，工廠，礦山，土地，鐵路，輪船，）致大多數人被生活逼迫而作了少數人的奴隸。

現在救濟的辦法，只有把生產工具都收歸社會公有，便社會上所有的人都要親身參加勞動（體力的或腦力的），除了幼年，產党一方面要努力宣傳並訓練農民以及手工業者，一方面要鼓起他們作大暴動，而寔行土地革命，建設蘇維埃政權——以圖寔現共產主義。換言之，目前中國共產黨都應該站在無產階級利益上而奮鬥。

四　共產青年團

在資本主義社會中，青年與成年是感受到不相同的痛苦，青年都有他們特殊的利益，如青年的身體發育未全，不能耐多時間的工作，而寔際青年工人常作十三四小時的苦工等。

青年富於革命性，進取心極強，他們常是爭鬥中最勇敢的戰士，他們是新社會的建設繼承人；可是他們因常受有資產階級的壓迫欺騙，如強迫兵役，經濟壓迫，資產階級的學校教育之欺騙等，致常有被資產階級犧牲的危險。

《妙手回春》正文第4頁

（二）《新出绘图国色天香》

本书为《中国共产党第六次全国大会议决案》的伪装本。32开，正文272页，竖排铅印。封面底色为浅绿色，黑色双边长方框里的莲花图案上印"新出绘图"四字，左下印"国色天香"四字，无出版者和出版时间。目次页印有真实题名《中国共产党第六次全国大会议决案》。目次页右下角盖有一枚"高尔松"方形阳文朱印文，印文下有一钢笔所书"赠"字，表明此书系著名民主人士、出版家高尔松先生所赠。

本书目次如下：

> 代序——关于《第六次全国大会的总结与精神》的通告
> 政治决议案
> 组织问题决议案提纲
> 中国共产党党章
> 职工运动决议案
> 土地问题决议案
> 农民问题决议案
> 苏维埃问题解释书
> 军事工作决议案
> 宣传工作决议案
> 对CY工作决议案
> 妇女运动决议案
> 大会通过之各小决议案

1928年6月18日至7月11日，中国共产党第六次全国代表大会在莫斯科召开。出席大会的代表共142人，其中有表决权的代表84人。瞿秋白代表第五届中央委员会做了题为《中国革命与共产党》的政治报告，周恩来做了组织报告和军事报告，李立三做了农民问题报告，向忠发做了职工运动报告，共产国际代表布哈林做了题为《中国革命与中国共产党的任务》的政治报告和关于政治报告的结论。由于国内政治环境恶劣，党的六大执行严格的保密制度。参会代表从报到之日起，不再使用自己的名字，每人都有一个编号，共编142号。

会议发言要叫号，会议记录只标明发言人的号码，甚至领东西、分配住处、安排交通也都以号码为准。大会通过的决议案是大会的重要文件，大会秘书处规定，7月12日晚上回收所有文件，个人不能带走。会议甚至规定代表们的笔记本也要上交，以至于代表们回国后只能凭记忆传达会议精神。

　　大会的各种决议由大会秘书抄写了3份，一份送共产国际，一份送中共驻共产国际代表团，一份自己收存。我们现在所能看到的党的六大文件都是在国内秘密翻印的，数量也极少。本书最后的《大会通过之各小决议案》包含《对国内工作指示的电稿》《定"广州暴动"为固定的纪念日的决议》《关于党纲的决议》《关于民族问题的决议》《关于大会宣言问题的决议》等5个文件，加上前面的11个文件，本书实际上收录了党的六大通过的决议案和党章等共计16个文件，这表明本书是党的六大召开以后在国内印刷的六大决议案的早期版本，同时也是六大决议案比较完整的版本。

　　《国色天香》是明代吴敬所辑纂的传奇小说选集，在清末民初颇为流行，本书以其作为伪装，借以迷惑国民党反动当局。国民党的查禁秘密文件显示，1929年3月，国民党曾以"宣传共产"为由查禁过托名为"《国色天香》"的中国共产党第六次全国代表大会议决案，指其系从上海崇文书局寄出。

《新出绘图国色天香》封面

中國共產黨第六次全國大會議決案

目次

代序——關於『第六次全國大會的總結與精神』的通告
政治決議案
組織問題決議案提綱
中國共產黨黨章
職工運動決議案
土地問題決議案
農民問題決議案
蘇維埃問題解釋書

目次

1

《新出绘图国色天香》目次第 1 页

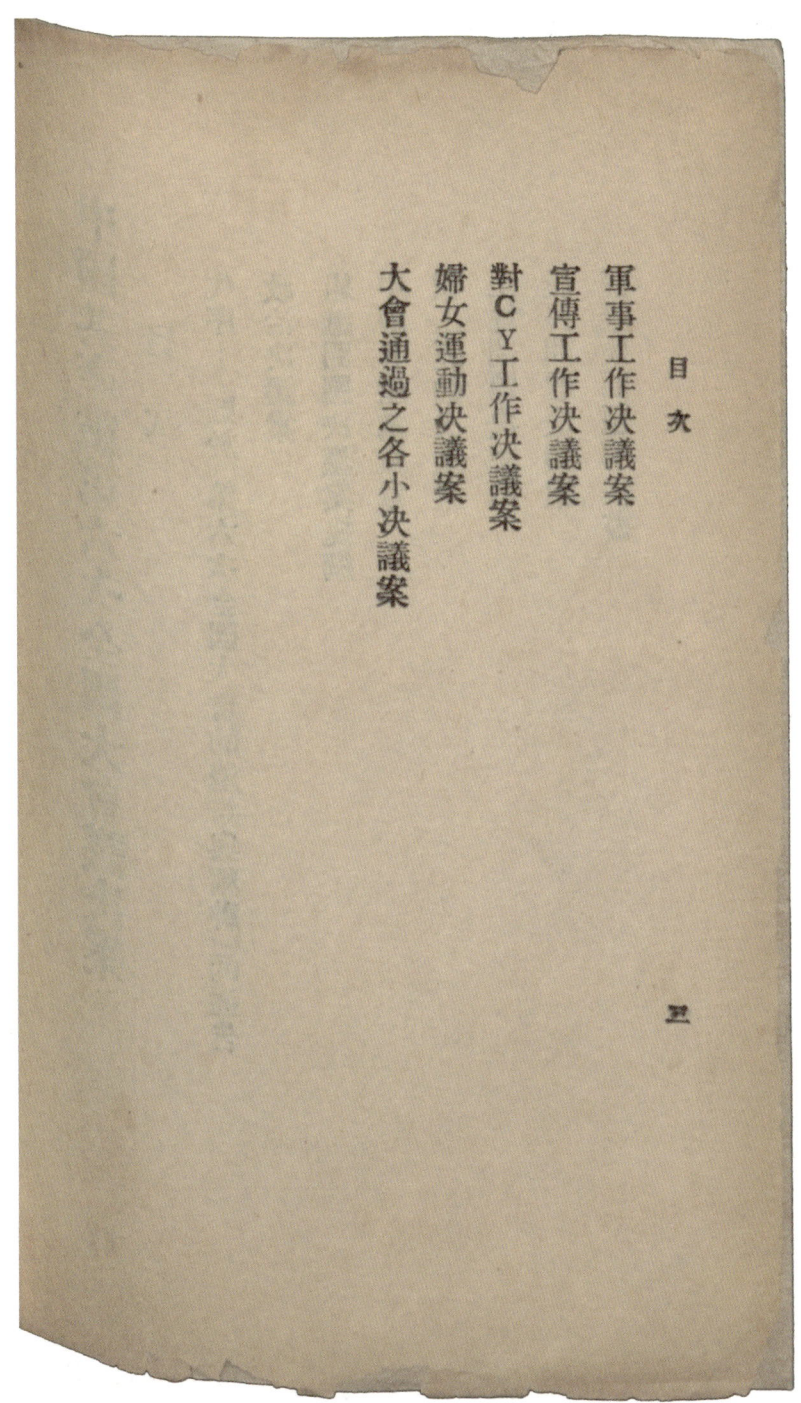

《新出绘图国色天香》目次第 2 页

目次

軍事工作決議案
宣傳工作決議案
對CY工作決議案
婦女運動決議案
大會通過之各小決議案

# 第六次全國代表大會的總結與精神

中央通告第六十四號

各級黨部,

全體同志們!

本黨第六次全國代表大會業已閉幕了,此次大會不僅在中國革命歷史上有極偉大的意義,而且在世界革命歷史上有極偉大的意義,此次大會的環境與時期:在國際形勢方面正值第二時期(資本部分穩定時期)轉到第三個時期——即國際革命形勢開始轉入新的革命高潮時期;國內形勢,正值廣州暴動失敗之後,舊的革命高潮業已過去,而新的革命高潮快要到來的時期。 大會是當著這樣革命轉變的關頭召集的,所要求於大會解決的任務是何等的偉大而嚴重呵! 在共產國際直接指導和幫助之下,我們大會很順利的成就了這嚴重的任務。 大會最主要的成功在獲得正確的政治的策略

大會的總結與精神

一

《新出繪圖國色天香》正文第 1 頁

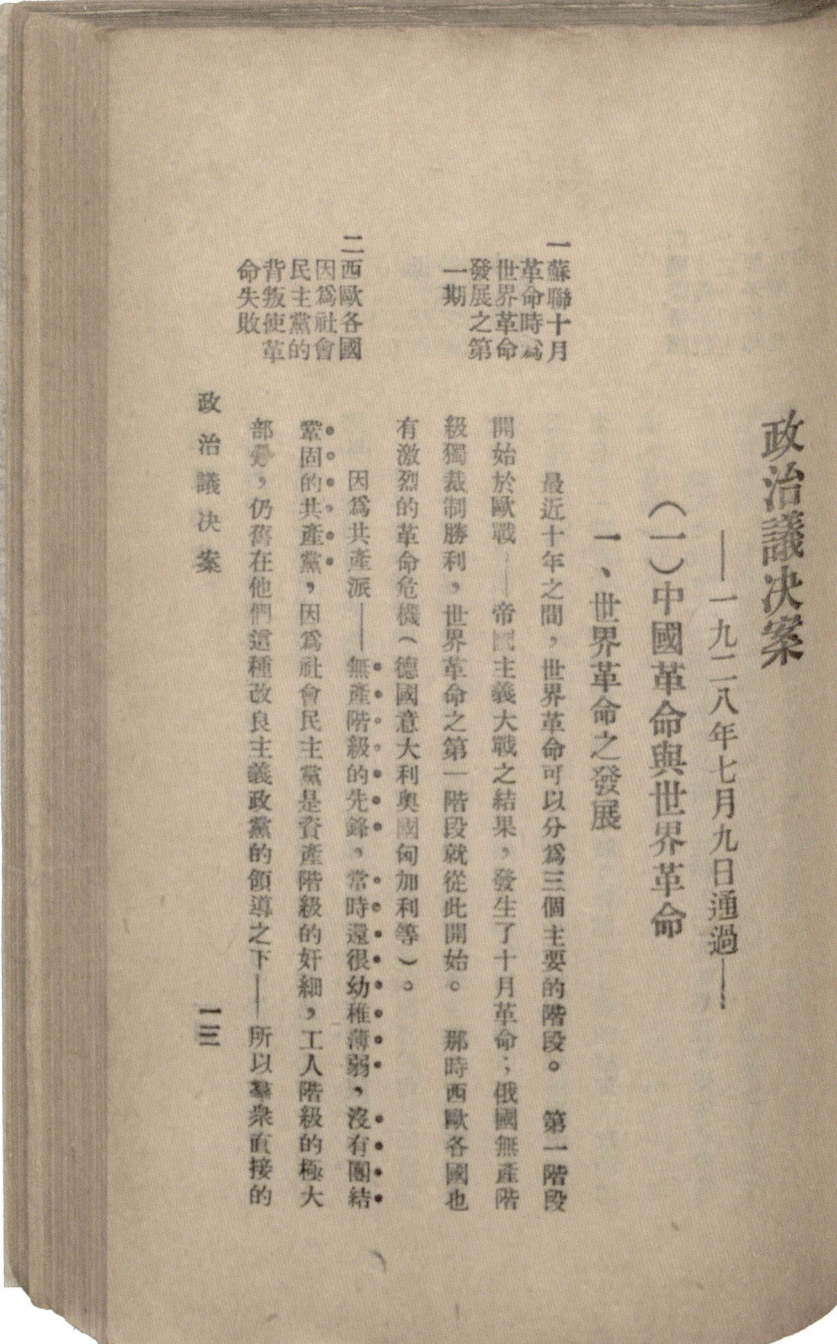

政治議決案
——一九二八年七月九日通過——

（一）中國革命與世界革命

1、世界革命之發展

最近十年之間，世界革命可以分為三個主要的階段。第一階段開始於歐戰——帝國主義大戰之結果，發生了十月革命；俄國無產階級獨裁制勝利，世界革命之第一階段就從此開始。那時西歐各國也有激烈的革命危機（德國意大利奧國匈加利等）。

一 蘇聯十月革命時為世界革命發展之第一期

因為共產派——無產階級的先鋒，當時還很幼稚薄弱，沒有團結鞏固的共產黨，因為社會民主黨是資產階級的奸細，工人階級的極大部分，仍舊在他們這種改良主義政黨的領導之下，——所以羣眾直接的革命失敗

二 西歐各國因為社會民主黨的背叛使革命失敗

《新出绘图国色天香》正文第13页

中國共產黨黨章

## 第一章 名稱

（一）定名 中國共產黨為共產國際之一部分，命名為：中國共產黨，共產國際支部。

## 第二章 黨員

（二）入黨資格 凡承認共產國際和本黨黨綱及黨章，加入黨的組織之一，在其中積極工作，服從共產國際和本黨一切決議案，且經常繳納黨費者，均得為本黨黨員。

（三）入黨手續 新黨員入黨時，由黨支部通過，並須經過市縣委，或等於縣委組織的區委之批准。

入黨的條件分下列數種：

《新出绘图国色天香》正文第 90 页

### （三）《帝国主义与战争》

本书为 1928 年共产国际第六次大会通过的决议《反帝国主义大战的斗争与共产党员的任务》的伪装本。36 开，正文 112 页，竖排铅印。封面底色为浅灰色，居中印有红色伪装题名《帝国主义与战争》，题名置于红色花边的长方形方框中。方框左下方印有"上海新文化书社发行"。封三上的版权页印有"版权所有"、"一九二九年七月一日出版"、"时代丛书"、伪装题名、定价、代售处等信息。

1928 年 7 月 17 日至 9 月 1 日，共产国际第六次代表大会在莫斯科召开，来自 57 个国家 65 个组织的 532 名代表参加了会议。中国共产党的瞿秋白、王若飞、周恩来、张国焘、苏兆征、邓中夏、蔡和森、向忠发等 31 人出席了大会。大会最终通过的《共产国际纲领》概述了资本主义的发展规律，指出在各种增长着的矛盾的压力之下，帝国主义面临着不可避免的革命与灭亡，共产国际的最终目的是以共产主义世界代替资本主义世界。《制止帝国主义战争危机的措施》是根据托·贝尔的报告所拟定的提纲，系大会通过的众多决议之一。卷端印有本书真实题名《反帝国主义大战的斗争与共产党员的任务——一九二八年共产国际第六次大会通过的决议案》。

本书目录如下：

第一章　帝国主义战争的危险
第二章　无产阶级对战争的态度
　　甲　无产阶级反对帝国主义大战的斗争
　　乙　无产阶级拥护苏联反对帝国主义者
　　丙　无产阶级拥护并领导被压迫民族的反帝国主义的革命战争
第三章　无产阶级对军队的态度
　　甲　无产阶级对帝国主义国家的军队的态度
　　乙　无产阶级革命中的军事问题
　　丙　无产阶级对殖民地半殖民地国家的军队的态度
第四章　无产阶级对裁军问题的态度与反对和平主义的斗争
　　甲　社会民主党的裁军计划与列宁主义
　　乙　苏维埃的裁军提案
　　丙　无产阶级反对和平主义的斗争

第五章　共产党工作的缺点及其任务
（附）　共产国际第六次世界大会对国际反战争运动的决议案

正文间有《补白》两则，引列宁等革命导师的语录。

1928年，上海现代书局曾出版唐宋元著《帝国主义与战争》一书。本书题名与唐宋元书相同，与卷端题名差别较大，显然是为了避免引起国民党反动当局的注意。现在所见的上海新文化书社出版的书籍总体有两种类别：一种是新式标点古典论著和通俗小说之类，如《儒林外史》《徐霞客游记》《古文观止》《阅微草堂笔记》《明清八大家文选》《古文辞类纂》《老子新注》《新式标点七剑十三侠》《董解元西厢》等，数量较多；另一种是介绍马克思主义、社会主义等革命思潮的进步书籍，如《马格斯资本论入门》（马尔西著，李汉俊译）、《帝国主义浅谈》（列宁著，柯柏年译）、《社会主义讨论集》、《社会主义浅说》、《帝国主义与中国》、《唯物史观浅说》、《伦理与唯物史观》、《中国妇女问题讨论集》等，数量不多，被国民党视为"反动书刊"。这两种风格的书籍到底是同一家出版商出版的书籍，还是两家出版商出版的书籍，还有待进一步考证。

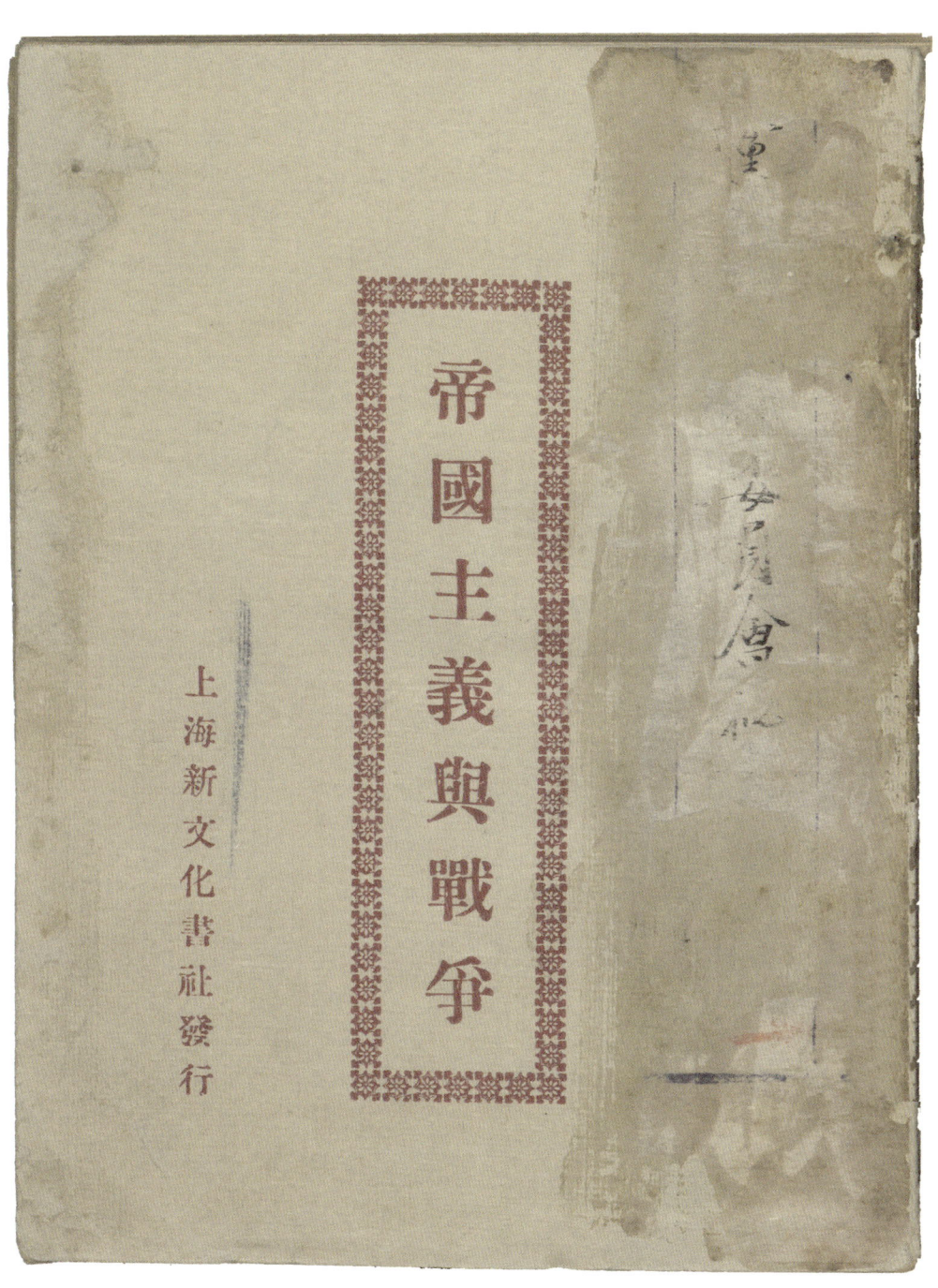

《帝国主义与战争》封面

# 反帝國主義大戰的鬥爭與共產黨員的任務

## 目錄

第一章 帝國主義戰爭的危險……………………………………一

第二章 無產階級對戰爭的態度

　甲 無產階級反對帝國主義大戰的鬥爭…………………一七

　乙 無產階級擁護蘇聯反對帝國主義者…………………四四

　丙 無產階級擁護並領導被壓迫民族的反帝國主義的革命戰爭…五一

第三章 無產階級對軍隊的態度

　甲 無產階級對帝國主義國家的軍隊的態度……………六一

　乙 無產階級革命中的軍事問題…………………………七五

《帝国主义与战争》目录第1页

丙　無產階級對殖民地半殖民地國家的軍隊的態度………………七八

第四章　無產階級對裁軍問題的態度與反對和平主義的鬥爭……………………八七

甲　社會民主黨的裁軍計劃與列寧主義……………………八八

乙　蘇維埃的裁軍提案……………………九二

丙　無產階級反對和平主義的鬥爭……………………九五

第五章　共產黨工作的缺點及其任務……………………九七

（附）共產國際第六次世界大會對國際反戰爭運動的決議案……………………一二一

# 反帝國主義大戰的鬥爭與共產黨員的任務

——一九二八年共產國際第六次大會通過的決議案——

## 第一章 帝國主義戰爭的危險

1. 在世界大戰十年之後，幾個帝國主義的列強鄭重的訂立了一個非戰的公約：他們談論裁軍，他們企圖藉着國際社會民主黨領袖的幫助，以欺騙工人及勞勤羣衆，使之相信獨佔的資本主義的統治，已經保證了世界的和平。

共產國際第六次大會宣佈這一切計謀都是對工人羣衆的可恥的欺騙。大會對國際無產階級及全世界勞勤被壓迫羣衆，提醒了最近幾年的經驗，帝國主義國家對殖民地民族繼續不斷的小的侵略的戰爭，以及去年（一九二七）的事件：列強對中

《帝国主义与战争》正文第1页

## 第四章 無產階級對裁軍問題的態度與反對和平主義的鬥爭

五十八．帝國主義在準備新的帝國主義反革命的大戰中，無論在思想上在組織上，都遇到了嚴重的障礙。這障礙是什麼呢？就是自從上次世界大戰以後所引起廣大羣衆，特別是工人農民勞動婦女對於戰爭的自然的仇恨。因為這個緣故，帝國主義者不得不在反對日見發展的世界革命與其堡壘——蘇聯——的鬥爭中之下準備戰爭。同時，和平主義因為做了帝國主義在反對日見發展的世界革命與其堡壘——蘇聯——的鬥爭中之意識的中心與思想的工具，所以也就有了新的客觀上的意義。帝國主義的國家所發的起裁軍會議與裁軍提案的客觀意義與根本目的，也就在這裏了；特別是國際聯盟在這方面的「工作」，討論什麼「保障」，建議成立公斷法庭，非戰公約，等等，更是掩耳盜鈴自欺欺人的把戲。這一切和平主義的計劃，條約，會議的目的是：（甲）

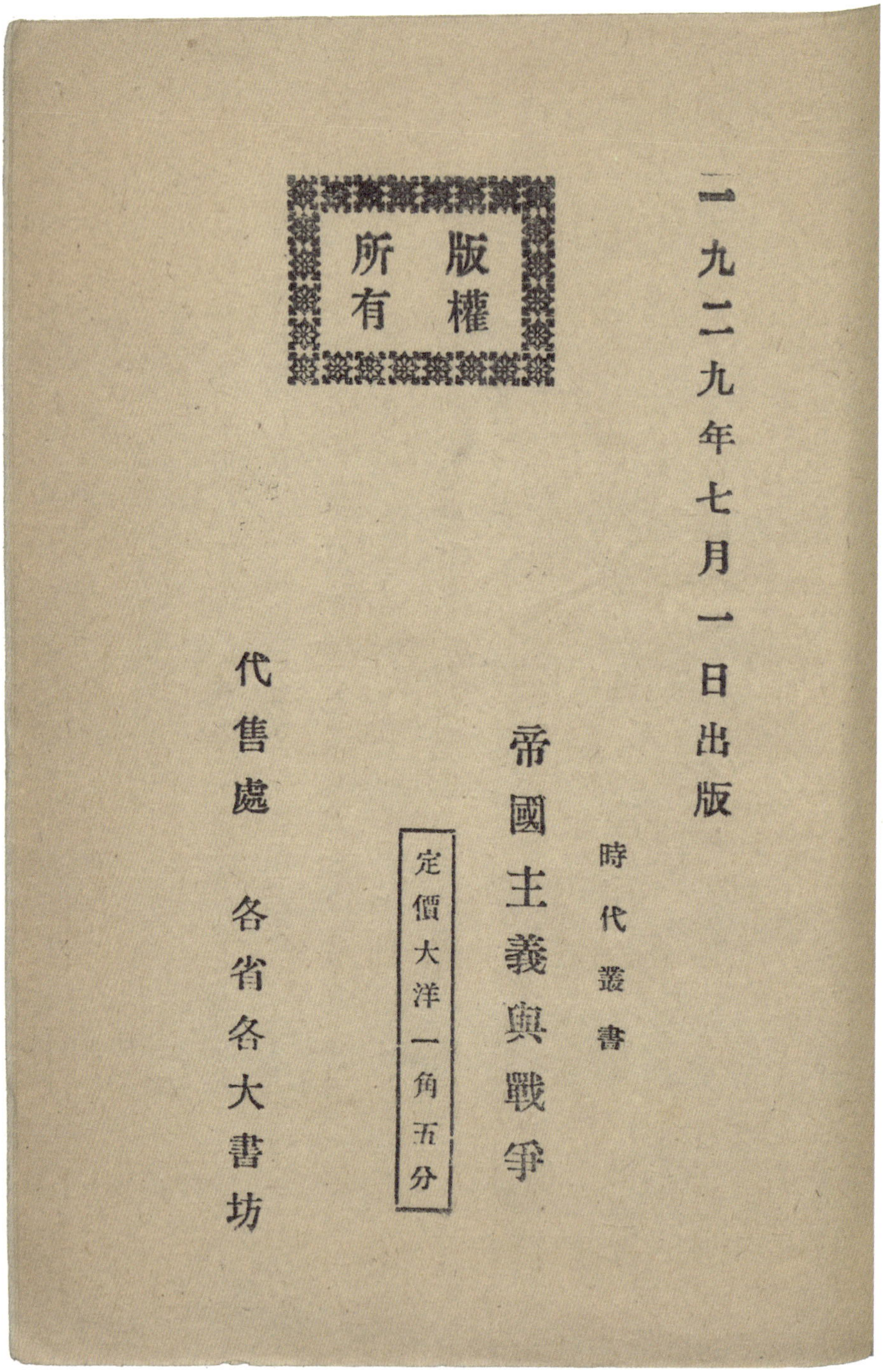

一九二九年七月一日出版

時代叢書

帝國主義與戰爭

定價大洋一角五分

代售處　各省各大書坊

版權所有

《帝国主义与战争》封三上的版权页

（四）《一九二九第六次大会后的政治工作》

本书为《第六次大会后中国共产党的政治工作第一集》的伪装本。32开，正文282页，竖排铅印。封面为蓝底黑字，双黑线框，框内右侧分两列印有"一九二九""第六次大会后的"，居中用大字竖向印有"政治工作"，左侧署"上海民志书局发行"。卷端印有真实题名《第六次大会后中国共产党的政治工作第一集》。版权页在正文之后，亦进行了伪装，题名作《政治工作》，出版时间署"一九二九年十月出版"，总发行处为"上海民志书局"，代售处为"各省各大书坊"，另印有"每册实价大洋四角"。

本书系中国共产党第六次全国代表大会后秘密出版的中央文件集。目录页缺损，在正文之前以钢笔抄录了真实题名和部分目次。正文收录的文件如下：

《第六次全国代表大会的总结与精神——中央通告第二号》
《目前革命形势与党的战术和策略——中央通告第三号》
《总的政治路线之正确的运用——中央通告第八号》
《目前政治形势与群众工作——中央通告第十五号》
《反帝国主义与争取群众策略——中央通告第二十号》
《反对军阀战争和争取群众——中央通告第二十五号》
《目前政治形势的分析与党的主要路线——中央通告第三十号》
《答复江苏省委对中央工作的意见——附（江苏省委）对中央工作的意见》
《军阀战争的形势与我们党的任务——中央通告第三十三号》
《反军阀战争中的工作方针——中央通告第三十四号》
《共产国际执行委员会与中国共产党书》
《中央对国际二月八日训令的决议——中央通告第三十七号》

四一二反革命政变后，中国共产党在上海建立的出版发行机构上海书店被查封，党的出版工作转入地下。土地革命战争时期，中国共产党在上海建立了无产阶级书店、华兴书局、秋阳书店、春阳书店等出版发行机构，秘密出版马列主义著作和党的重要文献。本书出版时间为1929年10月，总发行处为上海民志书局。检索各类文献资料和回溯书目，上海民志书局发行的出版物只有《共产国际对于中国革命决议案》《中国革命与机会主义》等寥寥几种。根据出版时间，本书通常被认为是上海无产阶级书店或华兴书局的秘密出版物。

中央档案馆藏有 1929 年 4 月印发的《中国革命与中共的任务——共产国际代表布哈林在中国共产党第六次全国代表大会上的政治报告（一九二八年六月十九日）》。该报告最后称"同志们，你们看完了这篇政治报告之后，请再去参阅下列各书，更可帮助你们了解目前党的政治路线和主要任务"，列出了 4 种书籍，第四种为"《第六次大会后中国共产党的政治工作》（已付印）"[①]，表明本书是作为党的宣传材料，早在 1929 年 4 月以前就已付印。中央档案馆编辑《中共中央文件选集》时，以本书为底本，整理了 1928—1929 年的部分中央文件[②]，核对和补充《中央通讯》刊发的文件的缺漏，足见本书的文献价值。

---

① 中共中央党史研究室、中央档案馆编：《中国共产党第六次全国代表大会档案文献选编》（上），北京：中共党史出版社，2015 年，第 257 页。

② 中央档案馆编：《中共中央文件选集（一九二八）》，北京：中共中央党校出版社，1989 年；中央档案馆编：《中共中央文件选集（一九二九）》，北京：中共中央党校出版社，1990 年。

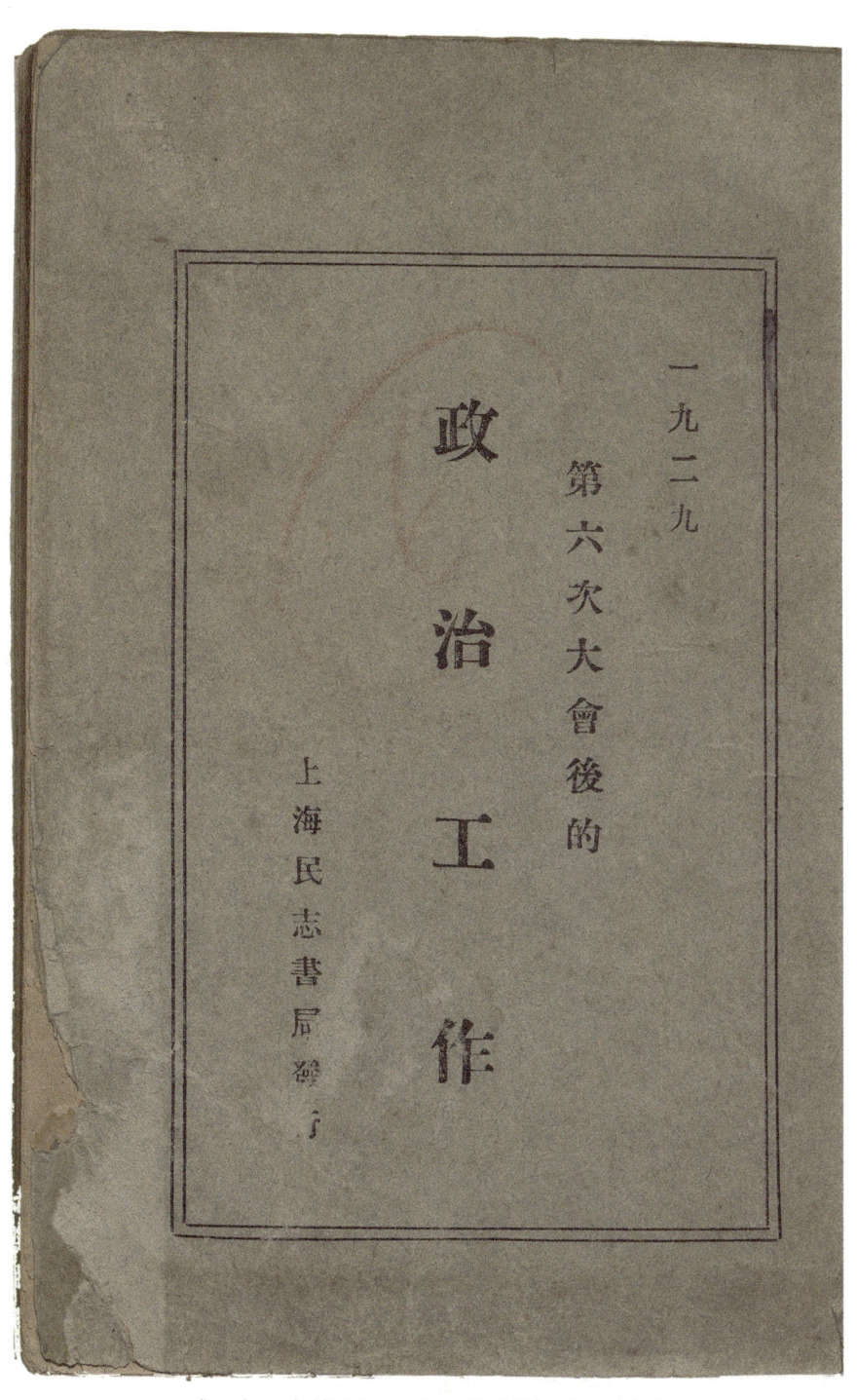

《一九二九第六次大会后的政治工作》封面

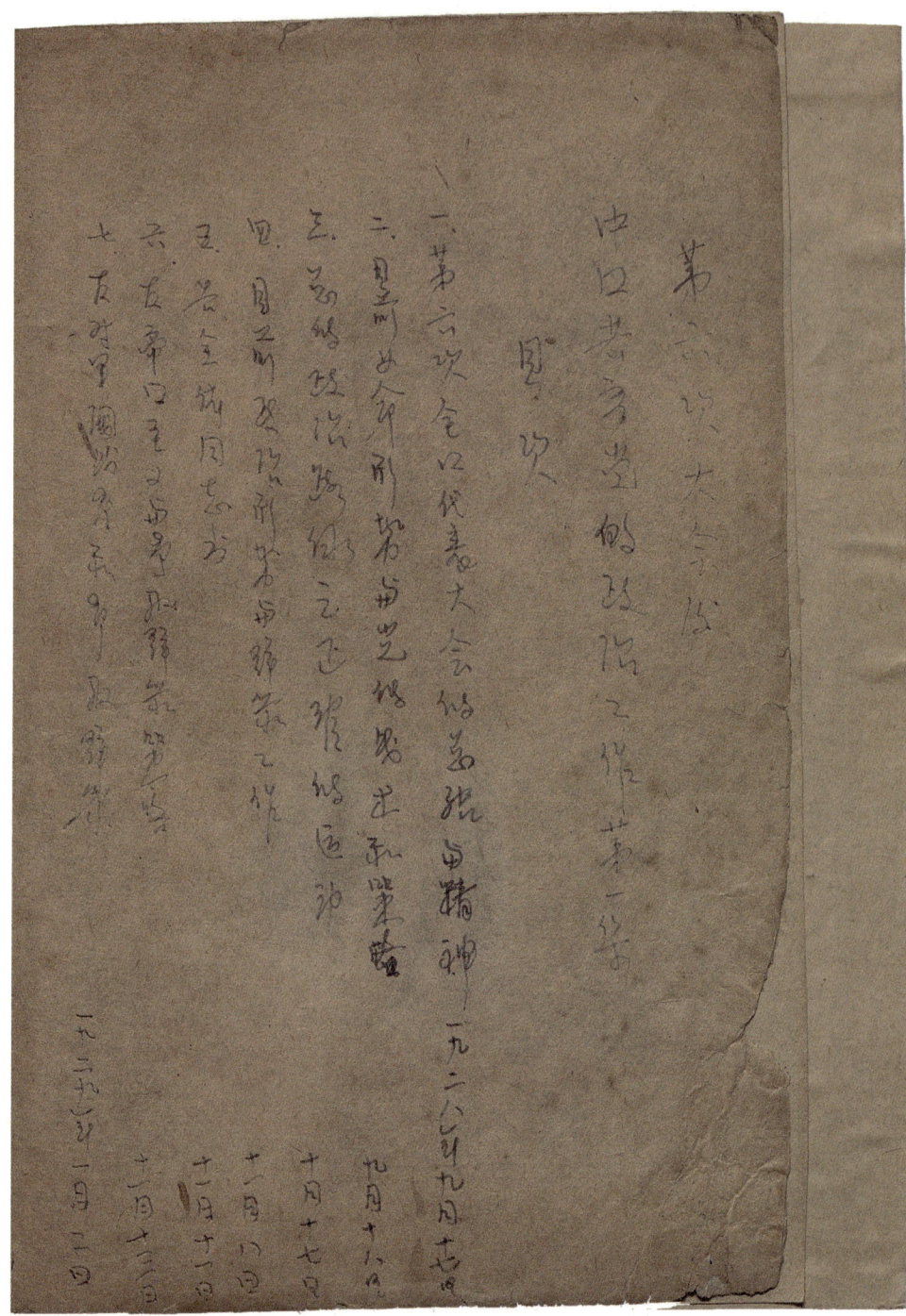

130　《一九二九第六次大会后的政治工作》封二上以钢笔抄录的真实题名和部分目次

## 第六次大會後
## 中國共產黨的政治工作 第一集

第六次全國代表大會的總結與精神

——中央通告第二號

各級黨部，全體同志們！

本黨第六次全國代表大會業已閉幕了，此次大會不僅在中國革命歷史上有極偉大的意義，而且在監界革命歷史上有極偉大的意義，此次大會的環境與時期：在國際形勢方面正值第二時期（資本部分穩定時期）轉到第三個時期——即國際革命形勢開始轉入新的革命高潮時期；國內形勢，正值廣州暴動失敗之後，舊的革命高潮

《一九二九第六次大会后的政治工作》正文第 1 页

## 總的政治路線之正確的運用

——中央通告第八號

第六次大會決定目前黨的總的任務是奪取廣大的羣衆促進革命高潮更快的到來，準備在將來的革命高潮中以羣衆的武裝暴動推翻國民黨統治，建立工農兵代表會議政權，徹底完成革命，這是黨在目前絕對正確的路線，這是黨在目前重大的任務。（參閱通告第三號）但是這一路線的解釋與運用，可以發生兩個極端的偏向。

### 一 對六次大會決定的路線可以發生的兩個極端偏向的解釋

〔三〕

《一九二九第六次大会后的政治工作》正文第 31 页

# 軍閥戰爭的形勢與我們黨的任務

——中央通告第三十三號

## 一

（一）中央歷次通告之總的政治路線

關於全國的政治形勢與我們黨的任務，中央在逼近半年的時間中，已經發出了七個通告。在每次通告中，雖然各有其特殊的指明，但是總的政治與策略的路線，自六次大會以至於今，都沒有任何原則上的變更。中央歷次的通告，都是一貫的政治路線，就是現在反動統治是買辦地主資產階級的聯盟，而買辦地主資產階級間又有不可調和的矛盾，因此而發生着爭奪反革命領導權的鬥爭，同時這種鬥爭反映着各帝國主義在中國之相互的衝突，使着中國成一個醞釀軍閥戰爭的局面，統治階級一切的日常活動以及一切的事變，都是加緊準備戰爭的表現，雖然準備不充分

一七三

《一九二九第六次大会后的政治工作》正文第173頁

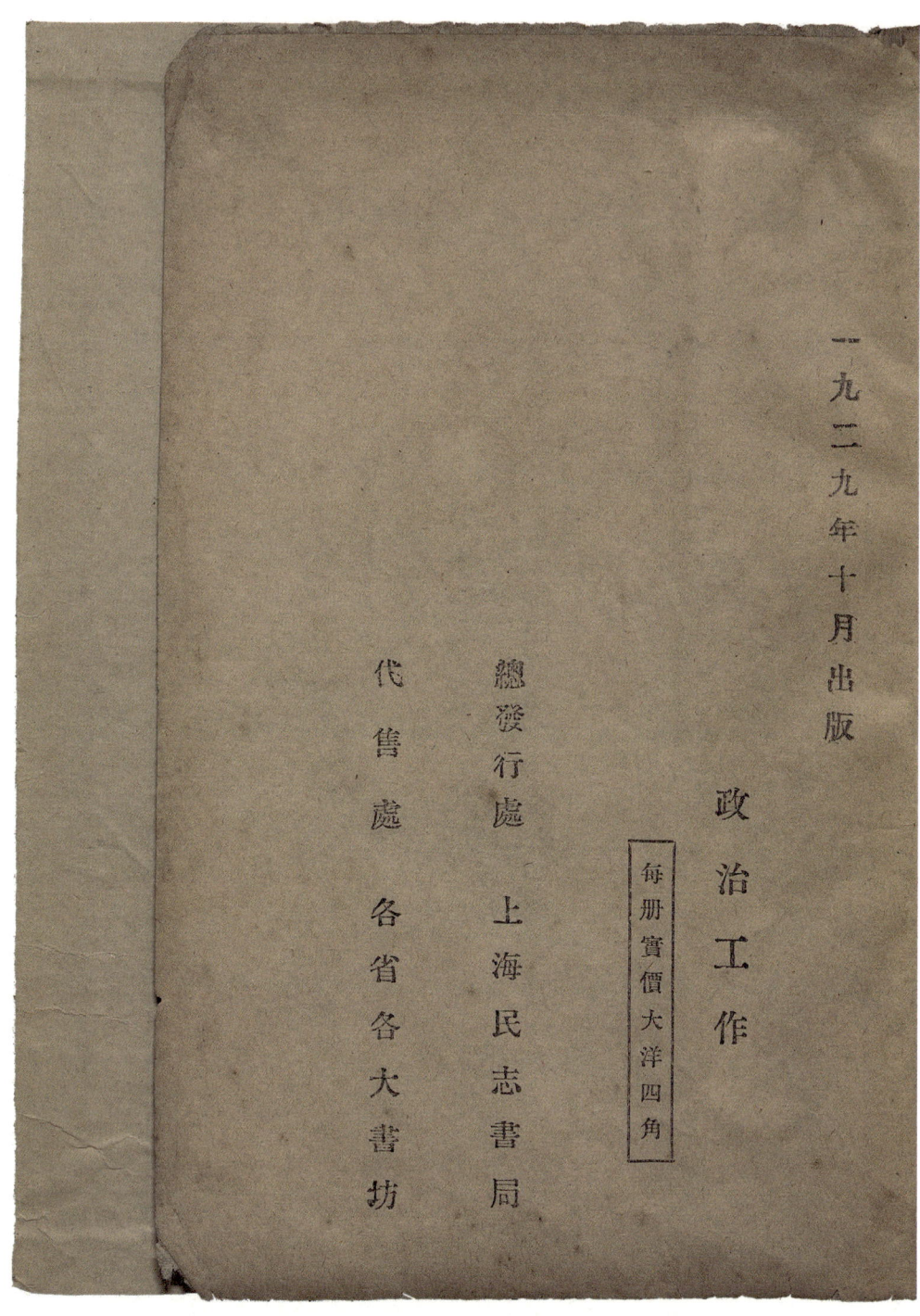

《一九二九第六次大会后的政治工作》封三上的版权页

（五）《社会科学研究初步》

本书为瞿秋白阐述唯物史观的专著《社会科学概论》的伪装本。32开，正文85页，竖排铅印。封面为蓝底红字，居中有双边线框，框内自上而下横向印有"社会科学丛书""社会科学研究初步""1930"等。题名页居中竖印伪装题名，著者署"布浪得耳原著　杨霄青翻译"。根据版权页，出版时间为"一九二九年十二月十日初版"，发行者为"社会科学研究社"，经售处为"华兴书局"。

正文目次如下：

译者序
（一）总论
　　（1）社会科学所研究的对象是什么？
　　（2）社会现象与自然现象有什么不同？
　　（3）社会现象与自然现象之间有什么联系？
　　（4）社会现象及社会科学有些什么种类？
（二）社会之意义
　　（5）人类与自然界
　　（6）劳动与智识
　　（7）经济及经济行为
　　（8）人类的生存竞争
　　（9）人类社会的协作与分工
　　（10）社会阶级及阶级斗争
　　（11）阶级斗争与"社会的工具"
　　（12）社会究竟是什么东西？
（三）经济
　　（13）社会的基础是什么？
　　（14）经济关系
　　（15）社会制度的形式
　　（16）过渡形式及复合形式
（四）政治
　　（17）阶级斗争与政治

　　　　（18）统治机关及统治阶级
　　　　（19）政治变革的动力及民权的意义
　（五）法律
　　　　（20）法律有何意义？
　　　　（21）法律有过什么变迁？
　　　　（22）法律是否永久存在？
　（六）道德
　　　　（23）社会心理与社会思想的关系
　　　　（24）社会心理与社会思想的变律
　　　　（25）道德的意义
　　　　（26）道德的社会性与阶级性
　　　　（27）道德的变迁
　　　　（28）道德是否永久存在？
　（七）宗教
　　　　（29）宗教有何意义？
　　　　（30）宗教与阶级斗争有何关系？
　　　　（31）宗教是否固定不变的东西？
　　　　（32）宗教是否永久存在？
　（八）风俗
　　　　（33）风俗的实际意义
　　　　（34）风俗的变迁
　　　　（35）风俗与社会改造的关系
　　　　（36）风俗的将来
　（九）艺术
　　　　（37）艺术是什么？
　　　　（38）艺术有过什么变迁？
　　　　（39）艺术与社会改造
　　　　（40）艺术的将来
　（十）哲学
　　　　（41）劳动与智识思想的关系

（42）哲学与技术有何关系？
　　（43）哲学的进步及发展
　　（44）哲学与科学
（十一）科学
　　（45）科学究竟是什么东西？
　　（46）科学与生产力有何关系？
　　（47）科学与社会主义社会
　　（48）智识阶级
（十二）社会现象之联系
　　（49）社会的结构
　　（50）社会的唯物论之真义
　　（51）社会实质的流变
　　（52）社会基础与上层建筑
　　（53）进化与革命
　　（54）建设与破坏
　　（55）社会科学与社会运动

　　《社会科学概论》原系1924年瞿秋白在上海夏令讲学会的讲稿，同年10月由上海书店正式出版，此后多次再版。1927年，瞿秋白还将其收入自编的《瞿秋白论文集》。作者认为"社会科学是研究种种社会现象的科学"，指出"大致而论，经济是社会的基础，此外有政治、法律、道德、宗教、风俗、艺术、哲学、科学，社会便是这种种社会现象及其联系之总和。研究这社会现象之总和——是社会学"。从这种观点出发，作者探讨了生产力与生产关系、经济基础与上层建筑等基本社会问题，认为阶级与阶级斗争是社会生产力发展到一定历史阶段的产物，是有其自身发生、发展和消亡的客观规律的。
　　《社会科学概论》是中国较早传播马克思主义唯物史观的重要著作。大革命失败后，该书不得不采用秘密出版的方式印行，对题名做了修改，比较有意思的是作品的性质也进行了伪装，由著作改为译作，虚构的原作者为德国人布浪得耳，译者为杨霄青，并于正文前加了一个译者序，内称"德国布庄德耳的这本短短的著作，虽然不是什么包罗万象的大作，但他却能够给现代青年一个研究社会科学的门径",末署"霞青,一九二九,双十节,柏林"。

  本书实际上是党的地下出版机构华兴书局以"上海科学研究学社"名义出版的书籍。1931年初,南京国民政府在邮件中检获《华兴书局图书目录》,将华兴书局定为"共党宣传机关",下令查封。华兴书局遭禁后,这本著作还在不断再版和翻印,目前见到的以"上海科学研究学社"名义出版的还有1931年、1936年和1940年版本,著者又有"布浪得尔""庄德耳""布朗克"的不同。中国共产党在保定成立的地下出版机构北方人民出版社也曾出版过这本书的伪装本。①

---

① 参见王禹夫:《忆北方人民出版社》,载上海市出版工作者协会《出版史料》编辑部编《出版史料》第三辑,上海:学林出版社,1984年,第81页。

《社会科学研究初步》封面

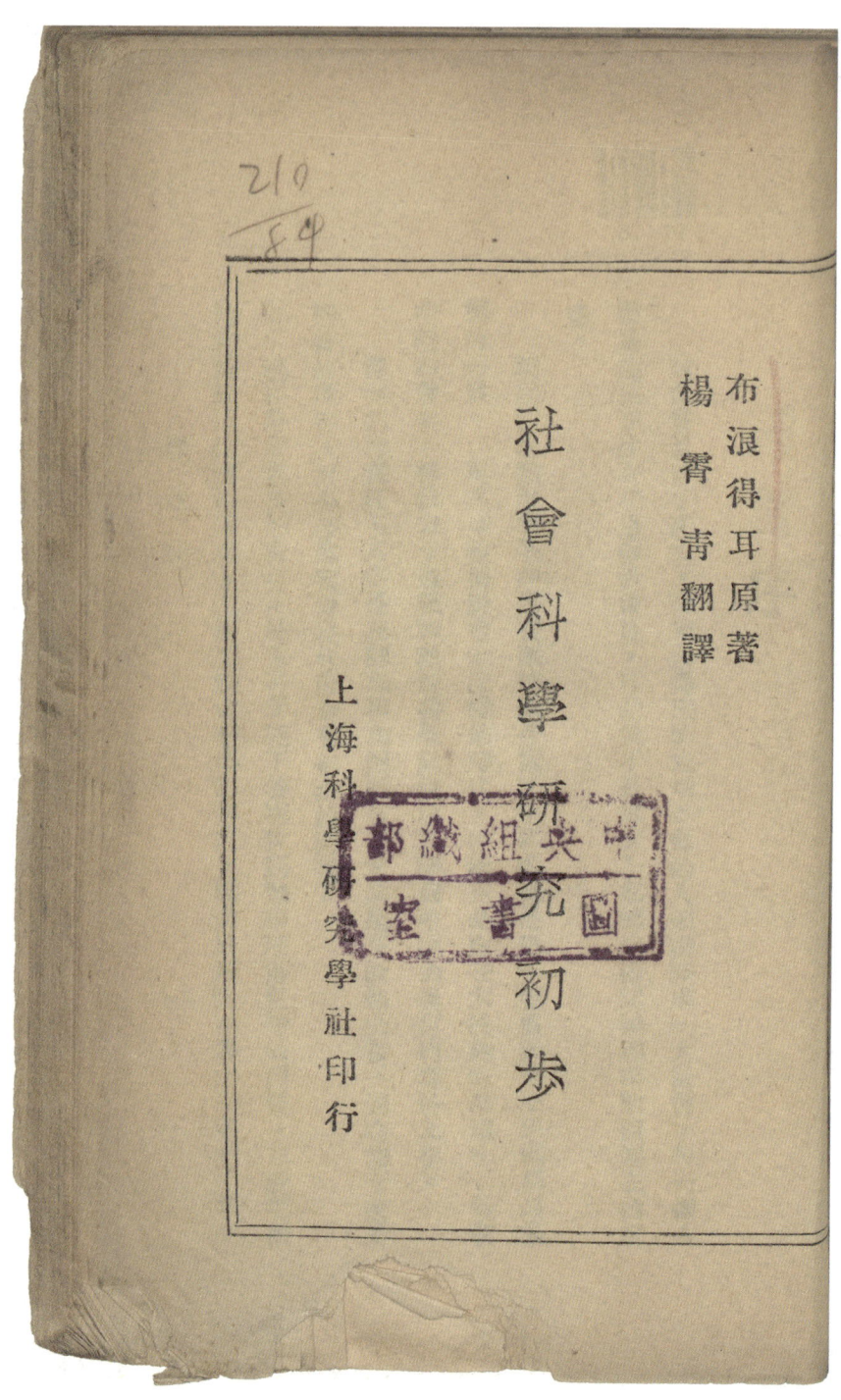

《社会科学研究初步》题名页

## 譯者序

高度發展的生產力,把山水遙阻的地球各部的人類聯絡成一大社會,每一個人都是生長和生存在這個社會裏,可是並不是每個人都能夠認識和理解他所存在的社會。

現在的人類社會是非常複雜的集合體,中國尤其是這一整個社會中的結構最複雜的一員。現在是整個社會大流變的時代,中國正是處在大流變的怒潮中,每個中國的青年,都致力于認識和理解整個社會以及整個中國的眞實內容的工作。

青年們的責任,不但是在認識和理解社會,尤其是在改造社會,但有志于改造社會的青年,至少必應當對現代社會有初步的認識。

現在許許多多的青年,時常苦于摸不着尋找認識和理解社會的門徑,以致更無法找到改造社會的方案。所以社會科學的研究,成爲目前青年界之一般的要求。

譯者序

1

## 社會科學研究初步 二

德國布莊德耳的這本短短的著作，雖然不是什麼包羅萬象的大作，但他却能够給現代青年一個研究社會科學的門徑。因爲牠會把社會科學的各方面都給以簡明的注釋和解答。

讀過「社會科學研究初步」的青年，再進一步去研究社會科學中的較高深複雜的抽象理論，去認識了解變化無窮的具體事實，則對於這一青年的造就，是有非常大的幫助的。

說完了這幾句簡單的話，謹將這本書貢獻於活潑的青年界。

霞青，一九二九，雙十節，柏林。

《社会科学研究初步》译者序第2页

# 社會科學研究初步目次

楊霞青 譯

譯者序

（一）總論

1. 社會科學所研究的對象是什麼？
2. 社會現象與自然現象有什麼不同？
3. 社會現象與自然現象之間有什麼聯繫？
4. 社會現象及社會科學有些什麼種類？

（二）社會之意義

5. 人類與自然界
6. 勞働與智識
7. 經濟及經濟行為

目次

《社会科学研究初步》目次第1页

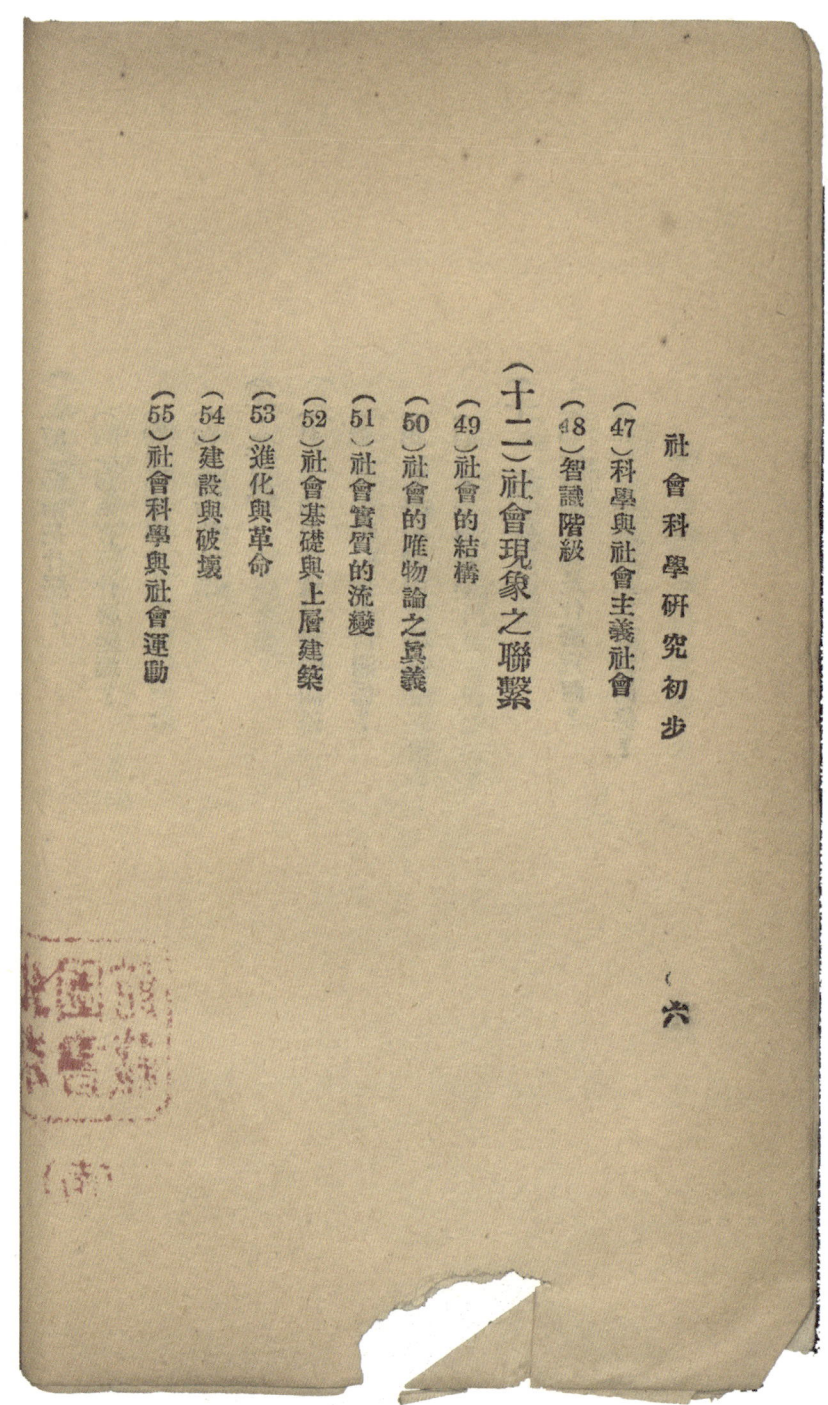

社會科學研究初步

(47)科學與社會主義社會
(48)智識階級
(十二)社會現象之聯繫
(49)社會的結構
(50)社會的唯物論之真義
(51)社會實質的流變
(52)社會基礎與上層建築
(53)進化與革命
(54)建設與破壞
(55)社會科學與社會運動

(六)

《社会科学研究初步》目次第6页

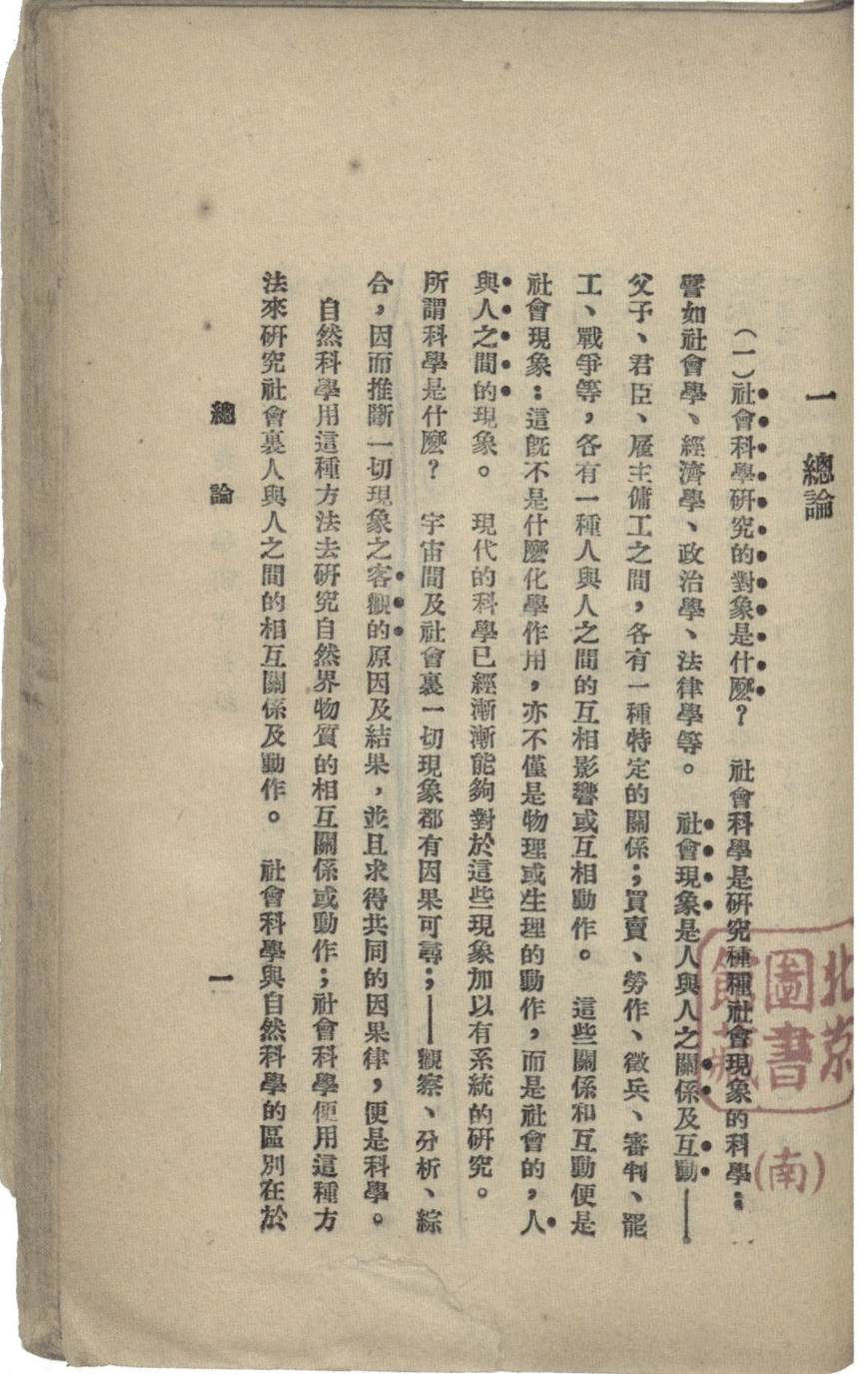

## 一 總論

（一）社會科學研究的對象是什麼？ 社會科學是研究種種社會現象的科學，譬如社會學、經濟學、政治學、法律學等。社會現象是人與人之關係及互動——父子、君臣、僱主僱工之間，各有一種特定的關係；買賣、勞作、徵兵、審判、罷工、戰爭等，各有一種人與人之間的互相影響或互相動作。這些關係和互動便是社會現象：這既不是什麼化學作用，亦不僅是物理或生理的動作，而是社會的，人與人之間的現象。現代的科學已經漸漸能夠對於這些現象加以有系統的研究。

所謂科學是什麼？ 宇宙間及社會裏一切現象都有因果可尋；——觀察、分析、綜合，因而推斷一切現象之客觀的原因及結果，並且求得共同的因果律，便是科學。自然科學用這種方法去研究自然界物質的相互關係或動作；社會科學便用這種方法來研究社會裏人與人之間的相互關係及動作。社會科學與自然科學的區別在於

《社会科学研究初步》正文第1页

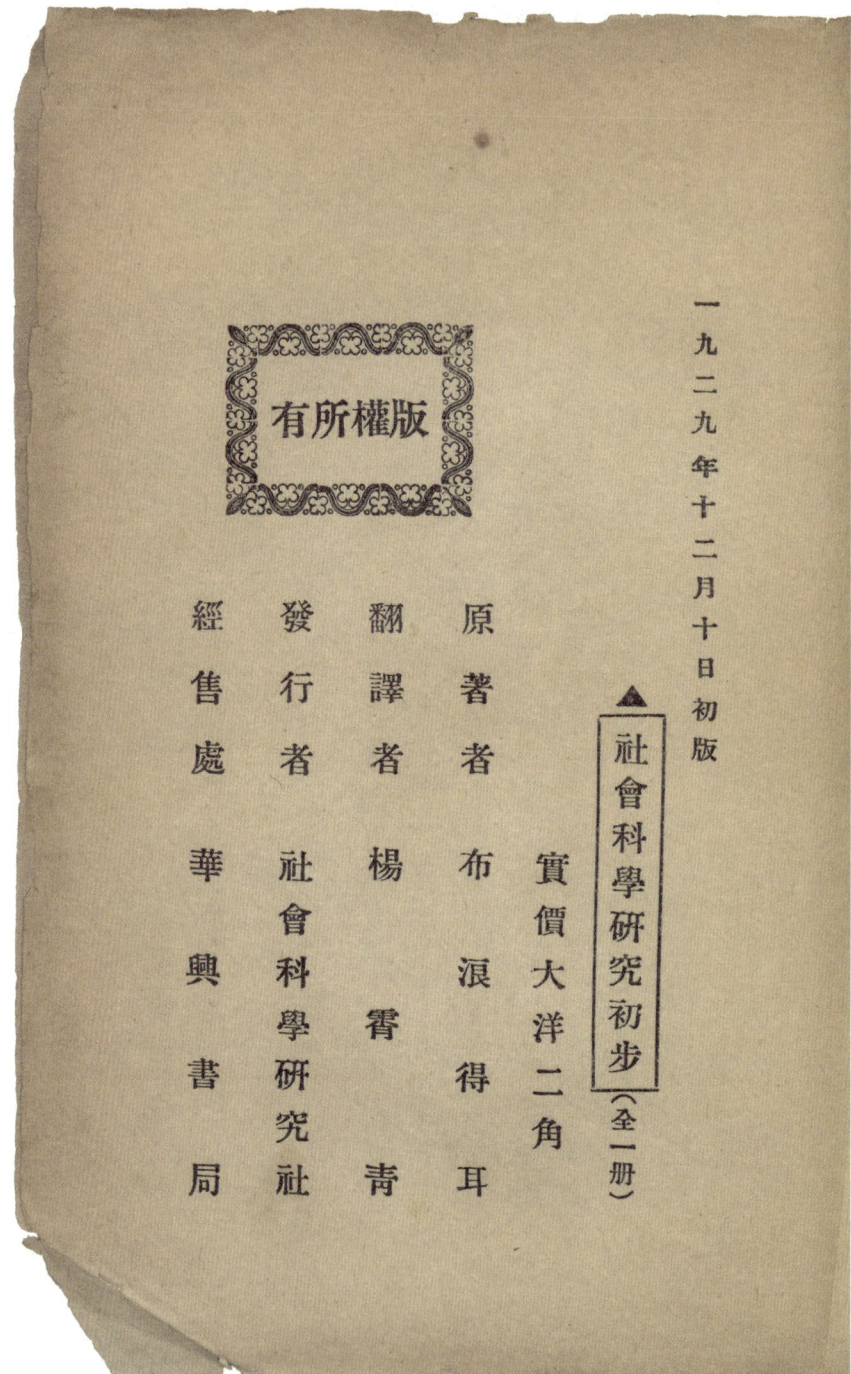

《社会科学研究初步》封三版权页

（六）《世界经济危机》

本书为《世界经济危机与武装进攻苏联》的伪装本。32 开，序言 5 页，正文 107 页，竖排铅印。封面为蓝底黑字，上端自右向左横书伪装题名《世界经济危机》，题名下方自右向左署"沈贯雷著"，下端印有"1931，8."。题名页居中竖印有真实题名《世界经济危机与武装进攻苏联》。版权页有"一九三一年八月出版""发行者　春耕书店"等信息。

本书着重论述资本主义世界的经济恐慌、政治危机，以及为摆脱危机，发动对社会主义苏联的进攻，同时着重介绍了苏联社会主义建设的胜利及其对帝国主义国家进攻的反击。本书目次如下：

序
第一章　引言
第二章　世界资本主义总危机的发展和深入
　　（一）世界经济恐慌
　　（二）经济恐慌转变为政治危机
　　　　一　革命运动高涨和资产阶级国家法西斯蒂化的加强和崩溃
　　　　二　国际关系各个系统底危机开始
第三章　苏联社会主义建设胜利和帝国主义的节节进攻苏联
　　（一）五年计划第二年的总结和第三年的国民经济计划
　　（二）帝国主义节节进攻苏联
　　　　一　由"十字队征讨"运动到反伪造的"苏联腾宾政策"运动
　　　　二　由"全欧联盟""农业会议"到直接准备武装进攻
第四章　层出不穷的盗贼组织和反革命"工业党"的审判
第五章　结论

作者在序言中指出："在这个武装进攻苏联的危险已经迫在眉睫的时机，在为苏维埃政权而争斗的中国工农面前，摆着一个十二分的重大任务。这个任务，就是中国工农应该拿起武器来保护和捍卫自己的革命底祖国。同时，中国每一个革命分子，都应该彻底明了，到底国际帝国主义者为什么和怎样在那里向苏联进攻，进攻苏联的具体步骤是怎样，这一进攻对于世界革命（中国革命也在内）

具有何等的危险性等等。"20 世纪 20 年代末到 40 年代初,共产国际以苏联利益为中心,错误地估计国际形势,多次向中国共产党提出"保卫苏联"的口号。本书就是在此背景下出版的伪装书。为了避免引起敌人的注意,封面题名故意省略了后半部分。本书于 1932 年 4 月再版,作者生平不详。

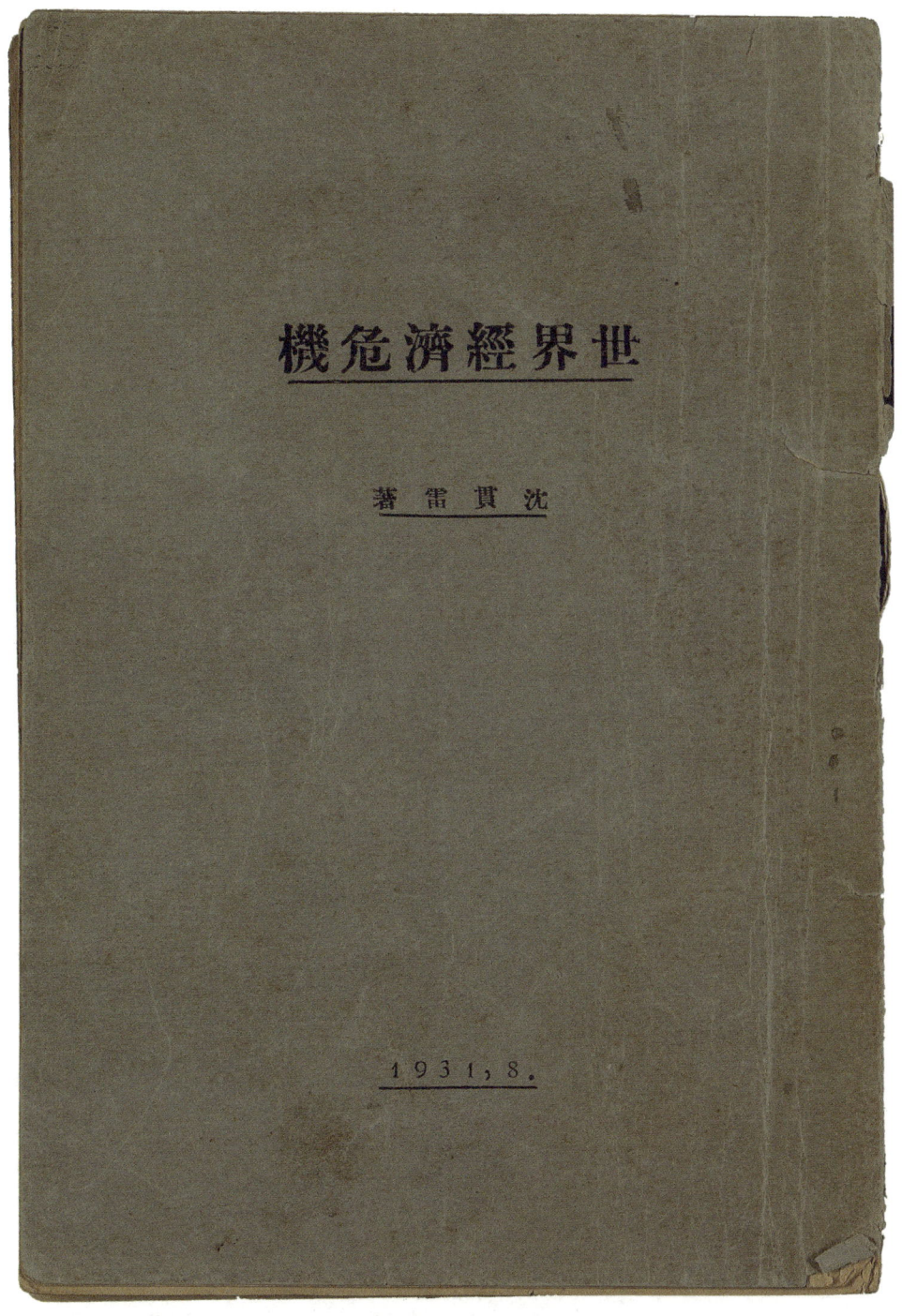

《世界经济危机》封面

世界經濟危機與武裝進攻蘇聯

《世界经济危机》题名页

# 本書目次

序

第一章　引言

第二章　世界資本主義總危機的發展和深入
（一）世界經濟恐慌
（二）經濟恐慌轉變為政治危機
一　革命運動高漲和資產階級國家法西斯蒂化的加強和崩潰
二　國際關係各個系統底危機開始

第三章　蘇聯社會主義建設勝利和帝國主義的節節進攻蘇聯

— 1 —

808221

《世界經濟危機》目次第 1 頁

# 第一章 引言

大家都知道，目前帝國主義準備戰爭的風聲，一天一天的緊張起來了。帝國主義的強盜，在那裏急急忙忙的調兵遣將，發狂似的擴充海陸航空軍備，增加國家的軍事預算，各個帝國主義國家，三三四四的諦結軍事聯盟；他們為着自己搶奪地盤，剝削工人階級與殖民地，鞏固自己統治等等的利益，準備實行非常殘忍的大屠殺了。目前特別危險而特別緊張的，就是帝國主義進攻蘇聯的戰爭。在現在，這個反蘇聯戰爭的準備，是法國帝國主義領導的。

從第一次世界帝國主義戰爭（一九一四年開始，一九一八年完結）到現在，已經有十六年了。那次大戰的結果，死傷了勞苦工農三千萬人。而且戰爭完結之後，又繼續着極厲害的經濟恐慌，天災人禍，工農羣衆，犧牲在這種恐慌和災禍中的，又不知有幾千萬。

全世界的工農勞動羣衆，都沒有忘記這個最悲慘，最殘酷的流血史。他們從那次

— 1 —

《世界经济危机》正文第 1 页

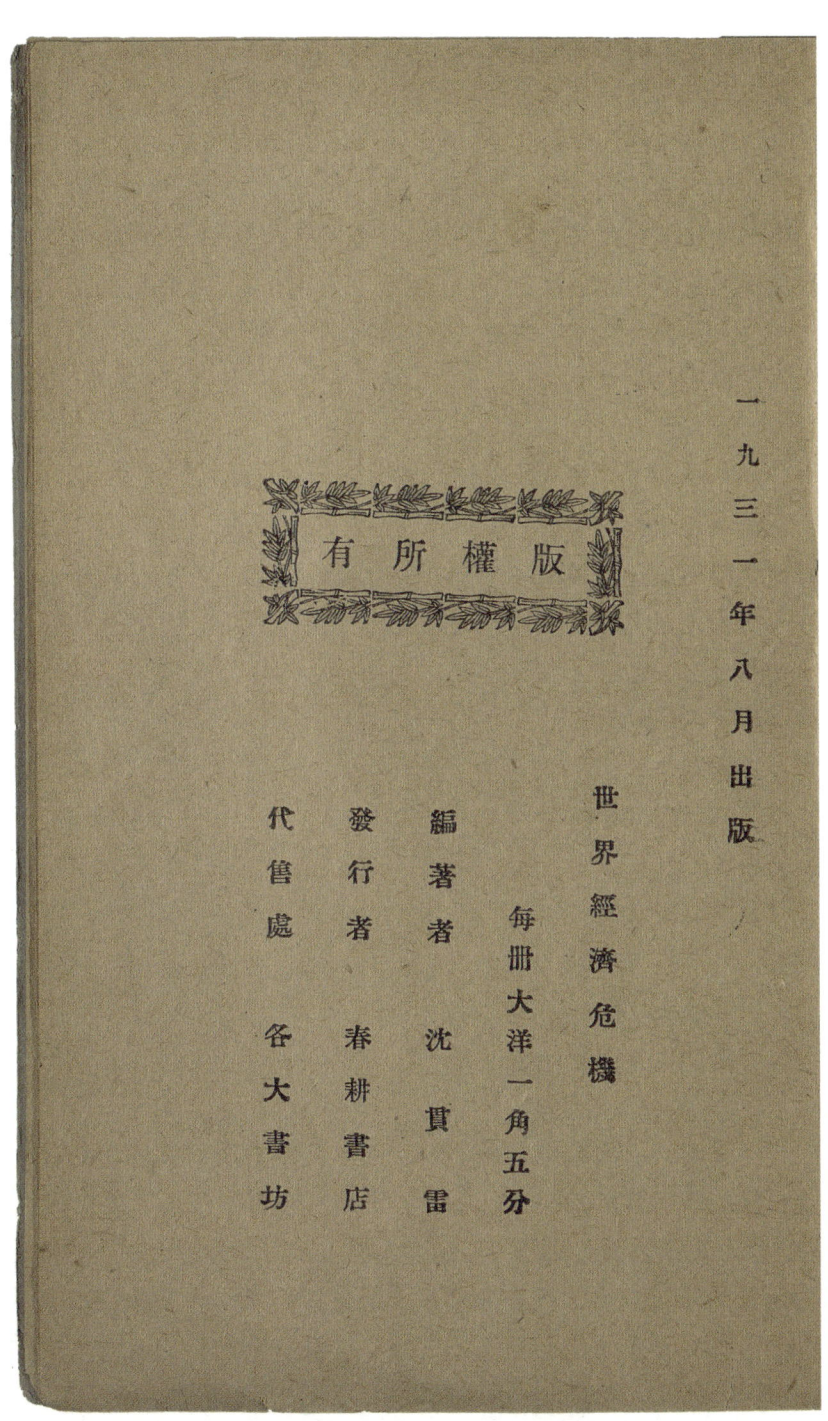

《世界经济危机》封三上的版权页

### （七）《国民政府建国大纲》

本书为《中国共产党第六次全国大会议决案》的伪装本。32开，正文234页，竖排铅印。封面为红色。封面右半部竖向题写伪装题名《国民政府建国大纲》，左下角有"上海三民学社出版"字样。题名页上印有伪装题名"国民政府建国大纲"。目次页上印有真实题名《中国共产党第六次全国大会议决案》和目次。书末版权页标明了本书的版次为"中华民国二十年初版，中华民国廿一年再版"，编者为"中共六次大会"，还印有"欢迎翻版"等字。

本书目次如下：

> 代序——关于《第六次全国代表大会的总结与精神》的通告
> 政治决议案
> 组织问题决议案提纲
> 中国共产党党章
> 职工运动决议案
> 土地问题决议案
> 农民问题决议案
> 苏维埃问题解释书
> 军事工作决议案
> 宣传工作决议案
> 对CY工作决议案
> 妇女运动决议案
> 大会通过之各小决议案

本书与伪装为《新出绘图国色天香》的中共六大决议案的所收篇目和内容相同；竖向每行排字数量相同，只是每页所排行数多出两行，故页码也少了38页。《国民政府建国大纲》简称"《建国大纲》"，系孙中山起草的建设蓝图，1924年由国民党第一次全国代表大会审议通过，出版过多种单行本。本书的出版者也系虚构，当时并无"上海三民学社"这样一个出版或者学术机构。本书实际出版时间与版权页著录的出版时间是否一致，尚不可知。

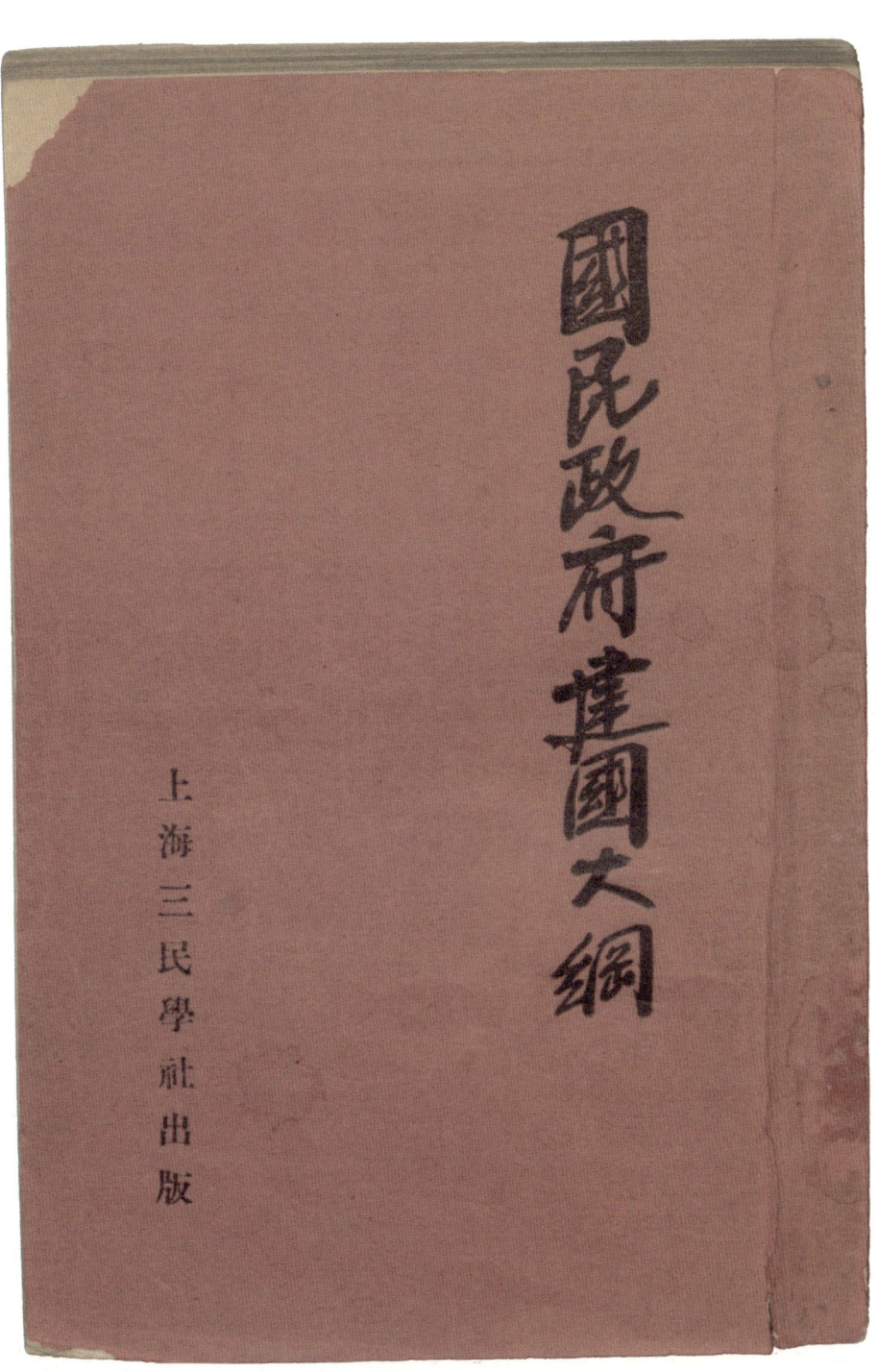

《国民政府建国大纲》封面

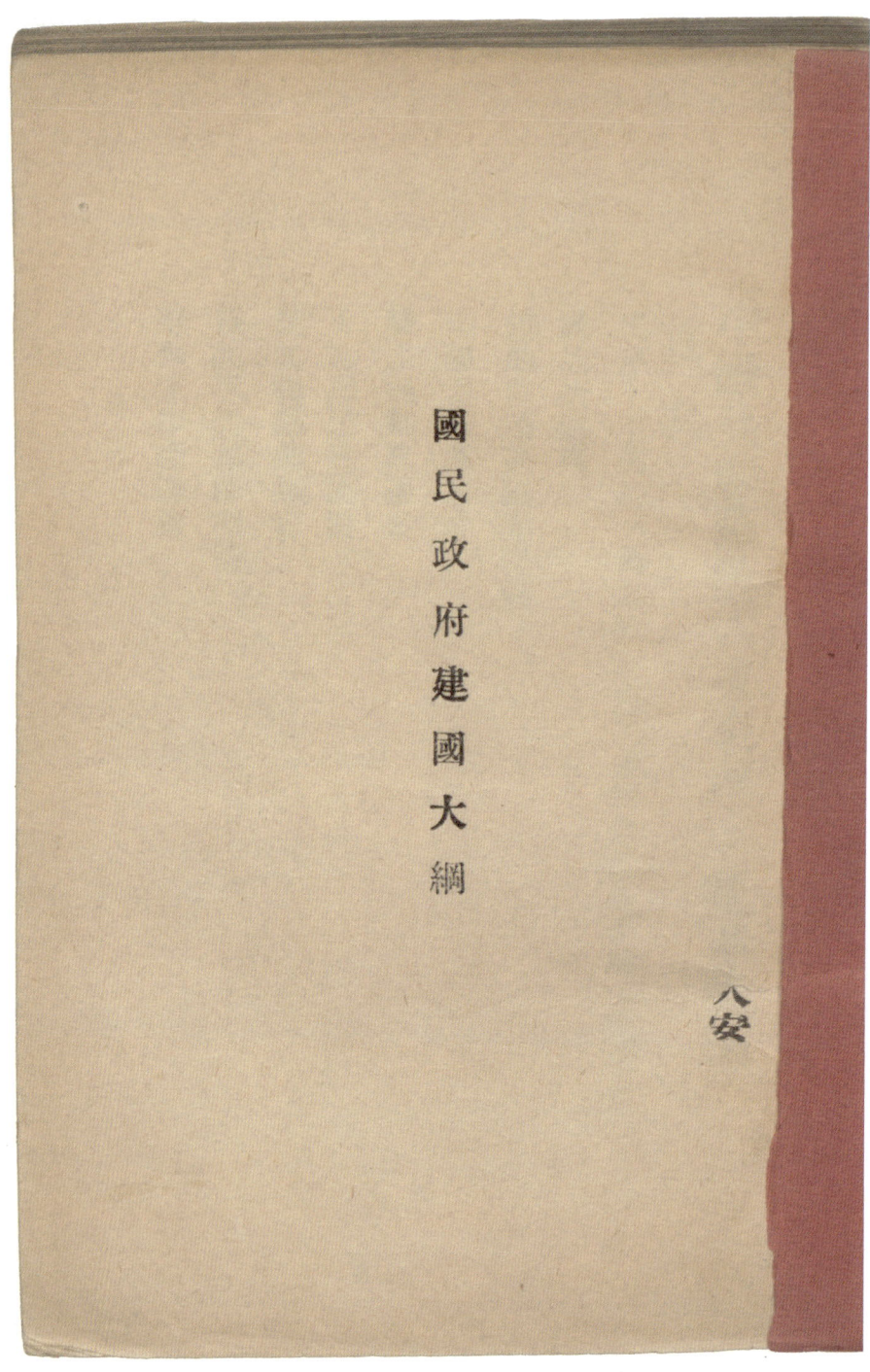

《国民政府建国大纲》题名页

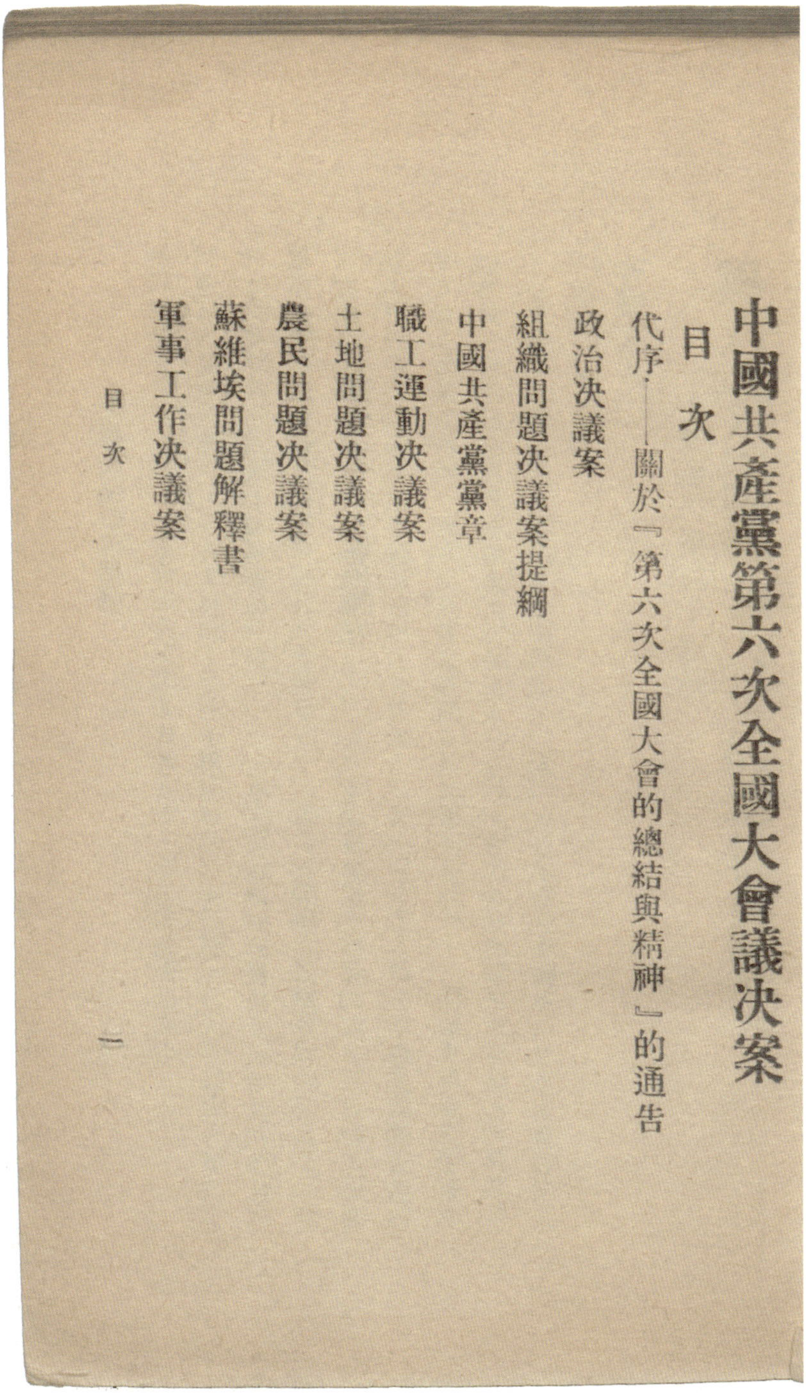

中國共產黨第六次全國大會議決案

目次

代序：——關於「第六次全國大會的總結與精神」的通告

政治決議案

組織問題決議案提綱

中國共產黨黨章

職工運動決議案

土地問題決議案

農民問題決議案

蘇維埃問題解釋書

軍事工作決議案

《国民政府建国大纲》目次第 1 页

目次

宣傳工作決議案
對ＣＹ工作決議案
婦女運動決議案
大會通過之各小決議案

二

《国民政府建国大纲》目次第 2 页

# 第六次全國代表大會的總結與精神

## 中央通告第六十四號

各級黨部，
全體同志們！

本黨第六次全國代表大會業已閉幕了，此次大會不僅在中國革命歷史上有極偉大的意義，而且在世界革命歷史上有極偉大的意義。此次大會的環境與時期。在國際形勢方面正值第二時期（資本部分穩定時期）轉到第三個時期——即國際革命形勢開始轉入新的革命高潮時期；國內形勢，正值廣州暴動失敗之後，舊的革命高潮業已過去，而新的革命高潮快要到來的時期。大會是當著這樣革命轉變的關頭召集的，所要求於大會解決的任務是何等的偉大而嚴重呵！在共產國際直接指導和幫助之下，我們大會很順利的成就了這嚴重的任務。大會最主要的成功在獲得正確的政治的策略的路線及組織的路線，理論上解決了一些中國革命的根本問題，估正了過去一切失敗的經驗與教訓，並給予今後實際的工作方針與方法，現在簡括報告如下：

## 大會的總結與精神

一

《国民政府建国大纲》正文第1页

## 九、南昌秋收及廣州暴動之意義

同時中國共產黨第六次大會認為南昌暴動，秋收暴動，——尤其是廣州暴動，在政策上決非盲動主義政策。

南昌暴動是反對國民黨中央的軍事行動，這一軍事行動是對的。南昌暴動失敗的原因，客觀上是敵人的力量過於強大，至於當時指導機關策略上的錯誤，乃是：（一）沒有明顯的政綱，（二）對於士地革命不堅决；（三）沒有與農民運動聯絡起來，沒有武裝農民；（四）沒有摧毀舊的政權機關而代以勞動者的政權，（五）其他軍事上的錯誤等。這些錯誤亦就是南昌暴動失敗的主觀上的原因。

秋收暴動在許多地方擴大了黨在農民羣衆中的影響，將土地革命的口號滲入了廣泛的農民羣衆的意識之中。後來繼續發展的農民鬥爭，以至於許多蘇維埃區域的創立，大致亦由於秋收暴動的影響。但是秋收暴動政策之機械的應用，亦就是有些地方發生玩弄暴動和軍事冒險的行動。

### 政治議决案

一 這些暴動决非盲動

二 南昌暴動指導機關的錯誤

三 秋收暴動政策取得農民羣衆的運用但是這機械的政策亦發生一玩弄暴動和軍事冒險

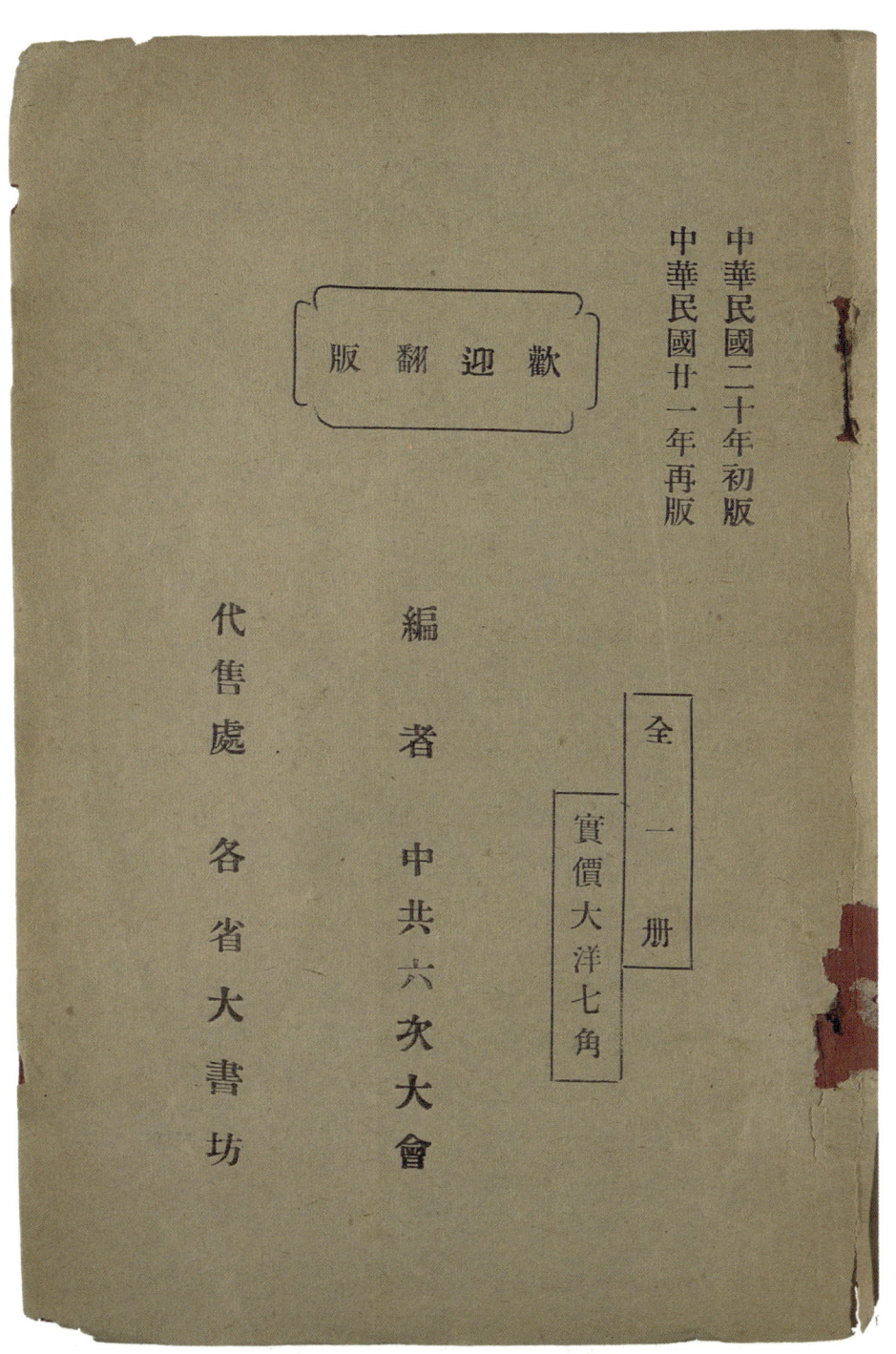

《国民政府建国大纲》封三上的版权页

### (八)《艺术论》

本书为《武装暴动》的伪装本。32开，正文164页，竖排铅印。封面居中竖向印有伪装题名《艺术论》，右上角印有作者"马克斯　列宁"，左下角印有"中外艺术研究社校印"，底端印有出版时间"1932"，均为红色字体。封三为版权页，印有伪装题名、作者等信息，出版时间为"一九三二年二月再版"。目次页上印有真实题名《武装暴动》。

翻开封面即可见"武装暴动目次"：

一、第二国际与暴动
二、暴动的条件，时间的选择
　　（一）涅维尔的暴动
　　（二）德国的三月暴动
　　（三）汉堡的暴动
　　（四）上海的暴动
　　（五）广州的暴动
三、组织暴动之正确的例
四、暴动之组织技术的前提
　　（一）在资产阶级之武装力量中间的作工
　　（二）无产阶级武装力量是组织
　　（三）党在农民中的军事工作
五、在工业城市武装暴动的组织与技术
　　（一）武装暴动过程中共产党军事组织的任务
　　（二）城市中常备军与暴动者军事行动的特点
　　（三）暴动者的力量与行动的特点
　　（四）武装暴动的计划
　　（五）武装暴动中攻击的对象
　　（六）暴动开始时的注意点
六、在农业国家中的暴动的特点
　　（一）武装农民的进攻之作用
　　（二）武装暴动时农民队伍的行动

本书还附录了马克思、列宁关于武装暴动的4篇文章：《暴动与规律》（节译自马克思《德国的革命与反革命》第十七章）、《马克思主义与暴动》（即列宁的《马克思主义和起义》）、《局外人的建议》（即列宁的《局外人的意见》）、《致俄国社会民主党（布尔塞维克）中央委员会彼得格勒委员会及莫斯科委员会书》（即列宁的《给中央委员会、莫斯科委员会、彼得格勒委员会以及彼得格勒和莫斯科苏维埃布尔什维克代表的信》）、《告同志书》（即列宁的《给同志们的信》）。

本书实际上是1928年王明、张闻天翻译的俄文著作《武装暴动》，作者为戈列夫和达谢夫斯基。这本书的中文译本同年在莫斯科中山大学作为教材印行，并作为中共六大会议材料之一发给与会代表。① 不久之后，王明返回上海，即推进《武装暴动》的出版。1929年6月1日，这本书伪装成《艺术论》秘密出版。王明对这本书非常看重，撰写了一篇很长的序言，内称"《武装暴动》这本小册子，有非常重大的意义，它是全世界自身解放的武装斗争的经验之结晶，它是以暴力推翻资产阶级统治的无产阶级的武库"，是"对于每个共产主义的战斗员有不可比拟的价值"，并且希望用它来指导革命，"只有在实际行动中才能完成每个共产党员的责任，只有在实际行动中才能完成共产国际第九次扩大会议所指出的中共目前的主要任务"。在共产国际的支持下，王明教条地将国外中心城市武装暴动经验套用于中国革命，这本在"左"倾教条主义思想指导下编写的小册子起了推波助澜的作用。

据《革命书刊伪装本目录》记载，1929年出版的《武装暴动》已经采取了伪装的形式出版，伪装题名《艺术论》，32开，竖排，每页12行，每行36个字，序言25页，正文162页。封面为浅绿色底黑字，除了伪装名称，还印有"时代丛书""共学社""1929"等。版权页印有"1929年6月1日出版""代售处：各省各大书坊"等。国家图书馆藏本为再版本，没有序言。

在20世纪二三十年代翻译出版过多种以《艺术论》为题名的俄文著作。比如，1921年商务印书馆出版了耿济之翻译的托尔斯泰著《艺术论》，系共学社"文

---

① 俄罗斯国家图书馆亚非图书部保存有该书1928年中山大学的中文译本。关于这本书的来历，张闻天在后来的整风笔记中说，王明"将国际关于各国武装暴动经验的几篇文章用米夫名义要我们帮他翻译，他自己却为这本小册子写了一篇序"。参见中共中央党史研究室张闻天选集传记组编，张培森主编：《张闻天年谱》上卷，北京：中共党史出版社，2000年，第67页。

学丛书"之一；1929—1930年，鲁迅在上海先后翻译出版了卢那卡尔斯基著《艺术论》和蒲力汗诺夫著《艺术论》。这都使得这本伪装成文艺理论的革命书籍不易被反动当局发现。初版《武装暴动》无疑是以托尔斯泰著、耿济之译《艺术论》为蓝本进行了伪装。

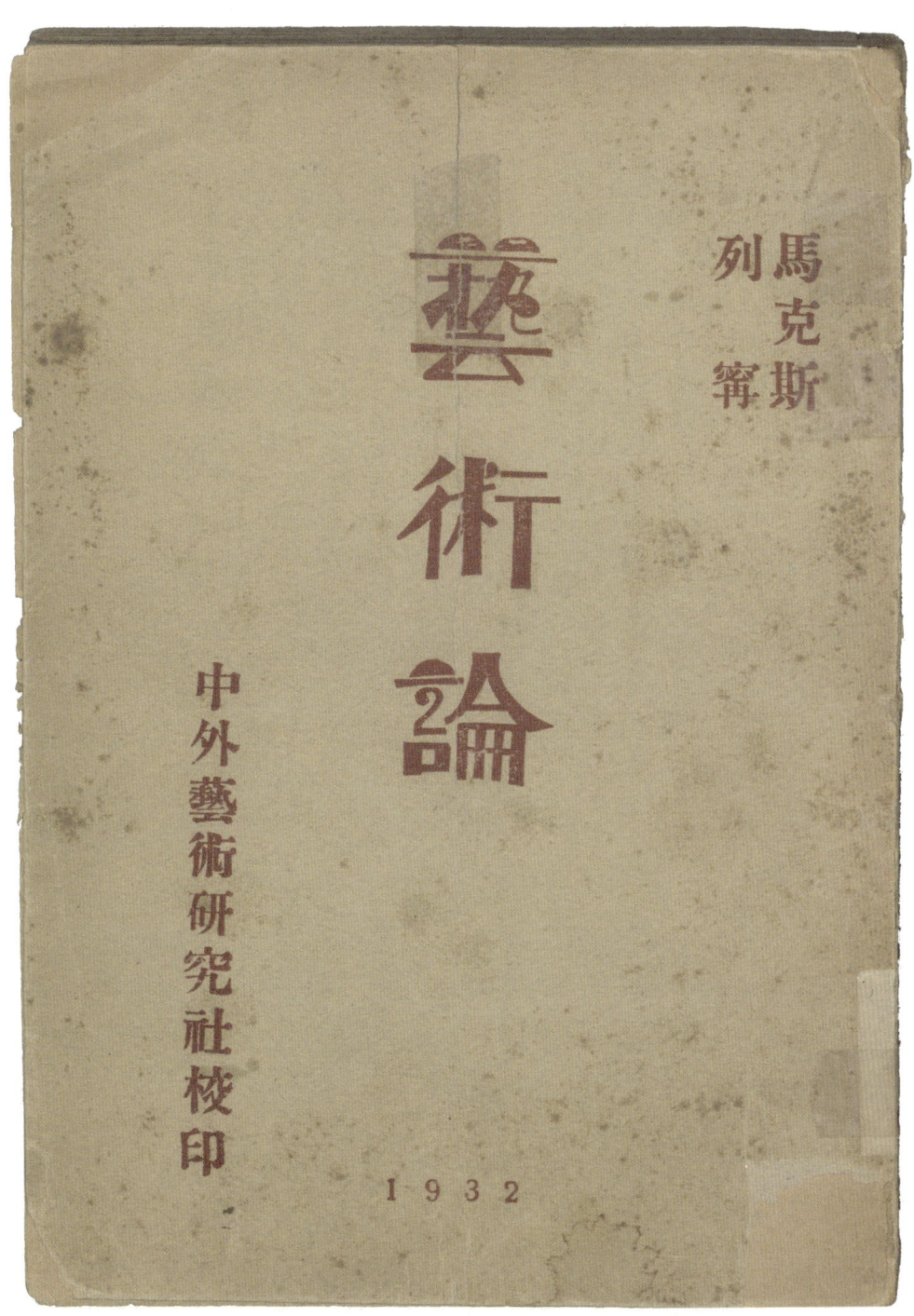

《艺术论》封面

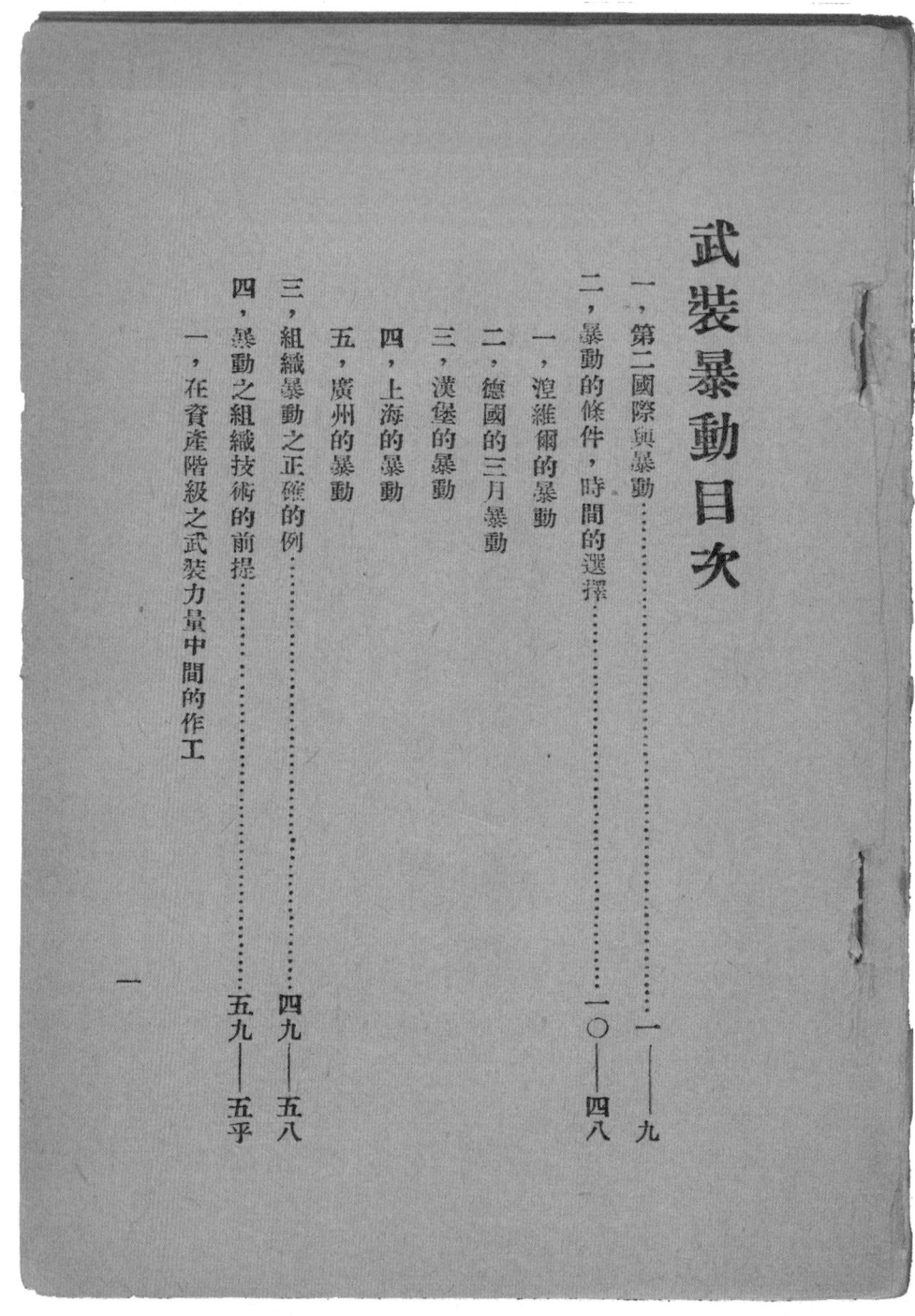

《艺术论》目次第 1 页

# 武裝暴動目次

一，第二國際與暴動 …………………………… 一——九
二，暴動的條件，時間的選擇 …………………… 一〇——四八
　一，涅維爾的暴動
　二，德國的三月暴動
　三，漢堡的暴動
　四，上海的暴動
　五，廣州的暴動
三，組織暴動之正確的例 ………………………… 四九——五八
四，暴動之組織技術的前提 ……………………… 五九——五平
　一，在資產階級之武裝力量中間的作工

# 武裝暴動

## 一 第二國際與暴動

武裝暴動是無產階級的階級鬥爭形式之一,是馬克思和恩格斯的學說中最重要的一部分。某種人民的階級鬥爭發展到一定的歷史階級時,則這種鬥爭形式的探用是絕對必要與不可避免的,這是從整個的馬克思學說(關於社會形式的發展,暴力在歷史過程中的革命作用,國家的作用是統治階級的工具,無產專政⋯⋯等的理論)中直接得出來的結論。否認無產階級武裝暴動(即無產階級反對統治階級的武裝鬥爭)的必要,便不啻完全否認階級鬥爭,便不啻完全否認無產階級專政與革命。同時,卽是根本曲解馬克思主義而把牠腐化成爲可厭的宗教條文。

列甯根據馬克思與恩格斯的學說,在其著作中——特別是在「國家與革命」一

一

*《艺术论》正文第 1 页*

立場提出：所以他從來未曾提過武裝暴動的問題（當然更說不上事實上實行武裝暴動了）。

我們特別說明德國社會民主黨和牠對於暴動問題的關係，因為牠過去和現在都是整個第二國際的思想上的領導人，此地一切關於牠所說的話，事實上即等於對所有加入第二國際的政黨所說的話。

「武裝暴動是一種政治鬥爭的特別形式，自有特別的公律，應當細細的考察的。馬克思說：「暴動和戰爭一樣，是一種藝術」，這句話裏包含著很明顯的真理」——列甯。

九

《艺术论》正文第9页

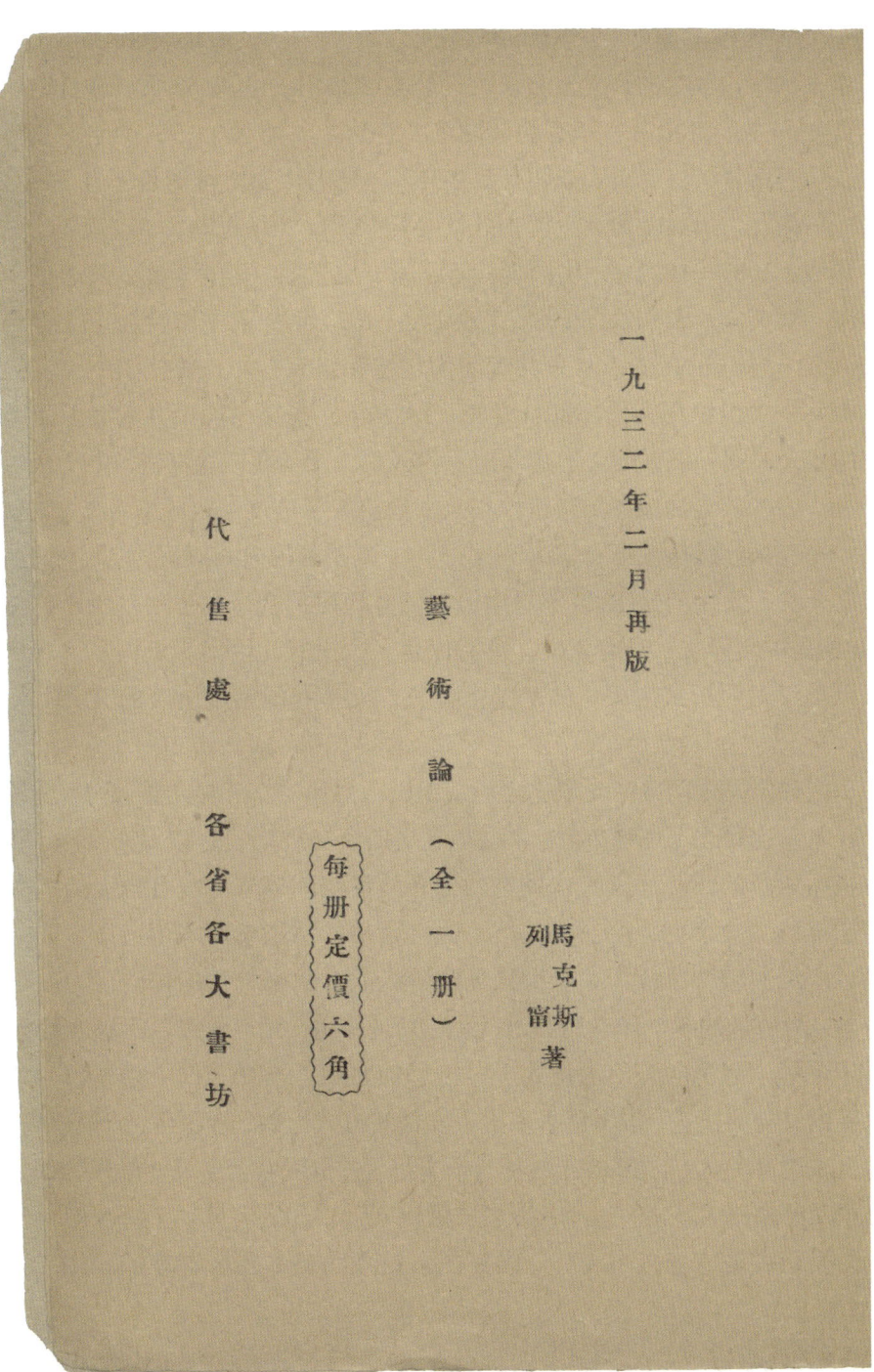

《艺术论》封三上的版权页

### （九）《宣言》

本书为华岗译《共产党宣言》的伪装本。32 开，正文 52 页，横排铅印。封面为蓝底黑字，自左向右印有伪装题名《宣言》，略去了"共产党"三字，作者署"马克斯著"，封面底端印有"1932"。题名页亦印有伪装题名《宣言》，译者"华岗"，出版者署"上海中外社会科学研究社印行"。

华岗（1903—1972），中国现代哲学家、史学家、教育学家，又名华少锋、华西园、潘鸿文、彭汉文等，浙江龙游人。1924 年加入中国社会主义青年团。1925 年加入中国共产党，从事共青团的宣传和组织工作，曾任团中央宣传部部长、中共中央组织局宣传部部长等职。1928 年，华岗参加中共六大。回国后，他利用业余时间，根据英文本翻译出了我国第二个《共产党宣言》中文全译本。1930 年，中共领导的地下出版机构华兴书局出版了英汉对照版《共产党宣言》，署名"马克斯、恩格尔斯合著，华岗译"。该译本的前 60 页是《共产党宣言》的英文全文，采用的是 1888 年恩格斯校阅并作序的赛米尔·穆尔所译英文版；后 40 页是中文译文，只有正文，没有序言，也没有注明出版机构。这既是我国首次以英汉对照形式出版《共产党宣言》，又是我国最早出版的英文本《共产党宣言》。

华岗译本是中国共产党成立之后组织出版的第一个《共产党宣言》全译本，这个译本首次译出了 1872 年马克思和恩格斯合写的序言，以及 1883 年和 1890 年恩格斯所作的两篇序言。该译本的翻译质量较陈望道译本有较大的提高，用语更加准确，文字更为流畅。尤其是他将译文的结尾句由陈望道译本的"万国劳动者团结起来"改译为"全世界无产阶级联合起来"，这句话成为一个响亮的口号，为后来的各个译本所沿用，区别只是使用"无产阶级"还是"无产者"。

华岗译本问世时，中国正处于白色恐怖之中，马列著作一律被列为禁书。为躲避国民党的检查，华岗译本多次采取伪装方式出版，将题名、装帧改头换面，译者也采用各种化名。1930 年 3 月，华岗将《共产党宣言》及 3 篇序言编入《马克思主义的基础》一书[①]，译者署名"潘鸿文"，印刷者署"上海社会科学研究社"，发行者署"华兴书局"。国家图书馆藏伪装本题名省略了"共产党"三

---

① 该书将《共产党宣言》改名为《一八四七年共产主义宣言》，还收录恩格斯的《共产主义原理》和马克思的《雇佣劳动与资本》两篇文章。

个字，以不引起国民党反动派的注意，出版者署"上海中外社会科学研究社印行"，题名页的背面印有"1930年初版　1932年三版"。华兴书局的创办与华岗有密切关系，上述译本的出版机构或署名"上海社会科学研究社"，或署名"上海中外社会科学研究社"，与其早年在宁波四中组织过的"社会科学研究会"的社团名称非常相似。本书极有可能也是华兴书局秘密印行的出版物。①

---

① 参见杨金海、谢辉：《〈共产党宣言〉华岗译本的出版与华岗的理论贡献》，《党史研究与教学》2021年第3期。

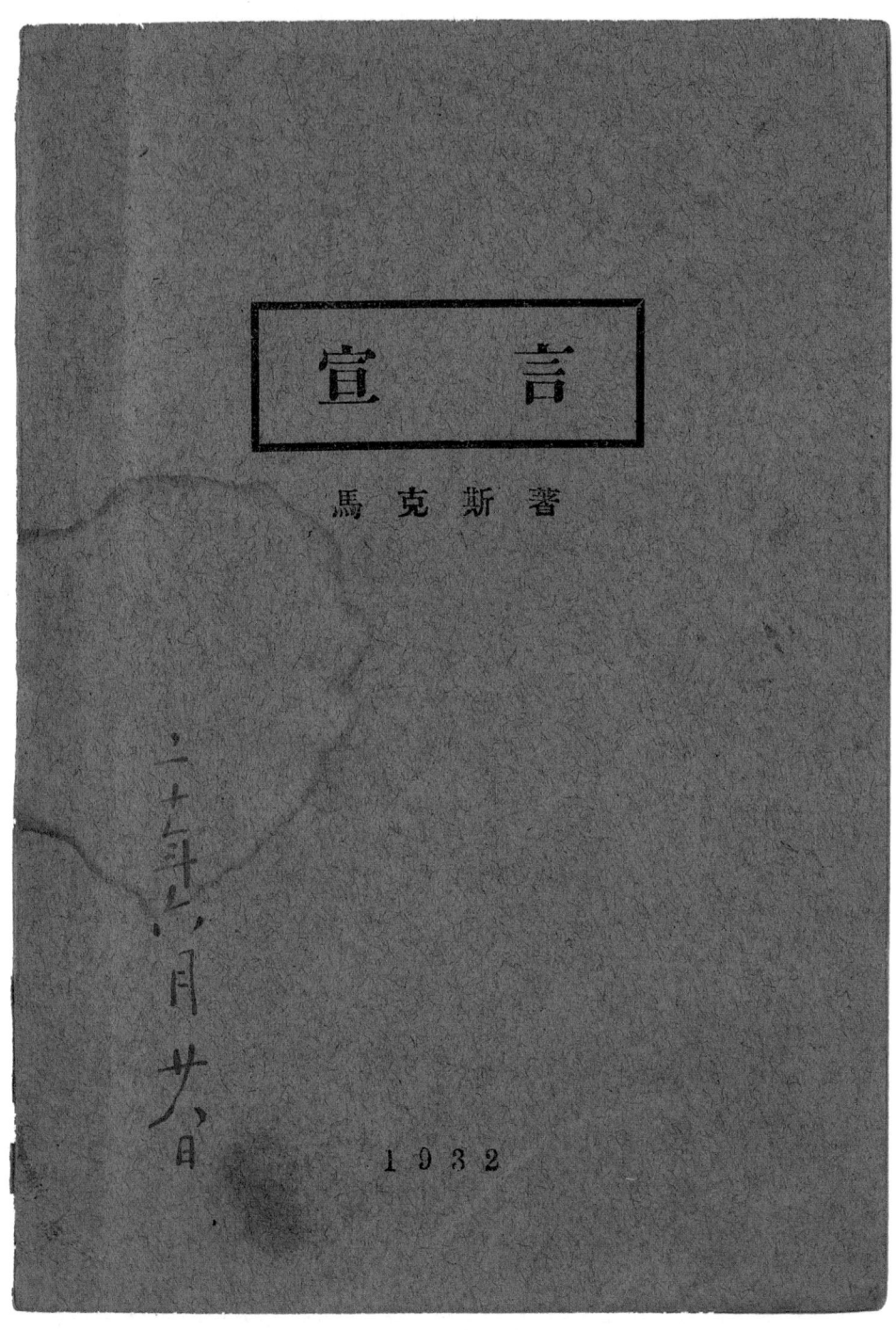

《宣言》封面

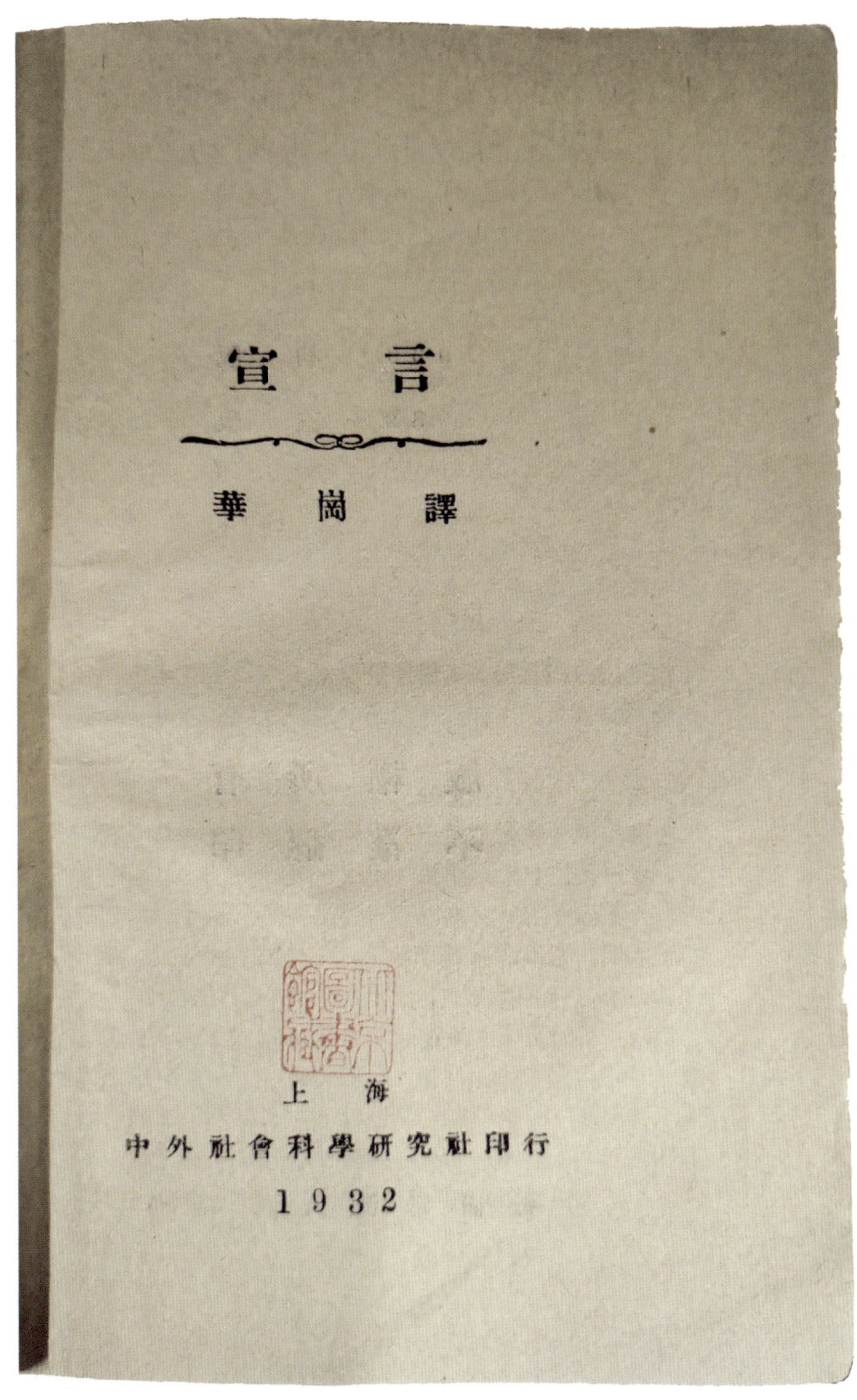

《宣言》题名页

1930 初版
1932 三版

版權所有
不准翻印

每冊定價大洋四角

《宣言》版权页

# 序言

　　二十五年以來，情形變了很多，但是『宣言』所定下的總原則，大體上在如今還是正確的。只是有幾點應該修正一下。

　　『宣言』已經說過，各原則到實際應用起來，無論何時，無論何地，都要根據當時的實在情形，所以在第二章的末尾，關於革命的方略，並沒有十分用力來寫。從各方面看，這段若是在如今寫起來，一定不同了。

　　『宣言』所定的政綱，早就有些地方不適用了。例如一八四八年以後的現代實業，有大規模的長足進展，同時工人階級的組織也進步了，擴充了；又如工人階級從二月革命得到第一次的經驗，最顯明的是巴黎公社的事件，工人階級第一次得到政權，並且保持了兩個月之久。巴黎公社，特別地證實一樁事，就是：『工人階級還不能操縱現成的國家的組織，不能把這個機器拿來自

— 1 —

《宣言》序言第 1 页

## 宣言

有一個怪物正在歐洲徘徊着——這怪物就是共產主義。舊歐洲的列強為要驅除這怪物，乃結成一個神聖同盟。羅馬法王，俄國皇帝，梅特涅，基佐（Guizot），法國急進黨，德國政治警探，都加入在這裏面。

有那些反對黨，不被執政的政敵誣作共產主義的麼？有那些反對黨，對於其他更急進的反對黨，還有對於反動敵黨，不都是用共產主義這名詞作回罵的套語麼？

由這種事實可以看出兩件事：

一、共產主義已經被全歐洲的列強認為一種有權力的東西。

二、共產主義已經到了一個恰好的時機，應該公然在全世界的面前，用自己黨的宣言發表自己的意見，目的，趨向，並對抗關於共產主義這怪物的無稽之談。

— 8 —

138956

《宣言》正文第 8 頁

## （十）《宣言》

本书为陈望道译《共产党宣言》的伪装本。32开，正文60页，竖排铅印。封面为黄色，自右向左印有伪装题名为《宣言》，作者署"马克司、恩格斯合著"，译者署"仁子译"，底端印有"上海春江书店印行"和"1933"。题名页有红黑套印线框，红色线框内印有"共产党宣言""1933"等红字；黑色线框内除了用黑字印有著译者和出版者信息，还印有"全世界无产阶级联合起来"的口号。正文末尾为版权页，印有出版时间"一九三三年二月出版"，出版者"魏寒涛"，总发行所"上海四马路山东路口春江书店、北平东安市场"，代售处为"全国各大书局"。正文为竖排《共产党宣言》。国家图书馆藏本为复制本，原件藏于中央档案馆。

陈望道（1891—1977），中国著名的教育家、语言学家和翻译家。浙江义乌人，原名参一，笔名佛突、雪帆。1915年留学日本，先后在早稻田大学、东洋大学、中央大学学习。受十月革命影响，在日本开始接触马克思主义，结识了日本的早期社会主义者、进步学者河上肇、山川均等人，阅读过他们译介的马克思主义著作。五四运动爆发后，陈望道学成回国，积极投身新文化运动。1920年初，应上海《星期评论》约稿，陈望道根据戴季陶提供的《共产党宣言》日文本，参考陈独秀从北大图书馆借出的英文本，在家乡义乌分水塘开始了《共产党宣言》的翻译工作。由于资料和工具书的匮乏，翻译工作异常困难，《星期评论》原负责人沈玄庐称这本书的翻译"费了平常译书的五倍工夫"[①]。1920年6月6日，《星期评论》停刊，本书的出版一度中辍。后应陈独秀的邀请，陈望道参加了《新青年》编辑工作以及中国共产党上海发起组的筹建工作。1920年8月，在共产国际的资助下，由陈望道翻译，经陈独秀和李汉俊校阅的《共产党宣言》在中共上海发起组所办的又新印刷所出版。

陈望道翻译的《共产党宣言》是这部马克思主义经典著作的第一个中文全译本，也是马克思和恩格斯著作在中国出版的第一个单行本。1921年9月，中国共产党在上海创办人民出版社，决定重印《共产党宣言》，将其列为《马克思全书》的一种，故意把出版社的社址写成广州昌兴马路。为了躲避反动当局的查禁，《共产党宣言》在以后再版过程中，除了署名"陈望道"，还使用"陈

---

① 沈玄庐：《答人问〈共产党宣言〉底发行所》，《民国日报·觉悟》1920年9月30日。

佛突""仁子"等化名或干脆不署译者名字；出版地点和出版机构也时常变更，目前能够见到的有社会主义研究社、平民书社、国光书店、党化社、长江书店等出版发行机构。到1926年5月，陈望道译本再版了至少17版，在革命队伍和进步人士中引起了巨大的反响，成为共产党员的必读书籍，是中国共产党成立前后传播最广、影响最大的一本马克思主义著作。

本书出版于国民党反动派文化"围剿"最严重的时期。上海春江书店是一家不太知名的出版机构，曾出版过大量标榜中立，实则站在国民党顽固派立场的"春江课本"。署名为"仁子"的陈望道译本仅见此一种。此外，陈望道译本还有两个较为特殊的版本：一是封面印马克思和恩格斯侧面圆形头像，底下自左向右以红色字体印有题名《恩格斯和马克思的宣言》，下面印有"目次"，未署译者名字的版本，经核对为陈望道译本；二是1937年11月汉口人民书店出版发行的版本，封面为白底、黑字，有马克思和恩格斯组合在一起的正面头像，题名《宣言》。[1]虽然部分藏家和学者将这两种视为伪装本，但是这两个版本的封面信息相当丰富，有作者名字和肖像，甚至有目次和出版信息，伪装的意味不大，可算作陈望道译本的改题本。

---

[1] 参见范强鸣主编：《红色经典第一书：〈共产党宣言〉汉译图典》，北京：中共中央党校出版社，2012年，第32—33页。

# 宣言

馬恩仁
克格司
斯子
合著
譯

上海春江書店印行
1933

《宣言》封面

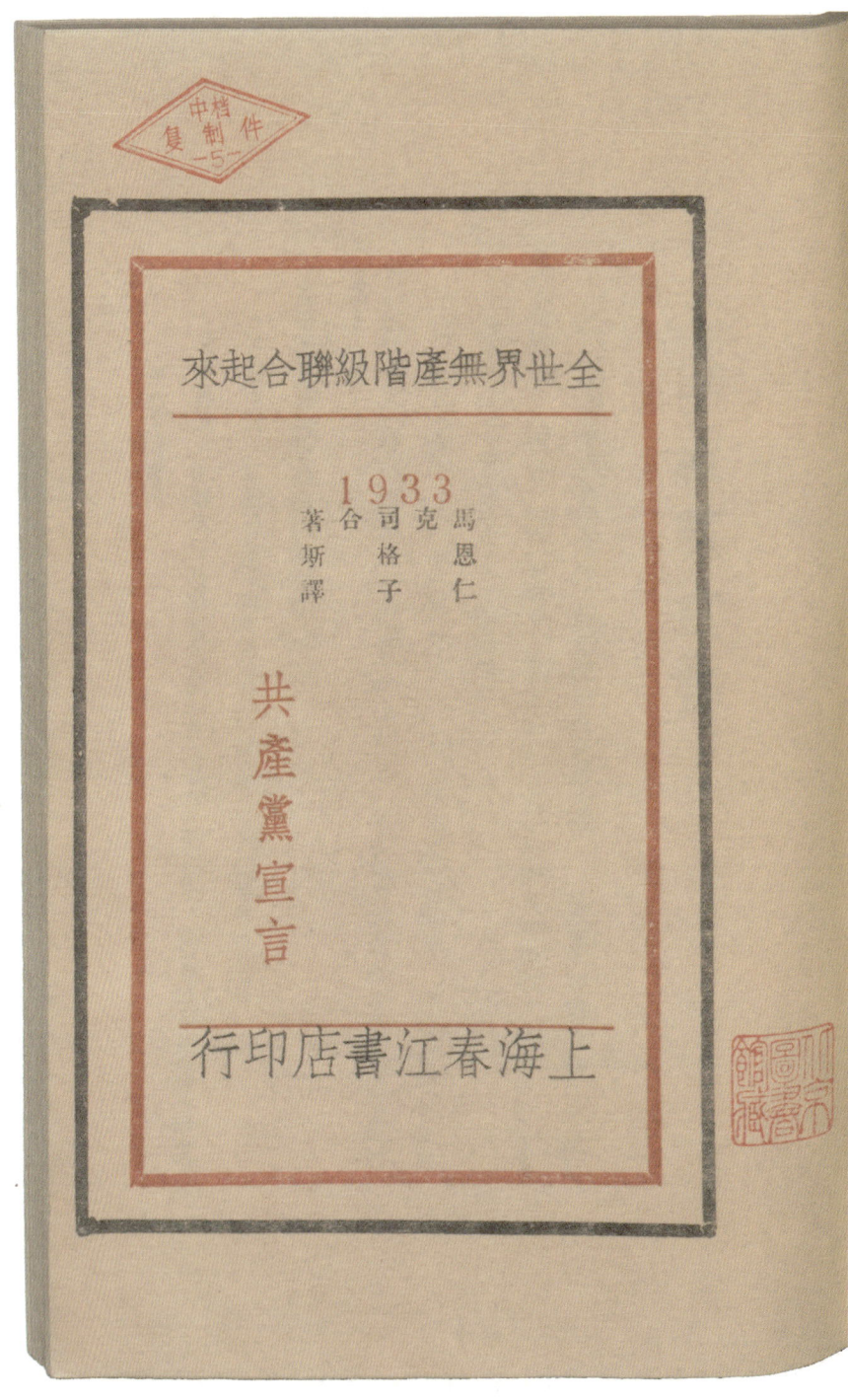

《宣言》题名页

## 共產黨宣言

有一個怪物在歐洲徘徊着，這怪物就是共產主義。舊歐洲有權力的人都因為要驅除這怪物，加入了神聖同盟。羅馬法王，俄國皇帝，梅特涅，基佐（Guizot），法國急進黨，德國偵探，都在這裏面。

那些在野的政黨，有不被在朝的政敵，誣作共產主義的麼？那些在野的政黨，對於其他更急進的在野黨，對於保守的政黨，不都是用共產主義這名詞作回爲的套語麼？

由這種事實可以看出兩件事：

一、共產主義，已經被全歐洲有權力的人認作一種有權力的東西。

二、共產黨員，已經有了時機可以公然在全世界底面前，用自己黨底宣言發表

有產者及無產者

一

《宣言》正文第1頁

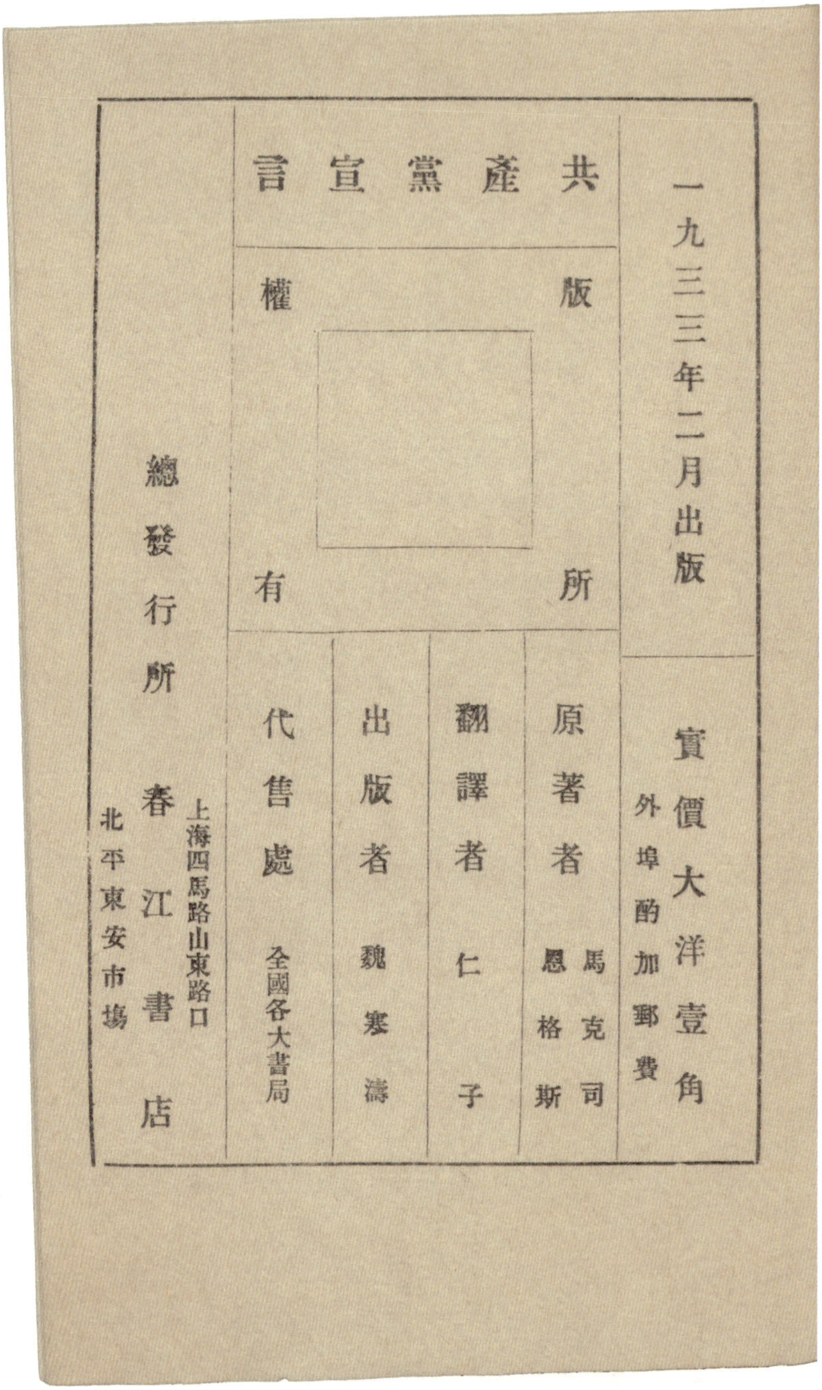

一九三三年二月出版

共產黨宣言

版權所有

實價大洋壹角
外埠酌加郵費

原著者　馬克司
翻譯者　仁子
出版者　魏寒濤
代售處　全國各大書局
總發行所　春江書店
上海四馬路山東路口
北平東安市場

《宣言》封三上的版权页

(十一)《世界之动向》

本书为共产国际七大决议案的伪装本。32 开，正文 96 页，竖排铅印。封面为白底红字，正中竖向印有伪装题名《世界之动向》。题名页印有真实题名《共产国际第七次全世界代表大会底决议案》，题名左下印有"一九三五年九月印行"。封底用红字印有法文版权信息，右上角印有"Prix：1fr."，中间分 4 行印有"Imprimerie Spéciale de 'Asie Librairie Editions' 3, Rue Valette, Paris-5e（France）"，说明是共产国际七大召开后不久在法国巴黎出版了本书。

本书目录如下：

一、关于共产国际执行委员会工作（共产国际第七次全世界代表大会根据皮克同志底报告所通过之决议）

二、共产国际第七次全世界代表大会根据国际监察委员会报告通过的决议案

三、法西斯主义底进攻和共产国际为造成工人阶级反对法西斯主义的统一而斗争的任务（根据季米特洛夫同志底报告所通过的决议案）

四、帝国主［义］者准备新的世界大战与共产国际底任务［根据爱尔科里（志）同志底报告所通过决议案］

五、苏联社会主义底胜利及其全世界的历史意义（根据曼努意斯基同志底报告所通过决议案）

六、关于接收新支部问题的决议

七、关于修改共产国际章程问题的决议

八、共产国际领导机关底成份（由第七次全世界代表大会选出）

1935 年 7 月 25 日到 8 月 20 日，共产国际第七次代表大会在莫斯科举行，参加会议的有来自五大洲 65 个国家和地区共产党的 516 名代表，其中有表决权的代表 371 人。以王明为团长的中国共产党代表团出席了这次会议。大会总结了自 1928 年共产国际六大以来各国共产党的"左"倾错误，提出建立最广泛的反法西斯统一战线的基本策略，对中国共产党认识世界反法西斯斗争的形势，确定建立国内反对日本帝国主义侵略的抗日民族统一战线政策产生了重大影响。

本书虽经伪装，但仍然遭到查禁。1937 年 2 月 24 日，南京国民政府财政部

关务署根据津海关呈报，下达查扣指令，内称《世界之动向》为共产国际第七次世界代表大会各项决议案，"系共党刊物宣传反动之文字，应严予查禁，以遏乱萌"[①]。同时被禁的还有王明在共产国际代表大会上的发言《论反帝统一战线问题》、共产国际宣传国际统一战线的《一九三五年的国际》等书籍。根据《革命书刊伪装本目录》记载，共产国际七大决议案的伪装本还有一种64开本、正文115页的版本，其伪装形式与本书无异。

此外，1938年3月29日，火炬出版社曾出版过同名书籍，内容与上述巴黎出版的伪装本完全相同，当为国内的翻印本。火炬出版社可能是全民族抗战初期中国共产党在汉口创办的出版机构，由于时局变化，其存在时间极短，出版的书籍只有寥寥几种。

---

① 中国第二历史档案馆编：《中华民国史档案资料汇编·第五辑第一编·文化1》，南京：江苏古籍出版社，1994年，第240—241页。

《世界之动向》封面

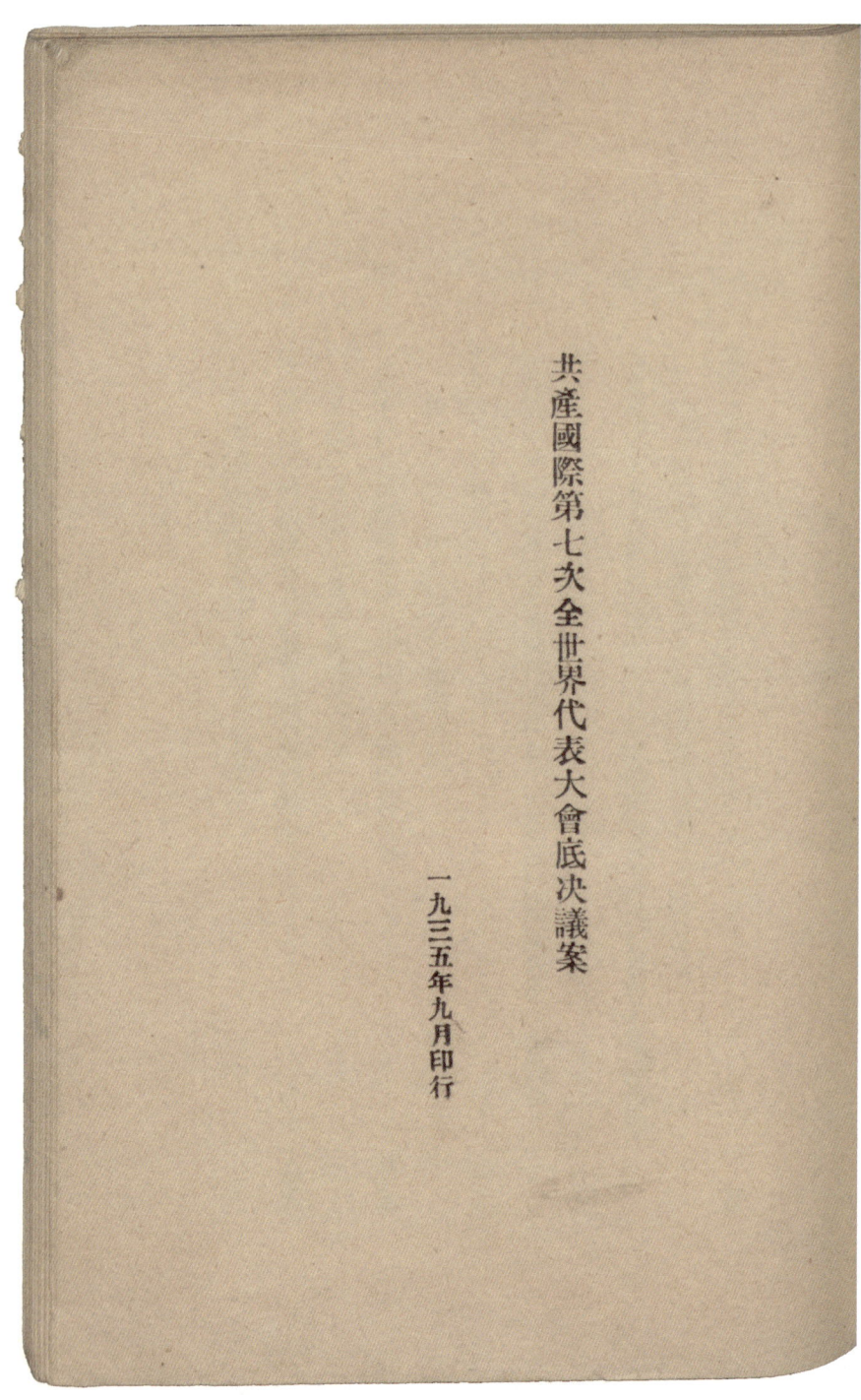

《世界之动向》题名页

## 目錄

一、關於共產國際執行委員會工作 ................................................. 五
（共產國際第七次全世界代表大會根據皮克同志底報告所通過之決議）

二、共產國際第七次全世界代表大會根據國際監察委員會報告通過的決議案 ................................................. 一三

三、法西斯主義底進攻和共產國際為造成工人階級反對法西斯主義的統一而鬥爭的任務 ................................................. 一七
（根據季米特洛夫同志底報告所通過的決議案）

四、帝國主者準備新的世界大戰與共產國際底任務 ................................................. 四九
（根據愛爾科里志同志底報告所通過決議案）

五、蘇聯社會主義底勝利及其全世界的歷史意義 ................................................. 六五
（根據曼努意斯基同志底報告所通過的決議案）

三

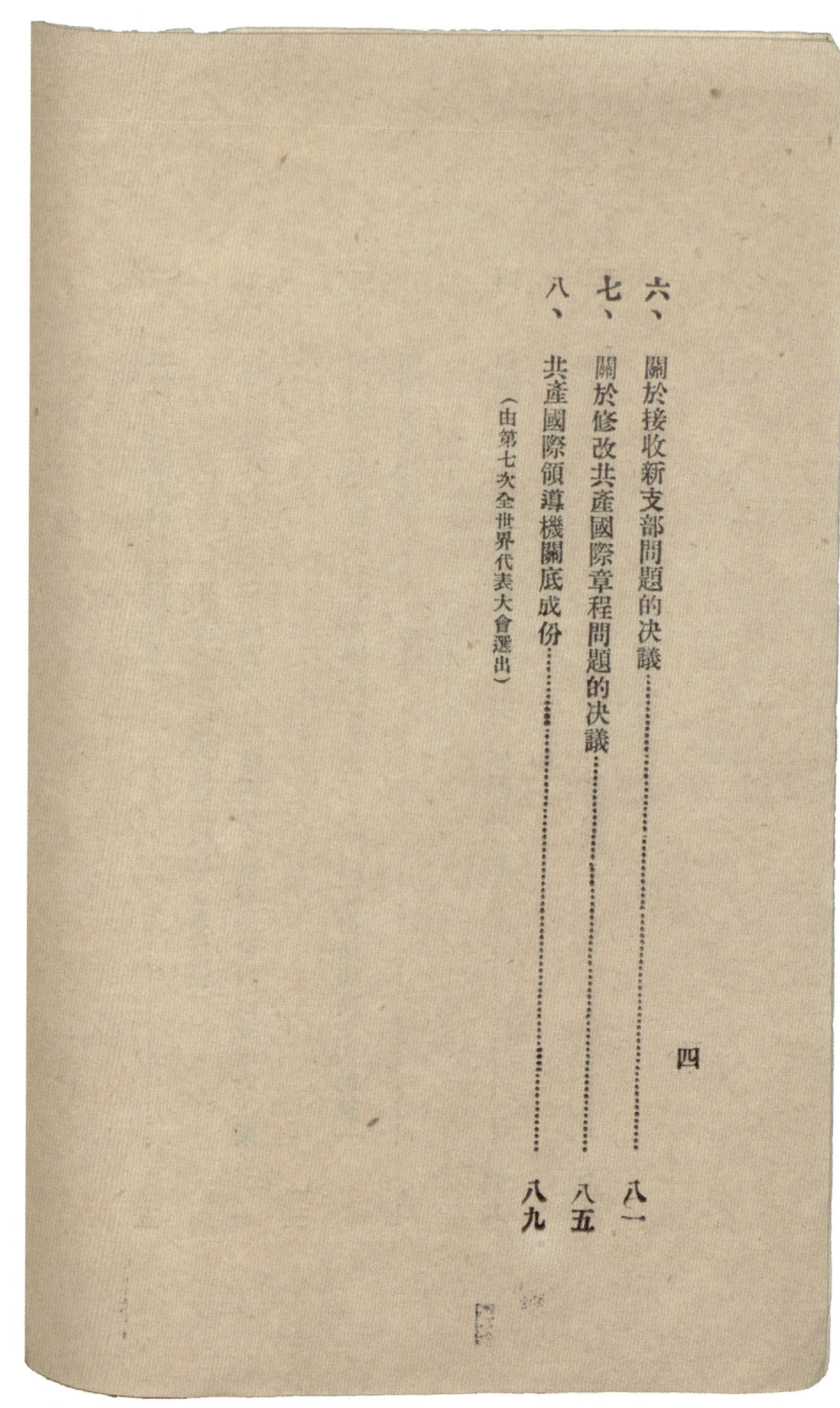

《世界之动向》目录第 2 页

六、關於接收新支部問題的決議 …………………………… 八一
七、關於修改共產國際章程問題的決議 …………………… 八五
八、共產國際領導機關底成份 ……………………………… 八九
（由第七次全世界代表大會選出）

四

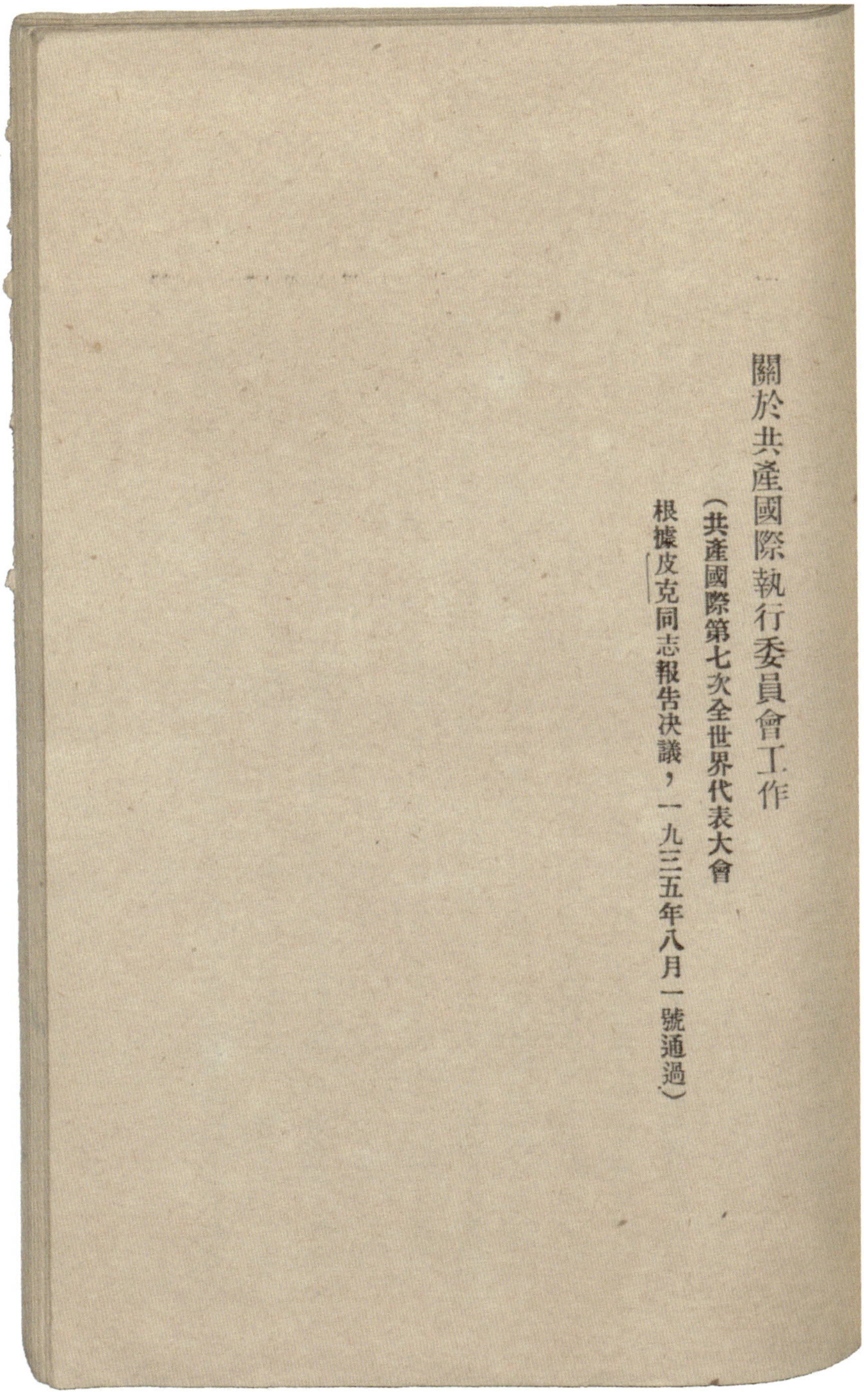

關於共產國際執行委員會工作
（共產國際第七次全世界代表大會
根據皮克同志報告決議，一九三五年八月一號通過）

《世界之动向》正文第1页

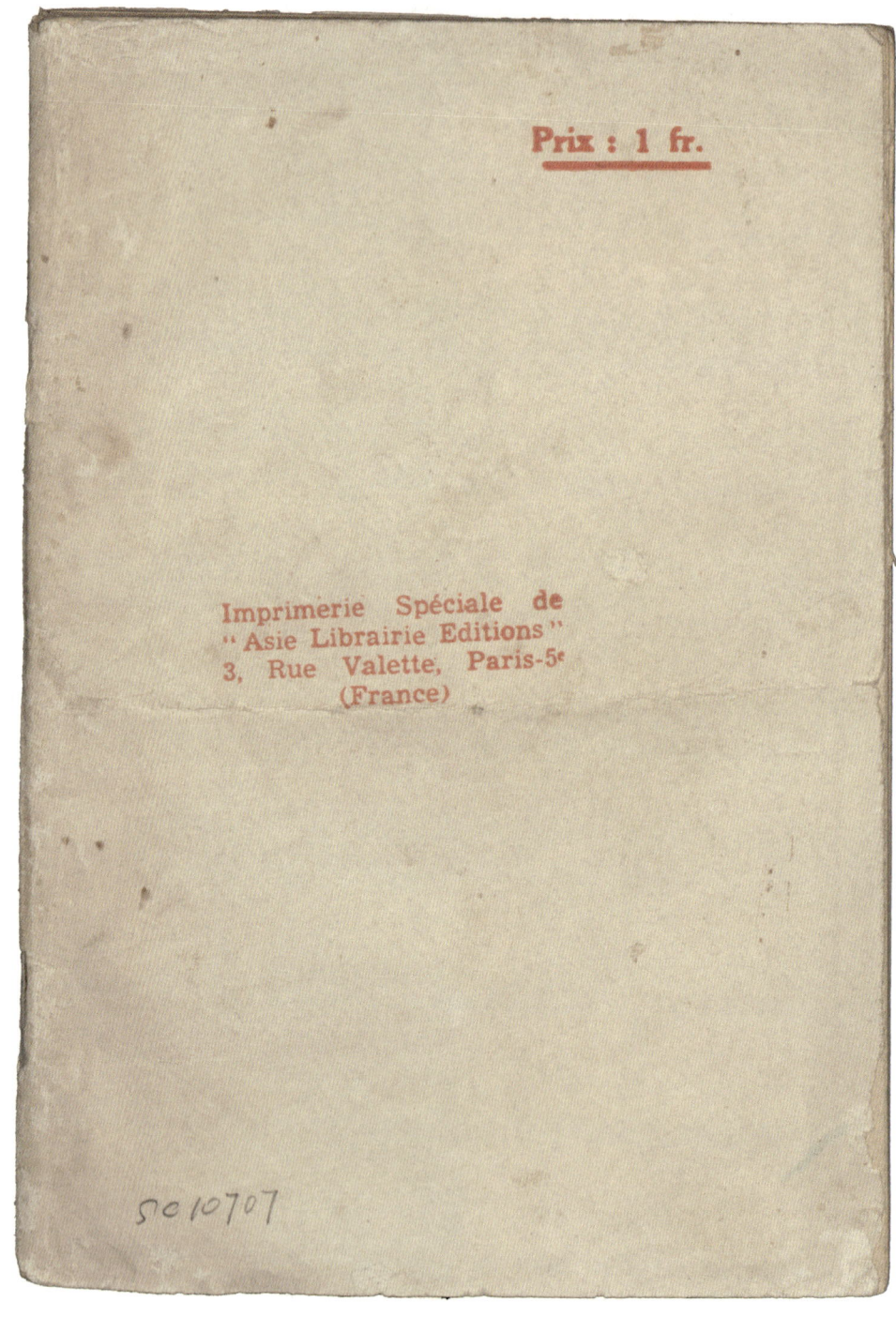

《世界之动向》封底的法文版权信息

火炬出版社版《世界之动向》封面

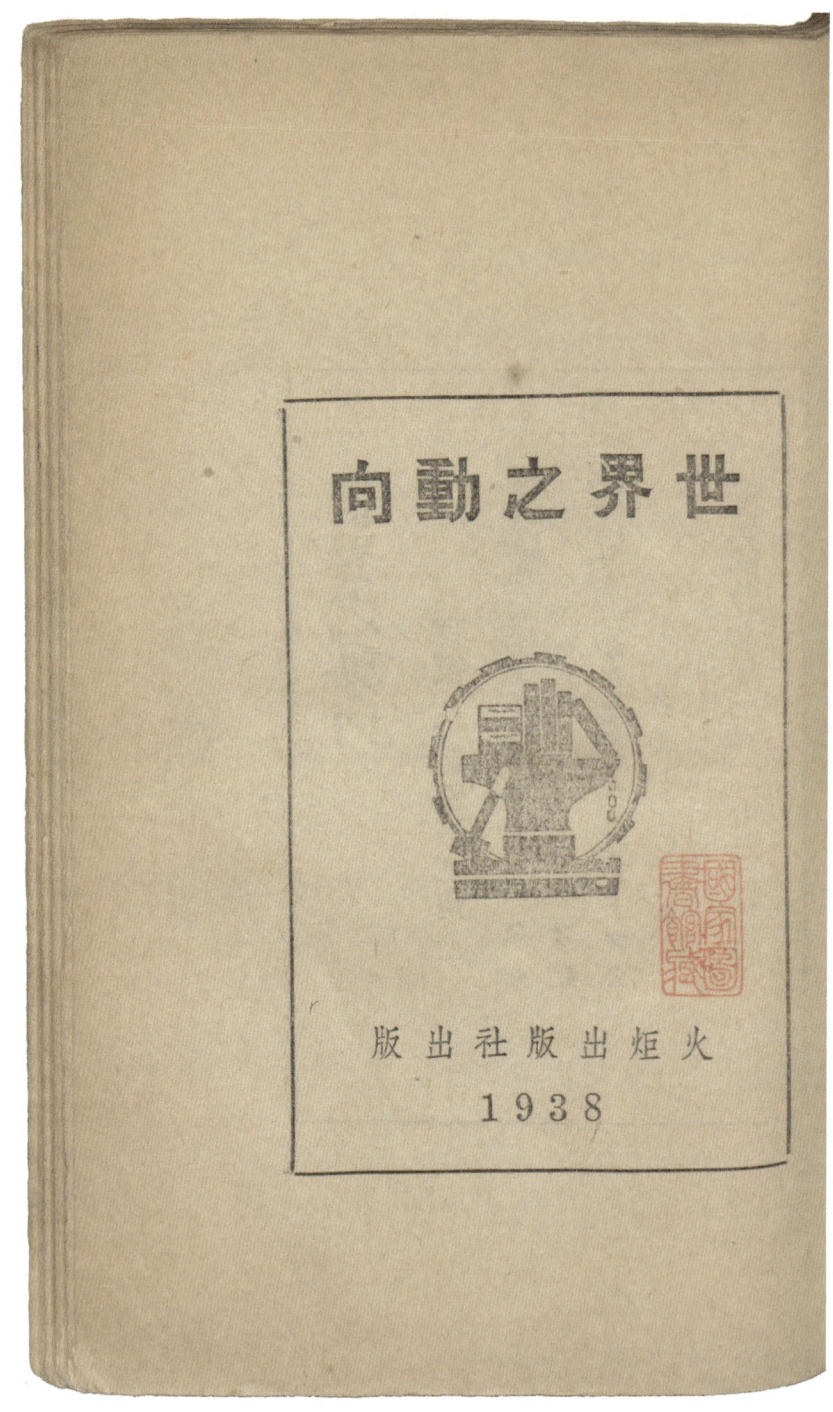

火炬出版社版《世界之动向》题名页

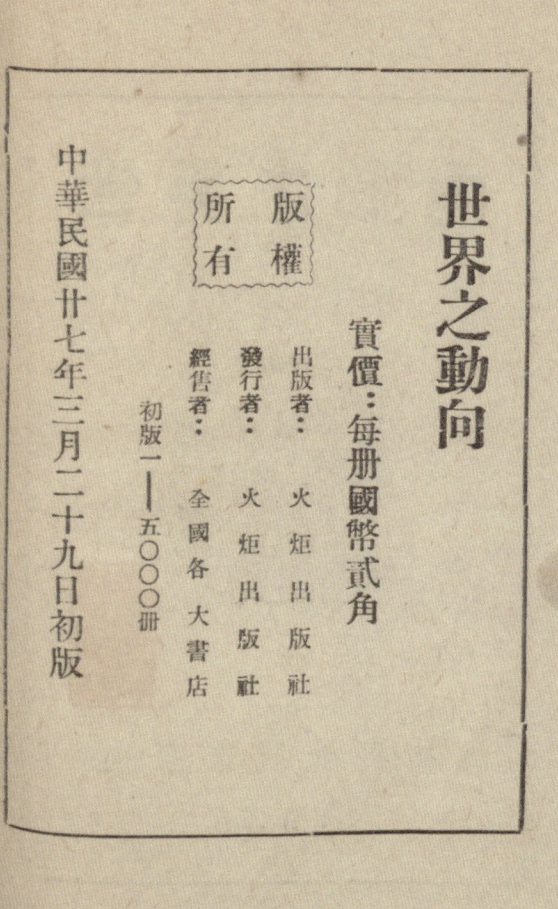

火炬出版社版《世界之动向》版权页

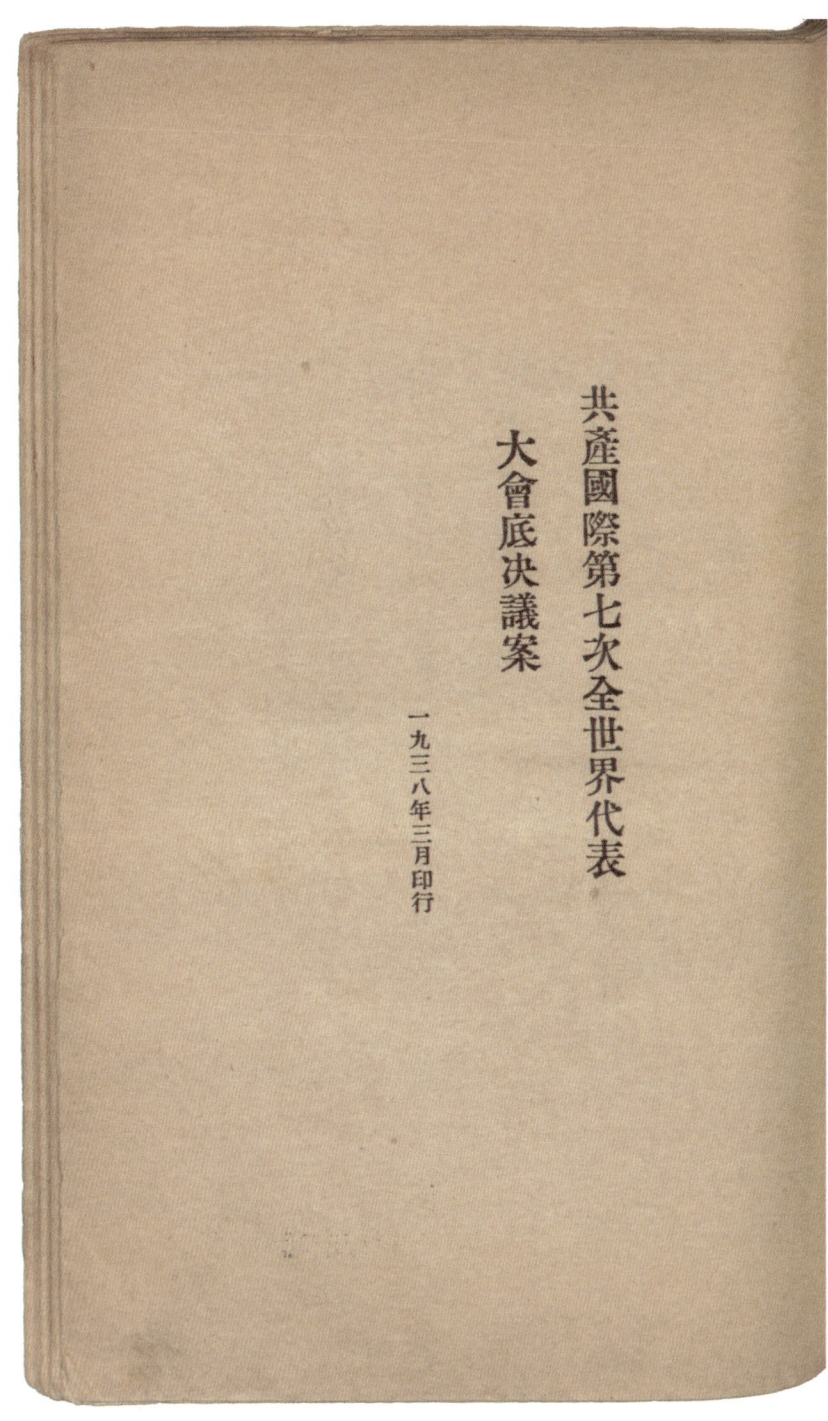

火炬出版社版《世界之动向》真实题名页

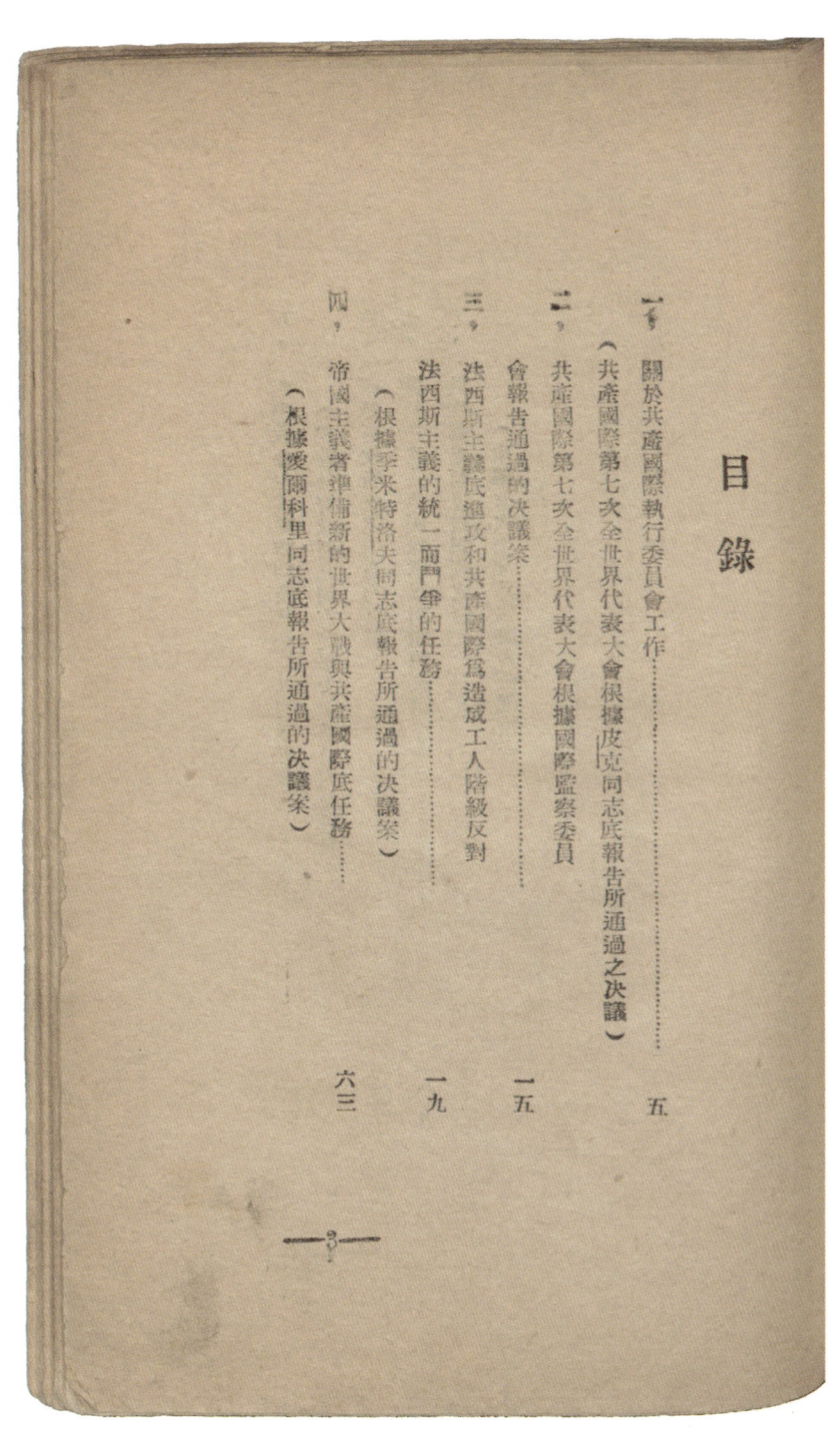

火炬出版社版《世界之动向》目录第 1 页

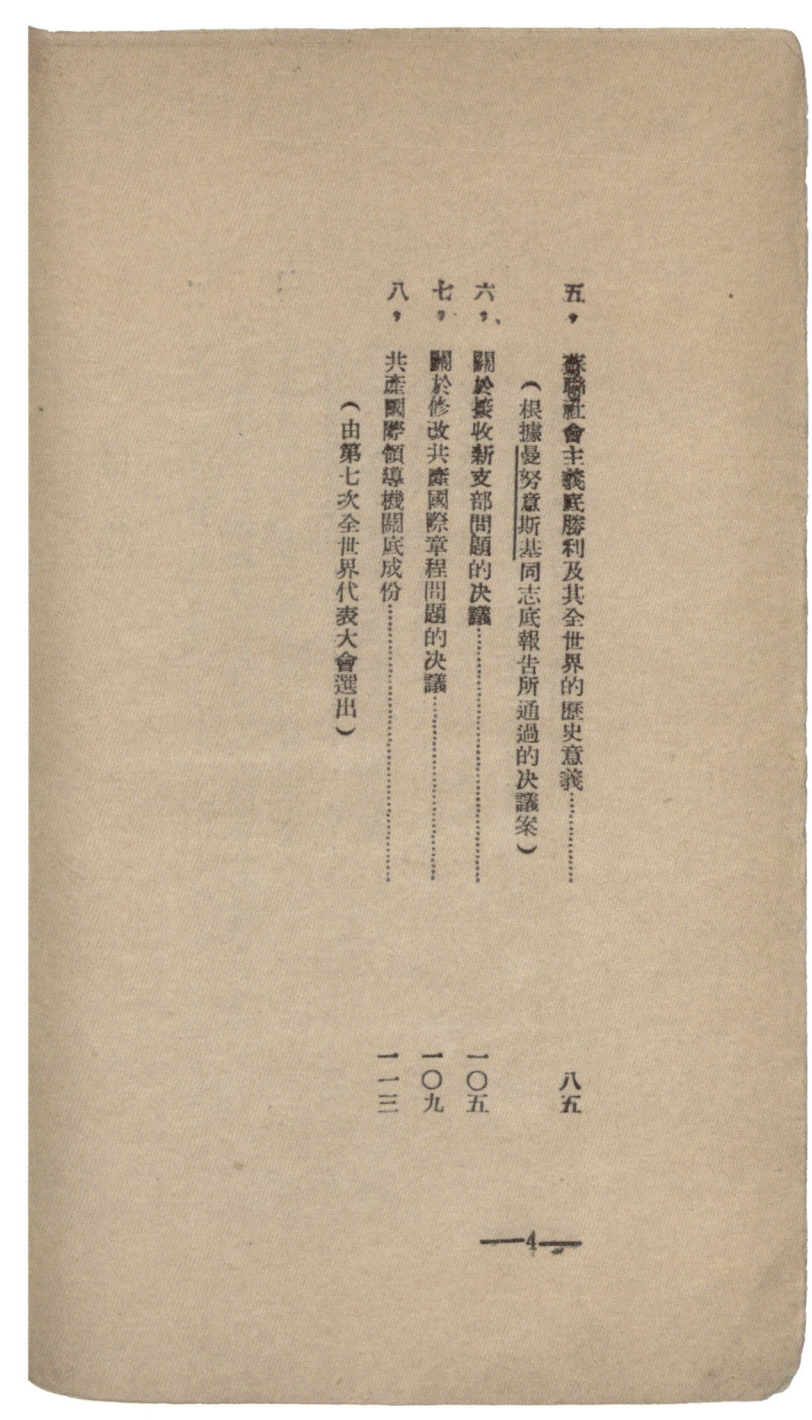

火炬出版社版《世界之动向》目录第 2 页

五、蘇聯社會主義底勝利及其全世界的歷史意義 …… 八五
　（根據曼努意斯基同志底報告所通過的決議案）
六、關於蒐收新支部問題的決議 …… 一○五
七、關於修改共產國際章程問題的決議 …… 一○九
八、共產國際領導機關底成份 …… 一一三
　（由第七次全世界代表大會選出）

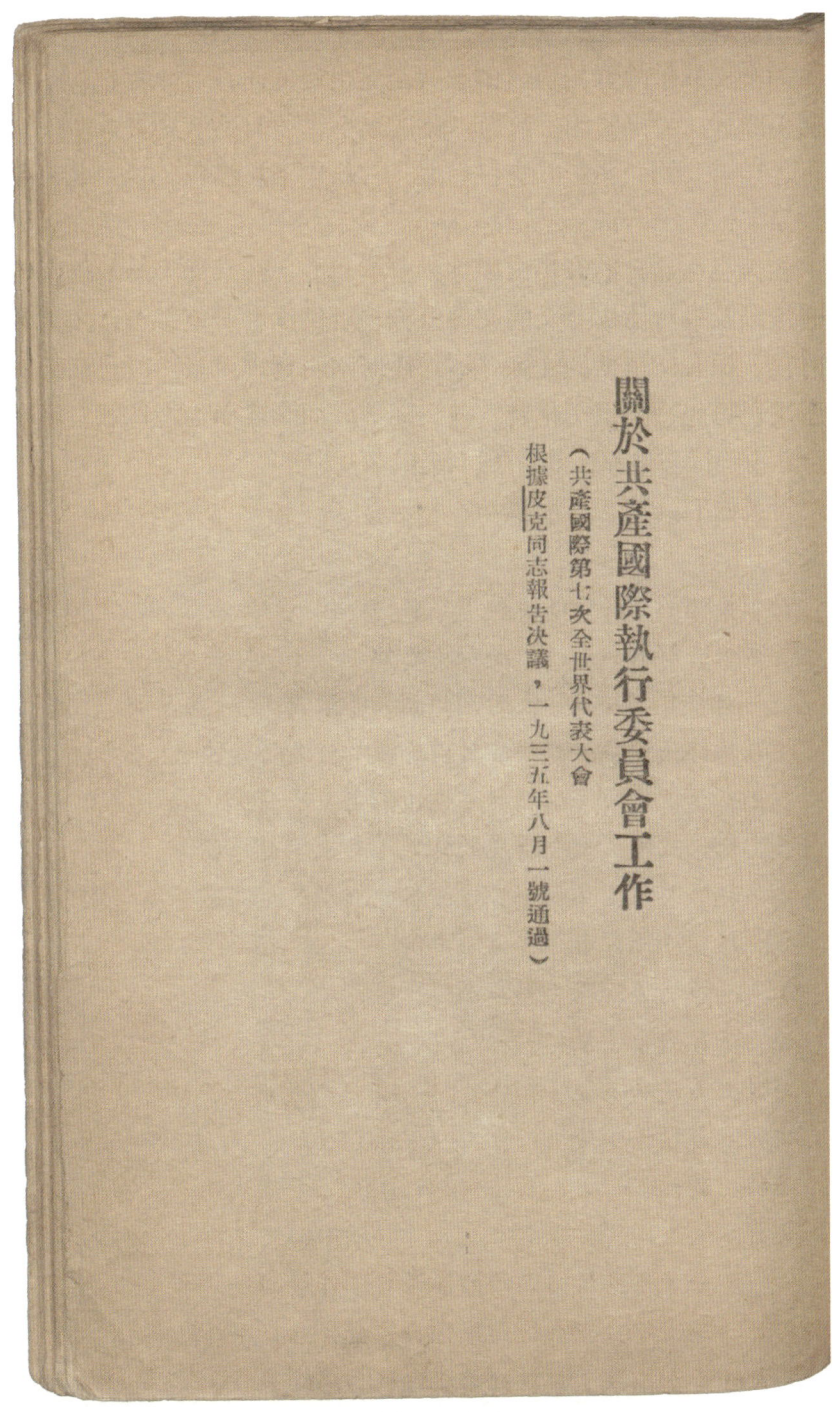

火炬出版社版《世界之动向》正文第 1 页

### （十二）《时代文选（第一集）》

本书为全民族抗战开始前夕中国共产党出版的时评文献汇编的伪装本。32开，正文109页，竖排铅印。封面为蓝底黑字，印有伪装题名《时代文选》，自上而下还印有"第一集""史仁　编""新华书局出版""一九三七年七月一日印"等字。

本书的编者在卷首的开场白中称："本刊准备经常搜集一般读者难于获得的名文时论以及具有历史意义的文件书札，以供读者研究参考，尤其着重于选择对于时代认识有所帮助的文献。不论任何阐明真理或指出时代症结的文字，凡有助于国民思想、知识文化者，本刊决不故加隐讳而为之选载。望爱好本刊旨趣者，尽力购读与推荐，并请予以指正。"

本书目录如下：

时代文选的开场白（史仁）

日本议会解散和其政治趋势（思锦）

迎接对日直接抗战伟大时期的到来（洛甫）

中国抗日民族统一战线在目前阶段的任务（泽东）

我们对于民族统一纲领的意见（洛甫）

我们对修改国民大会法规的意见（恩来）

肃清托洛茨基主义——日寇侵略的别动队（高烈）

我们所望于北方青年者（凯丰）

工人斗争的现阶段（齐华）

论西班牙战争（朱德）

写什么（仿吾）

文艺在苏区（丁玲）

抢桥（莫休）

文件

（一）日本侵略山西的阴谋与工作计划

（二）中共中央给国民党三中全会电

（三）中共中央对沈章诸氏被起诉宣言

（四）为德国人民阵线的号召

本书从外表上完全看不出是中国共产党出版的图书。书中所收篇目均系全民族抗战爆发前中共倡导建立抗日民族统一战线的时评和文件。编者显系笔名或化名。"新华书局"应该是延安新华书店的前身，同时期出版的《陕北公学》则冠以"延安新华书局"。本书没有印上出版地点。"新华书局"的名字沿用时间很短，不为外界所知，且上海早有同名书局存在，为这本书在国统区和沦陷区传播起到了很好的掩护作用。

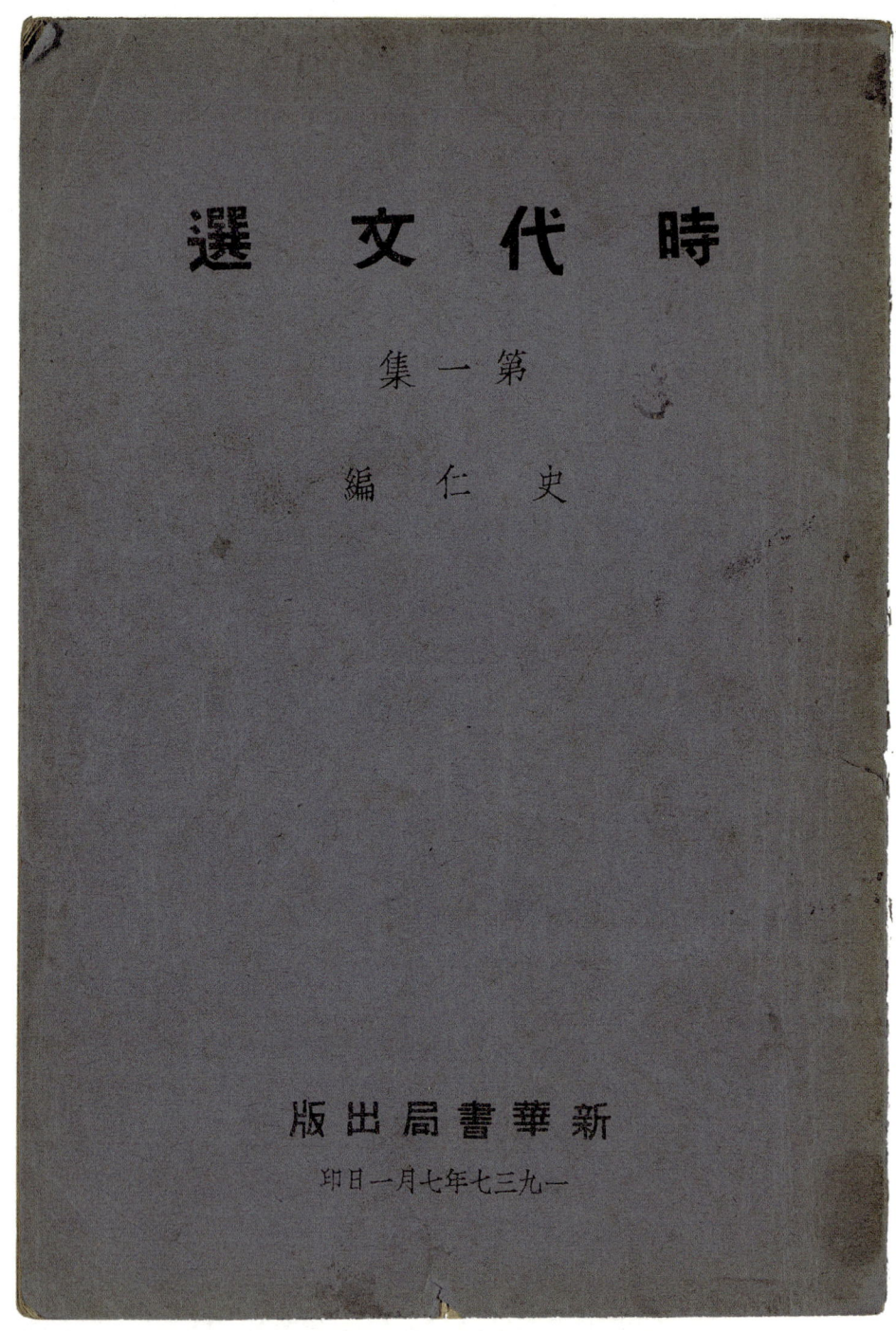

《时代文选(第一集)》封面

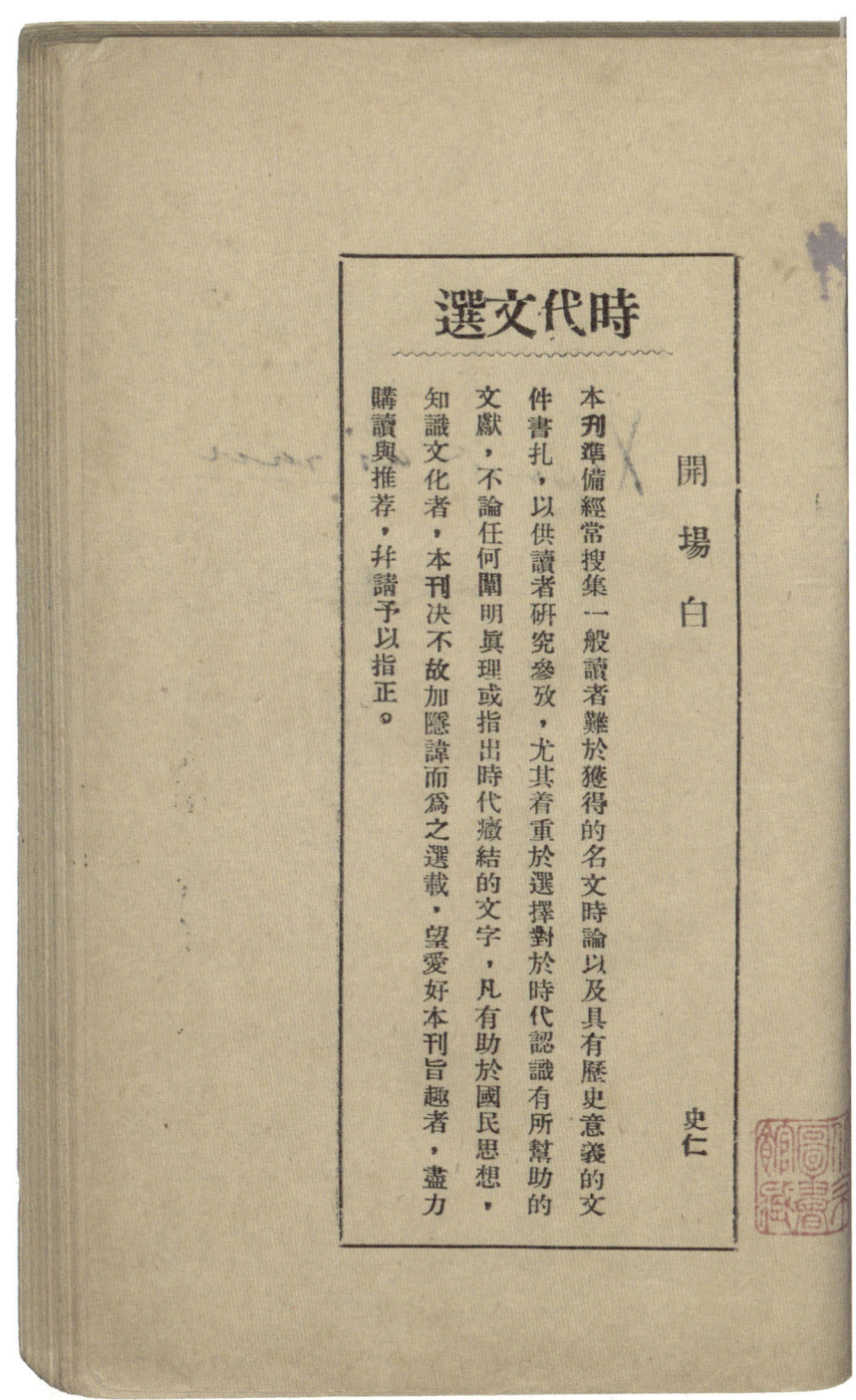

《时代文选（第一集）》"开场白"

# 目 錄

時代文選的開場白

日本議會解散和其政治趨勢 ………………………… 史仁

迎接對日直接抗戰偉大時期的到來 ……………… 思錦

中國抗日民族統一戰線在目前階段的任務 ……… 洛甫

我們對於民族統一綱領的意見 …………………… 澤東

我們對於修改國民大會法規的意見 ……………… 洛甫

肅清托洛茨基主義——日寇侵畧的別動隊 …… 恩來

我們所望於北方青年者 …………………………… 高烈

工人鬥爭的現階段 ………………………………… 凱丰

論西班牙戰爭 ……………………………………… 齊華

寫什麼 ……………………………………………… 朱德

文藝在蘇區 ………………………………………… 仿吾

搶橋 ………………………………………………… 丁玲

▼▼▼▼▼ 文 件 ▼▼▼▼▼                              莫休

（一）日本侵略山西的陰謀與工作計劃

（二）中共中央給國民黨三中全會電

（三）中共中央對沈章諸氏被起訴宣言

（四）為德國人民陣綫的號召

365466

《时代文选（第一集）》目录

## 中國抗日民族統一戰綫在目前階段的任務

毛澤東

（一九三七年四月十一日）
（轉載解放第一期）

### 民族矛盾與國內矛盾的目前發展階段

由於中日矛盾成為主要矛盾，國內矛盾降到次要與服從地位，而產生的國際關係與國內階級關係的為敵人所蹂躪與屠殺。我們也不能忍受冀察特殊化的局面長此下去，走私，特務機關，浪人「皇軍」，凶手等必須迅速根絕。因此我們現在應該利用每一短促的時間，加緊我們準備工作，要有在任何時候發動直接抗戰的決心。因此我們決不能劃出一定的時間，說在這一時間內，我可以答應敵人的一切要求，我可以忍受敵人的一切掠奪與侮辱，但決不抗戰。這種觀點，應該受到嚴厲的反對。這樣的準備，是永遠準備不成的。相反的，我們要臨時準備抗戰。我們相信在抗戰過程中，我們還能發動更廣大的羣眾，還能實現更澈底的民主制度，還能更好的團結內部，使中華民族能夠在空前偉大的與民族革命戰爭中澈後擊破更凶惡的野蠻的日本帝國主義，取得自己的獨立解放與自由。這必須使中華民族成為世界和平陣綫中的偉大因素！

無疑的，每一個中國人身上負担着這一光榮的任務。用我們一切的努力，迎接對日直接抗戰偉大時期的到來吧！我們能夠戰勝日本帝國主義！我們一定要戰勝日本帝國主義（一九三七年四月十一日

## 我們對修改國民大會法規的意見

周恩來

經過局部抗戰的勝利，西安事變的和平解決，國民黨三中全會後的轉機，都給了日本帝國主義者的嘗試以嚴重的打擊。十年來中國統治階級與革命的民眾之間的長期戰爭是停止了，現在正將進入中國政治歷史新的一頁，即在民主統一的基礎上，鞏固國內團結，加速準備抗戰的一頁。根據民主主義的根基，來召集國民大會，則將是這一頁新歷史的起首。

這一國民大會的召集，應該是國民黨放棄一黨政治的開始，應該是各省在民主政治下堅固的團結與統一的開始，應該是人民自己起來積極參加政治的開始，應該是各黨各派眞誠合作一致抗日的開始，國民大會的任務，不僅應該討論和通過國家的民主憲法，給全民族以眞正民主自由的權利，使中華民國眞成爲各民族自由聯合的民主共和國，並且應該選出民主的中央政府，透過抗日的民族統一綱領，發動對日抗戰，以代表全民族的統一意志。這樣的國民大會，是全國眞誠愛國的人民心坎中所希望的。但過去國民政府所頒佈所進行選舉的國民大會，顯然仍是一黨包辦的選舉，無所謂民主。他已經進行的選過去國民大會組織法及其代表選舉法，

## 二、期刊

### (一)《中国工人》系列伪装本

《中国工人》系中国共产党指导工人运动的刊物，1924年10月在上海创刊。名为月刊，实为不定期出版。该刊初为中国劳动组合书记部的机关刊物，由罗章龙主编，主要撰稿人有邓中夏、瞿秋白、赵世炎、刘少奇、任弼时等，辟有《时评》《短论》《论文》《报告》《经验》《劳工消息》《通讯》《特载》《转载》《诗》《无情斧》《书报介绍》等栏目。1925年5月，中华全国总工会成立后，该刊从第五期起成为该会的机关报并迁广州出版。1927年大革命失败后停刊。

1928年12月1日，《中国工人》在上海秘密复刊，期号另起，名为半月刊，实际上也是不定期出版。由罗章龙、林育南、项英等组成编委会，主要撰稿人多用化名，罗章龙、林育南、苏兆征等都为该刊撰稿，辟有《劳动消息》《宣言》《通讯》《通告》《特载》《镰刀与铁锤》《文件》等栏目。该刊在卷头语中指出："《中国工人》是中国工人阶级的革命先锋，是全中国工人的灯塔，这个灯塔，有好久没有照耀着全国工人阶级了，现在中华全国总工会要将这个灯塔重行建立起来，使全国工人在黑暗世界可以得到一线的光明。"该刊主要报道国内外工人生活和斗争状况，介绍各地工人运动的经验，积极指导当时的工人运动。该刊停刊时间不详，目前仅见第一至第八期。第一期和第二期标明的出版时间分别为1928年12月1日和15日，第三期和第四期都为1929年1月1日，第五期、第六期和第七期没有标明出版时间，第八期为1929年5月15日。为躲避国民党的书报检查，复刊后的《中国工人》虽曾将封面伪装为《漫画集》《红拂夜奔》《爱的丛书》等书出版，但仍然遭到国民党中央宣传部的通令查禁。①

**1.《漫画集》（《中国工人》第五期）**②

本期为《中国工人》第五期的伪装本。32开，正文70页，竖排铅印。封面为白底黑字，印有伪装题名《漫画集》和松鹤图。1929年出版。

---

① 国民党政府档案《共产党刊物化名表》中显示，《中国工人》的伪装题名有《漫画集》《红拂夜奔》《南极仙翁》等。参见中国第二历史档案馆编：《中华民国史档案资料汇编·第五辑第一编·文化1》，南京：江苏古籍出版社，1994年，第225页。

② 因为期刊伪装本重名现象较多，所以本书在重名的期刊伪装本题名后注真实题名和期数，以便于区分；未重名的期刊伪装本则不予括注。

本期目次如下：

年关紧迫中全国工人斗争的阵势（沧海）
劳资调解下之南洋烟公司工潮（沧海）
评天津英美烟工厂的罢工（沧海）
新新公司罢工的胜利条件（沧海）
汉口对日罢工的危机（沧海）
广东职工运动的新趋势（斧公）
上海法界水电工友二次罢工之始末（石溪）
（特载）
　　太平洋劳动会议秘书处致各国工会书
劳动消息（共十四则）
附宣言
　　为法商水电罢工再告上海工友书
　　第三次告法商水电工友书
　　告新新、先施、永安三公司全体工友
镰刀与铁锤（沧海　万生）

## 2.《漫画集》（《中国工人》第六期）

本期为《中国工人》第六期的伪装本。32开，正文88页，竖排铅印。封面为白底黑字，印有伪装题名《漫画集》和松鹤图。1929年出版。

本期目次如下：

纪念"二七"烈士（沧海）
中华全国总工会"二七"六周纪念宣言
"二七"纪念与中国工人（忠发）
"二七"的精神是甚么？（文彬）
"二七"纪念中我们的任务（平一）
目前形势与中国工人的使命（斧）
拿吴佩孚同国民党比比看（溪石）

"二七"罢工的意义与教训（汝铭）
纪念"二七"说到中国工人奋斗的前途（新劳）
附宣言
　　为反对阴历年关开除工友告全国工友书
　　为李卜克内西卢森堡逝世十周年纪念告全国工友
　　为新新南洋工潮告全上海工友书
　　为汉口水案告全国工友书
上海十二月份罢工统计（平一）

### 3.《红拂夜奔》

本期为《中国工人》第七期的伪装本。32开，正文62页，竖排铅印。封面为绿底黑字，印有伪装题名《红拂夜奔》和红拂女画像。1929年出版。

本期目次如下：

蒋介石无耻之谈（沧海）
太平洋劳动会议与亚细亚会议（侯生）
日资本家坑杀矿工（沧海）
徐州贾汪煤矿工人之斗争（平一）
合理化的灾难（沧海）
国民党向邮务工人进攻（溪石）
国民党的工厂法是甚么东西？（沧海）
上海新新公司罢工述评（平一）
劳动消息（十五则）
附宣言
　　反对军阀战争危机宣言
　　为邮政总局开除工人告全国工友书
镰刀与铁锤（十节）（沧海）
通讯
　　日本通讯（江村大郎）

### 4.《爱的丛书》

本期为《中国工人》第八期的伪装本。32 开，正文 188 页，竖排铅印。封面为灰底蓝字，从右上方到左下方，上、下各有平行的一粗一细两条线，两线之间从右上到左下印有伪装题名《爱的丛书》。1929 年 5 月 15 日出版。

本期目次如下：

中华全国总工会第二次扩大会议（沧海）
过去一年来职工运动发展的形势和目前的总任务（项英）
出席赤色职工国际代表报告（兆征）
　　附　赤色职工国际关于中国黄色工会的决议案
　　附　中华全国总工会扩大会议接受赤色职工国际第四次代表大会决议的决议
出席太平洋劳动会议秘书处第三次会议报告（文虎）
　　附　一九二八年十月二十七至［二］十八日太平洋劳动会议秘书处第三次扩大会议议决案
　　附　对于太平洋劳动会议第三次扩大会报告决议
全国职工运动目前的总任务
铁路工人运动决议案
矿工运动决议案
中国济难会全国总会致中华全国总工会书
中华全国总工会扩大会议告工（及）［友］书
五一节纪念宣言
为开滦矿工斗争告工友书
转录太平洋劳动会议秘书处为五一劳动节宣言
征求编辑工人读物文稿启事
声明

《漫画集》(《中国工人》第五期)封面

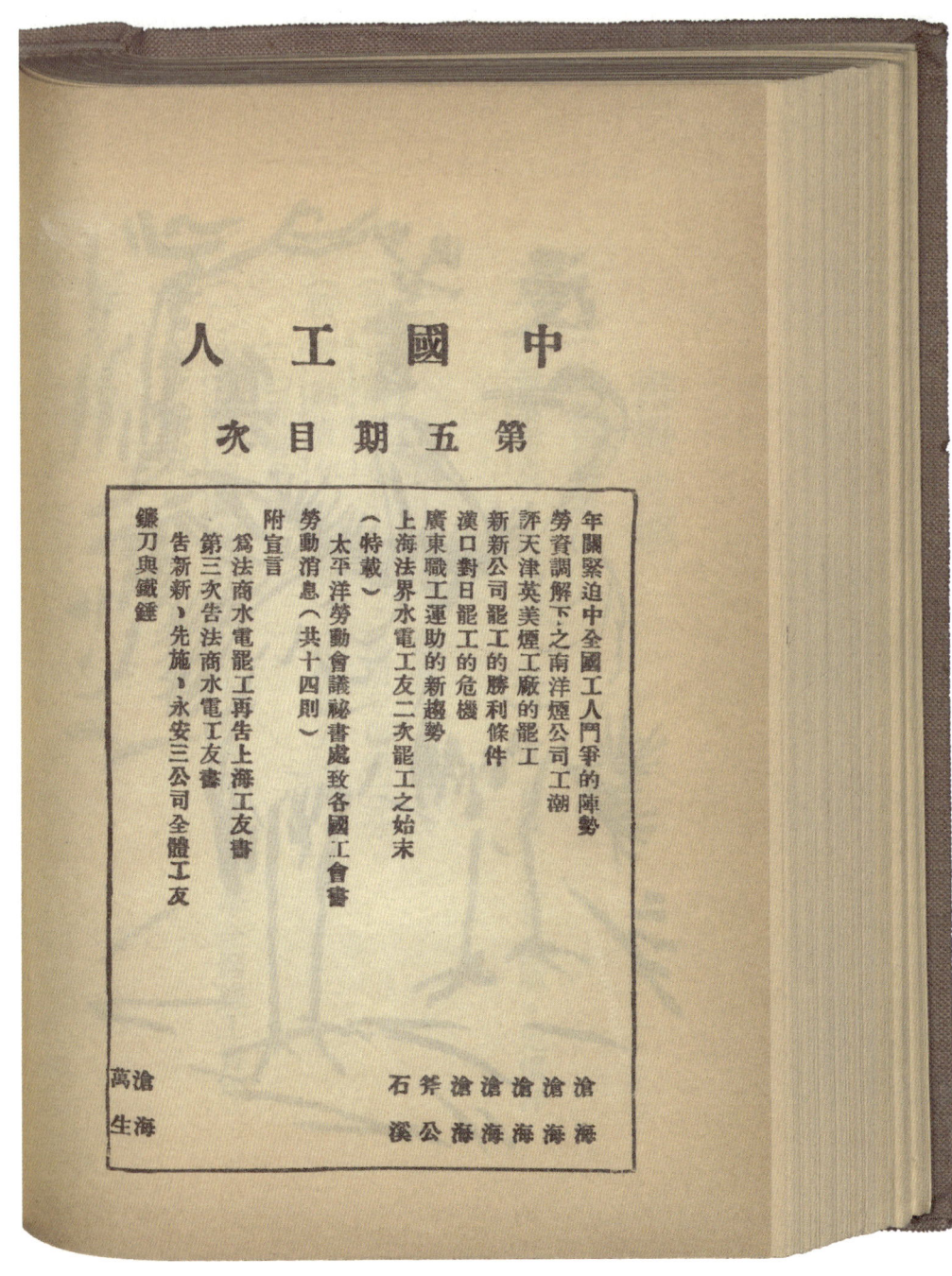

《漫画集》(《中国工人》第五期）目次

## 年關緊迫中全國工人鬥爭的陣勢　滄海

在帝國主義和中國資產階級雙重剝削和壓迫下面的中國工人，可謂日夜生活在資本進攻的嚴重威脅中。工廠中羅旋般的壓搾，軍警式的管理，資本合理化的吃人制度，以及國民黨的反動統治，卑鄙無恥的欺騙工人的花樣層出不窮，在在使全國工人生活普遍的降落到空前未有的深淵中去了。

幾百萬的中國工人是全國各大城市中生產的主人，是中國革命運動中久經鏖戰的隊伍。他們當着中外資本聯合進攻被逼到無地自容的今日，如果還能像資產階級走狗們所豫想那些階級和平，勞資妥協的方式沈默平靜的過去，那是歷史上斷然沒有的事，資本進攻愈惡，工人為生存而奮鬥的反抗也就隨之而進的。

我們要明白最近國內工人爭鬥的陣勢，不必從很遠的事實去說，只就上海最近（十二月）罷工情形觀察，便可以窺見他的端倪。在十二月上海一隅重要罷工共十六

年關緊迫中全國工人鬥爭的陣勢　　一

《漫画集》（《中国工人》第五期）正文第1页

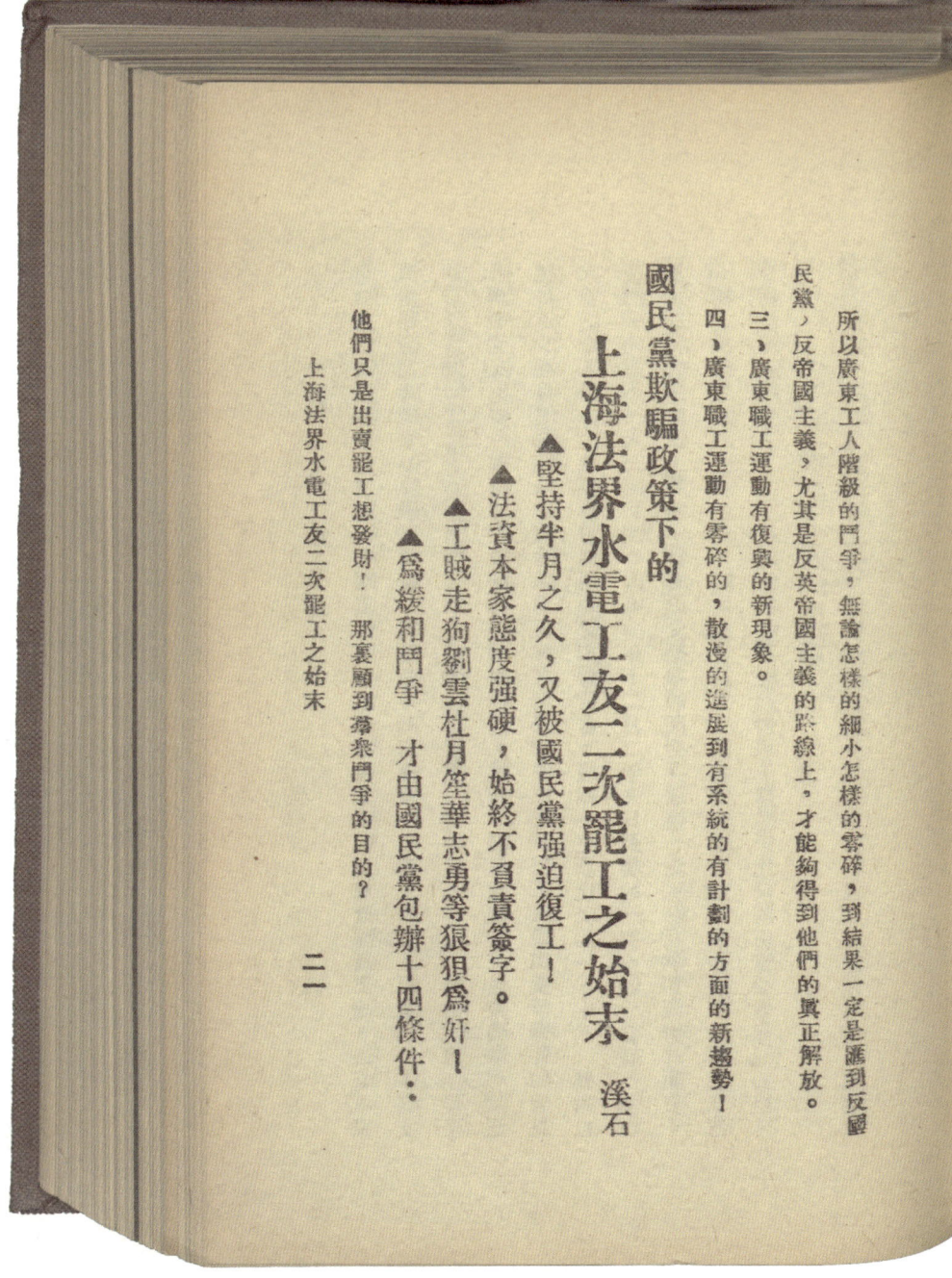

所以廣東工人階級的鬥爭，無論怎樣的細小怎樣的零碎，到結果一定是歸到反國民黨，反帝國主義，尤其是反英帝國主義的路線上，才能夠得到他們的真正解放。

三、廣東職工運動有復興的新現象。

四、廣東職工運動有零碎的、散漫的進展到有系統的有計劃的方面的新趨勢！

## 國民黨欺騙政策下的上海法界水電工友二次罷工之始末　溪石

▲堅持半月之久，又被國民黨強迫復工！

▲法資本家態度強硬，始終不負責簽字。

▲工賊走狗劉雲杜月笙華志勇等狠狠為奸！

▲為緩和鬥爭，才由國民黨包辦十四條件：

他們只是出賣罷工想發財！那裏顧到羣眾鬥爭的目的？

上海法界水電工友二次罷工之始末

二

《漫画集》(《中国工人》第六期)封面

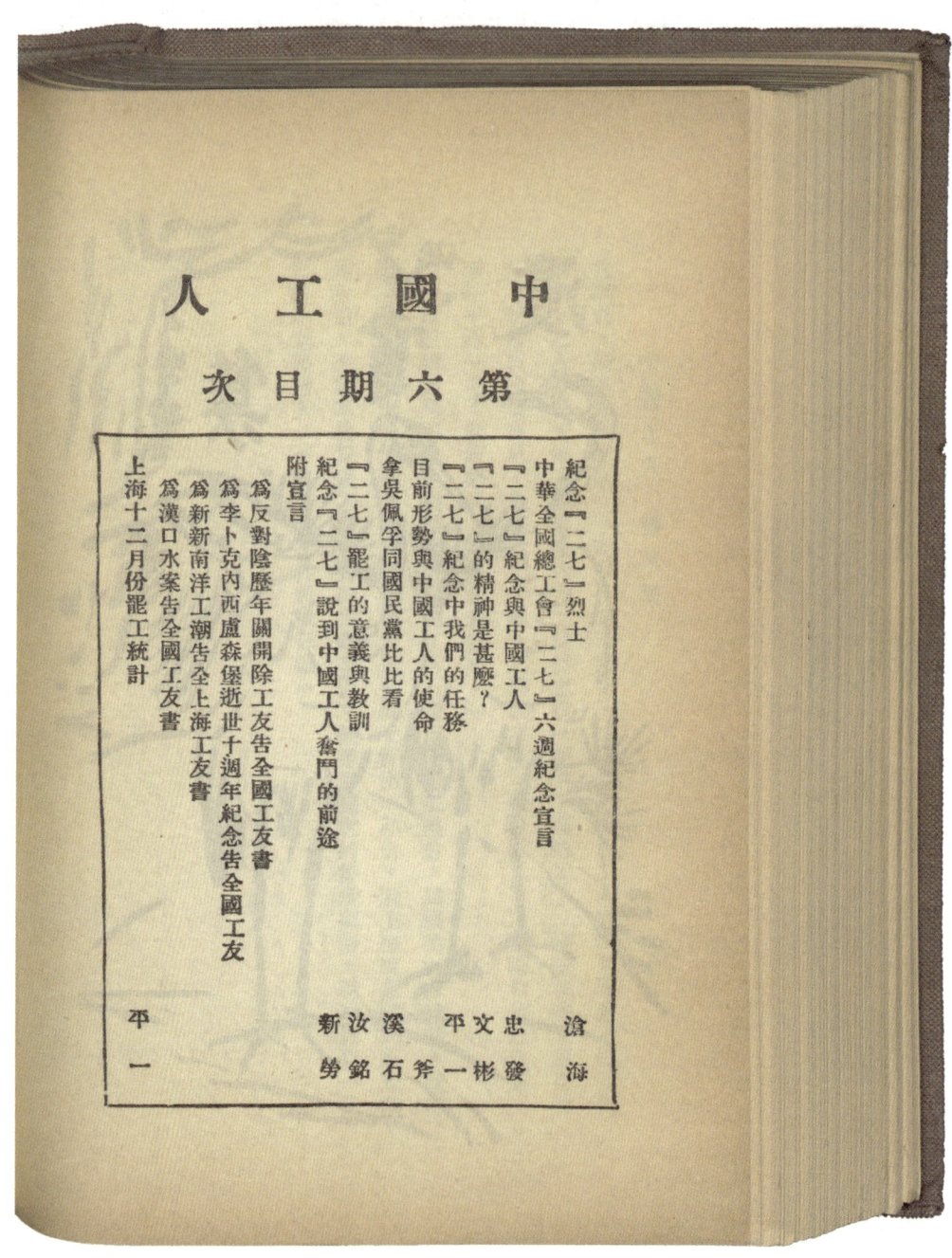

《漫画集》(《中国工人》第六期)目次

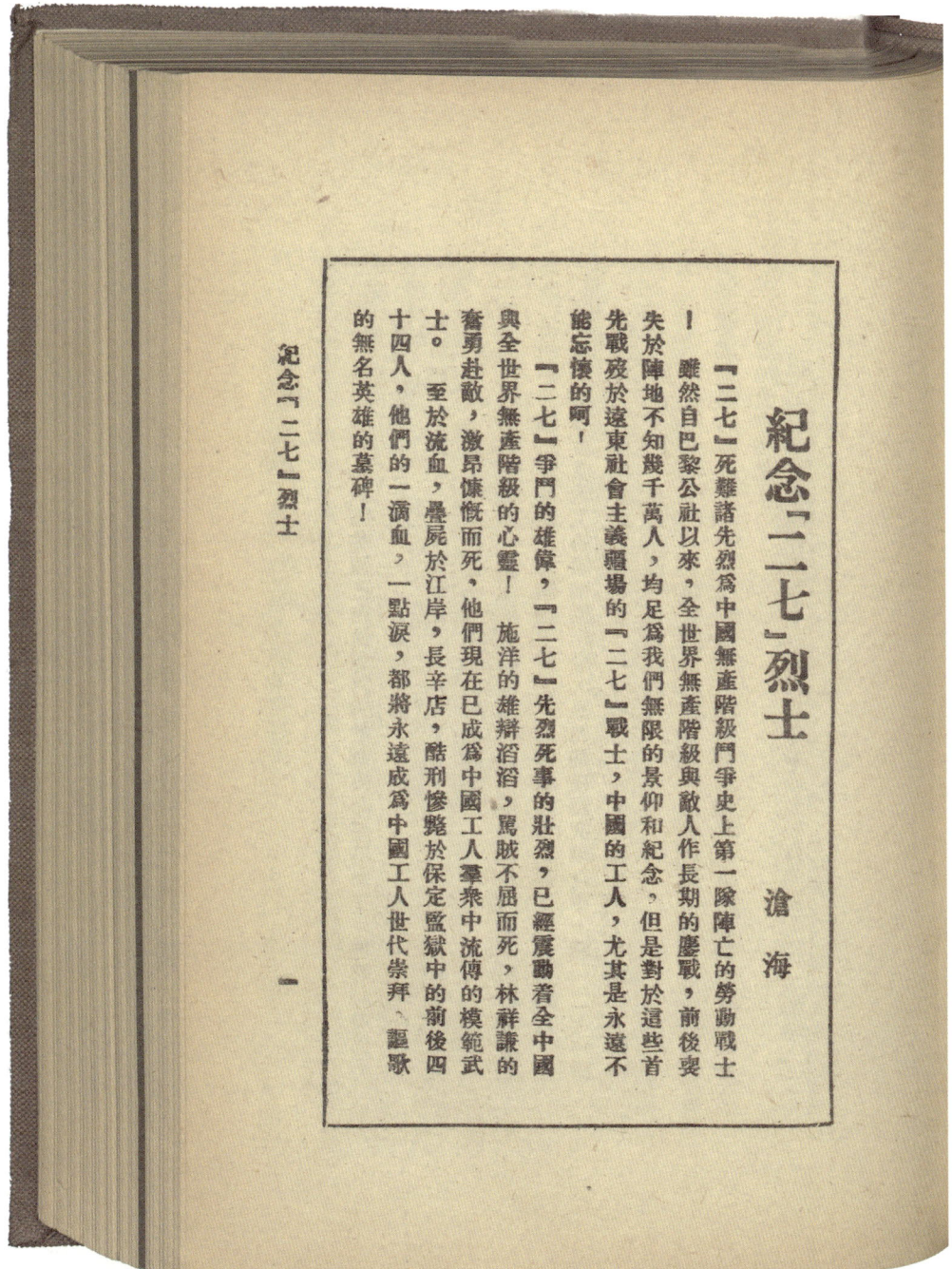

《漫画集》（《中国工人》第六期）正文第1页

## 中華全國總工會"二七"六週紀念宣言

全國的工友們！

本年二月七日為一九二三年京漢鐵路工人大罷工流血的第六週紀念日，在這個歷史上有偉大意義的"二七"六週紀念日，我們追溯中國"二七"烈士犧牲的精神和工人階級過去的戰跡，觀察中國工人階級目前的現狀，我們革命的熱血將怎樣的沸騰洶湧起來呵！

我們知道"二七"鬥爭是中國工人階級第一次自覺的有組織的踏上遠東政治舞台的第一幕，他不僅在中國革命的發展上有重大的意義，而且是全世界工人革命在遠東方面的第一個信號。在"二七"罷工中參加的勞動戰士有全國的鐵路工人，有武漢三鎮十數萬產業工人的全部，他們一致的口號是反抗當日封建軍閥英帝國主義走狗吳佩孚的統治，雖然後來這一鬥爭被北京公使團——各帝國主義的代表，勾結直系軍閥

中華全國總工會"二七"六週紀念宣言

三

《漫画集》（《中国工人》第六期）正文第 3 页

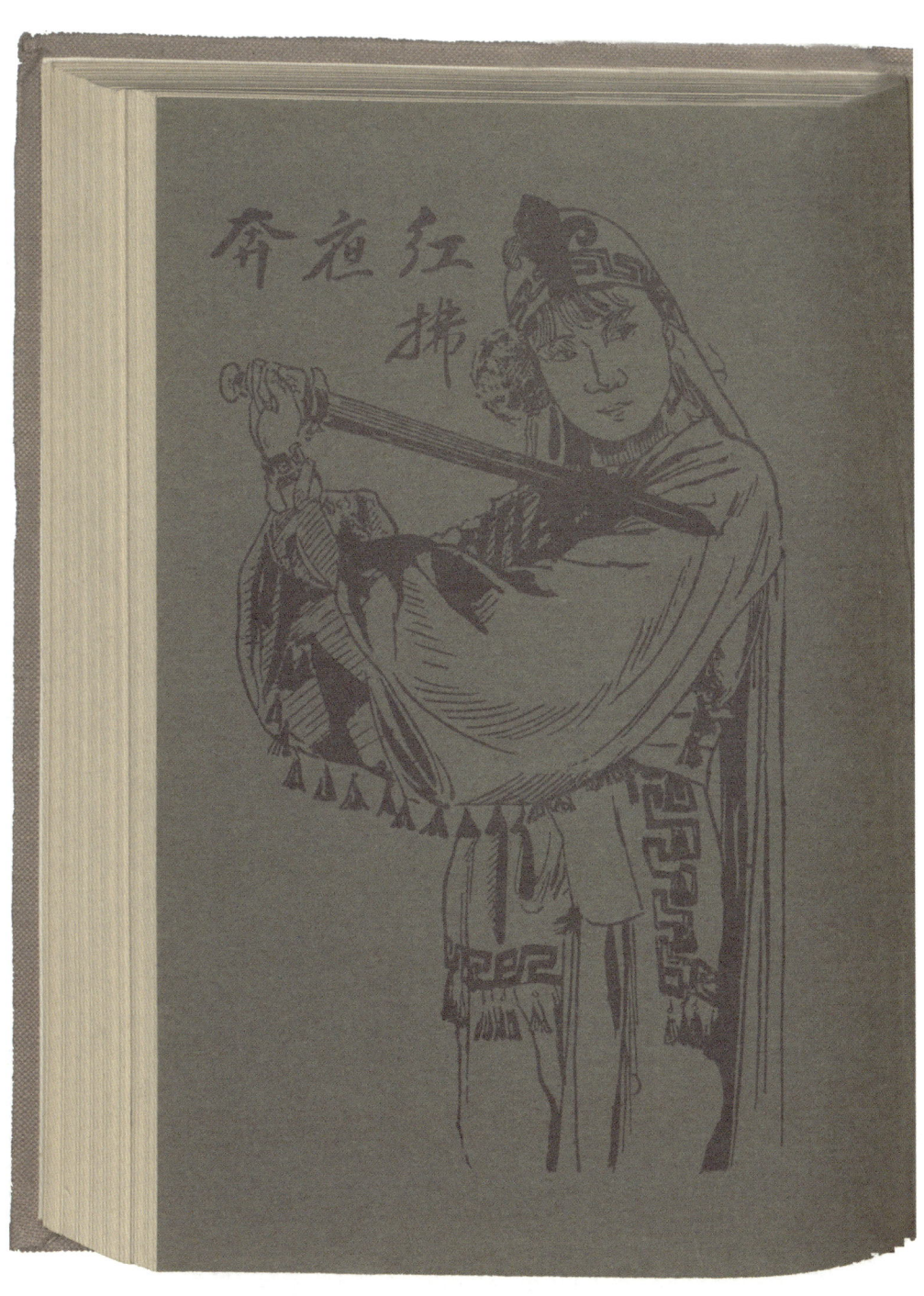

《红拂夜奔》封面

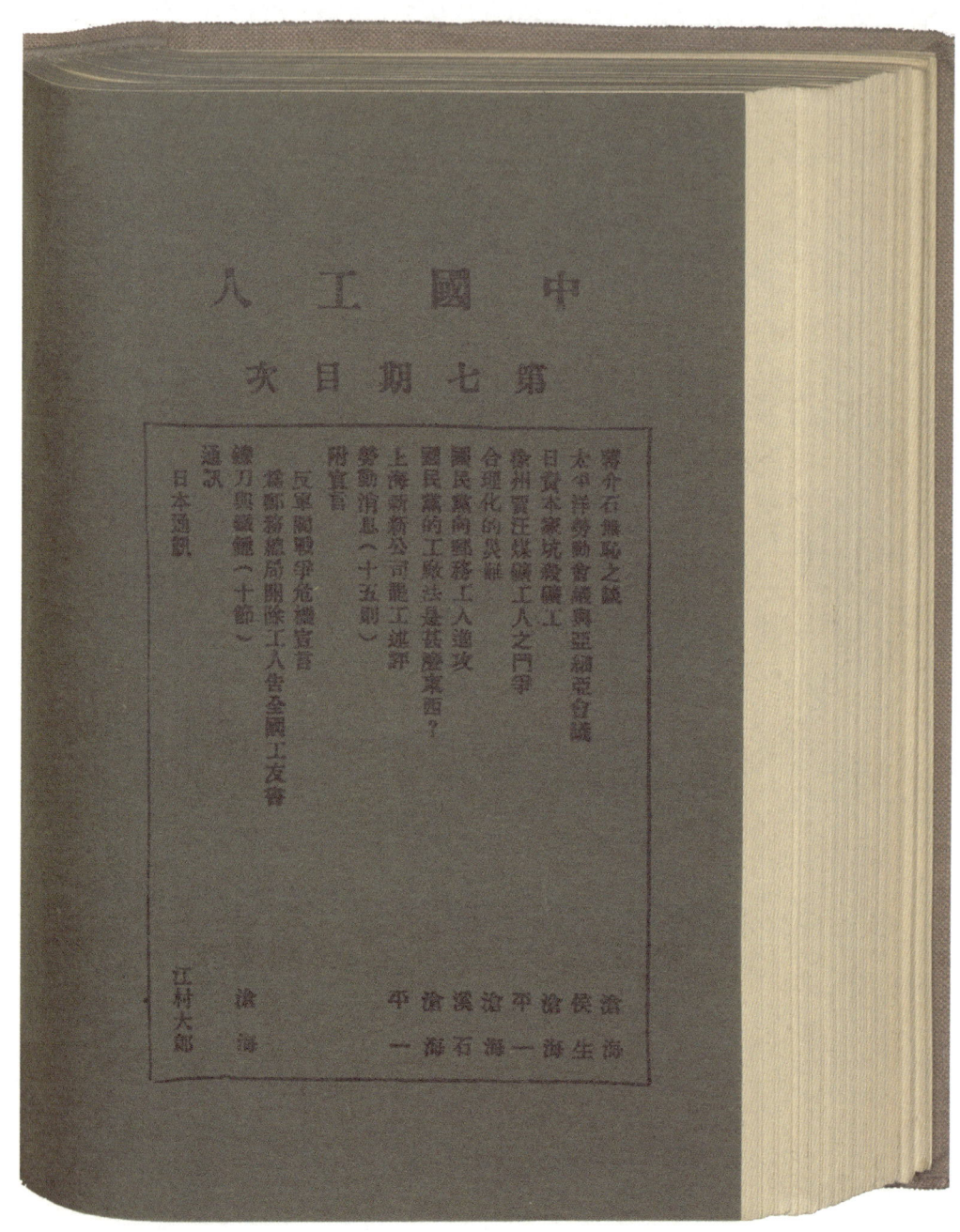

《红拂夜奔》目次

## 蔣介石無恥之談

滄海

中國工農是中國革命的原動力，是一切反革命的死敵，這一個意義，我們的敵人是看得十分明白，而且覺得十分可怕的。所以國民黨縱然用盡所有的武力，要想機械地將中國革命的工農制服下去，但是他們最後卻又懂得這是枉然的事了。國民黨由屠殺工農而變爲欺騙工農，甚至於拉攏工農，這是爲維持他們的反動統治一個不得已的辦法，蔣介石等有計劃，有系統的散佈麻醉工農的宣傳，他們害怕革命愈甚，欺騙工農的宣傳便愈加緊張，他們連睡夢中都不敢忽略對於工農革命的防衛呀！

最近蔣介石又在報紙上兩次發表的「工農政策」的意見，他在他的言論除去照例的罵一罵共產黨外，歸納起來是下列幾點：

一、他說北伐以前工農是被壓迫的，所以要積極的由工人農人自己起來奮鬥，現在革命成功了，和過去的情形不同了，地主資本家已經沒有壓迫工人剝削工農之事發生了。

二、在目前國民黨如果還要獎勵工農的反抗意識，結果，必定是工農反轉來壓迫地主與資本家了。這是三民主義所不許可的。

三、因爲這樣所以一切罷工，怠工，國民黨應絕對阻止。因爲工農一有鬥爭，勝

— 1 —

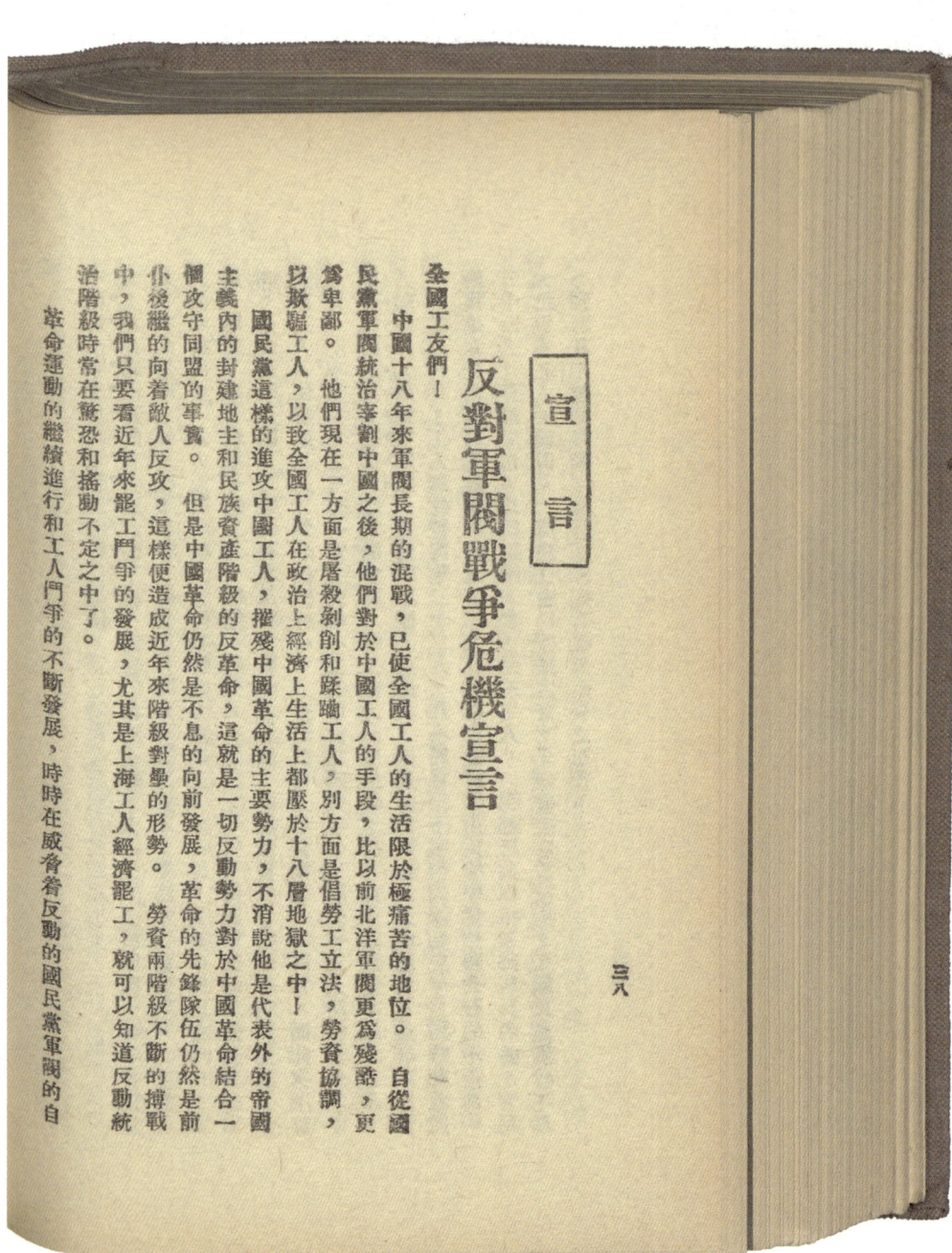

《红拂夜奔》正文第 38 页

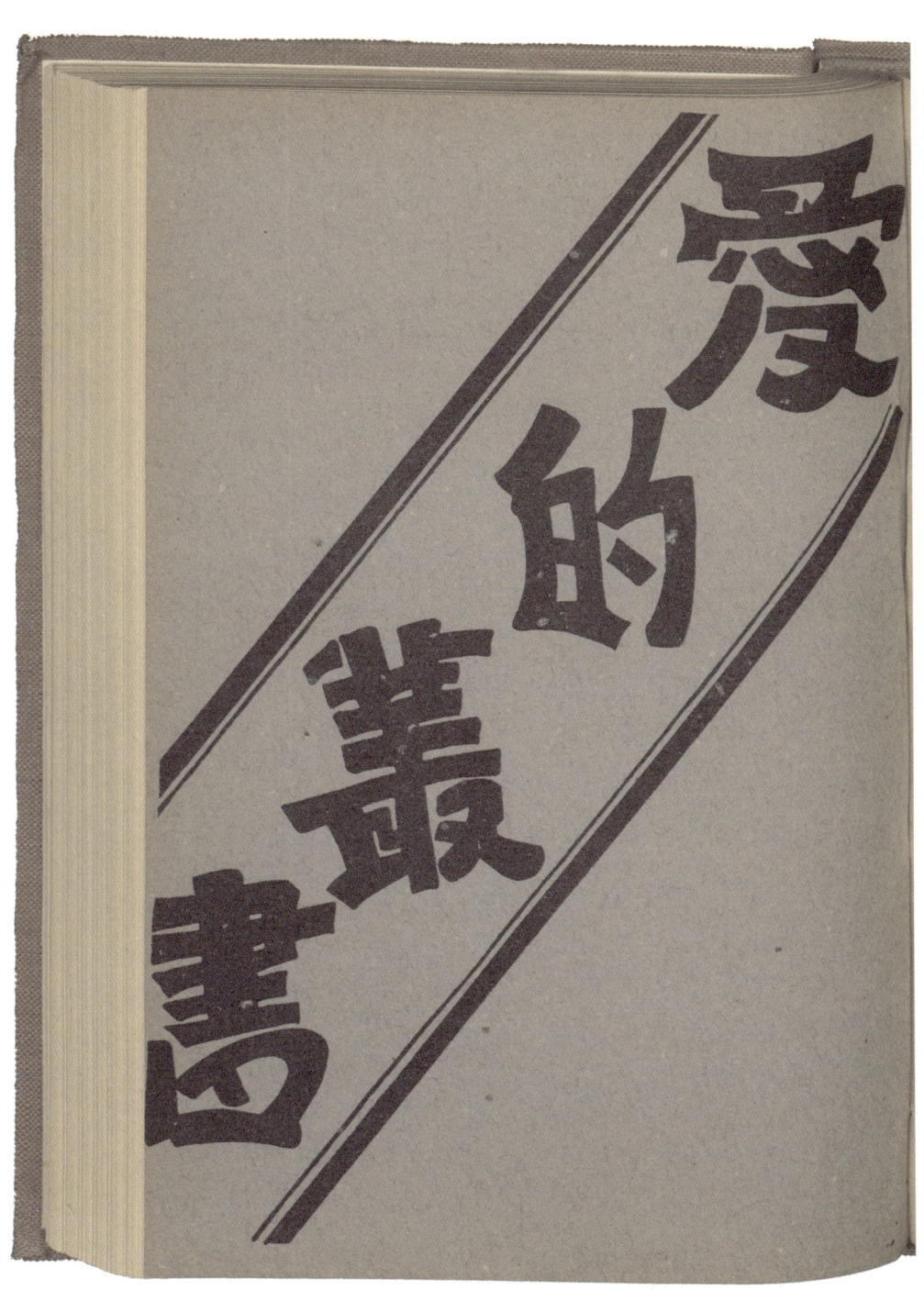

《爱的丛书》封面

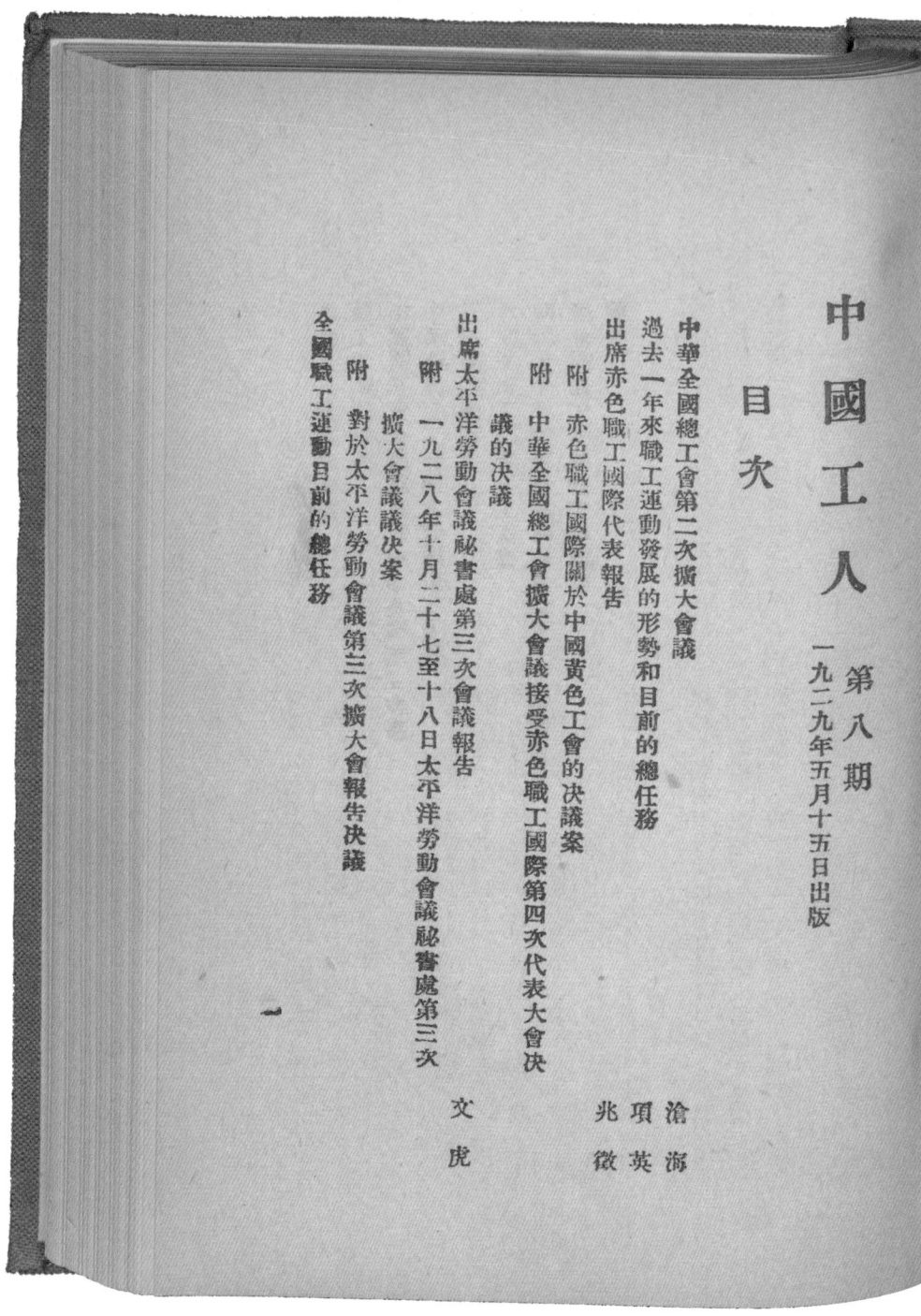

《爱的丛书》目次1页

# 中國工人

第八期　一九二九年五月十五日出版

## 目次

中華全國總工會第二次擴大會議

過去一年來職工運動發展的形勢和目前的總任務　滄海

出席赤色職工國際代表報告　項英

附　赤色職工國際關於中國黃色工會的決議案

附　中華全國總工會擴大會議接受赤色職工國際第四次代表大會決議的決議

出席太平洋勞動會議祕書處第三次會議報告　兆徵

附　一九二八年十月二十七至十八日太平洋勞動會議祕書處第三次擴大會議議決案

附　對於太平洋勞動會議第三次擴大會報告決議　文虎

全國職工運動目前的總任務

鐵路工人運動決議案
礦工運動決議案
中國濟難會全國總會致中華全國總工會書
中華全國總工會擴大會議告工友書
五一節紀念宣言
為開灤礦工鬥爭告工友書
轉錄太平洋勞動會議祕書處為五一勞動節宣言
徵求編輯工人讀物文稿啟事
聲明

二

# 過去一年來職工運動發展的形勢和目前的總任務

項英

目前我們要報告過去一年來職工運動發展的形勢,以決定我們今後職工運動的策畧。我們必先從政治來說起,中國工人階級是在政治上佔重要的地位,有極激烈的鬥爭歷史,我們可以說,中國職工運動的發展,是隨着政治而發展的,中國的職工運動,是與中國的政治有極密切的關係,所以我們要明瞭全國職工運動的形勢,就要從政治方面去了解全國情形。

## 一、全國政治總的形勢:

(一) 帝國主義對於中國侵略的形勢

一年來,中國政治的變化,非常之多,——局部的整個的,我們不能詳細叙述,現在我們要說的,只能說到一個總的形勢。在半殖民地的中國,反動勢力中,最主要的力量是帝國主義、帝國主義的衝突,帝國主義對中國政策的變化,反映到中國政治上來,是非常之重大。

帝國主義在華的勢力加強大了。

五

《爱的丛书》正文第 5 页

### （二）《布尔塞维克》系列伪装本

《布尔塞维克》是中国共产党在土地革命战争时期创办的机关刊物。1927年9月底至10月上旬，驻武汉的中共中央机关陆续秘密迁至上海，瞿秋白等中央领导人经过多次商讨，决定出版一种新的中央机关报代替《向导》周报。1927年10月24日，《布尔塞维克》在上海创刊，编辑部设在上海兆丰花园东面的愚园路亨昌里418号。瞿秋白、蔡和森、李立三、沈泽民、张闻天先后担任《布尔塞维克》编辑委员会主任。刊名由瞿秋白题写。《布尔塞维克》开始为16开，自1929年第二卷第七期起改为32开；由周刊逐步改为半月刊、月刊、双月刊、不定期刊物，中间曾几次休刊。1932年7月出版第五卷第一期后停刊。《布尔塞维克》存续历时5年，共出版5卷52期。

《布尔塞维克》创刊的时候正处于革命低潮时期，国民党反动派以"清党""分共"的名义大肆逮捕和屠杀共产党人和工农群众，在文化战线上对革命和进步的新闻出版事业进行大"围剿"，《布尔塞维克》只能采取秘密出版发行的方式。为了迷惑敌人，从1929年1月1日出版的第二卷第三期起，《布尔塞维克》一度采取伪装的方式出版发行，先后采用过《少女怀春》《中央半月刊》《新时代国语教授书》《中国文化史》《金贵银贱之研究》《经济月刊》《中国古史考》《平民》《虹》等9个伪装题名。

在大革命失败的危急时刻，《布尔塞维克》通过秘密发行和伪装封面的方式进行对敌斗争，及时传达了共产国际和中共中央的声音，全力揭露叛变革命的国民党反动派及其政权的剥削阶级实质。该刊还用大量篇幅，热情报道中国共产党领导人民武装反抗国民党统治的英勇斗争，总结八一南昌起义的意义和教训，报道和歌颂海陆丰农民运动和广州起义，对于国民党统治下此起彼伏的工农斗争也做过一定报道。还特辟《我们的死者》一栏，悼念张太雷、赵世炎、向警予等百余名烈士，报道他们的战斗生平和英勇殉难的事迹。该刊还批驳国民党改组派和托陈取消派对革命的污蔑，并从理论上揭露其改良主义、机会主义的实质。由于几次"左"倾错误的影响，《布尔塞维克》也宣传了一些错误的政策、主张和口号，给革命事业造成了重大损失。

由于斗争环境险恶，上海的中共中央机关屡被破坏，《布尔塞维克》的处境日益艰难，即使经过了伪装，依然遭到国民党反动当局的查禁。从国民党公布的禁书目录中发现，1929—1932年，伪装成《少女怀春》《中央半月刊》《新时代国语教授书》《金贵银贱之研究》等书刊的《布尔塞维克》都曾被禁，可见当时书刊审查制度的严密。

国家图书馆藏有 6 期《布尔塞维克》的伪装本，详情如下。

**1.《中央半月刊》第二卷第五期**

《布尔塞维克》第二卷第四期至第六期伪装成同时期国民党中央执行委员会宣传部印行的《中央半月刊》。

本刊为《布尔塞维克》第二卷第五期的伪装本。16 开，正文 108 页。封面为白底黑字，右上角印有"中华邮政特准挂号为认新闻纸类"，居中竖向印有伪装题名《中央半月刊》，题名之下自右向左分两行印有"第二卷　第五期""（三十三期）"，左下角印有"中央执行委员会宣传部印行"，底端印有"中华民国十八年三月一日出版"。

封二为目次页。本期目次如下：

中国共产党　日本共产党告中日两国劳苦民众宣言
目前政治形势的分析与我们的中心任务（立三）
汉口反日罢工中应有的认识（忠发）
反帝运动的危机（彭湃）
世界的无产阶级独裁（秋白）
中国到那里去？（续完）（问友）
施存统对于中国革命的理论（续完）（代英）

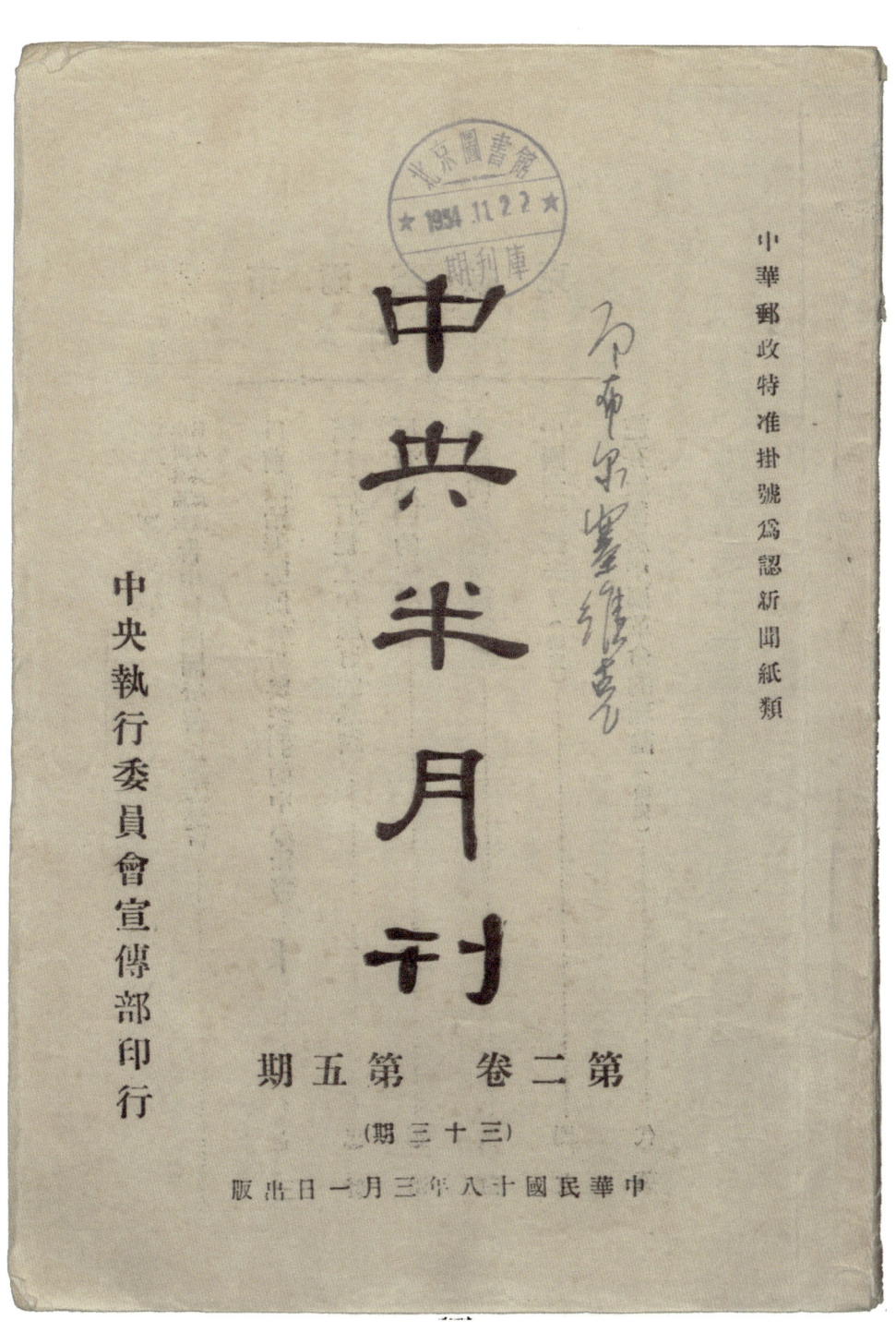

《中央半月刊》第二卷第五期封面

## 布爾塞維克

### 本期目次

| | |
|---|---|
| 中國共產黨日本共產黨告中日兩國勞苦民眾宣言 | |
| 目前政治形勢的分析與我們的中心任務 | 立三 |
| 漢口反日罷工中應有的認識 | 忠發 |
| 反帝運動的危機 | 彭湃 |
| 世界的無產階級獨裁 | 秋白 |
| 中國到那裡去？（續完） | 問友 |
| 施存統對於中國革命的理論（續完） | 代英 |

《中央半月刊》第二卷第五期封二上的目次

## 中國共產黨 日本共產黨 聯合告中日兩國勞苦民衆宣言

中日兩國的工人們！農民們！兵士們！一切被壓迫的勞苦羣衆們！

橫反在太平洋上的一個強盜劊子手，東亞——尤其是中日兩國勞苦民衆的剝削者，屠殺中日工農羣衆的大兇手，這不是最野蠻殘酷的日本帝國主義嗎？！

日本帝國主義是國際帝國主義在東亞的一支主力軍，他做了國際帝國主義反蘇聯之最有力的強盜，他做了侵略中國，壓迫中國革命之最主要的敵人，尤其是中日勞苦羣衆之最反動的統治者，他做了東亞一切白色恐怖的發動機，他做了太平洋沿岸之世界第二次大戰的發動者，他是全世界無產階級之一個最兇殘的敵人，壓迫日本工農之最反動的統治者，他做了東亞一切白色恐怖的發動機之當前的直接的敵人。

日本地主資產階級在他們最近幾十年的統治中，已經在東亞被壓迫的勞苦羣衆前面，暴露了他一切最殘酷最兇惡的面目。

他對台灣，對朝鮮，對中國以及對日本本國壓迫的勞苦羣衆！

告中日兩國勞苦民衆宣言

工農的壓榨，在東亞最近幾十年的歷史中，早已赤裸裸的表現出來。

日本帝國主義經濟發展的程度，現在已達到他的最高點。日本帝國主義做了一切東方革命運動之一個主要的對象，日本帝國主義的兇殘，助長了東方被壓迫民族之反帝國主義的高潮。日本帝國主義造成了日本工農之革命的情緒，造成了內部之不可避免的經濟矛盾，造成了埋葬自己的墳墓。

但是，日本帝國主義在他將要死亡的時候，還要拼命作出許多最後的掙扎。他還要企圖以更大的剝削去救濟他的經濟恐慌。他已經進行更強硬的對中國勞苦羣衆的侵略，同時用更兇惡的白色恐怖的政策去壓迫日本工農羣衆的革命運動。日本帝國主義企圖以更反動的政策去延長他的壽命。

日本一九二七年四月的財政大恐慌，日本最近的經濟

《中央半月刊》第二卷第五期正文第1頁

**2.《中央半月刊》第二卷第六期**

本刊为《布尔塞维克》第二卷第六期的伪装本。16开，正文107页。封面为白底黑字，右上角印有"中华邮政特准挂号认为新闻纸类"，居中竖向印有伪装题名《中央半月刊》，题名之下自右向左分两行印有"第二卷　第六期""（三十四期）"，左下角印有"中央执行委员会宣传部印行"，底端印有"中华民国十八年四月一日出版"。

封二为目次页。本期目次如下：

> 反对军阀战争宣言
> 现在军阀战争的形势（忠发）
> 一九二八年末的中国（福林）
> 共产国际的纲领（布哈林）
> 共产国际十周年纪念宣言
> 福建的政治现状和工农斗争的形势（福州通讯）（泯生）
> 《武装暴动》的序言（诏玉）

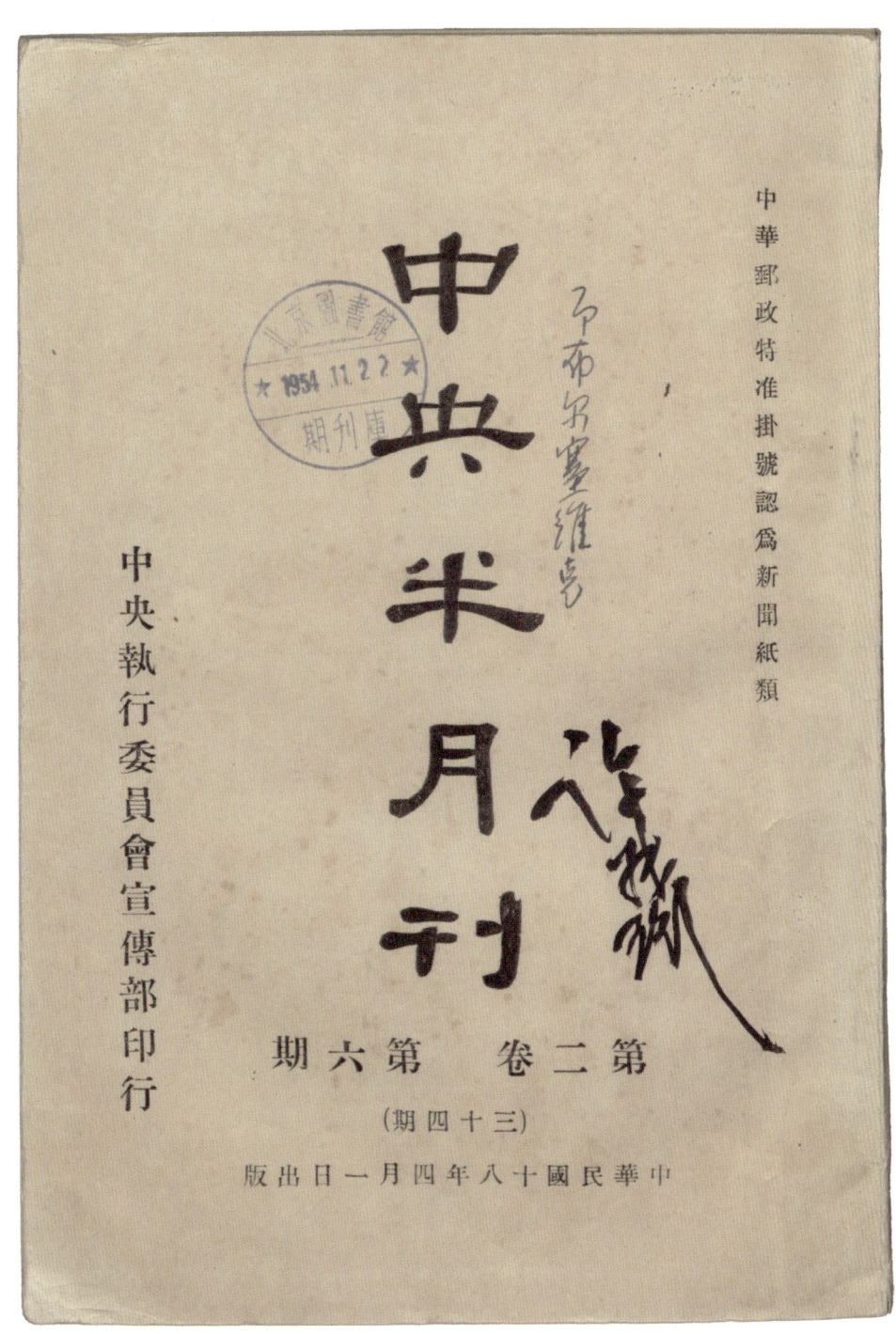

《中央半月刊》第二卷第六期封面

# 布爾塞維克

### 本期目次

| | |
|---|---|
| 反對軍閥戰爭宣言 | |
| 現在軍閥戰爭的形勢 | 忠發 |
| 一九二八年末的中國 | 福林 |
| 共產國際的綱領 | 布哈林 |
| 共產國際十週年紀念宣言 | |
| 福建的政治現狀和工農鬥爭的形勢（福州通訊） | 泯生 |
| 「武裝暴動」的序言 | 韶玉 |

《中央半月刊》第二卷第六期封二上的目次

## 反對軍閥戰爭宣言

全國工人，農民，兵士，及一切被壓迫的勞苦羣眾們！

蔣桂兩系軍閥又開火了，軍閥戰爭的慘禍又壓到我們頭上來了！

中國封建軍閥在五卅以後的大革命當中，廣大工農勞苦羣眾鬥爭，革命暴動的威力，已經動搖了他的基礎，吳佩孚，孫傳芳先後倒台，革命將要澈底的勝利，建立完全獨立自由和平統一的中國。但是中國國民黨，代表着居於剝削地位的買辦地主資產階級，不願意廣大勞苦羣眾的解放，不願意澈底驅逐帝國主義，不願意肅清封建勢力，覺實行背叛革命，投降帝國主義，利用封建軍閥來摧殘工農勢力，使帝國主義的侵略重行加強，使封建軍閥的統治危而復安。中國國民黨便是毀滅中國革命，葬送中國民族，造成新軍閥戰爭的罪魁禍首！

帝國主義買辦地主資產階級和軍閥，都是靠剝削吮吸工農勞苦羣眾的血肉來生存壯大，所以對於工農勞苦羣眾的革命鬥爭，當然要聯合一致的施以殘酷的壓迫。這一年來，已經是數百萬人死在他們砲火刀槍之下。到了把工農革命壓迫下去以後，這些強盜，便都想獨佔這一肥厚的礦物——四萬萬人的血汗。因為分臟不勻，自然又要開始互相搶奪的火併。

第一，很明顯的這次軍閥戰爭，是帝國主義互相搶奪中國的戰爭。英日帝國主義固然是要把中國變成他們的印度朝鮮，把中國人都變成他們的奴隸，所以勾結桂系軍閥做他的工具來搶奪中國的統治。美帝國主義也是一樣要把中國變成他宰割下的殖民地，不過他已經是世界帝國主義之王，好像是坐地分臟的強盜頭子，可以用一些假仁假義的狡猾欺騙的面孔來拖飾他的強盜行為；所以他用一些承認關稅自主的表面空名來賄買中國資產階級，接受他的投資，使中國廣大勞苦羣眾都成為他的財政資本的奴隸。這些帝國主義旣然都在進行瓜分中國的政策，而

《中央半月刊》第二卷第六期正文第1頁

### 3.《新时代国语教授书》第十册

《布尔塞维克》从第二卷第七期至第三卷第四、五期合刊使用的都是《新时代国语教授书》的伪装封面，开本也从16开杂志型改为32开书本型。《新时代国语教授书》是当时小学高年级课本，发行量很大，《布尔塞维克》利用这个封面进行伪装，很长一段时间未引起国民党当局的注意。

本书为《布尔塞维克》第二卷第十期的伪装本。32开，正文97页。封面为灰底红字，印有红色花边方框。方框分为3栏，右边一栏靠上印有"小学校高级用"；中间一栏居中竖向印有伪装题名《新时代国语教授书》，题名右下用小字印有"第十册"；左边一栏靠下印有"商务印书馆出版"。

封面后的第一页为目录页，其上标注的出版时间为1929年9月1日。国家图书馆所藏本期目录残缺不全，今据其他藏本补全目录如下：

两种反革命的战争（问友）
布尔塞维克党的组织路线（毅宇）
论撒翁同志对中东路问题的意见（韶玉）
共产国际代表在德国共产党大会上的演词（虚若译）
接受国际对于农民问题之指示的决议
共产国际执行委员会与中国共产党书

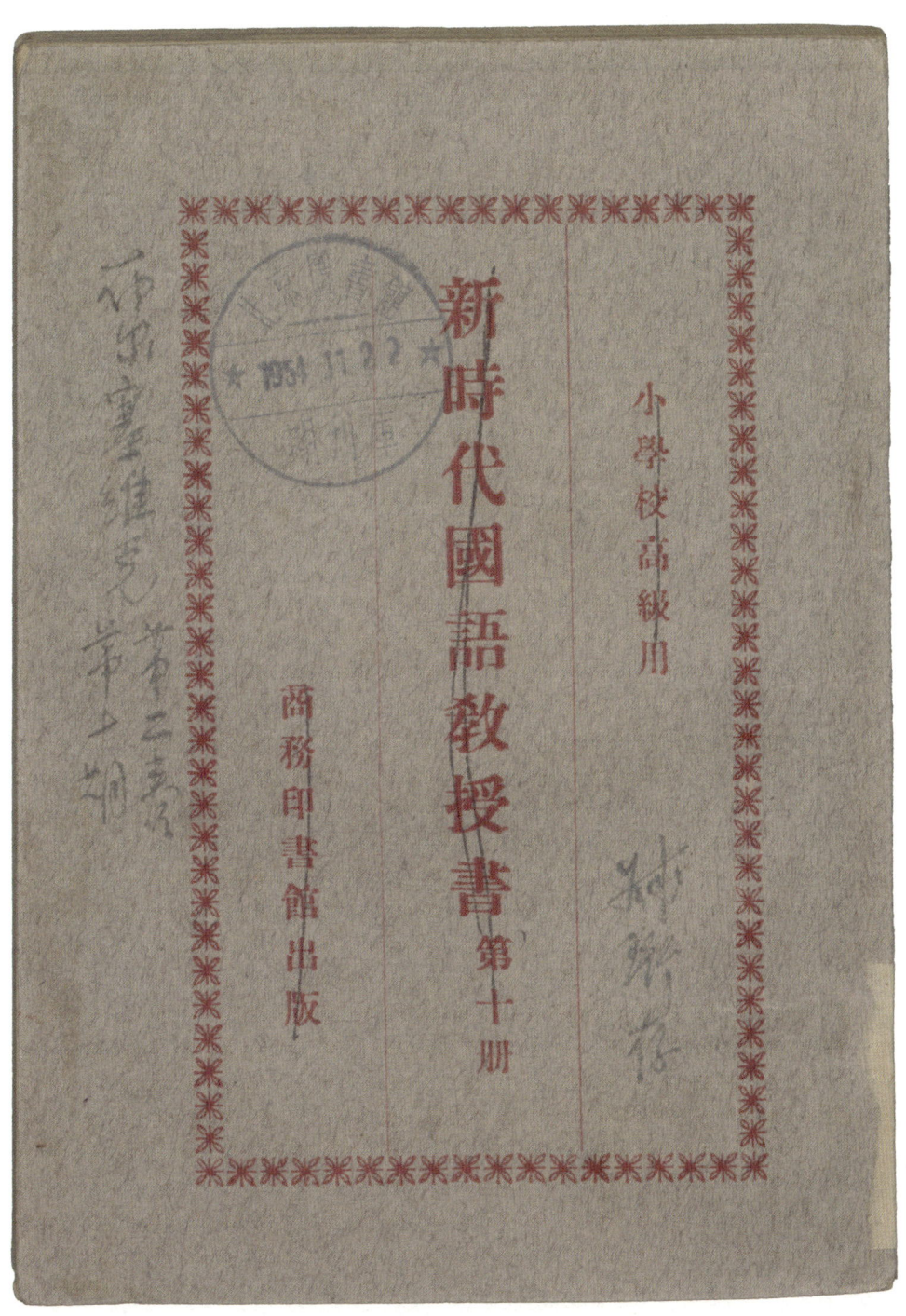

《新时代国语教授书》第十册封面

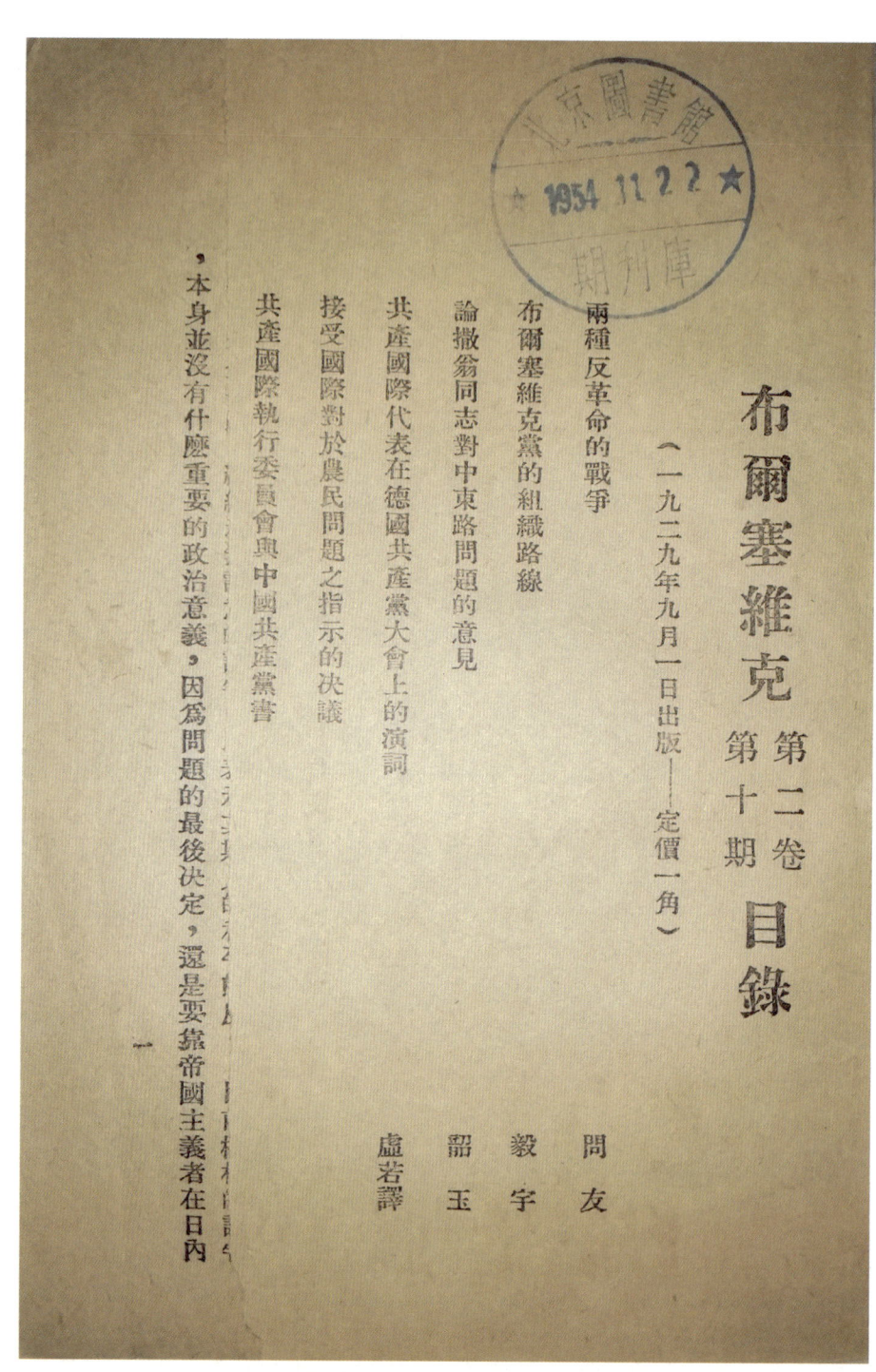

《新时代国语教授书》第十册残损的目录

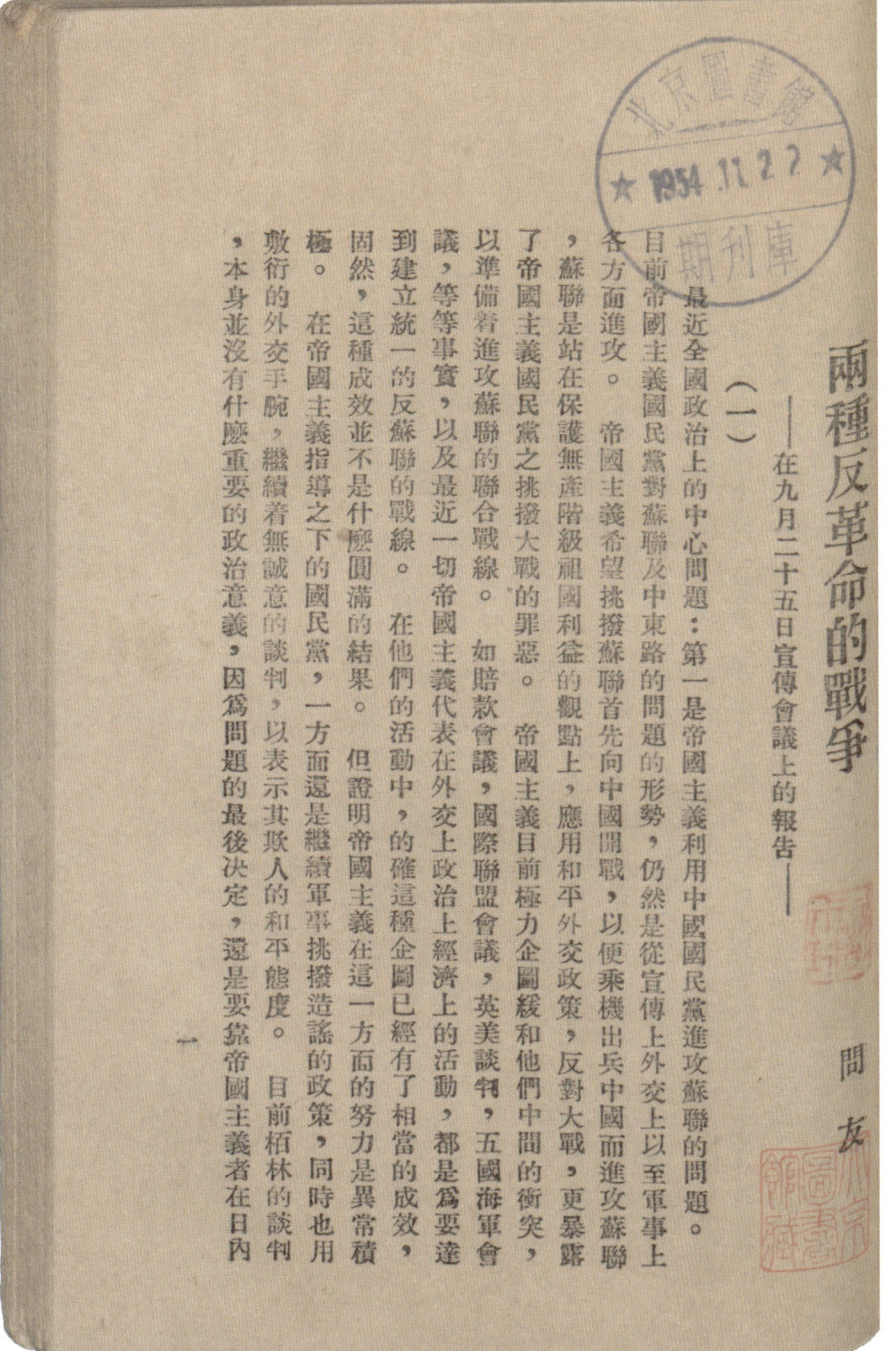

《新时代国语教授书》第十册正文第 1 页

**4.《新时代国语教授书》第一册**

本书为《布尔塞维克》第三卷第一期的伪装本。32开，正文147页。封面为蓝灰色底、红字，印有红色花边方框。方框分为3栏，右边一栏靠上印有"小学校高级用"；中间一栏居中竖向印有伪装题名《新时代国语教授书》，题名右下用小字印有"第一册"；左边一栏靠下印有"商务印书馆出版"。目录页在最后一页，标注的出版时间为1930年1月15日，为"共产国际第十次全体执委会议特号"。

本期目次如下：

  共产国际第十次全体执委会议的总结
  国际状况与共产国际目前的任务
  共产国际与新的革命高潮
  共产国际在目前殖民地革命中的策略
  共产国际关于布哈林同志问题的决议
  论布哈林同志的错误及其恶倾向
  中国共产党接受共产国际第十次全体会议决议的决议

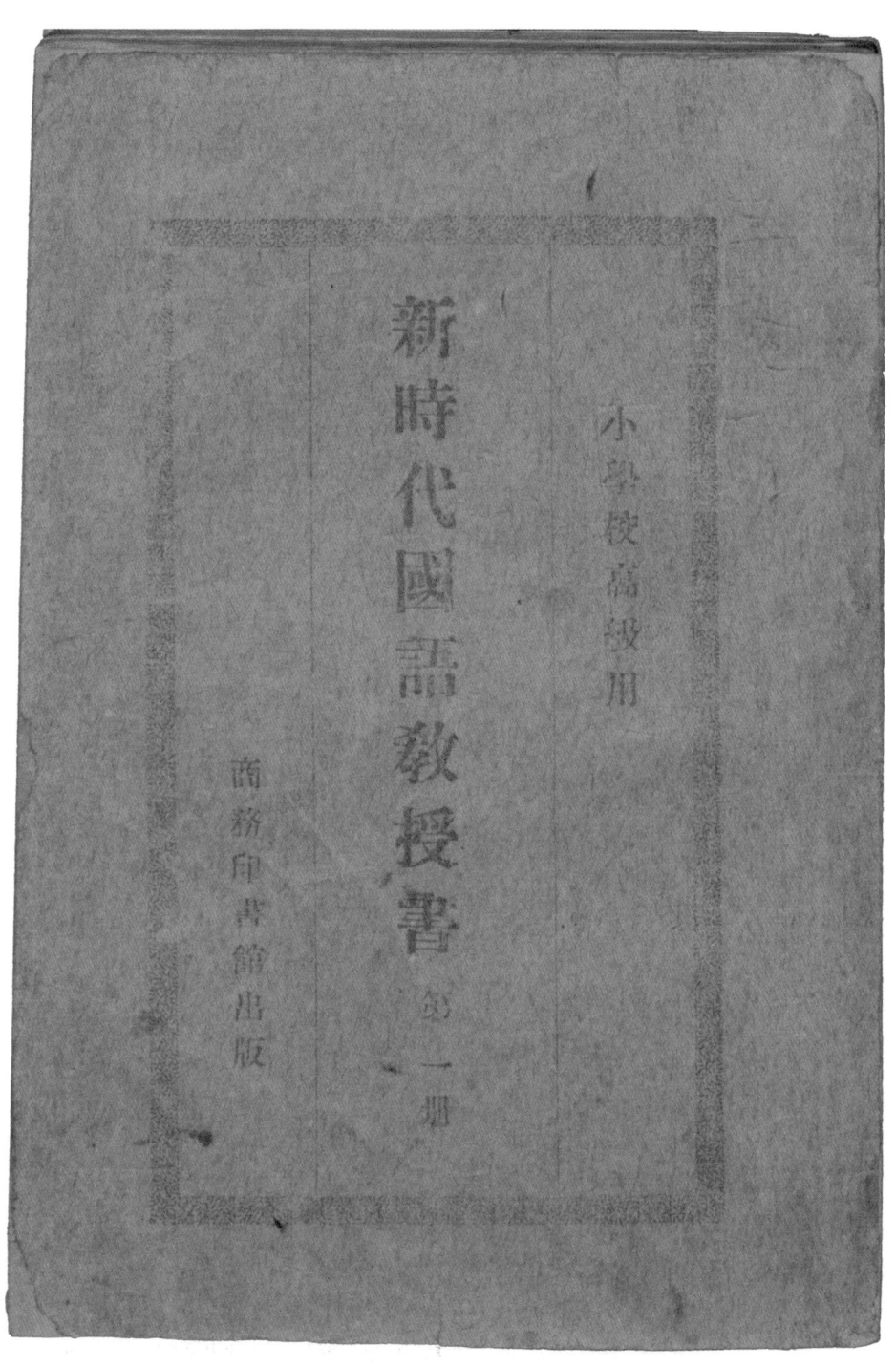

《新时代国语教授书》第一册封面

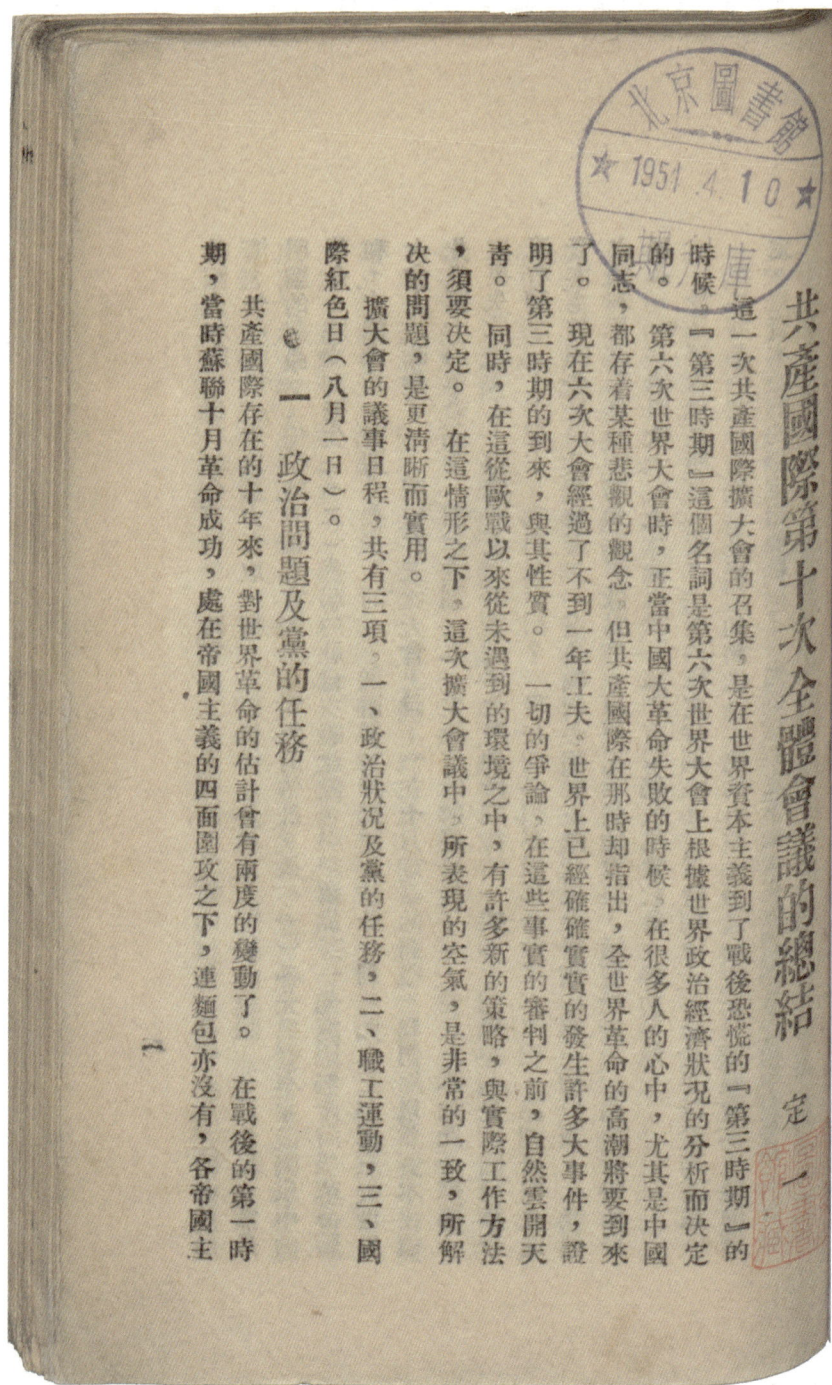

《新时代国语教授书》第一册正文第1页

## 共產國際第十次全體會議的總結

定一

### 一 政治問題及黨的任務

共產國際存在的十年來，對世界革命的估計會有兩度的變動了。在戰後的第一時期，當時蘇聯十月革命成功，處在帝國主義的四面圍攻之下，連麵包亦沒有，各帝國主

這一次共產國際擴大會議的召集，是在世界資本主義到了戰後恐慌的「第三時期」的時候。「第三時期」這個名詞是第六次世界大會上根據世界政治經濟狀況的分析而決定的。第六次世界大會時，正當中國大革命失敗的時候。在很多人的心中，尤其是中國同志，都存着某種悲觀的觀念。但共產國際在那時却指出，全世界革命的高潮將要到來了。現在六次大會經過了不到一年工夫，世界上已經確確實實的發生許多大事件，證明了第三時期的到來，與其性質。一切的爭論，在這些事實的審判之前，自然雲開天青。同時，在這從歐戰以來從未遇到的環境之下，有許多新的策略，與實際工作方法，須要決定。在這情形之下，這次擴大會議中，所表現的空氣，是非常的一致，所解決的問題，是更清晰而實用。

擴大會的議事日程，共有三項。一、政治狀況及黨的任務，二、職工運動，三、國際紅色日（八月一日）。

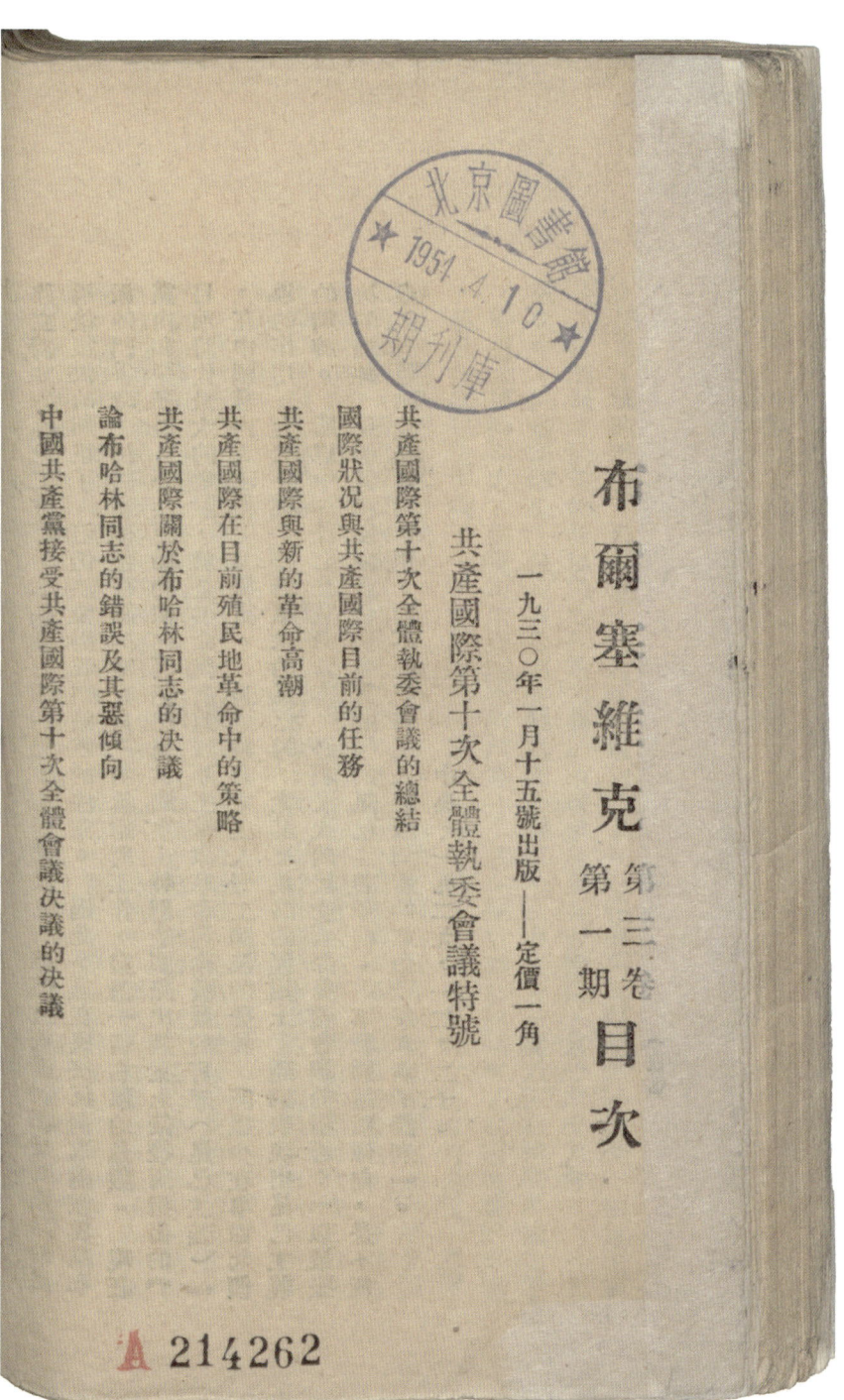

《新时代国语教授书》第一册正文末页上的目次

**5.《中国古史考》**

本书为《布尔塞维克》第四卷第一期的伪装本。32开，正文92页。封面为蓝灰色底、黑字，伪装的丛书名称、题名、作者、出版时间等信息自上至下横排印在双边线长方框之中，第一行为"历史研究学会丛书"，第二行是伪装题名《中国古史考》，第三行是伪托著者信息"钱玄同编著"，方框底线上方印有出版时间"1931"。

本期目录如下：

社论
  中国革命的当前任务与反对李立三路线（泽民）
论文
  三中全会的错误与共产国际的路线（泽民）
  苏联十三年建设的成绩（洪易译）
  中国革命往何处去？（沙发洛夫著，洪易译）
  赤色工会在现在阶段中的作用与任务（何明译）
  武装暴动与"左"倾冒险主义（洪易译）
  中国革命战争的组织和领导问题（秋白）

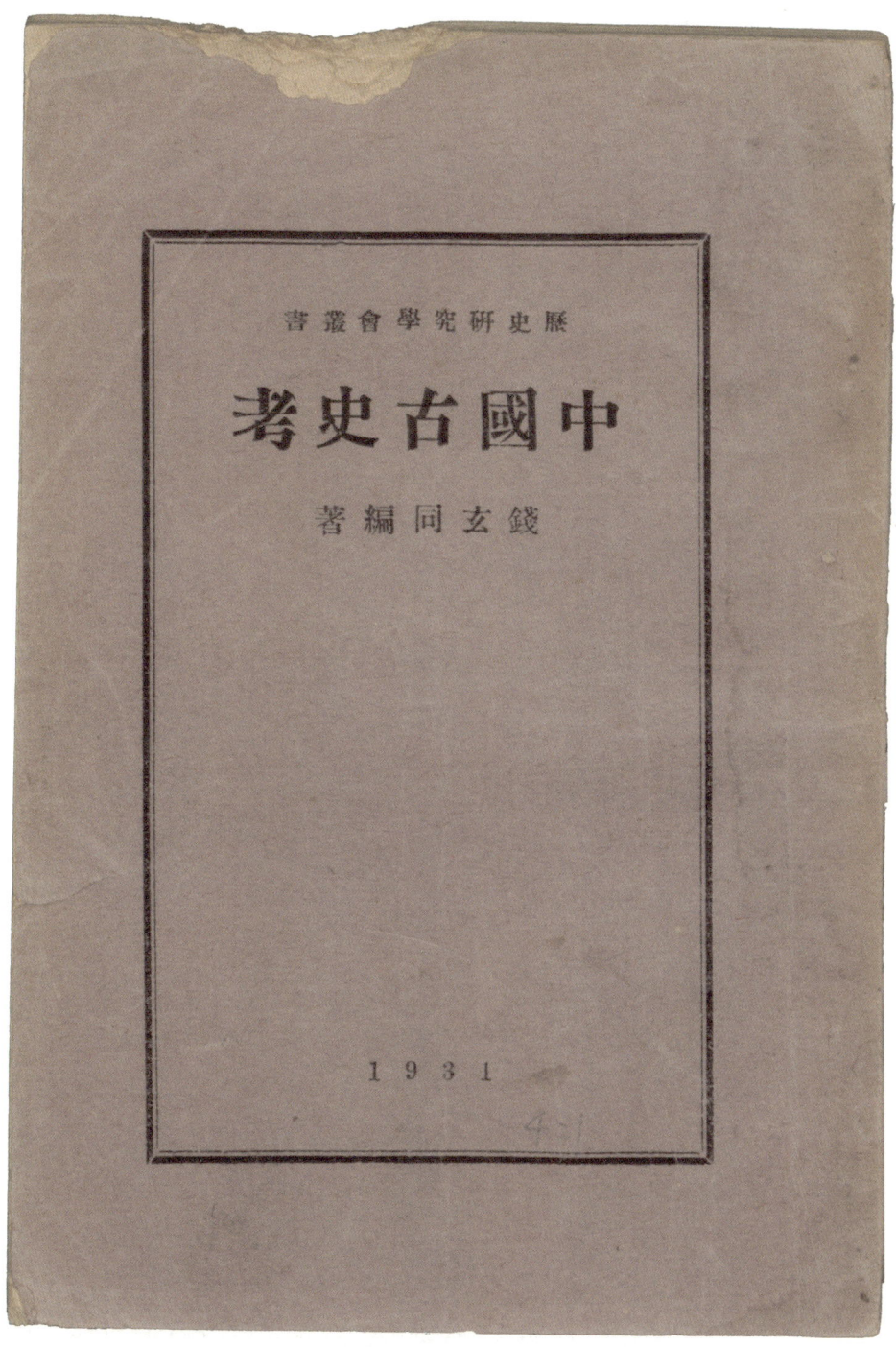

《中国古史考》封面

# 布爾塞維克 第四卷 第一期

目錄

**社論**

中國革命的當前任務與反對李立三路線　　澤民

**論文**

三中全會的錯誤與共產國際的路線　　澤民

蘇聯十三年建設的成績　　洪易譯

中國革命往何處去？　　沙發洛夫　洪易譯

赤色工會在現在階段中的作用與任務　　何明譯

武裝暴動與左傾冒險主義　　洪易譯

中國革命戰爭的組織和領導問題　　秋白

366578

《中国古史考》目录

**[社論]**

## 中國革命的當前任務與反對李立三路線

澤民

現在我們正在一個非常的形勢裏面。世界資本主義經濟暨時穩定的開始崩潰——世界經濟恐慌——與世界革命運動的高漲,尤其是中國工農羣衆革命鬥爭的高漲與蘇維埃運動的發展,已使中國革命站在轉變到全國直接革命形勢的過渡階段上,這樣,就使我們的任務更加嚴重而複雜了。

一九三〇年中國革命運動的普遍的高漲已經是誰也不能否認的事實。五月間罷工的蓬勃的發展,八月間長沙的被佔領,都是這高漲過程中最明顯的標誌。然而另一方面革命高漲的進展顯出各地和各部分革命羣衆間異常不平衡的狀況。農村與城市,中國南部與北方,此工業中心與彼工業中心之間,都是不平衡的。有幾省已經開始了工農民主專政的蘇維埃政權的建設,而就整個講,都還沒有全國的直接革命形勢。由於

《中國古史考》正文第 1 頁

**6.《平民》**

本书为《布尔塞维克》第四卷第五期的伪装本。32开,正文114页。封面用红、绿两色印刷,中上位置自右向左横题伪装题名《平民》。目录页所标出版时间为1931年9月10日。

本期目次如下:

> 中共中央接受共产国际执委第十一次全会总结的决议
> 反帝大同盟执行委员会决议案
> 中国革命转变的前途及任务(华岗)
> 论陈独秀主义(和森)
> 反列宁主义的布哈林(少林)

《平民》封面

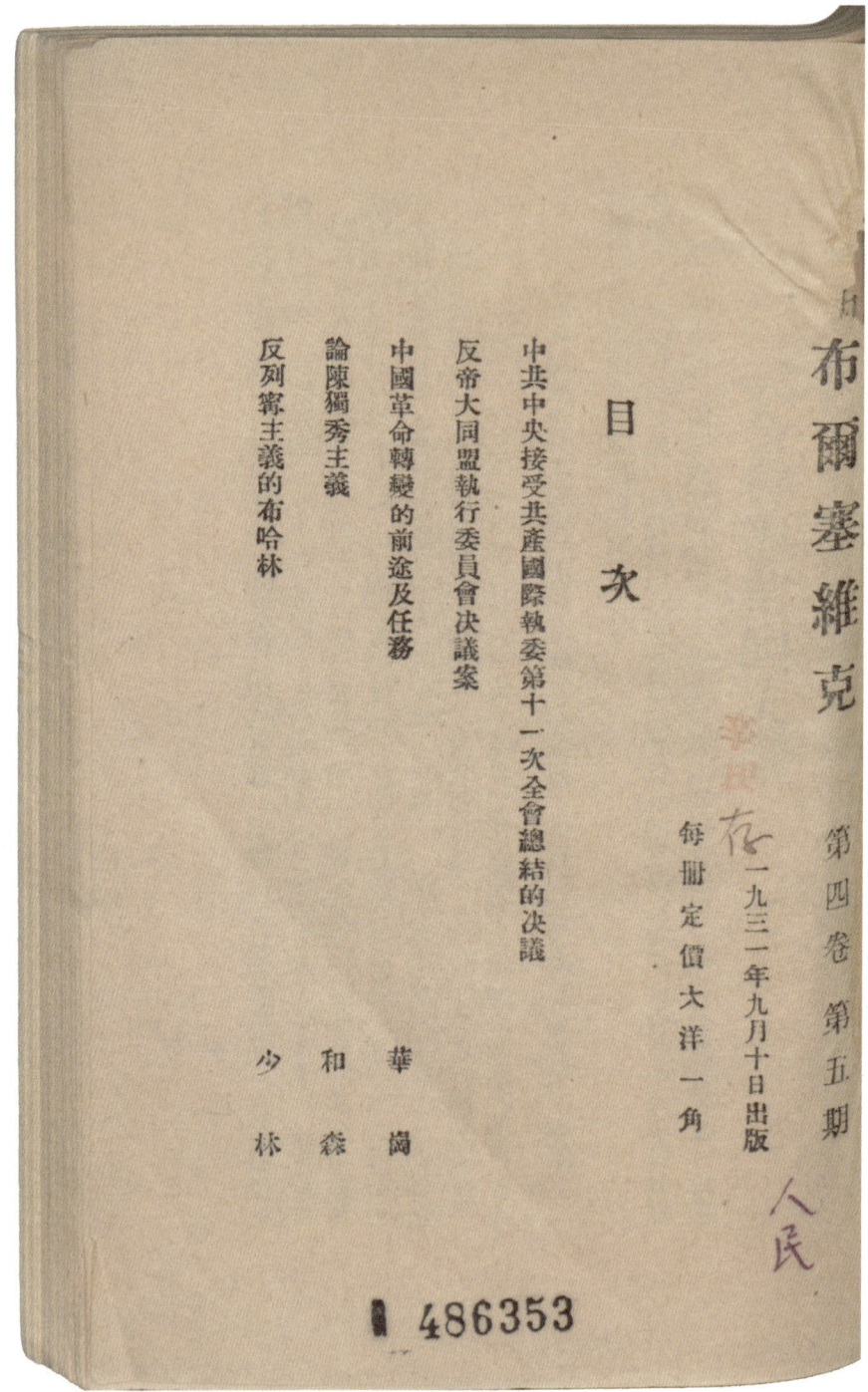

《平民》目次

# 中共中央接受共產國際執委第十一次全會總結的決議

聽了張彪同志關於國際執委第十一次全會總結的報告之後，中央委員會完全一致同意第十一次全會的決議，並責成中央及各級黨部以布爾塞維克的堅定性和不折不撓性來實現共產國際的決議到實際工作中去。

A、深刻的世界經濟危機。 蘇聯的發展，與許多國家內革命危機的成熟：

（一）自從一九三一年年初一直到現在，世界經濟的恐慌，還是在繼續加深與擴大。而在蘇聯，五年計劃的社會主義建設有了很大的成功。此種形勢正如國際執委十一次擴大會所說的『資本主義的穩定已經走到了末路。而在蘇聯社會主義經濟基礎的奠定正在完成』（全會決議）深刻的兩個世界的對立是目前國際情勢中最基本的因子。

這個對立加緊了資本主義內部的一切矛盾與衝突。資本主義國家中資產階級與無產階級的衝突，日益緊張。中國，印度，安南的偉大的反帝國主義革命高漲空前的勃發；帝國主義列強間的衝突和紛爭與楊格計劃的破產，同樣的是在繼續增長，雖然這些矛

1

### (三)《卫生丛书》第十种

《党的生活》是中共中央编辑出版的党内秘密刊物。1929年1月1日在上海创刊。开始为不定期刊物，出至2月19日第五期"江苏问题专号"后停刊。1930年4月1日继续出版第六期并改为半月刊，出至6月15日第十二期后停刊。创刊号载有《〈党的生活〉的任务》，指出："发展党内的讨论，实行'自己批评'，提高全党同志的政治认识，这就是党的布尔什维克化主要动力之一，这就是《党的生活》的任务。"主要撰稿人有李立三、向忠发、刘少奇、邓颖超、胡锡奎、潘向友、余泽鸿等。

本书是《党的生活》第九期的伪装本。32开，正文46页，竖排铅印。封面为白底黑字，封面上半部分3行自右向左印有"卫生丛书""第十种""日本松田著"，另印有"上海医学出版社印行""1930"。翻开封面为目录页，印有"党的生活第九期目录　一九三〇年五月十五出版"。

本期设有6个栏目，收录14篇文章。其目录如下：

发行工作
　　论宣传品的分配（列宁）
　　发行工作的意义与路线（泽鸿）
　　党报的发行工作（朱赤）
　　争取公开的发行（唐亮）
　　建立发行交通网（子英）
　　支部发行工作（桂昌）
　　读党报（问友）
支部工作
　　一切工作归支部（文容）
　　上海支部生活（蔷葆）
　　上海支部工作（笑影）
党员与党
　　党员被捕后应有的态度（天生）
党与群众
　　党与苏维埃的关系（潭秋）

工作教训
　　工作教训四则（鸿）
组织理论
　　布尔塞维克党的组织原则（正风）

本期用大量篇目讨论党的宣传和发行工作，作者均使用了笔名和化名。其中，"潭秋"即陈潭秋，是中国共产党的创建者之一，时任中共中央组织部秘书，1943年9月被新疆军阀盛世才杀害；"泽鸿"即余泽鸿，时任中共中央秘书处秘书长，1935年12月牺牲；"蔷葆"即吴静焘，与余泽鸿为夫妻，此时在中共中央秘书处做机关工作，1933年4月牺牲；"问友"即潘文郁，时任中共中央宣传部秘书，1935年牺牲。

为避免国民党当局的查禁和破坏，《党的生活》还出过《南寿仙翁》《前期小学国语读本》《知难行易浅说》等伪装本。

# 衛生叢書

第十種

日本松田著

上海醫學出版社印行

1930

《卫生丛书》第十种封面

## 黨的生活第九期目錄

一九三〇年五月十五出版

發行工作
　論宣傳品的分配
　發行工作的意義與路線
　黨報的發行工作
　爭取公開的發行
　建立發行交通網
　支部發行工作
　讀黨報

支部工作
　一切工作歸支部
　上海支部生活
　上海支部工作

黨員與黨
　黨員被捕後應有的態度

列寧　澤鴻　朱亮　唐英　子昌　桂友　問

文容　薔葆　笑影　天生

975256

《卫生丛书》第十种目录第 1 页

## 黨與羣眾

黨與蘇維埃的關係

## 工作教訓

工作教訓四則

## 組織理論

布爾塞維克黨的組織原則

## 發行工作

### 論宣傳品的分配

——節譯一九○二年九月列寧致某同志書論組織問題——

支部組織的最重要的任務之一,就是很適當的組織宣傳品的分配工作。我以為,支部通常應當做委員會與工廠之間的中間人,甚至做傳達者。他們的主要任務就是將總委員會所領得的宣傳品做正確的有計劃的分配。這是一種極端重要的任務,因為如果我們在某一區所有的發行者與那一區所有的工廠以及最大多數工人的住所之間得到了密切的聯系,那末無論在暴動或示威的時候,都有很大的作用。建立發行網,很迅速的適當的分配宣傳品·傳單,宣言等等,便是做了最後示威,暴動的準備工作的大半。

到在一種鬥爭,能工或騷動的時候,才開始組織發行分配工作,那就已經太遲了;這種工作必須經常的做,每月至少要做兩次或三次。如果沒有黨的新聞報紙時,必須散發傳單,這部發行的機器,無論如何是不應該讓他開着的。我們必須使這部機器起極完滿的作用,能使全部工人階級在一夜之內被我們說服,並且可以說在一夜之內便可以動

《卫生丛书》第十种正文第 1 页

「一切工作歸支部」,並不是說,所有各級指導機關工作都不需要建立,而是說,各級指導機關工作的建立,亦必須以實現「一切工作歸支部」的口號爲主要任務之一。階級鬥爭日益尖銳,革命高潮日益接近,更增加黨爭取廣大羣衆奪取政權的任務。支部工作的建立與健全,成爲地方黨部目前最重要的任務,必須糾正過去在組織上工作方法的錯誤,才能掃除黨在組織上尾巴主義的存在,才能爭取羣衆鬥爭上的領導,而完成黨的歷史上偉大的使命。我們高呼

反對代替支部包辦支部的工作方法,

一切工作歸支部!

1930,5,1,前三天

## 上海支部生活
——上海總行委同志在活動份子會議席上的報告——

薔葆

我說到支部生活問題,這一問題爲何我要特別提出,因爲無論是黨或團的支部,無論是工廠或學校的支部,支部是非常不健全的,現在的支部現象,許多工廠支部是要委去等,等了許久找到一個同志,還不一定能到會,支部是否能定期開會,一般是要區委去找,不找則支昌勉強能够定期開會,恆豊老怡和英美是不能定期開會,郵務煤炭等

### （四）《最近日帝国主义在中国屠杀民众的残酷》

《列宁青年》为中国共产主义青年团闽粤赣苏区省委主办的刊物，俗称"闽西版《列宁青年》"。《列宁青年》前身是中国共产主义青年团闽粤赣苏区特别委员会于 1931 年 3 月 4 日创办的机关刊物《闽西列宁青年》。9 月 11 日，红十二军克复汀州后，《闽西列宁青年》迁至长汀，改为《列宁青年》，由旬刊改为半月刊，由中国共产主义青年团闽粤赣苏区省委主办。①

本书为《列宁青年》第四期的伪装本，小 32 开，正文 28 页，横排铅印。封面为白底黑字，上部分两行横印伪装题名《最近日帝国主义在中国屠杀民众的残酷》。封面中下部绘有一幅漫画，画中的日本帝国主义者趾高气扬，手中牵着两条狗，其中一条狗注明为"国民党"；另一条狗旁注"□党"，第一个字无法识别。画的下方有一倒毙在地的妇女，其身上写着"中国民众"。

本期收录文章 9 篇：《拥护全苏大会》（定一）、《敌人进攻白砂中我们的教训》（定一）、《日本帝国主义对华的并吞政策》（挺群）、《肃清反中农的情绪！》（定一）、《转变中汀连的团》（挺群）、《运枪队到江西运枪的经过》（运枪队总队长苏昌）、《我们在彭杨军校学习的感想》（黄胜、赖盛华、王贤忠、丘永加）、《怎样防御飞机？》（编者）、《共产好歌（辅十月怀胎调）》（莫郎□）。

封二刊登了一则《好消息》："列宁青年社，为了便利读者起见，向闽西政府请求，凡是由本社寄出的列宁青年，特别优待，不收邮费，送到最快。……以后，凡是定阅列宁青年的，都由汀州本社直接寄送。"从这则消息可知，本刊系闽西汀州列宁青年社编辑的共青团闽粤赣团省委机关刊物《列宁青年》。

本期的主要作者有定一、挺群、苏昌等。"定一"即陆定一，当时他被错误地撤销了团中央委员、团中央宣传部部长和上海团中央机关刊物《列宁青年》的主编职务，被派到闽西苏区做团中央的巡视员。由于这里的共青团没有刊物，他就帮助出版闽西版《列宁青年》。"挺群"即《闽西列宁青年》编辑部的魏挺群，时任少年共产国际闽西特委宣传部部长。"苏昌"系中国共产党建立的第一个人民警察机构——汀州市红色民警局第二任局长。

---

① 参见洪荣华主编：《红色号角——中央苏区新闻出版印刷发行工作》，福州：福建人民出版社，1993 年，第 260 页。

本期上没有注明卷期和出版时间，从第 24 页上刊登的第五期内容预告，可知本期为第四期，其出版时间在 1931 年 10 月。

《最近日帝国主义在中国屠杀民众的残酷》封面

## 好 消 息

列寧青年社，為了便利讀者起見，向閩西政府請求，凡是由本社寄出的列寧青年，特別優待，不收郵費，送到最快。閩西政府，已經允許這個請求，並且在赤色郵政特別註冊。

以後，凡是定閱列寧青年的，都由汀州本社直接寄送。價錢既比零買便宜，又可較快接到書看。

快快到列寧青年社或分發行所定閱！

價目： 另買每本四片。各地均有代售
定閱： 一年廿四本，小洋五毫
半年十二本，小洋貳毫半
定閱處：㈠汀州城列寧青年社㈡濯田列寧青年分發行所㈢涂坊列寧青年分發行所㈣白砂列寧青年分發行所㈤合溪列寧青年分發行所

《最近日帝國主義在中國屠殺民眾的殘酷》封二

## 擁護全蘇大會

定一

十月革命節（十一月七日）將要到了！

今年的十月革命節，是第十五次了！

社會主義的蘇聯，已經存在了十四年了！

今年的十月革命節，中華全國蘇維埃代表大會（全蘇大會），要在赤色的江西舉行了！

第三次革命戰爭剛才得到勝利。

國民黨的反動統治，已經引起帝國主義武力瓜分中國，日本帝國主義佔領南滿洲，煙台，廈門！中國在國民黨的反動統治之下，將變為帝國主義的殖民地，變為第二次世界大戰的戰場，變為帝國主義進攻社會主義蘇聯的前線！

國民黨的反動統治，已經引起全國的人。據蕪68742的統計

《最近日帝國主義在中國屠殺民衆的殘酷》正文第 1 页

## 日本帝國主義對華的併吞政策

挺軍

### 東三省已成朝鮮第二

九月十八日以後,東三省的政權,已從軍閥張學良手裏,『無抵抗』的讓日本。現在日本帝國主義公開在滿洲殺人,擄掠,姦淫,焚燒,黑龍江吉林奉天三省的羣衆,都已成亡國奴。

### 事件發生的背景

日本帝國主義,對中國的疆土,早就視為囊中物。因為資本主義戰後第三時期危機的加深,更促進日本「對華的急進政策」,越發露骨來侵略與併吞中國。所以,日本進佔滿州,一方面是要瓜分中國,另一方面,就是要進攻蘇聯。帝國主義想這樣來挽救自已的死命。

### 出兵滿州的開端

帝國主義借着不平等條約做護符,在中國境內公然駐兵,設軍營,租地耕營,管理鐵路,日本伕着這一護符,積極侵略中國。今年七月間的萬寶山慘案,與日人中村(人名)失跡事件,就是他們出兵滿州的開

《最近日帝国主义在中国屠杀民众的残酷》正文第 6 页

同時，團家崩潰的基礎，也遭就得更加成熟了。我們不怕有錯誤，只怕重複這些錯誤。我們檢舉錯誤，不是說明工作的糟糕，而正是要消滅這些工作的弱點。我們必須把全團隊伍，在真正革命羣衆化，廣展於自我批評與團的自發性和自動性的條件上，動員起來，加緊兩條戰線的鬥爭，反對「左」傾與右傾，特別與兩面派作殘酷的鬥爭。只有這樣，才能使團真正的布爾什維克化，才能負擔革命所給予的鬥爭任務。

**兩個徵求：——**

（一）凡關各地青年工農生活狀況與鬥爭情形，紅軍各部隊出發經過，以及工作經驗與教訓，………繕寫成文投來本刊無任歡迎！

（二）凡與革命史有關係的照片，和時事諷刺漫畫，投來本刊，亦所歡迎。

列寧青年社啓

《最近日帝国主义在中国屠杀民众的残酷》正文第 18 页

## 運槍隊到江西運槍的經過

運槍隊總隊長 蘇昌

第三次革命戰爭初步勝利的消息，到了閩西之後，我們的閩粵贛蘇區軍委會，就發起組織運槍隊，到江西去搬運蔣介石親自送來的武器，來鞏固與擴大我們蘇維埃區域。

這個消息一出，嚴永杭武汀連蘇區的工農羣衆，大家興高彩烈，踴躍報名，自動加入運槍隊。原來只要五百人，但在五天之內報名的竟有一千五六百人！結果，因爲人數太多，只得挑選了五百六十八去運槍。其餘很多，因環境關係，只得留下。

運槍隊於九月六日國際青年節在涂坊集中，八日出發，走了十二天。於二十日達到目的地，那時革命戰爭已經完全勝利。紅軍第一方面軍總司令部，在追擊與消滅敵軍之中，常常遷移，我們跟了幾天，到了方太，又囘到興國的龍崗頭，才能跟到。

我們經過方太崇賢等地方時，看見鄉村統統被白軍燒光，連毛廁也燒了去！因爲我們大隊人馬，沒有房子住，敵人的飛機還常常來抛炸彈。當地羣衆的糧

十九

《最近日帝国主义在中国屠杀民众的残酷》正文第 19 页

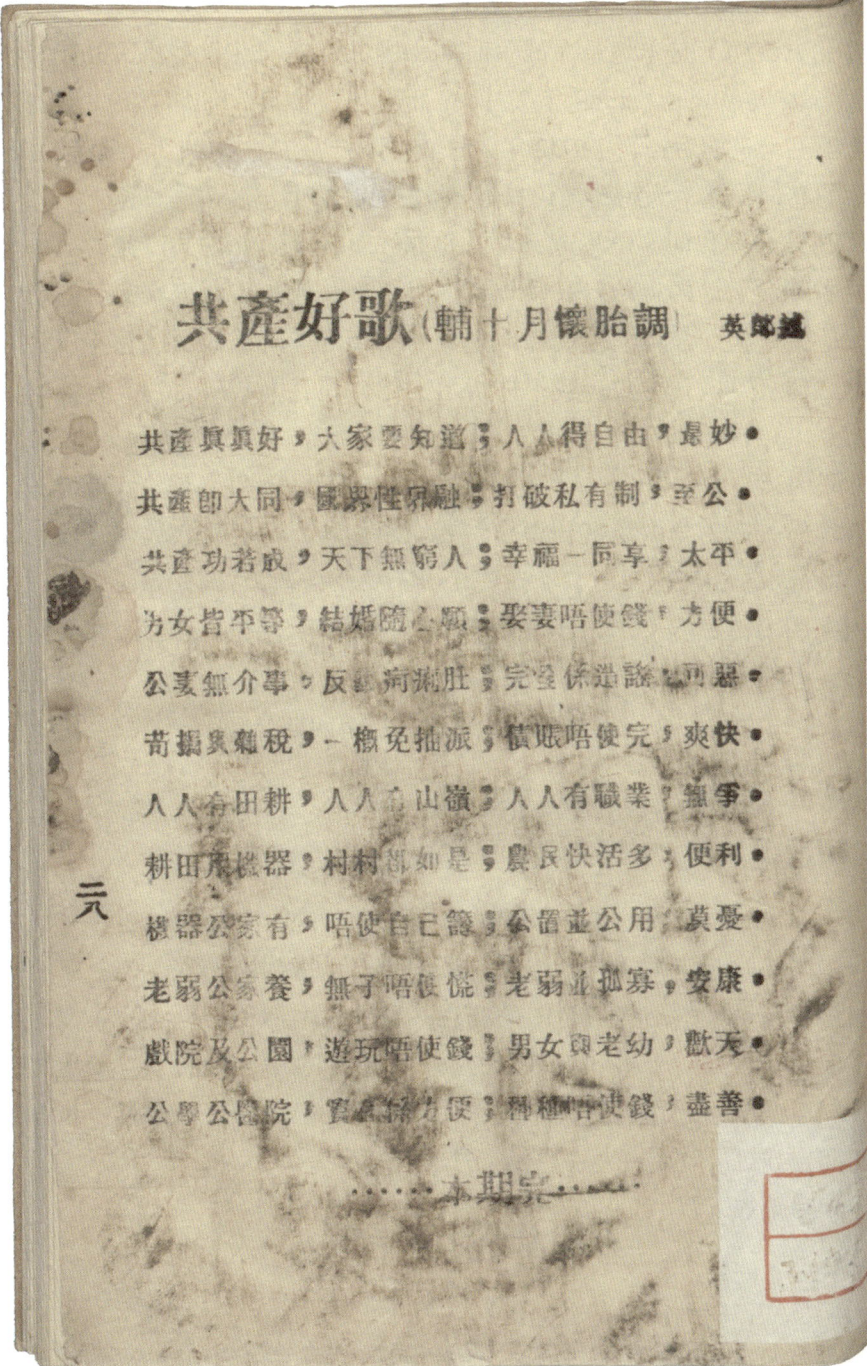

《最近日帝国主义在中国屠杀民众的残酷》封底

## （五）《北方红旗》系列伪装本

《北方红旗》是土地革命战争时期中国共产党河北省委机关刊物。该刊原是顺直省委机关刊物，1929年2月16日创刊，32开，油印。1930年12月16日出至第五十三期后停刊。1932年3月25日复刊，成为中共河北省委机关刊物。复刊后的卷期另起，为旬刊。1933年9月被迫停刊。

复刊号的发刊词这样写道："《北方红旗》是河北省共产党的机关报，他是河北省革命运动的宣传者、领导者、组织者，他是广大工农劳苦群众自己的喉舌，他是坚决的与帝国主义和地主豪绅军阀资产阶级的国民党斗争到底的最有力的武器。"该刊主要转载中央指示文件，刊载中共河北省委有关的会议文件、指示、总结和各地的工作报告，开展反对日本帝国主义和国民党统治的斗争，报道苏联的社会主义建设，介绍苏区根据地的情况，刊登各地红军的胜利消息。《北方红旗》属于党内秘密刊物，作者均用化名，为了迷惑敌人，还采取伪装的方式发行。

国家图书馆藏有《北方红旗》第十三、十四期合刊和第十五期，两册均系伪装本。

### 1.《救国方案》（《北方红旗》第十三、十四期合刊）

本书为《北方红旗》第十三、十四期合刊的伪装本。32开，正文87页，竖排铅印。封面居中竖向印有伪装题名《救国方案》，右上印有"中华民国二十一年十月廿六日"，左下印有"北平各界救国会印"。封二印有《本刊重要启事》，内称："因为本刊影响的日益扩大，统治阶级用尽一切方法来破坏它，企图阻止它与广大的读者相见。最近我们又遭到国民党军阀一次的摧残。但这决不是证明他们幻想的企图的实现，这只能增加我们更大的斗争的决心和广大工农劳苦群众对于本刊更热烈的拥护！在万难中，本刊又与亲爱的读者见面了！"以此表明刊物遭到破坏后继续办刊的决心。目录页印有"北方红旗第十三四期合刊目录""一九三二年十月十五日出版"。

本期目录如下：

> 以民族的革命战争回答国联调查团报告书！
> 河北省委关于纪念十月革命工作决议
> 高阳蠡县游击战争的革命意义及其教训（树人）

在革命危机增长中直南党内右倾机会主义的动摇（思宁）
国民党黄色工会终于出卖了北洋肥料两个罢工！（树人）
国联调查团报告书"报告"了些什么！（直夫）
北平市"九一八"周年纪念工作的检查（西未）
集中火力向一切反革命派别打去！（思宁）
"苏联会承认'满洲国'吗？"（直夫）
红军在全线上的大胜利（斌）
关于目前农民斗争的形势与我们的任务决议（中央）
献给北方红旗编辑部的信（铁崖）

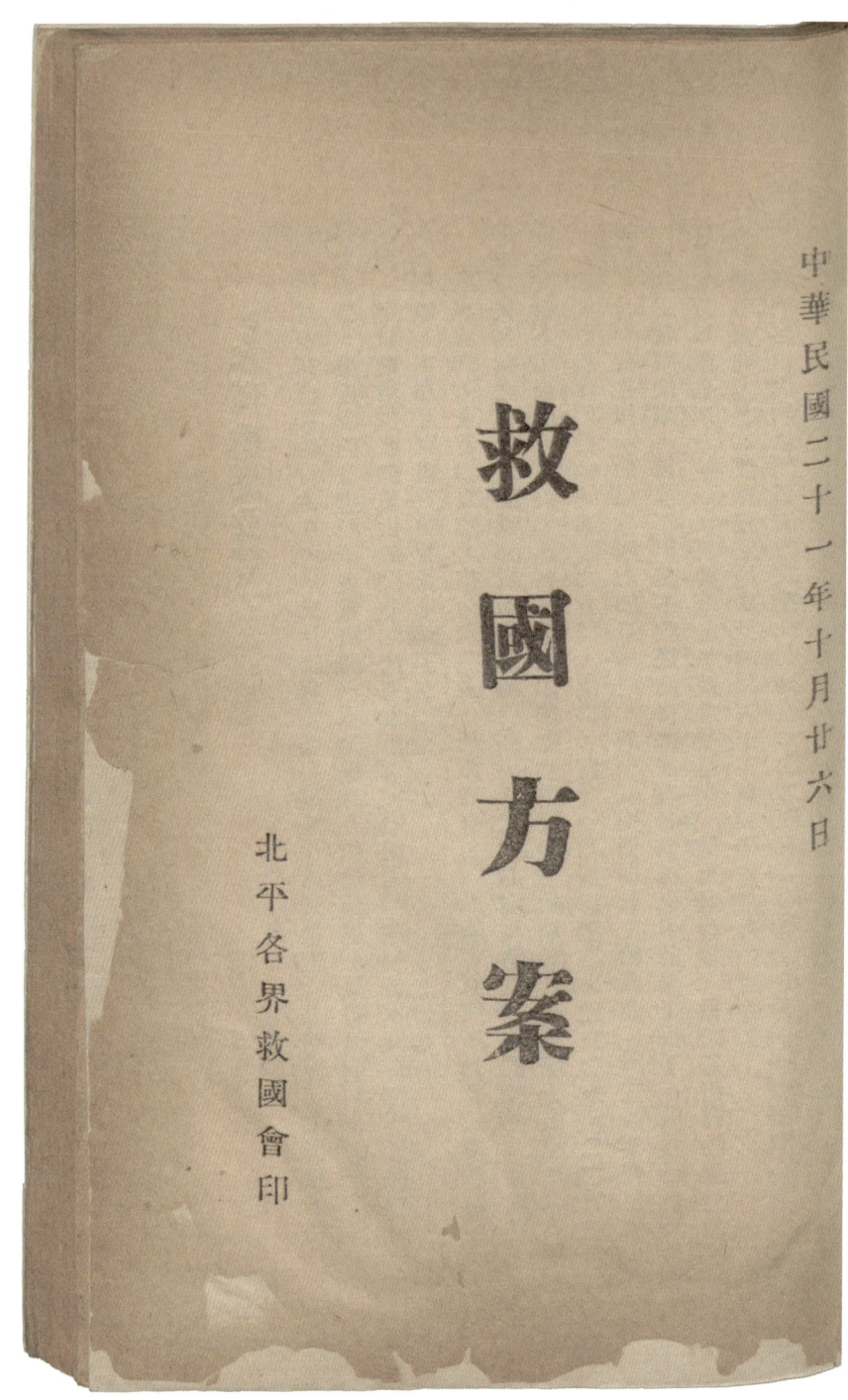

《救国方案》（《北方红旗》第十三、十四期合刊）封面

△本刊重要啟事▽

因爲本刊影響的日益擴大，統治階級用盡一切方法來破壞它，企圖阻止它與廣大的讀者相見。最近我們又遭到國民黨軍閥一次的摧殘。但這決不是証明他們幻想的企圖的實現，這只能增加我們更大的鬥爭的決心和廣大工農勞苦羣衆對於本刊更熱烈的擁護！在萬難中，本刊又與親愛的讀者見面了！

這裏我們向全省的同志，革命大衆及一切讀者宣言：「北方紅旗」只有在你們積極的擁護與幫助之下，才能戰勝統治階級的摧殘，才能保障它經常的與你們相見，才能使它更加健全與發展。所以，你們必需把你們擁護它援助它的精神，在實際上表現出來（一）我們要求你們自動的踴躍的投稿，通信，將各地的通信網趕快建立起來，（二）爲它募捐，特別要把以前的募捐運動即日結束，將捐款捐冊即日交給我們。（三）要保証每一份刊物收回錢來，以前不出錢不收錢的自由主義習慣再也不能忍下去了（無力購買的工農勞苦羣衆也以贈送），更要緊的是擴大發行網，健全發行網，保証每份刊物迅速的送到讀者面前，尤其要保証它最廣泛的深入于工農兵勞苦羣衆中間去！

我們要求你們以鬥爭的方式把你們擁護「北方紅旗」的熱情在事實上表現出來！

《救国方案》（《北方红旗》第十三、十四期合刊）封二

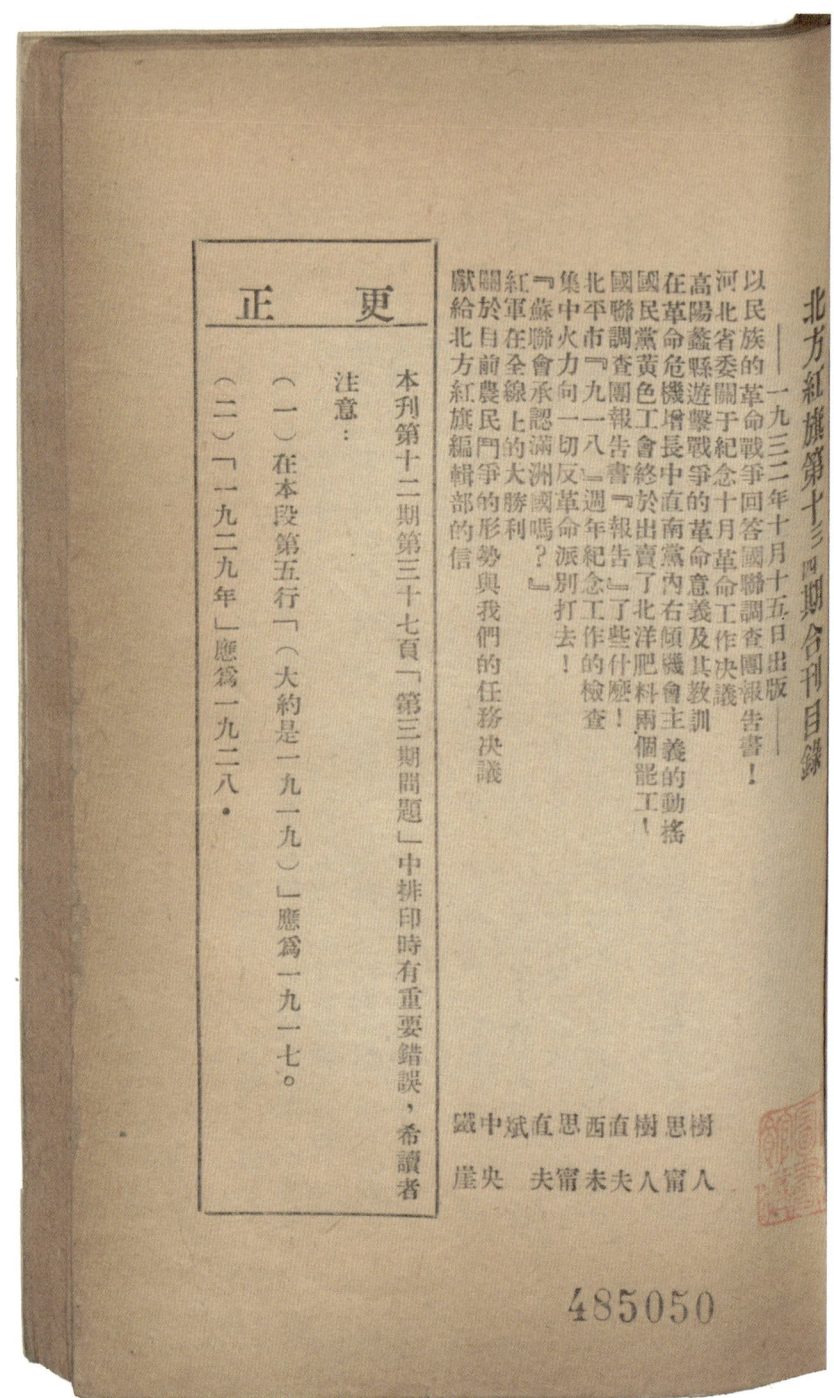

《救国方案》(《北方红旗》第十三、十四期合刊)目录和"更正"信息

## 以民族的革命戰爭回答國聯調查團報告書[!]

全中國的工人與一切被壓迫的民衆！

國聯調查團的報告書這是帝國主義强盜集團國際聯盟加在全中國勞苦民衆身上的新的鎖鏈，這是它瓜分中國，與奴役中國勞苦民衆的新的武器！

國聯調查團的報告書，是帝國主義强盜侵掠殖民地與半殖民地國家最露骨，最無恥的文件。它最公開的認爲『九一八事件』的發生不是由於日本帝國主義的一貫的殖民地政策，面是由於中國民衆的反日運動與抵貨運動的高漲，由於中國共產主義的發展，與蘇聯的存在。它最天胆的擁護日本帝國主義侵掠中國，併吞東三省，屠殺與奴役東三省三千萬民衆以至全中國的民衆！

國聯調查團的報告書，是帝國主義强盗要求全世界反革命力量一致團結起來同中國的革命運動與社會主義的蘇聯進行血的戰爭的號召。它認爲只有消滅中國一切反帝國主義的革命運動，從抵貨運動到東北義勇軍起一直到中國共產黨，中國蘇維埃與紅軍，建立帝國主義的『和平與秩序』，『中國才能走上『以國際合作解決中國困難之途徑』它認爲只有一致的向着蘇聯社會主義的國家進攻才能獲得日本帝國主義以及一切帝國主義在東方的『安全的保障』！

一

## 北平市九一八週年紀念的工作檢查

西末

在國際與國內的政治形勢上激起極大的變動的「九一八」事變，這一事變的週年紀念鬥爭是具有何等重大的意義！特別是在這一週年紀念的時候，日本帝國主義承認了「滿洲國」，更加緊急的進攻熱河平津與上海，帝國主義進攻蘇聯的瘋狂是更加猛烈，蘇維埃與紅軍與帝國主義國民黨的「圍剿」做着殘酷的英勇的戰爭，並且進攻中在全線上不斷的取得了新的偉大的勝利，河北省水虫災荒的嚴重使工農鬥爭更洶湧的高漲，尤其是高陽蠡縣紅軍遊擊隊的出現，——這一切使着全國以及全河北省的革命危機更加速的向前增長。在這一形勢之下，北平工農兵勞苦羣眾的日常鬥爭以及反日反帝反國民黨的運動更加澎湃的掀動起來，這造成了九一八紀念鬥爭異常順利的條件，當紀念「九一八」鬥爭的號召，得到廣大羣眾熱烈的擁護。市委在檢查這次九一八紀念鬥爭，工作當中，認為我們得到了許多進步的前所未有的收獲與成績，同時也有人着不少的錯誤與缺陷，對於這些成績與收獲我們必需鞏固它發展它，而錯誤與缺點我們應該嚴重的認識並以最大的力量去糾正。

A，在收獲與成績方面

第一，成立了公開的，包括了十多個團體的「九一八」紀念籌備會，在困難的環境

《救国方案》（《北方红旗》第十三、十四期合刊）正文第 40 页

## 紅軍在全線上的大勝利

從下面這些消息看來，英勇的紅軍最近又在全線上取得了新的更偉大的勝利，國民黨的「圍剿」已是強弩之末了！

（一）湘鄂贛蘇區，鄺紀勛同志領導下的紅軍二萬餘人于十月四日早八時佔領了新城，新城為湖北東部第一個商埠重鎮，距漢口僅一天的行程。在五號，又進佔距武漢僅八十華里的倉子夫，再前進一步便是隔江的楊邏。因此武漢形勢空氣緊張，資本家豪紳地主紛紛遷往租界的「安全」區域，又匆匆乘上飛機，往回漢口「坐鎮」。蔣介石到廬山行裝甫卸，又匆匆乘上飛機，往回漢口「坐鎮」。

（二）在鄂豫皖蘇區，劉峙駐守武勝關的一師，與紅軍氣觸，幾乎全師覆滅，「剿匪」軍士都紛紛投入紅軍，僅餘兩團餘人狼狽逃回開封休養。又據電通社漢口十二日電：賀龍同志領導下的紅軍不但衝破了國民黨的「圍剿」，並且着向湖北推進，目前大部已逼近鍾祥，鍾祥旦夕可下，國民黨急調四十四師前往援救。河南一部，紅軍擊潰劉峙部隊，急往南下，目前已佔領湖北宜定。又孔荷寵部紅軍從江西方面出動，已佔取咸寗，蔣介石命令十九師前往「圍剿」。現下各部紅軍漸集湖北，武漢已成包圍形勢，人心惶惶。

（三）在中央蘇區的紅軍于八月十七日正午攻克榮安城，繳獲孫連仲部兩團並一

六三

《救国方案》（《北方红旗》第十三、十四期合刊）正文第63页

## 2.《救国方案》(《北方红旗》第十五期合刊)

本书为《北方红旗》第十五期的伪装本。32开,正文78页,竖排铅印。封面居中竖向印有伪装题名《救国方案》,右上印有"中华民国二十一年十一月十二日",左下印有"北平各界救国会印"。卷首印《苏维埃的中国图》,时间为"一九三二年十月十五日",图上清晰地标示了全国的苏区根据地和游击区域。目录页开头印有"北方红旗第十五期""十月革命十五周年纪念专号""一九三二年十月二十五日出版"。

本期目录如下:

为十月革命十五周年纪念告民众书
中华苏维埃共和国临时中央政府反对国联调查团报告书通电
十月革命十五周年及中华苏维埃政府成立一周年纪念宣传大纲
布尔什维克怎样准备了十月革命?
社会主义建设胜利中的赤色首都
帝国主义强盗们怎样进攻苏联
拥护苏联的和平政策
国民党对十九路军抗日士兵的酷刑和屠杀
唐山五矿工人的斗争形势(唐山通信)
豫晋边红军游击队的生长与发展(沁阳通讯)
赤区通讯
红军捷报
附录:
　　中华苏维埃共和国的劳动法
　　中华苏维埃共和国的土地法

比对正文与目录的标题,正文比目录多出了《中国共产党河北省委征收党员的十月革命的号召》《世界上没有布尔什维克不能战胜的营垒!》两篇,第一篇文章的标题全称为《为十月革命十五周年纪念和中华苏维埃共和国临时中央政府周年纪念告民众书》。

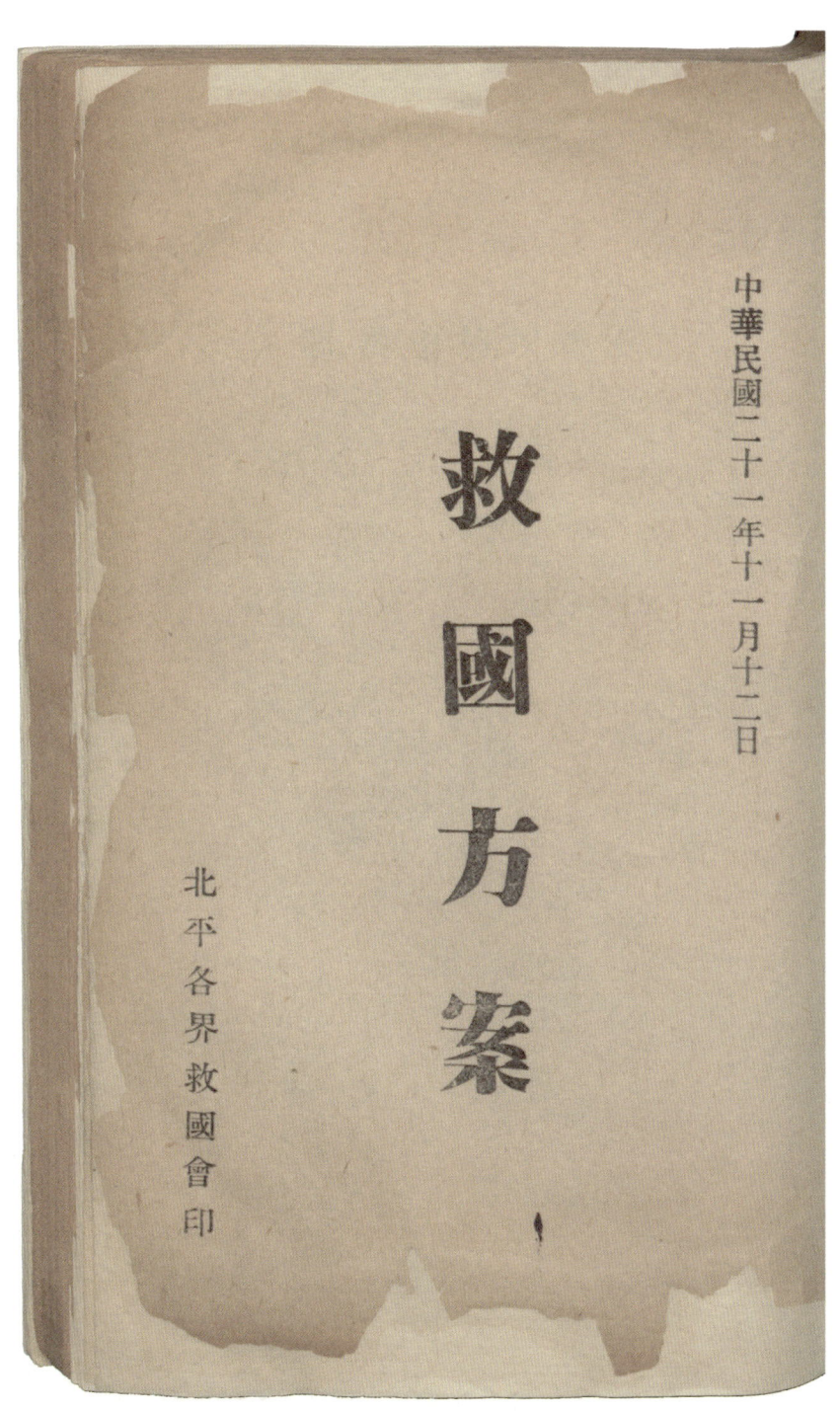

《救国方案》(《北方红旗》第十五期合刊) 封面

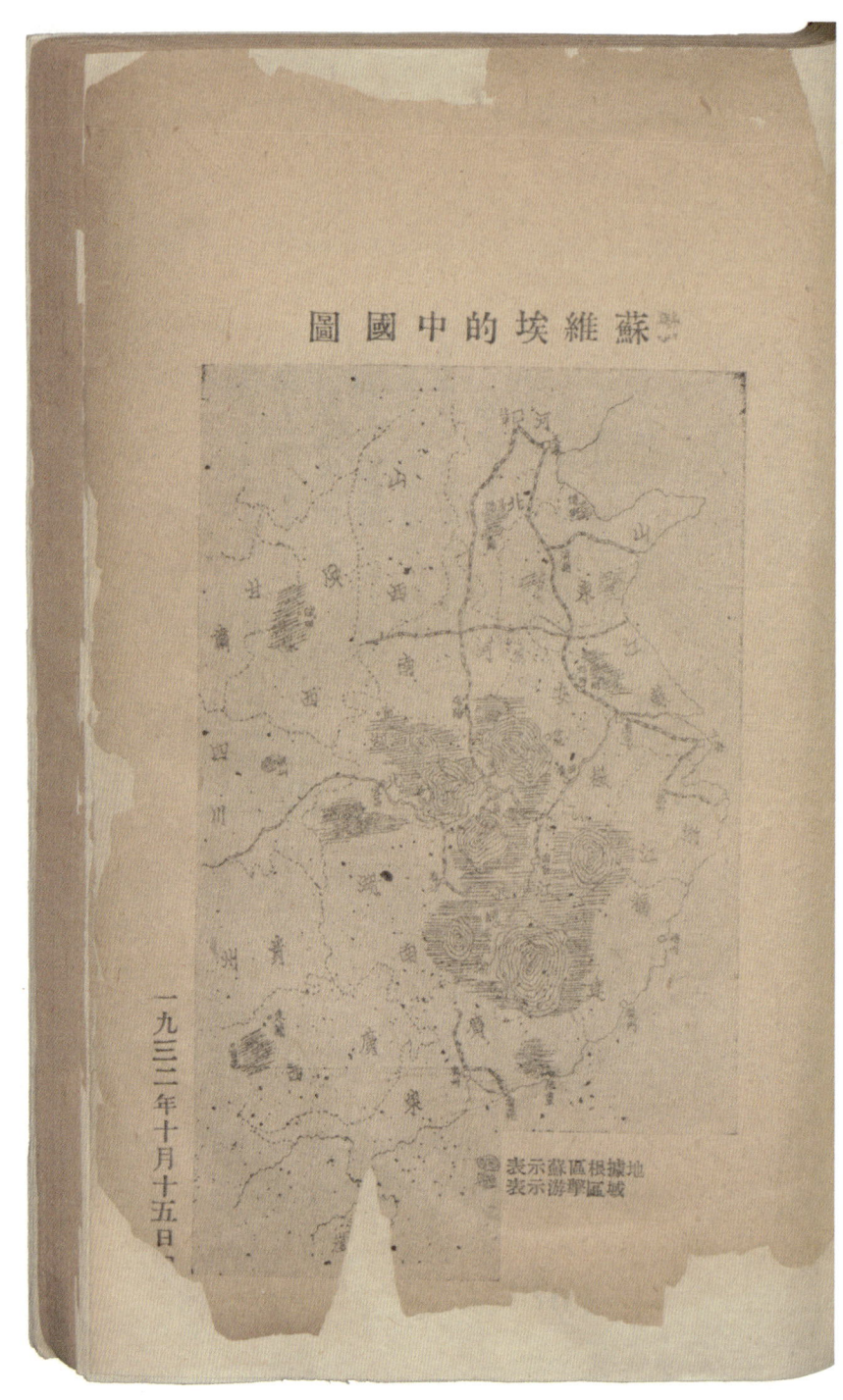

《救国方案》（《北方红旗》第十五期合刊）卷首刊印的《苏维埃的中国图》

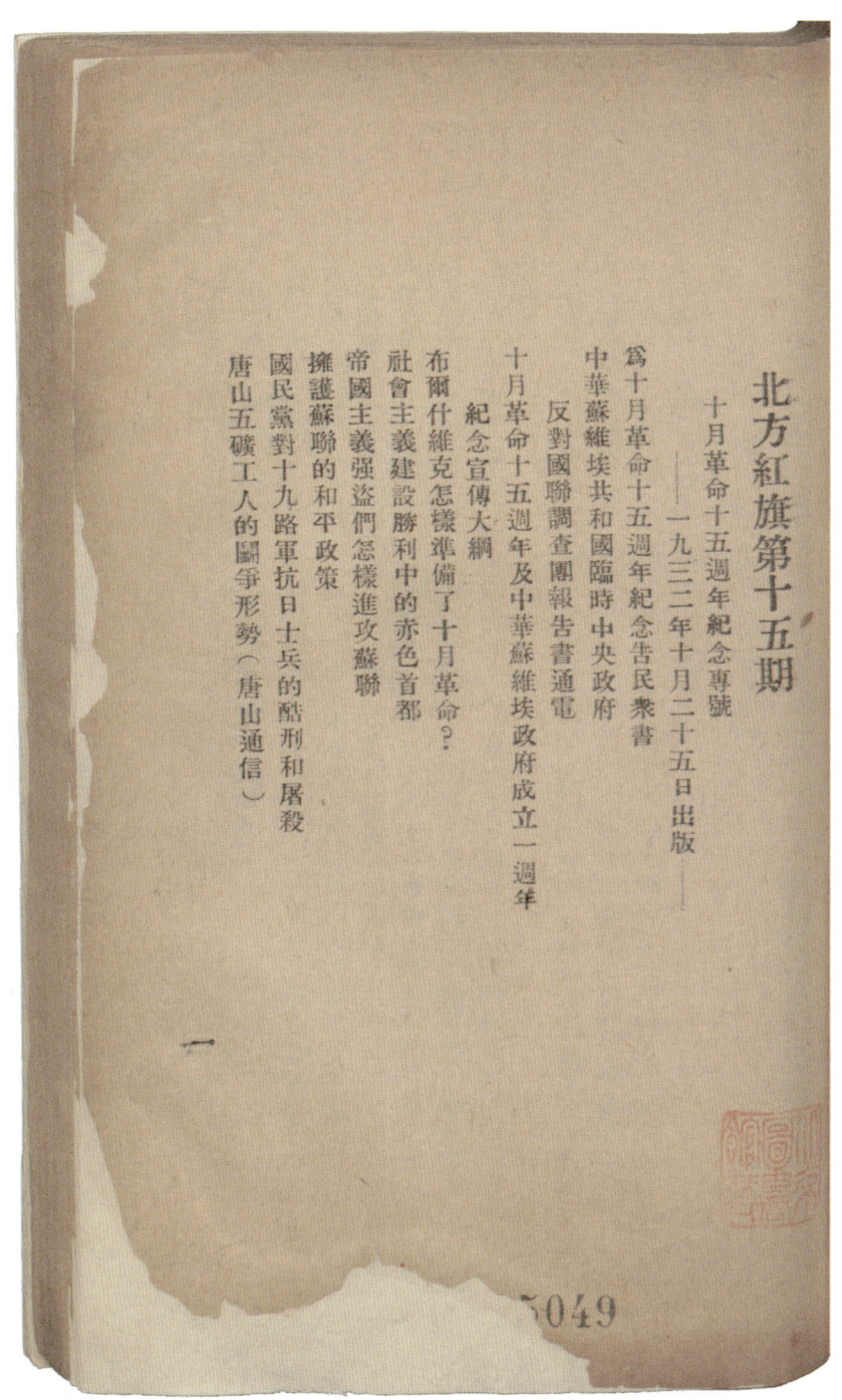

《救国方案》(《北方红旗》第十五期合刊)目录第1页

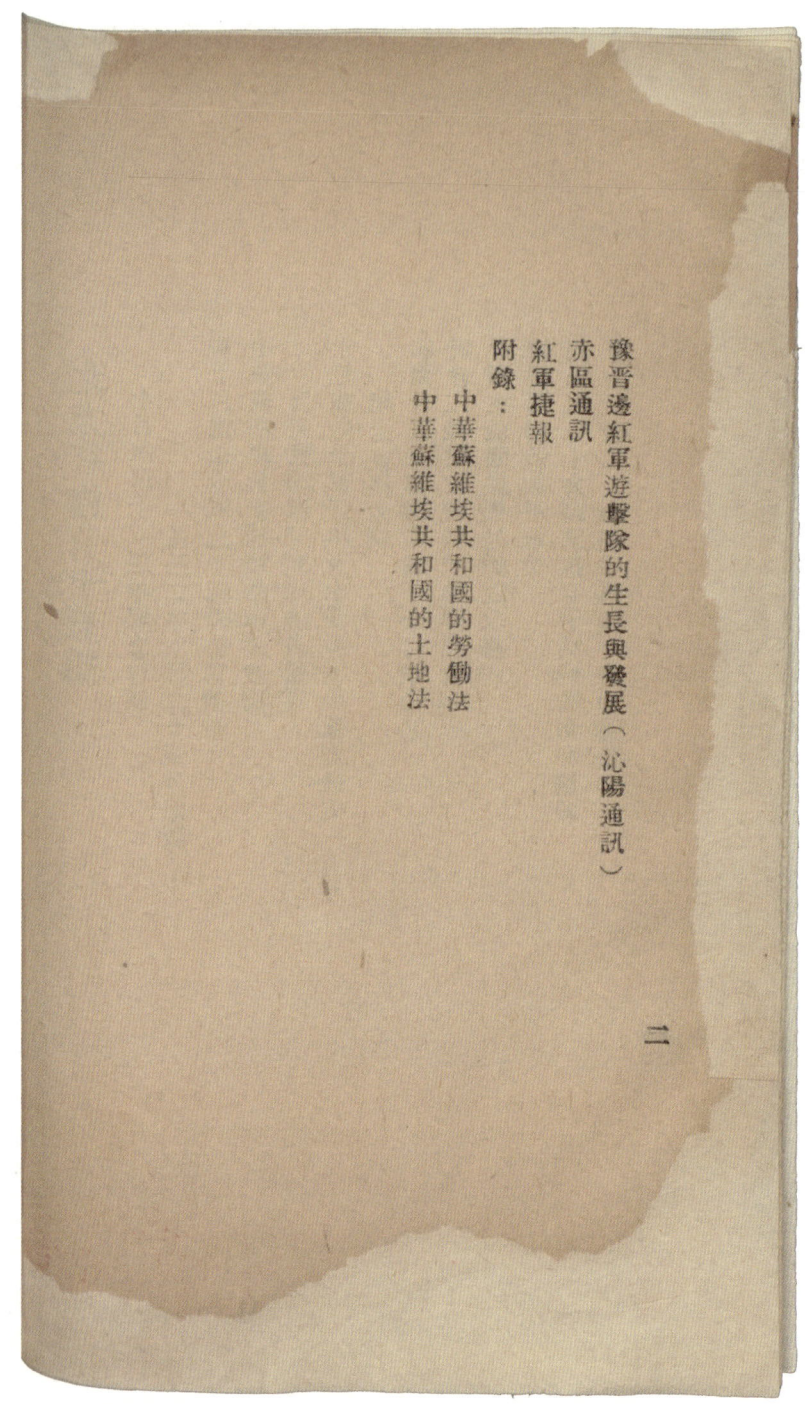

《救国方案》(《北方红旗》第十五期合刊) 目录第 2 页

## 為十月革命十五週紀念和中華蘇維埃共和國臨時中央政府週年紀念告民眾書

全河北的工農兵及一切勞苦民眾們！

十一月七日是俄國無產階級在共產黨領導之下，聯合着貧苦的農民和兵士，暴動起來打倒資產階級的政府，建立無產階級專政！這是我們被壓迫被剝削的階級第一次成功的革命！這次十月革命的結果，便是現在我們所擁護的反帝國主義的無產階級祖國——蘇聯！

今年我們紀念十月革命的時候，正是蘇聯第一個五年計劃四年完成，第二個五年計劃又要開始的時候。今年全世界的資本主義國家，從美國一直到日本，都在空前的嚴重經濟恐慌中，工廠倒閉，農村破產，千千萬萬的工人失業，沒有飯吃，生活一天天的惡化；資本家拚命的加緊進攻工人、減少工資，延長工作時間！但在蘇聯境內不但沒有一個人沒有工作，而且工農的生活與文化程度大大的提高了！蘇聯建設社會主義的勝利，促進了全世界革命運動的高漲；因此，一切帝國主義更加瘋狂般的進攻蘇聯，企圖用反蘇聯的戰爭來找危機的出路。

今年十月革命的十五週紀念，也正是中華蘇維埃共和國臨時中央政府成立的一週年

一

《救国方案》（《北方红旗》第十五期合刊）正文第 1 页

## 鄂豫皖中央分局來電

我四方面軍由西卑韜急行西向，經英山，羅田境，攻克頭陂，新州，李家集抄敵後方，獲軍用品甚多，武漢震動，現快遯黄安，麻城蘇區。敵謠言甚多，鼓吹他們如何如何勝利，我們如何如何失敗，實則我主力軍從未打過敗仗，而且我四方面軍經過此次鍛鍊，戰鬥力更為堅強，擊破帝國主義國民黨四次「圍勦」可有完全把握！

分局國清，釋民，昌浩，向前

一九三二年十月九日

### （一）紅軍連佔建寧，泰寧！

紅軍第一軍團一部三萬餘人攻入福建，與十九路軍周志羣胡廷揚所部交戰，大部分不戰而退，許多兵士拖槍投入紅軍，周旅幾全部瓦解，一部殘兵退守泰寧，紅軍於本月十九日又開入建寧縣城。

又訊：朱毛紅軍佔領泰甯後，稍事休息，二十二日又攻下泰甯，周志羣殘旅狼狽入邵武光澤。紅軍一連續的勝利，震動全閩，國民黨軍隊在各地急急佈防。

### （二）湖北紅軍大敗敵軍！

湖北紅軍鄭紀勛部自佔領鐘祥各城後，繼續前進，二十一晚與白軍蕭之楚部張虎臣團交鋒，張團全部被包圍繳械，白軍張蒯長窗場被擊斃。

《救国方案》（《北方红旗》第十五期合刊）正文第62页

## 蘇維埃第一次全國代表大會

## 勞動法草案

### 第一章 工作時間

第一條 所有工錢勞動者通常每日工作時間依本法規定不得超過八小時，十六歲至十八歲之青工每日工作時間不得超過六小時，十四歲至十六歲之童工每日工作時間不得超過四小時。

第二條 所有工人，在危害于工人身體健康之工業部門中工作（如地下礦工，鉛，鋅以及其他地帶毒性工作）每日工作時間須減至六小時與六小時以下。危害工人身體健康之工業種類及某種工業之每日工作時間應減至若干時間，由勞工委員會製定和公佈之。

第三條 所有在下午九時至上午六時做工之工人，每日工作時間較通常工作時間少一小時（通常八小時者減至七小時，六小時者減至五小時，餘類推）。

第四條 除非經過勞工檢查機關和職工會對于某工業部門的特別允許，任何工業和季候工作不得做比本法規定時間以上的額外工作。

第五條 在法定的工作時間內，經常包括每日半小時至一小時休息為吃飯時間，不扣工

### （六）《针灸医报》第二十七期

《列宁生活》是中共江苏省委党内秘密机关刊物。国家图书馆藏《针灸医报》第二十七期为《列宁生活》第二十七期的伪装本，系 1958 年复制本，散叶未装订，原件藏上海市档案馆。32 开，竖排油印。封面上方自右向左印有伪装题名《针灸医报》，右边自上而下印有"上海针灸学社"，左边印有卷期号"第廿七期"，中部印有"No.27"，下方印有"一九三三年四月十日出版"。

目录叶的右侧自上而下印有真实题名《列宁生活第廿七期》，左下角印有出版时间及编印者："一九三三年四月十日""江苏省委编印"。

本期目录如下：

到底做什么好，那里是决定的一环？

反对国民党的造谣诬蔑

新的进攻和未完成的任务

纪念四一二和反对叛徒

纪念罗纳川同志

在四一二纪念日写几个牺牲了的同志

加紧建立和健全内交关系

怎样纠正我们在组织纱女工代表会中的错误和缺点

一个丝厂女工的通讯

开除陈兆简等的决议

关于破坏秘密工作同志的决定

1932 年 1 月 3 日，《列宁生活》创刊于上海，主要刊登党内文件和上海工人运动的材料。从第十八期起使用伪装封面。上海市档案馆还藏有伪装成南洋高级商业学校数学科讲义《珠算口诀》（第二十期，第二十三、二十四期合刊）、中萃学艺研究会《无线电浅说》（第二十六期）的版本。①

---

① 参见王慧青：《上海市档案馆珍藏的伪装封面的红色刊物简介》，载上海市档案馆编《上海档案史料研究》第八辑，上海：上海三联书店，2010 年，第 158 页。

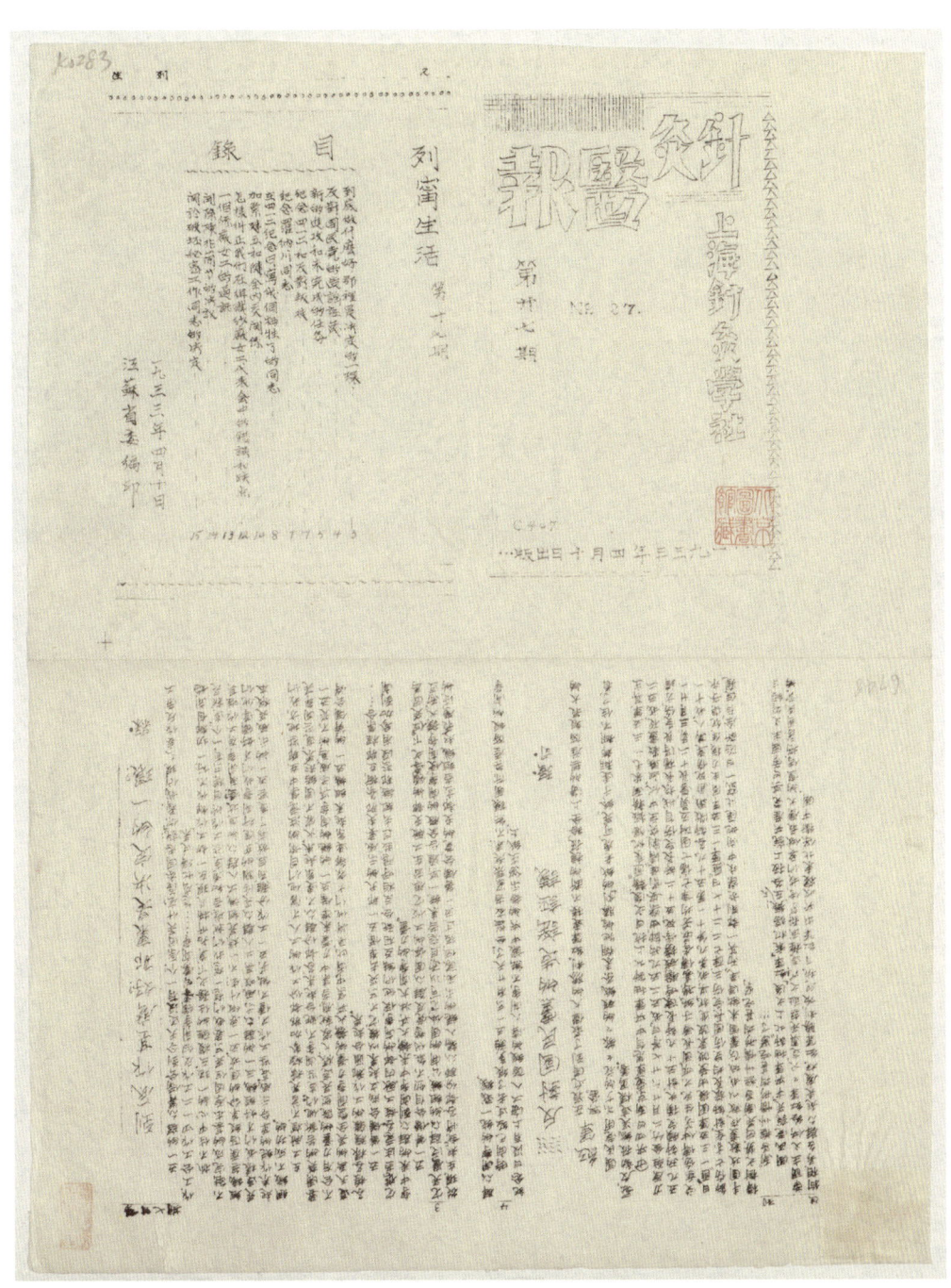

《针灸医报》第二十七期封面、目录、正文第1—2叶

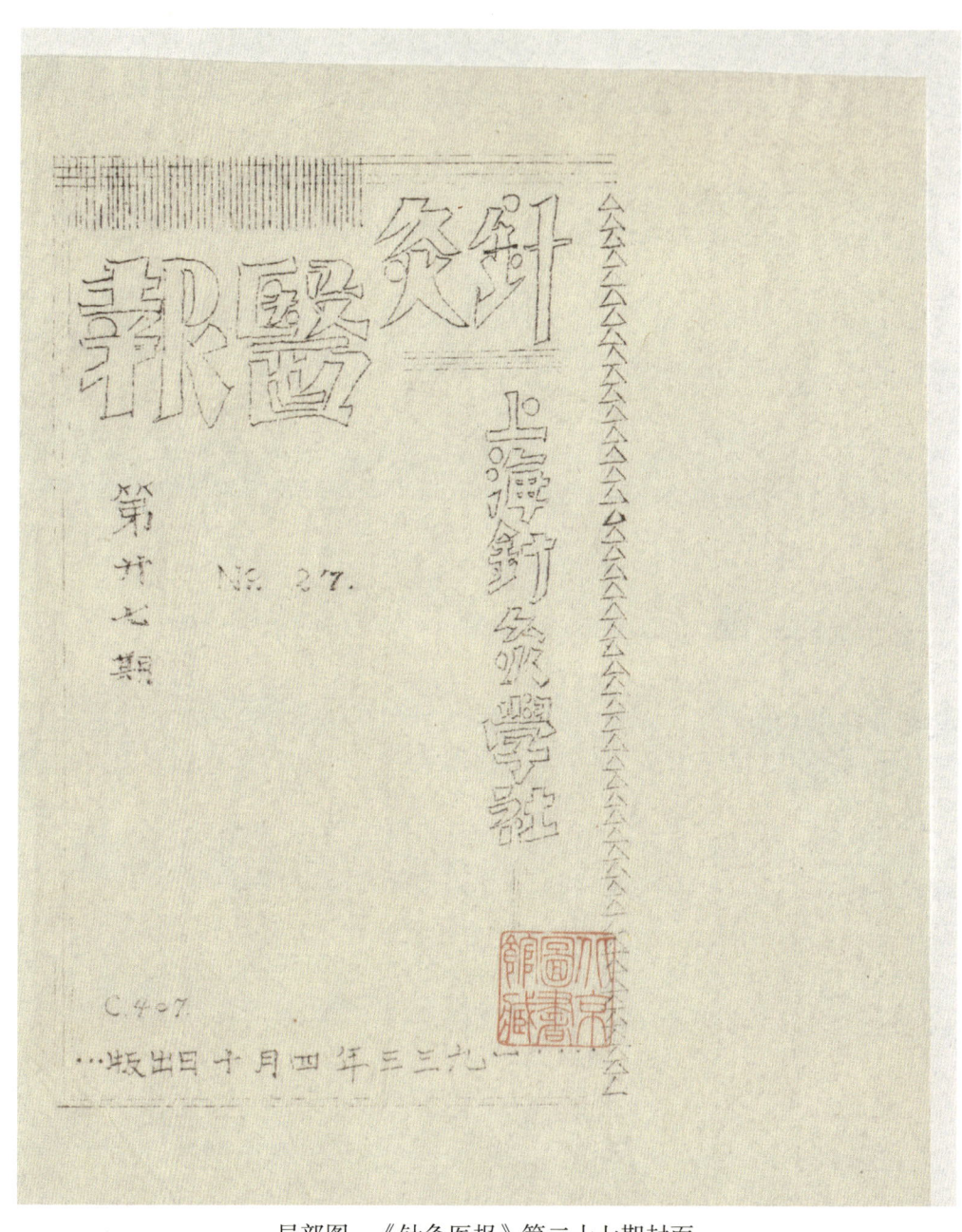

局部图：《针灸医报》第二十七期封面

## 列宁生活 第十七期

### 目錄

到底做什麼好那裡是决定的一環
反對國民黨的戊謝寇盜
新的進攻和未完成的任務
紀念瞿秋白同志
在四二纪念日寫我個捕牲了的同志
加紧四五和健全內关系
怎樣糾正我們在保藏紋藏女工代表会中的错误和缺点
一個绿嵗女工的通誡
間除陈兆菌节的決议
關於破壤秘密工作同志的决定

一九三三年四月十日
江蘇省委编印

局部图：《针灸医报》第二十七期目录

局部图：《针灸医报》第二十七期正文第 1 叶

群众斗争的统一战线，时间已经过去了很多离五一只有十天了全盟各苦工聚张发来不断谋国际无产阶级的声援纪念日没有上海工人阶级的伟大斗争不能使中共的指示留无纸上。

## 反對國民黨的造謠誣蔑

强可

红军在最近得到了最伟大的胜利，红军连接不断的援接给全上海的无产阶级莫大的国民党用尽方法的花样的破纸杀未糊他的胜列的纸老虎可是终于遮掩都糊不住了看

最反动报纸是这样写着：

中央讯据金竹二月十六十七等日我五二五九师及军阀安刚清突至中伏红我掘得良受伤方瑞五九两师顿受预次计五十九师长陈时骥被损战死，五二师长李明倉生死不明团长孝子純偉奎傳李安芳均車六七傷七團附五員營長十二員三月一艾车伤博仲芳生死不明團長孝子三日匪一三五軍團復出童坡東以進抓早我第九第十一第五十九各師激戰匪彼死伤意為八我十一日匪一三五军围長奎伤三十七二十大计匪軍一三五军围主力線徒紐樂永中國地區北岸一帶部新途有覽窺卸伤七方至封鄉各長均受傷我城防軍因未缺得食，而其一部则於紫丰围攻數畫夜我以柬城防軍固未缺得食，而其一部则於紫待封之勢，因是柬多柬北情形均是吃緊。

荊鬥栖州情形均甚吃紧川！"

国民党说是中央军抽訕北上之後红军乘机揭猴至各扑上就是共产党与B帝国主义勾结
帝国主义供给红军一次軍发祖红军以此次支票发祖扯文以樵武祖紫传播党传我们要做最廣大的宣傳揭露這國元党的
生狗相等名群众起来废抗红军胜利彼拉抗日叙軍收復東北保衛中國。

利

6748

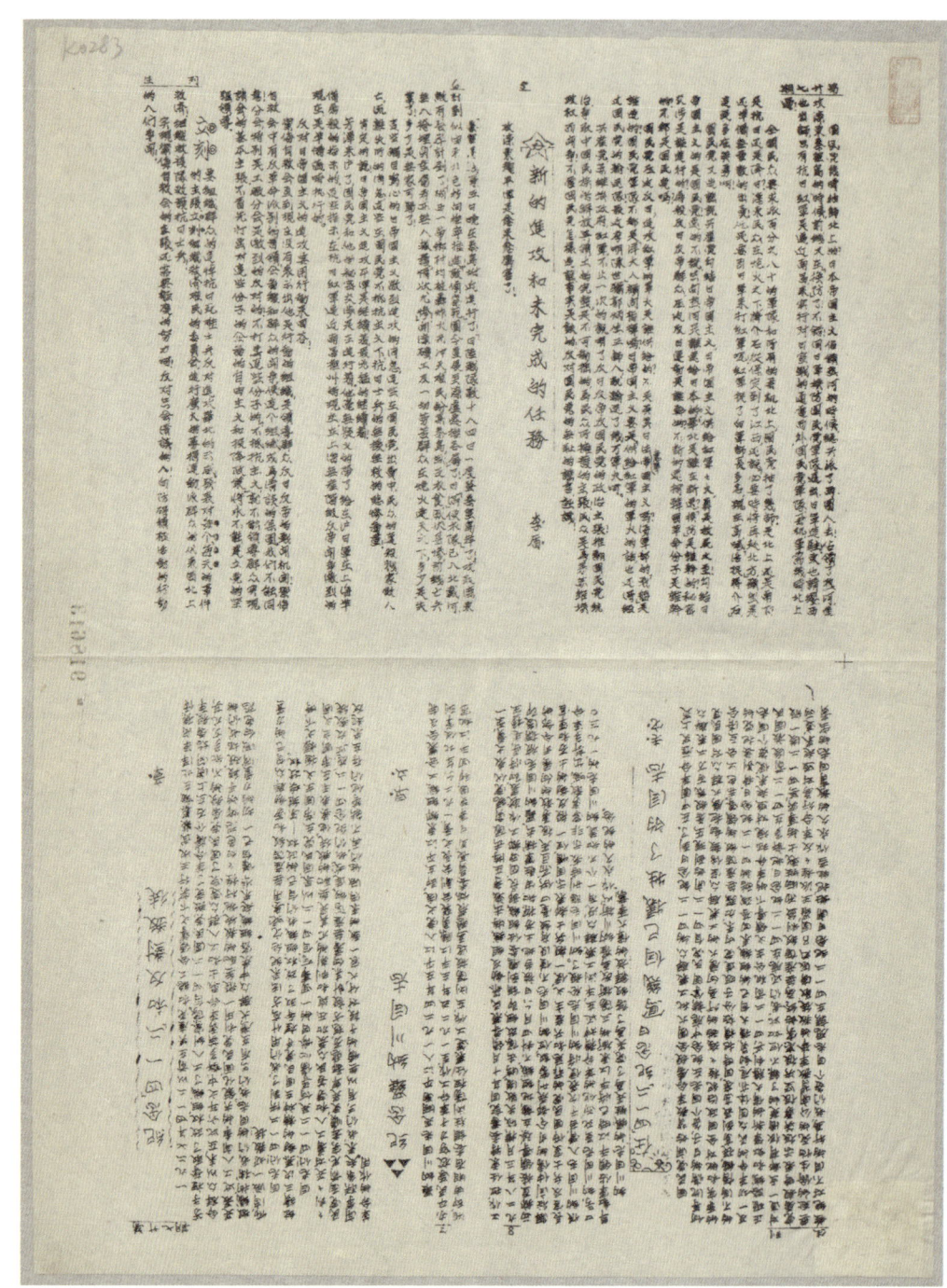

《针灸医报》第二十七期正文第 3—6 叶

# 第三节　全民族抗日战争时期的革命文献伪装本
## （1937年7月—1945年8月）

## 一、图书

### （一）《论青年修养》

本书为刘少奇著《论共产党员的修养》的伪装本。32开，正文104页，竖排铅印。封面为白底黑字，上半部自右向左横印伪装题名《论青年修养》，题名之下自右向左印有"刘少奇著"；下半部印有"播种社""二十七年十二月出版"。

封面下半部右侧隐约可见"十八集团军驻渝办事处图书馆"的椭圆形印章。据北平图书馆档案记载，全民族抗战开始后，为了收集抗战资料，当时南迁的北平图书馆与西南联合大学在昆明联合组建了中日战事史料征辑会，曾向中国共产党代表机关、国民革命军第十八集团军驻渝办事处领导人周恩来提出申请，请求支援搜集抗日史料工作，得到周恩来和驻陕办事处林伯渠的热情支持，国民革命军第十八集团军驻渝办事处多次向北平图书馆赠书。本书即赠书中的一种。

本书无目录，正文篇目如下：

绪论
（一）党员为什么要有修养？
（二）作马克思、恩格斯、列宁、斯大林最好的学生
（三）修养的各方面及修养的方法
（四）学习马列主义理论与党员思想意识修养的关系
（五）党员思想意识的修养
（六）要了解共产主义事业是人类史上空前伟大而艰难的事业
（七）党员个人利益无条件的服从党的利益
（八）党内各种错误思想意识之举例
（九）党内各种错误思想意识的来源

（十）对待党内各种错误思想意识的态度及党内斗争

（十一）在政治上展开我们的思想

《论共产党员的修养》是刘少奇论述共产党员党性锻炼和修养的经典著作，也是有关中国共产党建党理论的一篇重要文献。1938年9月，中共中央六届六中全会在延安召开，会议发出了"要在全党开展一个学习竞赛"的号召，毛泽东在政治报告中着重强调"要加强党的思想建设和实现马克思主义中国化"，提出了"我们党的马克思列宁主义的修养"这一重大命题。这些引起了刘少奇对党员修养问题的关注和探索。这次会议还决定成立以刘少奇为书记的中共中央中原局。在前往中原局途中，刘少奇来到河南省渑池县，在这里写出了《论共产党员的修养》的演讲提纲和部分初稿。其后他多次在豫西省委举办的党员干部训练班上讲授。

1939年7月，刘少奇在延安马列学院窑洞外的广场上向学员们做了两次《论共产党员的修养》的演讲。时任马列学院院长的张闻天对此极为重视，请刘少奇把演讲的稿子整理出来，以便在《解放》周刊上发表。当时党中央有一个不成文的内部规定，凡党政军主要领导干部在《解放》周刊上发表的文章，事先要把稿件交给毛泽东审阅。《解放》周刊编辑吴黎平将文稿呈送给了毛泽东。毛泽东看完文章后给吴黎平回了一封短信："少奇同志文章我看了，写得很好，这篇文章提倡正气，反对邪气，是一篇很重要的文章，应当快登。"文章很快便在当年8—9月出版的《解放》周刊上分3次全文连载。

《论共产党员的修养》的主题是从党性的高度，教育共产党员必须牢固地树立共产主义世界观，用以指导自己的行动，并从理论和实践的结合上，阐明了共产党员加强党性锻炼和修养的目的、方法和基本要求。文章的主要内容如下：第一，共产党员要在改造社会的革命实践中自觉改造自己，提高自己革命的品质和能力，否则不能实现改造社会的任务。第二，共产党员要做马克思、列宁的好学生，把他们一生的言行、事业和品质作为自己锻炼和修养的模范，使自己成为马克思列宁式的、无产阶级的、共产主义的革命家。第三，共产党员要在长期的革命斗争中，进行马克思列宁主义理论、无产阶级的思想意识和道德品质、党的纪律和作风、科学知识等各方面的修养。第四，共产党员最基本的责任就是要遵循人类社会发展的规律，推动共产主义事业不断前进，最终实现共产主义。为此，共产党员既要有最伟大的理想、最伟大的奋斗目标，又要有实事求是的精神和最切实的实际工作。第五，共产党员的个人利益要服从党的利益。把个人利益溶化在党的利益之中，克己奉公，必要时不惜牺牲自己的一切。这是共产党员的党性原则和共产主义道德的最高表现。第六，共产党员要把维护党的团结、纯洁党的思想、巩固党的组织作为自己的最高责任。要用正确的态度，采取批评与自我批评的方法，在原则问题上分清是非，克服错误思想，而不被敌人所利用。党内斗争应该以教育和帮助犯错误的同志、教育党和巩固党为最高目的。

《论共产党员的修养》刊发后，读者纷纷写信要求出版单行本。中共中央宣传部很快安排延安新华书店出版单行本，于 1939 年 11 月 7 日印刷完成。这篇著作也出版过多种伪装本，本书为其中一种。本书的出版时间署"二十七年十二月"，即 1938 年 12 月，而刘少奇发表讲演的时间是 1939 年 7 月。关于"播种社"的背景，曾在晋察冀日报社工作的曹国辉先生认为有两种可能：一是本书在延安出版，为向国统区、敌占区传播，故起名"播种社"，有"播撒革命的种子"之意；二是本书是在国统区重庆出版的，为避免被国民党查抄，假托了一个出版机构名。①

---

① 参见黄霞：《刘少奇著〈论共产党员的修养〉》，《人民日报》（海外版），2011 年 7 月 22 日。

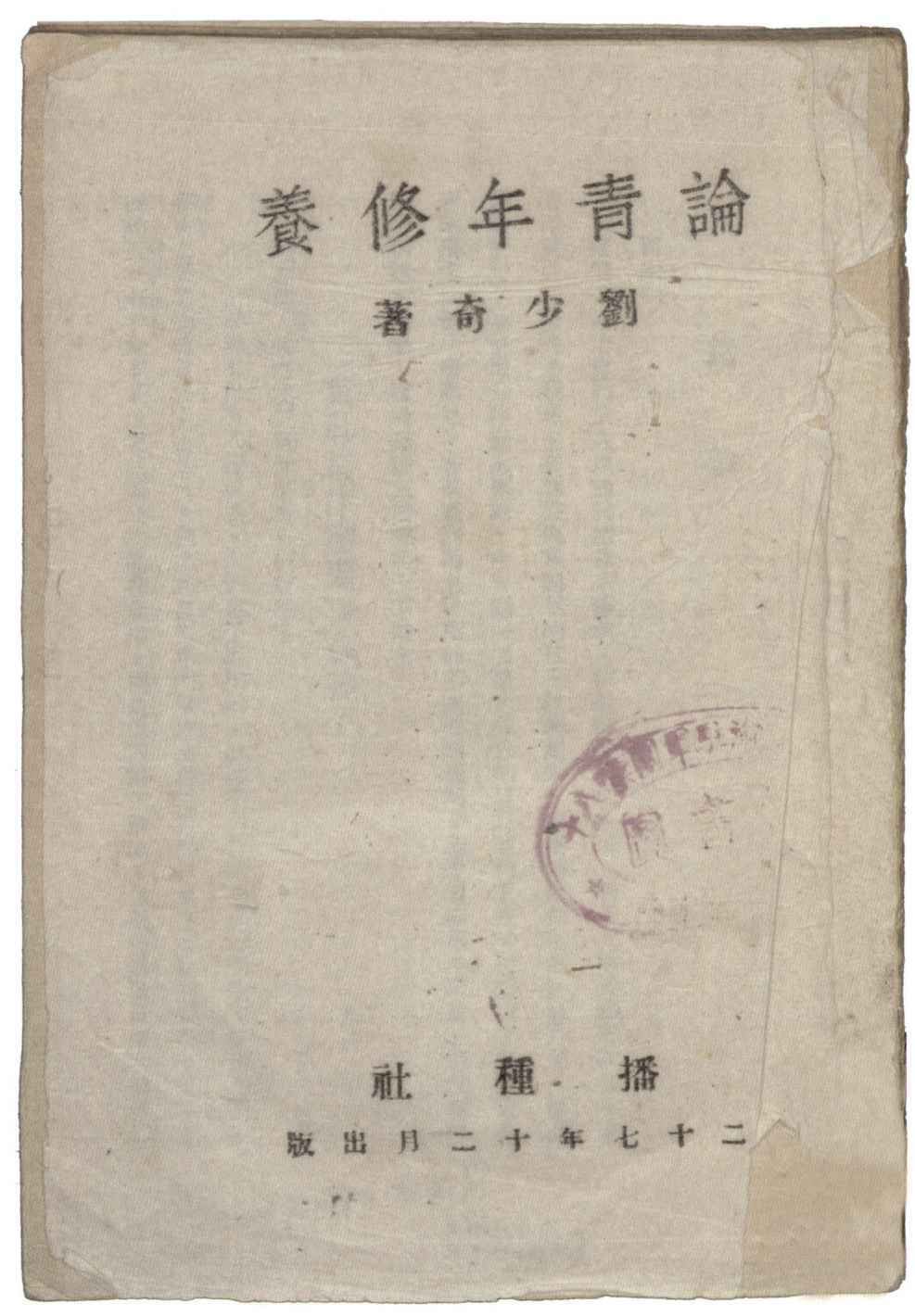

《论青年修养》封面

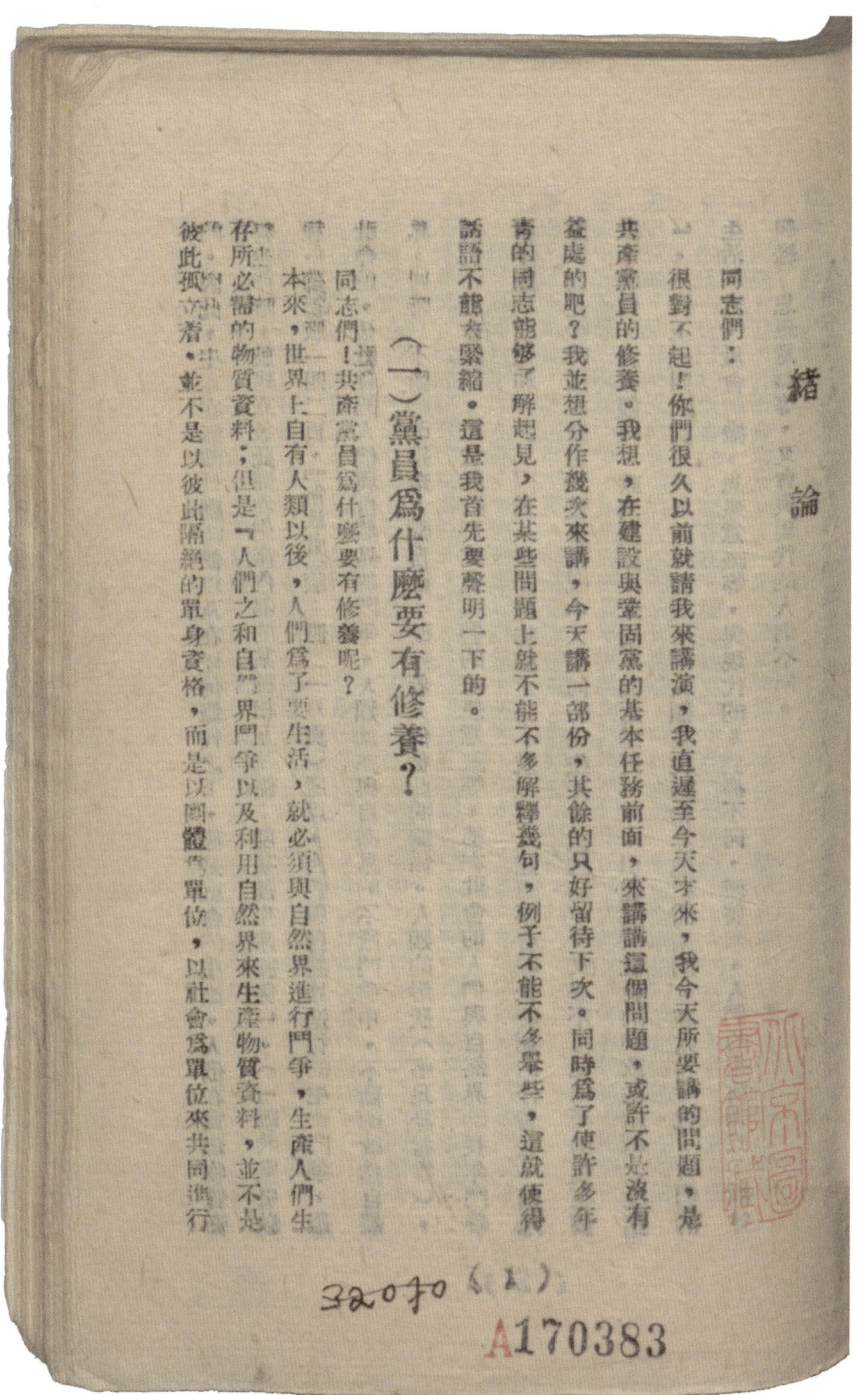

《论青年修养》正文第 1 页

## (三)修養的各方面及修養的方法

同志們！我們要作馬克思、恩格斯、列甯、斯大林最忠實最好的學生之一，我們就需要在無產階級與一切羣衆的長期而偉大的革命鬥爭中去進行各方面的修養，首先要有馬列主義理論的修養，以及在實踐中運用這種理論的修養；要有思想意識的道德品質上的修養；要有黨內團結、黨內鬥爭與紀律上的修養；要有艱苦奮鬥與工作作風上的修養；要有戰略、戰術、工作方法上的修養；要有善於對待各種人們，處理各種問題，以及各種科學知識與某些專門技術上的修養等，我們同是共產黨員，所以我們有共同的一般的修養。但是在我們黨員中今天還有極大的差別性，在工作上，地位上，文化程度上，鬥爭經驗上，社會出身上，都還有極大的不同，所以我們除開一般的修養之外，還在各部份或各個同志之間有他們特殊的修養。

在修養的方法命形式上也是有各種各色的，譬如在我們同志中有許多人寫日記來檢查他

(19)

《论青年修养》正文第19页

## 九 黨內各種錯誤思想意識的來源

同志們！共產黨是代表著現今人類社會中最光明的最進步的一方面，是人類最新思想——馬克思、列寧主義的寄託與發育之所。世界上最覺悟、最進步、最健全、是有道德與正義感的人士，集中在共產黨中，而堅持不屈的與黑暗勢力搏鬥者，為人類社會的光明與最後解放而奮鬥者。中國共產黨是世界共產黨的最好支部之一。有強固的馬列主義的理論武裝，同時穩承著中華民族派代進步思想家、事業家的優良傳統。它是代表中國社會中舊的黑暗勢力和傳統的一方面，在它的組織內集中著中華民族最優秀的男女。它與中國社會中舊的黑暗勢力是作過了長期的鬥爭，有著長期豐富的革命鬥爭的經驗和鍛鍊，這一切，是我們共產黨人是以自豪的。而且我們完全自信並有一切的根據說：我們一定要取得最後的勝利與最後的成功。

然而，即便如此，在我們的組織中還不是盡善盡美的，還不是沒有缺點與錯誤的，在我們的隊伍中，還不是沒有不健全的人以至壞蛋的，這些不健全的人和壞蛋，也還不是不能幹出

( 71 )

### （二）《论革命的修养》

本书为刘少奇著《论共产党员的修养》的伪装本。32开，正文78页，竖排铅印。封面为白底绿字，从右向左竖向印有"刘少奇著""论革命的修养""1940"等字。封底左下印有"播种社"。

本书无目录。正文第一页印有真实题名《论共产党员的修养》，旁注"七月八日在延安马列学院讲演"。正文篇目如下：

绪论
一、共产党员为什么要有修养？
二、作马克思、恩格斯、列宁、斯大林最好的学生
三、修养的各方面及修养的方法
四、党员思想意识的修养
　　（一）要了解共产主义事业是人类史上空前伟大而艰难的事业
　　（二）党员个人利益无条件的服从党的利益
　　（三）党内各种错误思想意识之举例
　　（四）党内各种错误思想意识的来源
　　（五）对待党内各种错误思想意识的态度及党内斗争
　　（六）在政治上展开我们的思想

刘少奇的这篇著作影响很大，传播广泛，为了应对查禁，多次使用伪装题名出版。比较常见的有伪装成《论革命家的修养》，出版者署"正理出版社"；伪装成《论修养》，出版者署"国际出版社"，1938年出版；伪装成《论党员修养》，出版者和出版时间均不详。

从目前见到的几种《论共产党员的修养》伪装本来看，虽然题名和出版者进行了伪装和虚构，但是封面大都据实署上了"刘少奇著"，使得伪装效果大打折扣。从国民党的查禁目录可知，这本著作也确实引起了国民党的注意。例如，国民党广西审委会检送的是《论党员的修养》的版本，国民党中央图书杂志审查委员会以"强调阶级对立，鼓吹社会革命，影响抗战前途"为由将其查禁；国民党广东审委会检送的是《论革命的修养》的播种社版本，国民党中央图书杂志审查委员会以"鼓励为共产主义而奋斗，触犯审查标准"为由将其查禁。

《论革命的修养》封面

# 論共產黨員的修養

（七月八日在延安馬列學院講演）

## 緒論

同志們：

很對不起！你們很久以前就請我來講演，我直遲至今天才來。我今天所要講的問題，是共產黨員的修養。我想，在建設與鞏固黨的基本任務前面，來講講這個問題，或許不是沒有益處的吧？我並想分作幾次來講，今天講一部份，其餘的只好留待下次。同時為了使許多年青的同志能够了解起見，在某些問題上就不能不多解釋幾句，例子不能不多舉些，這就使得話語不能太緊縮。這是我首先聲明一下的。

一　共產黨員為什麼要有修養？

同志們！共產黨員為什麼要有修養呢？

本來，世界上自有人類以後，人們為了要生活，就必須與自然界進行鬥爭，生產人們生存所必需的物質資料。但是「人們之和自然界鬥爭以及利用自然界來生產物質資料，並不是彼此孤立

— 1 —

《论革命的修养》绪论

## 黨員思想意識的修養

同志們！現在來講共產黨員在思想、意識上所表現的某些現象來講這個問題。同時這裏所講的只是黨員最基本的思想意識。

我們在思想、意識上的修養，是一問什麼事呢？我覺得這任基本上就是代表無產階級的思想、意識和其他各種思想、意識在我們頭腦中的鬥爭；是共產主義的人生觀、世界觀在我們思想中的鬥爭；是黨員的個人利益與目的和黨的革命的利益與目的之兩種觀念的鬥爭。

我認爲這是一種思想上的矛盾的鬥爭。這種鬥爭的結局，對於我們黨員的思想來說，應該是無產階級的意識克服以至肅清其他各種意識，是共產主義的人生觀、世界觀克服和溶化黨員個人利益人生觀與世界觀，是黨的、革命的、人類解放的一般利益與目的的思想克服前者，那末他就會要落後以至失去他與目的的思想。如果結局不是這樣的話，那末就是後者克服前者，那末他就會要落後以至失去他共產黨員的資格。這對於我們黨員來說，是一種可怕的危險的結局呵！

我們共產黨人，在黨內黨外各種思想的、政治的、經濟的鬥爭中鍛鍊着自己的思想，認識革命的現實；同時我們還應該經常的總結與吸收革命實踐的經驗，在這樣的學習、反省與自我檢討中，自我檢討自己的思想是否完全適合於馬列主義與無產階級解放鬥爭的利益？在這樣的學習、反省與自我檢討中，去肅清自己一切不正確的思想以至最微弱的不適合於共產主義利益的念頭的萌芽，這就是我們所說的思想上的修

— 23 —

《論革命的修養》正文第 23 页

《论革命的修养》封底

（三）《青苗》（《新文艺集刊》1）

本书为对毛泽东《新民主主义论》一文进行解读和剖析的学习材料的伪装本。32开，正文13页，竖排油印。封面右上为红底白字，印有伪装题名《青苗》，题名左侧并排印有红字"新文艺集刊"。题名之下印有蓝色阿拉伯数字"1"，说明本书系《新文艺集刊》的第一种。

本书没有目录，正文章节如下：

  第一节 什么是革命
      两种革命
  第二节 中国革命的任务和性质
      两大任务
      中国革命的性质
      中国民主革命运动
  第三节 新民主主义革命
      中国民主革命的变化
      中国革命是世界革命的一部分
      无产阶级的领导作用
  第四节 中国革命的前途
      两个阶段
      从新民主主义到社会主义

除了上述内容，书末还附9道讨论题目。

本书未署刻印时间，各馆藏书目录及毛泽东著作相关研究资料均未见著录。文中大量引用毛泽东《新民主主义论》的内容，章节名称和文字有少量错误，应属全民族抗日战争时期油印出版的伪装本。

《青苗》(《新文艺集刊》1)封面

## 什麼是革命

中国的旧社会,是一个殖民地、半殖民地半封建的社会。这个社会的政治,是殖民地半殖民地半封建的政治,其经济是殖民地半殖民地半封建的经济,其文化是殖民地半殖民地半封建的文化。

最近几十年来,这个旧社会发展到了它的末路。在这个国家里,满眼都是酿患、腐败、事事都落後於人,充满着不合理的现象,造成了中国社会的空前危机。可是,这个旧社会,老而不死,今天它还拼命佔在统治中国的地位,使中国人民继着过着多苦多难的日子。

常言道:"血的不去,新的不来。"要把这个老朽的旧社会除去,让新社会得到发展,就要用暴力的方法,用革命的方法。暴力与革命,便是新社会的收生婆。如果没有暴力,没有革命,那么新社会就要陷於难产。有的人害怕革命,提倡什么"自然发展"啦,"改良主义"啦,这都企图不要革命,对向社会实行妥协的办法。

毛泽东同志说:"我们要革除的,就是这种殖民地半殖民地半封建的旧政治旧经济与旧文化形态,而我们要建立起来的,则是与此相反的东西,乃是中华民族的新政治与新经济与新文化。"

我们所说的"革命",就是在这个新旧社会,新陈代谢过程中的、这种除旧佈新的斗争。

两种革命

在近代世界史上，有两种大革命，就是：十八九世纪欧美各国的民主革命和二十世纪苏联的社会主义革命。这两种性质不同的革命，具分别如下：

民主革命——发生于封建或封建性国家；社会主义革命——一般的发生于资本主义国家。

民主革命——是全体人民（工农小资产阶级）反对民族压迫和封建压迫的；社会主义革命——是无产阶级领导全体劳动人民反对资产阶级的。

民主革命的任务——（一）推翻封建专制统治，实行民主政治，（二）扫除资本主义的障碍，扶同本国发展资本主义为出路，所以，一定程度性上叫做"清产阶级性的民主革命"。

社会主义革命的任务——（一）推翻资产阶级的统治，实行无产阶级专政，（二）消灭阶级压迫，造成一个人类真正自由幸福的乐园；（三）废除生产手段及财产的私有制度，实行国家决定和管理的经济计划，扫除阶级社会的人对人的剥削，使每个人都有劳动休息和教育的权利和义务，保证了高度的生产效率技术堂文化美最发扬人类最高理想——共产主义社会。结果是建立民主国家，社会主义国家，所以，民主革命——社会主义革命——现社会主义有共产主义"。

第二节 中国革命的任务和性质

（四）《青苗》（《新文艺集刊》6）

本书为刘宁一编《论政党问答》的伪装本。32开，正文27页，竖排，蓝色油印。封面右上为红底白字，印有伪装题名《青苗》，题名左侧并排印有红字"新文艺集刊"。封面正中印有蓝色阿拉伯数字"6"，说明本书系《新文艺集刊》的第六种。

本书没有目录，正文设置了104道问题，分为7章。正文篇目如下：

第一章　阶级与政党
第二章　什么是共产党
第三章　党的组织
　　一　党员
　　二　党的组织原则
　　三　党的组织
第四章　党的生活
　　一　党的纪律
　　二　自我批评
第五章　党的巩固
　　一　思想斗争
　　二　清除机会主义分子
　　三　党的统一
第六章　干部和党员的学习
　　一　干部决定一切
　　二　干部政策
　　三　党员的学习
第七章　党的领导
　　一　党与群众的关系
　　二　组织上的领导问题
　　三　审查工作

封底标注："请翻印！请传给你的朋友！"左侧用钢笔手书："这是根据《政

党问答》（播种社）抄的。"经与刘宁一（署名"翟放"）编写、播种社出版的《论政党问答》比对，两书内容完全一致，说明本书是《论政党问答》的伪装本。

刘宁一是中国工人运动的杰出领导人。1937年全民族抗战开始后，他受党组织派遣赴上海任上海工人运动委员会书记，中共江苏省委委员、工运部部长、保卫部部长，参与领导上海地下革命工作。1939年，为了满足工人夜校的需要，中共江苏省委工人运动委员会组织力量编写了一批小册子，本书即是其中之一。据刘宁一回忆："1939年，我写过一本《论政党问答》，署名'翟放'。先是油印发行，后由一家书店公开出版。"[①] 本书为油印出版，未署时间，可能就是作者所说的早期版本。

---

① 上海市总工会编：《抗日战争时期上海工人运动史》，上海：上海远东出版社，1992年，第290页。

《青苗》(《新文艺集刊》6)封面

## 第一章 階級與政黨

（一）又沒有勞動就不能有社會你以為對嗎？對的，因為只有勞動的人們，才能有生活資料及一切。

（二）階級是什麼？是社會中一部份人剝奪生產工具的方法來剝削人家的勞動而享福另一部份人勞動的成果被人家佔去而作奴隸。

（三）資本主義社會中基本的階級是什麼？是無產階級及資產階級。

（四）無產階級與資產階級的關係是怎樣？利害根本予資產階級以剝削無產階級為生，因此兩階級是經常鬥爭的，但階級發展过程，使無產階級長大並因結起來，能夠打倒資產階級。

（五）没有資本家能生産嗎？没有勞動階級能生産嗎？没有資本家社會可以的，因為資本家除了剝削人家之外一点都没有用的，但是如果没有勞動階級都没有人可以生產。

（六）資本主義的發展使工人生活變成怎樣呢？甲途了勞動之外一切皆無所有；乙使勞動獨立喪失變為機器的附属品，丙使又资机以外的一切會廢力工人只食夠用，造成經常的死而且大群的失業。

（七）資本主義的發展怎樣？甲人數增多了，乙遇惯了集体生活，团结性增强了；丙社会性的意識加强了。

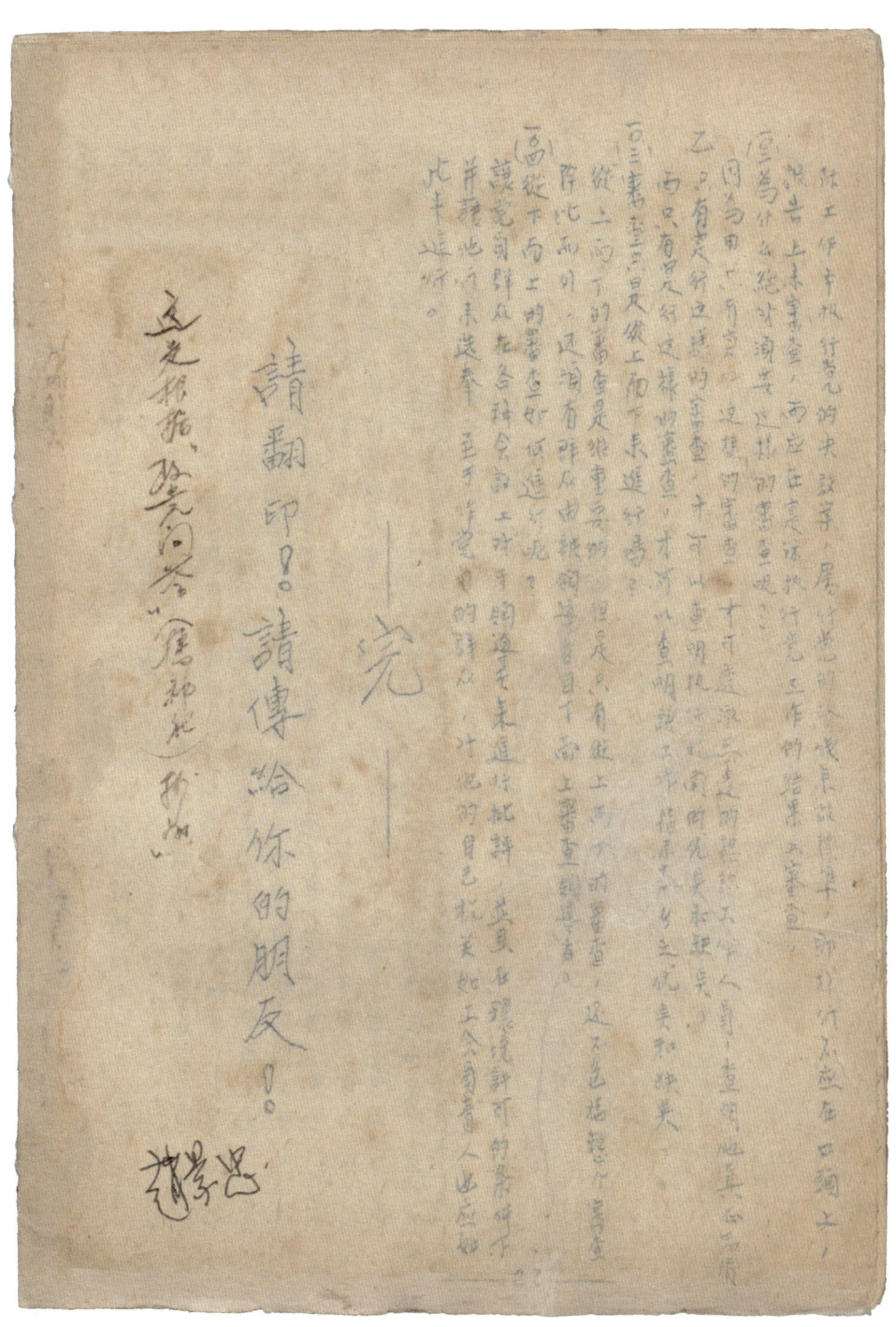

《青苗》(《新文艺集刊》6)封底

### （五）《论战争》

本书为全民族抗日战争时期晋察冀边区出版物的伪装本。32 开，正文 157 页，竖排铅印。封面正中为竖向的题签框，红底白字，印有伪装题名《论战争》，此外没有其他信息。题名页印有"论战争""前卫出版社""15.2.1940"等字。

本书目录如下：

> 纪念诺尔曼·白求恩博士（李发才）
> 悼念白求恩大夫（黄薇）
> 为完成中华民国真统一而奋斗（洛夫）
> 论巩固革命的组织（新华）
> 实行宪政保障抗战建国必胜必成（群众）
> 新四军在抗战烽火中成长着（张鼎丞）
> 苏维埃国家粉碎武装干涉的经验教训（梓年）
> 二十年来资本主义经济与社会主义经济的对照（许涤新）
> 二十年来英勇奋斗的法国共产党（朱世纶）
> 法国反动势力进攻共产党（法国·A.马尔蒂作，酣亮译）
> 论正义与非正义的战争（I.明支教授作，戈宝权译）
> 马克思论战争（许涤新）
> 怎样研究辩证法唯物论（艾思奇）
> 理解资本论所必需底预备知识（J.亚尔帕里作，许涤新译）
> 思想在社会中的作用（姆·叶果洛夫作，吴敏译）
> 社会主义的原则与一九一四年的战争（列宁作，徐冰译）。

本书的伪装题名为《论战争》，很容易让人联想到其为克劳塞维茨著《战争论》或前导书局出版的 Bruce Wintor Knight 著《论战争》一类的战争理论著作。本书正文第 1 页居中的黑线框内竖向印有"纪念白求恩博士"几个大字，前两篇为纪念白求恩的文章，正文分别用《朱彭总副司令电慰白求恩家属》（1939 年 11 月 23 日）、《延安各界追悼大会慰问白求恩家属电》（1939 年 12 月 1 日）补白，因此本书可视为以纪念白求恩为主旨的文集。最后一页印有中国出版社的新书广告。前卫出版社的前身是晋察冀边区五专区（四分区）的前卫印刷所。随着印刷所出版的图书日渐增多，遂发展为前卫出版社。

《论战争》封面

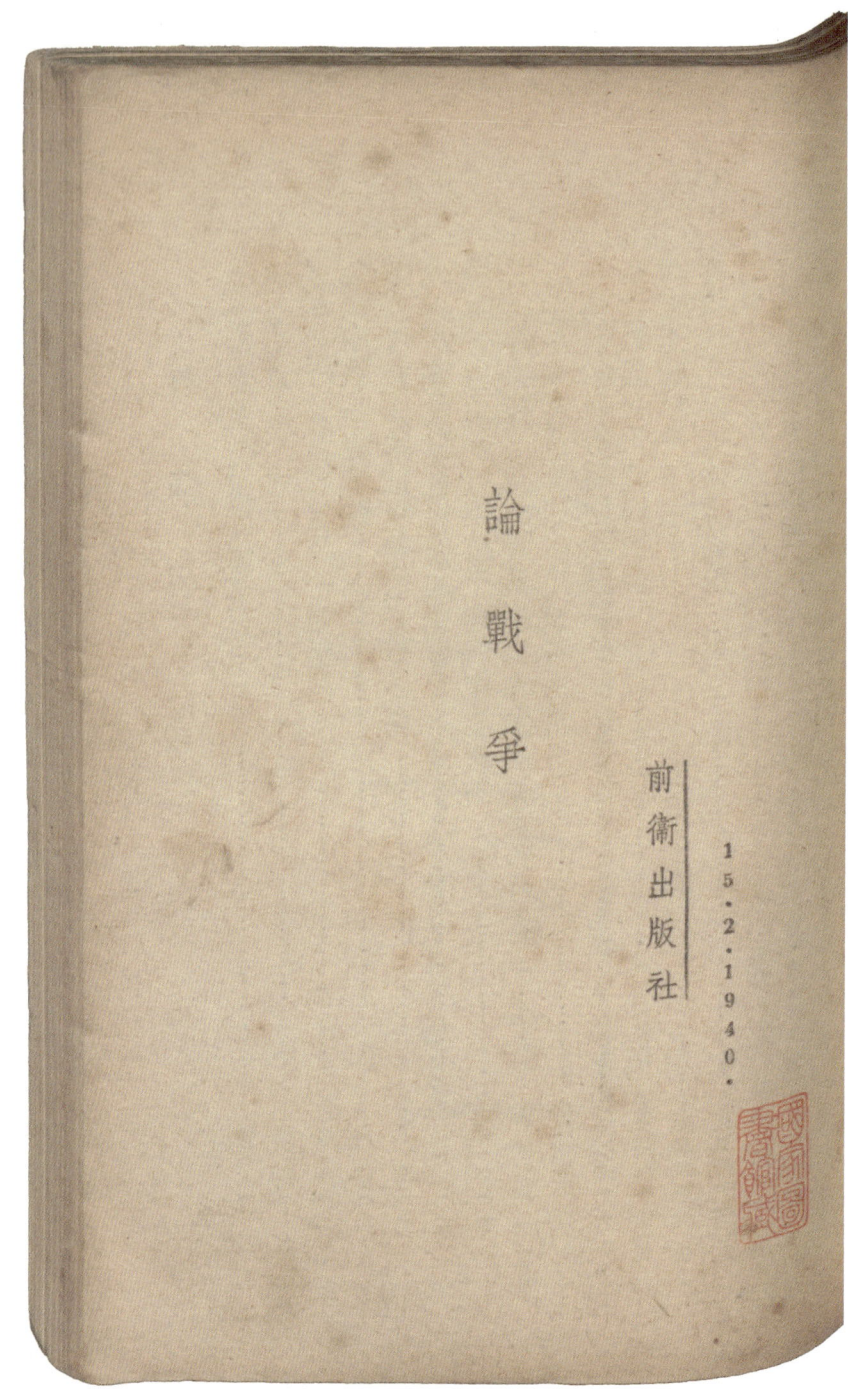

《论战争》题名页

# 目錄

紀念諾爾曼·白求恩博士 ………………………………… 李發才（二）
悼念白求恩大夫 ………………………………………………… 黃薇（七）
為完成中華民國眞統一而奮鬥 ……………………………… 洛夫（一一）
論鞏固革命的組織 …………………………………………… 新華（一八）
實行憲政保障抗戰建國必勝必成 …………………………… 章淼（二三）
新四軍在抗戰烽火中成長着 ………………………………… 張鼎丞（三一）
蘇維埃國家粉碎武裝干涉的經驗教訓 ……………………… 梓年（四〇）
二十年來資本主義經濟與社會主義經濟的對照 許滌新（四五）
二十年來英勇奮鬥的法國共產黨 Ⅰ·明支教授作 朱世綸譯（五六）
法國反動勢力進攻共產黨 Ⅰ·明支教授作 戈寶權譯（六四）
論正義與非正義的戰爭 …………………… 法國·A馬爾蒂作 酬亮譯（七五）
馬克思論戰爭 ………………………………………………… 許滌新（九四）
怎樣研究辯證法唯物論 ……………………………………… 艾恩奇（一〇二）
理解資本論所必需底預備知識 …………… J·亞爾帕里作 許瀅新譯（一一二）
思想在社會中的作用 ………………………… 娅·蜚臬洛夫作 吳敏譯（一二八）
社會主義的原則與一九一四年的戰爭 ……… 列宁作 徐冰譯（一三八）

《论战争》目录

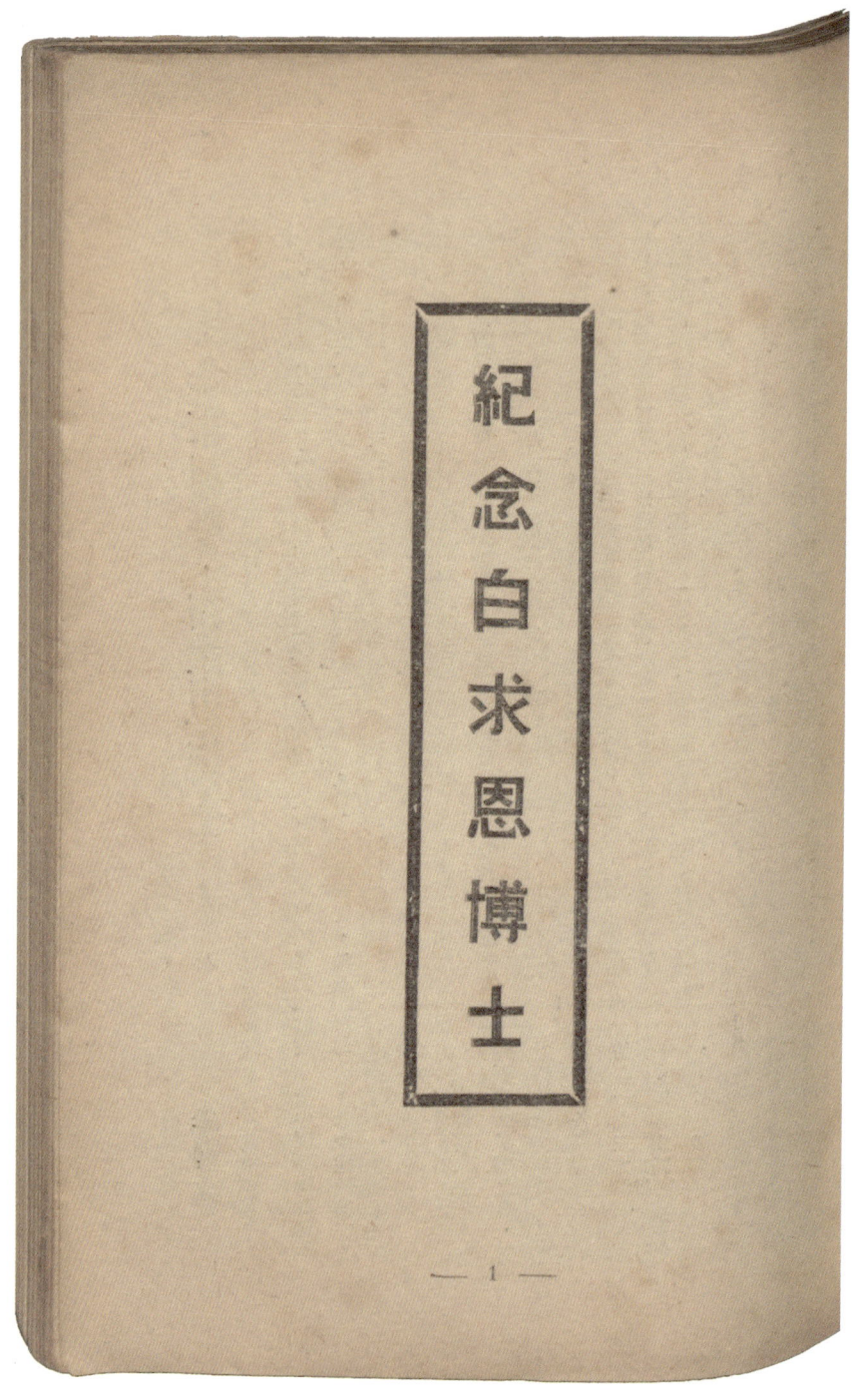

《论战争》正文第1页

## 紀念諾爾曼·白求恩博士

李發才

白求恩博士死了，八路軍和全中國的這位親愛的加拿大的朋友，已經追隨八路軍和全中國那無數為中華民國和中國人民之生存而犧牲了的先烈們到一起去了，為了救濟別人，他戰鬥了一生，如今在救濟別人的戰鬥中，他自己死去了。

在替別人施行手術時不幸受了傷之後，又受到致命的傳染，雖然費盡了各種方法，他終於在一九三九年十一月十三日離我們而長逝了，他本來打算在十一月間離開中國到美國去為八路軍作戰地區進行募及募捐，在離開之前

### 朱彭總副司令電慰白求恩家屬

加美援華委員會轉
白求恩大夫家屬：

加拿大共產黨之優秀代表白求恩大夫，為援護正義和平，為援助中國人民之解放事業，不辭艱辛遠道來華，曾在敝軍服務兩年，於茲功績卓著，不幸於本年十一月十三日於晉察冀邊區逝世。敝軍將士，聞此噩耗，莫不深為哀痛。蓋此不僅我國抗戰之一大損失，亦世界人類解放事業之一大損失也。除通令全軍舉行壯烈的哀悼外，謹電馳陳，藉申慰問。

國民革命軍第十八集團軍總副司令朱德彭德懷叩
中華民國二十八年十一月二十三日

# 悼念白求恩大夫

黃薇

這意外的噩耗，使我感到無限的悲痛！想到我前方千千萬萬的抗戰將士，從此失掉一個患難的朋友，使我壓不住心頭的跳動，哀悼的情緒！一個健壯、熱烈、誠摯、偉大的影子，在我的腦海裏浮現着，過去的回憶，一幕幕地在我眼前展了開來：

那是去年九月的事情。當記者一羣三十餘人，剛到山西五台的第二天，晉冀察邊區以府，軍區××部及各民衆團體，聯合舉行了一個盛大的歡迎晚會。在宴席上，得到×××司令的介紹，記者開始認識了我們這位國際朋友，

## 延安各界追悼大會慰問白求恩家屬電

加美援華委員會轉

白求恩大夫家屬：

加拿大人民之優秀代表，加拿大共產黨之優秀的黨員白求恩大夫，遠道來華，助我抗戰，其爲中華民族與世界人類之解放事業而奮鬥的國際主義精神，深爲敝國人民之欽仰與讚慕。白大夫自參加八路軍的醫療工作以來，成績卓著，全軍感奮。乃不幸於本年十一月十三日，因施行手術，致中毒殞命於晉冀察邊區，噩耗傳來，全延安黨政軍民學各界人士，均認爲這是中華民族與全世界人民之重大損失，極表哀痛，除舉行追悼大會，並表揚勞績外，特電致慰問之意。

延安各界追悼白求恩大夫大會叩
一九三九年十二月一日

— 7 —

## （六）《新文化运动论》

本书为张闻天著《抗战以来中华民族的新文化运动与今后任务》的伪装本。32开，正文45页，竖排铅印。封面左上有浅绿色暗纹长方框，以蓝色字体竖向印有伪装题名《新文化运动论》，作者署名"洛甫著"。题名页的题名和作者与封面相同，下端印有"1940"。书尾版权页显示本书的出版者为"光大出版社"，出版时间为"中华民国二十九年九月出版"。正文第1页印有真实题名《抗战以来中华民族的新文化运动与今后任务》。

张闻天（1900—1976），又名洛甫，上海南汇人。1925年加入中国共产党。抗日战争时期，历任中共中央书记处书记兼中央宣传部部长、西北工作委员会主任、《解放》周刊主要负责人、《共产党人》编辑、中共中央马克思列宁学院院长，是党的理论宣传和干部教育工作的主要领导人之一。《抗战以来中华民族的新文化运动与今后任务》是1940年1月5日张闻天在陕甘宁边区文化界救亡协会第一次代表大会上的报告大纲，该大纲全面系统地阐述了全民族抗战以来中华民族新文化运动的实质、内涵及今后任务等一系列的理论问题。1940年4月10日，文章刊发在《解放》第一〇三期，署名"洛甫"。

本书目录如下：

一　日寇灭亡中国的奴化活动与奴化政策
二　抗战以来中华民族的新文化运动及其中心任务
三　中华民族新文化的内容与性质
四　中华民族的新文化与旧文化
五　中华民族的新文化与外国文化
六　中华民族新文化与三民主义
七　中华民族新文化与社会主义
八　关于中华民族新文化与大众化问题
九　关于中华民族新文化的形式问题
十　中华民族新文化的历史发展
十一　中华民族新文化运动历史发展中的特征及其前途
十二　中华民族新文化运动当前的具体任务
十三　关于抗日文化统一战线，其特点与工作

十四　中国新文化运动的基本队伍——广大的青年知识分子（包括广大的青年学生）

十五　全力为争取抗战建国的彻底胜利而斗争

本书的出版机构署"光大出版社"，1940年还曾以其名义出版过《新民主主义论》，此外没有见过该社的其他出版物，应属虚构的出版机构。

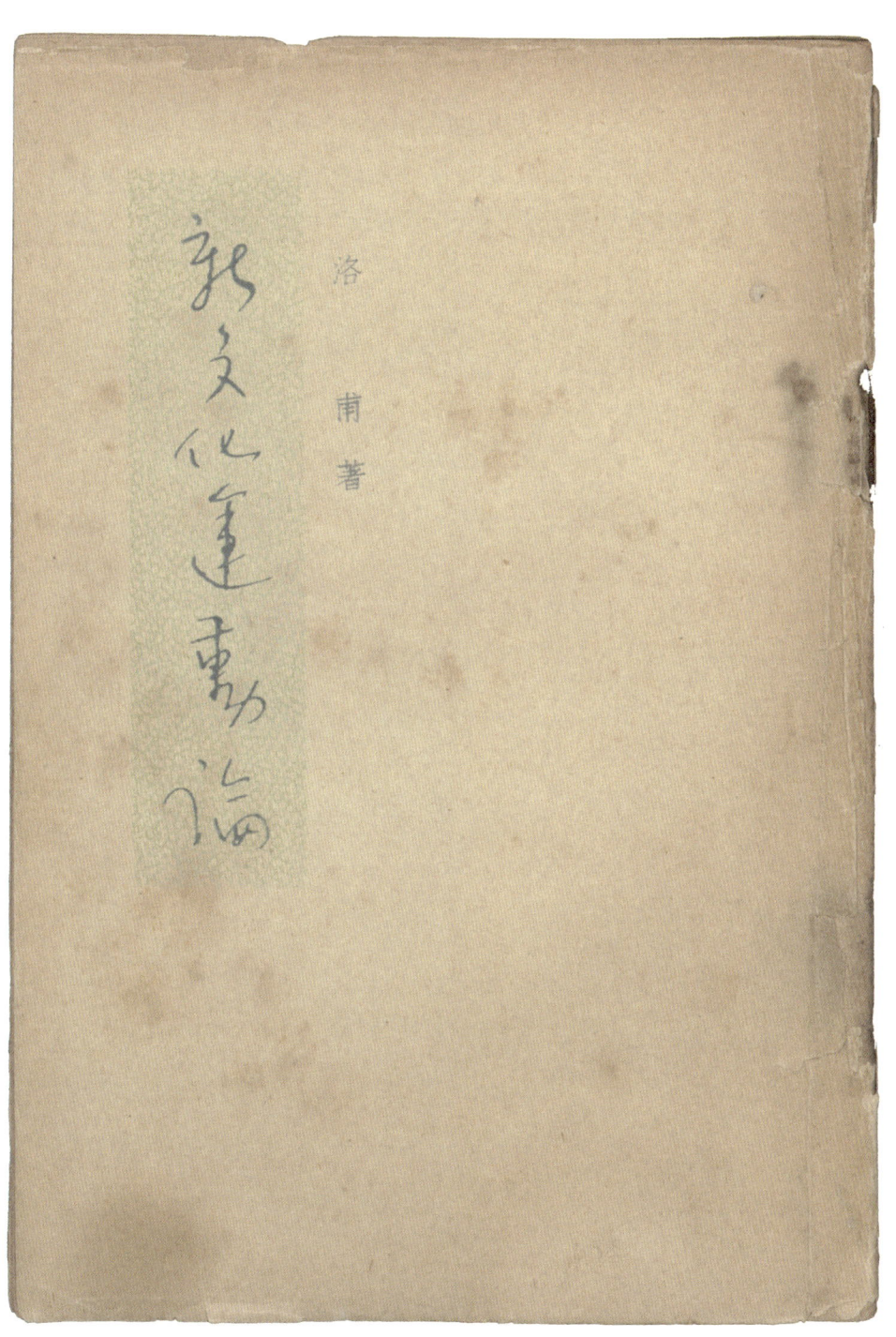

《新文化运动论》封面

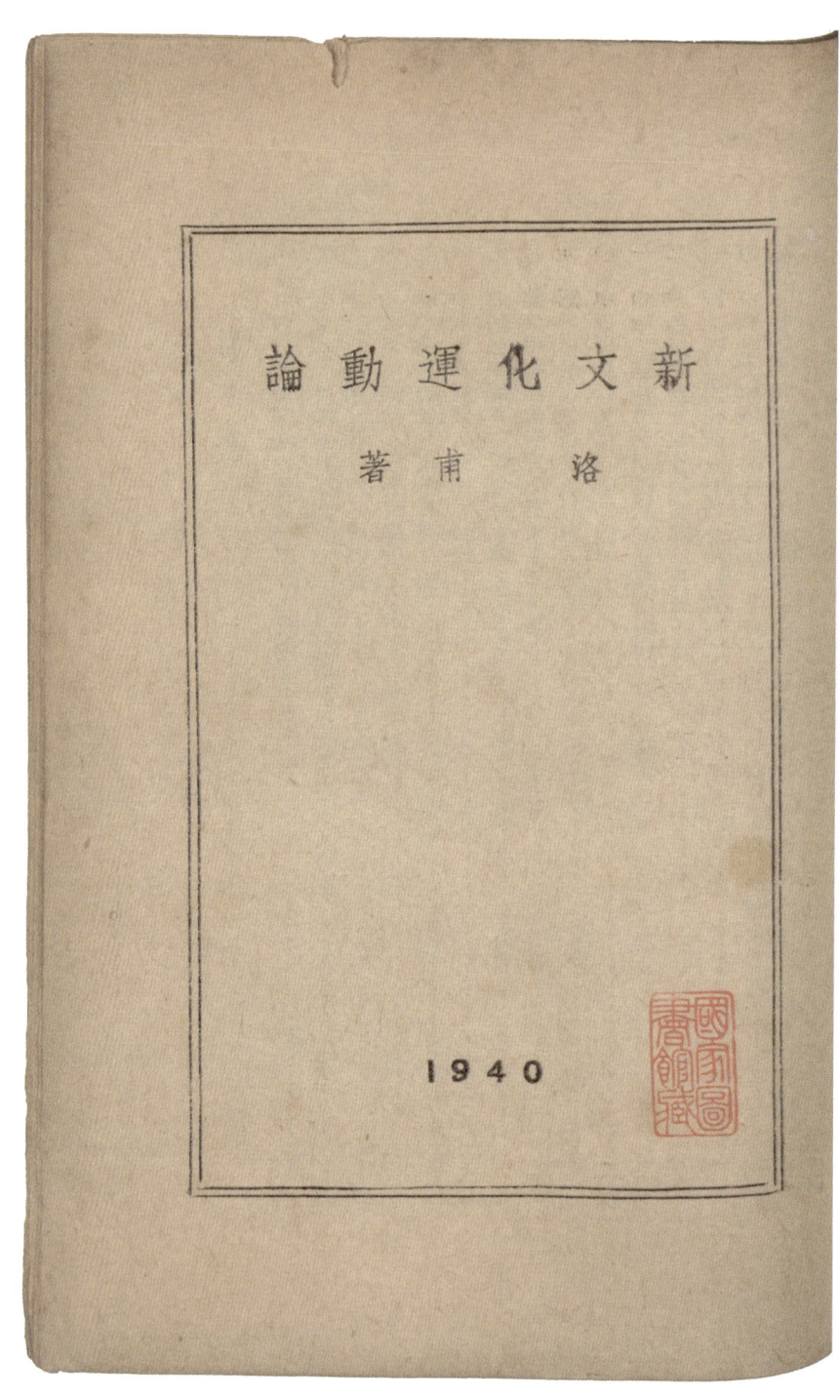

《新文化运动论》题名页

# 目錄

一 日寇滅亡中國的奴化活動與奴化政策……一
二 抗戰以來中華民族的新文化運動及其中心任務……四
三 中華民族新文化的內容與性質……七
四 中華民族的新文化與舊文化……一〇
五 中華民族的新文化與外國文化……一二
六 中華民族新文化與三民主義……一五
七 中華民族新文化與社會化問題……一七
八 關於中華民族新文化的形式問題……二〇
九 關於中華民族新文化歷史發展中的特徵及其前途……二三
一〇 中華民族新文化運動的歷史發展……二六
一一 中華民族新文化運動當前的具體任務……三一
一二 關於抗日文化統一戰線，其特點與工作……三五
一三 中國新文化運動的基本隊伍——廣大的青年知識分子（包括廣大的青年學生）……四〇
一四 全力為爭取抗戰建國的澈底勝利而鬥爭……四四

《新文化運動論》目錄

# 抗戰以來中華民族的新文化運動與今後任務

洛甫

——一九四〇年一月五日在陝甘寧邊區文化界救亡協會第一次代表大會上的報告大綱——

## 第一節 日寇滅亡中國的奴化活動與奴化政策

一、日寇對華的總的政治目的是滅亡全中國。它使用的鬥爭武器，有政治的、軍事的、經濟的、文化的。在它進攻中國的不同階段，有某一種鬥爭武器成為主要的，如「七七」抗戰以後的第一個階段，以軍事進攻為主，而現在則以政治進攻為主了。但其他鬥爭武器，仍是互相配合著的。它的一切鬥爭的武器，均服從於它的政治的目的。

二、日寇的奴化活動、奴化政策，服從於它滅亡中國的總的政治目的。這是它滅亡中國的一

— 1 —

《新文化運動論》正文第1頁

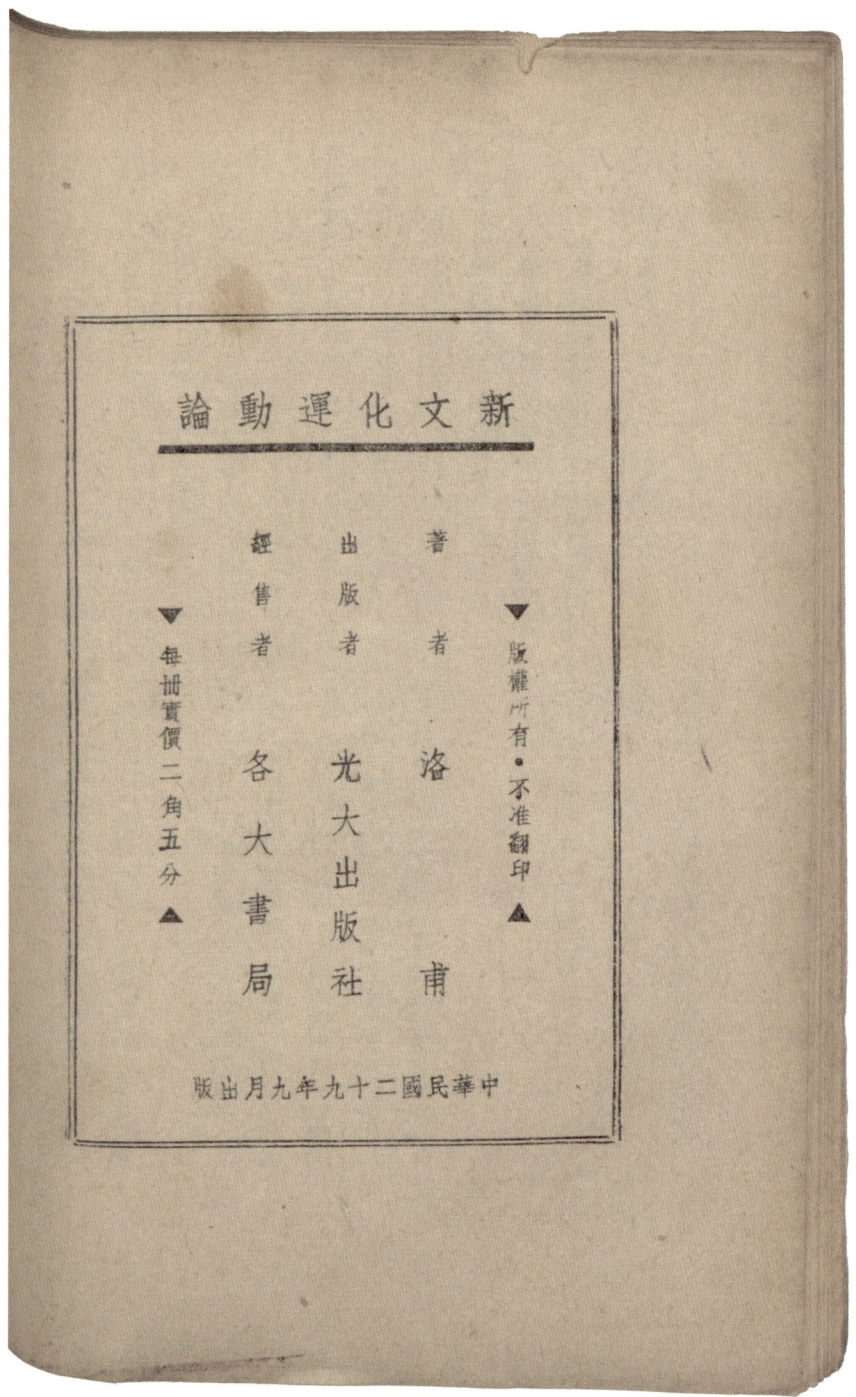

《新文化运动论》书尾的版权页

### (七)《新民主主义》

本书为毛泽东著《新民主主义论》的伪装本。32开,正文40页,毛边本,竖排铅印。封面上端用红字印有伪装题名《新民主主义》,配有知识分子、学生、农民、商人等手举青天白日旗的彩色插图,下端印有"北平文化服务社出版"。

1940年1月9日,陕甘宁边区文化协会第一次代表大会在延安召开。毛泽东在会上做了题为《新民主主义的政治与新民主主义的文化》的长篇演讲。1月15日,毛泽东将这篇演讲稿修改并定稿,1个月后发表在陕甘宁边区文化协会机关刊物《中国文化》创刊号上。2月20日,延安《解放》周刊第九十八、九十九期合刊转载时把题目改为《新民主主义论》。解放社随即出版了第一个同名单行本。《新民主主义论》系统地阐述了新民主主义革命和新民主主义社会理论,指出中国社会的性质决定了"中国革命的历史进程,必须分两步走,其第一步是民主主义的革命,其第二步是社会主义的革命,这是性质不同的两个革命过程。而所谓民主主义,现在已不是旧范畴的民主主义,已不是旧民主主义,而是新范畴的民主主义,而是新民主主义"。新民主主义革命的实质就是无产阶级领导的、以工农联盟为基础的、人民大众的、反帝反封建的革命,并且制定了新民主主义革命的政治、经济、文化纲领。

本书正文前印有真实题名《新民主主义论》,注明系"为《中国文化》杂志作,原名《新民主主义的政治与新民主主义的文化》"。正文末的落款时间为"一九四〇年一月十五日",表明本书系毛泽东的改定稿。

本书内容如下:

一　中国向何处去
二　我们要建立一个新中国
三　中国的历史特点
四　中国革命是世界革命的一部分
五　新民主主义的政治
六　新民主主义的经济
七　驳资产阶级专政
八　驳"左"倾空谈主义
九　驳顽固派

十　旧三民主义与新三民主义
十一　新民主主义的文化
十二　中国文化革命的历史特点
十三　四个时期
十四　文化性质问题上的偏向
十五　民族的科学的大众的文化

《新民主主义论》发表之后，很快就在根据地广泛传播，同时给国统区的知识界带来不小的冲击，国民党当局对此十分紧张。1940年6月13日，国民党中央图书杂志审查委员会奉国民党中央宣传部命令，发出查禁《新民主主义论》的代电，要求"各级审查机关审查原稿时应切实注意，凡遇有宣传此类名词之文字，应一律予以检扣或删削补送外，用特电请查照饬属，切实注意办理为荷"[1]，不但查禁了本书，还严格审查相关文字和评论。为此，中国共产党领导及其影响下的出版机构，将《新民主主义论》巧妙印成《大乘起信论》《金刚经》《文史通义》《验方大全》《七侠五义》《中国往何处去》等伪装本，在国统区和沦陷区秘密传播。

本书托名"北平文化服务社出版"，具有一定的迷惑性。中国文化服务社于1935年成立于上海，全民族抗战开始后迁往重庆。1938年12月，该社成为国民党官办机构，直属国民党中央宣传部管辖。该社以出版国民党党义书籍为主，也出版一些社会科学书籍和文艺书籍，与中国共产党和各民主党派的抗日救国宣传抗衡。[2] 本书将真实题名删去一字，未署作者姓名，特别是经过精心设计的封面插图，具备典型的伪装特征，极易使人误以为是中国文化服务社北平分社的出版物。

---

[1]《国民党中央图书杂志审查委员会查禁毛泽东著〈新民主主义论〉等著作有关文电》，载中国第二历史档案馆编《中华民国史档案资料汇编·第五辑第一编·文化1》，南京：江苏古籍出版社，1994年，第622页。

[2] 参见叶再生：《中国近代现代出版通史》第三卷，北京：华文出版社，2002年，第339页。

《新民主主义》封面

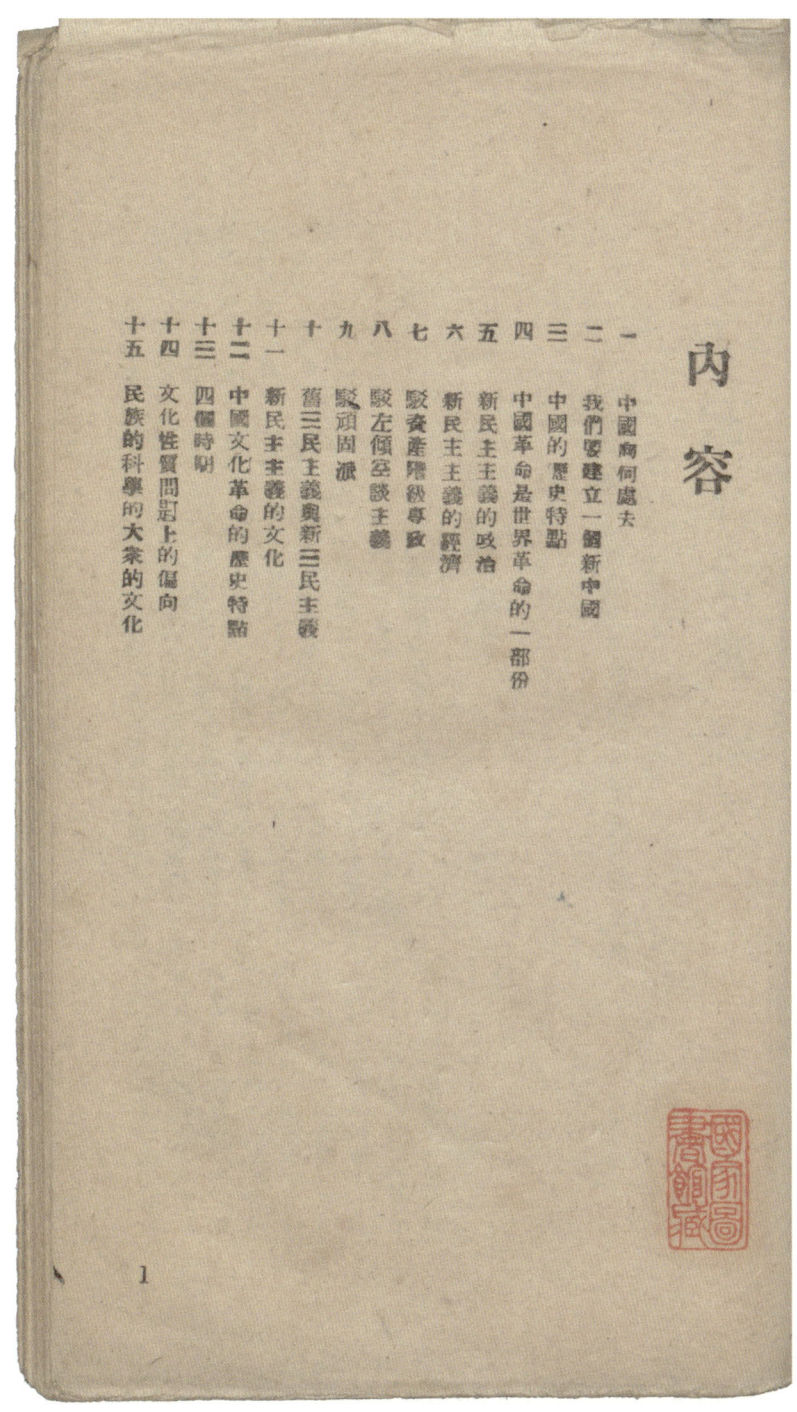

《新民主主义》内容

# 新民主主義論

*中國文化雜誌著作，原名新民主主義的政治與新民主主義的文化*

## 一　中國向何處去

抗戰以來，全國人民有一種欣欣向榮的氣象，大家以為有了出路，愁眉鎖眼的姿態為之一掃。但是近來的氛圍窒氣，反共聲浪，忽又甚囂塵上，又把全國人民打入悶葫蘆裏了。因此，趁著「中國文化」的出版，感覺說幾句話當叢蘭。於怎怎麼辦？中國向何處去？又成器問題了。好在延安許多同志都詳盡的文章，我的粗枝大葉的東西，就當作一番開想研究一下，也方在開始。對於這問題，或者也是有益的。對於文化問題，我為門外漢，想研究一下，也方在開始。對於諸先進的文化工作者，我們的東西，只當作引玉之磚，千慮之一得，希望共同討台鑼鼓好了。德謨正翁結論，適合我們民族的需要。科學的態度是「實事求是」，決不是「自以為是」與「好為人師」那樣狂妄的態度所能解決問題的。我們民族的災難深重極了，唯有科學的態度與負責的精神，能夠引導我們民族與解放之路。真理只有一個，而究竟誰為真理，不依靠主觀的誇張而依靠客觀的

1

（八）《修道新介绍》

本书为毛泽东著《中国革命和中国共产党》的伪装本。32 开，正文 29 页，竖排铅印。封面为白底黑字，左侧题签框内竖向印有伪装题名《修道新介绍》，封面还印有"辛巳年菊月""（非卖品）""轮流公看　功德无量　倘不敬重或有隐匿　罪莫大焉"等字。

本书没有目录。正文章节如下：

第一章　中国社会
　　第一节　中华民族
　　第二节　古代的封建社会
　　第三节　现代的殖民地、半殖民地、半殖民地半封建社会
第二章　中国革命
　　第一节　百年来的革命运动
　　第二节　中国革命的对象
　　第三节　中国革命的任务
　　第四节　中国革命的动力
　　第五节　中国革命的性质
　　第六节　中国革命的前途
　　第七节　中国革命的两重任务与中国共产党

《中国革命和中国共产党》成书于 1939 年冬季，系毛泽东和其他几位在延安的同志合作撰写的课本，全文 2 万多字。第一章"中国社会"由其他几位同志起草，经过毛泽东修改定稿，着重论述了中国的社会性质和主要矛盾。第二章"中国革命"由毛泽东撰写，系统阐述了中国革命的对象、任务、动力、性质、前途和中国共产党的历史任务。第三章准备写"党的建设"，因为担任写作的同志没有完稿而没有发表。第一章和第二章作为毛泽东的理论著作单独成篇，被广泛传播。这篇著作首次明确提出了"新民主主义革命"这个科学概念，发展了新民主主义理论，在毛泽东思想发展史上占有重要的地位。

这篇著作最早在《共产党人》1940 年第四期和第五期连载。第四期上刊登了一则编委启事："《中国革命与中国共产党》一书，为本书编辑委员会编辑，

供各学校、各训练班教课及在职干部自修学习之用。这是初稿,随编随在《共产党人》上发表,希教者读者提出意见,以便修改,使成一个完善的教本。各地教课时,可以从本刊上取下付印。一九三九年十二月二十五日。"国家图书馆藏这篇著作在中华人民共和国成立前的版本达 70 多种。

  本书借用《修道新介绍》的封面,隐匿作者,没有目录,伪装成宗教宣传册,既不易被发觉,又方便流传。根据"辛巳年菊月"推断,其出版时间可能在 1941 年 9 月之后。而正文最后落款时间为"一九三九年十二月十五日",说明本书是依据《共产党人》版本排印的。

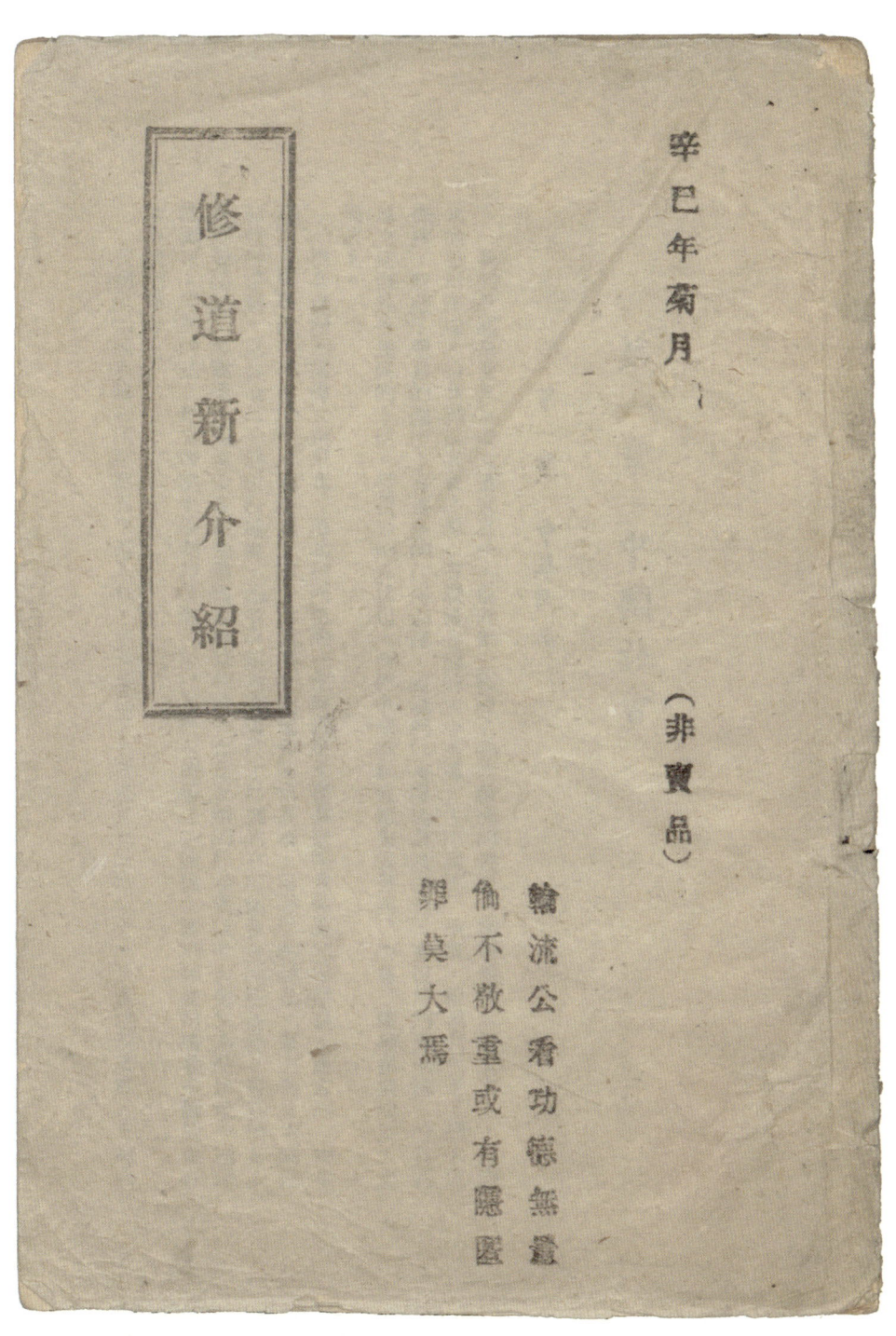

《修道新介绍》封面

# 第一章 中國社會

## 第一節 中華民族

我們中國是世界上最大國家之一,他的領土超過了整個歐洲的面積。在這個廣大領土之上,有廣大的肥田沃地,給我們以衣食之源;有縱橫全國的大小山脈,大小高原,平原,給我們生長了廣大的森林,貯藏了豐富的礦產;有很多的江河湖澤,給我們以舟楫與灌漑之利;有很長的海岸線,給我們以交通海外各民族的方便。從很早的古代起,我們中華民族的祖先就勞動、生息、繁殖在這塊廣大土地之上。

現在中國的國境:在東北、西北和西境的一部與社會主義蘇維埃共和國聯盟接壤。西方的一部和西南方與印度、不丹、尼泊爾接壤。南方與暹邏、緬甸和安南接壤,並和台灣隣近。東方與日本隣近和朝鮮接壤。這個地理上的國際環境,給予中國革命造成了外部的有利條件和困難條件。有利的是:與蘇聯接壤,與歐美一切主要帝國主義國家隔離較遠,在其周圍的許多國家中大部都是殖民地半殖民地國家。困難的是:日本帝國主義利用其海、陸、空與中國接近的關係,時刻都在迫害着中國的生存和中國的革命。

我們中國現在擁有四萬萬五千萬人口,差不多佔了全世界人口的四分之一。在這四萬萬五千萬人

《修道新介紹》正文第1頁

六，由於帝國主義和封建殘餘的雙重壓迫，特別是由於日本帝國主義的大舉進攻，中國的廣大人民尤其是農民，日益貧困以至破產，他們過着飢寒交迫與毫無政治權利的生活。中國人民的特殊的貧困與不自由，是世界各民族中所少有的。

殖民地、半殖民地、半封建的中國社會的特點就是這樣。

決定這種情況的，主要是日本帝國主義與國際帝國主義的勢力，是外國帝國主義與國內封建殘餘相結合的結果。

帝國主義與中華民族的矛盾，封建殘餘與人民大衆的矛盾，這就是現時中國社會的主要矛盾。（當然還有別的矛盾，例如資產階級與無產階級的矛盾，統治階級內部的矛盾等）而帝國主義與中華民族的矛盾乃是各種矛盾中的最主要的矛盾。這些矛盾的鬥爭及其尖銳化，就不能不造成日益發展的革命運動。偉大的近代與現代的中國革命，是在這些基本矛盾的基礎之上發生與發展起來的。

## 第二章 中國革命

### 第一節 百年來的革命運動

帝國主義與中國封建殘餘相結合，把中國變爲半殖民地與殖民地的過程，也就是中國人民反抗帝國主義及其走狗的過程。從鴉片戰爭，太平天國運動，中法戰爭，中日戰爭，戊戌政變，義和團運動，辛亥革命，五四運動，五卅運動，北伐戰爭，土地革命，直至現在的抗日戰爭，都表現了中國人

### (九)《到自由幸福之路》

本书是"孤岛"时期上海出版的伪装本。32开，正文67页，竖排铅印。封面上用红字印有伪装题名和"独立书店印行"。封二为版权页，印有题名、定价、编印者、经售者等信息，还有出版时间"中华民国三十年七月初版"。

本书目录如下：

一　论陕甘宁边区施政纲领（吴克坚）

二　民主政治与三三制政权的组织形式（彭德怀）

三　我们在×敌后干些什么（刘少奇）

四　一九四一年的陕甘宁边区经济建设计划（书华）

　　附：边区的各种政策

五　今日×敌后模范民主根据地（穆欣）

六　晋察冀边区的县议会（克寒）

七　附录：陕甘宁边区施政纲领

这些文章大多辑自解放区的报刊。例如，《论陕甘宁边区施政纲领》原载1941年6月8日《新华日报》；《民主政治与三三制政权的组织形式》系1940年3月彭德怀在北方局党校发表的讲演，1941年5月22日刊发在《大众日报》上；《我们在敌后干些什么》是1941年6月3日刘少奇在盐城县第一届参议会第二次会议上的演说，原载1941年6月17日《江淮日报》。

从《到自由幸福之路》的题名完全看不出本书为宣传和介绍敌后抗日民主革命根据地的出版物。封面用了电影《摩登时代》的一帧画面作为背景插图。《摩登时代》是卓别林导演并主演的一部经典喜剧电影，影片用滑稽、夸张的肢体语言展示了底层人民生活的艰辛和悲苦，深刻反映了当时的社会问题，一度被当时的美国政治家视为有"红色共产倾向"的危险性作品。本书选用的是影片结尾处，男女主人公走在通往黎明的道路上，满怀期望与喜悦地寻找新生活的画面，意在号召革命青年奔赴中国共产党领导的敌后抗日民主革命根据地，隐晦地表达了其政治倾向。

《到自由幸福之路》封面

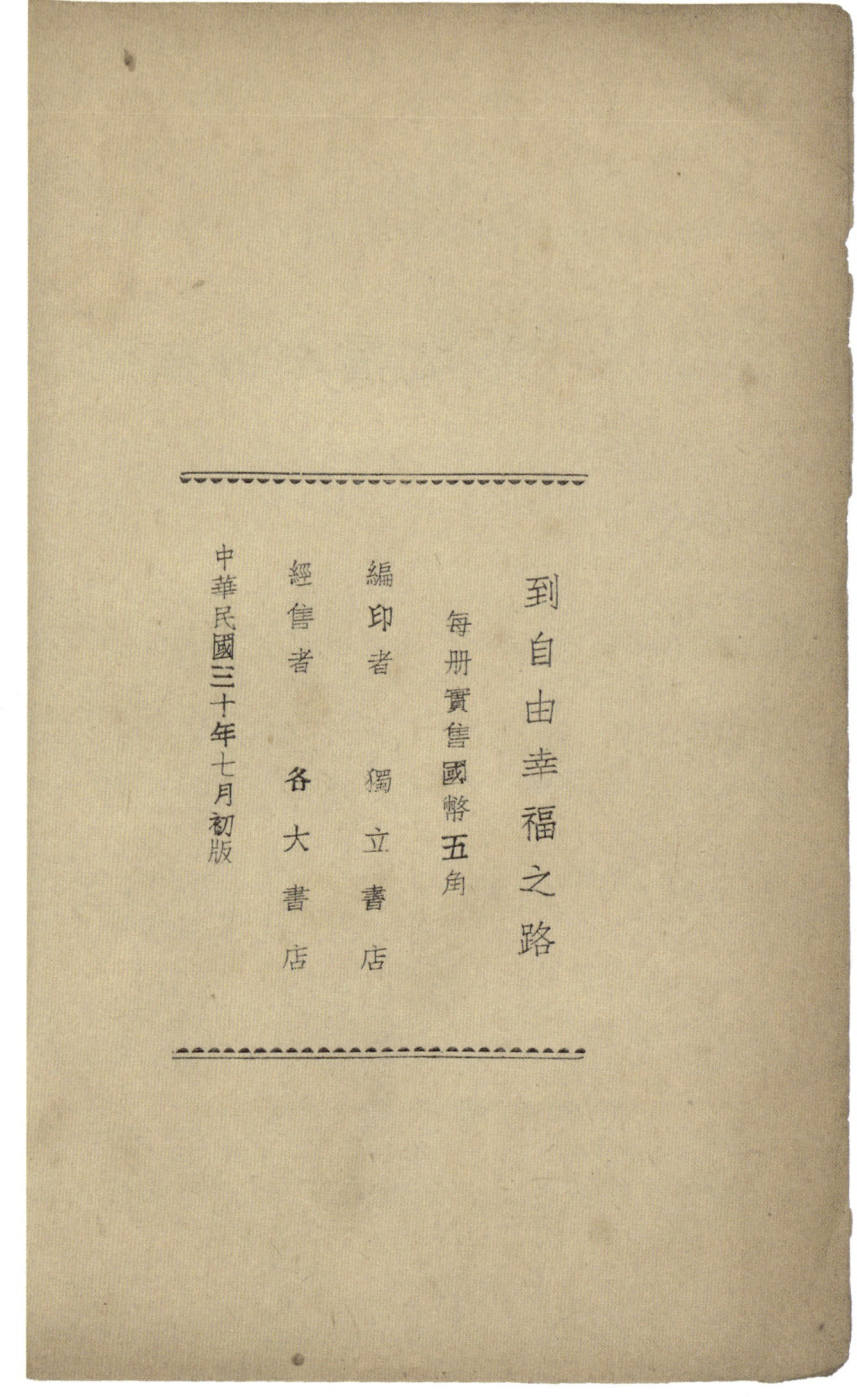

《到自由幸福之路》封二上的版权页

# 目錄

一 論陝甘甯邊區施政綱領……………………吳克堅

二 民主政治與三三制政權的組織形式…………彭德懷

三 我們在×後幹些什麽……………………………劉少奇

四 一九四一年的陝甘甯邊區經濟建設計劃………書華

　附：邊區的各種政策

五 今日×後模範民主根據地……………………穆欣

六 晉察冀邊區的縣議會…………………………克寒

七 附錄：陝甘甯邊區施政綱領

《到自由幸福之路》目錄

# 民主政治與三三制政權的組織形式

## ——在中共北方局黨校的報告——

彭德懷

### 一，亢×政權民主政權的本質

大凡是抗日民族統一戰線的民主政權，即幾個抗日革命階級的聯合專政，對誰專政呢？對漢奸親日派，及其他反革命份子的專政，因為他們破壞抗戰，破壞團結，抗日革命的階級要堅持抗戰，就必須要裁制他們鎮壓他們，他與大地主大資產階級的專政有基本上的區別：大資產階級的專政，是對小資產階級與無產階級的專政，即對中產階級之有自由思想者也是壓迫的，這種專政與工農代表會議政權也有不同，工農代表會議政權是工人階級和農民鎮壓地主資產階級者的反抗，保障工農革命的勝利。今天根據地所要的不是大地主及大資產階級這種專政，但也不是工農專政，而是各抗日革命階級的聯合專政。這是根據中國特殊環境與新民主主義而來的。中國革命的對象主要的是帝國主義，另一方面是封建勢力，今天的抗日民族統一戰線，就是為了團結全國一切力量打擊日本帝國主義。「抗戰是長期的，所以實現抗日民族統一戰線的民主政權的『三三』制也是長期的，那些認為『三三』制是暫時的，或者以為是對外宣傳的，目前施致方針都堅持抗日，為要堅持抗日，就要鎮壓漢奸親日份子，鎮壓破壞團結的反革命份子，擁護一切抗日人民的利益，調

《到自由幸福之路》正文第6頁

育，發展民主作風，只有發揮共產黨的民主作風去推動民主政治的發展，才能粉碎長期的封建黑暗的統治，我今天的話就此結束。（新華社華南分社專電）

## 我們在敵後幹些什麽

——一九四一年六月三日在鹽城第二屆參議會的演說——

劉少奇

各位參議員先生！

今天鹽城第二屆參議會的大會，我謹代表中國共產黨同人及新四軍同人向大會各位先生致以崇高的敬禮！

從鹽城第二屆參議會開會的情形看來，使我就感覺到，我們所要求的抗日的民主政治，是必然要在全中國實現的。鹽城二屆參議會，比第一屆多了一倍以上，許多位先生第一屆沒有到的，現在都到了，而且幾乎是包括了全部的鹽城各界的領袖，包括了各階層各黨派的代表，從最大的地主、有錢人，至最窮的工人農民代表，從佛教會的和尚，至共產主義者，從七八十歲的老前輩，至二十歲以下的青年代表，從國民黨員、剛從韓德勤部下回家的高級職員、由重慶到蘇北的職員，以至其他有黨無黨的人士，及各個不同地區、不同職業的男女代表，均無所不有。然而我們是在一個共同目標之下，在抗日與民主的共同主張之下，團結一致，和衷共濟的討論着一切的重要問題。而討論之熱烈，主動與緊張的情形，是令人感動

18

《到自由幸福之路》正文第 18 頁

## （十）《日语》（第五册）

本书是一部伪装为日语教材的抗日书籍。32开，正文18页，竖排油印。封面印有"日语""（第五册）""六年级伏期用""文登县第一区翻印会印""一九四二，七"等字。书口也进行了伪装，印有"高级日语第五册"。

本书封二印有目录。目录如下：

一　东北红军的故事（一）

二　东北红军的故事（二）

三　东北抗日联军的故事

四　"靖安军"歼灭记（一）

五　"靖安军"歼灭记（二）

六　江村之夜（一）

七　江村之夜（二）

八　江村之夜（三）

九　江村之夜（四）

十　捉壮丁

十一　伪军的觉悟

十二　关东去不得了（书信）

十三　参加八路军

十四　到抗日根据地来

十五　儿童与秋收

十六　秋收日记

《东北红军的故事》以一个日军军官的口吻，讲述两次参加"讨伐"东北红军的故事。《东北抗日联军的故事》讲述了两个故事：一个是当地老百姓巧妙支援抗日联军的故事；另一个讲述了日本军队中的一位共产党员，开着满载军火的载重汽车寻找抗日联军，被日军追赶围堵，他自杀之际留下了一封写给抗日联军的信，鼓舞他们抗日杀敌的勇气。《"靖安军"歼灭记》讲述的是抗日联军一次歼灭和争取"靖安军"反正的经过。"靖安军"原称"靖安游击队"，系九一八事变后关东军利用日本退伍军人为骨干所组成的伪军，其全部中上级军官及下级军官中的一半均由日本人担任。"靖安军"是伪满时期日军最为器重，同时也是最凶恶的一支伪军。因为袖头上缝有红布，故又被人们称为"红袖头"。《江村之夜》系东北作家穆木天的长诗节选，讲述了九一八事变发生五年以来东北大众在日军铁蹄蹂躏下的悲惨生活。《捉壮丁》和《伪军的觉悟》讲述了日军的残暴和伪军的觉醒。《关东去不得了》和《参加八路军》是王铁民和李兴华的往来书信。《到抗日根据地来》《儿童与秋收》《秋收日记》讲述的是抗日小学儿童团团员动员沦陷区儿童到抗日根据地，以及儿童团组织和保卫秋收的事迹。

　　日本侵占中国东北、华北等地区后，为达到长期霸占与统治的目的，有计划地实施奴化教育，大面积地推行日语教材。本书伪装成翻印的日语教材，极具隐蔽性。文登县今属山东省威海市，属伪华北政务委员会治下的沦陷区，说明本书是抗战时期流通于当地的抗日书籍。

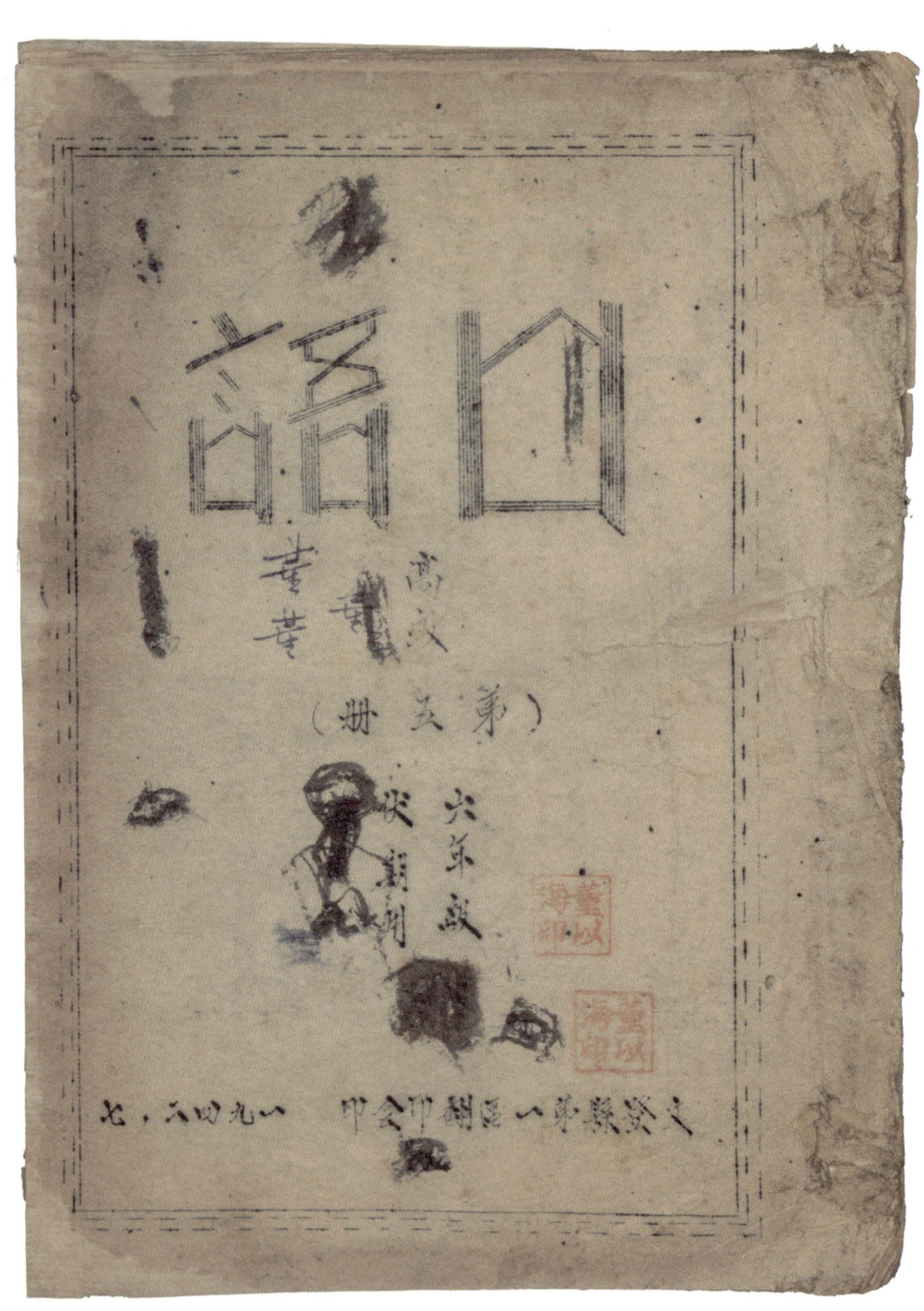

《日语》（第五册）封面

目錄

一、東北紅軍的故事（一）
二、東北紅軍的故事（五）
三、東北抗日聯軍的故事（五）
四、靖安軍殲滅記（二）
五、靖安軍殲滅記（四）
六、江村之夜（一）
七、江村之夜（二）
八、江村之夜（三）
九、江村之夜（四）

一〇、捉壯丁
一一、偽軍的覺悟
一二、閻東安本得了（金信）
一三、參加八路軍
一四、到抗日根據地來
一五、兒童與秋收
一六、秋收日記

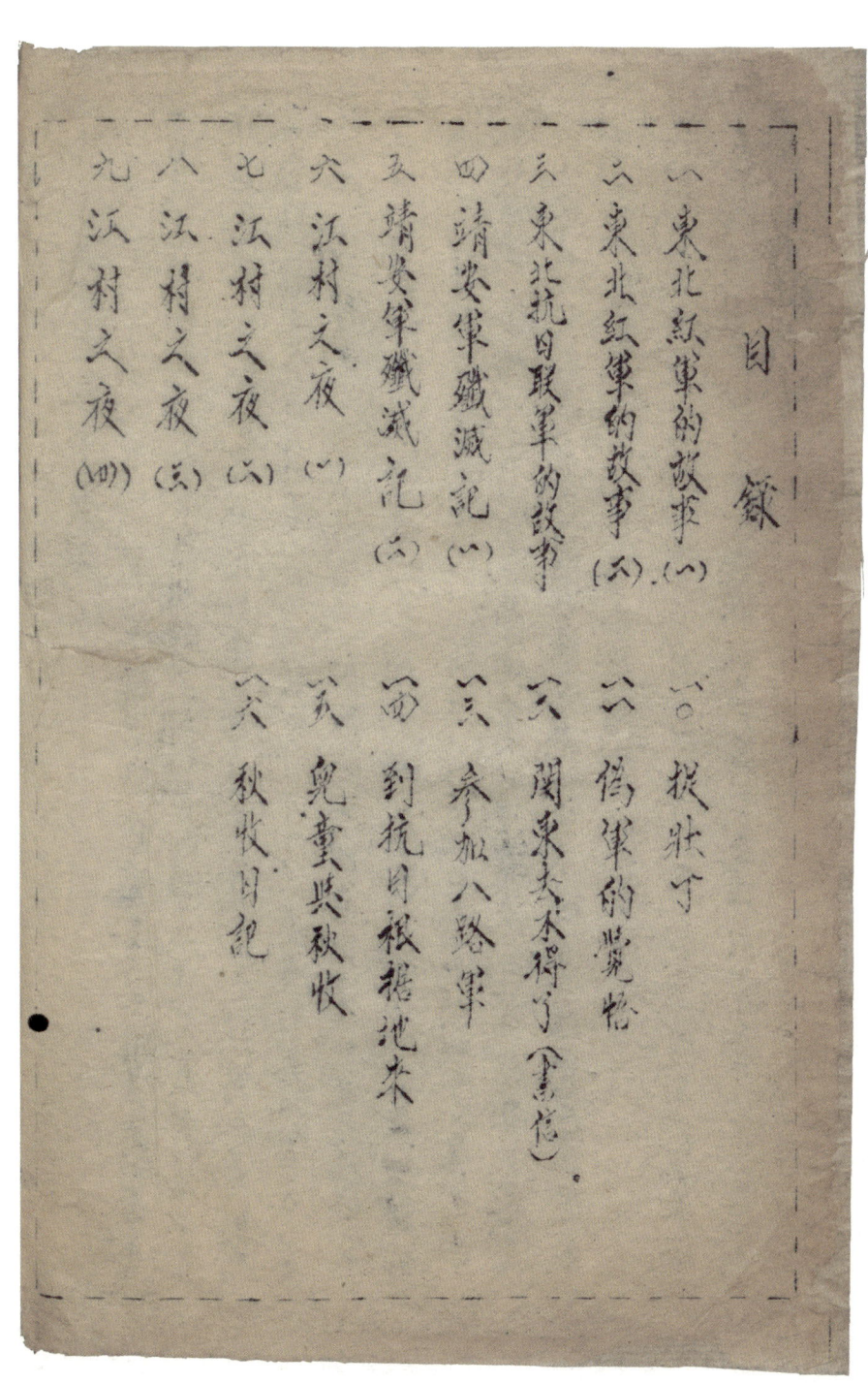

《日語》（第五冊）封二上的目錄

## 东北抗军故事（一）

我曾在目寇军队袭击遇团长民，在一九三六年的冬天，我们队伍，受命从某道沟「密林的西北部」活动的数里，我们一共七公里以上十多人在西参的时候，因本司令官的命令给我们以二百七十叉人今老西参的时候，因本司令官的命令给我们一番困顿。夺才割我，颇疲倦来……。但是我们每人带出袋的心理，都是身荷着近味，因为红军的苦头，我们不此吃过一次、

长白山的南端，满走去老的森林，重我们路途远森林将鞘情多的这个人影也没有，只听着风声和野兽的呼叫声。我们在森林裡经着挨可半個多月，什么人也没破见。大家都扔倒疲惫，以为这次可能平安的回去了。半倒所的距步，像俊跟然疲又了兵士们的心情，却是很轻聞的。蒋爱礼

似乎我们走到东石坡，准备回去的时候，却遇到了奇兵，森林裡然声响了。长文的螺纸竟是我们先头部（千多人，只跑来九

叶寄 章参照
寫

《日语》（第五册）正文第 1 页

## 三、東北抗日聯軍的故事

一九三四年以後，敵人對東北抗日聯軍進行了殘酷的封鎖。老百姓誰要是被敵人發現接濟抗日聯軍以任何東西，就要被殺頭抄家。那時的抗日聯軍中，送不够吃穿。各方面都非常困難。他們住在梁山夹林裡面，給養非常困難，雖然，他們發動群眾以他們，自動地捐助，許多群眾食和其他東西，送來了。他們想出法來了。他們在晚上，把這些東西，偷偷送到山裡藏起來（以上句号原缺）但是白天到處都有敵人的夫將監視着。不於他們慢慢的想出法來了。他們打扮成打獵的小孩，把這些東西，偷偷送到山裡藏起來。抗日聯軍，要在六天晚上悄悄的把他送去。敵人還不會發覺。發來很多的群眾，都這樣做，解決了抗日聯軍了很多困難。有一次敵人又來找我們，把邀進入的山鄉的戰士

六 江村之夜（一）（東北抗日大聯綫）

發言者甲：

自從那年（九一八）起，真是糟糕，家家戶戶就沒了吃燒。

春風吹來，眼睜着不能下秧，到了秋天，到處是滿地蓬蒿。

鋤头呢，只好不用，掛在牆上，大車呢，也只有劈了做柴燒。

兔子被抓去了，沒有消息，馬呢，通通的被他們征發去了，豬也給殺光了，雞也被搶盡，家畜呢，只賸下了兩隻沒有餓死的瘦貓。

這還不算，縣、鄉天天來催錢糧，說不定抗捐就要伺候射掃。

（十一）《东厂实录》

本书为揭露和批判国民党在敌后实行特务政策文章汇编的伪装本。64开，正文47叶，筒子页装，竖排铅印。封面为黄色，居中用红字竖向印有伪装题名《东厂实录》。题名右上方印有"高一轩编""邢德仁校"，左下方印有"上海光华书局印行"，均系伪托。

本书目录如下：

> 要求国民党取消在敌后的特务政策
> 国民党内的反动派破坏敌后抗日根据地的罪行[①]
> 山东国民党省党部反共计划书
> 太岳区三青团修正反共工作手册
> 国民党特务配合敌寇阴谋杀害抗日军民纪实

本书收录的都是《解放日报》和《新华日报》（华北版）发表的社论、文章和材料：《要求国民党取消在敌后的特务政策》系《新华日报》（华北版）1943年7月23日社论。《国民党内的反动派破坏敌后抗日根据地的罪行》系新华社电，1943年7月27日以《国民党内的反动派破坏敌后抗日根据地的罪行一斑》为题发表于《解放日报》和《新华日报》（华北版）。《山东国民党省党部反共计划书》共5章，摘录自1943年7月27日《解放日报》发表的《国民党内的反动派破坏敌后抗日根据地的罪行一斑》第二章《实施办法》和第三章《组织》。《太岳区三青团修正反共工作手册》要求三青团员千万不要忘记"蒋总裁的昭示"，以"赴汤蹈火的精神"反共，制定"对共产党的破坏工作"的具体方法和手段。这篇材料也摘录自《国民党内的反动派破坏敌后抗日根据地的罪行一斑》。《国民党特务配合敌寇谋杀害抗日军民纪实》系《新华日报》（华北版）1943年8月21日的报道。

本书伪装题名为《东厂实录》，似是反映明代特务统治一类的书籍，实际却是借古讽今，揭露国民党的特务统治。"上海光华书局"似是伪托张静庐、沈松泉、卢芳等创办于上海的光华书局（1925—1935）。本书未署出版时间，

---

[①] 原书正文标题中，"罪行"被误排为"行罪"。

所收文章均发表于1943年7—8月。1943年，冀鲁豫书店曾出版《国民党在敌后的特务政策》，其主旨与本书相同，所收篇目略有差异。结合当时国共两党关于两个中国之命运论战的大背景，推测本书当在1943年出版。

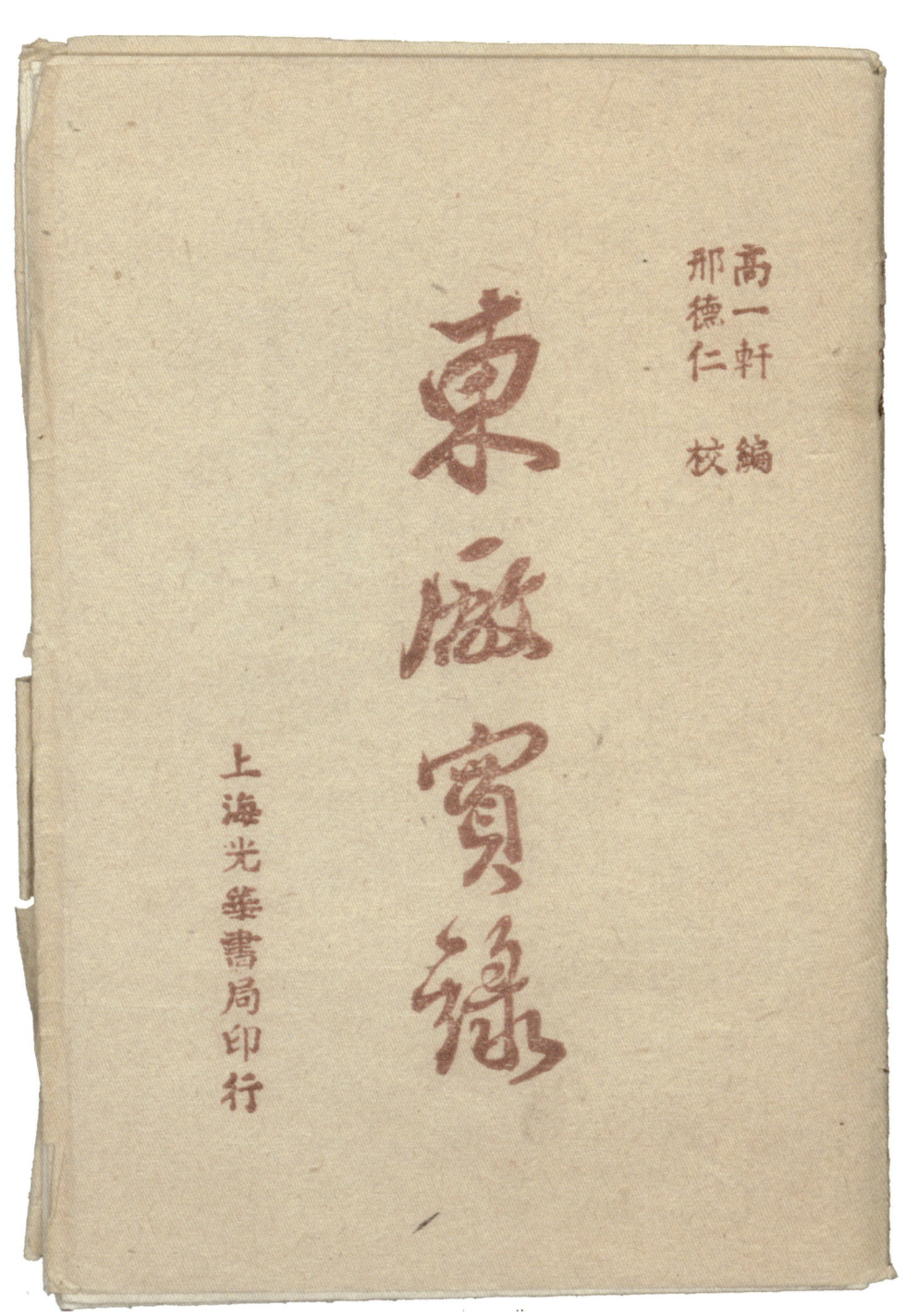

《东厂实录》封面

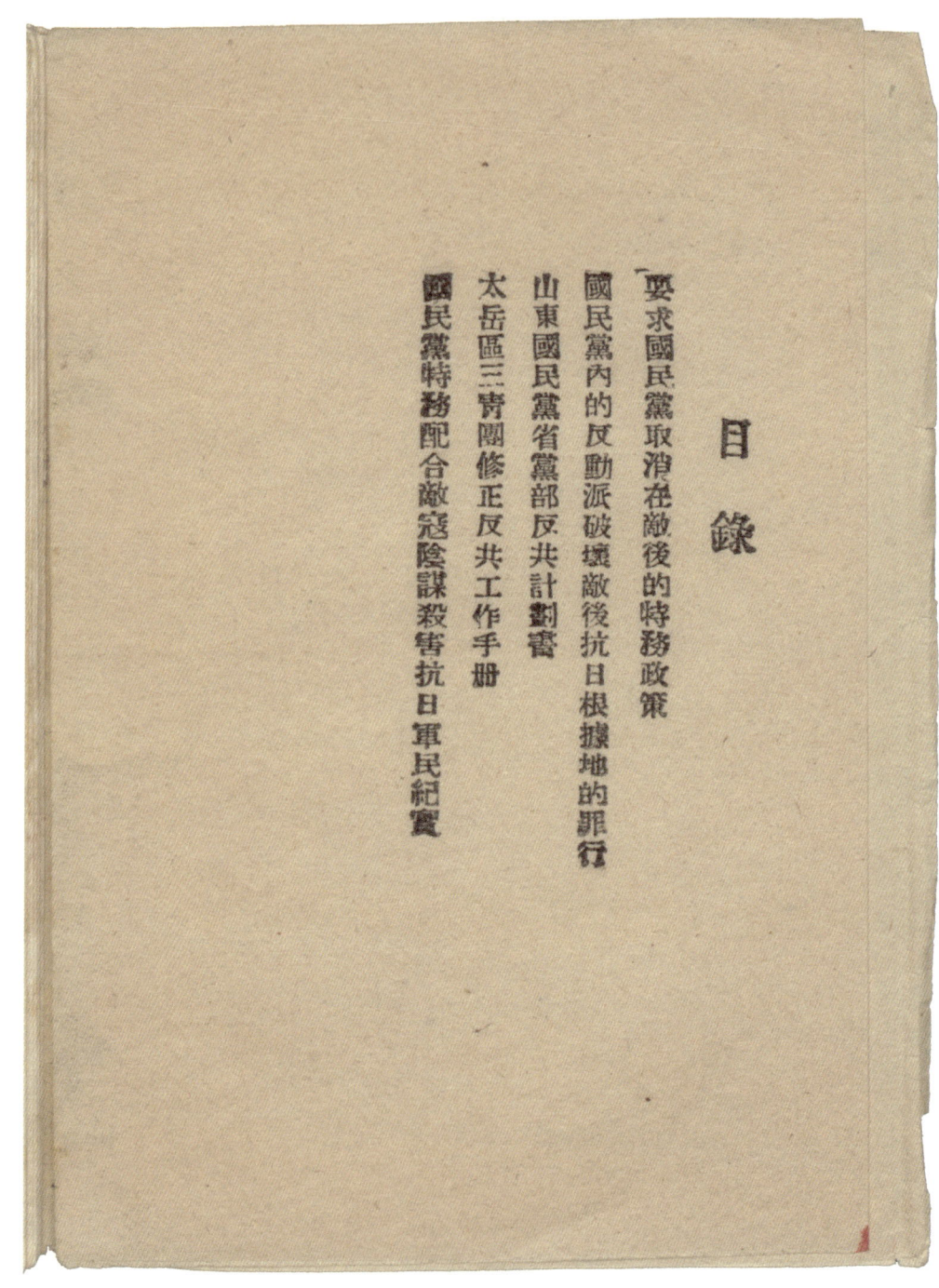

《东厂实录》封二上的目录

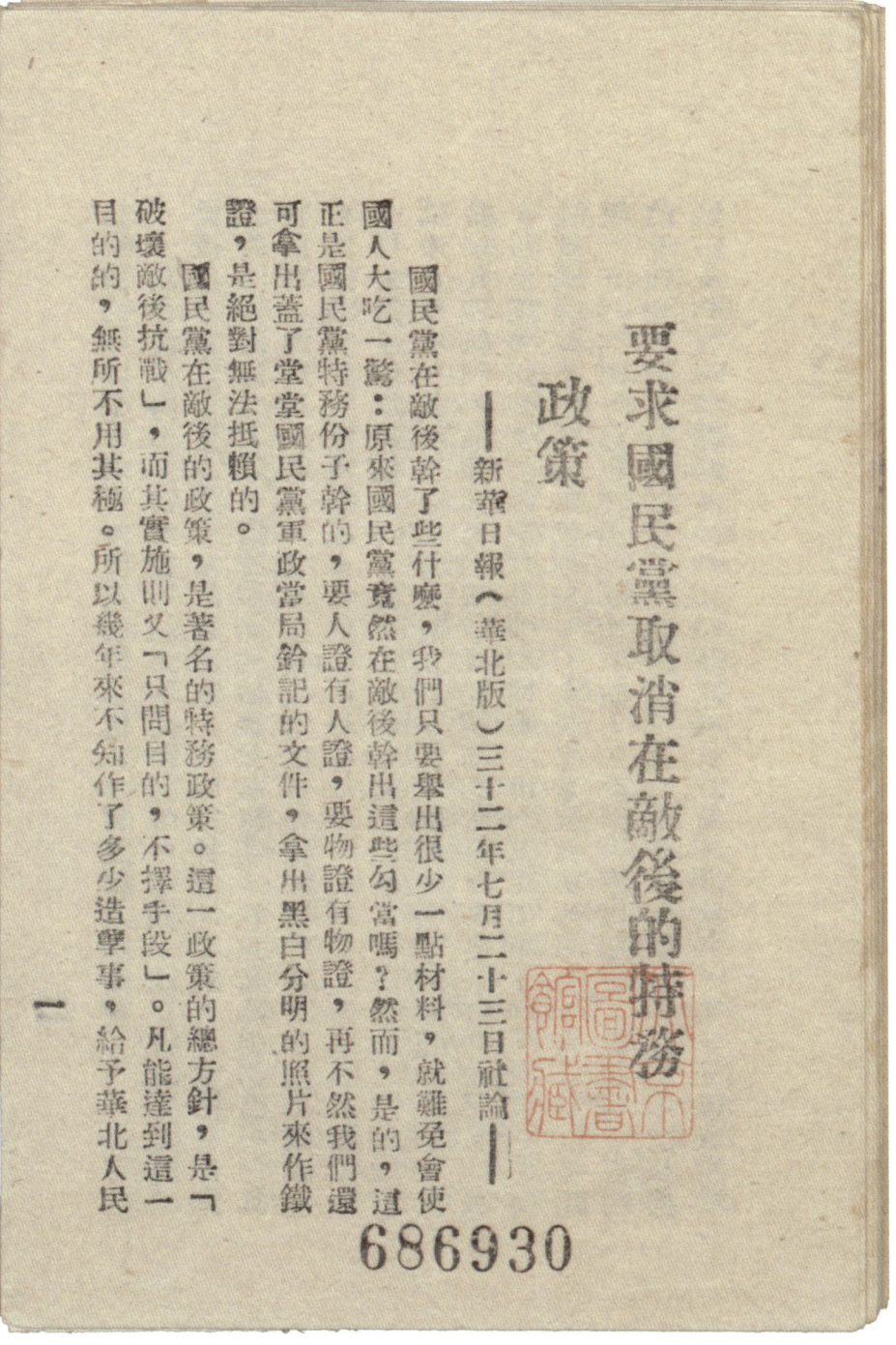

《东厂实录》正文第 1 叶

## 要求國民黨取消在敵後的特務政策

——新華日報（華北版）三十二年七月二十三日社論——

國民黨在敵後幹了些什麼，我們只要舉出很少一點材料，就難免會使國人大吃一驚：原來國民黨竟然在敵後幹出這些勾當嗎？然而，是的，這正是國民黨特務份子幹的，要人證有人證，要物證有物證，再不然我們還可拿出蓋了堂堂國民黨軍政當局鈐記的文件，拿出黑白分明的照片來作鐵證，是絕對無法抵賴的。

國民黨在敵後的政策，是著名的特務政策。這一政策的總方針，是「破壞敵後抗戰」，而其實施則又「只問目的，不擇手段」。凡能達到這一目的的，無所不用其極。所以幾年來不知作了多少造孽事，給予華北人民

# 國民黨內的反動派破壞敵後抗日根據地的行罪

——新華社電——

這裏我們發舉兩個文件，一個是「山西太岳區三青團修正反共工作手册」，一個是「山東國民黨省黨部反共計劃書」。從這兩個文件裏，可以看見國民黨內的反動派吃了中國老百姓的飯，究竟在做些怎樣傷天害理的事。

八路軍新四軍在敵後堅持抗戰，把某些人望風而逃棄如敝屣的大好河山和萬萬生靈，從日寇的鐵蹄下救出來，並憑藉人民的力量，牽制了在華敵軍半數，對於國家民族來說，應當說是最可欣喜的事。國民黨人口口聲喊「民族至上，國家至上」，但對於這件最可欣喜的事，對於創造這件大

一六

《东厂实录》正文第 16 叶

（十二）《大乘起信论》

本书系毛泽东著《新民主主义论》和《论持久战》合订本的伪装本。32开，正文102页，仿古线装，竖排铅印。封面为黄底黑字，左侧靠上的题签位置竖向印有伪装题名《大乘起信论》，右上方印有"阅毕送人　功德无量"，下端印有"北京佛教总会印"。题名页竖向印有伪装题名《大乘起信论》，题名左下印有"修真道人题"。

本书前37页为《新民主主义论》，系1940年1月9日毛泽东在陕甘宁边区文化协会第一次代表大会上所做的演讲，2月15日以《新民主主义的政治与新民主主义的文化》为题发表在《中国文化》创刊号上。这部分目次如下：

一　中国向何处去
二　我们要建立一个新中国
三　中国的历史特点
四　中国革命是世界革命的一部分
五　新民主主义的政治
六　新民主主义的经济
七　驳资产阶级专政
八　驳"左"倾空谈主义
九　驳顽固派
十　旧三民主义与新三民主义
十一　新民主主义的文化
十二　中国文化革命的历史特点
十三　四个时期
十四　文化性质问题上的偏向
十五　民族的科学的大众的文化

本书后65页为《论持久战》，系1938年5月26日至6月3日毛泽东在延安抗日研究会上的讲演，7月1日全文刊发于延安《解放》周刊。本书所收为最后校正本，与《解放》周刊发表的版本在字句上略有不同。这部分目次如下：

一　问题的提起
二　问题的根据
三　驳亡国论
四　妥协还是抗战？腐败还是进步？
五　亡国论是不对的，速胜论也是不对的
六　为什么是持久战？
七　持久战的三个阶段
八　犬牙交错的战争
九　为永久和平而战
十　能动性在战争中
十一　战争与政治
十二　抗战的政治动员
十三　战争的目的
十四　防御中的进攻，持久中的速决，内线中的外线
十五　主动性，灵活性，计划性
十六　运动战，游击战，阵地战
十七　消耗战，歼灭战
十八　乘敌之隙之可能性
十九　抗日战争中的决战问题
二十　兵民是胜利之本
二十一　结论

《大乘起信论》相传为古印度马鸣所著，是解释大乘教理的佛教经典，对中国佛教哲学思想影响很大。本书伪装成宗教宣传册，一方面可以掩人耳目，另一方面可以广为传播。本书未注明出版者、出版时间等版权信息。据曾在晋察冀日报社印刷厂工作的老同志回忆，为了满足当时对敌斗争的需要，1943—1945年曾利用公开出版的书籍纸型印正文，加印一个伪装封面的办法，印装了一系列伪装本。本书即是其中之一。①

---

① 周明、邢显廷、曹国辉：《印行毛泽东著作伪装本的回忆》，《党的文献》1992年第1期。

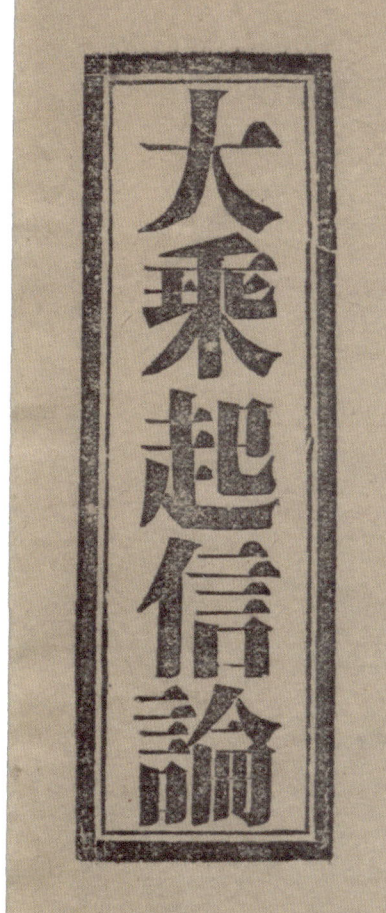

《大乘起信论》封面

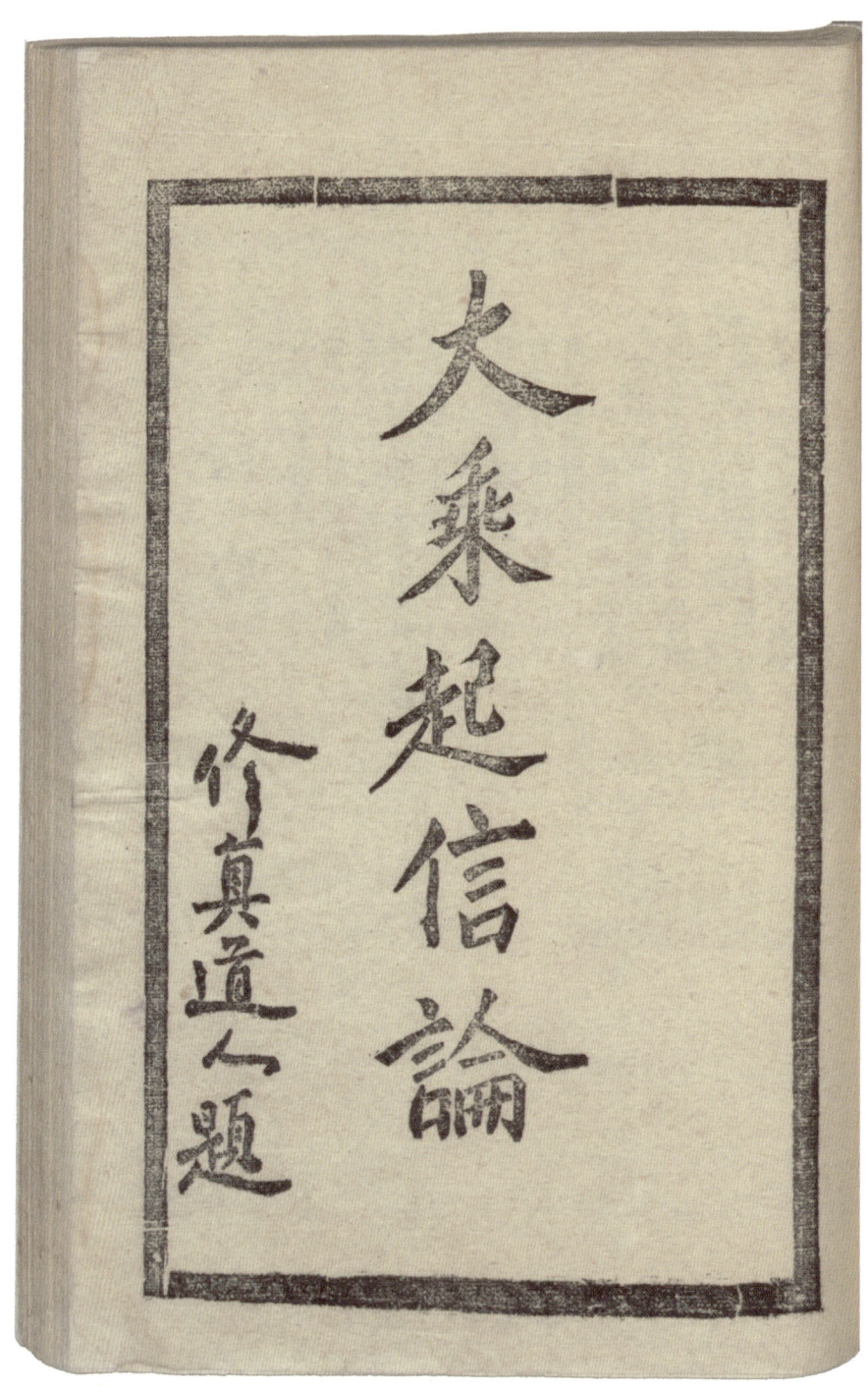

《大乘起信论》题名页

## 內容

一 中國向何處去
二 我們要建立一個新中國
三 中國的歷史特點
四 中國革命是世界革命的一部分
五 新民主主義的政治
六 新民主主義的經濟
七 駁資產階級專政
八 駁左傾空談主義
九 駁頑固派
十 舊三民主義與新三民主義
十一 新民主主義的文化
十二 中國文化革命的歷史特點
十三 四個時期
十四 文化性質問題上的偏向
十五 民族的科學的大眾的文化

《大乘起信论》题名页背面的《新民主主义论》内容（即目录）

# 新民主主義論

（爲中國文化雜誌而作，原名新民主主義的政治與新民主主義的文化）

## 一 中國向何處去

抗戰以來，全國人民有一種欣欣向榮的氣象，大家以爲有了出路，愁眉鎖眼的姿態爲之一掃。但是近來的妥協空氣，反共聲浪，忽又甚囂塵上，又把全國人民打入悶葫蘆裏了。於是怎麼辦？中國向何處去？又成爲問題了。因此，趁着「中國文化」的出版，說明一下中國政治與中國文化的動向問題，或者也是有益的。對於文化問題，我是門外漢，想研究一下，也方在開始。好在延安許多同志都有詳盡的文章，當作一番開台鑼鼓好了。我們的東西，只當作引玉之磚，待出正確結論，適合我們民族的需要。科學的態度是「實事求是」，「自以爲是」與「好爲人師」那樣狂妄的態度是決不能解決問題的。我們民族的災難深重極了，唯有科學的態度與負責的精神，能夠引導我們民族到解放之路。真理只有一個，而究竟誰是真理，不依靠主觀

《大乘起信论》中的《新民主主义论》正文第 1 页

# 論持久戰

——論抗日戰爭爲什麼是持久戰與最後勝利爲什麼是中國的及怎樣進行持久戰與怎樣爭取最後勝利（一九三八年五月二十六日至六月三日在延安抗日戰爭研究會的講演）

一　問題的提起 ……………………… 一三
二　問題的根據 ……………………… 一四
三　駁亡國論 ………………………… 一六
四　妥協還是抗戰？腐敗還是進步？ … 一九
五　亡國論是不對的，速勝論也是不對的 … 一一〇
六　爲什麼是持久戰？ ……………… 一二三
七　持久戰的三個階段 ……………… 一三一
八　犬牙交錯的戰爭 ………………… 一三九
九　爲永久和平而戰 ………………… 一三三
一〇　能動性在戰爭中 ……………… 一三四

《大乘起信論》正文第 39 頁上的《論持久戰》目錄第 1 頁

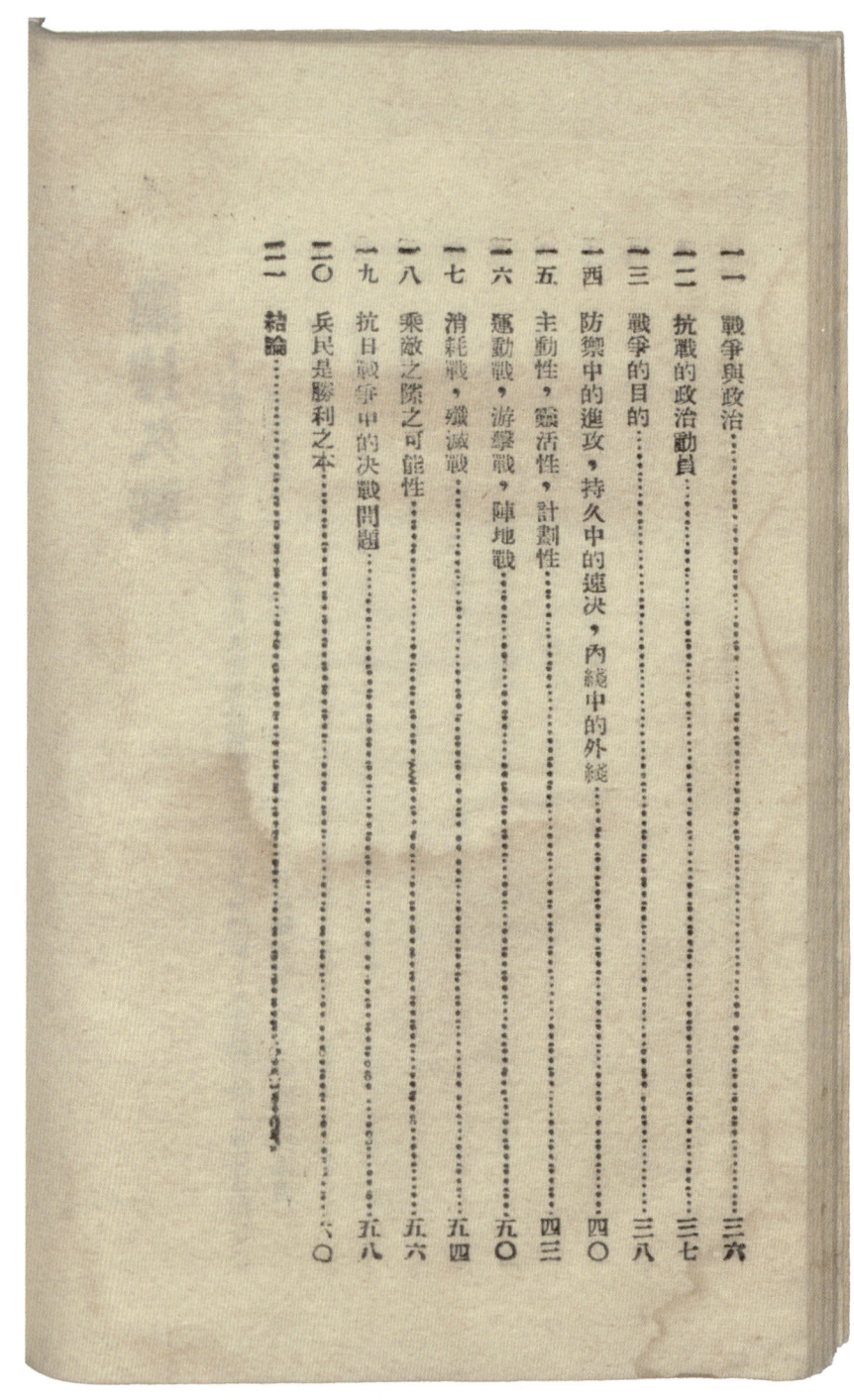

一一 戰爭與政治 …… 三六
一二 抗戰的政治動員 …… 三七
一三 戰爭的目的 …… 三八
一四 防禦中的進攻，持久中的速決，內線中的外線 …… 四〇
一五 主動性，靈活性，計劃性 …… 四三
一六 運動戰，游擊戰，陣地戰 …… 六〇
一七 消耗戰，殲滅戰 …… 六四
一八 乘敵之隙之可能性 …… 六六
一九 抗日戰爭中的決戰問題 …… 六八
二〇 兵民是勝利之本 …… 七〇
二一 結論 …… 

《大乘起信論》中的《論持久戰》目錄第 2 頁

## 問題的提起

（一）偉大抗日戰爭的一周年紀念，七月七日，快要到了。全民族的力量團結起來，堅持抗戰，堅持統一戰線，向着敵人作英勇的戰爭，快要一年了。這個戰爭，在東方歷史上是空前的，在世界歷史上也將是偉大的，全世界人都關心這個戰爭。身受戰爭災難、爲着自己民族的生死存亡而奮鬥的每一個中國人，無日不在渴望戰爭的勝利。然而戰爭的過程究竟會要怎麼樣？能夠勝利還是不能夠勝利？能夠速勝還是不能夠速勝？很多人都說持久戰，但是爲什麼是持久戰？怎樣進行持久戰？很多人都說最後勝利，但是爲什麼會有最後勝利？怎樣爭取最後勝利？這些問題，不是每個人都解決了的，甚至是大多數人至今沒有解決的。於是失敗主義的亡國論者跑出來向人民說：中國會亡，最後勝利不是中國的。某些性急的朋友們也跑出來向人民說：中國很快就能勝利，無需乎費大氣力。這些議論究竟對不對呢？我們共產黨人一向都說：這些議論是不對的。可是我們說的，還未爲全國大多數人民所完全了解。一半因爲宣傳解釋的普及性不夠，一半也因爲客觀事變的發展還未完全暴露其固有的性質，還未將其面貌鮮明地擺在人民羣衆之前，使人民無從看出其整個的趨勢與前途，無從決定其整個的做法與努力。現在好了，抗戰十個月的經驗，足夠擊破毫無根據的亡國論，也足夠說服急性朋友們的速勝論了。在這種情形下，很多人要求做個總結性的解釋，尤其對持久戰，有亡國論與速勝論的反對意見，也有空洞無物的了解。「盧溝橋事變以來，四萬萬人一齊努力，最後勝利是中國的。」這樣一種公式，在廣大人們中流行着。這個公式是對的，但有加以充實的必要

《大乘起信論》中的《論持久戰》正文第1頁

## （十三）《大东亚之路》

本书为《评〈中国之命运〉》的伪装本。32开，正文28页，毛装，竖排铅印。封面竖向自右至左有"民国三十二年出版""大东亚之路""东亚书局发行"等字。题名页自上而下依次印有"评《中国之命运》""陈伯达等著""大众日报社出版""1943.10重版"等。题名页背面为版权页。本书尾残，正好完整地收录了陈伯达著《评〈中国之命运〉》。根据作者的署名方式，可知后面还有其他著作。

1943年3月10日，国民党推出由陶希圣执笔、以蒋介石名义发表的《中国之命运》一书。书中歪曲和篡改中华民族的发展史和五四新文化史，鼓吹封建主义和法西斯主义，反对共产党思想，反对国共合作，诬蔑八路军、新四军和解放区"组织武力，割据地方，企图破坏抗战，妨碍统一"，是"变相的军阀和新式的封建"，暗示要以武力解决共产党。4月22日，毛泽东在回复中共中央宣传部副部长凯丰的信中说："《中国之命运》我已要陈伯达写一意见（数千字，征引原文），送政治局各人看，看后再考虑办法。"[①]7月21日，《解放日报》正式发表陈伯达撰写的《评〈中国之命运〉》。这篇文章是公开批判《中国之命运》的开始，也是所有批判文章中影响最大的一篇。

这篇文章的原题为《评蒋介石先生的〈中国之命运〉》，拟作为《解放日报》社论发表。毛泽东审阅全文后，将"蒋介石先生的"几个字勾掉，并为文章增加了一段精彩而犀利的开头，改署陈伯达个人的名字，之后交《解放日报》发表。在刊登前，毛泽东还专门致信解放日报社社长博古和主编陆定一，交代了具体的刊登细节："请在今日或明日发表，以约5000字登在社论地位，其余接登第四版，一天登完。以两天或三天广播之，并请广播两次。另印一小册子，亦请在日内印出，印5000份。……以此作一次大宣传。印时请定一亲校一次，使无错字。"[②]7月21日，毛泽东又为中央宣传部起草致各中央局、中央分局并转各区党委电，指出："陈伯达同志《评〈中国之命运〉》一文，本日在《解放日报》上发表，并广播两次。各地收到后，除在当地报纸上发表外，应即印成小册子（校

---

① 中共中央文献研究室编：《毛泽东年谱（1893—1949）》中卷，北京：中央文献出版社，2013年，第434页。

② 中共中央文献研究室编：《毛泽东年谱（1893—1949）》中卷，北京：中央文献出版社，2013年，第458页。

对勿错），使党政军民干部一切能读者每人得一本（陕甘宁边区印一万七千本），并公开发卖。一切干部均须细读，加以讨论。一切学校定为必修之教材。南方局应设法在重庆、桂林等地密印密发。华中局应在上海密印密发。其他各根据地应散发到沦陷区人民中去。一切地方应注意散发到国民党军队中去。应乘此机会作一次对党内党外的广大宣传，切勿放过此种机会。"① 同一天，毛泽东致电董必武，要求南方局设法将《评〈中国之命运〉》秘密印译为中英文小册子，在中外人士中散布，并搜集此文发表后各方面的反响。② 7月23日，刘少奇也致电华中局的陈毅、饶漱石，要求广为散发最近延安民众大会通电、《解放日报》社论及陈伯达《评〈中国之命运〉》等文章。③

为了能够在国统区和沦陷区驳斥《中国之命运》，各地印刷了大量经过伪装处理的《评〈中国之命运〉》的单行本和时评文献汇编本。"大东亚"是伴随着日本帝国主义战略视野向南太平洋地域扩大而出现的特定概念。本书托名《大东亚之路》，由"东亚书局发行"，可知其是用于在国统区和沦陷区散发。此外，《评〈中国之命运〉》一书还有《中国之命运》《论说指南》《醒世恒言》等伪装本行世。

---

① 中央档案馆编：《中共中央文件选集》第十四册，北京：中共中央党校出版社，1992年，第79页。
② 参见中共中央文献研究室编：《毛泽东文集》第三卷，北京：人民出版社，1996年，第49页。
③ 参见中央档案馆编：《中共中央文件选集》第十四册，北京：中共中央党校出版社，1992年，第80—81页。

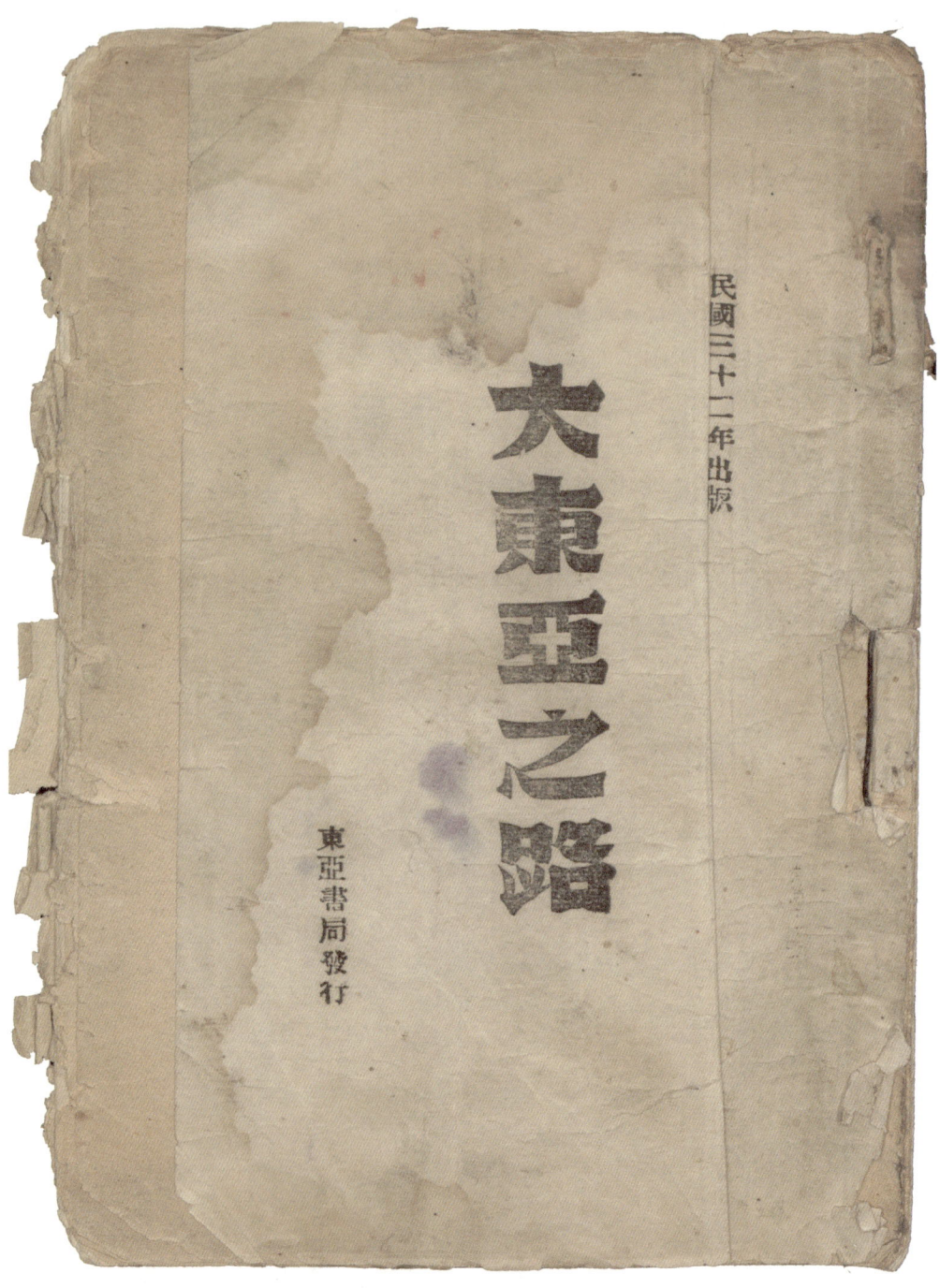

《大东亚之路》封面

《大东亚之路》题名页

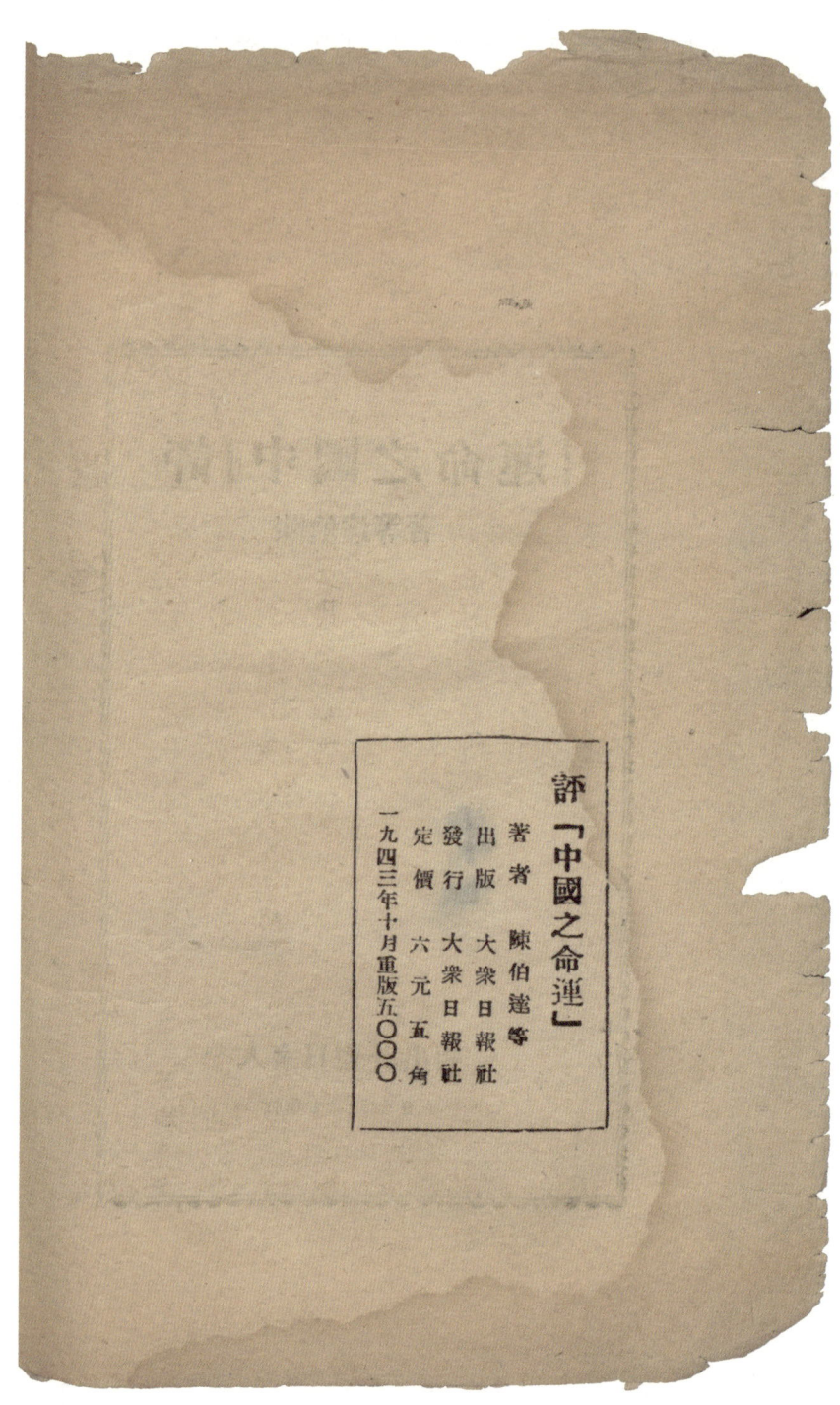

《大东亚之路》题名页背面的版权页

## 評「中國之命運」

陳伯達

中國國民黨總裁蔣介石先生所著的「中國之命運」還未出版的時候，重慶官方列物即戴該書是由陶希聖擔任校對的，許多人都覺得奇怪：蔣先生既是國民黨的總裁，為什麼要護自己的作品交給一個曾經參加過南京漢奸群、素日鼓吹法西斯、反對同盟國而直到今天在思想上仍和汪精衞千絲萬縷的糾纏在一起的臭名遠著的陶希聖去校對呢？難道國民黨中真的如此無人嗎？「中國之命運」出版後，陶希聖又寫了一篇歌頌此書的文章，中央週刊把它登在第一篇，這就使得許多人容怪：蔣先生的作品非要借重陶希聖的文章去傳佈不成？總之，當什麼中央週刊這樣器重陶希聖的文章，也迷惑人之常情了。

「中國之命運」既是以蔣介石先生的名義出版的，就因蔣先生的關係，引起了人們的注意，當此抗戰處在重要關頭的時候，大家想蔣先生在這個時候出版的這本東西，應該是對於如何準備對敵反攻、配合盟國作戰、爭取抗戰最後勝利的重大問題有所宣示，因為盡人皆知，今日決定中國之命運的是抗戰飽不是其他。但大家讀到「中國之命運」後卻不免大失所望，原因是那書中所提出的問題和人們所期望的都相反，而且歸不抗戰問題，在全書九一三頁當中只估了十二頁半，全書的中心是談內政問題，一言蔽之，反對自由主義與共產主義，實際上主張買辦的封建的法西斯主義或新專制主義（雖然形式上仍藏着「三民主義」的帽子），因此使人們大失所望。

我們馬克思主義者素來鄙薄那種掩蓋自己政見的人，蔣先生並不掩蓋自己的政見，在這一點上我們是歡迎的。我們共產黨人對于蔣介石先生此書定是不同意的，我們既有不同意見，我們就有責任把自己的意見公開出來，以求國人之審察。蔣先生也說過：如有人對國民黨的「行動或態度有什麼錯誤，

《大東亞之路》正文第 1 頁

（十四）《大东亚之路》

本书为《评〈中国之命运〉》的伪装本。32 开，正文 84 页，竖排铅印。封面疑似缺失，题名页的题名和出版机构均被墨笔涂黑，但能辨别出系"大东亚之路"和"新国民书店印行"两行字，还有用钢笔书写的"张耀堂志""一九四五.九月四日"等字。题名页背面为目录页。

本书目录如下：

> 评《中国之命运》
> 谁革命？革谁的命？
> 国共两党和中国之命运
> 《中国之命运》：极端唯心论的愚民哲学
> 感言

本书所辑文章原载《解放日报》，其篇名、作者和发表时间分别如下：《评〈中国之命运〉》，陈伯达著，发表于 1943 年 7 月 21 日；《谁革命？革谁的命？》，范文澜著，发表于 1943 年 8 月 1 日；《国共两党和中国之命运》，吕振羽著，发表于 1943 年 8 月 7 日；《〈中国之命运〉：极端唯心论的愚民哲学》，艾思奇著，发表于 1943 年 8 月 11 日；《感言》，续范亭著，发表于 1943 年 8 月 16 日。

《中国之命运》出版后 3 个多月的时间里，由于延安刚刚发起整风运动，也为了避免刺激国民党，中共方面对这部反共宣战书并没有采取公开批判的态度。1943 年 5 月 22 日，共产国际宣布解散，蒋介石借机发动强大的舆论攻势，对中共施加政治压力，同时加紧军事进攻的准备。6 月 16 日，在中共中央政治局会议上，毛泽东明确指出"国民党自蒋介石出版《中国之命运》一书后好转的可能很少"①。从这次政治局会议开始，中共中央决定对《中国之命运》进行公开批判。在中共中央精心的策划和组织下，从多个层面对《中国之命运》展开了深刻的揭露和批判，时间主要集中在 1943 年 7 月 21 日—10 月 5 日的

---

① 中共中央文献研究室编：《毛泽东年谱（1893—1949）》中卷，北京：中央文献出版社，2013 年，第 446 页。

两个多月中。上述 5 篇文章多次汇编在一起，以《评〈中国之命运〉》为题名出版。

本书封面和题名页均进行了伪装，实际上是新四军拂晓报社印刷厂以"新国民书店"的名义印刷的书籍，伪装成日伪出版物，广泛地向国统区和沦陷区传播。①

---

① 参见朱宗玉：《新四军及华中抗日根据地印刷事业概述》，载上海市新四军历史研究会印刷印钞委员会及丛刊社编《新四军印刷史集》，上海：学林出版社，1999 年，第 28 页。

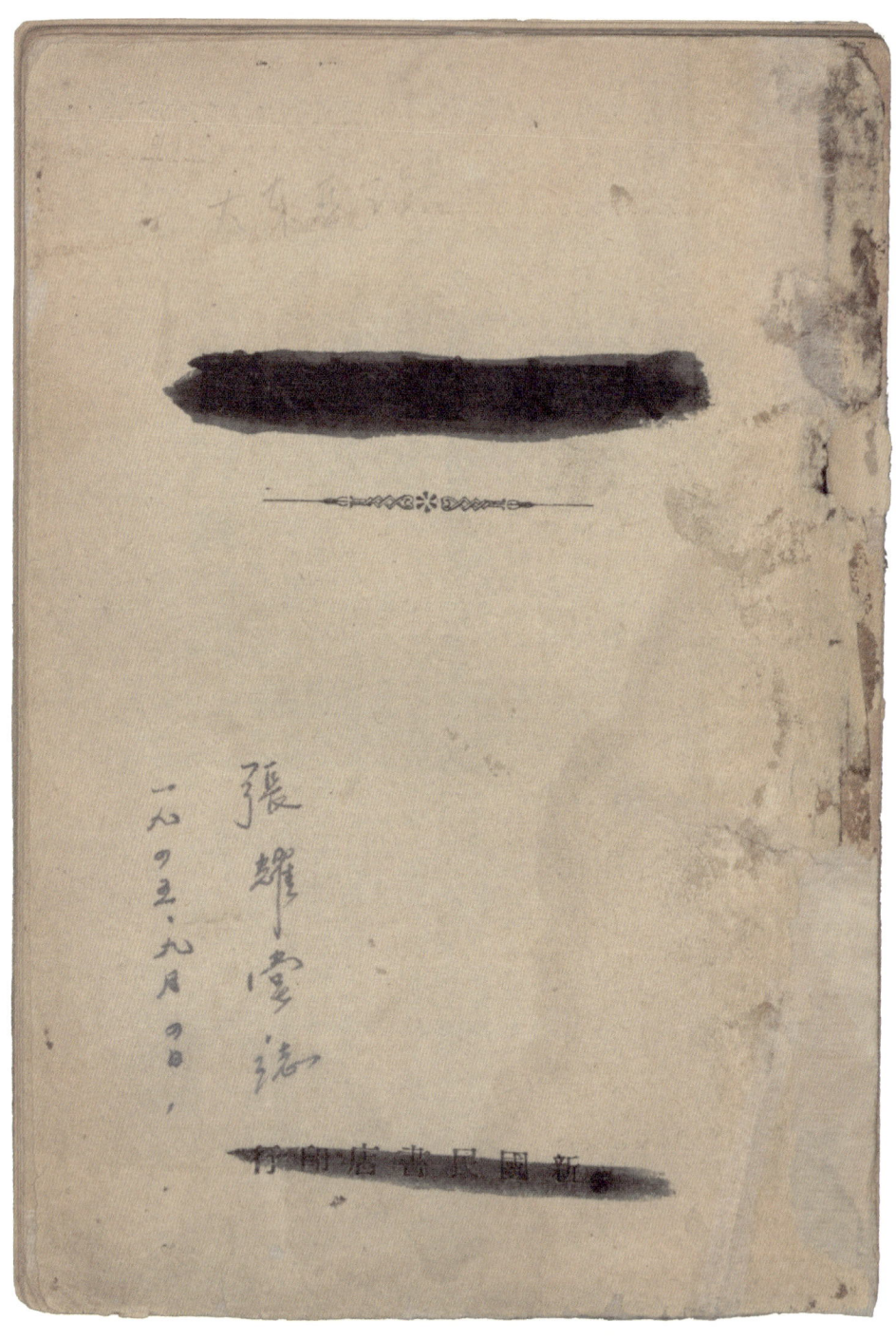

《大东亚之路》题名页

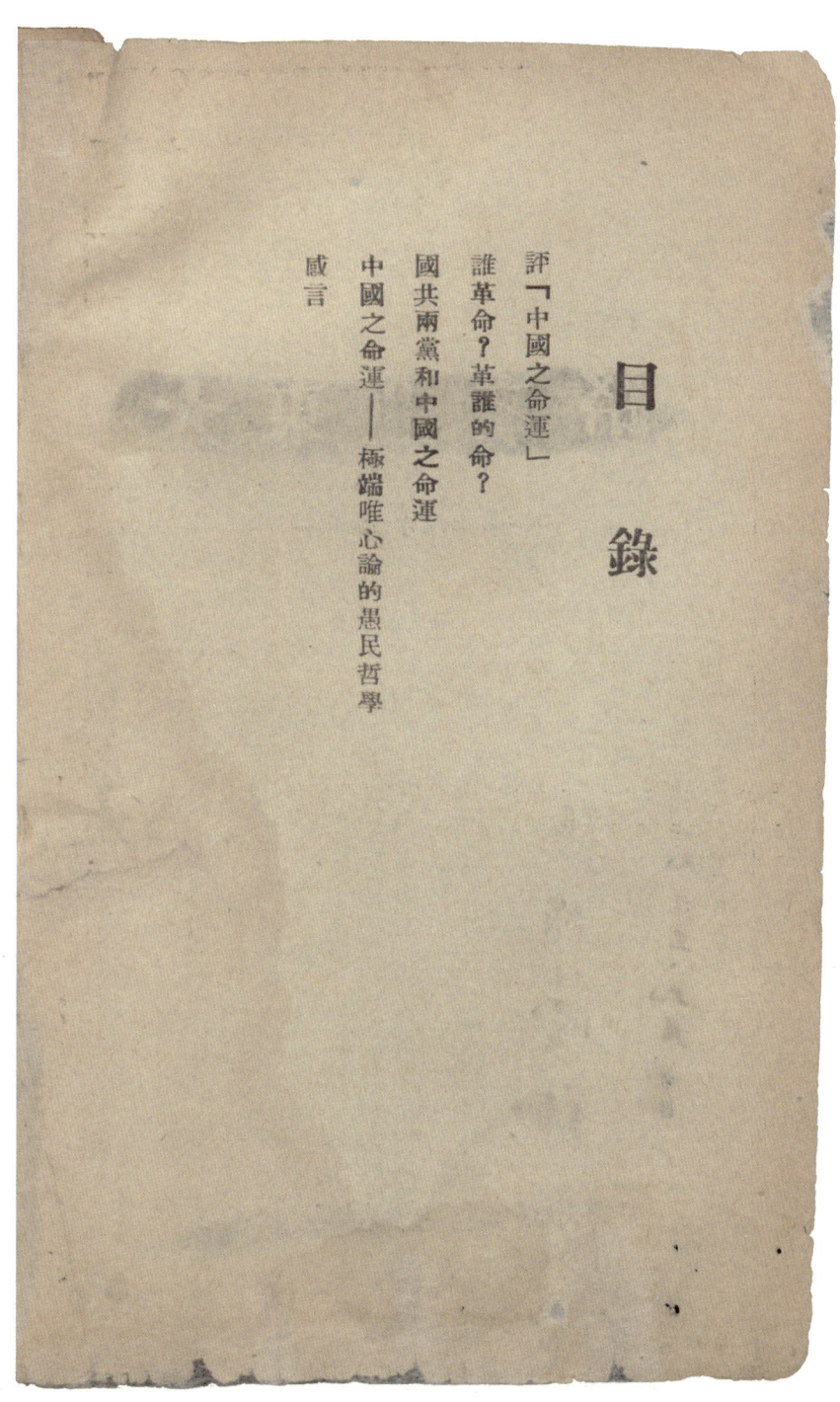

目錄

評「中國之命運」

誰革命？革誰的命？

國共兩黨和中國之命運

中國之命運——極端唯心論的愚民哲學

感言

《大东亚之路》封二上的目录

## 評「中國之命運」

陳伯達

中國國民黨總裁蔣介石先生所著的「中國之命運」還未出版的時候,重慶官方刊物即傳該書是由陶希聖擔任校對的。許多人都覺為奇怪,蔣先生既是國民黨的總裁,為什麼要讓自己的作品交給一個曾經參加過南京漢奸黨,素日鼓吹法西斯,反對同盟國,而直到今天,在思想上仍和汪精衛千絲萬縷地糾纏在一起的臭名遠著的陶希聖去校對呢?難道國民黨中真的如此乏人嗎?「中國之命運」出版後,陶希聖又寫了一篇歌頌此書的文章,中央週刊把它登在第一篇。這又使得許多人奇怪,為什麼中央週刊這樣器重陶希聖的文章,非要藉着陶希聖的文章去傳佈不可?總之,所有這些,都是很奇怪的事;因此,引起人們的驚奇,也就是人之常情了。

「中國之命運」既是以蔣介石先生的名義出版的,就因蔣先生的關係,引起了人們的注意。當此抗戰處在重要關頭的時候,大家想,蔣先生在這個時候出版這本東西,應該是對於如何準備對敵反攻,配合盟國作戰,爭取抗戰最後勝利的重大問題有所指陳。因為靈人皆知,今日決定中國的是抗戰,而不是其他;但大家讀到「中國之命運」後,卻不免大失所望。原因是那書中所提出的問題,和人們所期望的都相反,而且關於抗戰問題,一言蔽之,在全書二一三頁當中,只佔了十二頁半。全書的中心是談內政問題,(雖然形式上偽裝着「三民主義」,實際上主張買辦的封建的法西斯主義,或新專制主義由主義與共產主義」的帽子)。因此,使人們大失所望。

《大东亚之路》正文第 1 页

# 誰革命？革誰的命？

范文瀾

蔣介石先生作了一部「中國之命運」，聞已通令全國各黨政軍民學機關誦讀並提出批評意見，我們頗有所感，未敢緘默，略述所見：

## 一、應該學些革命建國的基本知識

「盲人騎瞎馬，夜半臨深池」，那是最危險不過的事情，企圖「決定」中國的命運，首先應該學習毛澤東同志的「新民主主義論」，至少應該從「新民主主義論」中學得幾條基本原理，才不至鬧太大的亂子，如果有人自以為是，目空一切，幻想對中國的命運也來一下「獨裁」，那末準備自己連人帶馬滾到深池裏去。

從「新民主主義論」中至少該學些什麼基本原理呢？

鴉片戰爭以後，中國已經進入民主主義革命時代，滿清政府不懂得這個道理，誓死反抗潮流，保持封建專制，結果被主張民權共和的同盟會打倒了。一九一四至一九一八年第一次世界大戰及一九一七年俄國十月革命以後，中國已經進入新民主主義革命時代，「中國革命成為世界革命的一部份」，堅持大地主大資產階級專政的國民黨，怕懂得或存心忘記這個道理，誓死反抗潮流，積極輸入「舶來品」法西斯主義，與所謂「固有文化」的封建專制主義化合而成新專制主義，結果大費國情，民怨沸騰，暴日乘機侵入，造成中華民

《大东亚之路》正文第 33 页

# 國共兩黨和中國之命運
## ——駁蔣著「中國之命運」

呂振羽

在中國國民黨總裁蔣介石先生所著的「中國之命運」中，公然說「中國國民黨，特別是大革命失敗後的中國國民黨，是「中國之命運」的唯一寄託」，「是全國國民黨共有共享的一個建國的總機關」。「今日的中國，沒有了中國國民黨，那就是沒有了中國」，而對於中國共產黨，却在蔣先生及國民黨的通令中，稱之為「奸黨」；對於八路軍新四軍，則稱之為「奸軍」、「叛軍」；陝甘甯邊區是「封建割據」，都應該「取消」。其實罵共產黨、八路軍、新四軍和陝甘甯邊區的這些調兒，日寇漢奸已唱了好久，蔣先生是中國抗戰的領袖，即使學得和敵人漢奸一模一樣，也不過還是那一套。但是，正因蔣先生是中國抗戰的領袖，國民黨是自稱抗戰的政黨，說出的話，做出的事，竟和敵人漢奸如出一轍，就值得中國人民大大的注意了。

你說我們是「奸黨」，大概你們就是「忠黨」吧？究竟中國共產黨是「奸黨」，還是國民黨內的C.C.團、復興社及其特務機關是奸黨？最好查查歷史，看看事實；說邊區是「封建割據」，大概你們那大後方就是「民主」「統一」吧？究竟誰是民主、誰是封建，也最好問問人民，看看事實。說八路軍新四軍是「奸軍」、「叛軍」，大概你們就是「忠軍

43

《大东亚之路》正文第43页

## （十五）《不惑集》

本书为中国共产党批判《中国之命运》的时评文章和相关材料汇编的伪装本。64开，正文51页，竖排铅印。封面为黄底红字，自左至右竖向印有"龚冠球编""不惑集""上海南强书局印行"等字。

本书目录如下：

> 一、没有共产党就没有中国
> 二、国共两党抗战成绩的比较
> 三、中国共产党抗击的全部伪军概况
> 四、两年来国民党叛将录
> 五、请看又一铁证

蒋介石在《中国之命运》中大肆宣扬法西斯主义和封建主义，破坏国共合作，诬蔑中国共产党领导的抗日根据地及八路军、新四军是"变相的军阀和新式的封建"，为发动新的反共高潮进行舆论动员，并且宣称"没有中国国民党，那就是没有了中国"。蒋介石这本歪曲历史，宣扬法西斯主义和封建主义，诬蔑中国共产党及人民军队的著作理所当然遭到了中国共产党和爱国民主人士的批判。1943年8月23日，中国共产党发表《国共两党抗战成绩的比较》和《中国共产党抗击的全部伪军概况》，用确凿的事实说明侵华日军"三十六个师团共六十万敌军中，国民党仅仅抗击十五个师团，计二十五万人（百分之四十二），共产党则抗击了二十一个师团，计三十五万人（百分之五十八）。至于那六十二万伪军，几乎全部都为共产党所抗击"。这两份材料以无可辩驳的事实批驳了国民党的谬论，揭露了国民党自抗战以来由片面抗战到消极抗日、积极反共的倒退过程，有力地证明了中国共产党才是抗日战争的中流砥柱。新华社关于发表这两份重要材料的电讯说："蒋介石先生在其所著《中国之命运》一书中曾说：'没有国民党就没有中国。'今观此二项材料，究竟真如蒋先生所说呢？还是相反：没有共产党就没有中国？必须辩之矣。"8月25日，《解放日报》发表了《没有共产党，就没有中国》的社论，批判了《中国之命运》一书，指出八路军、新四军才是抗战的中流砥柱，并在结尾说："如果今日的中国，没有中国共产党，那就是没有了中国。"

本书除了收录上述两份影响较大的资料和一篇社论，还收录了边章五撰写的《两年来国民党叛将录》，揭露了国民党近两年来叛国投敌的58员高级将领；《请看又一铁证》则是《新华日报》（华北版）1943年9月13日刊发的揭露庞炳勋、孙殿英投降日伪的社论，后面的附录《庞逆炳勋叛国铁证》则披露了豫北战役中缴获的庞炳勋、孙殿英等人投敌前后的往来信件。

20世纪30年代，凌善清、汤厚生合编过一部《不惑集》，汇集中外名人论述治国救民、齐家处世、正心律己的语录和俚谚共5000余条。蔡元培为该书题签，于右任、林森、李宗仁、孙科、张群、居正等50多位国民党政府要人为之题词。该书由上海正心出版社印行，多次再版，在当时有一定的影响。这部伪装本的风格与正心出版社版《不惑集》非常相似，不易被国民党当局察觉。另外，本书的封面有用钢笔书写的"武工队宣传品之一""一九四三年伪军情况"等字。"武工队"全称"敌后武装工作队"，是抗日战争时期中国共产党领导的由八路军和当地干部组成的小型武装组织，其任务是深入敌后，发动和组织群众，建立和恢复党的组织，建立秘密的人民政权，运用各种斗争方式打击与瓦解敌伪军，摧毁伪组织和伪政权，配合根据地的对敌斗争。本书当是1943年通过武工队散发的宣传品。

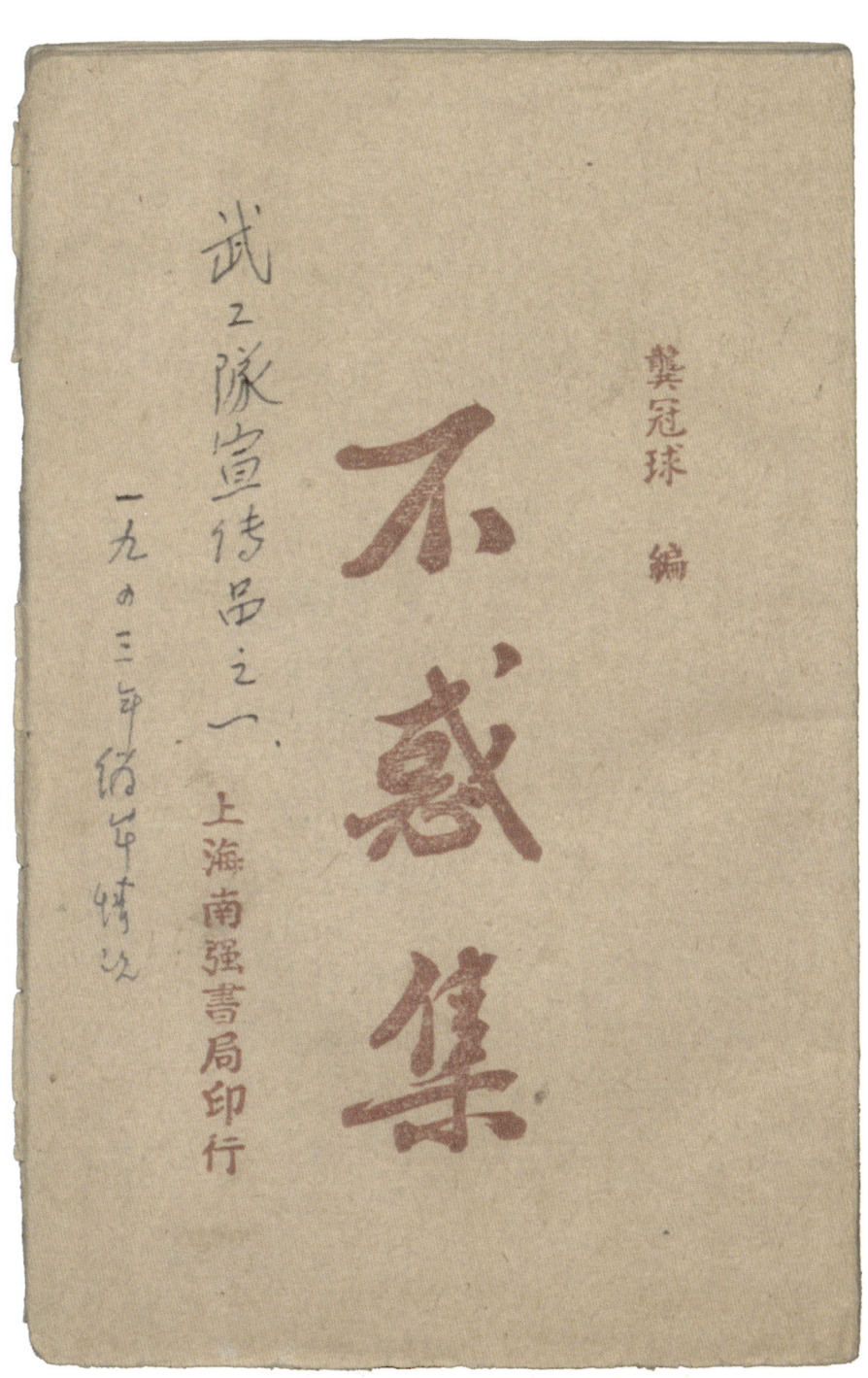

《不惑集》封面

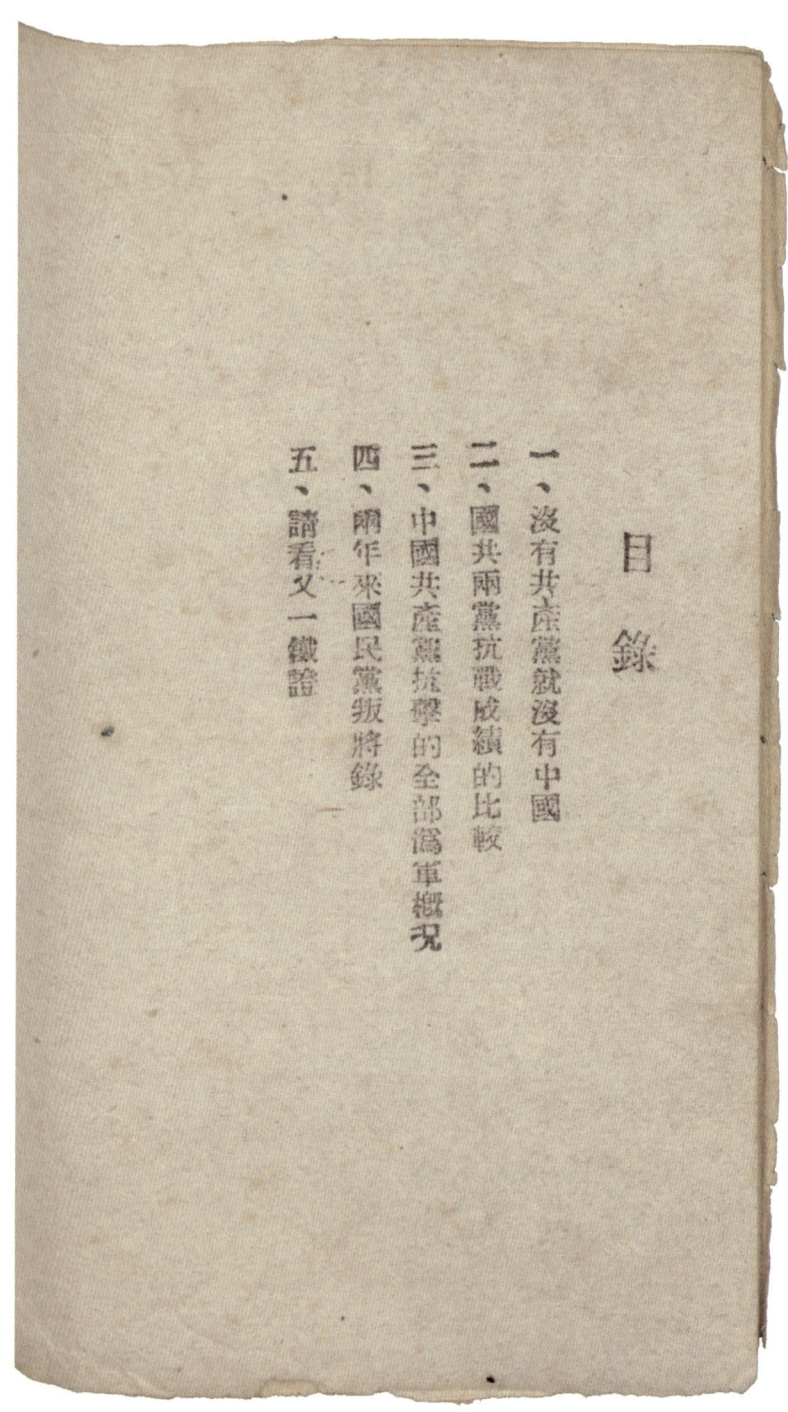

《不惑集》目录

## 沒有共產黨就沒有中國

——解放日報三十二年八月二十五日社論——

昨日本報發表了兩個極端重要的文獻：即「國共兩黨抗戰成績的比較」和「共產黨抗擊的全部僞軍概況」。這兩個文獻以鐵一般的事實和數字，澈底地粉碎了國民黨反動派所散佈的無恥讕言和荒謬宣傳，鮮明地證明了這一真理：即如果今日的中國，沒有中國共產黨，那就沒有了中國。

近年來國民黨的反動派在國內外進行了無數的狂妄的荒謬宣傳。在國際宣傳上，便是拚命宣傳國民黨抗戰的「豐功偉業」，似乎今日反法西斯盟邦一切勝利和成就，都是國民黨對日抗戰之賜。不信，請看蔣介石先生今年七七告國民書，他大言不慚地說：「這一年來」，在浙贛、在滇西、在蘇魯、在冀察、在大別山、在太行山、在各戰區，以至最近在鄂西的戰鬥

一

《不惑集》正文第 1 頁

## 國共兩黨抗戰成績的比較

——新華日報（華北版）八月二十九日載——

共產黨抗擊了全部侵華敵軍共三十六個師團六十萬人的百分之五十八（三十五萬人），國民黨僅抗擊百分之四十二（二十五萬人）。共產黨又抗擊了全部偽軍六十二萬人的百分之九十以上（即五十六萬人），國民黨僅僅牽制偽軍不足百分之十。其詳情如此：

第一、日寇侵華全部兵力，就一九四三年六月份材料，共計二十七個半師團，十五個獨立旅團，兩個獨立騎兵旅團。如以兩個旅團折合一個師團計算，共為三十六個師團兵力。就中共產黨領導的軍隊——八路軍、新四軍所抗擊者為二十一個師團，佔總兵力百分之五十八。國民黨所抗擊者為十五個師團，佔總兵力百分之四十二。此種比例，僅就分佈狀況計算，

《不惑集》正文第 12 頁

## 中國共產黨抗擊的全部偽軍概況

——新華日報（華北版）八月二十九日載——

全國偽軍六十二萬餘人，大部爲國民黨軍隊所僞化，其中百分之九十（五十六萬人）以上爲共產黨所抗擊，國民黨對之一槍不打。僅在廣東方面有約六萬偽軍任其自生自長，除共產黨打了一部份外，勉強算作被國民黨所牽制。茲將偽軍情況概述如下：

全國偽軍除偽正規軍外，尚有各省縣的偽地方武裝。全國偽正規軍三十二萬七千四百人，偽地方武裝二十九萬九千八百人，共計六十二萬七千二百人。計華北偽正規軍二十萬零九千四百人，偽地方武裝十七萬八千人。華中偽正規軍九萬四千八百人，偽地方武裝八萬五千人。華南偽正規軍二萬三千二百人，偽地方武裝三萬六千八百人。除華南偽軍外，華北華中

一九

《不惑集》正文第 19 頁

## 兩年來國民黨叛將錄

邊章五

抗戰迄今，國民黨將領及其所率軍隊叛國投敵現象屢見迭出，茲就兩年來不完備的材料（有五十八人之多）節述於次：

（一）龐炳勳：投敵前的現職是國民黨中央監察委員、河北省政府主席、冀察戰區副總司令，兼第二十四集團軍總司令。本年三四月間龐軍奉重慶與洛陽雙重命令，準備一切，進攻八路軍。不料四月底敵軍舉行「掃蕩」，龐等無力應戰，束手就擒，於五月十四日與孫殿英聯名通電投敵叛國。國民黨中央社五月十八日電還在宣稱：龐被俘後，「盡忠忠勇，剛強堅貞」；而龐逆隨即以「奮冀魯豫剿共副軍總司令」及「和平救國軍第二十四集團軍總司令」的頭銜，呈現於敵偽的陣營中，並將其叛軍組成第二十七、第四十及新編第五等三個軍，和三個直屬獨立旅。

《不惑集》正文第 30 頁

## （十六）《新式标点秦袁新史》

本书为中国共产党批判《中国之命运》时评文章和相关材料汇编的伪装本。64 开，正文 38 页，竖排铅印。封面为黄底红字，左边竖题伪装题名《新式标点秦袁新史》，其中"新式标点"四字分两行置于题名上方，题名右侧有人物画像，画像下方印有"启智书局印行"。

本书目录如下：

一、真愿为秦桧耶
二、袁世凯再生
三、感言
四、真伪辨
五、延安纪念国际青年节大会为大后方青年呼吁

本书所收 5 篇文章的情况如下：《真愿为秦桧耶》系 1943 年 8 月 29 日延安《解放日报》社论，原题《国民党真愿为秦桧耶？》，以宋朝公开投敌的刘豫和充当内奸的秦桧的故事，提醒国人注意国民党反动派充当内奸的卖国行径；《袁世凯再生》系 1943 年 8 月 27 日范文澜发表在《新华日报》（华北版）上的时评，揭露蒋介石效法袁世凯，反共反人民的罪恶行径；《感言》系 1943 年 8 月 16 日续范亭发表在延安《解放日报》上的时评；《真伪辨》系邢肇棠撰写的时评；《延安纪念国际青年节大会为大后方青年呼吁》系 1943 年 9 月 7 日延安新华社电讯。

上述文章均为围绕《中国之命运》论战期间发表的时评，其作者除了中共党内的理论家和知识分子，还有续范亭、邢肇棠等国民党高层——他们因不满国民党反动派的倒行逆施而投奔了敌后抗日民主根据地。

从伪装手段来说，本书属于伪装成市面上低价畅销通俗小说的伪装本。标点书出现在五四新文化运动之后，当时的亚东图书馆出版过大量的古典通俗小说，由胡适加以标点。后来启智书局、新文化书社等仿效亚东图书馆也出版了大量通俗小说，一律加上了新式标点。

《新式标点秦袁新史》封面

## 目 錄

一、眞願爲秦檜耶

二、袁世凱再生

三、感言

四、眞僞辨

五、延安紀念國際靑年節大會爲大後方靑年呼籲

《新式标点秦袁新史》目录

## 眞願爲秦檜耶?

蔣介石所著「中國之命運」一書，把武漢失守以來數年之中國民黨反動派倒行逆施的本質，赤裸裸的暴露於全世界和全中國人民之前，大家讀後恍然大悟，這幾年來的倒行逆施、誤國政策，其罪魁禍首是誰，共發指使者是誰，最主要的責任應該由誰來擔負！許許多多謎樣的問題，例如敵寇十五個師團，不但不能反攻，而且還抵擋不住？爲什麽漢奸在大後方可以橫行無忌？爲什麽大後方民生如此凋敝？爲什麽叛將如毛、降官如潮？這一切疑問，爲什麽在此危急存亡之秋，內戰危險總是懸在人民的頭上？看了蔣介石的「中國之命運」，就一切皆可豁然開朗，疑團盡釋，拍案驚奇，原來如此！

自從該書出版以後，國民黨反動派的誤國政策，從前還是遮遮掩掩，

一

《新式標點秦袁新史》正文第1頁

## 袁世凱再生

文瀾

所謂中國「固有文化」的嫡系繼承者國民黨反動派，從固有文化的黑暗方面看來，確是集大成的至聖。這位至聖及其復聖、亞聖等等徒兒們，於古代大捧其專制魔王秦始皇帝，於近代大捧其超等漢奸曾「文正公」。試評譜其聖系：始祖姓嬴諱政，號始皇帝，一說，姓武諱[嬰]的那位則天皇帝；姓魏諱忠賢的那位司禮監秉筆太監，姓秦諱檜，字會之，諡忠獻，改諡繆醜的那位太師公，都有些血統關係。高祖代姓曾諱國藩，號滌生，賜諡文正，曾祖姓李諱鴻章，字少荃，賜諡文忠，顯祖姓袁諱世凱，字慰亭，號洪憲皇帝。顯考姓段諱祺瑞，字芝泉，號中華民國執政。伯叔輩有姓吳諱佩孚的，字子玉，號孚威上將軍。這些先聖們有三種共同的聖德：

第一，澈底排除異己的學術思想；第二，對內兇比虎狼；第三，對外柔如羔羊（始祖嬴政還沒有這一德）。所有上述聖德，都被這位當今至聖體系

## 真偽辨

邢肇棠

邢肇棠先生為國民黨老前輩，熱心國事，奔走革命多年。現鑒於國民黨反動派之倒行逆施及敵後國特甘心事敵，至為憤慨，特為此文，語多警闢，特刊出以饗讀者。

——編者

有位姓蔣的說：「沒有三民主義就沒有抗戰，沒有中國國民黨就沒有革命」，說的神氣十足，頗有點兒貨真價實，獨一無二的派頭；這話如果是自己的天良發現，感覺到把三民主義和國民黨糟蹋得太不成樣子，故意說着開玩笑，倒還沒有什麼；如果不羞不臊，板着面皮，慎重其事的當眞的來說，更想藉此欺驅鄉下老百姓，那可太與事實不合；我們鄉下人雖不能當面質問，但在背地裏偷着議論議論，總還不算過份？因為這偷着議論，或心上想說，口裏不敢說，正是國民黨當局給予我們的「民權」啊！

孫總理首創三民主義，組織國民黨，推翻滿淸帝制，建立中華民國，

二五

《新式標點秦袁新史》正文第 25 頁

（十七）《中国之命运》

本书为《评〈中国之命运〉》一书的伪装本。32开，正文84页，竖排铅印。封面为白底黑字，居中竖向印有伪装题名《中国之命运》，标题右上印有"民国三十二年出版"，左下印有"正中书局印行"。题名页的题名、出版者和出版时间与封面一致。

本书收录陈伯达《评〈中国之命运〉》、范文澜《谁革命？革谁的命？》、吕振羽《国共两党和中国之命运》、艾思奇《〈中国之命运〉——极端唯心论的愚民哲学》、续范亭的《感言》等5篇文章。所收篇目与排版用字与前文介绍的新国民书店印行的《大东亚之路》伪装本一致。

1943年3月，蒋介石署名的《中国之命运》由正中书局出版发行，短短两个月的时间就发行了100多万册。国民党政府利用行政手段强制国民阅读，但效果适得其反，受到了各方的激烈批评，尤其是引起了中共方面的激烈批判。《解放日报》《新华日报》《群众》等报刊相继发表了一系列批判文章，作者包括毛泽东、刘少奇、朱德、周恩来等中国共产党的领导人，陈伯达、艾思奇、范文澜、胡乔木、胡绳、吕振羽、齐燕铭等知识分子，还有续范亭、邢肇棠等国民党高层。在所有的批判文章中，陈伯达著《评〈中国之命运〉》影响最大，许多宣传册即以这篇文章开篇和命名。

本书直接伪装成国民党官办出版机构正中书局出版的《中国之命运》，极难被发现。《革命书刊伪装本目录》还收录了一种同样是托名《中国之命运》的伪装本，实际上是1943年7月解放社出版的书籍。此外，据曾在晋察冀日报社印刷厂工作的老同志回忆，该印刷厂曾于1946年将《中国之命运》的封面作为伪装封面，大量印制《评〈中国之命运〉》[①]，说明这种伪装手段取得了比较好的实效，所以被反复使用。

---

① 参见周明、邢显廷、曹国辉：《印行毛泽东著作伪装本的回忆》，《党的文献》1992年第1期。

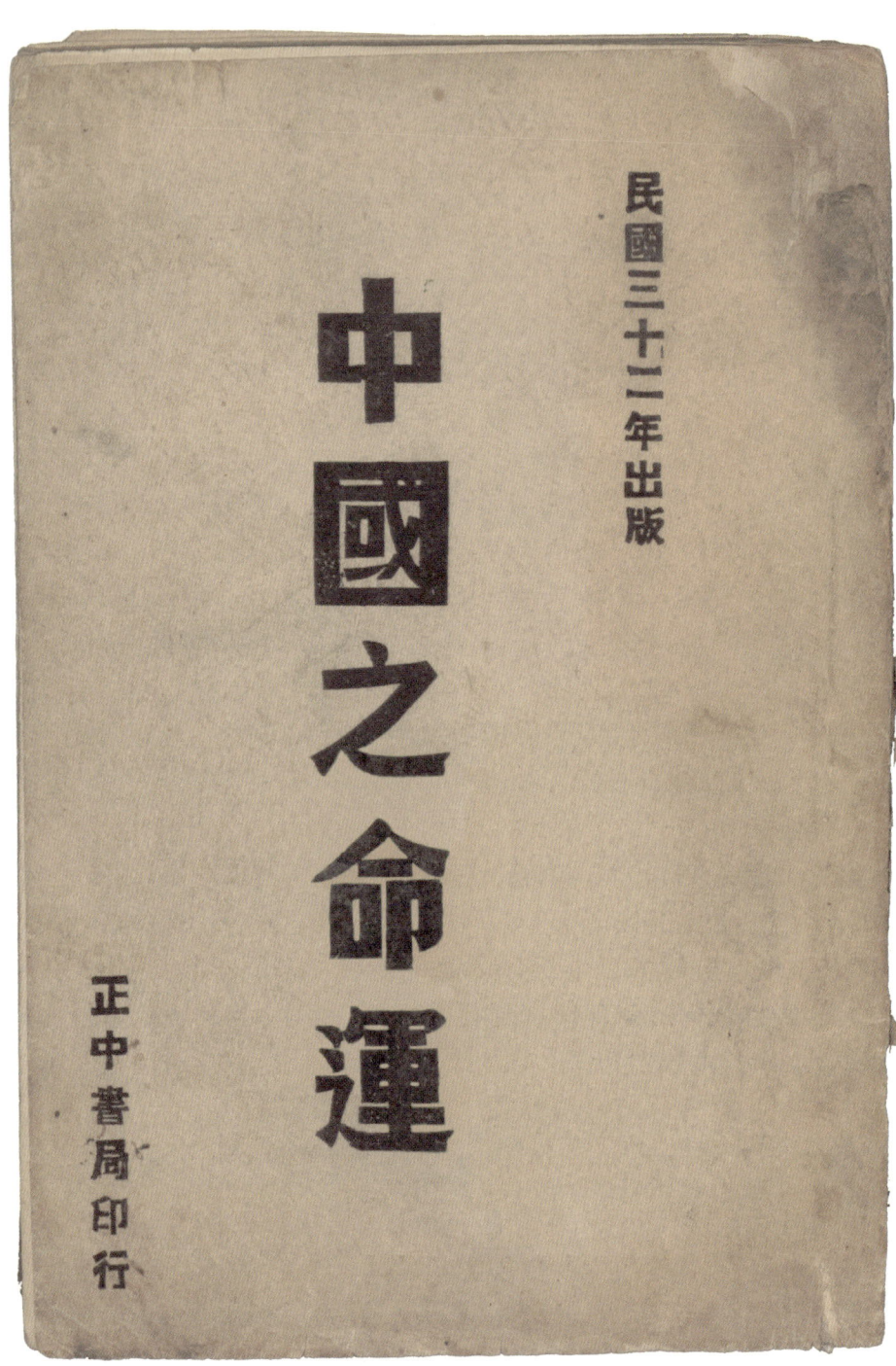

《中国之命运》封面

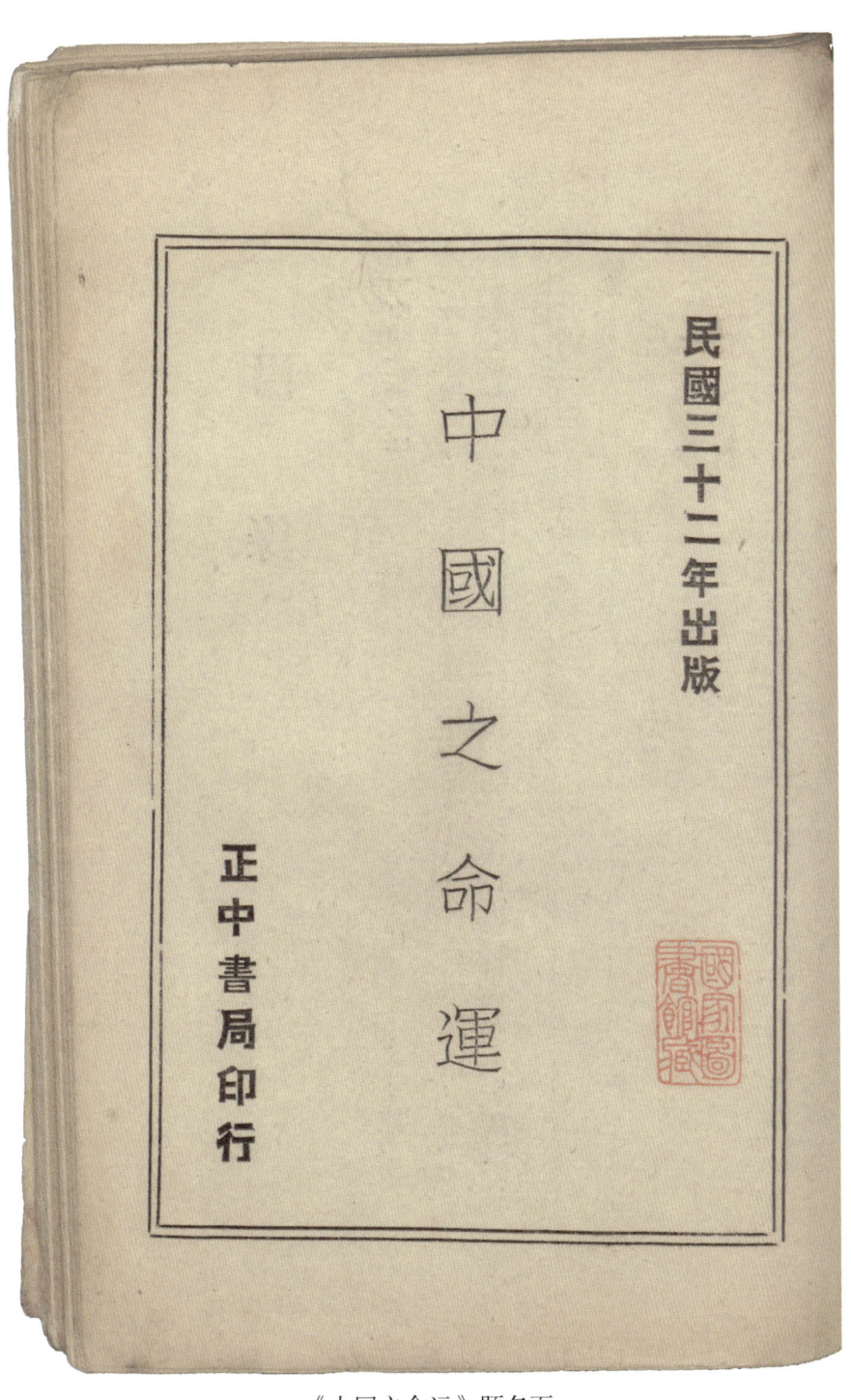

《中国之命运》题名页

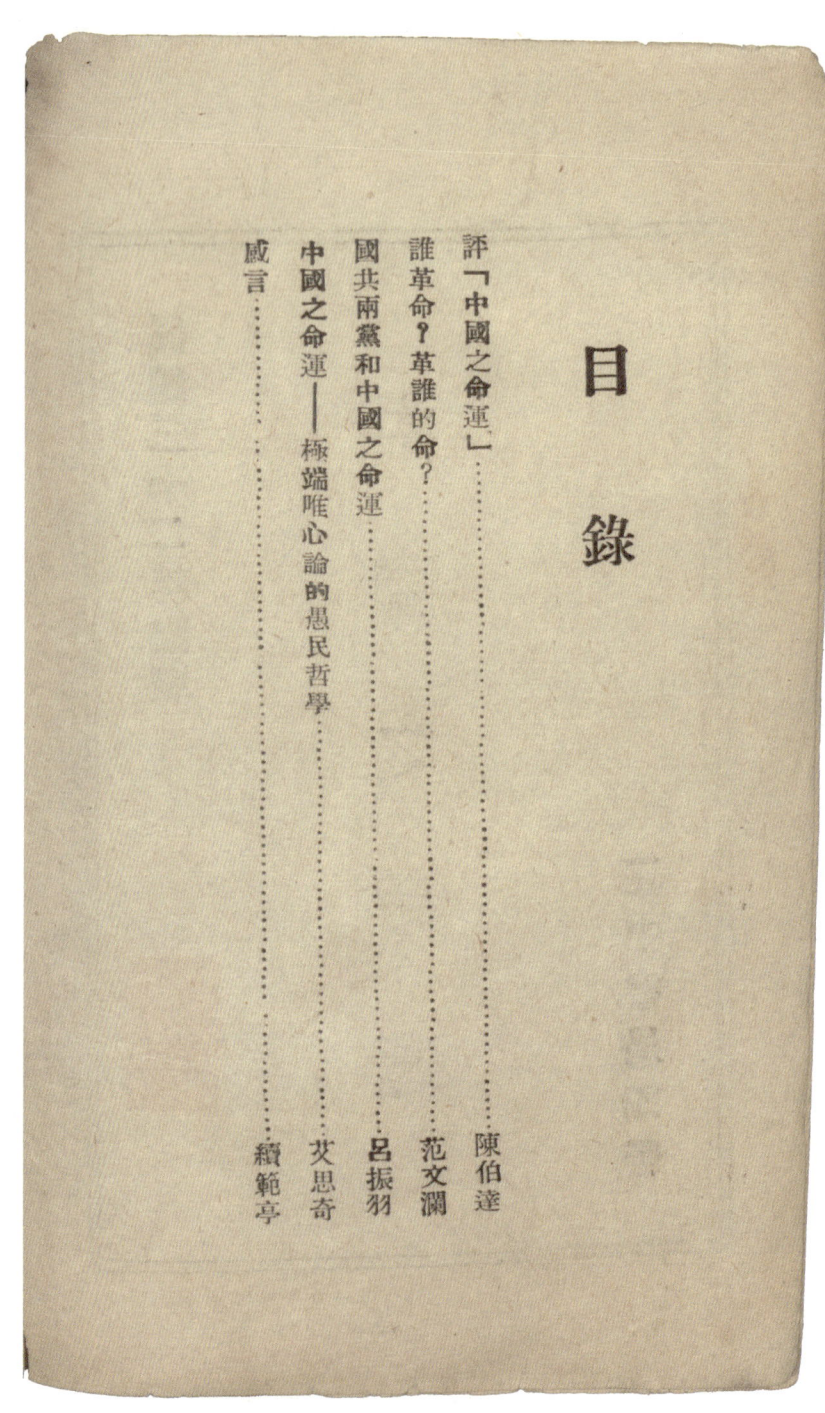

# 目錄

評「中國之命運」……………………陳伯達
誰革命？革誰的命？…………………范文瀾
國共兩黨和中國之命運………………呂振羽
中國之命運——極端唯心論的愚民哲學……艾思奇
感言………………………………………續範亭

《中国之命运》目录

## 評「中國之命運」

陳伯達

中國國民黨總裁蔣介石先生所著的「中國之命運」還未出版的時候，重慶官方刊物即傳該書是由陶希聖擔任校對的。許多人都覺得奇怪，蔣先生既是國民黨的總裁，為什麼要讓自己的作品交給一個曾經參加過南京漢奸群，素日鼓吹法西斯，反對同盟國，而直到今天，在思想上仍和汪精衛千絲萬縷地糾纏在一起的臭名遠著的陶希聖去校對呢？難道國民黨中真的如此缺人嗎？「中國之命運」出版後，陶希聖又寫了一篇歌頌此書的文章，中央週刊把它登在第一篇。這又使得許多人奇怪，為什麼中央週刊這樣器重陶希聖的文章，非要借重陶希聖的文章去傳佈不成？總之，所有這些，都是很奇怪的事；因此，引起人們的驚奇，也就是人之常情了。

「中國之命運」既是以蔣介石先生的名義出版的，就因蔣先生在這個時候出版這本東西，應該是對於如何準備對敵反攻，配合盟國作戰，爭取抗戰最後勝利的重大問題有所指陳。因為盈人皆知，今日決定中國的是抗戰，而不是其他；但大家讀到「中國之命運」後，卻不免大失所望。原因是那書中所提出的問題，和人們所期望的都相反，而且關於抗戰問題，在全書二一三頁當中，只佔了十二頁半。全書的中心是談內政問題，一言蔽之，反對自由主義與共產主義，實際上主張買辦的封建的法西斯主義，或新專制主義，（雖然形式上仍戴着「三民主義」的帽子）。因此，使人們大失所望。

《中國之命運》正文第 1 頁

「中國之命運」

# 極端唯心論的愚民哲學

艾思奇

以蔣介石先生的名義出版的「中國之命運」裏，論到了幾個哲學問題。這些問題，蔣先生是當作「革命建國的根本問題」來提出的，這就是說，蔣介石先生對這些問題的答覆，是全書裏所表白的一套政治思想的方法基礎。這一套政治見解和哲學思想，是以「國父」主義的名義為標榜的，這就是說，作者自認為是繼承了孫中山先生真正的三民主義和知難行易的思想。但事實上是怎樣呢？事實上是很可惜，在「中國之命運」裏並沒有真正的三民主義和知難行易的思想，而只有關於這些思想的一些空洞的名詞，以及在這些名詞裝飾下的中國式的買辦封建性的法西斯主義的政治學，和反對科學唯物主義、提倡迷信的、法西斯主義的唯心論哲學。

「中國之命運」裏的哲學思想，是一種極端不合理的唯心論，由於它的不合理，它和中山先生的「知難行易」思想裏任何一點進步因素都是絕緣的。從馬克思列寧主義的立場來看，孫中山先生的哲學思想是有很大距離的，它有着保守的唯心論的方面。但在「中國之命運」裏，知難行易的哲學思想，和科學的辯證法唯物論哲學是有很大距離的，它有着保守的唯心論的方面。但同時不能否認，它也有進步的唯物論的方面，並用種種附加的引伸，擴大了它的保守的唯心論，却完全拋棄了它的進步的唯物論的方面。

《中國之命運》正文第 59 頁

### （十八）《我们往那里走？》

本书为中共时评文章汇编的伪装本。开本略大于64开，正文20页，毛装，竖排石印。封面绘有一幅寓意青年奔向光明的图片，上方自右向左印有伪装题名《我们往那里走？》，题名下方自右向左印有"青年必读书之三"，封面左下方自右向左印有"文化书店翻印"。封底下方的黑色方框内印有出版者、发行者和定价。

封二是目录。目录如下：

> 延安青年代表纪念国际青年节大会致国民政府及国民党中央委员会电
> 那一个该取消？
> 阜阳中学纪实
> 谁爱护青年，谁戕害青年？

本书正文收录的4篇文章的作者和发表时间考订如下：《延安青年代表纪念国际青年节大会致国民政府及国民党中央委员会电》系1943年9月5日在延安召开的纪念国际青年节大会通过的文电；《那一个该取消？》，作者范长江，1943年8月19日发表于《解放日报》；《阜阳中学纪实》，作者余永君，创作于1943年，记述了阜阳成城中学的黑暗内幕；《谁爱护青年，谁戕害青年？》系邓发在延安召开的纪念国际青年节大会上的演讲，发表于1943年9月6日《解放日报》。

本书未署出版时间。根据内容推测，其当在1943年底前后出版。

《我们往那里走？》封面

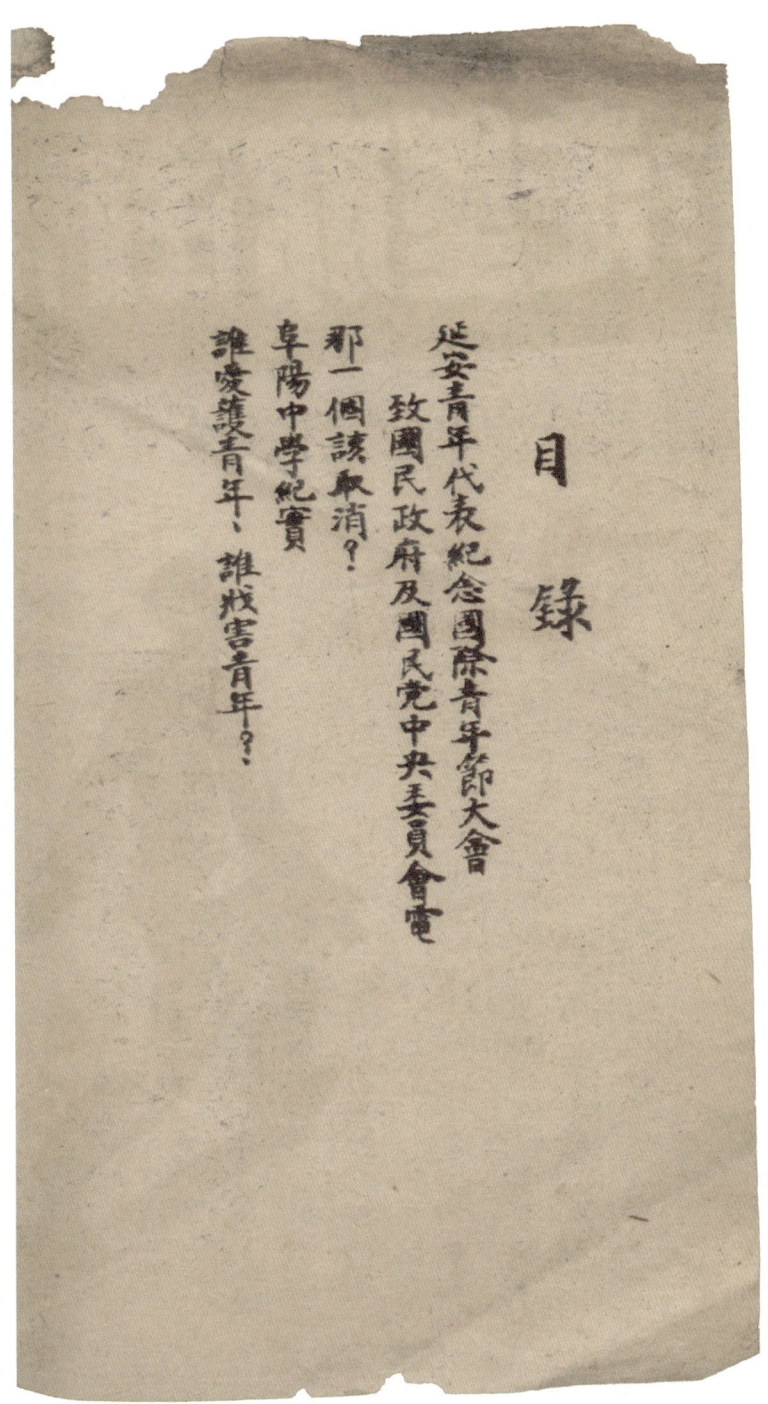

《我们往那里走？》封二上的目录

延安青年代表紀念團際青年節大會

## 致國民政府反國民黨中央委員會電

重慶國民政府、國民黨中央委員會：

六年來的事實說明：在抗戰期中，尤其是武漢失守以來，國民黨當局所幹得最起勁的事情，不是莊嚴的抗戰工作，而是卑污的反共反人民的特務工作；不是實行三民主義以反對法西斯主義，而是實行法西斯主義以反對三民主義。

還在武漢未失守時，國民黨當局就已提出所謂一個黨一個主義一個領袖的法西斯主張，並且在此後的行動中使之見於實際。國民黨當局雖然自稱為孫中山的信徒，自稱為英美蘇的盟友，而他們的所作所為，無一不反對孫中山的革命三民主義，無一不以希特勒墨索里尼的對羅斯福即吉爾所提倡的四大自由，無一不反

《我们往那里走？》正文第1页

## 那一個該取消？

### 華中敵後敵我友區人民負擔比較

范長江

大後方一部份國民黨人嚷着要「取消」共產党「取消」陝甘寧邊區政府，照理好的保存，壞的才該取消，我們且拿華中敵後敵我友三方面人民負担比一比，同為華中敵後抗日民主根据地比陝甘寧邊區建設遲了三年，算是共產党創造起來最年輕的「乾淨出」，看看這弟弟的情形，亦就不難知道哥哥如何？

敵佔區人民負担是沒有限制的，敵偽軍，日本浪人，漢奸卵翼下的流氓偽組織人員，都可以隨便勒索，這就無法統計，而且偽軍與土匪難分，更難正確計算負担，不過就有名目可考者而言，這裡句擧出二個例子。

第一是江蘇淮安縣三堡鄉第三條的調查，全係六百四十人，

《我们往那里走？》正文第 6 页

## 誰愛護青年，誰戕害青年？

鄧發

當着法西斯的瘋狂向全世界散播的時候，日德意法西斯企圖用恐怖，用戰爭來摧毀人類的和平自由的生活，來破壞人類的文明和文化，來侵略獨立的國家，毀滅自由的民族，想把文化的世界恢復到野蠻的時代，全世界的青年，為了反法西斯的野蠻的侵略和恐怖統治，都已動員起來了。一切被侵略國家的青年，為了保衛自己國家的獨立和民族的自由，也團結起來了。中國青年亦毫無例外。當着日本法西斯軍閥的鐵蹄進我國領土的時候，當時國民黨當局採取不抵抗主義，在「先安內而後攘外」的口號之下，接二連三的訂立淞滬協定、塘沽協定、何梅協定等揠辱賣國條約，實行妮日外交，中國青年，即站在抗日鬥爭的前列發出於

《我们往那里走？》正文第13页

《我们往那里走?》封底

### （十九）《高小论说精华》

本书为解放日报社编《中国共产党与中华民族》一书的伪装本。32开，正文35页，竖排铅印。封面为白底黑字，右上角印有"王景胜编"，中间印有伪装题名《高小论说精华》，左下角印有"汉口大达书局刊行"。

本书没有目录。正文收文6篇，均为《解放日报》社论和时评文章。其篇目和发表时间如下：《中国共产党与中华民族——为中共二十二周年纪念而作》，发表于1943年7月1日；《起来！制止内战挽救危亡！》，发表于1943年7月9日；《全体人民动员起来！把敢于向边区进攻的反动派打出去》，发表于1943年7月11日；《再接再厉消灭内战危机》，发表于1943年7月18日；《质问国民党》，发表于1943年7月12日；《论时局》，发表于1943年7月27日。

1943年3月，蒋介石发表《中国之命运》，公开宣扬法西斯主义，反对共产主义，诬蔑中国共产党和其领导的八路军、新四军是"变相的军阀"，抗日根据地是"新式的封建"。5月，蒋介石又利用共产国际解散之机，指使特务假冒民众团体，要求"解散共产党""取消陕甘宁边区"。7月，国民党集结数十万大军，妄图九路闪击延安，同时准备对华北、华中的八路军、新四军发动进攻。为了打退国民党顽固派发起的反共高潮，号召全国人民起来抵制内战，中国共产党从多个层面对《中国之命运》展开了深刻的揭露和批判。毛泽东在《质问国民党》一文中历数国民党顽固派及其军队的反共行径，驳斥了他们制造的反共谣言，严正指出："撤退河防大军，准备进攻边区，发动内战，这是一种极端错误的行为，是不能容许的。中央社于七月六日发出破坏团结、侮辱共产党的消息，这是一种极端错误的言论，也是不能容许的。这两种错误，都是滔天大罪的性质，都是和敌人汉奸毫无区别的，你们必须纠正这些错误。"

1943年，解放日报社将上述6篇时评文章以《中国共产党与中华民族》为题名出版了单行本。为了便于在国统区传播，同时还出版了这本伪装成小学课外读本的伪装本。本书未具出版时间，根据上述文章内容判断，本书编印时间当在1943年7月后不久。

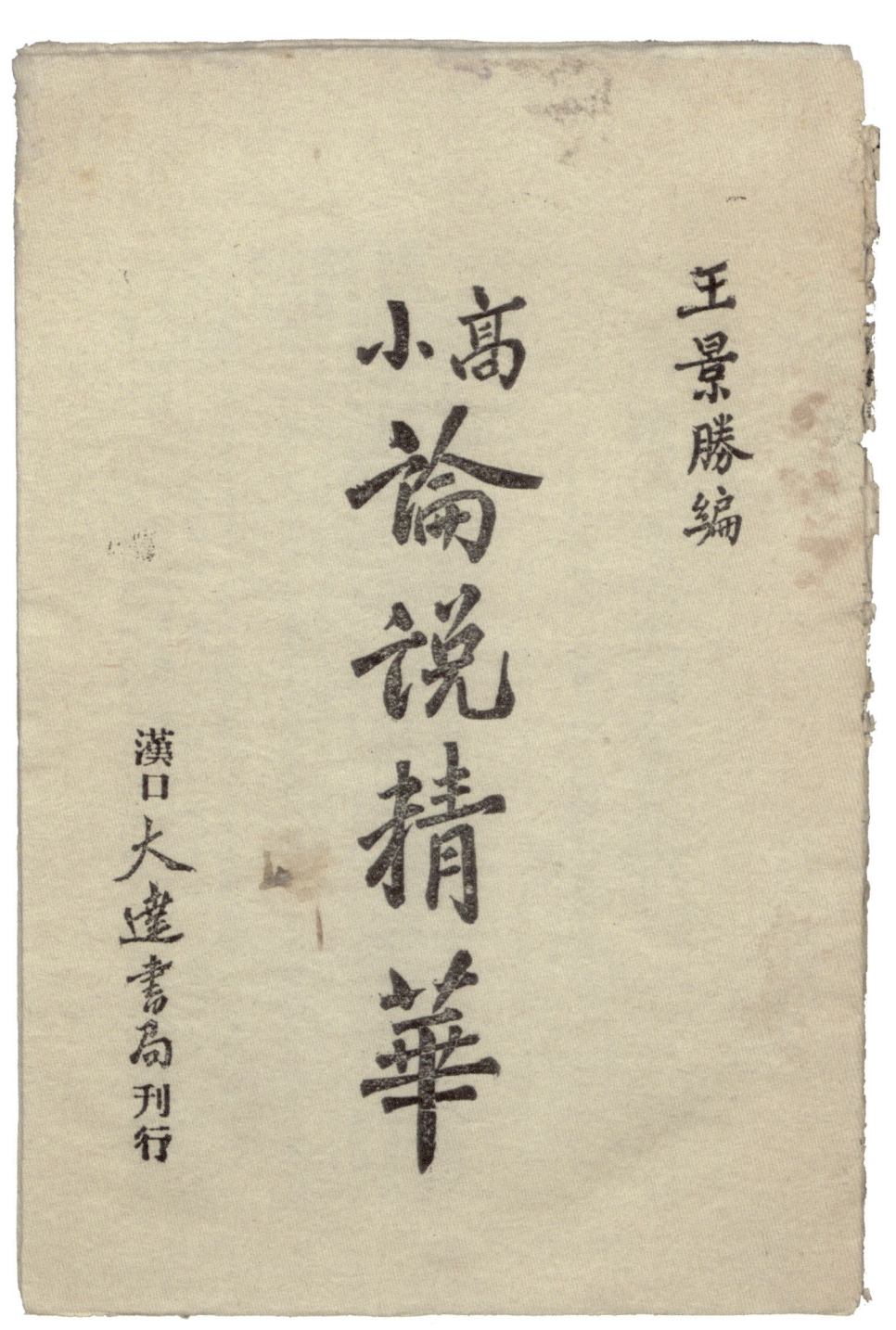

《高小论说精华》封面

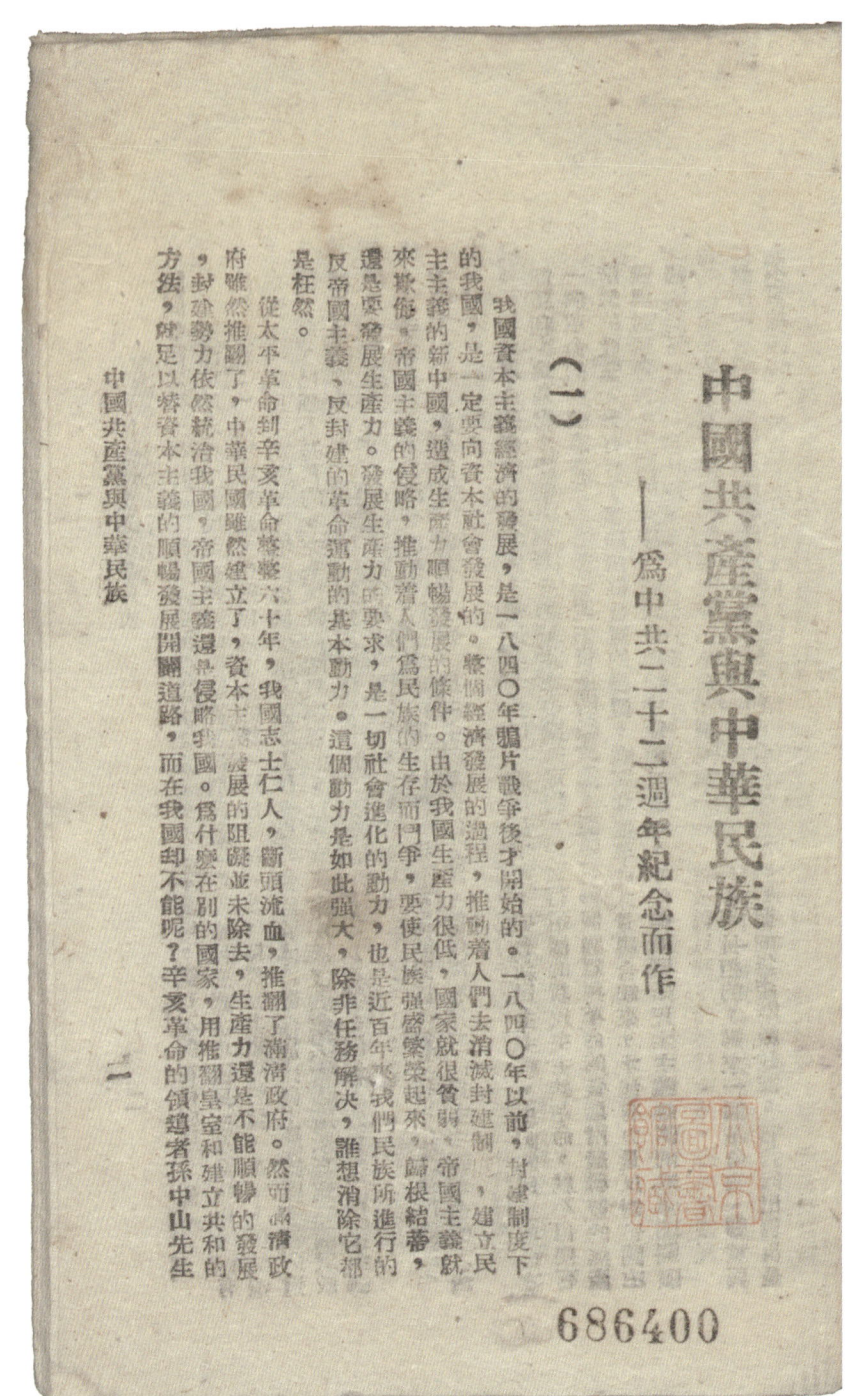

《高小论说精华》书中《中国共产党与中华民族——为中共二十二周年纪念而作》一文第1页

## 質問國民黨

近月以來，中國抗日陣營內部發生了一個很不經常很可駭怪的事實，這就是中國國民黨領導的許多軍政軍機關發動了一個破壞團結抗戰的運動。這個運動是以反對共產黨的姿態出現，而其實際則是反對中華民族與反對中國人民的。

首先是軍隊。國民黨領導的全國軍隊中佈置在西北方面的主力，就有第三十四、第三十七、第三十八等三個集團軍，均受第八戰區副司令長官胡宗南指揮，其中有兩個集團軍用於包圍陝甘發區，只有一個用於防守從宜川至潼關一段黃河沿岸，對付日寇。這種事實已經是四年多了，只要不發生事變，大家也就習以為常了。不料近日卻發生了這樣的變化，即擔任河防的第一、第十六、第九十等三個軍中開動了兩個軍，第一軍開到鄜州、淳化一帶，第九十軍開到洛川一帶，并積極準備進攻邊區，而使對付日寇的河防，大部份空虛起來。

此事不能不使人們發生這樣的疑問，這些國民黨人與日本人間的關係究竟是怎樣的呢？

許多國民黨人雖無忌憚地天天宣傳共產黨「破壞抗戰」、「破壞團結」，囂叫着撤河防主力，倒叫做增強抗戰嗎？糜爛進攻邊區，倒叫做增強團結嗎？

倘問於這些事的國民黨人，你們拿背對着日本人，日本人却拿面對着你們，而且向你們淘着耀，那時你們怎麼辦呢？

如果你們將大段的河防丟棄不管，前日本人却依然靜悄悄地在對岸堅臥不動，只是奪了些遠鏡

質問國民黨

一

《高小论说精华》书中《质问国民党》一文第1页

## （二十）《回答两个问题》

本书为庆祝中国共产党诞生二十二周年和纪念全民族抗战六周年的相关文献汇编的伪装本。32开，正文32页，竖排铅印。封面为白底黑字，居中竖向印有伪装题名《回答两个问题》，右上方印有"团结丛书第二种"，左下方印有"播种社出版"。封二上半部分为目录，下半部分及封三为前言。封底居中印有农人播种图，左下印有"定价5.00元"和"1943年8月1日出版"。

本书目录如下：

抗战的六年与中国共产党诞生的廿二年
中国共产党与中华民族
我们有办法坚持到胜利
七一志感
进一步发展生产

上述5篇文章的信息考订如下：《抗战的六年与中国共产党诞生的廿二年》系毛泽东在延安七一晚会上所做报告的摘要；《中国共产党与中华民族》系1943年7月1日《解放日报》为庆祝中国共产党诞生二十二周年发表的社论；《我们有办法坚持到胜利》系朱德为全民族抗战六周年纪念而作；《七一志感》系朱德为庆祝中国共产党诞生二十二周年所作；《进一步发展生产》系中共中央西北局书记高岗为纪念全民族抗战六周年而作。

1943年5月，共产国际宣布解散后，蒋介石更加肆无忌惮地制造反共舆论，要求解散共产党，取消陕甘宁边区，掀起反共高潮，引发了国共两党关于两个中国之命运的大论战。根据前言可知，本书要回答的两个问题是"究竟共产党应不应该取消，能不能够取消？陕甘宁边区应不应该取消，能不能够取消？这两个问题，对于大后方及浙东敌后各界人士，由于长期处于法西斯式的专制政治、愚民政策下面，由于经常受着反动派的造谣恐吓与挑拨离间，是还值得加以详细说明一下的"。

本书出版之前，播种社已经出版了"团结丛书"第一种《制止内战》，"团结丛书的第三种将是六年来华北华中敌后抗战的具体报道与总结。第四种将发表延安理论家陈伯达的《评〈中国之命运〉》。此外关于目前时局的分析、第三国际解散问题等，亦将陆续付印，以为浙江敌后各界人士参考研讨之助"。播种社是中共浙东区党委委员兼宣传部部长顾德欢主持创办的出版发行机构①，故本书是两个中国之命运论战期间，浙东抗日根据地出版的伪装本。

---

① 参见中共宁波市委党史研究室编：《宁波中共党史人物（1925—1949）》，宁波：宁波出版社，2015年，第193页。

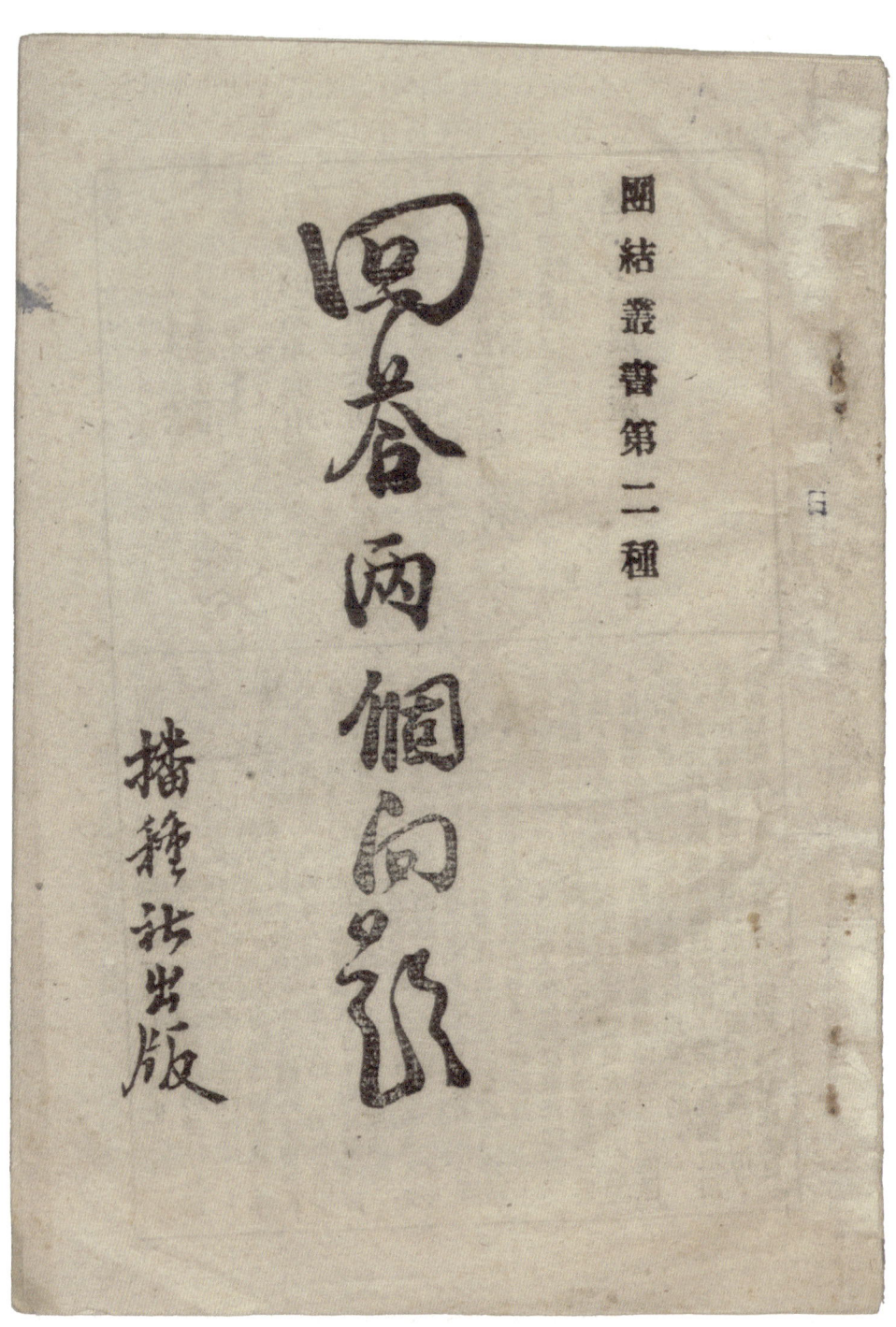

《回答两个问题》封面

## 目錄

| | |
|---|---|
| 抗戰的六年與中國 | 一 |
| 共產黨誕生的廿二年 | 七 |
| 中國共產黨與中華民族 | 十六 |
| 我們有辦法堅持到勝利 | |
| 七一誌感 | 廿三 |
| 進一步發展生產 | 廿七 |

## 前言

團結叢書第一種——「制止內戰」出版已十多天了。呼籲團結的聲浪也已在新疆敘復許多地方發出來了。

今天中國共產黨人與陝甘寧邊區人民的呼擊，是理氣壯義正詞嚴的，也有人說，這些話，是廣大中國人民所同情擁護的，但語氣太尖銳太刺激了。對的，但我們覺得是好的。對於這種善意的批評，我們也是很感謝的。是可以原諒的。

對共產黨人與陝甘寧邊區人民的大批黑暗腐敗情形，共產黨員，愛國青年與共產黨的憂國之士，莫不寫「相忍爲國」，受着特務份子非人的待遇，共產黨人爲了「相忍爲國」，邊區人民今天這種激憤態度的根源，始終「隱忍不言」。而今天這些反動派卻進一步公開提出取消共產黨取消陝甘寧邊區的狂妄言論，並準備來一次比皖南事變更大的「閃擊」，在這種情形下，共產黨人與邊區人民的憤激之情，是完全合理的，便是可以原諒的。

陝甘寧邊區應不應該取消，能不能夠取消？這兩個問題，對於大後方及浙東（接封底裏頁）

《回答兩個問題》封二上的目錄和前言

## 抗戰的六年與中國共產黨誕生的二十二年

——毛澤東在延安七一晚會上報告的摘要

在盛大的七一晚會上,毛澤東同志總結了抗戰的六年,和中國共產黨誕生的廿二年,他的報告中充滿了對於抗戰勝利的信心,和對於光明的新中國與新世界的信心。是晚,中央大禮堂座無虛席,到會者有黨中央全體同志,各級黨的幹部和非黨員幹部。李富春同志來延不久之日本共產黨領導者岡野進同志及在延之蘇聯、美國人士亦均列席。佈開會後,毛澤東同志在全場熱烈鼓掌中登台,他以下列的話開始了他的報告:「今天是紀念黨的廿二週年和抗戰的六週年,現在全世界全中國一切反法西斯的任務都只有一個,這就是打敗人類公敵法西斯侵略者德意日」。

毛澤東同志總結六年的抗戰說:「中國抗戰已經六年,就時間來說,比別國都更長些」。他指出一年以來,世界戰爭的形勢已經有了根本的改變,過去是全世界各國被法西斯進攻,法西斯則主動的進攻世界的一切國家,並且在進攻中打勝仗和壓迫反法西斯國家,這就是過去的情況,就是說是一種不利的艱難困苦的情況。現在的特況就根本不同了,這個變化是在過去一年中發生的,蘇聯冬季攻勢的勝利,英美在北非的勝利,太平洋上英美的勝利,起了轉變形勢的堅持六年,就是造成這個根本變化的原因。其中特別是斯大林格勒的大勝利,起了轉變形勢的主要決定作用,過去法西

(1)

《回答兩個問題》正文第 1 頁

## 七一誌感

朱德

中國共產黨成立二十二週年了！回想過去經營締造的堅苦卓絕，瞻望將來抗戰建國的燦爛光明，不僅我們共產人感到無限歡欣，無限奮勵，凡我中國人民當莫不同此快感。因為中國共產黨從建黨一天起，就和中國廣大人民血肉相關，結合成一體。我們的黨既是中國無產階級的黨，同時也是中國廣大人民的黨，黨和人民大衆永遠是分離不開的。

為什麼中國能夠產生這樣壯大的中國共產黨呢？由於中國工人運動的發展，由於中國民族民主革命的發展，更由於中國革命中國工人運動與科學社會主義——馬克思列寧主義的結合，——這些條件就產生了先進理論所指導的黨，有足夠的魄力和遠見來担負起中國革命的偉大事業，並使中國革命的面目為之煥然一新。

中國共產黨是馬列主義的普遍眞理與中國革命的具體實踐相結合的黨，它繼承了中國幾千年歷史積累下來的優良遺產。它在大革命、土地革命、抗日戰爭三大階段中鍛練了自己，豐富了自己。在這劇烈無比的鍛練中，它把馬列主義中國化了，把歷史遺產進化為適合於現實社會的需要了，及以毛澤東同志為首的黨中央；體現在我們黨擁有幾十萬優秀的幹部，他們在黨中央領導下，各竭其力，各盡其貴地做成無數福利民的事業，這些黨員是千八萬人為俊萬人為傑極可寶貴的人才，每一黨員應該自覺自愛力求精進，去完成中國革命的歷史任務。

我且不說我們同志在大革命土地革命中所表現的英勇精神，現在單說抗戰以來，我

(23)

《回答兩個問題》正文第 23 頁

（續前言）敬後各界人士，由於長期處於法西斯式的專制政治恐民政策下面，由於經常受着反動派的造謠恐嚇與挑撥離間，是還值得加以詳細說明一下的。

本書幾篇文章是從歷史上事實上有力的回答了這兩個問題。

毛澤東的報告指出了這二三十年來世界與中國「翻天覆地」的大進步，指出了真正的「世界潮流」之所在。解放日報的七一社論說明了中共發展的歷史條件，說明了國共兩黨只應團結不應分裂的歷史教訓。朱德的兩篇紀念文章具體的敘述了六年來共產黨、八路軍、新四軍對於中華民族的貢獻，證明中國歷史上積累下來的優良傳統，例如「天下為公」，「文官不愛錢，武官不怕死」等等，證明中國古人崇仰的美德，只有共產黨人才真正承繼了與發揚了。今天的邊區「進一步發展生產」一文可以作為陝甘寧邊區概況的介紹。從帝國主義和封建軍閥的壓迫下解放出來一，並且正是邊區的人民「曾經用自己的力量，今天邊區那種「民有、民治、民享」的民主政治，以及自己動手豐衣足食的經濟建設，正應該成為「封建割據」，全國應該同邊區「看齊」，大家來認真實行三民主義，才是道理。退求其次的人，這一切是已經可以充份證明中國共產黨對於沒有成見，真正為國、反對以破壞的，誰要想消滅它們，取消它們，更是途勞與歷史發展道路，是一定做不到的。

陝甘寧邊區是只應加以愛護，不應用以破壞的，誰要想消滅它們，取消它們，更是途勞與歷史發展道路，是一定做不到的。

團結叢書的第三種將是六年來華北華中敵後抗戰的具體報導與總結。第四種將發表延安理論家陳伯達的「評中國之命運」。此外關於目前時局的分析，第三國際解散問題等，亦將陸續付印，以為浙東敵後各界人士參考研討之助。

——編者 一九四三、八、一。

《回答兩個問題》封三上接續的前言

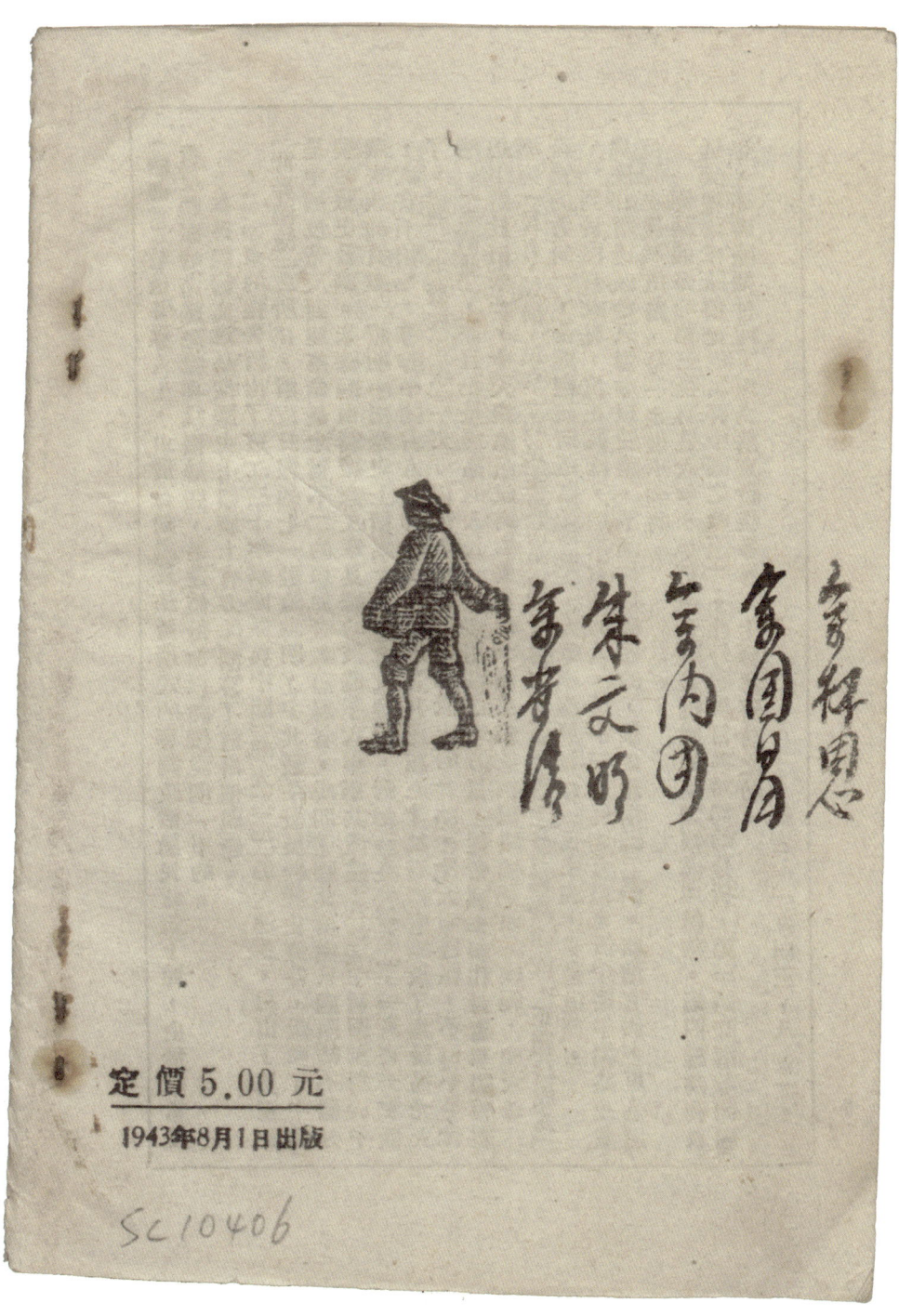

《回答两个问题》封底

（二十一）《秦庭泪痕》

本书为《谁给冀南制造下了灾荒？》的伪装本。64开，正文96页，竖排铅印。封面为黄色，文字为暗红色，左侧竖向印有伪装题名《秦庭泪痕》，右下方分三行横向印有"著者：稷门孤愤楼主""出版：上海启明书局""1943.11.15"等。题名页印有真实题名《谁给冀南制造下了灾荒？》。

全书包括4个部分：

第一部分"百年来空前未有的奇灾"，概述了1943年冀南抗日根据地遭受的旱、水、雹、蝗、疫五重灾难。

第二部分"谁给制造下了灾荒"，总结了冀南抗日根据地人民遭受史无前例的灾荒的两个基本原因：一是日本侵略者6年来高度的压榨、掠夺和惨无人道的烧杀破坏，造成了农村经济迅速枯竭，致一遇天灾即毫无抵抗能力，使灾荒愈发严重；更有的地区本来没什么天灾，却因为敌人的掠夺破坏，造成了人民破产及死亡。二是国民党历史上的黑暗统治。

第三部分"谁是人民的救星"，指出"冀南共产党是冀南人民的政党，冀南八路军是冀南人民的子弟兵，冀南抗日政府是冀南老百姓自己的政府，所以冀南共产党、八路军、抗日政府与冀南人民同生死、共甘苦，不仅在口头上提出来，而且在行动上表现出来"。

第四部分"学习劳动英雄冯金榜，生产自救，掀起明年的大生产运动"，号召灾区人民响应1943年10月1日中共中央政治局《关于减租生产拥政爱民及宣传十大政策的指示》，在冀南共产党、八路军和抗日政府的领导下同灾荒做长期斗争。

本书还附有《冀南全区水灾图》《九一二敌人"扫荡"枣南县损失一览表》《冀南河流公路方向图》等地图和调查统计资料。本书借用申包胥"哭秦庭"请兵纾国难的典故，揭露了冀南灾荒之因，歌颂了中国共产党领导的人民子弟兵和抗日民主政府。

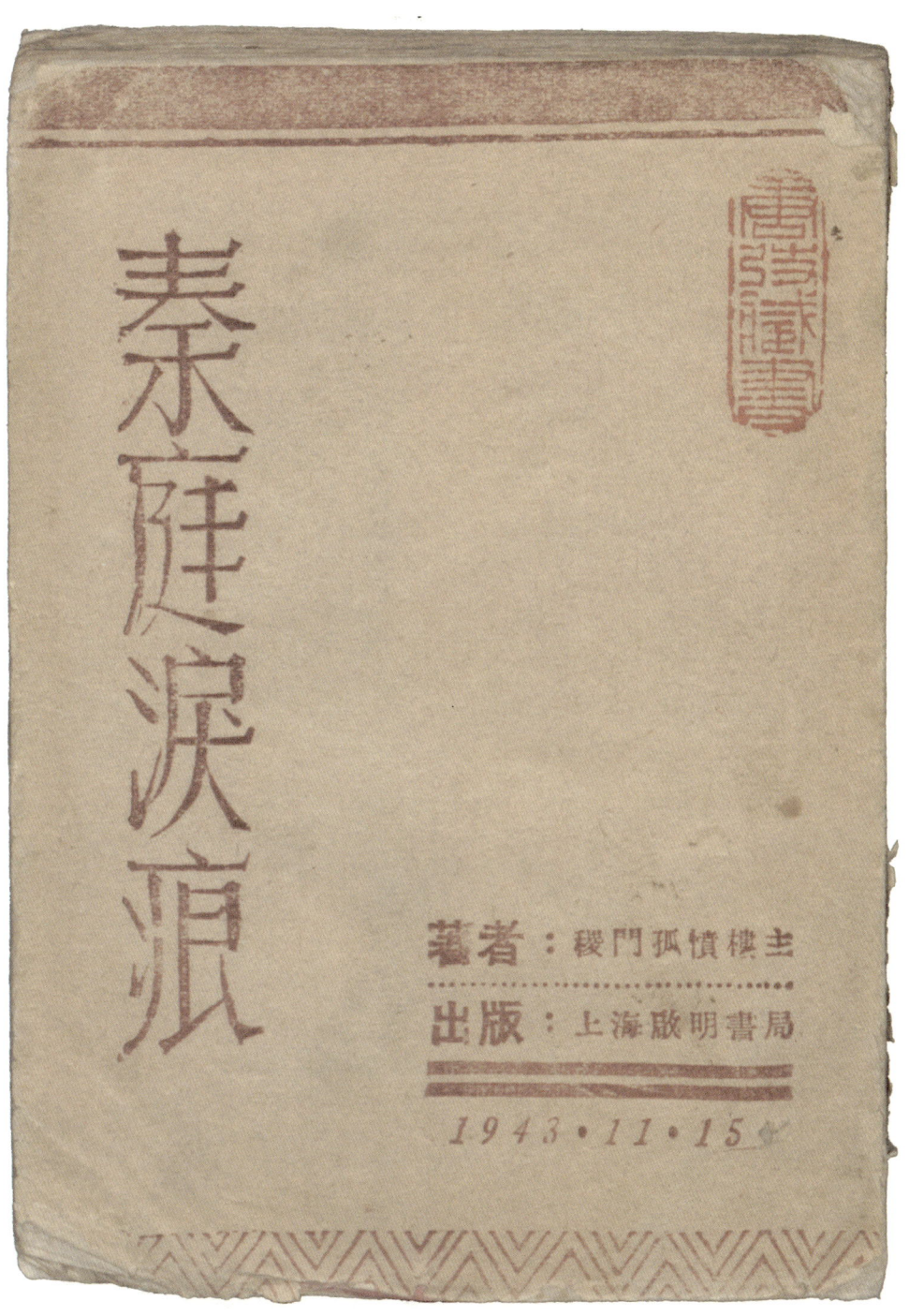

《秦庭泪痕》封面

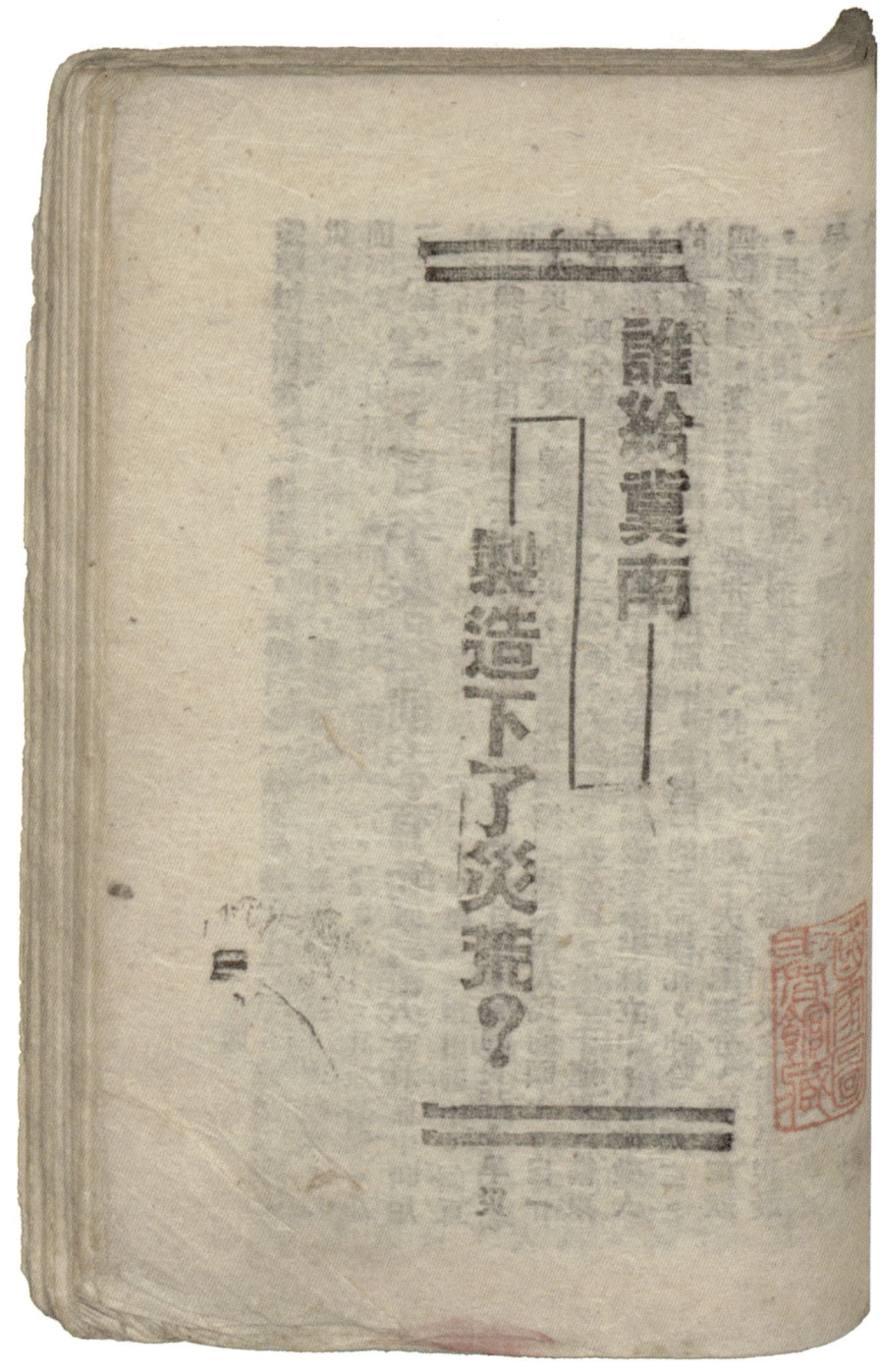

《秦庭泪痕》题名页

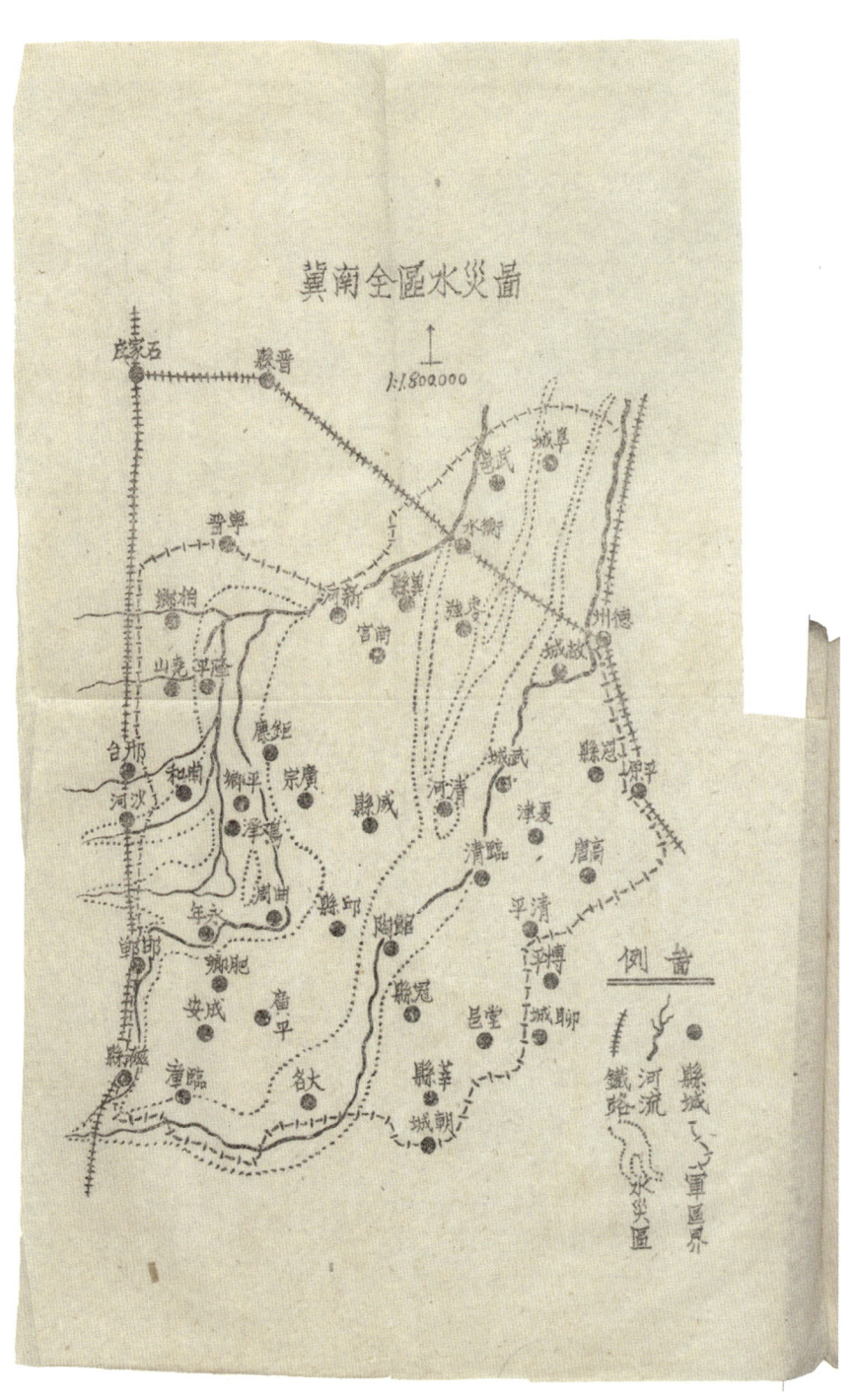

《秦庭泪痕》正文第 3 页后的插图《冀南全区水灾图》

《九一二敌人"扫荡"枣南县损失一览表》

| 区别 | 被杀人数 | 被捉人数 | 据点数目 | 焚烧房屋 抢去 | 米 头数 | 估价 | 牛 头数 | 估价 | 猪 头数 | 估价 | 杂粮 斤数 | 估价 | 农具支应 估价 |
|---|---|---|---|---|---|---|---|---|---|---|---|---|---|
| 一区 | 45 | 30 | 15 | 1 | 15 | 30000 | 38 | 52000 | 10400 | | 34 | 3400 | 12400 | 24800 | 19400 |
| 二区 | 157 | 44 | 186 | | 12 | 24000 | 131 | 196100 | | | 4456 | 45600 | 183336 | 368986 | 545000 |
| 三区 | 12 | 36 | 44 | 2 | 8 | 16000 | 3 | 4800 | 12800 | | 24 | 2400 | 14885 | 29766 | 121490 |
| 四区 | | | | 1 | | | | | | | | | | | |
| 五区 | 11 | 24 | 20 | | 5 | 12000 | 45 | 67500 | 12800 | | 129 | 12300 | 15662 | 31320 | 123000 |
| 六区 | 19 | 60 | | | 27 | 54000 | 24 | 49500 | 20600 | | 65 | 6500 | 17288 | 149728 | 77653 |
| 七区 | 29 | 46 | 68 | 1 | 43 | 49000 | 123 | 194900 | 32600 | | 433 | 43300 | 41348 | 82774 | 300246 |
| 八区 | 16 | 18 | 24 | | 15 | 30000 | 35 | 62400 | 4600 | | 35 | 3500 | 12400 | 24800 | 134000 |
| 九区 | | | | 1 | | | | | | | | | | | |
| 十区 | | | | 1 | | | | | | | | | | | |
| 政府 | | | | | | | | | | | | | | | |
| 合计 | 307 | 363 | 407 | 5 | 126 | 263200 | 414 | 588147 | 72800 | | 1170 | 117000 | 262520 | 744492 | 1450348 |

说明：

（註）县联总损失（估价）因原稿损坏，所以不能填上。

县南县总损失一倍，因原稿损坏一百三十一万三千七百四十六元。

《秦庭泪痕》正文第32页后的《九一二敌人"扫荡"枣南县损失一览表》

大呼「我乃電堂合法議員為什麼叫八路軍捉不叫我逃」!?警衛男女嘗予以獸而有力的回答：「你問你自己吧！」……每當國特宣傳：「中央軍某師快來了」時，靈家自言自語的答語是：「來了還不是和你們一樣！」（反共派在冀南……新華日報）

日本帝國主義乃我民族死敵，不共戴天，其殘我同胞，毀我鄉園乃勢之必然，而國民黨自以靈堂政黨，我冀南人民何罪于國民黨？堅持敵後抗戰無罪，保衛國土無罪，自由民主更無罪，而國民黨反共派又何其惨毒如斯耶!?

## 三、誰是人民的救星

冀南共產黨是冀南人民的政黨，冀南八路軍是冀南人民的子弟兵，冀朝抗日政府是冀南老百姓自己的政府，所以冀南共產黨、八路軍、抗

五四

《秦庭泪痕》正文第54页

### （二十二）《新式标点处世指南》

本书为苏联反法西斯战争相关材料汇编的伪装书。开本小于 32 开，正文 32 页，竖排铅印。封面为白底绿字，居中竖向印有伪装题名《新式标点处世指南》。伪装题名右上印有"焦甫著"，左下印有"天津大华书店出版"。

本书正文收录 4 篇文章，内容如下：第一篇为《苏联国防委员会主席斯大林于十一月六日在莫斯科劳动人民代表苏维埃及党与公共团体庆祝会上的报告》，系斯大林 1941 年 11 月 6 日所做报告；第二篇为《苏联夏季攻势的辉煌战果》，系 1943 年 7 月 5 日至 11 月 5 日苏联红军夏季攻势的战果公报；第三篇为《世界人士论苏联》，系《解放日报》刊登的罗斯福、戴维斯、丘吉尔等人士对苏德战场、苏联红军、斯大林等的系列评论；第四篇为《读斯大林报告》，系《解放日报》社论。

本书的题名、作者和出版者均系伪托。从外表看像新式标点本修身处世著作。本书出版时间不详，根据内容判断，出版时间当在 1943 年以后。

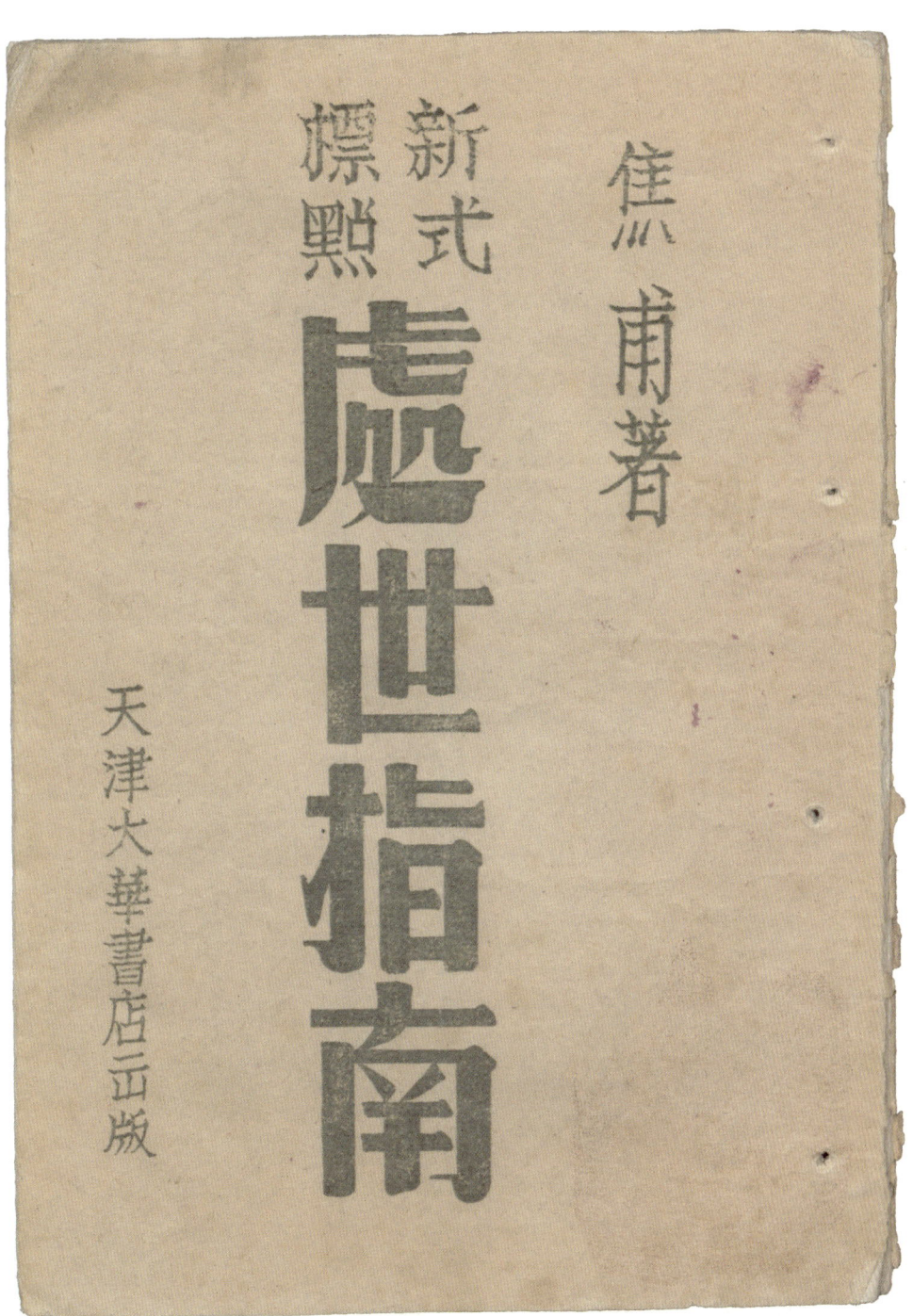

《新式标点处世指南》封面

《新式标点处世指南》正文第 1 页

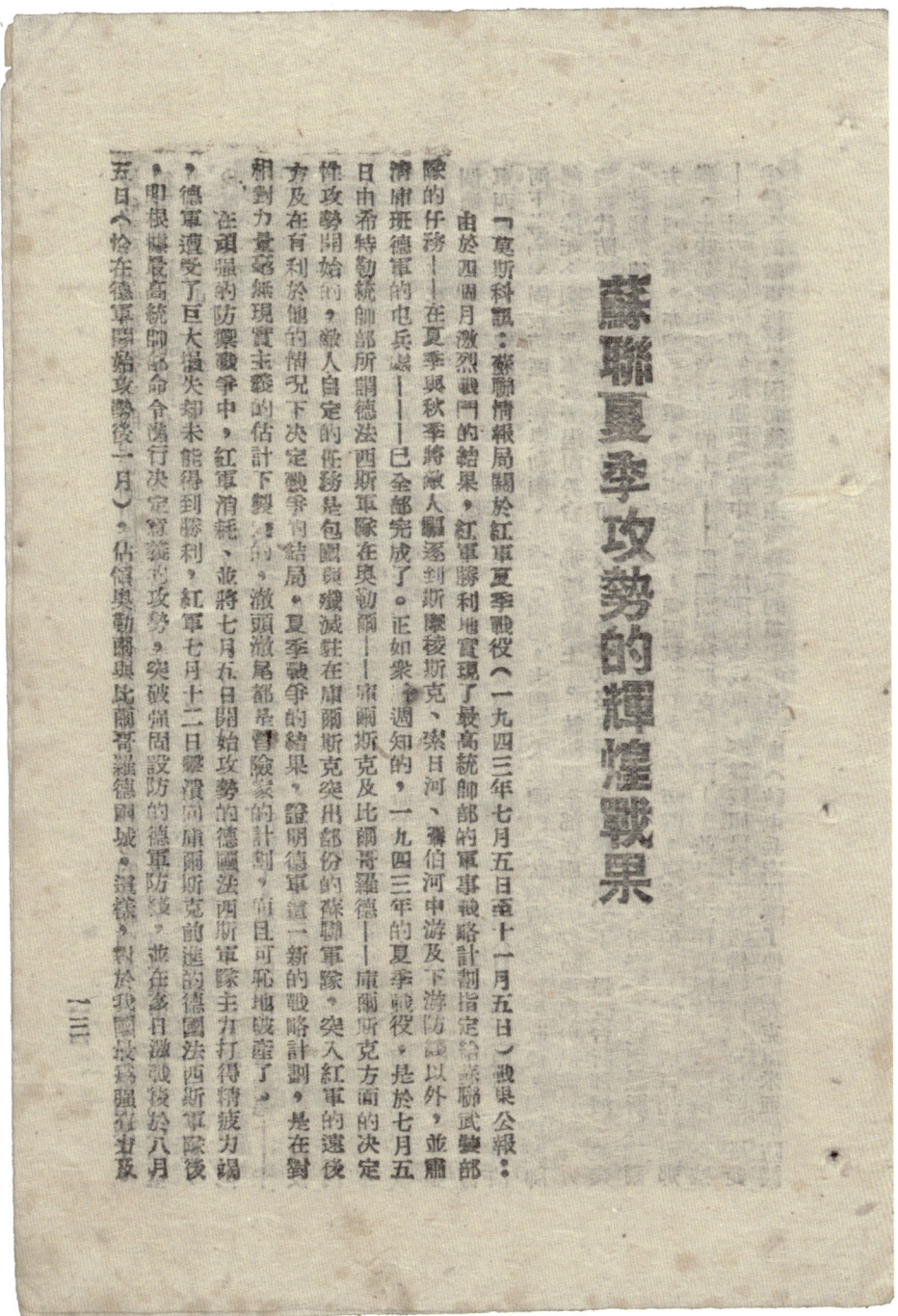

《新式标点处世指南》正文第 13 页

### （二十三）《战国策注解》

本书为抗日战争时期中国共产党文件汇编的伪装本。64开，正文28页，竖排铅印。封面为蓝底黑字，自左向右印有伪装题名《战国策注解》。本书没有目录页。

正文收录了5份文件：《中共中央关于抗日根据地土地政策的决定》（1942年1月28日中央政治局通过）、《中共中央关于抗日根据地土地政策的决定的附件》（1942年1月28日中央政治局通过）、《陕甘宁边区施政纲领》（1942年5月1日中共边区中央局为边区第二届参议会举行选举而提出，经中共中央政治局批准）、《抗日根据地苏中区施政纲要》、《苏中区人权财权保障条例》。

本书无作者、出版发行机构、出版时间等信息，伪装手法简单而有效。除了中共中央和陕甘宁边区的3份文件，本书还收录了两份1944年苏中行政公署的文件，说明本书可能是苏中抗日革命根据地当年印刷的伪装本。

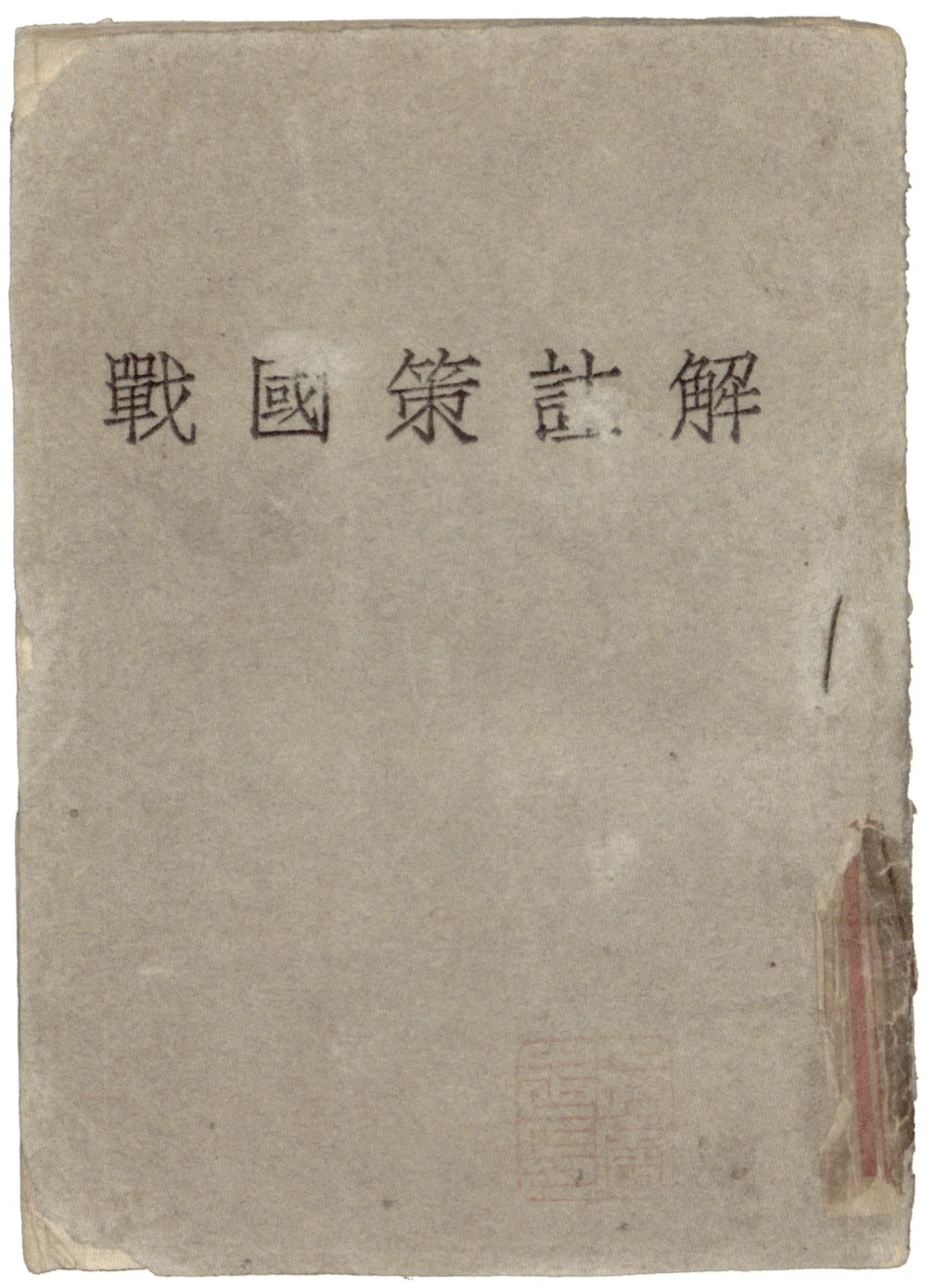

《战国策注解》封面

# 中共中央關於抗日根據地土地政策的決定

——中華民國卅一年一月廿八日中央政治局通過

抗戰以來,我黨在各抗日根據地實行的土地政策,是抗日民族統一戰線的土地政策,也就是一方面減租減息,一方面交租交息的土地政策。這一政策在各根據地實行以後,曾經獲得了廣大羣衆的擁護,團結了各階層的人民,支持了敵後的抗戰。凡在比較普遍,比較認眞,比較澈底的實行了減租減息,同時又保障交租交息的地方,當地羣衆參加抗日鬥爭與民主建設的積極性就比較高,而且能够保持工作的經常狀態,安定社會的生活秩序,那裏的抗日根據地就比較鞏固。但是這一政策,在許多根據地內還沒有普遍的、認眞的、澈底的實

一

《战国策注解》正文第 1 页

## 中共中央關於抗日根據地土地政策的決定的附件

——中華民國卅一年一月廿八日中央政治局通過

由於各根據地情況不同及在一個根據地內亦有情況不同者,故關於解決土地問題的具體辦法,應統一施行整齊劃一的制度。中央在關於土地政策決定內,規定了統一施行的原則,而在本附件內,則根據此種原則提出具體辦法,以供各地採用。本附件內所列各項,凡與各地實際情況相合者,均應堅決執行之,其有不合情況而須變通辦理者,各地得以變通,惟須將變通之點報告中央,並取得中央之批准。

(附件一)關於地租及佃權問題:(一)一切尚未實行減租的地區,其租額以減低原租額百分之二十五(二五減租)為原則,即照抗戰前租額減低百分之二十五,不論公地、私地、佃租地、夥種地;也不論錢租制、物租制、定租

七

### (二十四)《中国内幕》

本书为抗日战争时期中国共产党文件汇编的伪装本。64开，正文28页，竖排铅印。封面为红白相间，上端自右向左印有伪装题名《中国内幕》，题名之下有"袖珍本"3个字，底端印有"新中国报社出版"。题名页的文字与封面相同。

本书所收文件与《战国策注解》一书相同，开本、页码、字体、字号亦相同，只是伪装手法不同，同属苏中抗日根据地印刷的宣传品。

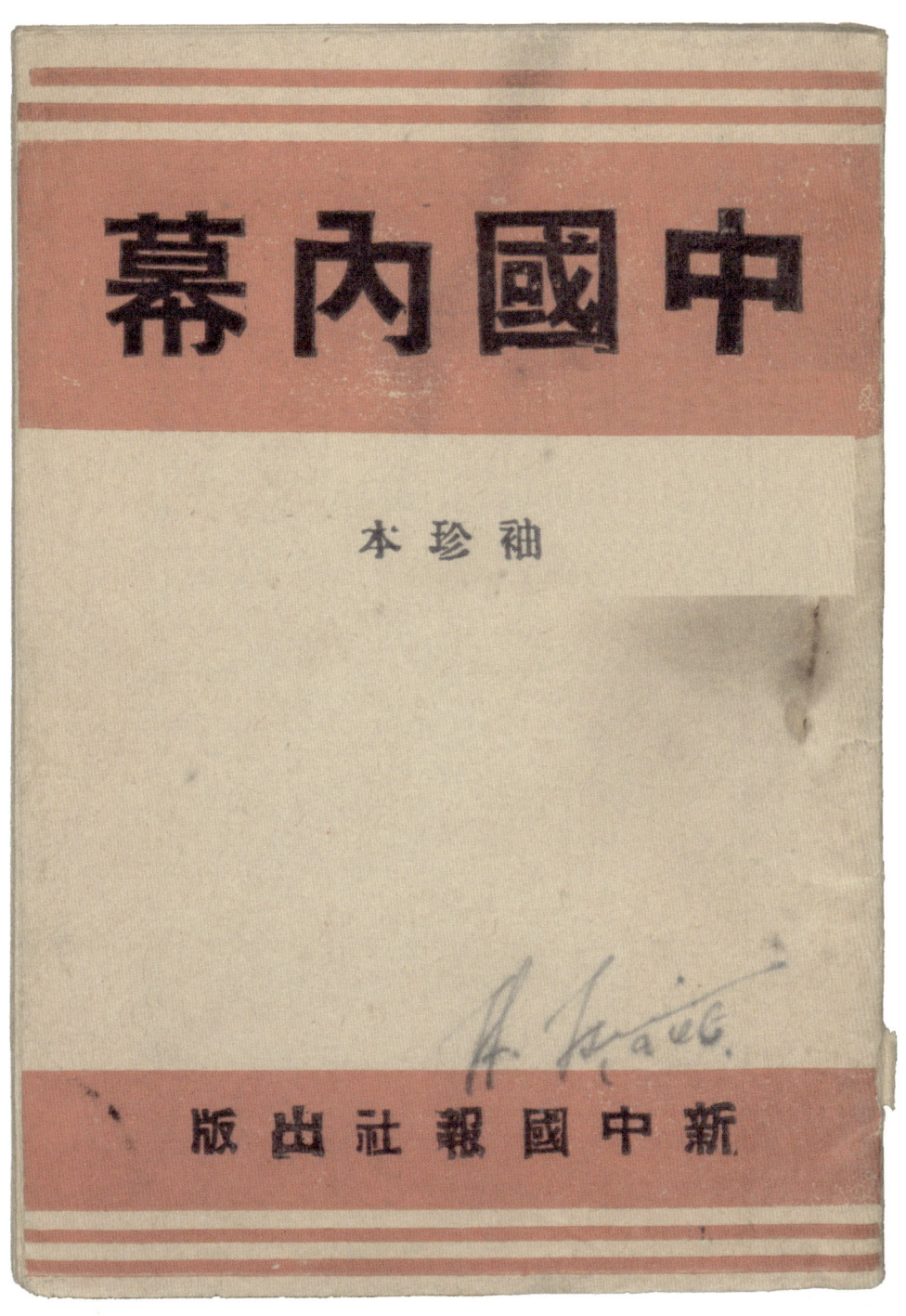

《中国内幕》封面

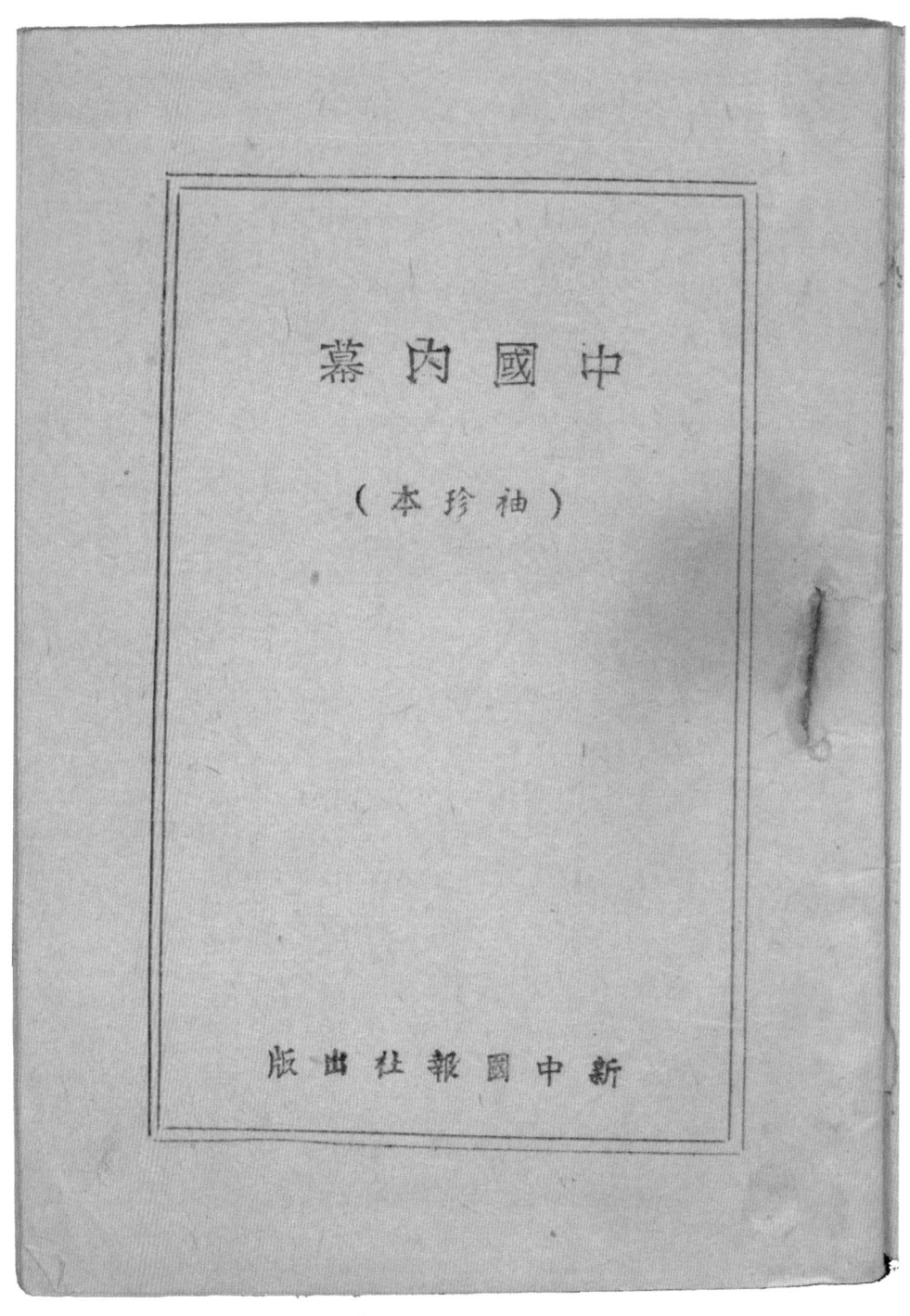

《中国内幕》题名页

## 陝甘寧邊區施政綱領

——中華民國卅一年五月一日中共邊區中央局爲邊區第二屆參議會舉行選舉而提出經中共中央政治局批准。——

爲了進一步鞏固邊區，發展抗日的經濟政治文化建設，以達堅持長期抗戰，增進人民福利之目的起見，中共陝甘寧邊區中央局特於邊區第二屆參議會舉行選舉之際，根據孫中山先生的三民主義，總理遺囑及中共中央的抗日民族統一戰線原則，向我邊區數百萬人民提出如下之施政綱領。共產黨員當選爲行政人員時卽將照此綱領堅決實施之。

一、團結邊區內部各社會階級各抗日黨派，發揮一切人力、物力、財力、智力，爲保衛邊區、保衛西北、保衛中國，驅逐日本帝國主義而戰。

一三

《中国内幕》正文第 13 页

## 抗日根據地蘇中區施政綱要

一、堅持抗日民族統一戰綫政策，團結本區各階層人民各抗日黨派及敵佔區同胞，為建設與鞏固蘇中抗日民主根據地，粉碎敵偽掃蕩、清剿、清鄉，積極準備反攻，勝利完成抗戰建國大業。

二、保證本區一切抗日人民有參政權財產權及言論、出版、集會、結社、信仰、居住之自由權，除司法系統公安機關外，任何機關、部隊、團體及個人不得對任何人加以逮捕審訊處罰及侵犯他人之一切權利，但在敵偽掃蕩「一清剿」、「清鄉」特殊情況下，經政府授權者，不在此例。

三、保證本區抗日部隊之物質供給，組織地方游擊隊及不脫離生產之民兵自衞隊，以開展羣眾性游擊戰爭，並切實推進參軍擁軍運動，優待抗日軍人家屬，撫卹榮譽軍人及陣亡將士，親密軍民團結。

四、民選各級民意機關及實行三三制，裁汰駢枝機關，增強行政效率，厲行廉

一九

《中国内幕》正文第 19 页

（二十五）《新山海经》

本书为《中国共产党对中华民族的贡献》的伪装本，"江山风雨楼丛书"系列伪装本的第二种。32开，正文112页，竖排铅印。封面为白底红字，中间竖向印有伪装题名《新山海经》，左下角印有"江山风雨楼丛书之二""崇文斋藏版"。

本书封二为目次页，收录中共时评文章7篇。目次如下：

> 八路军新四军的抗战成绩与敌后抗日根据地概况（新华社）
> 百炼成钢的晋察冀边区（孙元范）
> 战斗中成长的晋绥边区（新华社）
> 一二九师与晋冀鲁豫边区（新华社）
> 新山东的成长（新华社）
> 新四军和华中抗日根据地（新华社）
> 屹立在南海上的东江与琼崖抗日根据地（新华社）

1944年，山东新华书店和辽东建国书社汇集这些时评文章，以《中国共产党对中华民族的贡献》为题出版，扶余解放社、旅顺民众书店曾以《敌后抗日民主根据地介绍》为题名翻印过。因此，本书也可看成是它们的伪装本。

本书看似根据古旧书店藏本重新整理出版的古典著作。封三上半部分自右向左印有"江山风雨楼丛书"的书目：

> 一、赤胆忠心录
> 二、新山海经
> 三、救世箴言
> 四、华夏春秋
> 五、海外嘉言钞
> 六、土皇帝传

书目下方自右向左印有"崇文斋藏版"，说明该系列伪装本出版了6种。封三左下方印有"新山海经""崇文斋藏版""甲申十月初版"等字。甲申年即

1944年，这一时间与正文所收篇目发表时间并不冲突，据此推测本书的出版时间为 1944 年 10 月。

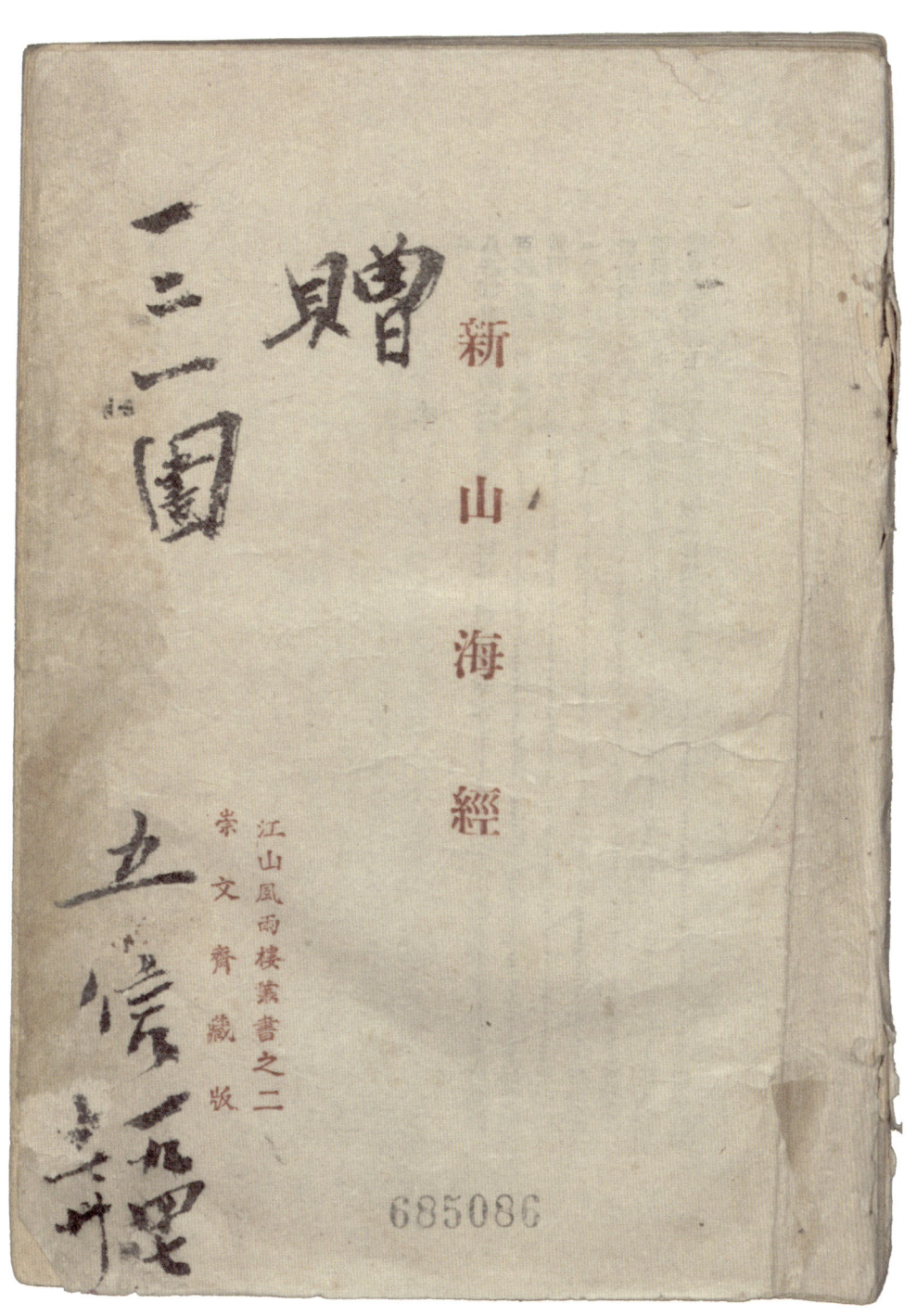

《新山海经》封面

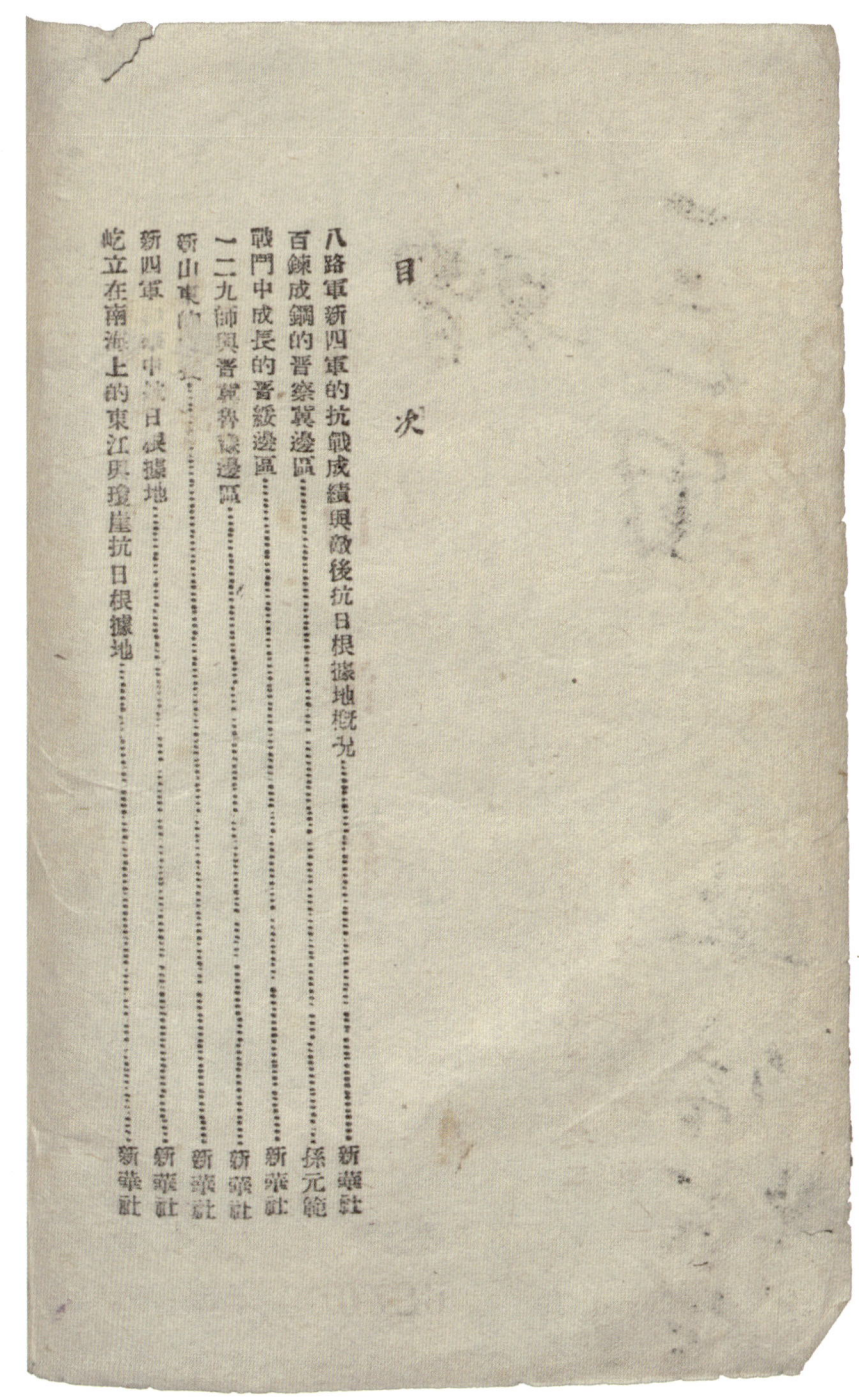

《新山海经》封二上的目次

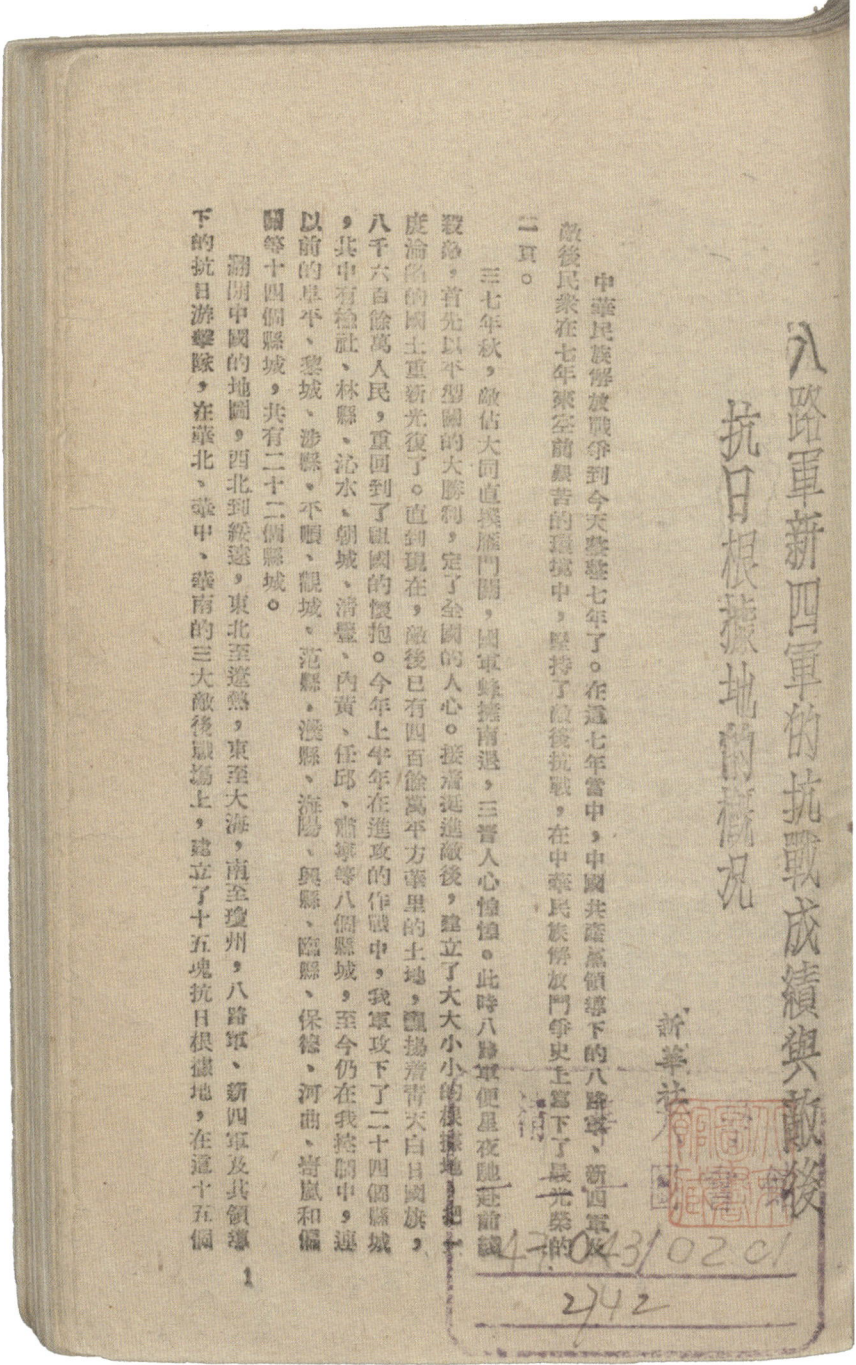

## 八路軍新四軍的抗戰成績與敵後抗日根據地的概況

新華社

中華民族解放戰爭到今天整整七年了。在這七年當中,中國共產黨領導下的八路軍、新四軍、敵後民衆在七年艱苦的環境中,堅持了敵後抗戰,在中華民族解放鬥爭史上寫下了最光榮的一頁。

三七年秋,敵佔大同直撲雁門關,國軍節節敗退,三晋人心惶惶。此時八路軍便星夜馳赴前綫,首先以平型關的大勝利,定了全國的人心。接着連過敵後,建立了大大小小的根據地。敵後已有四百餘萬平方華里的土地,氣揚着青天白日國旗,八千六百餘萬人民,宣回到了祖國的懷抱。今年上半年在進攻的作戰中,我軍攻下了二十四個縣城,其中有繁峙、沁水、朝城、滑臺、內黃、任邱、鹽城等八個縣城,至今仍在我控制中,連以前的阜平、豪城、林縣、潞城、范縣、濟陽、鈎縣、臨縣、保德、河曲、岢嵐和偏關等十四個縣城,共有二十二個縣城。

翻開中國的地圖,西北到綏遠,東北至遼熱,東至大海,南至瓊州,八路軍、新四軍及其領導下的抗日游擊隊,在華北、華中、華南的三大敵後戰場上,建立了十五塊抗日根據地,在這十五個

## 一二九師與八百萬冀魯豫邊區

新華社

編者按：晉冀魯豫邊區，最近因作戰指揮的方便，軍事上已經分為兩個單位，即晉冀魯豫（包括太行、太岳）與冀魯豫（包括原來的冀魯豫和冀南）。

### 初建奇功

雖然有了平型關的勝利，忻口仍然吃緊，八路軍總指揮朱德、彭德懷同志，又把一二九師的一部份，派遣到戰雲密佈的雁門關一帶。二十四歲的陳錫聯同志，帶領了七六九團的健兒，便進到靠近代縣的滹沱河東岸，側擊敵人的補給線。

滹沱河的戰爭很緊張，敵人的飛機從朝到晚的聚集，來勢兒猛非常，使正面作戰的隊伍疲痛。陳錫聯同志決定配合友軍作戰，宣先襲掉敵人的飛機場，從飛機場飄忽而來的情況判斷，揣揚似乎就在附近。果然，在第二天，便偵察出陽明堡機場的所在了。夜襲陽明堡，火燒飛機場，這名振中外的戰鬥，便安排在十二月十九號的夜晚。

當朦朧月亮躲到一團黑雲中去時，×營的趙崇德營長，同他一個連的戰士，便悄悄偷過了唱關

《新山海經》正文第 38 頁

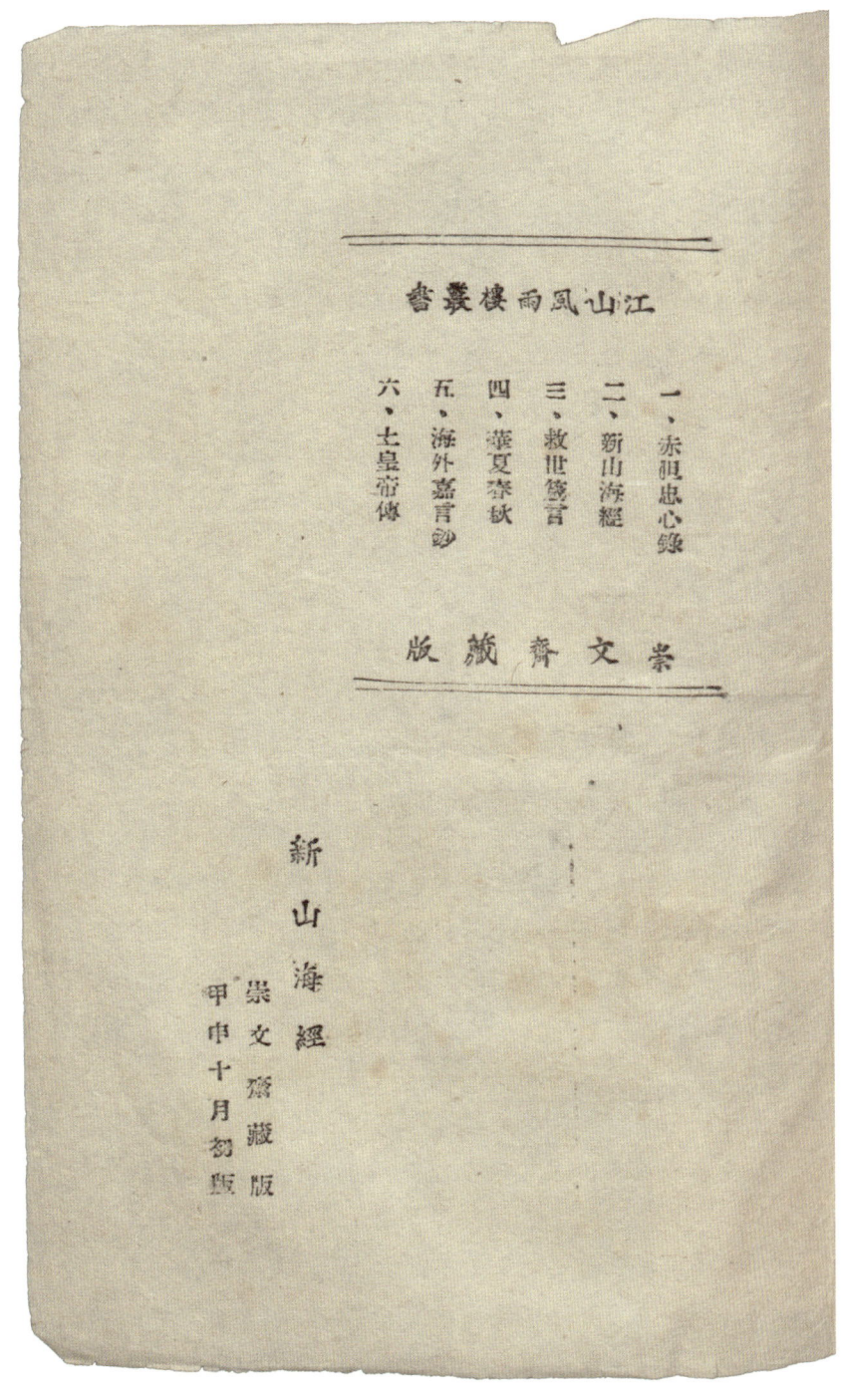

《新山海经》封三上的版权页和"江山风雨楼丛书"书目

（二十六）《救世箴言》

本书为"江山风雨楼丛书"系列伪装本的第三种。32开，正文139页，竖排铅印。封面为白底红字，中间竖向印有伪装题名《救世箴言》，左下角印有"江山风雨楼丛书之三""崇文斋藏版"。

本书目次如下：

中国共产党创立二十三周年（《解放日报》社论）
在民主与团结的基础上，加强抗战，争取最后胜利（《解放日报》社论）
中国共产党中央委员会抗战七周年纪念口号
豫湘战役为什么失败？（《解放日报》社论）
湘战的真相（新华社）
衡阳失守后国民党将如何？（《解放日报》社论）
欢迎美军观察组的战友们（《解放日报》社论）
中国战场的地位（《解放日报》社论）
山东捷报（《解放日报》社论）
欧洲时局（《解放日报》社论）
言论"自由"以后（《解放日报》社论）
如何分配盟国援华物资？（延安有资格人士评论）
从海上打到日本、从陆上打到东北（《解放日报》社论）
延安观察家评国内战局（新华社）
新四军的胜利出击与中国的救国事业（《解放日报》社论）
敌后解放区的水利事业（附《敌后解放区水利建设初步统计表》）（《解放日报》社论）
延安评论家痛斥国民党无理抨击英相演说（新华社）
记重庆各党派各阶层代表要求改组国民政府的民主会议（重庆《新华日报》）
纪念今年国庆节的重大意义（新华社）
今天和辛亥（《解放日报》社论）
延安评论家痛斥国民党政府发言人蔑视改组国民政府与统帅部的要求
延安观察家评论蒋介石双十节演说

如何解决（周恩来双十节讲演）

本书封三上半部分印有"江山风雨楼丛书"所收 6 种书的书目，书目下方自右向左印有"崇文斋藏版"；左下角印有"救世箴言""崇文斋藏版""甲申十月初版"，据此推测本书的出版时间为 1944 年 10 月。

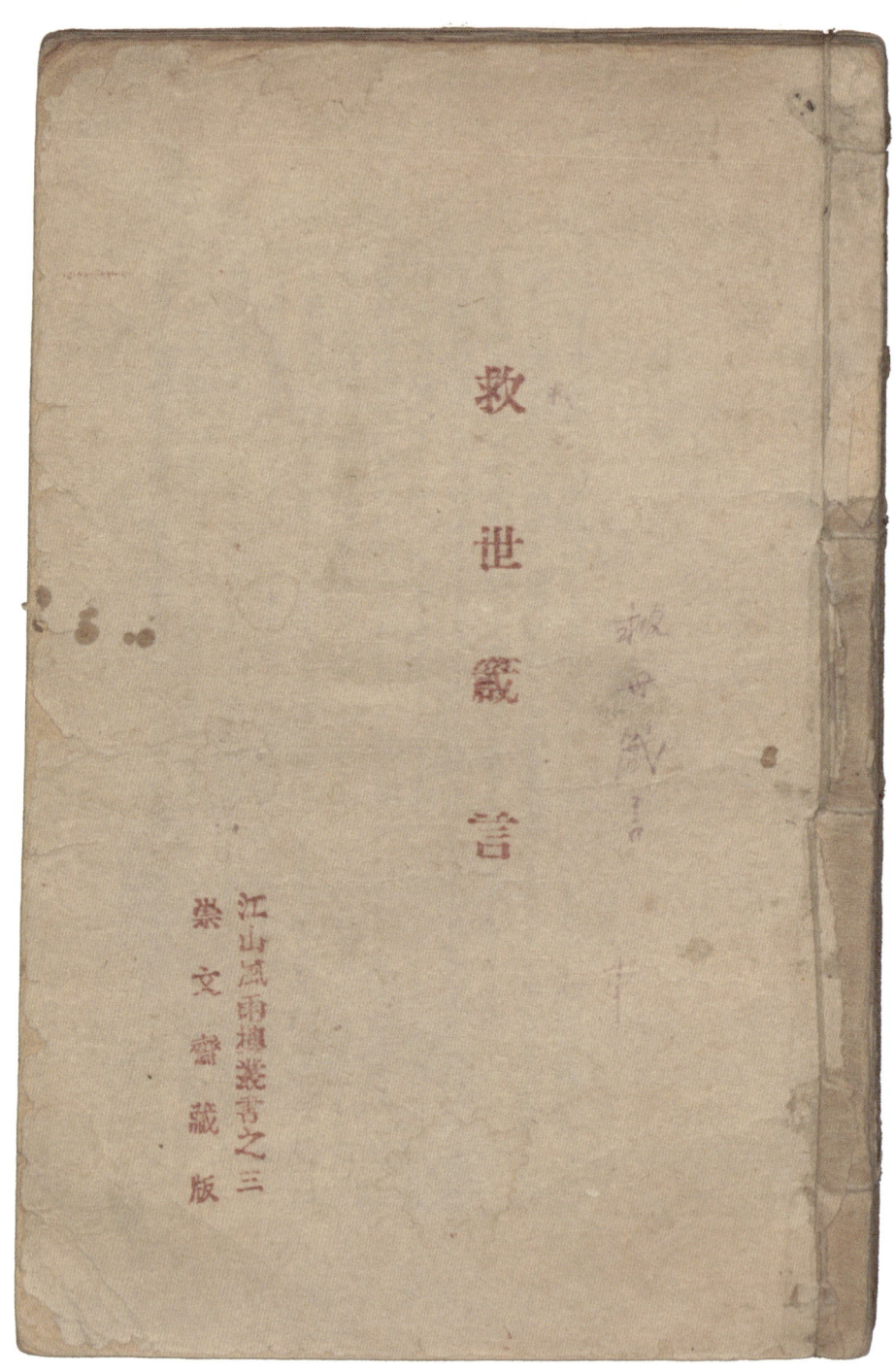

《救世箴言》封面

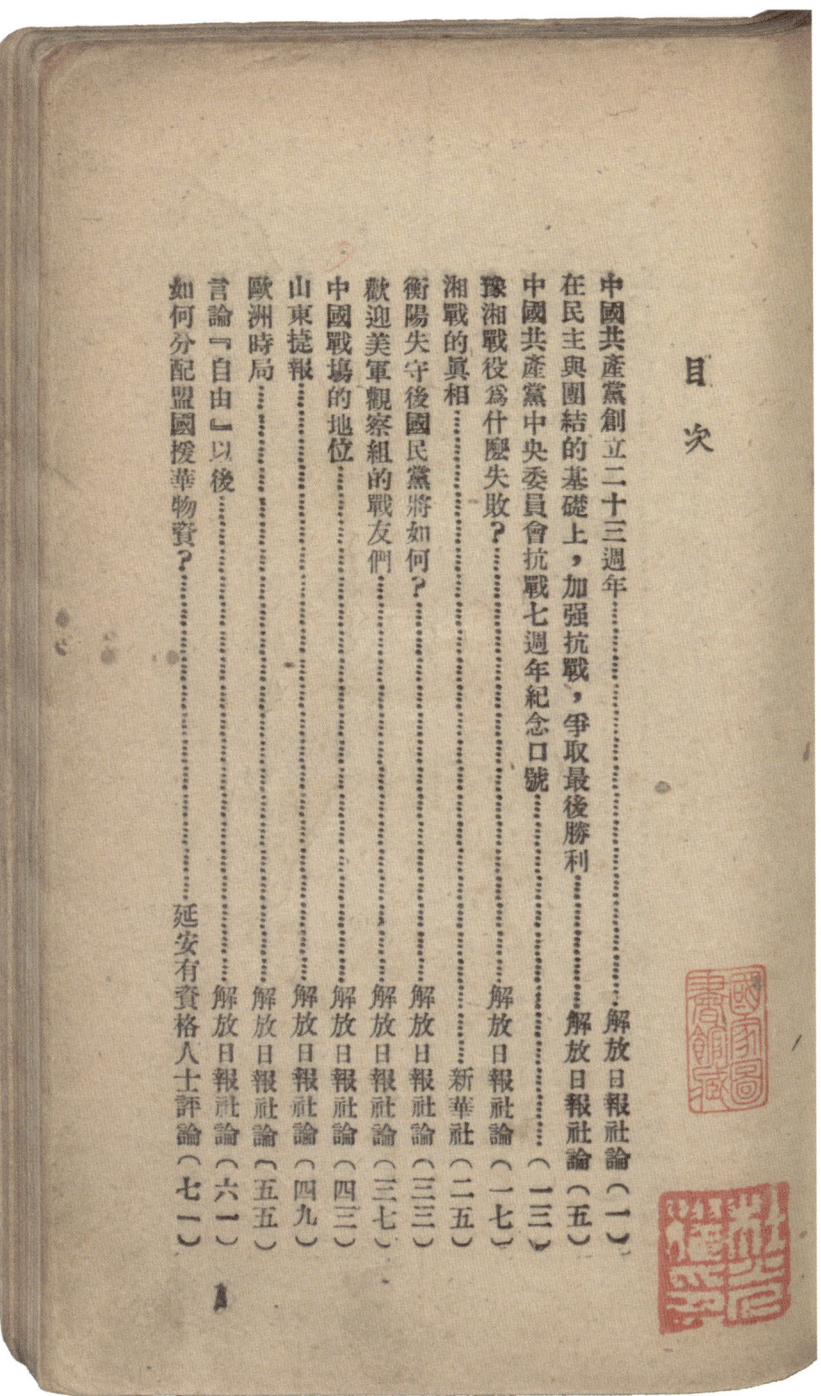

目次

中國共產黨創立二十三週年……………………………解放日報社論（一）
在民主與團結的基礎上，加强抗戰，爭取最後勝利……解放日報社論（五）
中國共產黨中央委員會抗戰七週年紀念口號…………………………（一三）
豫湘戰役爲什麼失敗？……………………………………解放日報社論（一七）
湘戰的眞相…………………………………………………………新華社（二五）
衡陽失守後國民黨將如何？………………………………解放日報社論（三三）
歡迎美軍觀察組的戰友們…………………………………解放日報社論（三七）
中國戰場的地位……………………………………………解放日報社論（四三）
山東捷報……………………………………………………解放日報社論（四九）
言論「自由」以後…………………………………………解放日報社論（五五）
歐洲時局……………………………………………………解放日報社論（六一）
如何分配盟國援華物資？…………………………延安有資格人士評論（七一）

《救世箴言》目次第 1 页

從海上打到日本、從陸上打到東北……………………解放日報社論（七五）
延安觀察家評國內戰局………………………………………新華社（八一）
新四軍的勝利出擊與中國的救國事業…………………解放日報社論（八五）
敵後解放區的水利事業………………………………解放日報社論（九一）
（附敵後解放區水利建設初步統計表）
延安評論家痛斥國民黨無理抨擊英相演說……………………（九七）
記重慶各黨派各階層代表要求改組國民政府的民主會議……重慶新華日報（一〇二）
紀念今年國慶節的重大意義…………………………………新華社（一〇九）
今天和辛亥………………………………………………解放日報社論（一一三）
延安評論家痛斥國民黨政府發言人蔑視改組國民政府與統帥部的要求……（一一九）
延安觀察家評論蔣介石雙十節演說…………………………………（一二一）
如何解決………………………………………………周恩來雙十節講演（一二七）

《救世箴言》目次第2頁

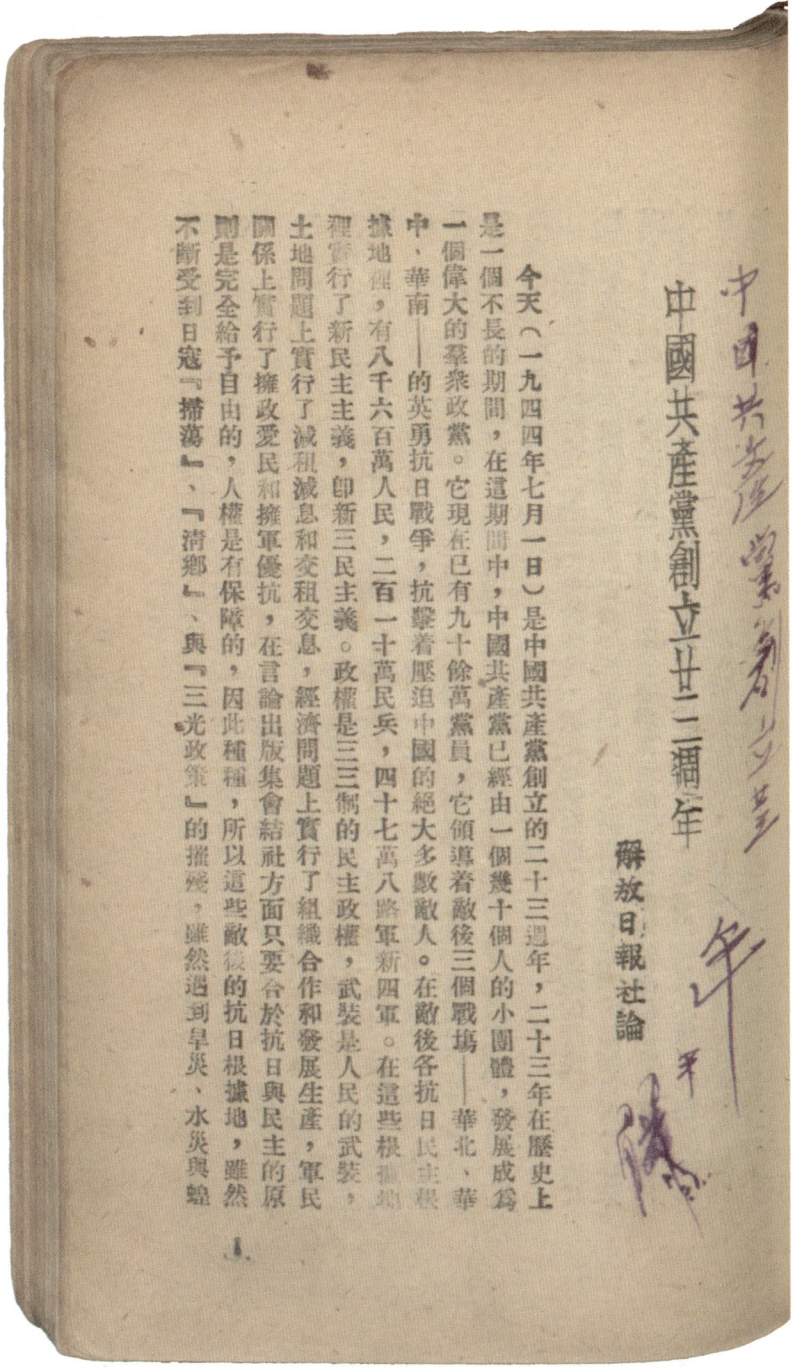

《救世箴言》正文第1页

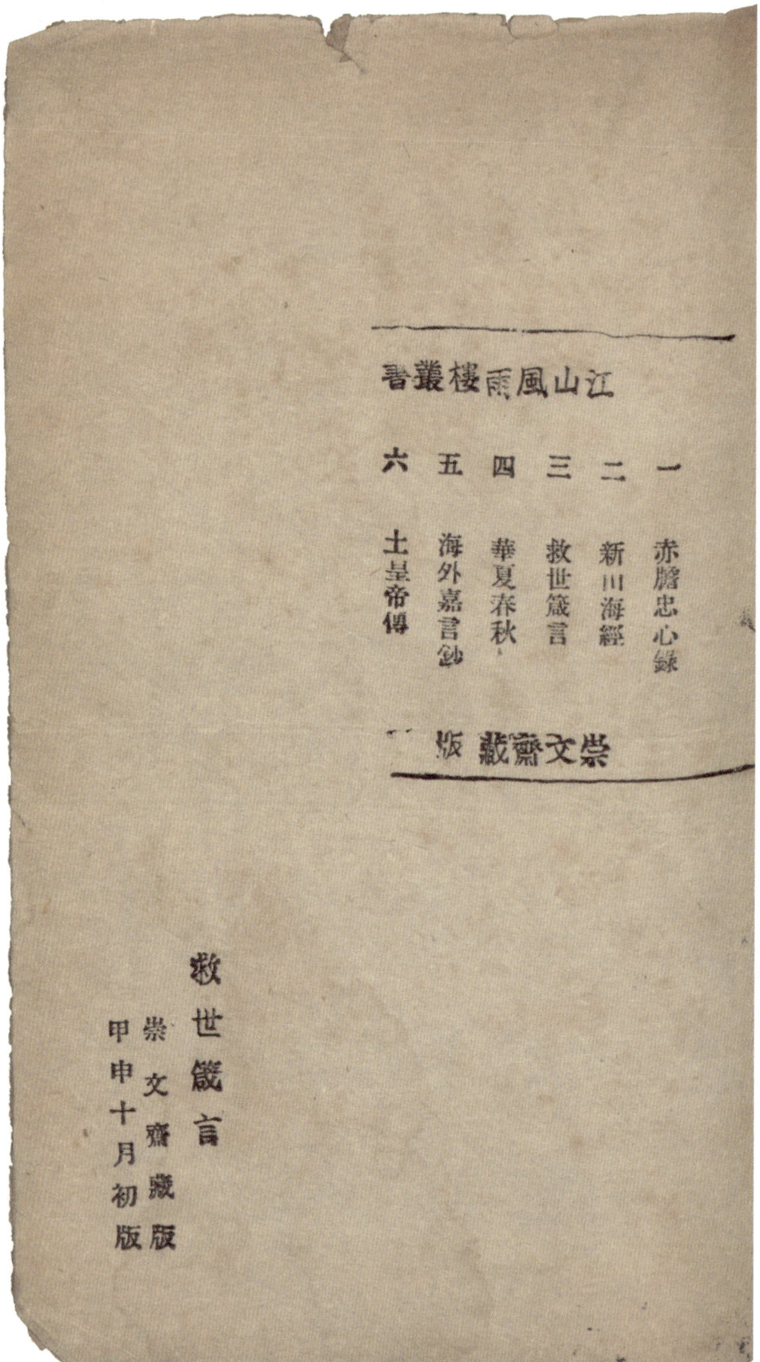

江山風雨樓叢書

一 赤膽忠心錄
二 新山海經
三 救世箴言
四 華夏春秋
五 海外嘉言鈔
六 土皇帝傳

崇文齋藏版

救世箴言
崇文齋藏版
甲申十月初版

《救世箴言》封三上的版权页和"江山风雨楼丛书"书目

（二十七）《华夏春秋续编》

本书为"江山风雨楼丛书"系列伪装本的第八种。32开，正文126页，竖排铅印。封面为白底红字，中间竖向印有伪装题名《华夏春秋续编》，左下印有"江山风雨楼丛书之八""崇文斋藏版"。

本书正文包括4个部分，收录时评文献42篇。目次如下：

第一部分
  林祖涵同志在参政会上关于国共谈判报告
  延安观察家评国内战局
  延安权威人士评国共谈判
  关于国民党无理抨击英相演说
  如何解决
  改组国民政府与统帅部要求无法抗拒
  蒋介石双十节演说具有危险性
  林祖涵同志再致王世杰张治中的信
  评国民党中央机构人事局部更动
  一九四五年的任务
  评蒋介石元旦广播
  周恩来同志飞重庆前对记者谈话
  为独立与民主而战，准备成立解放区职工联合会
  周恩来同志关于国共谈判声明
  驳斥王世杰氏谈话
  纪念孙中山，批判蒋介石

第二部分
  延安各界赞同改组政府及统帅部
  晋冀鲁豫边府座谈时局要求改组国府
  陕甘宁国庆节筹备人谈话
  鲁南敌占区同胞赞成改组国民政府
  涟东士绅要求改组国民党政府
  晋察冀边区各界通电

苏南各界代表主张改组国民政府
山东各界要求改组国民政府
新四军要求成立联合政府
晋绥各界拥护改组国民政府主张
山东各界再度呼吁
山东各界致傅斯年及旅外同乡电

第三部分
重庆举行民主会议要求改组政府
渝宪政月刊社开座谈会要求政府机构彻底改组
参议员张澜等主张成立联合政权
成都举行盛大国事座谈会
《华西日报》称改组政府必须彻底
孙科痛陈需要民主
中国民主同盟对时局宣言
重庆妇女界对时局宣言
孙科答《新华日报》记者

第四部分
美国舆论主张国民党政府必须改组
美报论挽救中国危局必须改组国民政府
旧金山广播评称国民政府必须扩大基础
苏联《消息报》评称中国必须民主化
路透社报导蒋介石拒绝改组政府建议

  随着世界反法西斯战争形势的变化，日本战败已成定局，从1944年5月开始，国共两党围绕军队国家化和政治民主化等问题进行了一系列谈判。9月6—18日，第三届第三次国民参政会在重庆举行，林伯渠代表中国共产党在参政会上正式提出废除国民党一党专政，改组国民政府，建立民主联合政府的主张。中国共产党的这一主张在国内外引起强烈反响，各民主党派、各界民主人士纷纷发表文章，表示赞同和支持。本书大致从延安、各抗日民主根据地、民主和进步人士、海外舆论等4个方面搜集了相关言论。

《华夏春秋》系"江山风雨楼丛书"系列伪装本的第四种。本书为《华夏春秋》的续编,是该系列丛书伪装本的第八种,这也表明这套丛书后来进行了扩编。本书未署出版时间,根据所收文章推测,其出版时间当在 1945 年。

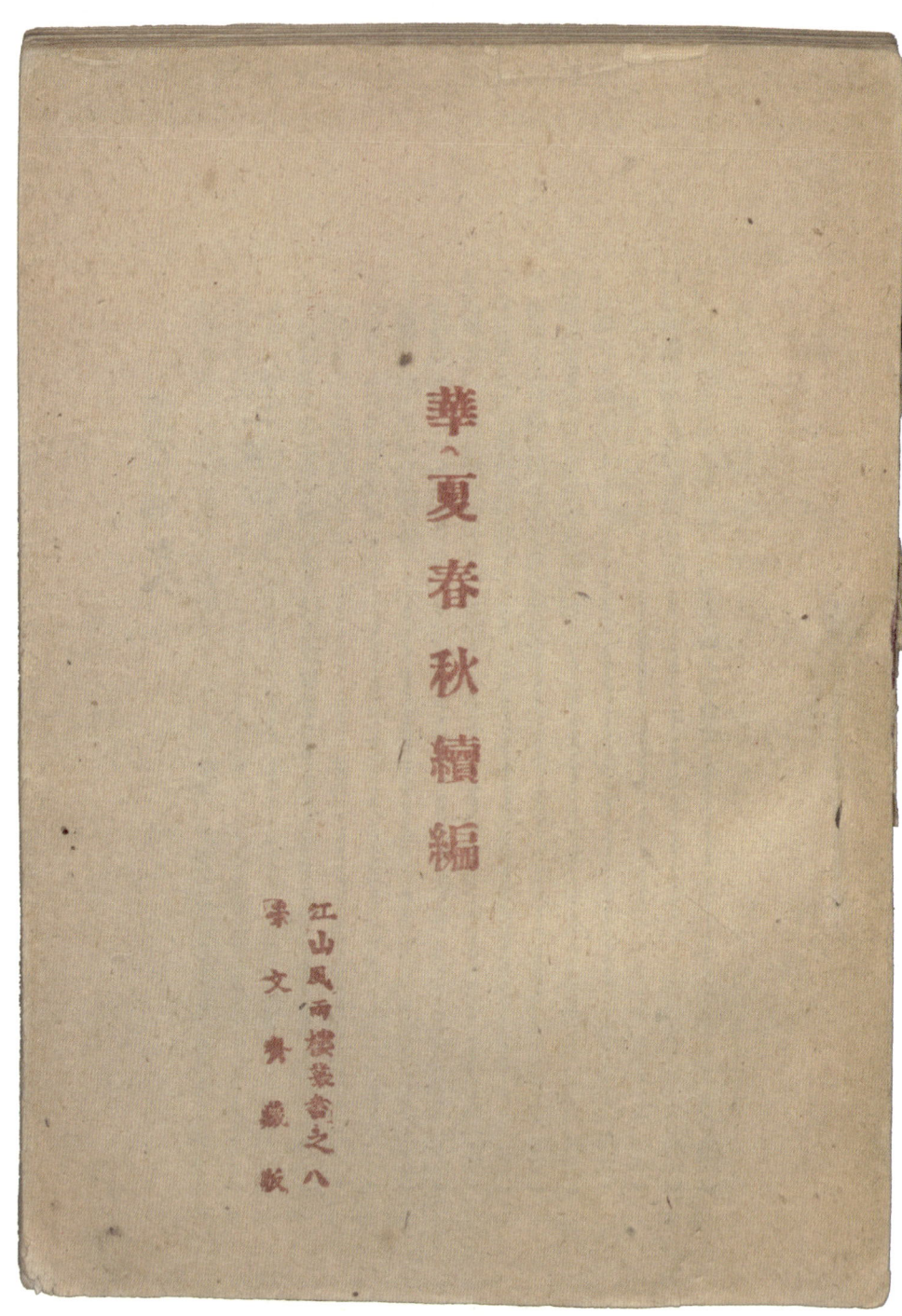

《华夏春秋续编》封面

# 目录

## 第一部份

林祖涵同志在参政會上關於國共談判報告 ……………………………（一）
延安觀察家評國內戰局 ………………………………………………（八）
延安檔欧人士評國共談判 ……………………………………………（一二）
關於國民黨無理拌押寧英相演說 ……………………………………（一五）
如何解決 ………………………………………………………………（一八）
改組國民政府與統帥部要求無法抗拒 ………………………………（二三）
蔣介石覆七節演說具有危險性 ………………………………………（二九）
林祖涵同志再致王世杰張治中的信 …………………………………（三三）
評國民黨中央機關人事局部更動 ……………………………………（三七）
一九四五年的任務 ……………………………………………………（三九）
評蔣介石元旦廣播 ……………………………………………………（四八）
周恩來同志飛重慶前對記者談話 ……………………………………（五一）
為獨立與民主的職、準備成立解放區職工聯合會 …………………（五二）

《华夏春秋续编》封二上的目录第 1 页

周恩來同志關於國共談判聲明 ………………………………（五六）
駁斥王世杰氏談話 ………………………………………………（五八）
紀念孫中山、批判蔣介石 ………………………………………（六〇）

## 第二部份

延安各界贊同改組政府及統帥部 ………………………………（七〇）
晉冀魯豫邊府座談時局要求改組國府 …………………………（七一）
陝甘寧國曆節籌僞人談話 ………………………………………（七三）
魯南淪陷區同胞贊成改組國民政府 ……………………………（七五）
濱東士紳要求改組國民黨政府 …………………………………（七六）
晉察冀邊區各界通電 ……………………………………………（七七）
蘇皖各界代表主張改組國民政府 ………………………………（七九）
山東各界要求改組國民政府 ……………………………………（八一）
新四軍要求成立聯合政府 ………………………………………（八三）
晉綏各界擁護改組國民政府主張 ………………………………（八四）
山東各界再度呼籲 ………………………………………………（八六）
山東各界致傳斯年及旅外同鄉電 ………………………………（八八）

## 第三部份

《華夏春秋續編》目錄第 2 頁

重慶舉行民主會議要求改組政府 ……（九六）
渝憲政月刊社開座談會要求政府機構澈底改組 ……（一〇三）
參議員張瀾等主張成立聯合政權 ……（一〇四）
成都舉行盛大國事座談會 ……（一〇六）
華西日報稱改組政府必須澈底 ……（一〇七）
中國民主同盟對時局宣言 ……（一一〇）
重慶婦女界對時局宣言 ……（一一三）
孫科答覆華日報記者 ……（一一六）

## 第四部份

美國輿論主張國民黨政府必須改組 ……（一二〇）
美報論挽救中國危局必須改組國民政府 ……（一二一）
舊金山廣播評稱國民政府必須擴大基礎 ……（一二二）
蘇聯消息報評稱中國必須民主化 ……（一二四）
路透社報章蔣介石拒絕改組政府建議 ……（一二五）

《華夏春秋續編》目錄第3頁

## 林祖涵同志在參政會上關於國共談判報告

（一九四四年九月十五日）

各位先生！國民參政會主席囑要我報告國民政府派張文伯、王若飛兩先生與中共中央派本人體方談判的經過，本人對此感到十分興奮。

國共兩黨關係將該公平合理的調整，在現政治情況下為十分緊要的事情，不僅參政會同人注意這一問題，全國人民也十分關切。我今天要報告的就是我們與張王兩先生四個月來談判的經過。

過程中，大致有七個重要文件，主席團已印發各位，可請參考。

這次談判，本人從延安出來抱著滿腔熱誠，希望能夠解決問題，並很高興的在西安與張王兩先生不期而會。我們的談判是在很友好的情形下進行的，迄今為止，我們雙方的談判在原則上存在著很大的距離，雖然我們的談判尚未最後決定，但四個月來，還無結果可以報告。

我們所要求於國民黨中央的，第一個是全國實行民主政治的問題，在今天民族敵人正深入國土

## 一九四五年的任務

——一九四四年十二月十五日在陝甘寧邊區參議會上的演說

毛澤東

一九四四年快要完結了，我們在一九四五年的任務是什麼呢？我們有些什麼工作在明年要特別注意去做呢？整個反法西斯戰爭有很大的勝利，打倒希特勒明年就可以實現。我們唯一的任務是配合同盟國打倒日本侵略者。現在美國已打到雷伊泰島，並可能在中國登陸。同時，日本侵略者已打通了由東京到新加坡的大陸交通線，中國的淪陷區更加擴大了。唐人是否會停止它的進攻呢？我看還不會停止，它還有可能會向我國西南部及西北部進攻。在此期間，日本侵略者必定又要玩弄詭計，企圖迫邊中國政府投降。中國內部的狀態仍然是不團結，國共談判毫無結果，中國反勸派人士地分裂廬。正面戰場的戰事，節節失敗，國民黨當局仍然固執全國人民所不滿意的一黨專政以及其失敗主義的政策，拒絕一切有利於抗戰、團結與民主的建議。只有最艱難締造的廣大的中國解放區，執行了孫中山先生的革命三民主義，即新民主主義，團結各界人民，建立了英勇的軍隊，粉碎了一切敵人的進攻，在此情形下，我們應該做些什麼呢？

9. 在民族危機日益嚴重的情形下，必須使全國人民明白，用人民的力量，促成由國民黨、共產黨、其他抗日黨派及無黨無派人士在民主基礎上召集國事會議，組織聯合政府，才能統一中國一切抗日力量，反對日本侵略者的進

## 周恩來同志關於國共談判聲明

新華社延安二月十七日電：一月二十四日由延安飛赴重慶的中共中央代表周恩來同志，在重慶留了三個星期，和國民黨當局依然堅持一黨專政，反對聯合政府，反對人民與民主，並企圖吞併八路軍新四軍，以致偽如過去談判一樣，未能成立任何協議，恩來同志乃於十六日上午十二時飛返延安。談判內容，恩來同志於十五日舉行之聲明內有明確之敘述，此聲明登載於十六日重慶新華日報。並經國文交付外國報紙駐重慶之記者。

國民政府代表王世杰博士本星期三日在外國記者招待會上的聲明和恩來同志的聲明是完全不同和不公平的。因為他只說了在國共談判中政府方面提出的所謂讓步，而並沒有說明在什麼條件或前提下，才有這些所謂讓步。因為國民政府是國民黨一黨專政的政府，一切所謂的讓步，不把軍隊移交給國民黨政府軍事委員會就不開會。其實說來，第一，不把軍隊移交給國民黨政府，便沒有任何權利，國民黨堅持其一黨專政不能結束，由於有這兩個條件或前提，這一切所謂的讓步，移交於國民黨政府的要求中國共產黨將其所領導的一切軍隊移交於國民黨政府軍事委員會統轄，即是說，國民黨專政不能結束。第二，國民政府軍事委員會的委員從來就不開會，的等於將中共軍隊的等於國民黨。故明了這一點，便懂得我代表中共局態度應為國民政府一方面，指責政府內閣，並無改後決定政策之權。第三，在徹治下的行政院設置所謂共黨統轄，改變敵人的成績有來，應該改組的不是中共軍隊，而是國民黨政府。第四，不到而任何改變排除異已的軍事收策，三人委員會改組的不是中共軍隊，的等於將中共軍隊改為國民政府。便懂得我代表中

56

（二十八）《文史通义》（内篇之一）

本书为毛泽东著《论持久战》的伪装本。开本略小于32开，正文40叶，竖排铅印，毛头纸印刷，仿古线装。封面为白底黑字，左侧长方形仿古题签框内竖向印有伪装题名和出版者。伪装题名为《文史通义》，字体较大；题名右下印有"上海广益书局印行"，字体较小。题名叶居中竖向印有伪装题名《文史通义》，右上方竖向印有"甲申年重梓"，左下方竖向印有"古愚署耑"。题名叶的背面有"山阴旧史氏"所撰题记："章实斋氏《文史通义》一书，史德、史才、史识三者俱备，洵乾嘉间巨制也。挽近士夫溺于西说，对吾国历史学视为土苴，心焉忧之。爰出旧箧所藏付梓，庶学者读之，有所趋向耳。"

本书正文采用筒子页装，半叶16行，每行43个字，黑口，黑鱼尾，印有"文史通义""内篇之一""上海广益书局印行"等字。第1叶印有真实题名《论持久战》和作者"毛泽东"，旁印"论抗日战争为什么是持久战与最后胜利为什么是中国的，及怎样进行持久战与怎样争取最后胜利 一九三八年七月"。

本书无目录。正文篇目如下：

一　问题的提起
二　问题的根据
三　驳亡国论
四　妥协还是抗战？腐败还是进步？
五　亡国论是不对的，速胜论也是不对的
六　为什么是持久战？
七　持久战的三个阶段
八　犬牙交错的战争
九　为永久和平而战
十　能动性在战争中
十一　战争和政治
十二　抗战的政治动员
十三　战争的目的
十四　防御中的进攻，持久中的速决，内线中的外线
十五　主动性，灵活性，计划性

十六　运动战，游击战，阵地战

十七　消耗战，歼灭战

十八　乘敌之隙之可能性

十九　抗日战争中的决战问题

二十　兵民是胜利之本

二十一　结论

文末注明"此是最后校正本，与《解放》报发表的，有某些小的字句上的不同。——著者，一九三八年七月九日"。

《文史通义》系列伪装本共出了3册，内容分别为毛泽东著《论持久战》《论新阶段》《新民主主义论》。据高文明回忆，太行革命根据地华北新华书店书刊印刷厂首先印刷了这3册书籍。他还提到了一些细节，比如题名叶上的字为赵树理所题，题名叶背面则是王春以"山阴旧史氏"名义撰写的题词。[1] 王春，曾任华北新华日报社编辑科科长、华北文联所办《华北文化》总编辑、中共中央北方局研究室编辑、华北新华书店总编辑，主持编印过中共晋冀鲁豫中央分局版《毛泽东选集》。赵树理，曾任中国文联委员、中国曲艺工作者协会主席、中国作协理事，创作《小二黑结婚》《李有才板话》等优秀小说。王春和赵树理当时都是华北新华书店的编辑。为适应对敌斗争形势的需要，中共晋察冀中央分局曾安排晋察冀日报社印刷厂印刷了一系列毛泽东著作伪装本，托名《文史通义》的系列伪装本即在其中。这些书印成后，有的经过刘仁领导的城工部秘密发行到北平、天津、保定、石家庄、太原、大同、张家口等地，有的经过韩光领导的东北工委秘密发行到沈阳、大连等地。[2]

《文史通义》是与唐代史学家刘知几所著《史通》齐名的中国古代史学理论名著，其作者为清代史学家、文学家章学诚。广益书局原名广益书室，1900年创设于上海，出版科举考试策论和《三字经》等童蒙读物。1904年改名广益书局，魏炳荣任经理，后聘胡怀琛等为编辑主任，出版石印的经史子集和通俗

---

[1] 参见高文明：《书刊印刷见闻片断——回忆华北〈新华日报〉、华北新华书店书刊印刷厂和永兴印刷局片断情况》，载太行革命根据地史总编委会编《太行革命根据地史料丛书之八：文化事业》，太原：山西人民出版社，1989年，第268页。

[2] 参见周明、邢显廷、曹国辉：《印行毛泽东著作伪装本的回忆》，《党的文献》1990年第1期。

小说。1905年，广益书局石印出版《文史通义》，其后多次重印。1935年，上海各出版机构竞相出版标点本古旧小说和读物之际，广益书局还以"大达图书供应社"名义出版过该书。

本书伪装成广益书局版《文史通义》，采用仿古线装，伪装手法巧妙别致，达到了以假乱真的地步。该系列伪装本的题名叶均印有"甲申年重梓"字样，结合当年亲历者的记述，推测其出版时间当在1944年。

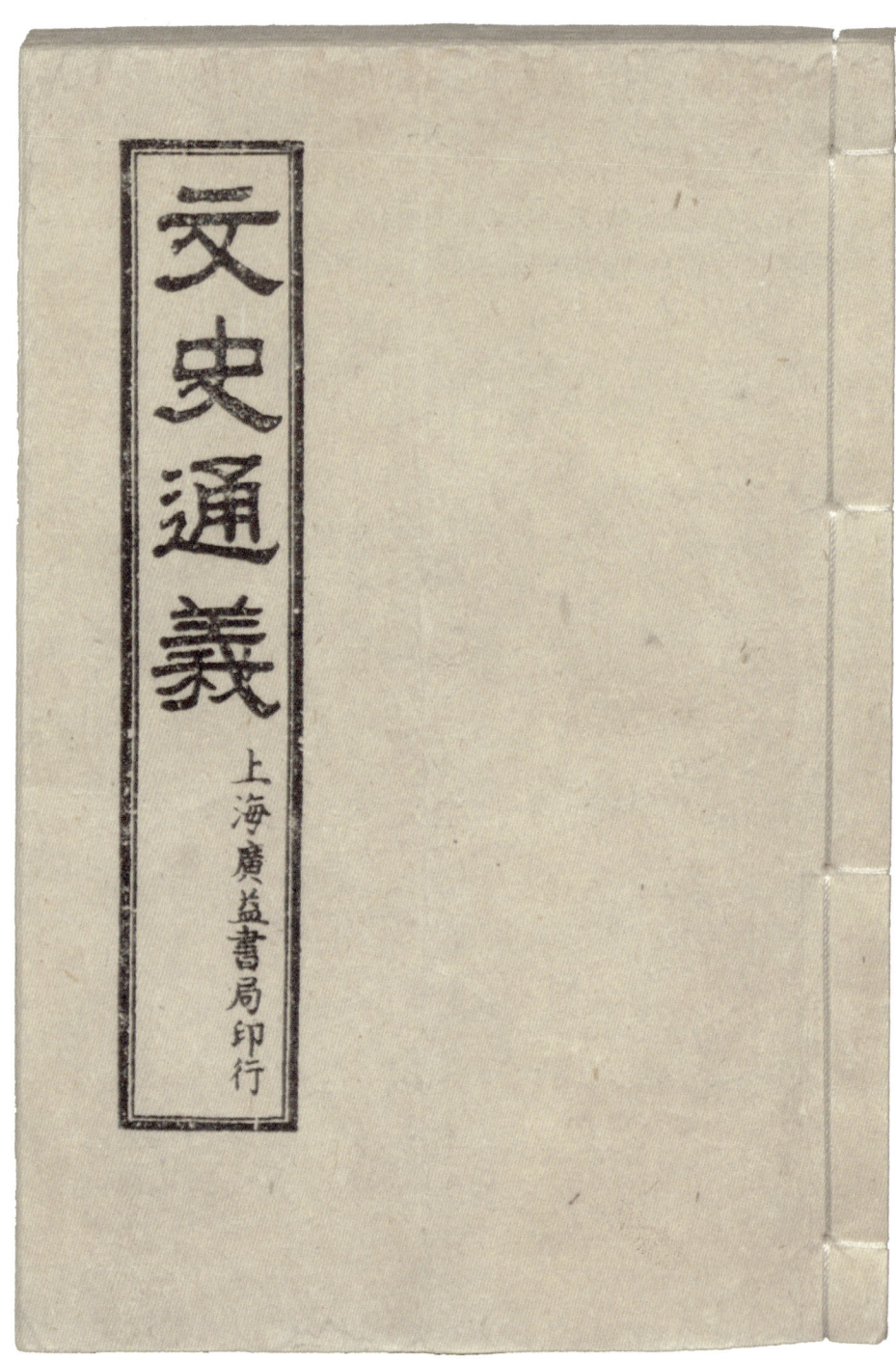

《文史通义》（内篇之一）封面

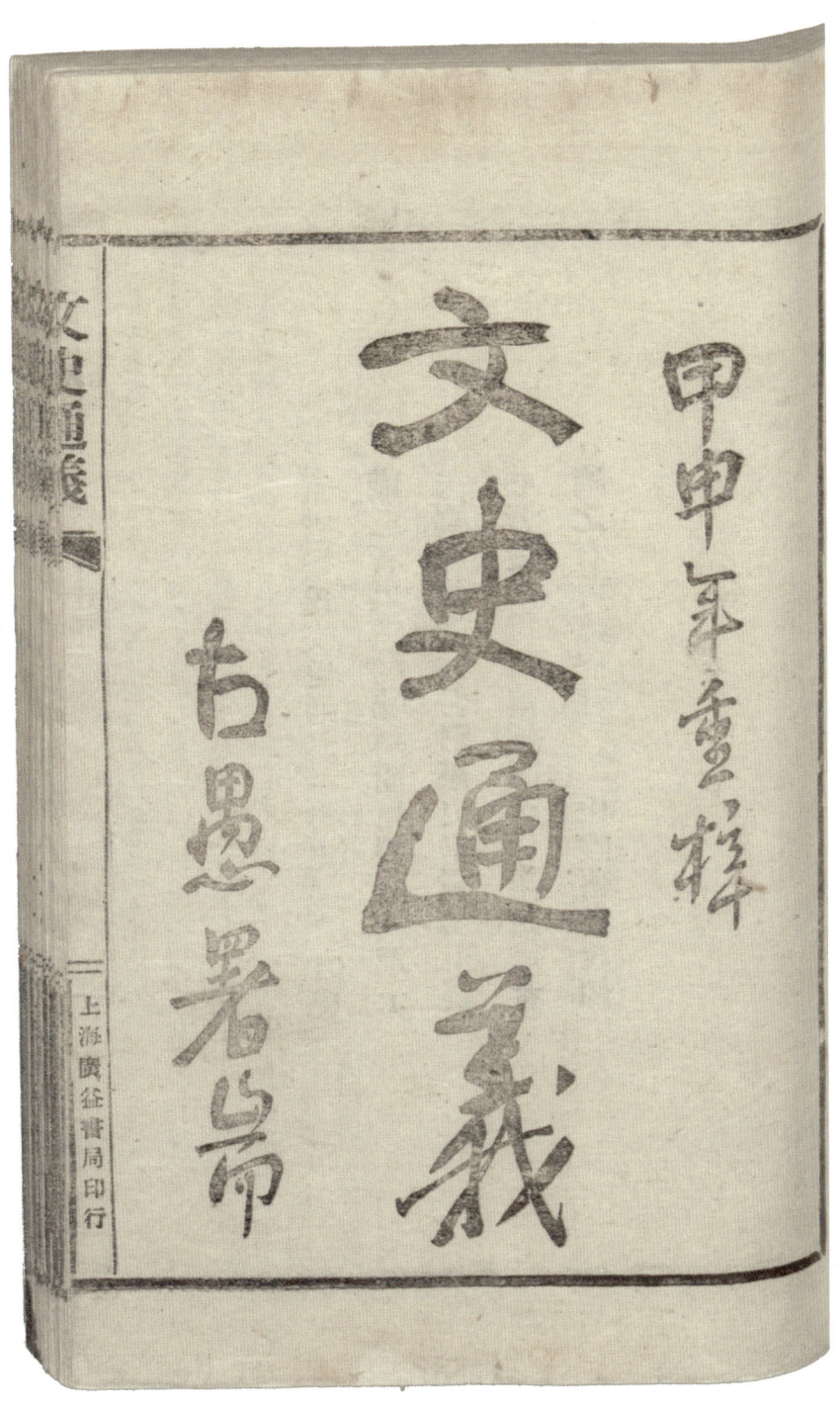

《文史通义》（内篇之一）题名叶

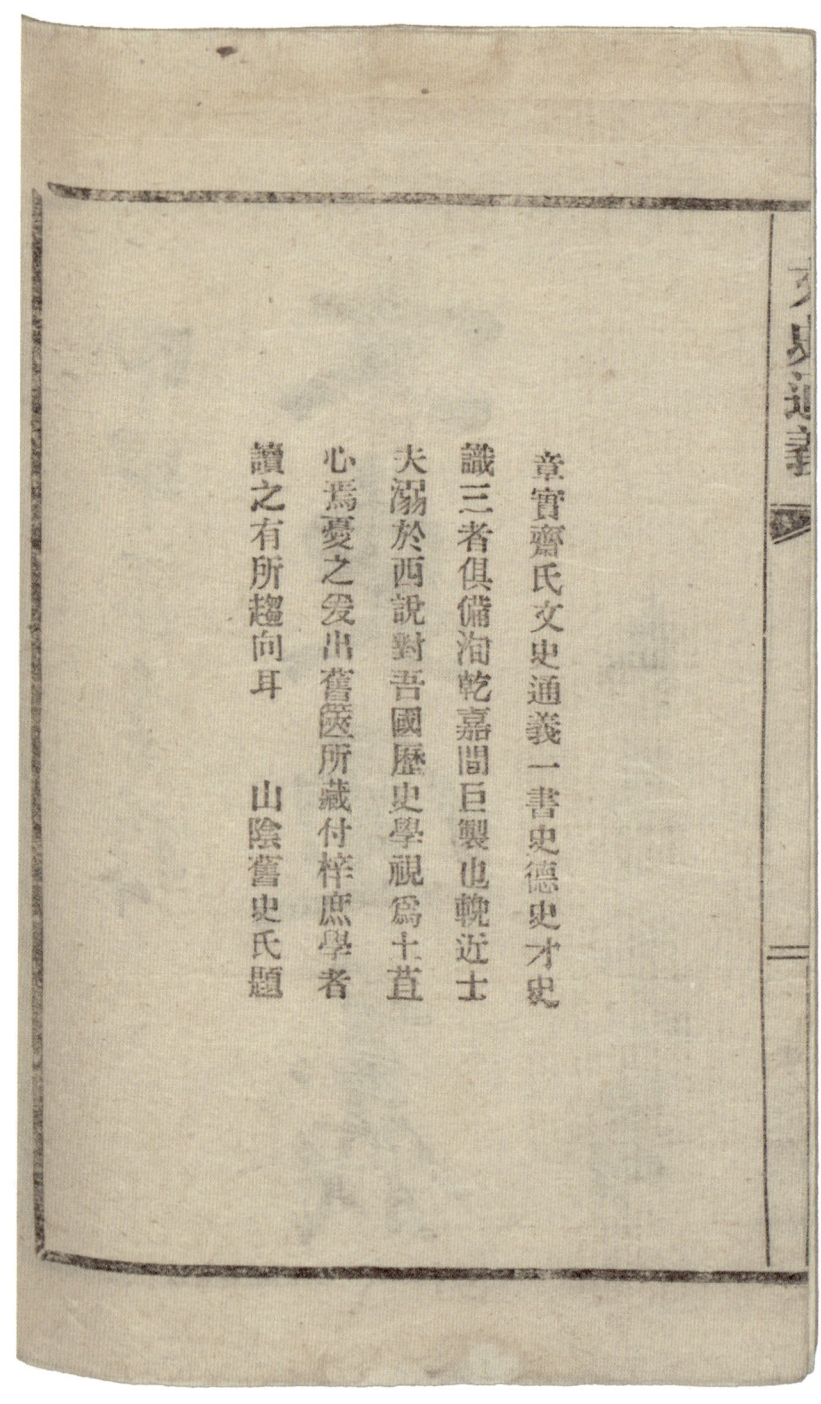

《文史通义》（内篇之一）题名叶背面山阴旧史氏所撰题记

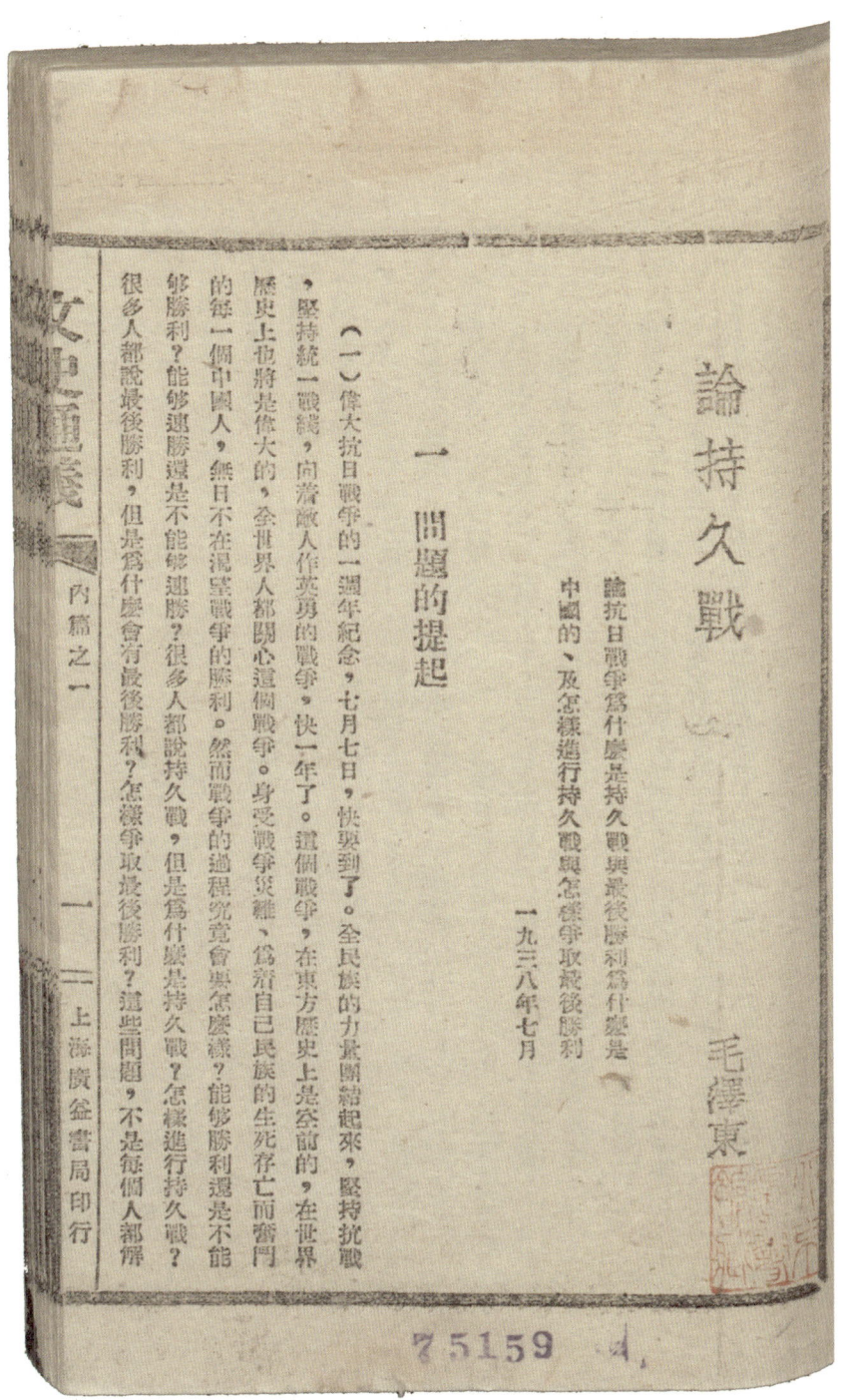

《文史通义》（内篇之一）正文第1叶

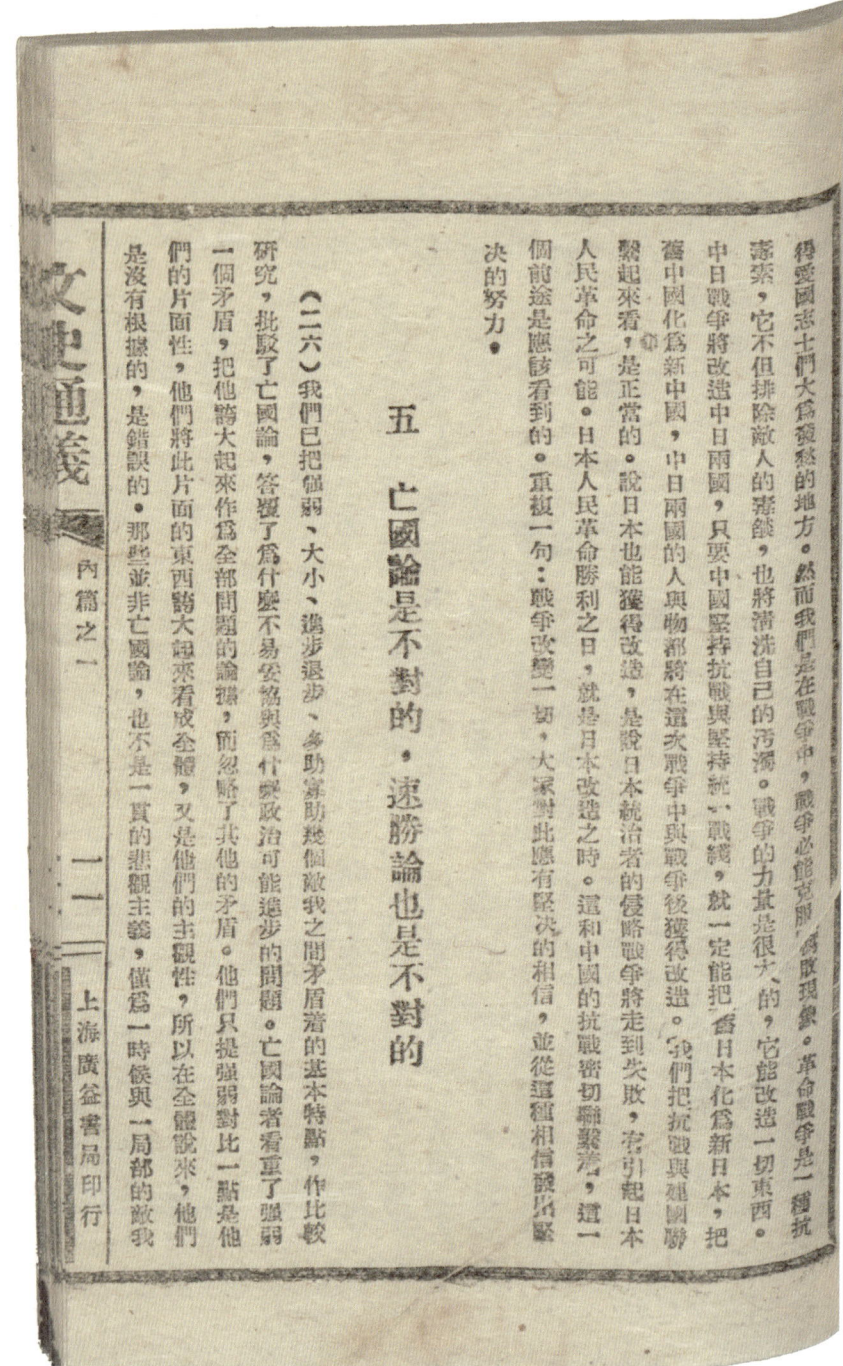

《文史通義》（內篇之一）正文第11叶

（二十九）《文史通义》（内篇之二）

本书为毛泽东著《论新阶段》一书的伪装本。32开，正文48叶，竖排铅印，仿古线装。本书的封面、题名叶和题名叶背面的题记都与托名《文史通义》（内篇之一）的《论持久战》伪装特征一致。

本书正文采用筒子页装，半叶16行，每行43个字，黑口，黑鱼尾，印有"文史通义""内篇之二""上海广益书局印行"等字。第1叶印有真实题名《论新阶段》和作者"毛泽东"，旁印"抗日民族战争与抗日民族统一战线发展的新阶段——在中共扩大的六中全会的报告 一九三八年十月十二日至十四日"。

本书无目录，正文篇目如下：

一、五中全会到六中全会
二、抗战十五个月的总结
三、抗日民族战争与抗日民族统一战线发展的新阶段
四、全民族的当前紧急任务
五、长期战争与长期合作
六、中国的反侵略战争与世界的反法西斯运动
七、中国共产党在民族战争中的地位
八、召集党的七次代表大会

《论新阶段》是毛泽东代表中央政治局在中共扩大的六届六中全会上所做的政治报告，原题为《论新阶段抗日民族战争与抗日民族统一战线发展的新阶段》，全文约63000字。报告论述了从六届五中全会至六中全会期间国内外政治形势的重大变化，最大的和最主要的变化是"由国内各党派各阶级互相对立的局面转到了抗日民族统一战线，由国内战争转到了抗日战争"，新的发展阶段和新的历史环境产生了许多新的问题，报告围绕这些关键问题，做了详细的分析和说明。这篇报告对于统一全党的认识和步调，克服党内存在的右倾倾向，推动抗日民族统一战线和其他工作的开展具有重要的意义。这篇报告最早登载在1938年11月25日出版的《解放》第五十七期。1938年12月7—10日出版的《新华日报》和1939年出版的《文献》第三期卷三、卷四合订本曾全文转载。中华人民共和国成立后，报告的第二部分《抗战十五个月的总结》和第三部分

《抗日民族战争与抗日民族统一战线发展的新阶段》被收入《毛泽东军事文集》，第七部分《中国共产党在民族战争中的地位》被收入《毛泽东选集》第二卷。

　　《论新阶段》单行本虽多达 40 种，但以伪装本面貌出现的特殊版本并不多见，本书是其中最知名的一种伪装本。此外，还有一种托名《建国真旨》的伪装本，封面居中印有一幅国民党士兵举着青天白日旗站在中国版图上的彩色图案，题名页印有毛泽东的黑白木刻头像。①

---

① 参见张国柱：《新发现的毛泽东〈论新阶段〉伪装书》，《收藏》2006 年第 4 期；奚景鹏：《对八本伪装书刊的考证》，《北京党史》2008 年第 4 期。

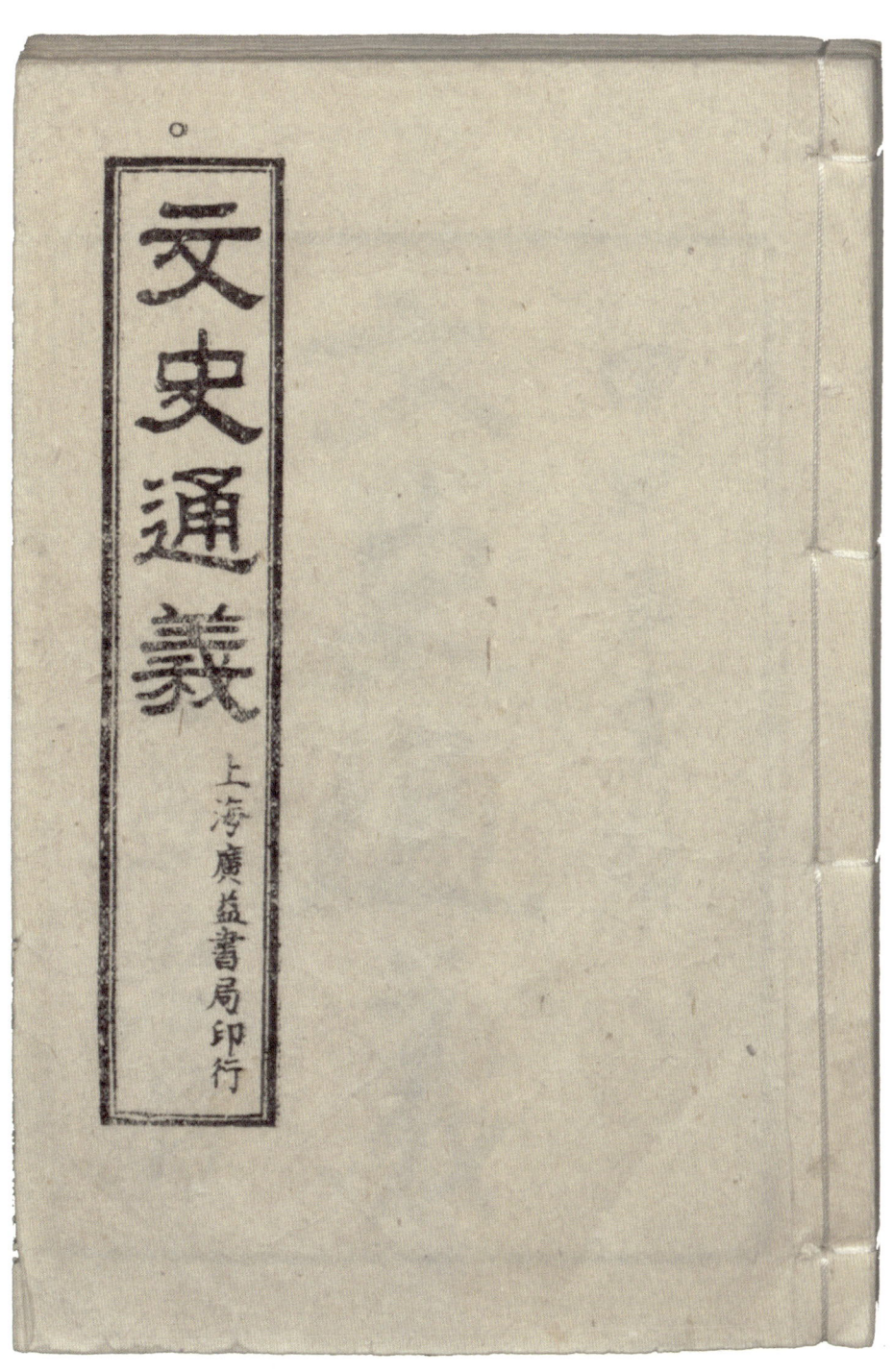

《文史通义》（内篇之二）封面

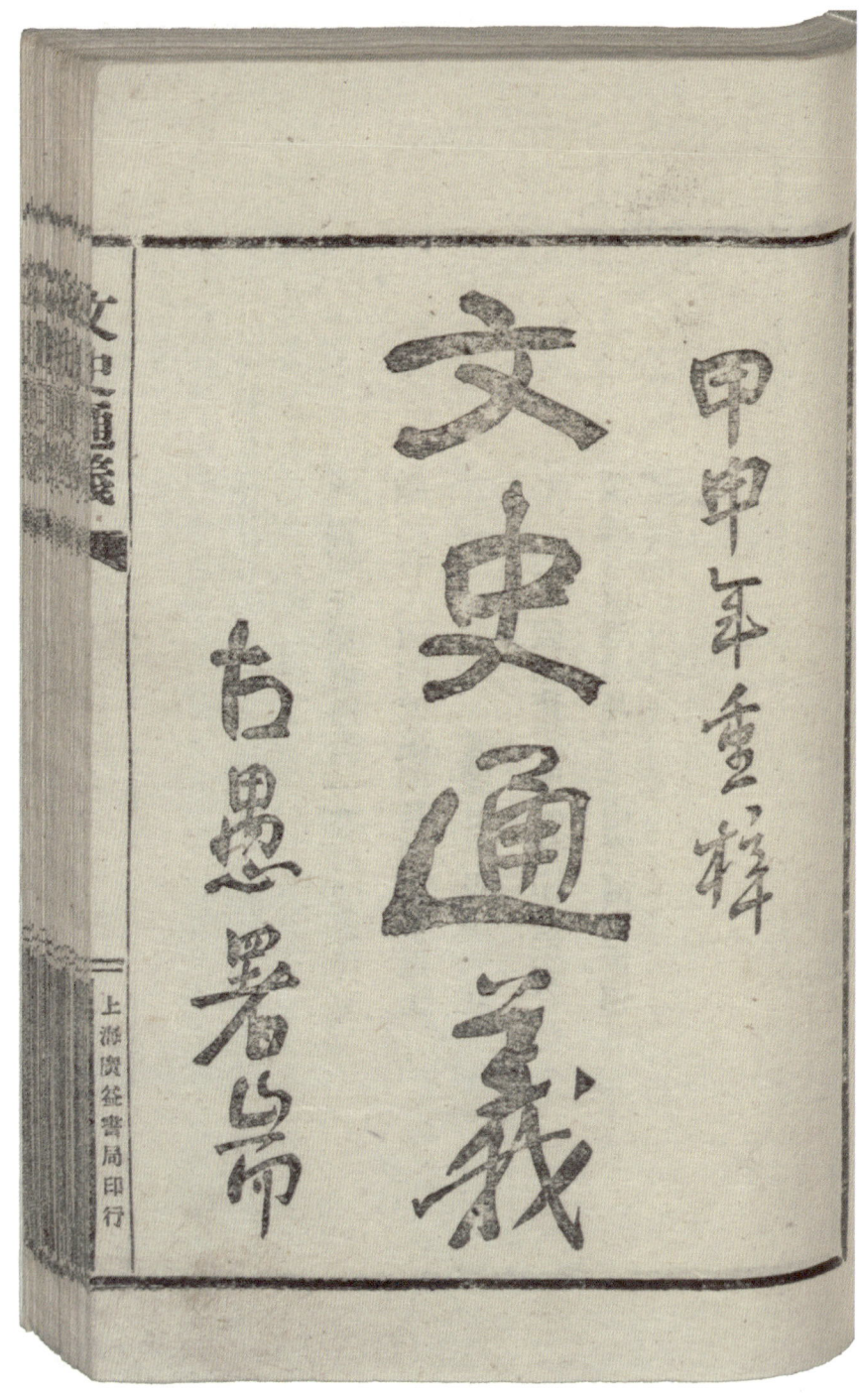

《文史通义》（内篇之二）题名叶

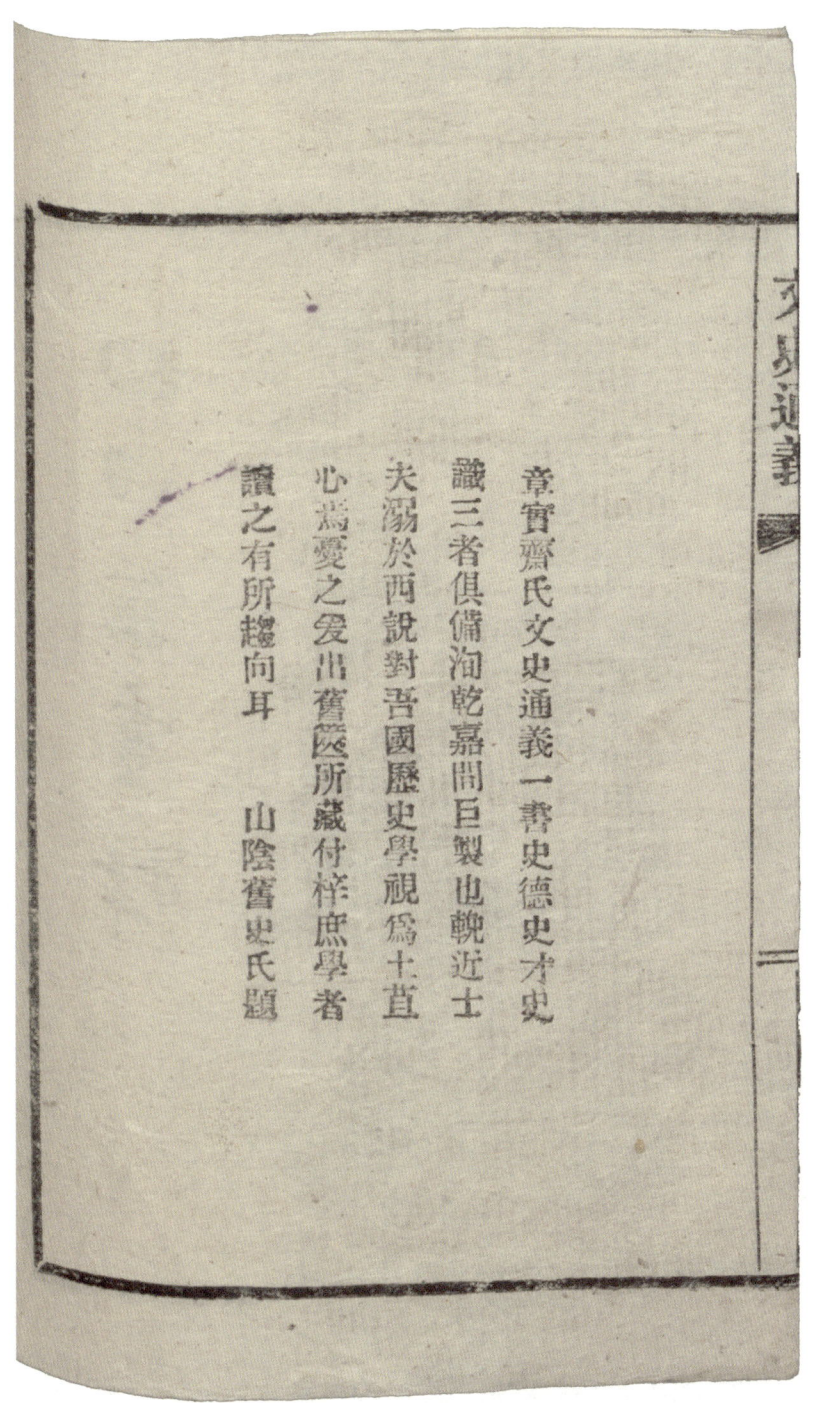

《文史通义》（内篇之二）题名叶背面山阴旧史氏所撰题记

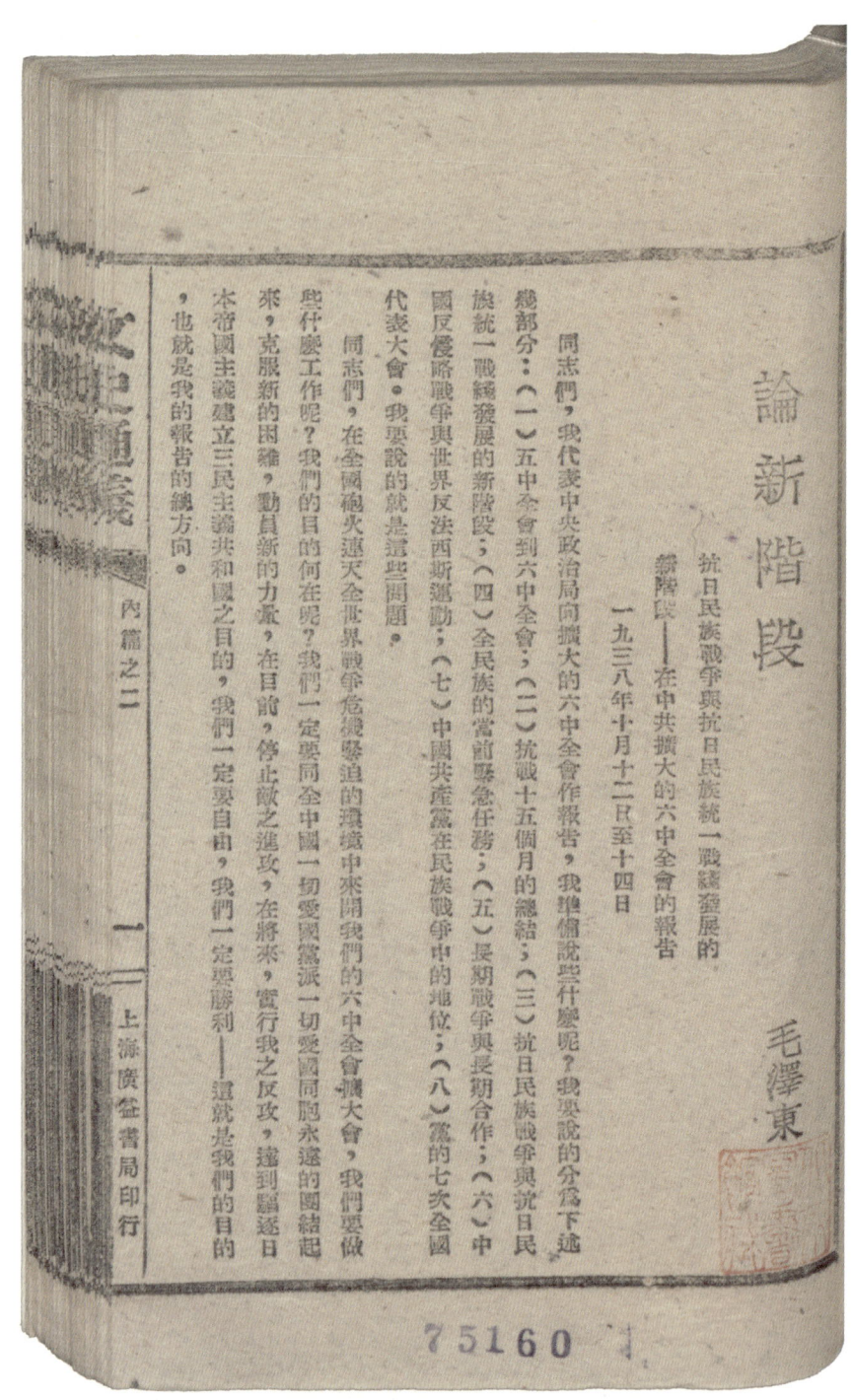

《文史通义》（内篇之二）正文第 1 叶

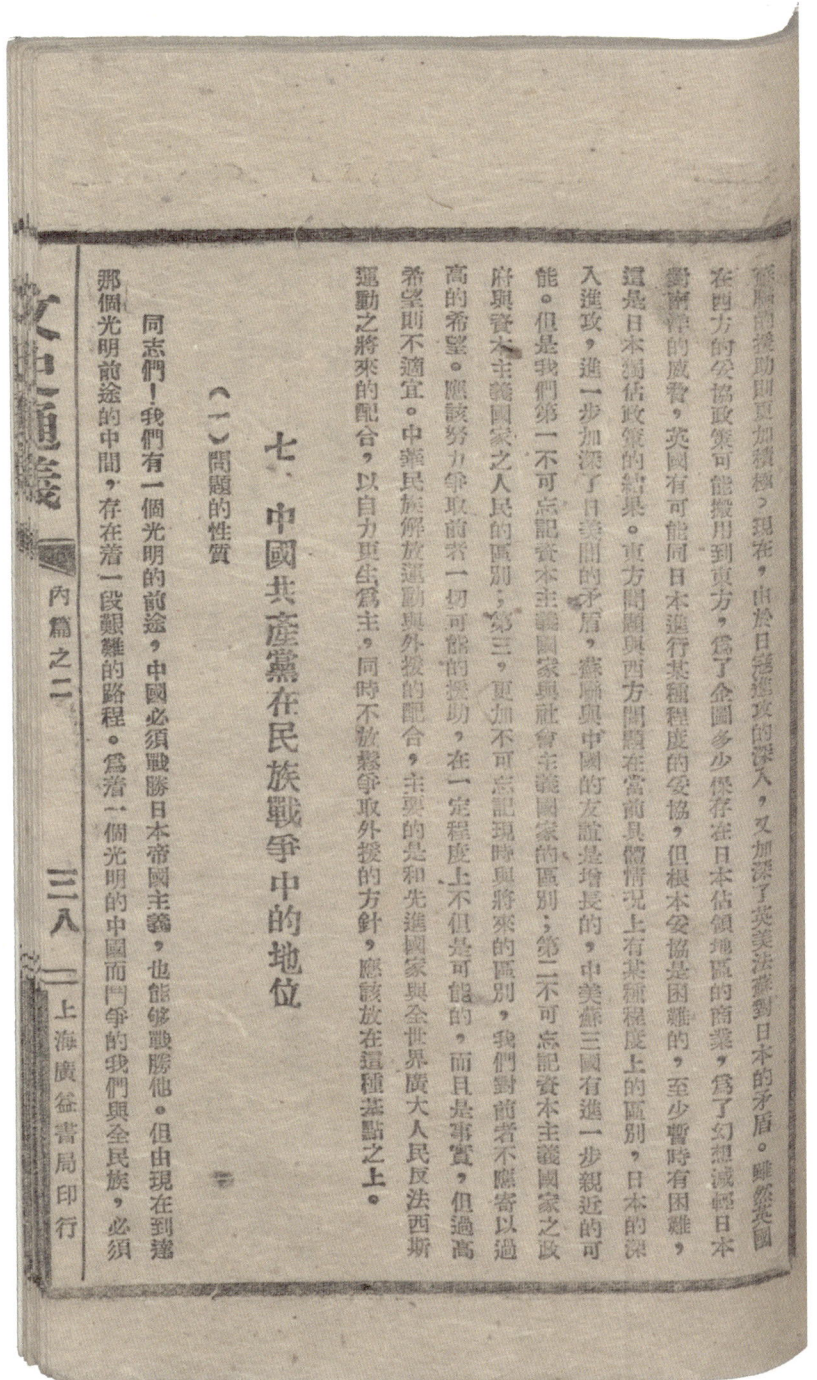

## 七、中國共產黨在民族戰爭中的地位

### （一）問題的性質

同志們！我們有一個光明的前途，中國必須戰勝日本帝國主義，也能夠戰勝他。但由現在到達那個光明前途的中間，存在着一段艱難的路程。為着一個光明的中國而鬥爭的我們與全民族，必須

霸佔的援助則更加積極了現在，由於日寇擴張的深入，又加深了英美法蘇對日本的矛盾。雖然英國在西方時受協政策可能援用到東方，為了企圖多少保存在日本佔領地區的商業，為了幻想緩和日本對南洋的威脅，英國有可能同日本進行某種程度的妥協，但根本妥協是困難的，至少暫時有困難，還是日本獨佔政策的結果。東方問題與西方問題在當前具體情況上有某種程度上的區別，日本的深入進政，進一步加深了日美間的矛盾，蘇聯與中國的友誼是增長的，中美蘇三國有進一步親近的可能。但是我們第一不可忘記資本主義國家與社會主義國家的區別；第二不可忘記現時與將來的區別，我們對當前不贊成寄以過高的希望。應該努力爭取前者一切可能的援助，在一定程度上和先進國家與全世界廣大人民反法西斯府與資本主義國家之人民的區別。中蘇民族解放運動與外援的配合，主要的是和先進國家與全世界廣大人民反法西斯運動之將來的配合，以自力更生為主，同時不放鬆爭取外援的方針，應該放在這種基點之上。

《文史通義（內篇之二）》正文第38葉

（三十）《文史通义》（内篇之三）

本书为毛泽东著《新民主主义论》的伪装本。32开，正文25叶，竖排铅印，仿古线装。本书的封面、题名叶和题名叶背面的题记都与托名《文史通义》（内篇之一）的《论持久战》伪装特征一致。

本书正文采用筒子页装，半叶16行，每行43个字，黑口，黑鱼尾，印有"文史通义""内篇之三""上海广益书局印行"等字。第1叶印有真实题名《新民主主义论》和作者"毛泽东"，旁印"为《中国文化》杂志而作，原名《新民主主义的政治与新民主主义的文化》 一九四〇年一月十九日"①。

本书无目录，正文篇目如下：

一　中国向何处去
二　我们要建立一个新中国
三　中国的历史特点
四　中国革命是世界革命的一部分
五　新民主主义的政治
六　新民主主义的经济
七　驳资产阶级专政
八　驳"左"倾空谈主义
九　驳顽固派
十　旧三民主义与新三民主义
十一　新民主主义的文化
十二　中国文化革命的历史特点
十三　四个时期
十四　文化性质问题上的偏向
十五　民族的科学的大众的文化

据张玉麟回忆，全民族抗日战争期间，他在太行根据地担任祁县县委书记兼县长，敌工站从军区领到的对敌伪人员进行宣传教育的印刷品中就有《文史

---

① 按：《新民主主义论》的定稿日期应为1940年1月15日。

通义》系列伪装本，他因为十分喜爱这个版本，就留下了一套。20世纪80年代，张玉麟打算将珍藏的全套《文史通义》伪装本捐给当时的北京图书馆（国家图书馆前身）之际，恰遇中央文献研究室的同志，因缘际会，这套伪装本被中央文献研究室收藏。① 如今《文史通义》系列伪装本非常珍贵，全套保存下来的更是稀如星凤。之前国家图书馆藏有该系列伪装本的第一册和第二册，独缺第三册，笔者常常以此为憾。近年来，国家图书馆通过各种渠道，终于从馆外征集到《文史通义》（内篇之三）入藏，使得馆藏的该系列伪装本成为全帙。

---

① 参见张玉麟：《关于以〈文史通义〉伪装的毛主席著作的一些回忆》，《党的文献》1992年第1期。

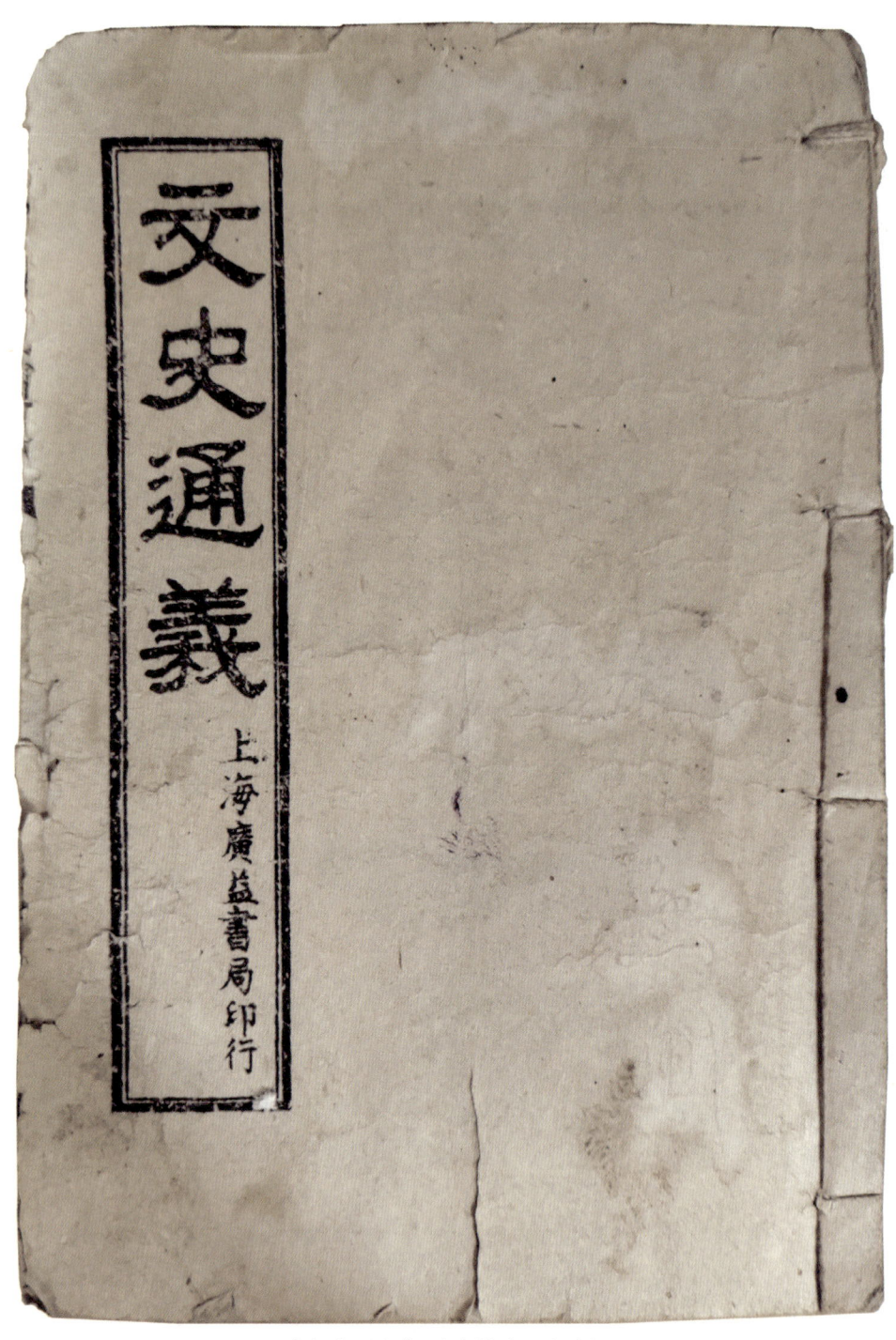

《文史通义》（内篇之三）封面

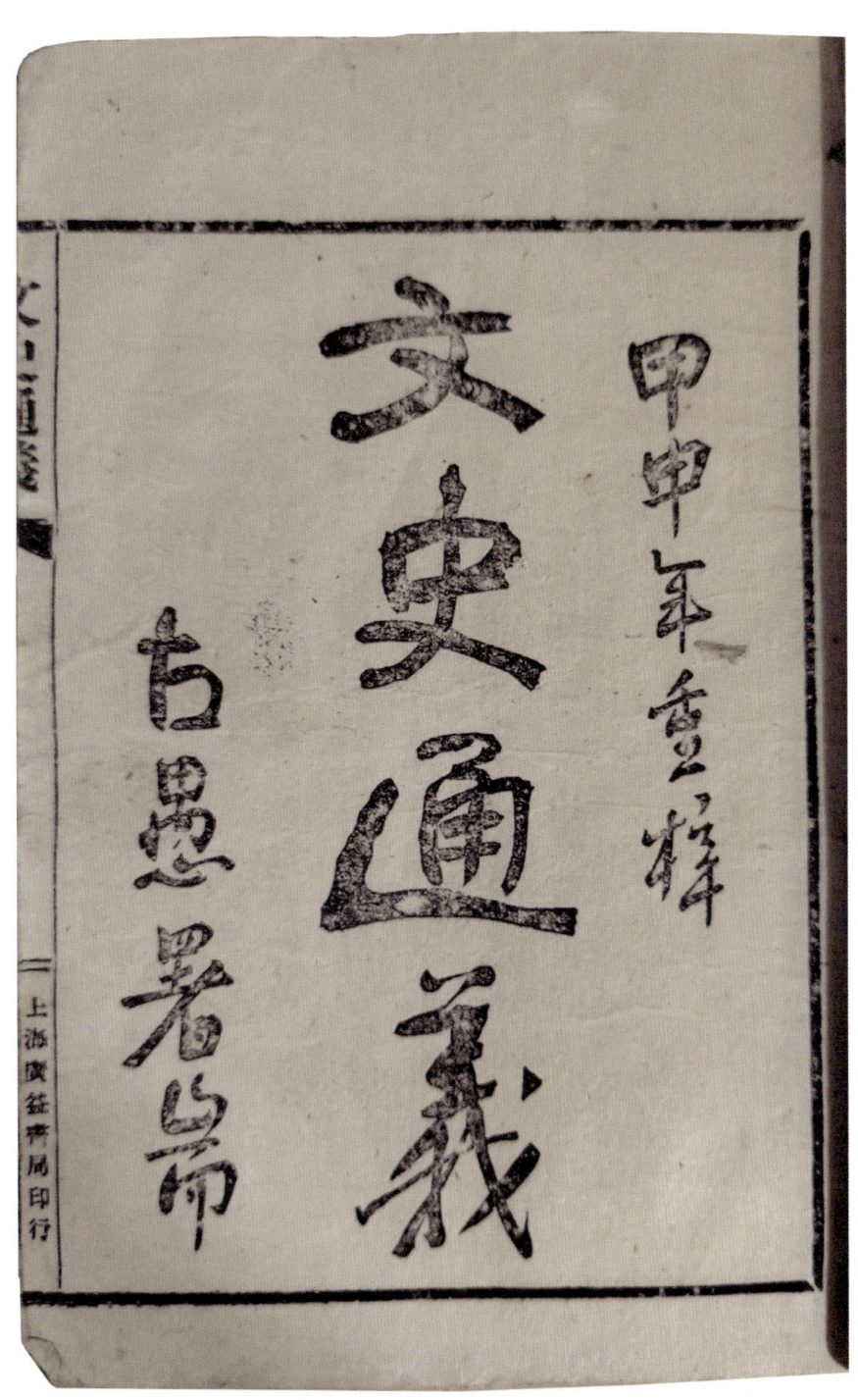

《文史通义》（内篇之三）题名叶

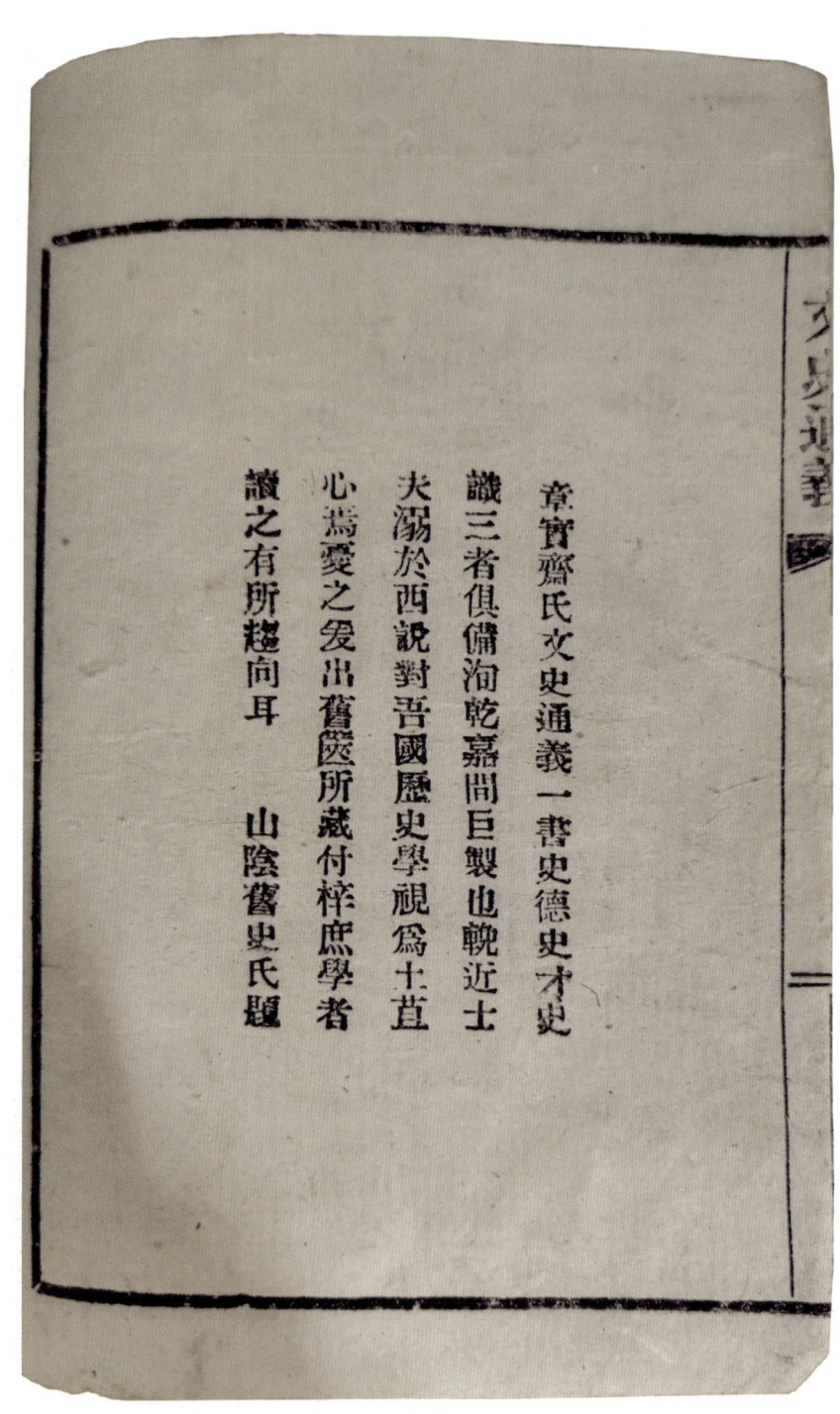

《文史通义》（内篇之三）题名叶背面山阴旧史氏所撰题记

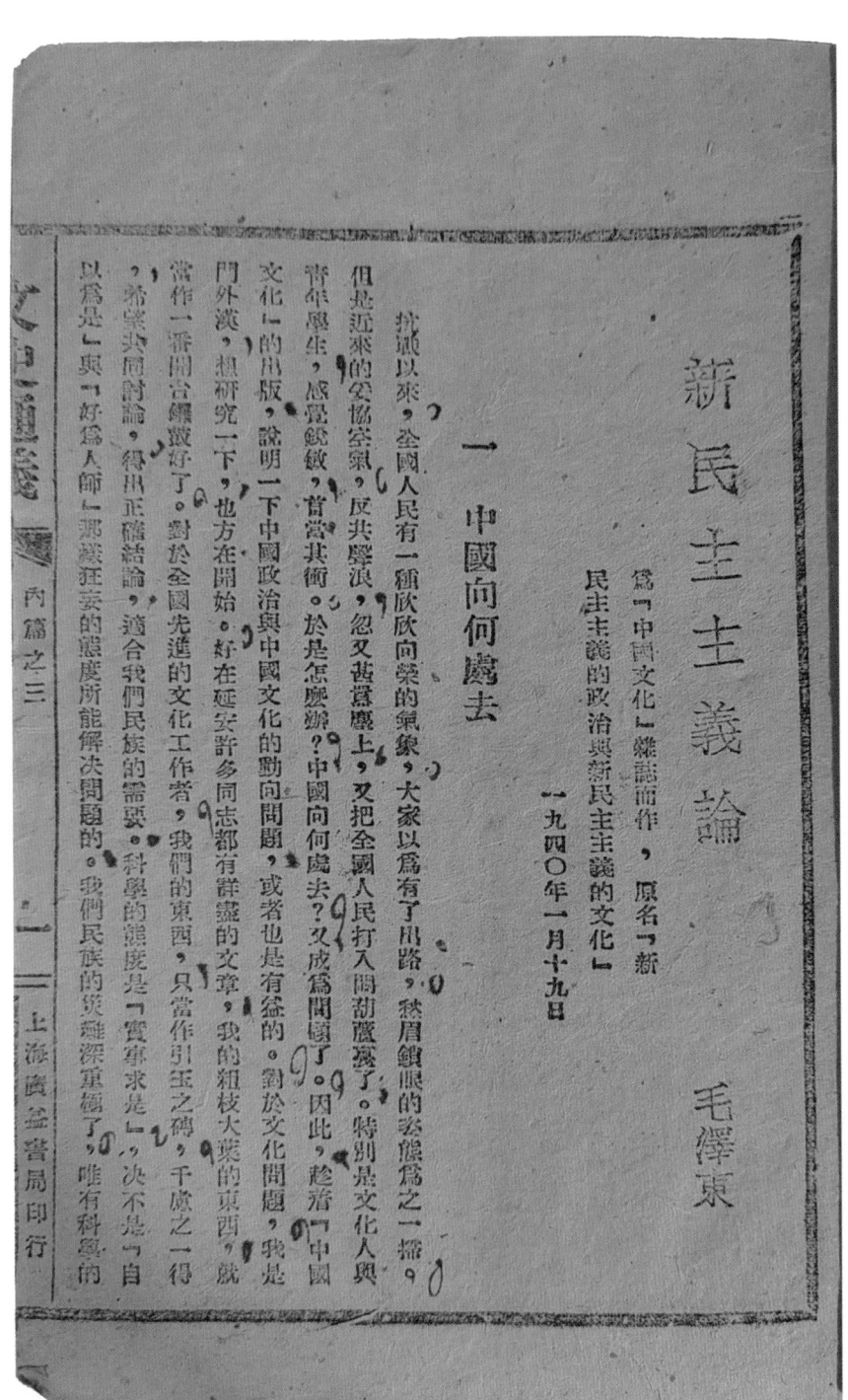

《文史通义》（内篇之三）正文第1叶

## 十二 中國文化革命的歷史特點

新民主主義的文化，是由兩部分合成的，一部分是中國自己的半封建的政治經濟文化，另一部分是帝國主義的政治經濟文化，而以後者為盟主。所有這些，都是壞東西，都是應該徹底破壞的。中國社會的新舊鬥爭，就是人民大衆（各革命階級）的新勢力與帝國主義及封建階級的舊勢力之間的鬥爭。建樹新舊鬥爭，即是革命與反革命的鬥爭。這種鬥爭的時間，從鴉片戰爭算起，已經整整一百年了。從辛亥革命算起，也有了差不多三十年了。

但是如前所說，革命亦有新舊之分，在某一歷史時期是新的東西，在另一歷史時期就變爲舊的了。在中國資產階級民主革命的一百年中，分爲前八十年與後二十年兩個大段落。這兩大段落中，各有一個基本的歷史性質的特點，即在前八十年中，中國資產階級民主革命是屬於舊範疇的，而在後二十年，由於國際國內政治形勢的變化，便屬於新範疇了。舊民主主義——前八十年的特點。新民主主義——後二十年的特點。這種區別，在政治上如此，在文化上也是如此。

在文化上如何表現這種區別呢？這就是我們要在下面說明的。

在中國文化戰線或思想戰線上，「五四」以前與「五四」以後，劃分了兩個不同的歷史時期。

在「五四」以前，中國文化戰線上的鬥爭，是資產階級的新文化與封建階級的舊文化的鬥爭。

《文史通義》（內篇之三）正文第 18 叶

(三十一)《弃暗投明记》

本书为《反正抗日纪念册》的伪装本。32 开，正文 36 页，竖排铅印。封面为浅蓝色，左边的题签框内竖向印有伪装题名《弃暗投明记》，右下角印有"民国三十三年九月初版"。题名页红框内竖向印有真实题名《反正抗日纪念册》，题名左下方印有"八路军山东军区独立旅政治部汇编"。

本书实际上是山东伪"灭共建国军"第八团司令王道率部起义反正相关资料的汇编本。目次如下：

  一　王旅长肖像
  二　誓词
  三　山东军区首长给王旅慰问电
  四　为弃暗投明告广寿益父老书
  五　为反正抗日告伪军官兵书
  六　王旅长讲演词
  七　国民党军政内幕的片断回忆（王道）
  八　王旅长访问记（记者）
  九　本旅的经历概述（赵洗旧）
  十　赠别（独立旅）

目次页背面是起义官兵创作的回忆文章合集《回忆与感想》目次：

  兴奋中的忏悔（一营长孙良栋）
  母亲的督励（一营副张耕民）
  鬼子对伪军的侮蔑和残害（时英）
  初投敌时所受痛苦（三连长陈育民）
  "曲线救国"就是祸国殃民（九连战士张德民）
  敌人的借刀杀人（二连长张喜三）
  鬼子拿着伪军不当人（二连长张喜三）
  踏地雷（三连七班长孙玉昇）
  鬼子拿我们当牛马使用（九连战士王玉西）

给鬼子做苦工（独立营战士曹士明）

日寇的暴行（三连战士刘德辰）

我受的刺激（一连战士祝天宏）

两件痛心事（九连一班长王宝田）

最光荣的日子（七连战士岳光荣）

事实证明反宣传的谬误（王乃珍）

反正后受到的安慰

恍然大悟（九连五班长丁世海）

消息一则

  王道（1902—1957），又名王徵绂，山东诸城（时属莒县）人。早年毕业于济南法政大学。七七事变后，同国民党地方实力派王立亭一起组织抗日游击队，被编为国民革命军山东纵队第六梯队第二十八支队，活动于莒县、安丘、诸城一带。后来，王道投靠国民党山东省主席沈鸿烈，其部被编为新编第四师特务旅，后改为暂编第一师第二旅，王道任参谋长。由于受到排挤和国民党内部的倾轧，1942年10月，王道投靠了日军，所部被编为伪"灭共建国军"第八团，王道担任司令。王道对八路军有好感，又具有一定的民族意识，和日寇貌合神离，成为八路军渤海军区争取的对象。1944年7月21日，在渤海军区部队的策应下，王道率部2000余人反正。经过短期的休整，王部被编为山东军区独立第一旅，王道为旅长。中共渤海区党委、渤海军区为王道部队召开了光荣反正大会，会上宣读了八路军山东军区首长罗荣桓、黎玉、萧华关于王道部队编为八路军山东军区独立旅的命令和贺电。会后，军区政治部耀南剧团演出了节目，曲艺演员曹永山的大鼓书《弃暗投明记》说出了独立旅全体官兵的心里话，鼓励他们抗日报国，成为最受欢迎的节目。王道弃暗投明的义举产生了很大的影响，不久山东境内又有4股伪军相继反正抗日，被编为山东军区独立第二、三、四、五旅，给予日军"以华制华""以华亡华"的阴谋和国民党"曲线救国"的政策以沉重的打击。

  本书伪装题名为《弃暗投明记》，封面采用仿古题签设计，看似通俗小说，完全看不出其真实内容。

《弃暗投明记》封面

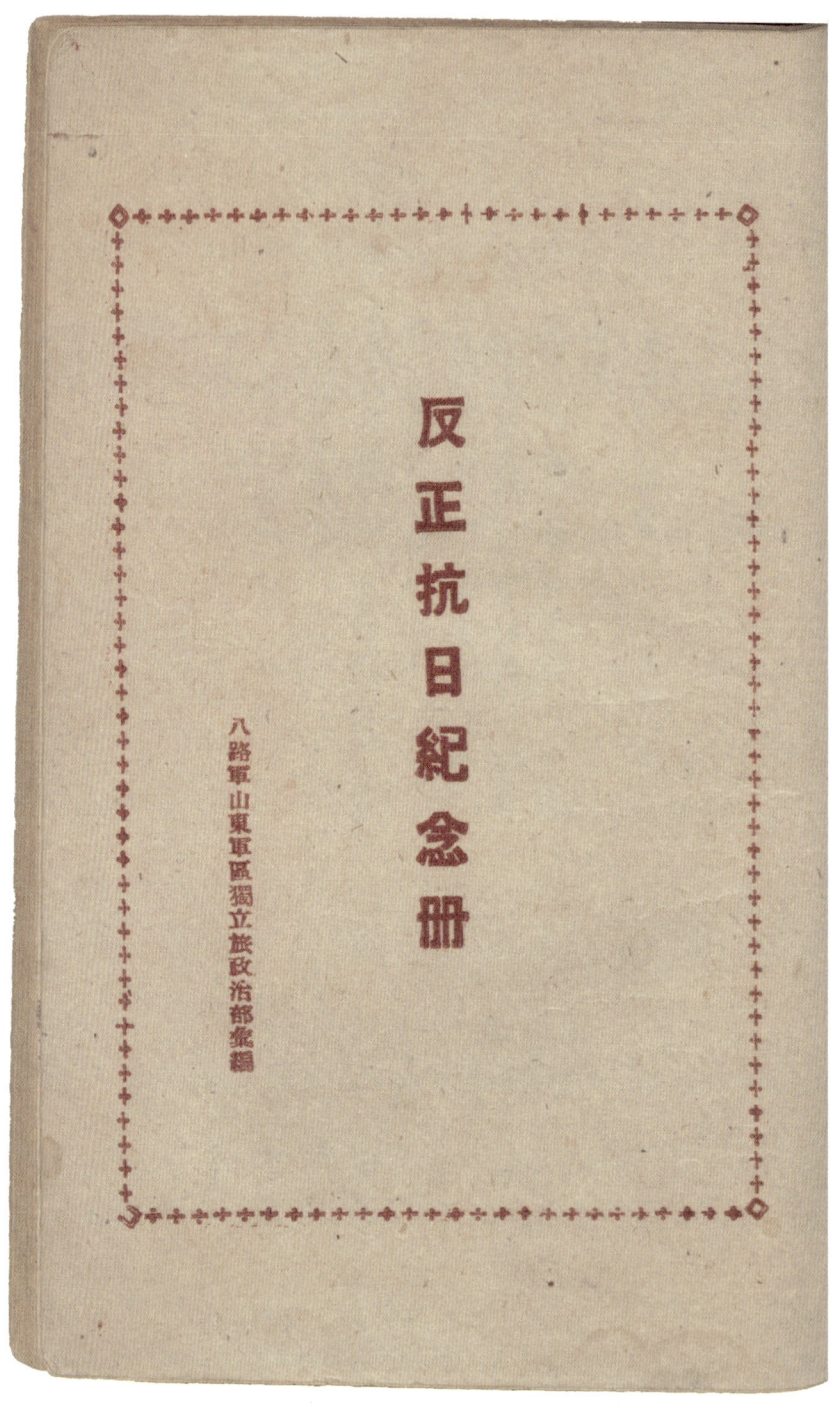

《弃暗投明记》题名页

目次

一、王旅長肖像
二、誓詞
三、山東軍區首長給王旅慰問電
四、為棄暗投明告廣壽益父老書
五、為反正抗日告僞軍官兵書
六、王旅長講演詞
七、國民黨軍政內幕的片斷回憶
八、王旅長訪問記
九、本旅的經歷概述
十、贈別

王道 記者
趙洗舊
獨立旅

## 回憶與感想

與舊中的懺悔
母親的督勵
鬼子對偽軍的侮衊和殘害
初投敵時所受痛苦
「曲線救國」就是禍國殃民
敵人的借刀殺人
鬼子拿著偽軍不當人
鬼子拿我們當牛馬使用
給鬼子做苦工
日寇的暴行
我受的刺激
兩件痛心事
最光榮的日子
事實證明反宣傳的謬誤
反正後受到的安慰
恍然大悟
消息一則

一營長孫良棟
一營副張耕民
 時英
三連長陳育民
九連戰士張德民
二連長張喜三
三連七班長孫玉昇
九連戰士王玉西
獨立營戰士曹士明
三連戰士劉德辰
一連戰士祝天宏
九連一班長王寶田
七連戰士岳光榮
 王乃珍
九連五班長丁世海

《弃暗投明记》目次第 2 页

王旅长肖像

## 官兵誓詞

幹八路迫於"曲綫救國論"之愚弄,在其竇為漢奸不辱之壓迫,受國民黨"曲綫救國論"欺騙,誤入歧途,成為民族罪人,曲綫救國論一出,親受敵寇驅策,為虎作倀,污辱不已。

拯救之後,接受共產黨與八路軍首長的領導,堅決擁護抗日民族統一戰線,堅決擁護中國共產黨,榮幸到達山東所部,在共產黨與八路軍領導下服從抗日民主政府法令,接受共產黨八路軍愛護人民到底的教育,加強團結,整訓民眾,建立抗日根據地,努力工作,增強抗戰力量,遵自己隨意行動,信條一是:光大民主政治,改造自己,追隨抗戰各項、固實部局為民主部分。

意與山東八路軍同志批評與紀律制裁,以上條二,大不良紀律,八項,廣注實,謹此宣誓。"全軍必須領

1

《弃暗投明记》正文第1页

（三十二）《光荣壮举》

本书为抗日战争时期莫正民起义相关资料汇编的伪装本。32开，正文12页，毛边本，竖排铅印。封面居左以蓝色字体印有伪装题名《光荣壮举》；右边为蓝底白字，印有"短篇小说""济南朝阳书社印"。

正文收录文章8篇：《光荣反正，举义杀敌》、《在抗日军民热烈欢迎下开入根据地》、《山东军区首长明令嘉奖慰问》（司令员兼政委罗荣桓、副政委黎玉、政治部主任萧华，十一月十九日）、《坚决跟着共产党走》、《莫旅长陈副旅长访问记》、《莫部反正官兵告同胞书》（莫正民、陈笏卿、刘明双、孟敬之暨全体官兵，十二月二十日）、《莫部反正官兵告伪军官兵书》（十一月二十日）、《热烈的期望》（鲁中军区司令部、政治部）。

莫正民（1913—1983），山东五莲人。先后在张宝昌、杨虎城、张步云、刘振车和高树勋部下任职。1942年，莫正民投降日军。1944年11月14日，八路军山东军区发起莒城战役。在山东军区的争取下，莫正民率伪莒县保安大队3500多人起义，配合八路军攻城部队，里应外合，毙伤日伪军200多人，俘敌经济顾问、县府顾问、保安大队教导等日寇10人，缴获长短枪3000多支、轻机枪30多挺、火炮34门，破坏公路80多千米，拔除据点18处，收复包括莒县在内的大片失地，使鲁中和滨海两大根据地连成一片。21日，莫部起义部队正式改编为八路军山东军区独立第二旅，莫正民任旅长。11月26日，延安《解放日报》在社论《山东新胜利》中指出："莒县的解放，不仅是山东军区辉煌的胜利，也是敌后我军的大胜利之一。"

本书无题名页、目录页和版权页，伪装题名与内容虽有关联，但比较隐晦。目前，未见济南朝阳书社所印其他书籍，似是虚构的出版机构。本书封面上印有"短篇小说"4个字，伪装意图非常明显。

《光荣壮举》封面

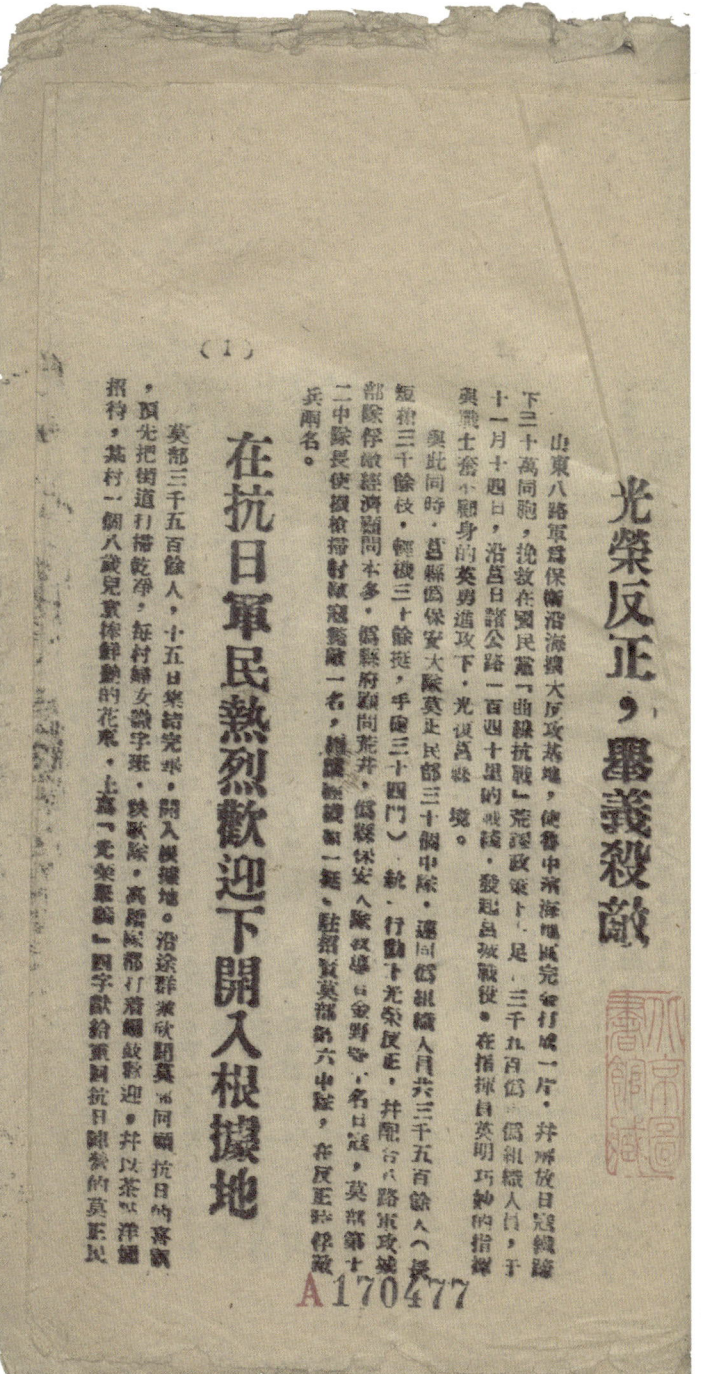

《光荣壮举》正文第1页

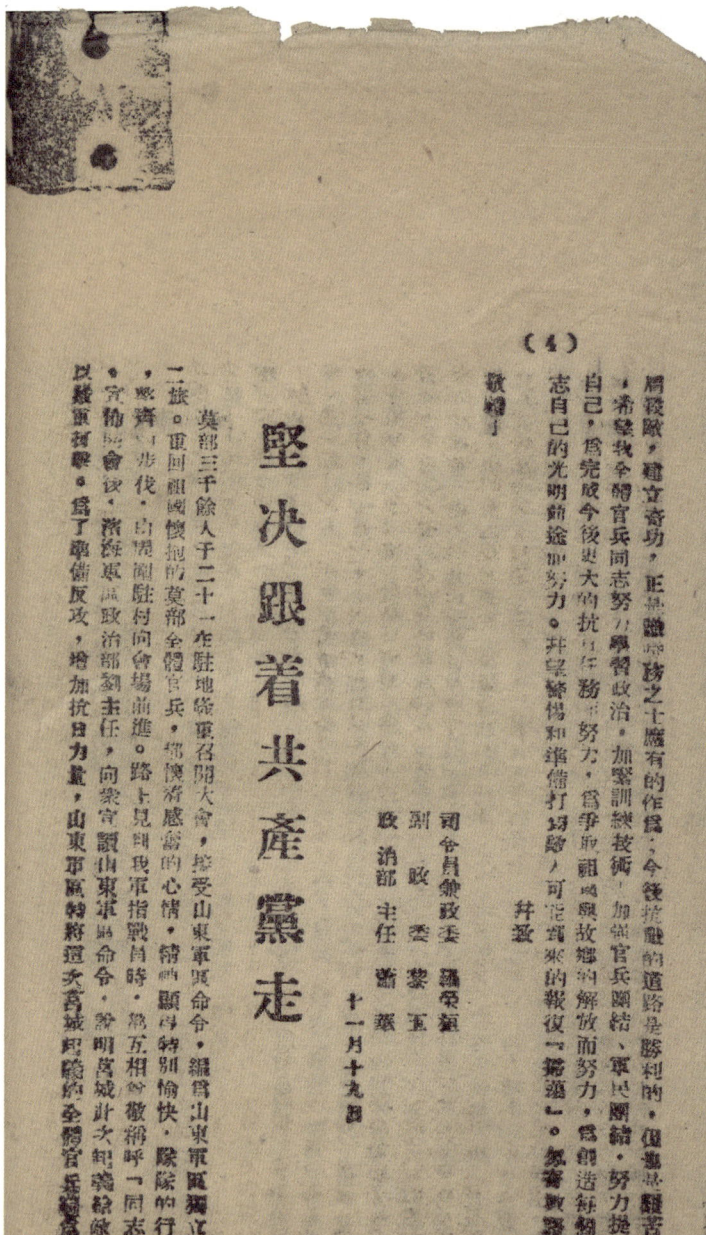

《光荣壮举》正文第4页

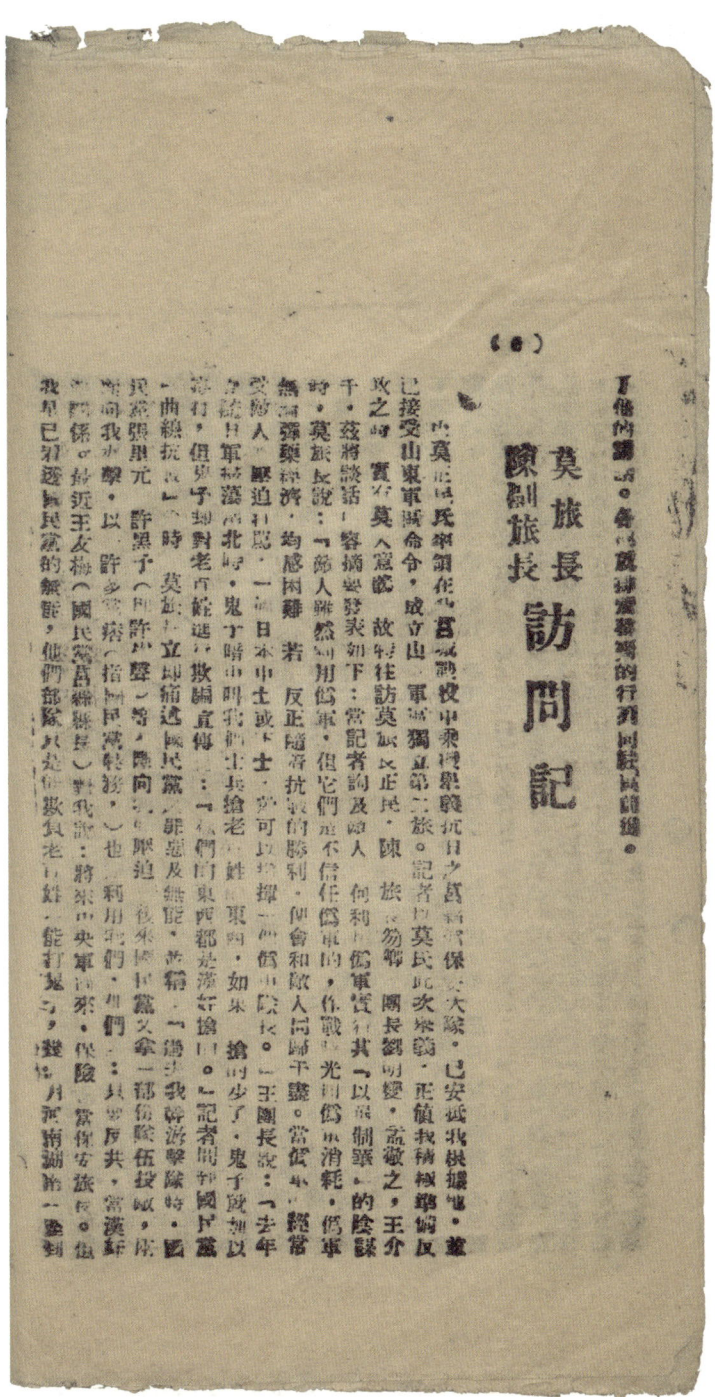

《光荣壮举》正文第6页

## 莫部反正官兵告同胞書

親愛的父老兄弟姊妹們：現在我們已經光榮的參加抗戰了，莫榮山軍長被編成獨立第二旅，給了使全體同胞對我們深切了解起見，願將我們過去一切，與目前的感想，將來的決心，宣佈一下。希望一個同胞，今後常常督促我們學習和進步！

記者問及莫正民等對共產黨寬大政策，及到根據地後的感想，莫族長說：「過去聽了許多破壞共產黨的反宣傳，但以往都把事實揭破了。今天已無意義的相信牲牲職，願在共產黨領導下努力抗戰。過去跟敵人出去「掃蕩」，看見士兵和老百姓的東西，真要不是時，今受老自作的歡迎，學了慚愧。陳旅長說：「過去攻城奪障生死的生活，這想想起來愉快，」最莫旅長表示過去，團如發一場噩夢，一覺現在如夢初醒來，幾改了過去的錯誤，願受山東軍區的首長的指示領導，靈己努力去獻身，按上級指旨來訓練部隊，領導國家民族抗戰到底，以帶罪圖功贖過去的錯誤。」

廣西與生很久地方，他們那個家伙編是受欺制的，依地看來，共產黨就是中國抗戰的表方，國今日之國民黨，即如當年之北洋軍閥，實民黨收上塔，廣大民眾已對國民黨失望，故我拒絕他們拉攏，他們拉不不到之時，即想決造語破壞，們。」

作抗戰開始的時候，我們這些人只迫於愛國熱情，本帶國民的天職，起來參加抗戰，但因抗戰立場不穩，又沒有陣對正義的指導，致受了國民黨當局的排擠後，就造成這幾年的

(7)

《光荣壮举》正文第7页

## 莫部反正官兵告偽軍官兵書

十二月二十日

偽軍弟兄們：

自從日寇侵華以來，我們的家鄉慘遭繼續蹂躪，弄得我們國破家亡，流離失所。鬼子的燒殺姦淫獸行，大家都已忍辱飽嘗，那許誰、義憤填胸，痛哭嗚咽！有志之士，紛紛揭竿而起，爲保衛家鄉，保衛祖國，而流熱血拋頭顱，而勇于對内、怯于對外的國民黨當局，始終不會諒解我們的親苦，不但，給我們以援助，反而使用奧賊伎倆，處處向我們暗襲、陰謀、摧我們抗戰，說我們沒有打鬼子的資格。此後又千方百計的堆擠反解北們，必但本部受盡國黨當局的蹂躏虐待。即當時山東各戰部隊、也都是、照、宜。我們的家鄉淪陷，國民黨當局即無可收復，是不許我們親共抗戰，這禎所謂「抗戰建國」的書略，不與「亡國」的秘合？而掛印參加偽方，或被「正統」排擠結果投敵，本部也未能倖免，這種錯誤究

(9)

各位父老兄弟們肺腑的衷悔懺悔，要求你們原諒。從今後我們一定要把我們的錯誤趕緊起來，靈上我們所的力量，在共產黨八路軍的領導下，在全國同胞監督之下爲民族報敵，爲實現自由平等的新中國而積共奮鬥，以顯我們過去的罪惡吧！

莫正民、陳易卿、劉昕燮、孟毅之、督全體官兵同啓。

### （三十三）《新金刚经》

本书为毛泽东著《一九四五年的任务》的伪装本。32开，正文8页，竖排铅印，折页装订。封面为蓝色，封底为白色。封面左侧有白底蓝边题签框，框内竖向印有伪装题名《新金刚经》；右侧下方印有"开封三教圣会出版"。本书无题名页、目录页和版权页。

《一九四五年的任务》是1944年12月15日毛泽东在陕甘宁边区第二届第二次参议会上的演说，全文约6500字。毛泽东在演说中简要分析了国内外形势，提出了全国人民在1945年的总的任务，就是全国人民团结起来，要求国民党当局改变现行政策，促成由国民党、共产党、其他抗日党派及无党派人士，在民主基础上召集国事会议，组织联合政府，统一中国一切抗日力量，反对日本侵略者的进攻，并配合同盟者，驱逐日本侵略者出中国。讲话还具体布置了各解放区在1945年的15项重要工作：一是扩大解放区；二是随时准备用反"扫荡"粉碎敌人的进攻；三是整训现有的自卫军与民兵，增强他们的战斗力；四是整顿正规军与游击队；五是补充和扩大军队；六是加强我军内部的团结；七是加强拥政爱民与拥军优抗两项工作，进一步改善军民关系；八是加强与各党派及无党派民主人士的合作，巩固统一战线；九是在新区实行减租；十是扩大生产运动；十一是注意文教工作；十二是选举战斗英雄与劳动模范；十三是提高干部工作能力；十四是提倡民主作风，反对独断专行；十五是促使联合政府成立。12月16日，该文发表于《解放日报》，其后又被制成传单，大量印发。

《金刚经》是中国流传最广的一部佛教经文。三教圣会为民国时期的北方民间宗教团体，《新金刚经》大概是其编写的宗教宣传册。本书伪装成民间宗教宣传册，实际上是晋察冀日报社出版的图书。[①] 根据《一九四五年的任务》一文的发表时间，本书的印刷时间应在1944年底之后。

---

① 参见河北省新闻出版局出版史志编委会、山西省新闻出版局出版史志编委会编：《中国共产党晋察冀边区出版史》，石家庄：河北人民出版社，1991年，第237页。

《新金刚经》封面

# 一九四五年的任務

## 毛澤東同志十二月十五日在陝甘寧邊區參議會的演說

一九四四年快要完結了，我們在一九四五年的任務是什麼呢？我們有些什麼工作在明年要特別注意去做呢？整個反法西斯戰爭有很大的勝利，打倒希特勒明年就可以實現。我們唯一的任務是配合同盟國打倒日本侵略者。現在美國已打到雷伊泰島，並可能在中國登陸。同時，日本侵略者已打通了由東京到新加坡的大陸交通綫，中國的淪陷區更加擴大了。敵人是否會停止它的進攻呢？我看還不會停止，它還有可能再向我國西南部及西北部進攻。在此期間，日本侵略者必定又要玩弄詭計，企圖通過中國的投降主義者，引誘中國政府投降。中國內部的狀態仍然是不團結，國共談判毫無結果，中國人民的抗日力量被中國反動派人工地分裂着，正面戰場的戰事，節節失敗，國民黨當局仍然固執其爲全國人民所不滿意的一黨專政及其失敗主義的政策，拒絕一切有利於抗戰、團結與民主的建議。只有粵桂湘諸省的廣大的中國解放區，執行了孫中山先生的革命三民主義，即新民主主義，團結各界人民，建立了英勇的軍隊，粉碎了一切敵人的進攻，並能發動攻勢，收復了廣大的失地。在此種情形下，我們應該做些什麼呢？

必須使全國人民明白，用人民的力量，促成由國民黨、共產黨、其他抗日黨派及無黨派人士，在民主基礎上召集國事會議，組織聯合政府，才能統一中國一切抗日力量，反對日本侵略者的進攻，並配合同盟國，驅逐日本侵略者出中國。我們經過林祖涵同志經向國民參政會提出了這個問題，後來又向國民黨當局用書面提出了，最近周恩來同志又專爲此事去重慶談判一次，但是依然沒有結果。在目前，很淸楚的，單是談判是不能成功的，希望全國人民一致起來，大聲疾呼，要求國民黨當局改變現行政策，以便迅速建立民主的聯合政府。這是全國人民的總任務，中國人民不論在大後方，在淪陷

— 1 —

485197

一九五三年八月廿六日

作幹部，不論職位高低，都是人民的勤務員，我們所做的一切，都是為人民服務，我們有些什麼不好的東西捨不得丟掉呢？如果我們改正了這個缺點，那我們就能團結更廣大的人民，我們的事業就能獲得更大的與更快的發展。

十五、除了上述種種以外，擺在解放區人民面前的極其重要的一項任務，就是想出種種能够促成聯合政府的辦法來。繼續和國民黨及其他黨派談判是一種辦法，全國人民起來呼顧要求是一種辦法，還可能有其他的辦法。總之，我們一定要多方努力，將這個適合全民族抗戰要求的民主的聯合政府，儘可能迅速地建立起來。

我們解放區已做的和要做的工作，當然還有許多，但我以為目前特別值得指出的，就是上述十五項。其他就從略了。各個解放區的情況與工作步驟，在許多點上互不相同，各地應按照自己的特點佈置工作，以便適當地完成各項任務。

一九四五年應該是中國人民抗日戰爭更大發展的一年。全國人民都希望我們解放區能够救中國，我們也有這樣的決心與勇氣。我希望我們解放區全體軍民一齊努力，不論是共產黨人與非共產黨人，都要團結一致，為加強解放區抗日工作而奮鬥，為組織淪陷區人民而奮鬥，為援助大後方人民而奮鬥，為建立民主的聯合政府而奮鬥。

— 8 —

《新金剛經》正文末頁

## （三十四）《大东亚战争下的国际情势——加藤华北军报道部长讲演词》

本书为《中国共产党抗日救国十大纲领》等中国共产党文献汇编的伪装本。32开，正文72页，土纸筒子页装，竖排铅印。封面为白底黑字，居中竖向印有伪装题名《大东亚战争下的国际情势》和副题名《加藤华北军报道部长讲演词》，右上角和左下角分别印有"大东亚战争一周年纪念"和"中华民国新民会印行"。本书无题名页、目录页和版权页。

正文收录文献12篇：《中国共产党抗日救国十大纲领》、《陕甘宁边区施政纲领》（中华民国三十年五月一日中共陕甘宁边区中央局提出，中共中央政治局批准）、《晋察冀边区施政纲领》（中国共产党中央北方分局提出，晋察冀边区第一届参议会通过）、《毛泽东同志在陕甘宁边区参议会演说》、《实行三三制——贯彻党的领导》（一九四二年三月十三日《解放日报》社论）、《中共中央关于抗日根据地土地政策决定》（中华民国三十一年一月二十八日中央政治局通过。附：《中共中央关于抗日根据地土地政策附件》《中共中央关于抗日根据地土地政策的决定的基本出发点》）、《晋察冀边区租佃债息条例》（中华民国三十二年一月二十一日晋察冀边区第一届参议会通过，同年二月四日晋察冀边区行政委员会公布）、《中共中央政治局关于减租生产拥政爱民及宣传十大政策的指示》（一九四三年十月一日）、《中共中央关于吸收知识分子的决定》（一九三九年十二月一日）、《中共中央关于党员参加经济和技术工作的决定》、《中共中央关于宽大政策解释》、《一九四五年的任务》（毛泽东，一九四四年十二月十五日在陕甘宁边区参议会上的演说）。

《大东亚战争下的国际情势——加藤华北军报道部长讲演词》原系日本华北军报道部长加藤源之助在1942年度伪新民会全体联合协议会上的演讲集，54页，收录文章8篇。本书即以该日伪出版物为蓝本进行伪装，封面文字的排版和字体与原书相似，印制后由抗日民主根据地送到沦陷区秘密发行。本书所收文献发表最晚的是《一九四五年的任务》，故推测本书出版时间在1944年底之后。

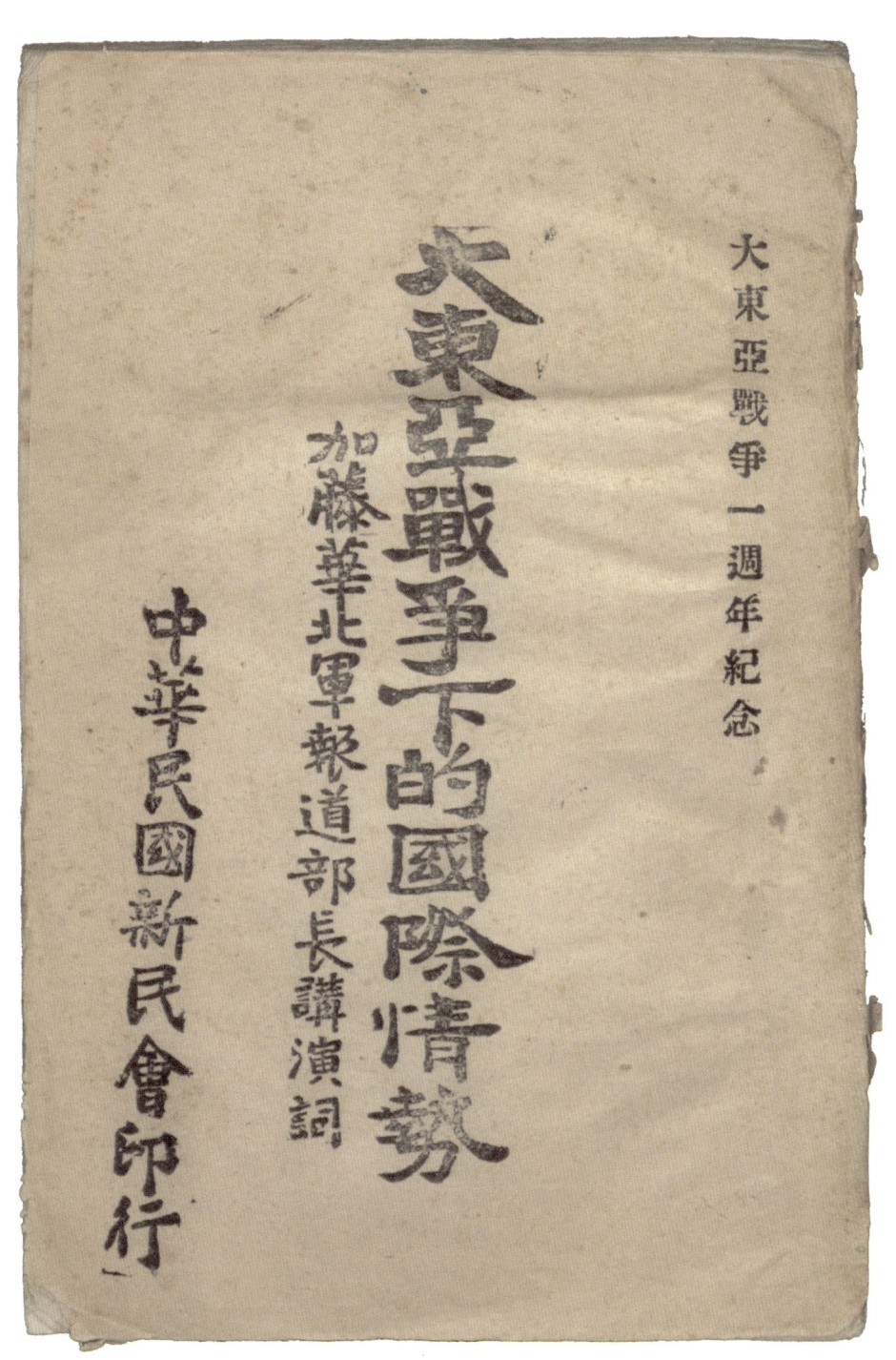

《大东亚战争下的国际情势》封面

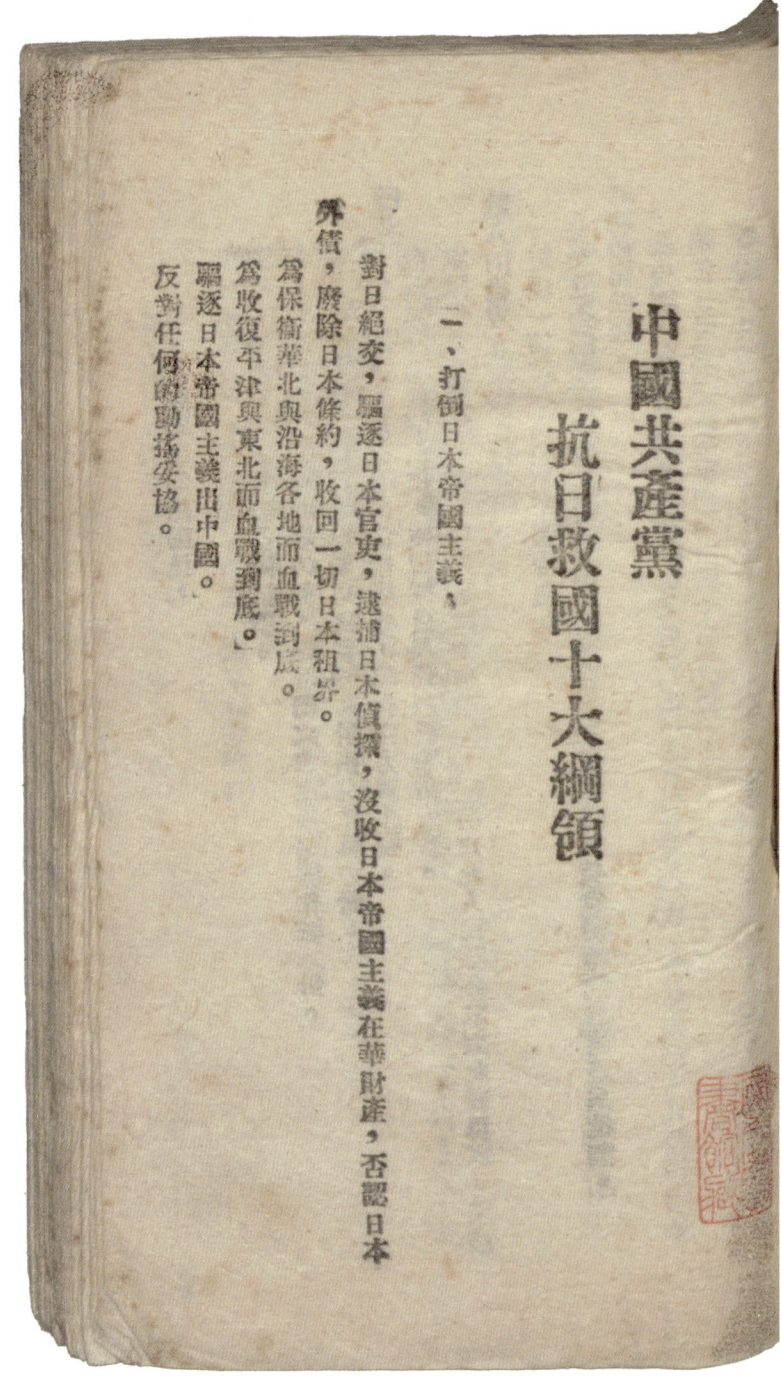

# 中國共產黨抗日救國十大綱領

一、打倒日本帝國主義。

對日絕交，驅逐日本官吏，逮捕日本偵探，沒收日本帝國主義在華財產，否認日本外債，廢除日本條約，收回一切日本租界。

為保衛華北與沿海各地而血戰到底。

為收復平津與東北而血戰到底。

驅逐日本帝國主義出中國。

反對任何妥協。

《大东亚战争下的国际情势》正文第1页

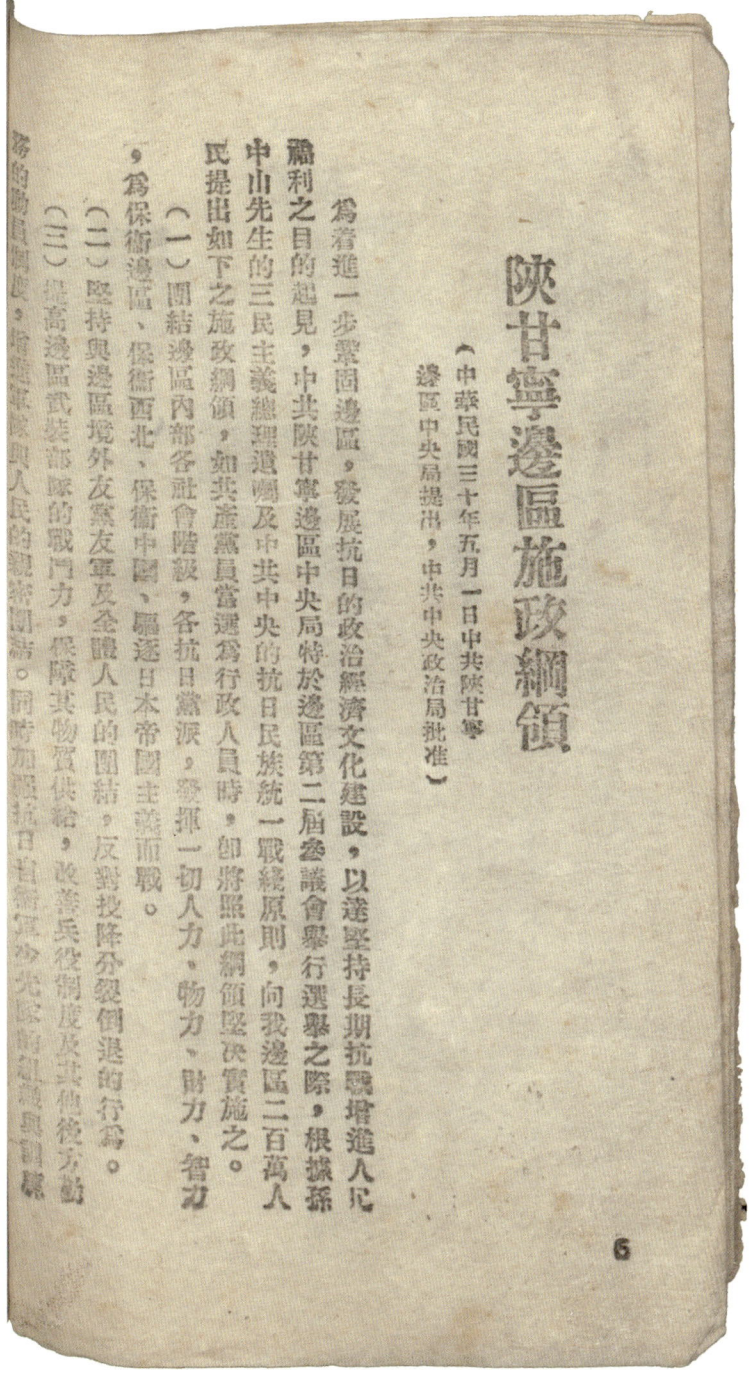

《大东亚战争下的国际情势》正文第6页

## 毛澤東同志在陝甘寧邊區參議會演說

各位參議員先生、各位同志：今天邊區參議會開幕是有重大意義的。參議會的目的只有一個，就是要打倒日本帝國主義，建設三民主義的中國。現在的中國不能有任何別的目的，只能有這個目的。因為我們的敵人不是國內而是國外的，是德意法西斯、是日本帝國主義。現在蘇聯、英國、美國聯合一致反對德意法西斯侵略，蘇聯紅軍正在為全人類的命運奮鬥，我們的目的同他們一樣，惟一的在於反對德意日法西斯。日本還在繼續侵略，他要消滅中國的獨立。中國共產黨的主張，就是要團結全中國的力量，打倒日本帝國主義，要和全國各黨派、各階級、各民族合作。中國英勇只要不是漢奸，都要聯合一致，共同奮鬥。共產黨的這種主張是始終一致的。中國人，抗戰已有四年多，這個抗戰是在蔣委員長領導之下的，是由國共合作及各階級、各黨派、各民族的合作來支持的；但是還沒有勝利，還要繼續奮鬥，還要使三民主義見之實行

《大东亚战争下的国际情势》正文第 16 页

（三十五）《纪念孙中山》

本书为《纪念孙中山　批判蒋介石》的伪装本。32开，正文22页，竖排铅印。封面为白底红字，左侧竖向印有伪装题名《纪念孙中山》，右上角竖向印有"时事资料丛书之一"，下端自左向右横向印有"时事研究会编刊"。封面钤有一枚蓝色的"旅顺市政府教育局印"方形印章。封三为版权页，编辑者、出版者和发行者皆署"时事研究会"。

封面后的第一页为目录，正文收录4篇文章。本书目录如下：

蒋介石双十节演说具有危险性
评蒋介石元旦广播讲演
新华社记者评蒋介石三月一日在宪政促进运动会上的演说
纪念孙中山　批判蒋介石

各篇文章的作者和发表时间考订如下：《蒋介石双十节演说具有危险性》署"延安观察家评论"，是1944年10月11日毛泽东为新华社写的评论。《评蒋介石元旦广播讲演》署"延安权威人士评论"，是1945年1月3日新华社发表的对于蒋介石元旦广播讲演的评论。《新华社记者评蒋介石三月一日在宪政促进运动会上的演说》是1945年3月2日新华社记者对3月1日蒋介石在宪政实施促进运动会上演讲的评论。《纪念孙中山　批判蒋介石》是《解放日报》在孙中山先生逝世20周年纪念日发表的社论。

这4篇批判蒋介石的评论文章都曾在《解放日报》发表或转载。1945年3月，《解放日报》编辑出版《纪念孙中山　批判蒋介石》小册子。此后苏南出版社、胶东新华书店、辽宁解放报社出版有同名小册子。

本书与《解放日报》编辑出版的《纪念孙中山　批判蒋介石》小册子内容相同，题名隐去"批判蒋介石"5个字，出版发行机构似为虚构或伪托。

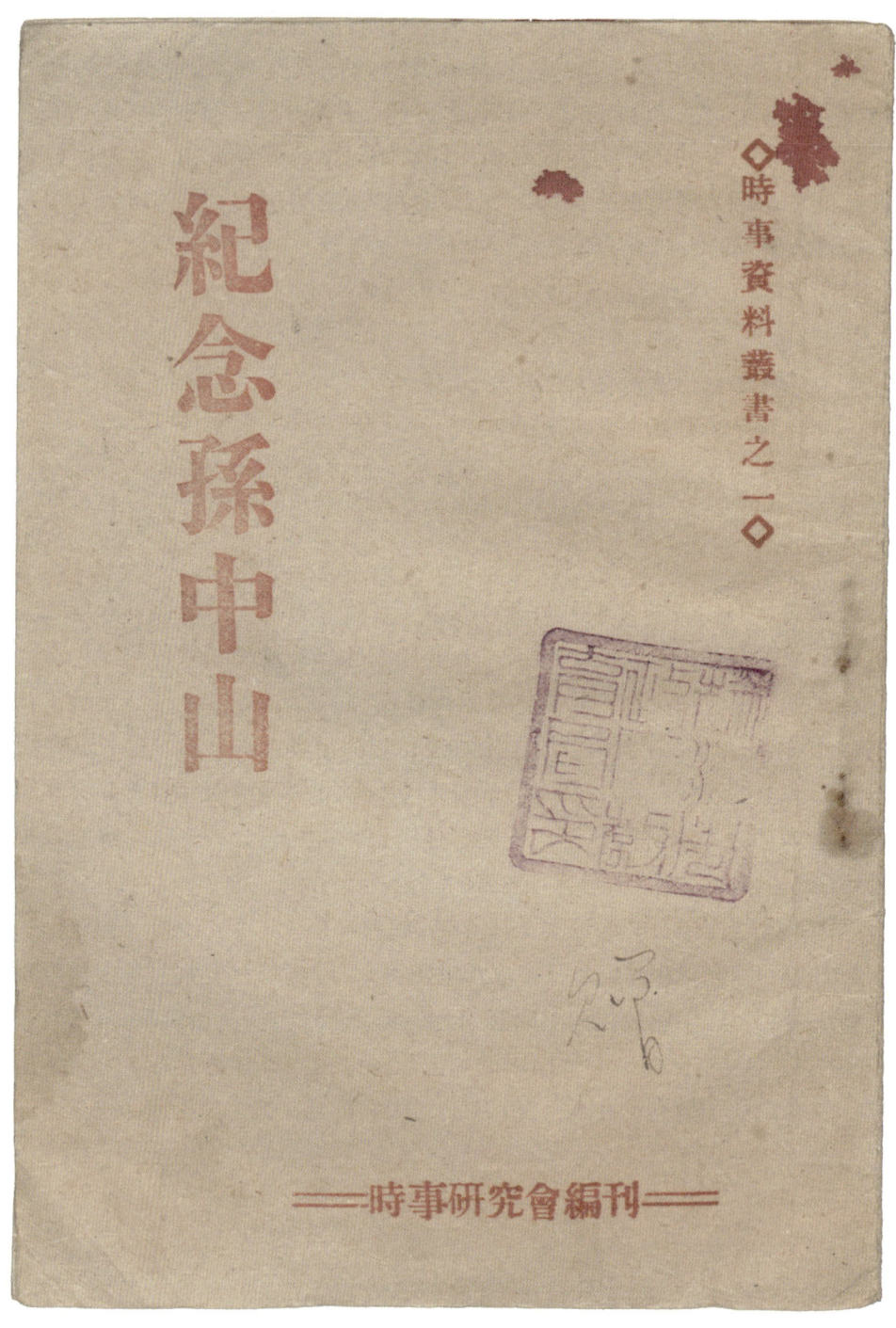

《纪念孙中山》封面

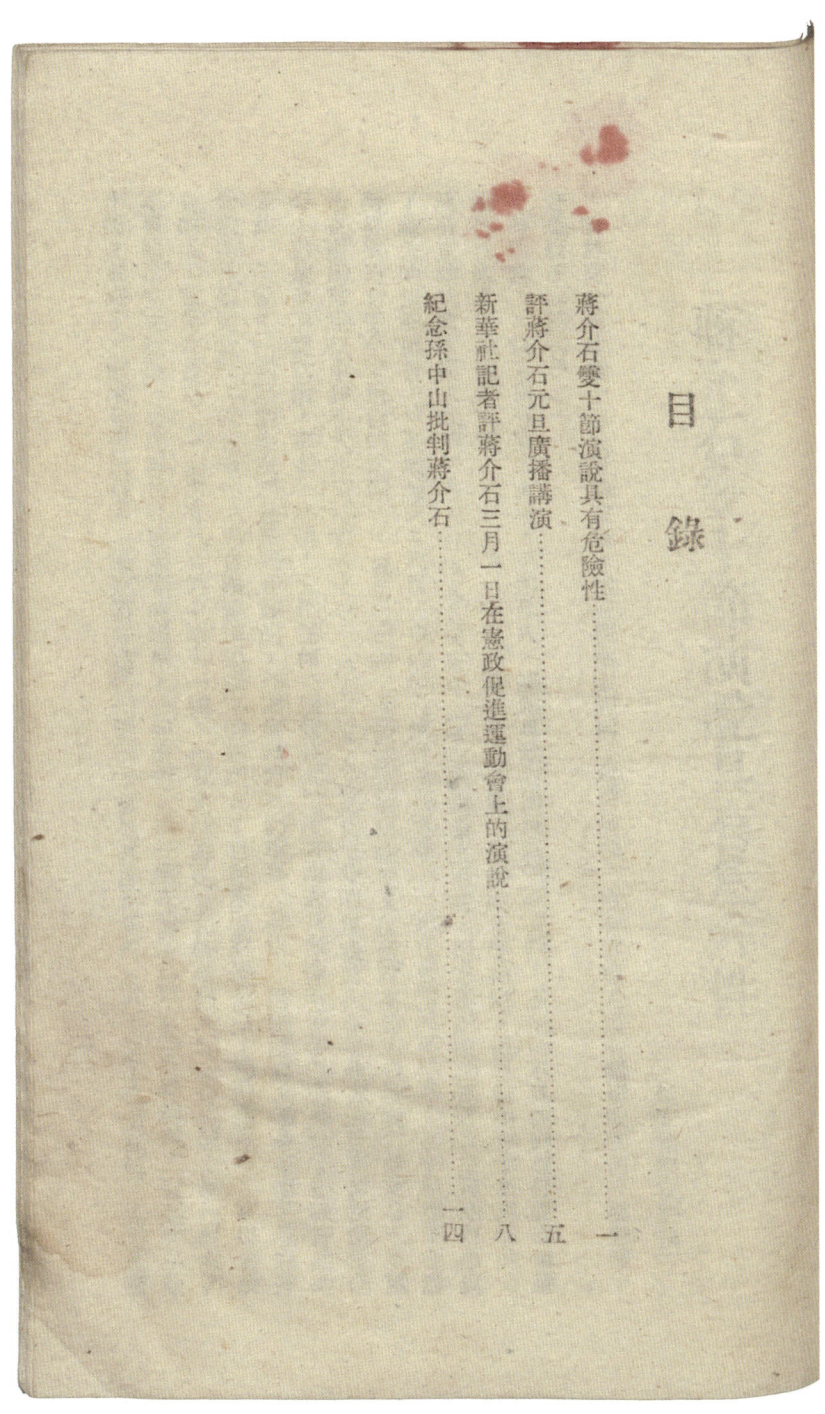

《纪念孙中山》目录

## 蔣介石雙十節演說具有危險性

延安觀察家評論

對於蔣介石在雙十節發表的演講,延安觀察家評稱:空洞無物,沒有答覆人民所關切的任何一個問題,是這篇演詞的特色之一。

蔣氏說,大後方尚有廣大土地,不怕敵人,寡頭專政的國民黨領導者們,至今看不見他們有什麼改革政治抗住敵人的意圖與本領,只有土也一項現成資本可資抵當,但是誰也懂得的,僅有這項資本是不夠的,沒有正確的政策與人民的努力,日本人是天天在威脅這塊剩餘土地的。延安觀察家認為蔣氏是強烈地感到了敵人的這種威脅,只要看他向人民反覆申述沒有威脅,甚至說:「我自黃埔建軍以來,二十年間革命形勢從來沒有像今天這樣的鞏固」,就是他感到了這種威臨的反映他又反覆說不要,喪失我們的信心」,就是在國民黨隊伍中和在大後方社會人士中,已有很多人喪失信心的反映蔣氏在尋找方法以期重振這種信心,但是他不從政治,軍事,經濟,文化任何一個政策或工作方面去採取的方法,他找到了拒諫飾非的方決,他說:「國際觀察家都是英明其妙的,外國輿論對我們軍事,政治,紛紛議論:都是相信了敵寇汗奸造謠作祟原故」:說也奇怪,邱吉爾羅斯福以下的國民黨人,國民參會的大多數參政員以及一切的有良心的中國人一樣,都不相信蔣氏及其親信們的好聽的申辯,直到今年雙十節才找到了,原來却是相信了「敵寇漢奸造謠作祟」,於是蔣氏在其演說中,用了極長篇幅,痛罵這種

一

《紀念孫中山》正文第1頁

## 紀念孫中山批判蔣介石、

孫中山先生逝世，到今天恰滿了二十年。孫先生生前的革命事業，給了我們什麼教訓？孫先生死後的政局變化，又給了我們什麼教訓？振據這些教訓，中國人民應該怎樣繼續奮鬥，使中國革命的目的完全實現？

關於孫中山先生四十年革命生活，他自己曾經作過很好的分析。他把他的一生分為兩個時期，而以民國十三年（一九二四年）的國民黨第一次代表大會及其宣言為分界：「此次改組，就是從今天起，重新做過。古人有言：『以前種種譬如昨日死，以後種種譬如今日生。』」為什麼改組以前的國民黨總是失敗，「譬如昨日死」呢？據孫先生檢討，這一方面是由於革命的冒充革命，一方面是由於反革命的投降反革命，他說：「回憶武昌起義時，我從海外遄返上海，當時長江南北莫不贊成國民革命，即如上海一隅。雖至腐敗之老官僚，亦出而為革命奔走。……一般官僚，在未革命之前為滿清出力，以殘殺革命黨為能事，在革命興之時，又出而口頭贊成革命。」「此輩反革命派即舊官僚，一方參加革命黨，一方反破壞革命黨，故把革命事業弄壞，實因我們方法不善。若有辦法有團體來防範之。用對待滿清之方法對待之，則反革命派當無所施其伎倆。」「現在本黨此次代表大會，發表此項宣言，就是表示以後斷然與從前不同。前幾次革命，鬧內本路上與軍閥官僚相安協，相調和，以至革命成功以後，仍不免於失敗。從前之覆轍，旣到中間，又來妥協，以後應當把妥協調和的手段一概打消，並且要用道妥協是我們致澈底革命的大錯，所以今天遵迴宣言之後，必須大家努力前進，有始有終，來澈底成功國民革命。」中國革命

一四

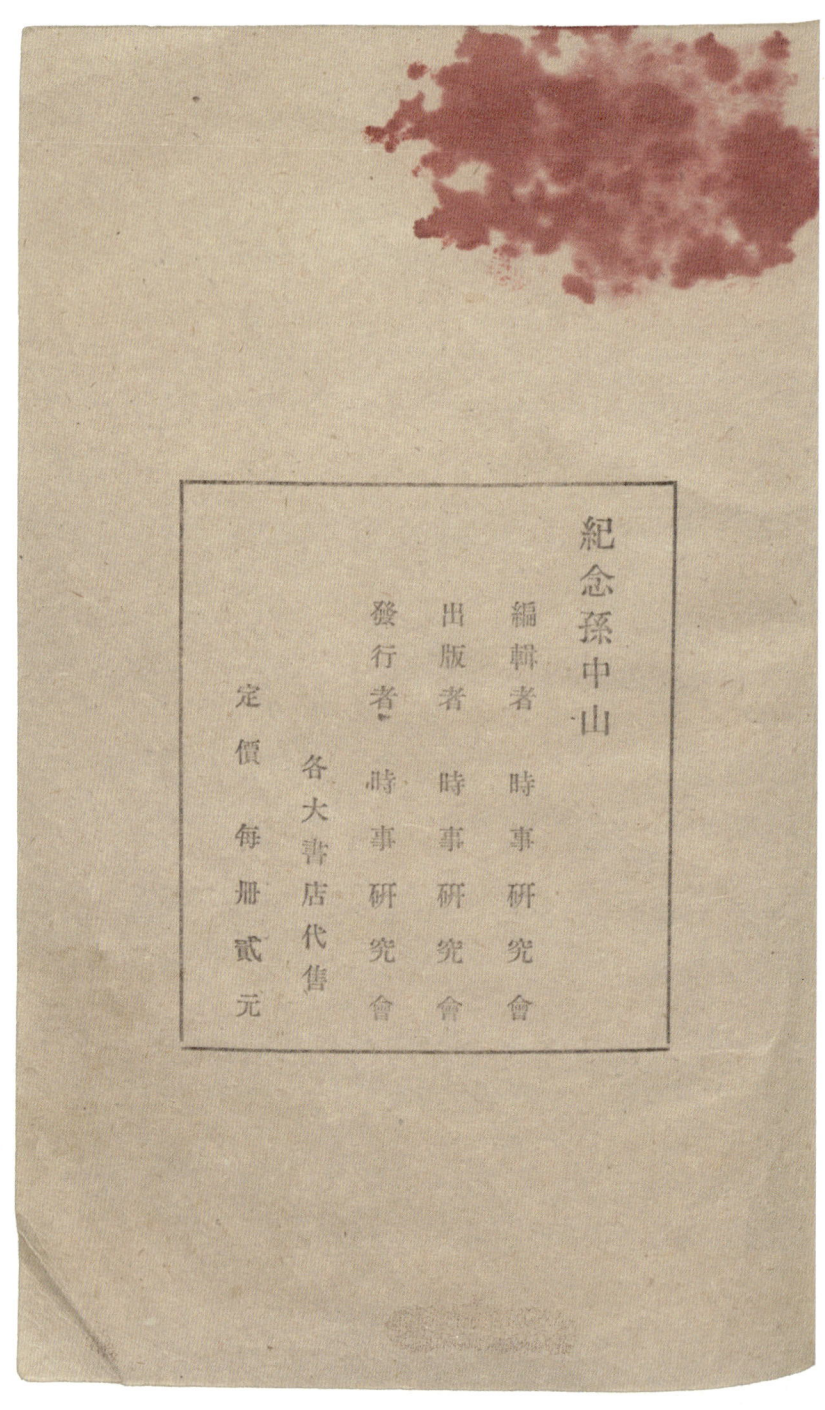

《纪念孙中山》封三上的版权页

（三十六）《胜利的指南》

本书是1945年4月24日毛泽东在中国共产党第七次全国代表大会上所做的政治报告《论联合政府》的伪装本。32开，正文81页，竖排铅印。封面为水红色底色，上下两端居中位置各有两条黑色的粗横线，下端横线下方用红色字体自右向左横向印有伪装题名《胜利的指南》。

本书以1945年5月5日延安《解放日报》刊登的社论《中国人民胜利的指南——读毛泽东同志的〈论联合政府〉》作为序言，可惜国家图书馆藏版本缺第1页和第2页。其后为题名页，印有"论联合政府""一九四五年七月"等字。题名页背面为目录页。

本书目录如下：

（一）中国人民的基本要求
（二）国际形势与国内形势
（三）抗日战争中的两条路线
　　中国问题的关键　走着曲折道路的历史　人民战争　两个战场　中国解放区　国民党统治区　比较　"破坏抗战、危害国家"的是谁？所谓不服从政令、军令　内战危险　谈判　两个前途
（四）中国共产党的政策
　　我们的一般纲领　我们的具体纲领　消灭日本侵略者·不许中途妥协·废止一党专政·建立联合政府　人民的自由　人民的统一　人民的军队　土地　工业　文化、教育、知识分子　少数民族　外交　中国国民党统治区的任务　中国沦陷区的任务　中国解放区的任务
（五）全党团结起来，为实现党的任务而斗争

《论联合政府》总结了20多年来中国共产党领导新民主主义革命，特别是抗日战争时期共产党和国民党两条抗战路线斗争的经验，全面阐述了新民主主义革命的理论和国家学说。在论述中国共产党的具体纲领时，报告说明了废除国民党一党专政，建立工人阶级领导下的统一战线的民主联合政府的必要性与具体步骤。报告最后总结了中国共产党的建党经验，提出了党的新的工作作风主要是理论和实践相结合的作风、和人民群众紧密联系在一起的作风以及自我

批评的作风，认为这些作风是共产党区别于其他政党的显著标志。《论联合政府》在中国面临着两种前途、两种命运斗争的重要时刻，总结了中国民主革命的经验，制定了正确的纲领和策略。

《论联合政府》最早发表在1945年5月2日出版的《解放日报》，最早的单行本为解放社1945年5月版。中华人民共和国成立前，《论联合政府》的早期版本有190多种。

《胜利的指南》属于《论联合政府》单行本中的特殊版本。本书的伪装题名节取自《解放日报》刊登的社论，也是本书的序言。本书未署作者和任何版权信息，具有较为明显的伪装特征。

《胜利的指南》封面

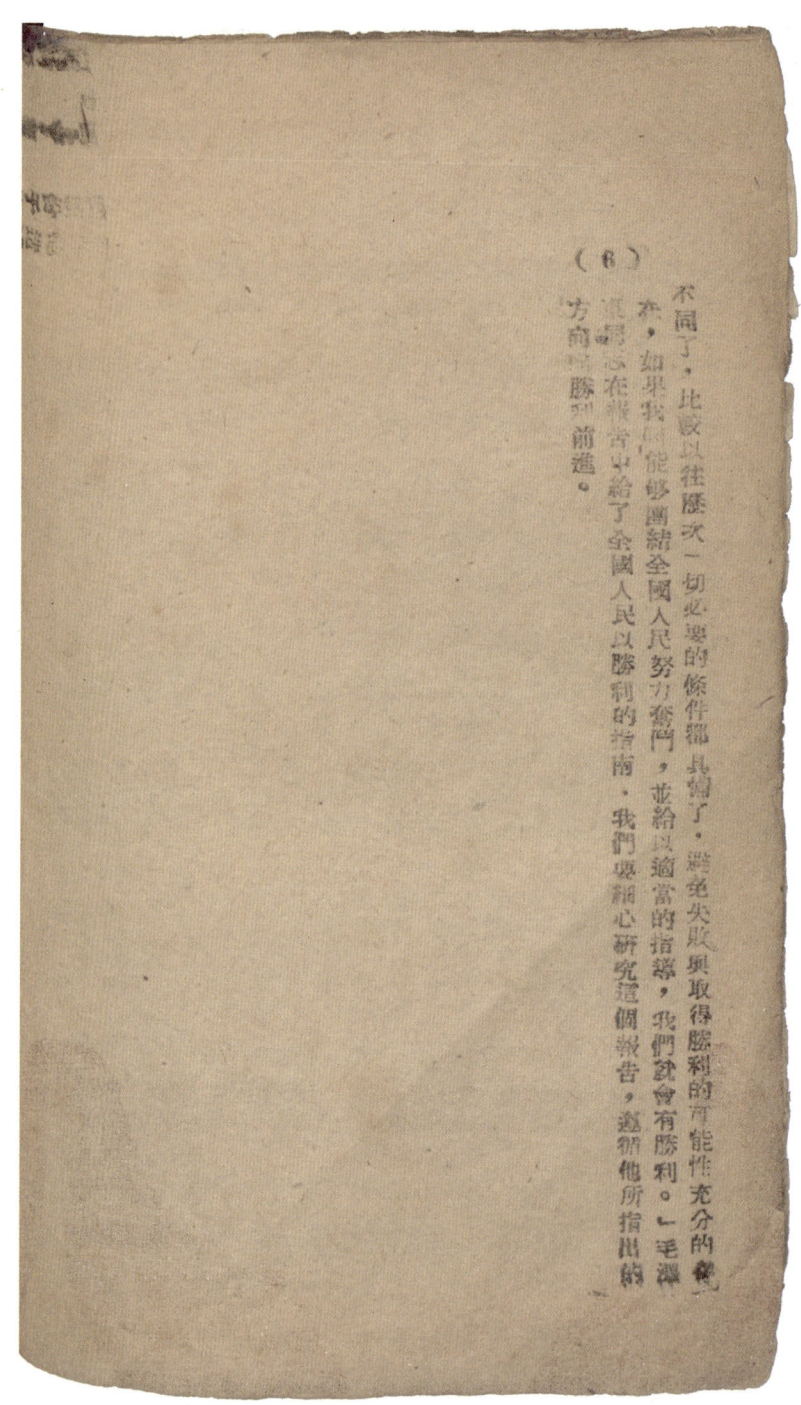

《胜利的指南》序言第3页（国家图书馆藏本缺第1页和第2页）

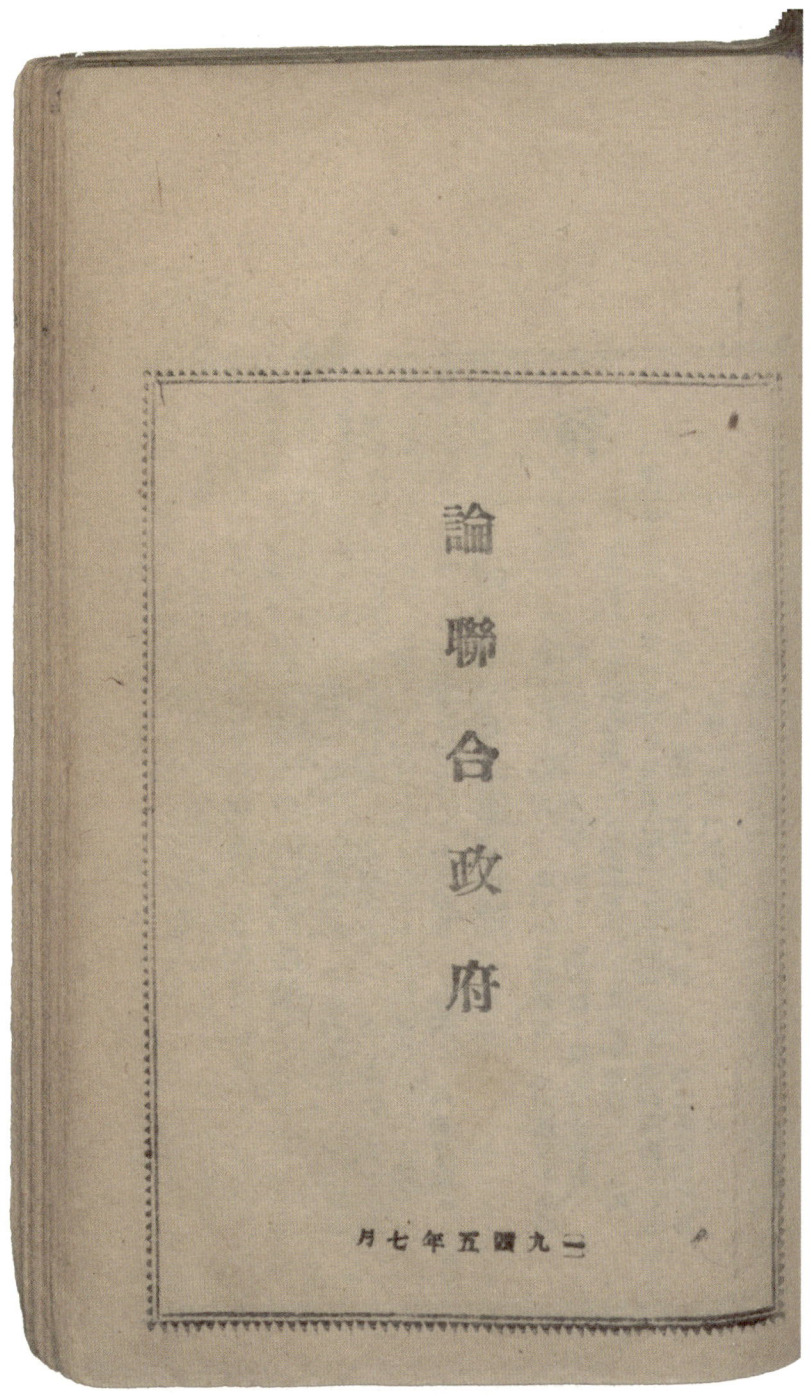

《胜利的指南》题名页

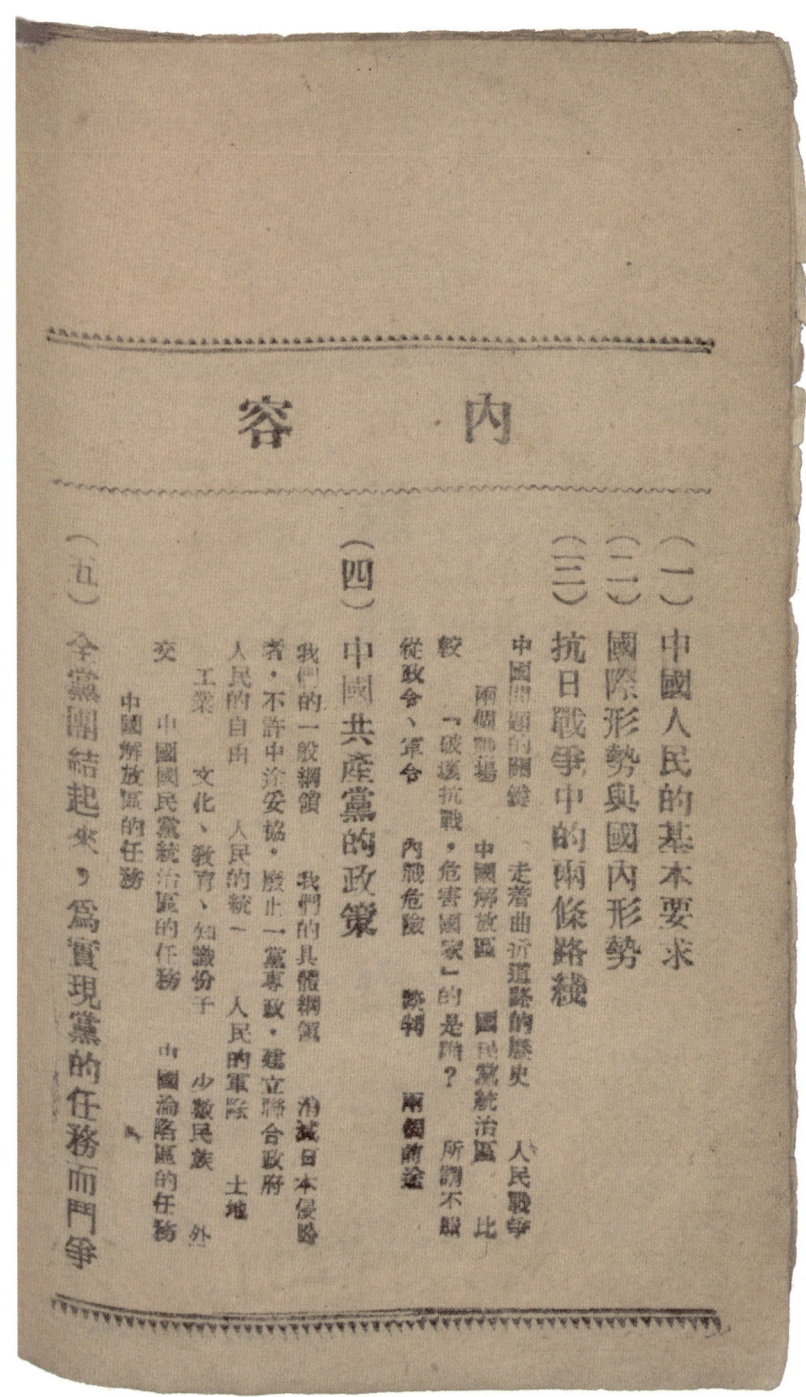

《胜利的指南》内容（即目录）

（新華社延安五日電）毛澤東于一九四五年四月二十四日在中國共產黨第七大會國代表大會上之政治報告「論聯合政府」全文如下：

## 一、中國人民的基本要求

同志們！盼望很久的我們黨的第七次全國代表大會，現在開會了，代表中央委員會向你們作報告。目前的時局，要求我們的大會討論與決定許多重大問題。然後，我們將向中國人民說明我們的意見。如果他們問道我們的意見，我們說協同他們動手去做。

我們的大會是在這種情況之下開會的：中國人民在其對于日本侵略者作了將近八年的英勇的不屈不撓的奮鬥，經歷了無數的艱難困苦與自我犧牲之後，出現了這樣的新局面：整個世界上反對法西斯侵略者的神聖的正義的戰爭，已經取得了有決定意義的勝利，中國人民配合同盟國打敗日本侵略者的時機，已經迫近了。但是中國現在仍然不團結，日本侵略者仍然在壓迫我們，中國急需團結各黨各派及無黨無派的代表人物在一起，成立民主的臨時的聯合政府，以便實行民主的改革，克服目前的危機，動員與統一全中國的抗日力量，有力的和同盟國配合作戰，打敗日本侵略者，使中國人民從日本侵略者手中解放出來。然後

《勝利的指南》正文第 1 頁

全國人民，廢止獨裁統治，實行民主改革，鞏固與擴大抗日力量，澈底打敗日本侵略者，將中國建設成為一個獨立、自由、民主、統一與富強的新國家。希望中國實現這個可能性，實現這個前途的，在中國是廣大人民、中國共產黨及其他民主份子與民主派別，在外國是一切以平等地位待我之民族，外國的進步份子，外國的人民大衆。

我們淸楚地懂得，在我們和中國人民面前，還有很大的困難，還有很多的障礙物，還要克服很多的迂迴路程。但是我們同樣地懂得，任何困難與障礙物，我們和中國人民一定能够克服，而使中國的歷史任務獲得完成。竭盡全力去反對第一個可能性，爭取第二個可能性，反對第一個前途，爭取第二個前途，是有利于我們與中國人民的。所有這些，我在前面已經說得很淸楚了。我們希望國民黨局，繫于世界大勢之所趨，鑒然改變其錯誤的現行政策，使抗日戰爭獲得勝利，使中國人民少受痛苦，使新中國早日誕生。須知不論怎樣迂迴曲折，中國人民獨立解放的任務總是要完成的，而這種時機已經到來了。一百多年來無數先烈所懷抱的宏大志願，一定要由我們這一些人去實現，誰要阻止，到底是阻止不了的。

（34）

## 四、中國共產黨的政策

上面，我已將中國抗日戰爭中的兩條路綫，給了一個分析，這樣的一個分析，在我看

《胜利的指南》正文第 34 页

### （三十七）《中日事变解决的根本途径》

本书系毛泽东著《论联合政府》的伪装本。32开，正文61页，竖排铅印。封面为白底红字，左半部竖向印有伪装题名《中日事变解决的根本途径》，中间上半部印有"中国公论丛书之一"，右下角印有"中国公论社发行"。题名页的题名、丛书名和发行单位均与封面同，右上角印有出版时间"民国三十一年十月"。题名页之后为目录页。

本书目录如下：

（一）中国人民的基本要求
（二）国际形势与国内形势
（三）抗日战争中的两条路线
  中国问题的关键　走着曲折道路的历史　人民战争　两个战场　中国解放区　国民党统治区　比较　"破坏抗战、危害国家"的是谁？　所谓"不服从政令、军令"　内战危险　谈判　两个前途
（四）中国共产党的政策
  我们的一般纲领　我们的具体纲领　消灭日本侵略者，不许中途妥协　废止一党专政，建立联合政府　人民的自由　人民的统一　人民的军队　土地　工业　文化、教育、知识分子　少数民族　外交　中国国民党统治区的任务　中国沦陷区的任务　中国解放区的任务
（五）全党团结起来，为实现党的任务而斗争

本书是抗日民主根据地以日伪出版物为蓝本进行伪装，再输送到沦陷区的革命书籍。《中日事变解决的根本途径》原系1943年"中国公论社"编的一本政论集，汇集了华北日伪当局的机关刊物《中国公论》月刊所载时评文章25篇，属于典型的日伪出版物。本书封二右下角有一枚椭圆形的印章，上有"裕民职工会印刷厂"字样，表明本书是晋冀鲁豫边区裕民印刷厂印刷的书籍。①

---

① 1941年，晋冀鲁豫边区政府在山西辽县（今左权县）建立了一个小型印刷厂，主要印刷地方粮票和军用地图，也印刷边区政府机关编辑的书刊和文件，后来主要承印边区各级学校课本。该厂印在出版物上的名称有两个，一是"边区政府印刷厂"，二是"裕民印刷厂"。参见齐峰、李雪枫：《山西革命根据地出版史》，太原：山西人民出版社，2013年，第235页。

国家图书馆藏伪装成《中日事变解决的根本途径》的《论联合政府》单行本有两种，两者伪装特征、页码和内容均相同，排版有细微差异。用纸不同，一种纸白绵软，另一种纸黑粗硬。封底也不相同，一种正文后为封底，封底无内容；另一种正文末页的背页为封底，封底登有《中国人民抗日军政大学第六分校招生广告》。

《中日事变解决的根本途径》封面

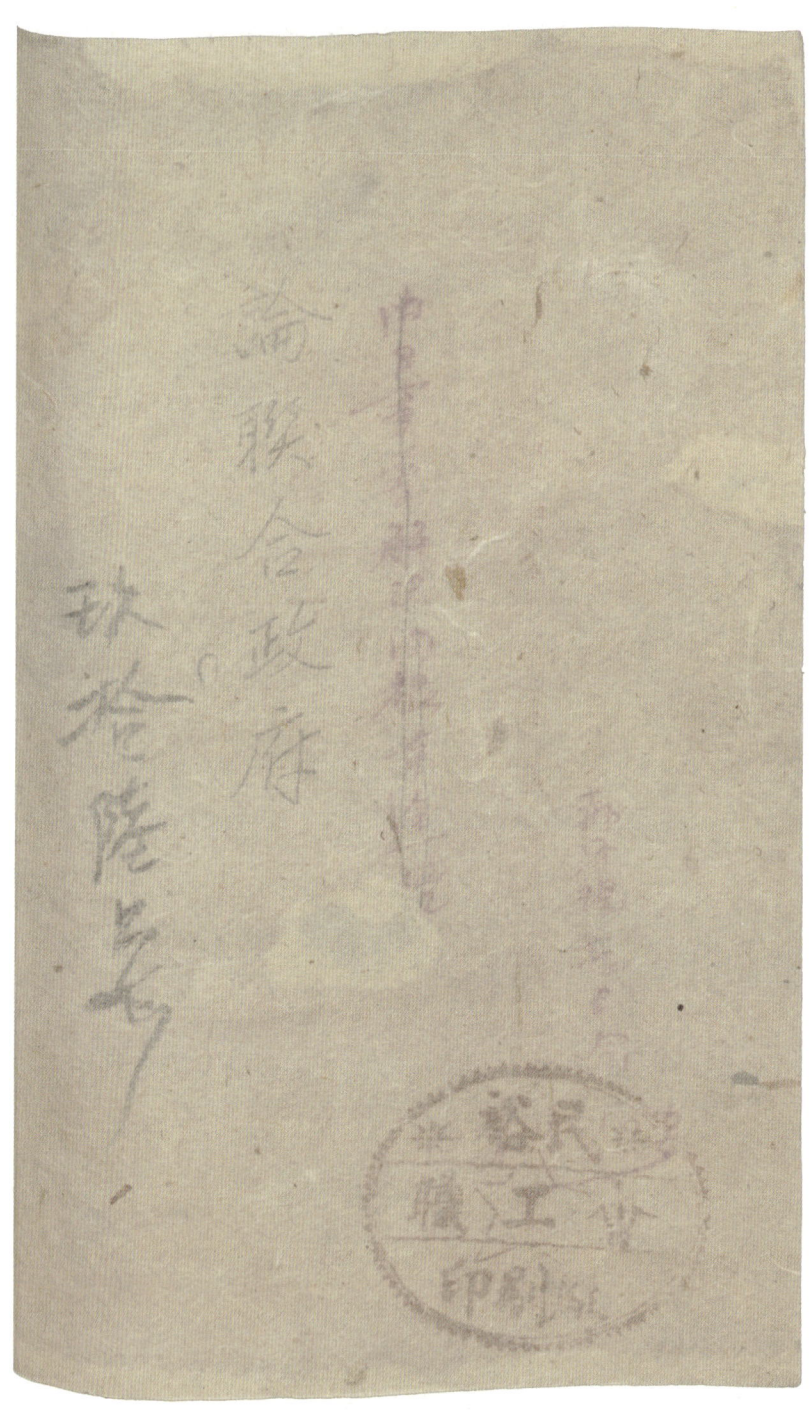

《中日事变解决的根本途径》封二

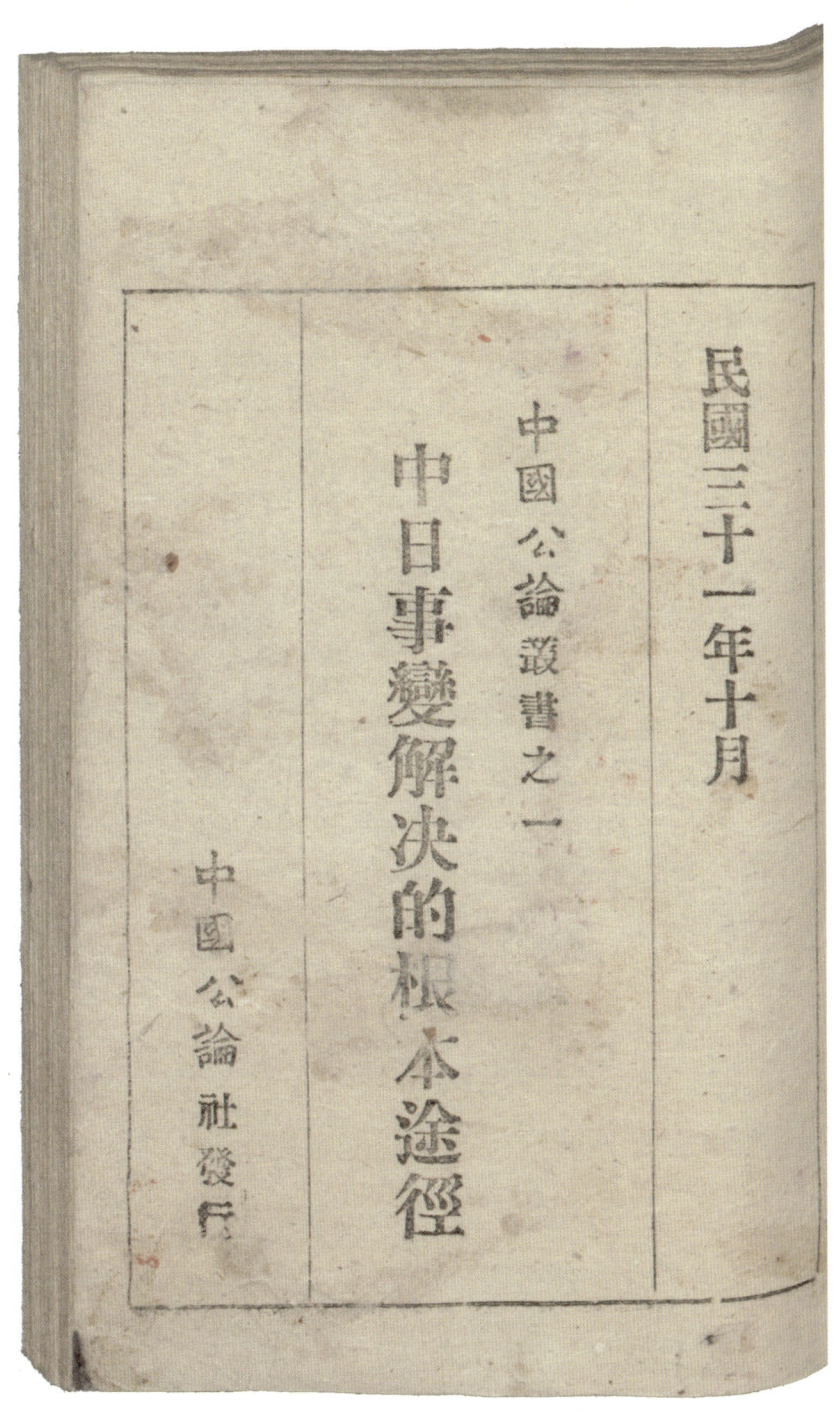

《中日事变解决的根本途径》题名页

## 內容

（1）中國人民的基本要求……………………………………………（1）

（二）國際形勢與國內形勢……………………………………………（一）

（三）抗日戰爭中的兩條路線…………………………………………（六）
中國問題的關鍵　走着曲折道路的歷史　人民戰爭　兩個戰場　中國解放區　國民黨統治區　比較　「破壞抗戰、危害國家」的是誰？　所謂「不服從政令、軍令」　內戰危險　談判　兩個前途

（四）中國共產黨的政策………………………………………………（三二）
我們的一般綱領　我們的具體綱領　消滅日本侵略者，不許中途妥協　廢止一黨專政，建立聯合政府　人民的自由　人民的統一　人民的軍隊　土地　工業　文化、教育、知識份

《中日事變解決的根本途徑》內容（即目錄）第 1 頁

子、少数民族　外交　中国国民党统治区的任务　中国沦陷区的任务　中国解放区的任务

（五）全党团结起来，为实现党的任务而斗争…（五七）

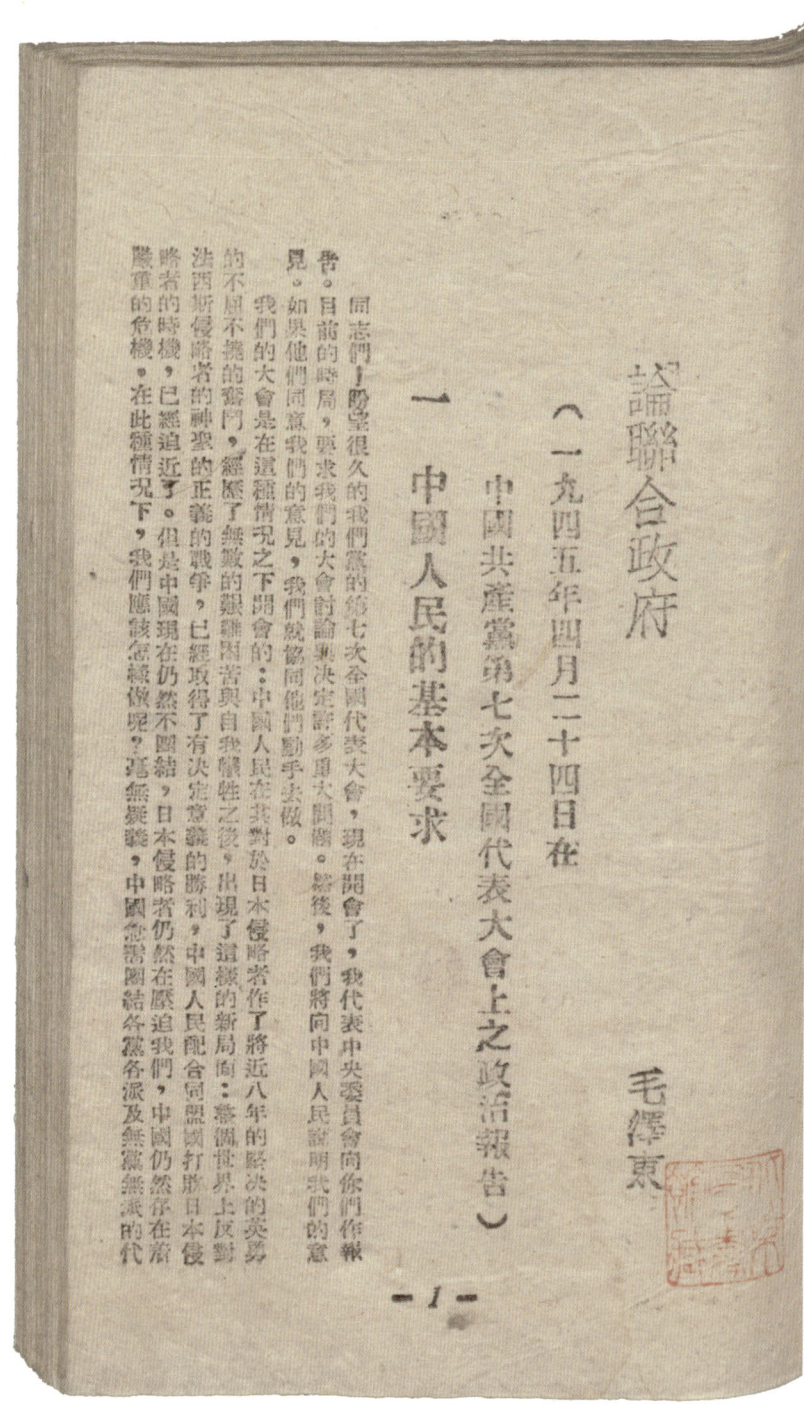

《中日事变解决的根本途径》正文第 1 页

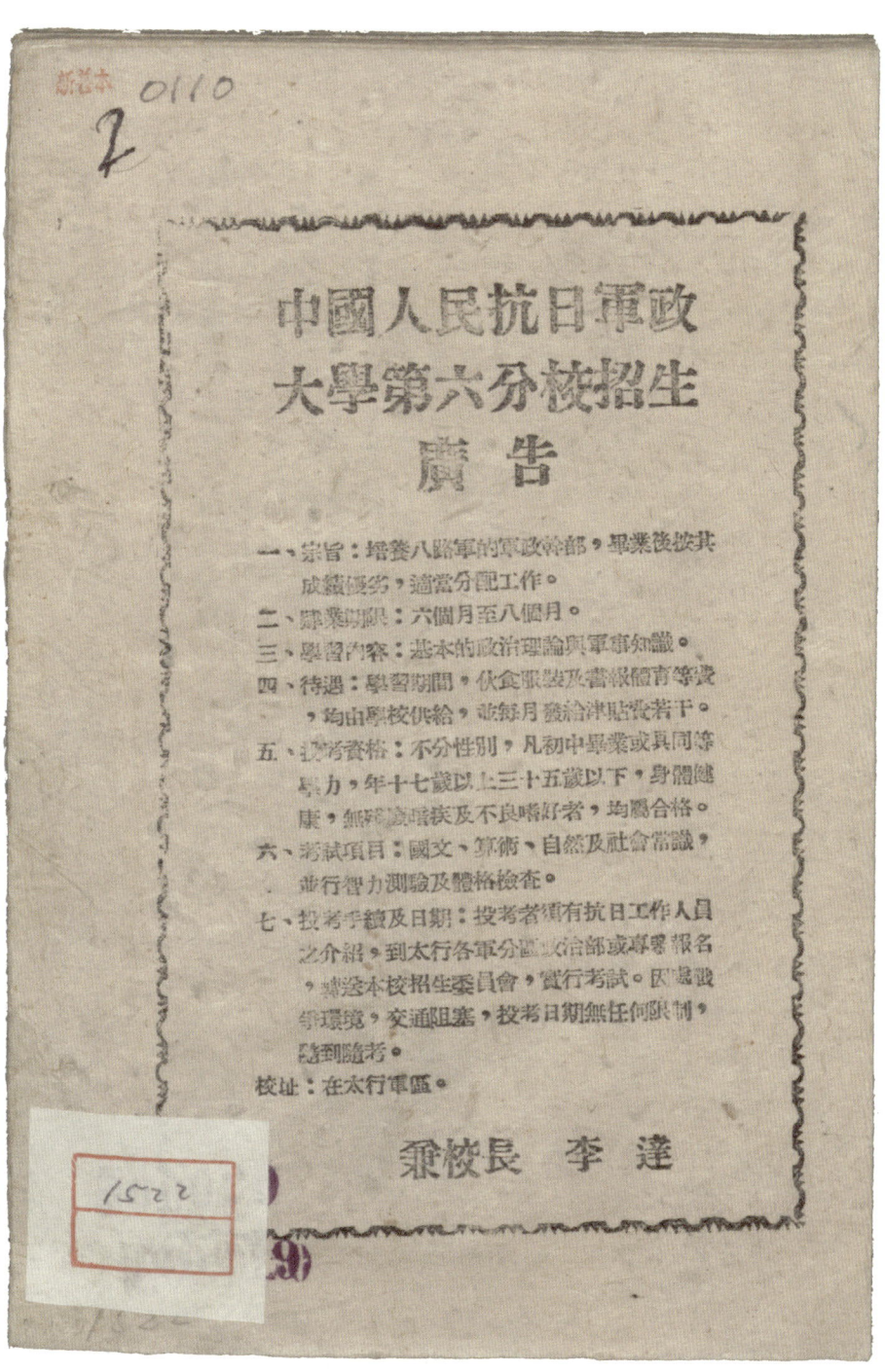

《中日事变解决的根本途径》封底

### （三十八）《美军登陆与中国前途》

本书为毛泽东著《论联合政府》的伪装本。32开，正文62页，竖排铅印。封面为白底黑字，左侧竖向印有伪装题名《美军登陆与中国前途》，右上角分两行自右向左印有"大众周刊丛书之一"。封面下半部印有灰色浅影。题名页印有"大众周刊丛书之一""美军登陆与中国前途""大众周刊社出版""民国三十四年七月"。版权页印有丛书名、伪装题名和出版时间，编辑者和发行者都是"大众周刊社（南京天津路二号）"，经售处是"南京合记派报所　上海一新商店"。题名页背面是目录页。

本书目录如下：

一　中国人民的要求
二　论国际形势与国内形势
三　和乎？战乎？
四　中共的面面观
五　全民团结起来，为实现民主政权而奋斗

正文章节名如下：

一　中国人民的基本要求
二　国际形势与国内形势
三　抗日战争中的两条路线
四　中国共产党的政策
五　全党团结起来，为实现党的任务而斗争

两相比较，目录的措辞做了修饰，以便于在解放区以外的地方传播。

正文第1页印有真实题名《论联合政府》。正文第1—58页为《论联合政府》，第60—62页附录《中国人民胜利的指南——读毛泽东同志的〈论联合政府〉》一文。

此外，《论联合政府》还有一种伪装特征与本书一致、正文85页的版本存世。①

民国时期以"大众"二字为名的期刊有好几家，根据本书的出版时间、地点和主题判断，应该是借用了姚大均等编辑的《大众》周刊的名义。该周刊于1945年6月23日创刊于南京，同年10月终刊，共出15期，辟有《每周论坛》《重庆政讯涓滴》《大众信箱》《一片血泪帐》等栏目，述评国内外要闻和地方新闻，登载政治、经济、文化论著及蒋介石等国民党要人的文章。②

本书出版于1945年7月，当时德国已经无条件投降，欧洲战事胜利结束，世界反法西斯战争的重心已转向东方战场。美军在太平洋战场对日作战节节胜利，美军在华登陆将对包括中国战区在内的整个亚洲-太平洋战场产生重大影响，这关系到战后中国的前途和命运。《大众》周刊曾组织撰写关于美军在华登陆的讨论、抗战生活实录等文章。本书以"大众周刊社"的名义出版，托名《美军登陆与中国前途》，紧扣国内国际局势，洞察民众心理，以便在沦陷区和国统区传播，有利于全国人民了解中国共产党的主张。

---

① 参见韶山毛泽东图书馆：《韶山毛泽东图书馆馆藏珍品推介（九）——〈论联合政府〉的伪装本〈美军登陆与中国前途〉》，《毛泽东研究》2020年第5期。

② 参见南京市地方志编纂委员会编：《南京报业志》，上海：学林出版社，2001年，第215页。

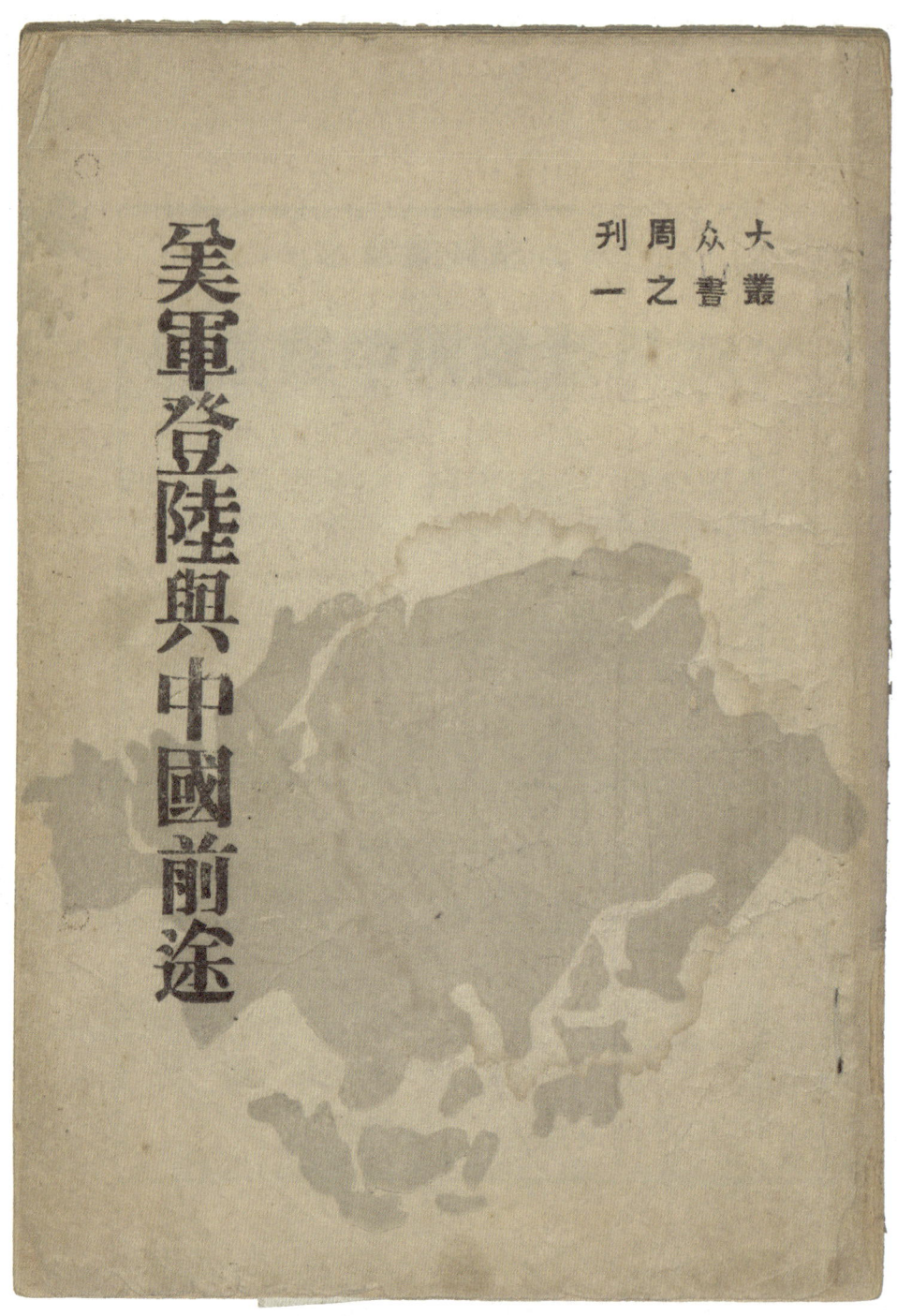

《美军登陆与中国前途》封面

大众周刊丛书之一

# 美军登陆与中国前途

大众周刊社出版

民国三十四年七月

《美军登陆与中国前途》题名页

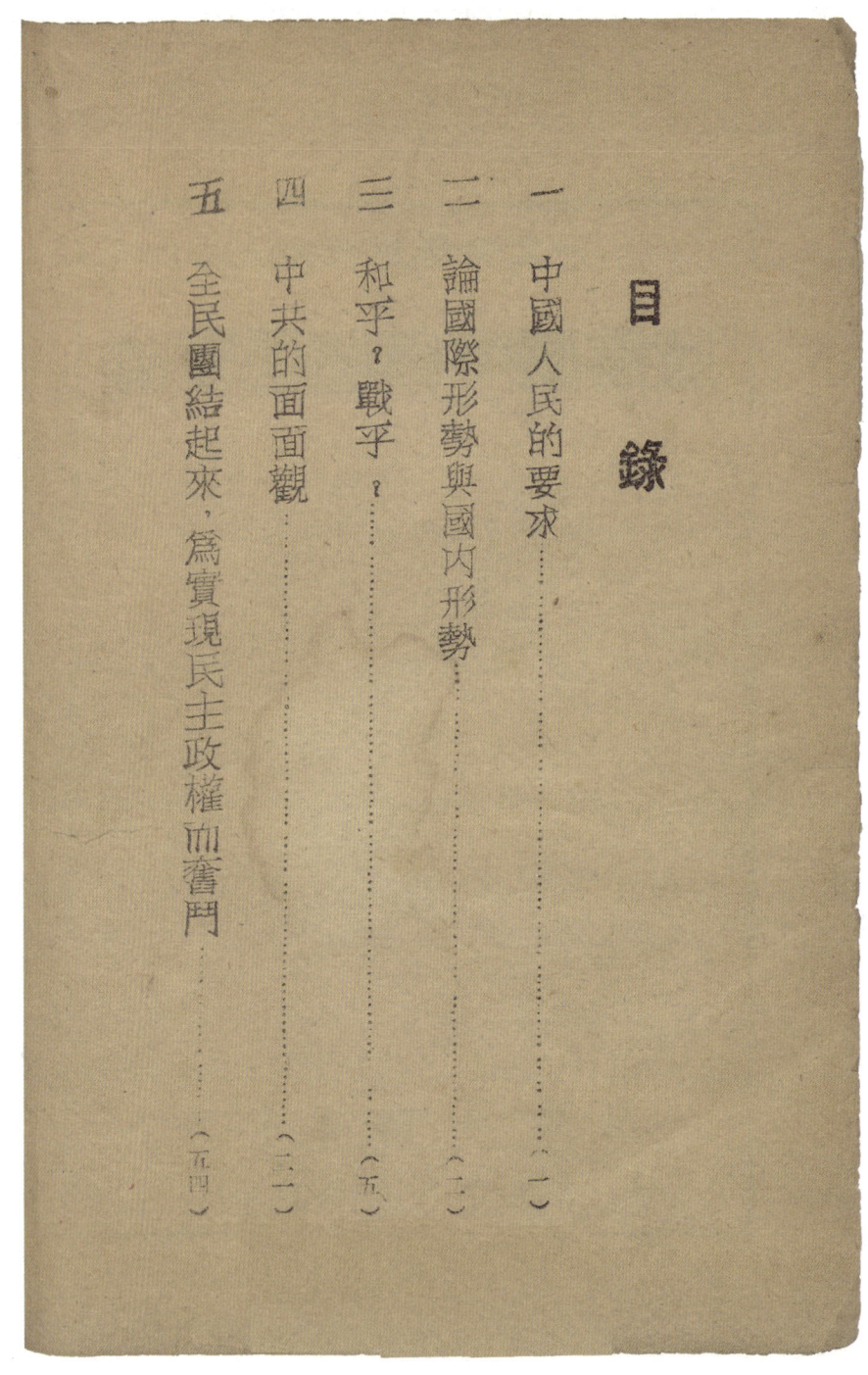

《美军登陆与中国前途》目录

《美军登陆与中国前途》正文第1页

# 論聯合政府

## 一 中國人民的基本要求

同志們！盼望很久的我們黨的第七次全國代表大會，現在開會了，我代表中央委員會向你們作報告。目前的時局，要求我們的大會討論與決定許多重大問題。然後，我們將向中國人民說明我們的意見。如果他們同意我們的意見，我們就協同他們動手去做。

我們的大會是在這種情況之下開會的：中國人民在其對於日本侵略者作了將近八年的堅決的英勇的不屈不撓的奮鬥，經歷了無數的艱難困苦與自我犧牲之後，出現了這樣的新局面：整個世界上反對法西斯侵略者的神聖的正義的戰爭已經取得了有決定意義的勝利，中國人民配合同盟國打敗日本侵略者的時機，已經迫近了。但是中國現在仍然不團結，日本侵略者仍然在壓迫我們，中國仍然存在着嚴重的危機。在此種情况下，我們應該怎樣做呢？毫無疑義，中國急需團結各黨各派及無黨無派的代表人物在一起，成立民主的臨時的聯合政府，以便實行民主的改革，克服目前的危機，動員與統一全中國的抗日力量，有力地和同盟國配合作戰，打敗日本侵略者，使中國人民從日本侵略者手中解放出來。然後，在廣泛的民主基礎之上，召開國民代表大會，成立包括更廣大範圍的各黨各派與無黨無派代表人物在內的同樣是聯合性質的民主的正式政府，領導解放後的全國人民，將中國建設成為一個獨立、自由、民主、統一與富强的新國家。一句話，走團結與民主的路綫，打敗侵略者，建設新中國。

我們認爲只有這樣做，才是反映了中國人民的基本要求。因此，我的報告，主要地就是討論這些要求。

— 1 —

806120

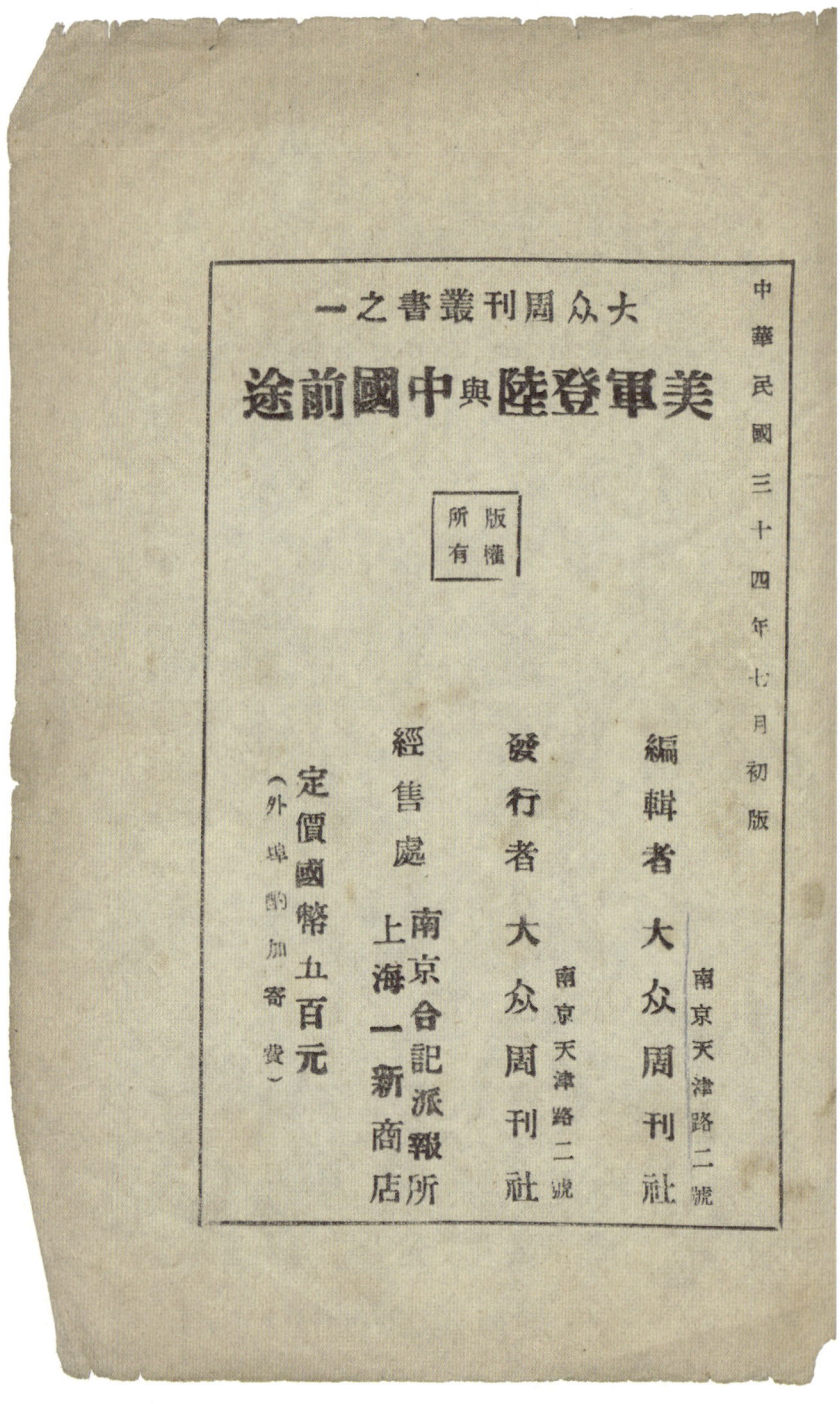

《美军登陆与中国前途》封三上的版权页

（三十九）《大陆作战之新认识》

本书为朱德著《论解放区战场》一书的伪装本。32开，正文42页，竖排铅印。封面为白底红字，居中以大号字体自上而下印有伪装题名《大陆作战之新认识》，右侧以小号字体自上而下印有伪托出版时间"民国三十四年二月"，左下角亦以红色小号字体印有伪托编者"青少年半月刊社编"及伪托出版者地址"北京西长安街二号"。题名页无伪托出版者地址，其余内容均与封面相同。题名页背面为内容，即目录。

本书目录如下：

  （一）抗战八年
  （二）论解放区战场
    解放区战场的创造　解放区抗战的三个时期　光荣的牺牲和伟大的成绩　解放区抗战的经验
  （三）中国人民抗战的军事路线
    两条不同的军事路线　建军的原则　兵役问题　怎样养兵　怎样带兵　怎样练兵　怎样用兵　军队中的政治工作　军队的指挥　怎样解决装备及其他事项　强大的主力与强大的后备　怎样团结当地武装　怎样瓦解伪军
  （四）今后的军事任务
    全国的军事任务　沦陷区的军事任务　解放区的军事任务
  （五）结束语

本书正文第一页印有真实题名《论解放区战场》和作者"朱德"，旁印"一九四五年四月二十五日在中国共产党第七次代表大会上所作的抗战军事报告"。

《论解放区战场》是朱德在中共七大上所做的军事报告。报告回顾了抗日战争的艰苦历程，重申了毛泽东在《论持久战》中关于抗战必经3个阶段的科学预见，详细总结了解放区战场开创和发展的经过，着重总结了解放区战场抗战的经验，即人民的军队、人民的战争、人民的战略战术三者的统一。报告还对比论证国共两党两条军事路线，从建军原则、兵役问题等12个方面对共产党及国民党的两条根本对立的军事路线做了鲜明对比，充分证明了只有中国共产党所坚持的人民战争路线才是夺取抗战胜利的唯一正确路线。根据中国共产党的"打败日本侵略者，建设新中国"的总任务，提出了今后在不同地区的军事任务，对人民军队实现从抗日游击战争到抗日正规战争的战略转变，迎接全国大反攻起了重要作用。这篇军事纲领性文献最初发表在1945年5月14日的《新华日报》，继而由延安解放社先行出版了土纸本。此后，晋察冀日报社、涉县新华书店、华北军政大学政治部、苏南出版社、冀中导报社、中国灯塔出版社、香港中国出版社、东北书店等相继出版了这本著作。中华人民共和国成立前，出版的《论解放区战场》各种单行本达数十种之多，托名《大陆作战之新认识》的伪装本是其中最特殊的一种。

经查证，北平沦陷期间，伪中华民国新民青少年团统监部文化处创办过《青少年》半月刊，社址为北京西长安街二号，1943年10月创刊，出至1945年2月第六卷第四期后停刊。本书的伪托出版者及其社址与《青少年》半月刊吻合，伪装出版时间为"民国三十四年二月"，早于《论解放区战场》的发表时间。也就是说本书拟具了一个日伪读物名称，假托了当时已经停办的《青少年》半月刊社，目的是将该书散发给沦陷区的中国民众。本书内页没有透露真实的出版机构，但是其伪装方法和前文托名《中日事变解决的根本途径》的《论联合政府》伪装本有许多共同的特点：一是两者的封面装帧风格一致，书籍用纸、用字、用墨一致；二是两者内容均为七大文献，并且都伪装成日伪出版物；三是书的最后均印有《中国人民抗日军政大学第六分校招生广告》。以此可知，本书与《中日事变解决的根本途径》当是同一时期由晋冀鲁豫边区裕民印刷厂印刷的伪装书。

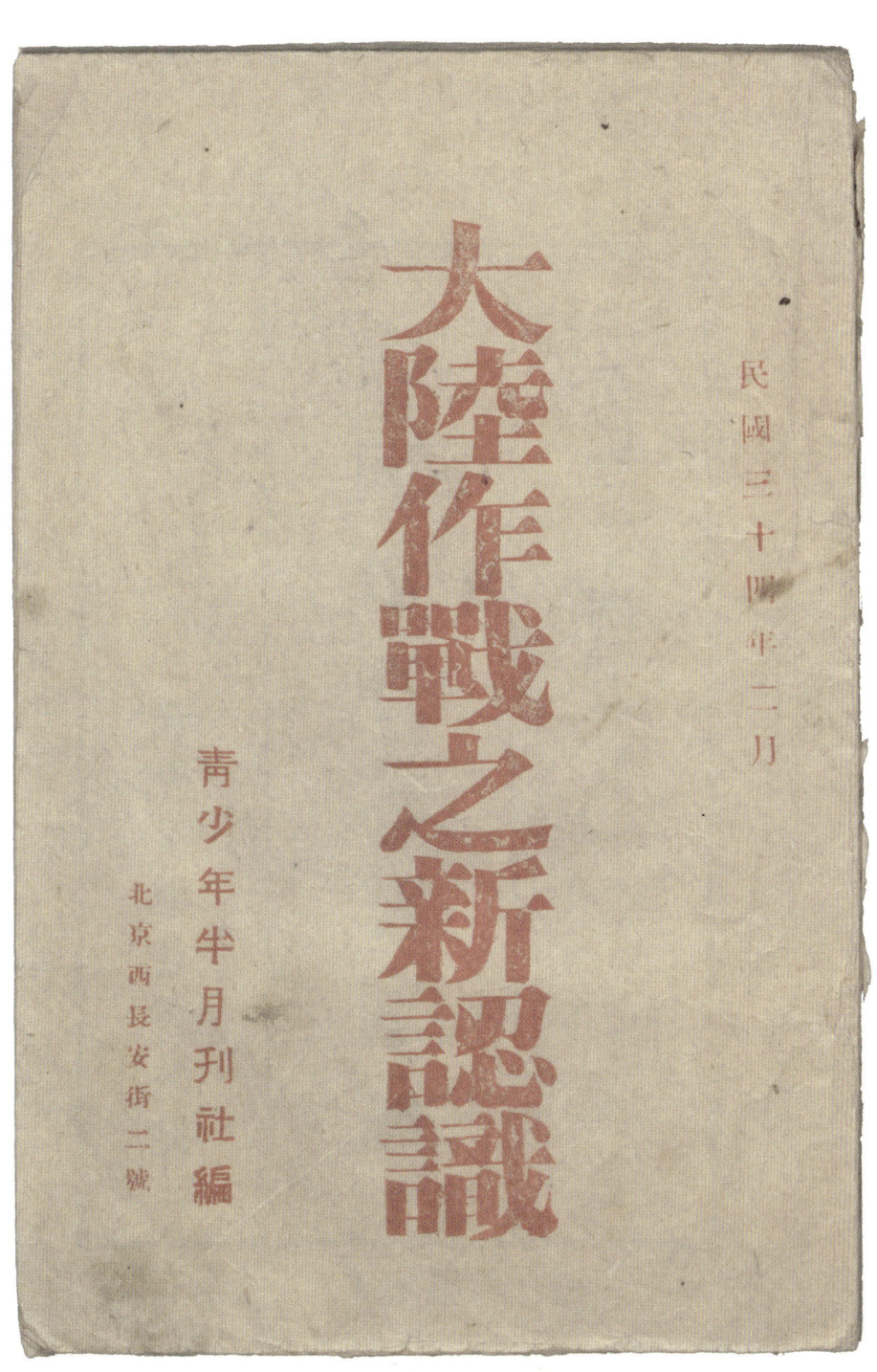

《大陆作战之新认识》封面

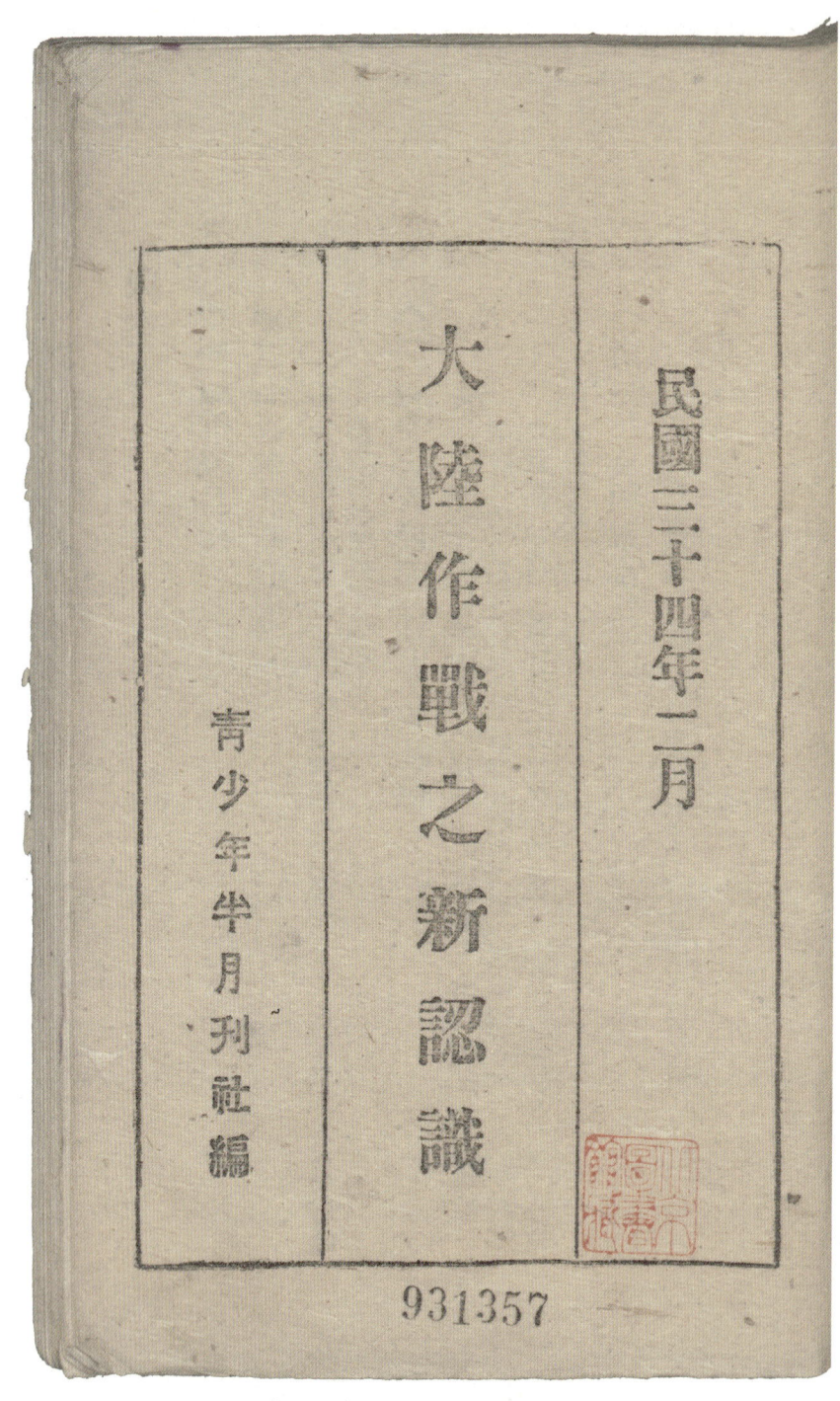

《大陆作战之新认识》题名页

內容：

（一）抗戰八年

（二）論解放區戰場

解放區戰場的創造　解放區抗戰的三個時期　光榮的犧牲和偉大的成績　解放區抗戰的經驗

（三）中國人民抗戰的軍事路線

兩條不同的軍事路線　建軍的原則　兵役問題　怎樣養兵　怎樣練兵　怎樣用兵　軍隊中的政治工作　軍隊的指揮　怎樣解決裝備及其他事項　強大的主力與強大的後備　怎樣團結當地武裝　五解偽軍

（四）今後的軍事任務

全國的軍事任務　淪陷區的軍事任務　解放區的軍事任務

（五）結束語

《大陆作战之新认识》内容（即目录）

## 論解放區戰場

朱德

（一九四五年四月二十五日在中國共產黨第七次全國代表大會上所作的抗戰軍事報告）

同志們！我黨的第七次全國代表大會，是在偉大的中國人民進行英勇抗戰將近八年的時候開會的。我很榮幸，我能夠代表英勇抗戰的八路軍、新四軍和華南抗日縱隊的九十幾萬軍隊和二百幾十萬民兵，在這裏向我們黨的大會講話。我應該指出：這八年中，我偉大的中國人民統一戰綫，在各個戰場上，不分男女老幼，益臻堅强，與日寇作殊死的鬥爭，不管日寇如何殘暴兇酷，也不管國民黨政府的政策及其統帥部的指導方針有如何錯誤，但中國人民仍本一往無前的精神，前仆後繼，堅持了這偉大的衛國戰爭，中國人民解獲得最後勝利，諸凡無可疑的了。這八年中，我偉大的中國人民軍隊——八路軍、新四軍、華南抗日縱隊與一切抗日的友軍，協同保衛祖國，而在華北、華中、華南各解放區戰場上，我們不愧為人和中國人民在一起，是特別流灑了最多的熱血；我們中國共產黨人可以自豪地說，我們不愧為中國民族最好的子孫，因為我們做了中國人民所授希冀的事業，而且我們將繼續不屈不撓地做下去。

我在此向我國一切軍隊為抗日殉難的戰士致哀心的哀悼！同一切為抗日殉難的共產黨人及人民致衷心的哀悼！（代表全體起立，脫帽靜默三分鐘）

《大陸作戰之新認識》正文第 1 頁

都是從中國共產黨和毛澤東同志的正確政策及抗日人民戰爭中產生出來的東西。如果我們離開了毛澤東同志的政策，如果我們離開了人民羣衆，則在強大的敵人面前，上述的一切都不可能存在。我們就不但不能壓碎敵人，並且早就被敵人壓破了。

## 三、中國人民抗戰的軍事路綫

### 兩條不同的軍事路綫

毛澤東同志的報告，正確地指出了抗戰中的兩條路綫。「一條是能夠打敗日本侵略者的，一條是不但不能打敗日本侵略者，而且在某些方面說來，它是在實際上幫助日本侵略者危害抗日戰爭的。」

這兩條路綫，不僅表現在政治上，而且表現在軍事上。

從壓迫人民、奴役士兵出發，從消極抗戰以至觀戰，專靠外援出發，從保存實力、準備內戰出發，從排除異己、破壞團結出發，就構成了一條反人民的失敗主義的單純防禦的軍事路綫，這是國民黨戰場連戰皆北的癥結所在。

與此相反，是從全民總動員、團結一切抗日力量、積極打日寇出發，從團結軍民、團結官兵出發，從團結一切友軍出發，從積極打擊敵人增強自己的戰略戰術出發，這樣就構成了一條中國人民的抗日的軍事路綫，還是解放區戰場獲得勝利的關鍵。

前一條路綫主張保留中國軍隊的舊制度、舊習慣、舊戰術的老一套，拒絕根據抗日戰爭的新條件加以改革。這就便利少數人長期竊據兵符，把軍除當作壓迫人民、屬行專制的工具。後一條路綫，根據孫中山先生的「武力與國民結合」，使武力「爲國民之武力」的原則，將中國軍隊加以改革。因爲只有如此，才能團結軍民，煥發士氣，打敗敵

— 16 —

## 中國人民抗日軍政大學第六分校招生廣告

一、宗旨：培養八路軍的軍政幹部，畢業後按其成績優劣，適當分配工作。

二、肄業期限：六個月至八個月。

三、學習內容：基本的政治理論與軍事知識。

四、待遇：學習期間，伙食服裝及書報體育等費，均由學校供給，並每月發給津貼費若干。

五、投考資格：不分性別，凡初中畢業或具同等學力，年十七歲以上三十五歲以下，身體健康，無殘廢嗜癖及不良嗜好者，均屬合格。

六、考試項目：國文、算術、自然及社會常識，並行智力測驗及體格檢查。

七、投考手續及日期：投考者須有抗日工作人員之介紹，到太行各軍分區政治部或專署報名，轉送本校招生委員會，實行考試。因處戰爭環境，交通阻塞，投考日期無任何限制，隨到隨考。

校址：在太行軍區。

兼校長　李達

《大陆作战之新认识》正文末页

（四十）《婴儿保育法》

本书为抗日战争时期中国共产党时评文件汇编的伪装本。64开，正文112页，竖排铅印。封面黑色的大线框内从右向左竖向印有"卫生常识小丛书之一""婴儿保育法""医药卫生研究会编印"。

本书无目录。正文收录的15篇时评文件篇目、作者、创作或发表时间如下：

1.《毛泽东同志关于目前国际形势与中国抗战的谈话》，发表于1939年9月1日。

2.《苏联利益与人类利益的一致》，毛泽东著，写于1939年9月28日。

3.《中国共产党对苏日中立条约发表意见》，1941年4月16日由新华社播发。

4.《中共中央〈关于反法西斯国际统一战线〉的决定》，《关于反法西斯的国际统一战线》系毛泽东于1941年6月23日为中共中央写的对党内的指示，同日由中共中央发出。

5.《中共中央关于最近国际事件的声明》，系1941年8月19日中国共产党对罗斯福和丘吉尔签署《大西洋宪章》发表的声明，次日由《解放日报》刊印。

6.《中共中央关于太平洋反日统一战线的指示》系1941年12月9日中共中央关于在海外华侨中间建立广泛反日统一战线的指示，刊载于同年12月13日的《解放日报》。

7.《苏联自动底废除帝俄时代对华不平等条约简史》，詹武、唐风著，发表于1943年2月8日的《解放日报》。

8.《中苏互不侵犯协定》，系1937年8月21日南京国民政府与苏联政府在南京签订的互不侵犯条约。

9.《二十六年的苏联与中国》，系1943年由新华社编辑的资料。

10.《中国必须民主化》，系1944年12月2日苏联《消息报》发表的评论。

11.《对于中国政府之批评》，苏联塔斯社中国分社社长罗果夫著，发表于1943年8月8日苏联《战争与工人阶级》杂志，同年9月10日《解放日报》第一版全文刊发。

12.《论中国的形势》，P.克兰诺夫著，原载于1944年12月2日苏联《消息报》。

13.《中国国内政治状况》，系1945年2月23日发表于苏联《红星报》的论文。

14.《苏联废除苏日中立条约》，系1945年4月《解放日报》的社论。

15.《苏联废止苏日中立协定通知》，系1945年4月5日苏联单方面废止《苏日中立条约》后，次日由莫斯科播发的广播。

《卫生常识小丛书》是20世纪40年代初蒙藏委员会编译室编译的一套汉、蒙古、藏、维吾尔等4种文字对照的医药卫生丛书，《婴儿保育法》是其中一种。婴幼儿保育类书籍是当时非常流行的一类卫生护理书籍。《婴儿保育法》的题名多次用于革命文献伪装本。1945年党的七大之后，晋察冀中央分局要求各区党委、地委的印刷机关大量印刷对城市的宣传品，首先是保证向城市大量输入毛泽东著《论联合政府》与朱德著《论解放区战场》。晋察冀日报社二厂曾以《婴儿保育法》作为封面，印刷了《论联合政府》和《论解放区战场》合订本袖珍本，通过刘仁领导的华北城市工作部秘密发行到北平、天津、保定等城市。[①] 本书很可能是晋察冀日报社印刷厂印制的另外一种伪装成《婴儿保育法》的版本，出版时间当在中共七大之后、抗战胜利之前。

---

① 参见曹国辉：《晋察冀日报社的书刊出版工作》，载河北省出版史志编辑部编《河北出版史志资料选辑》第八辑，1990年，第8页。

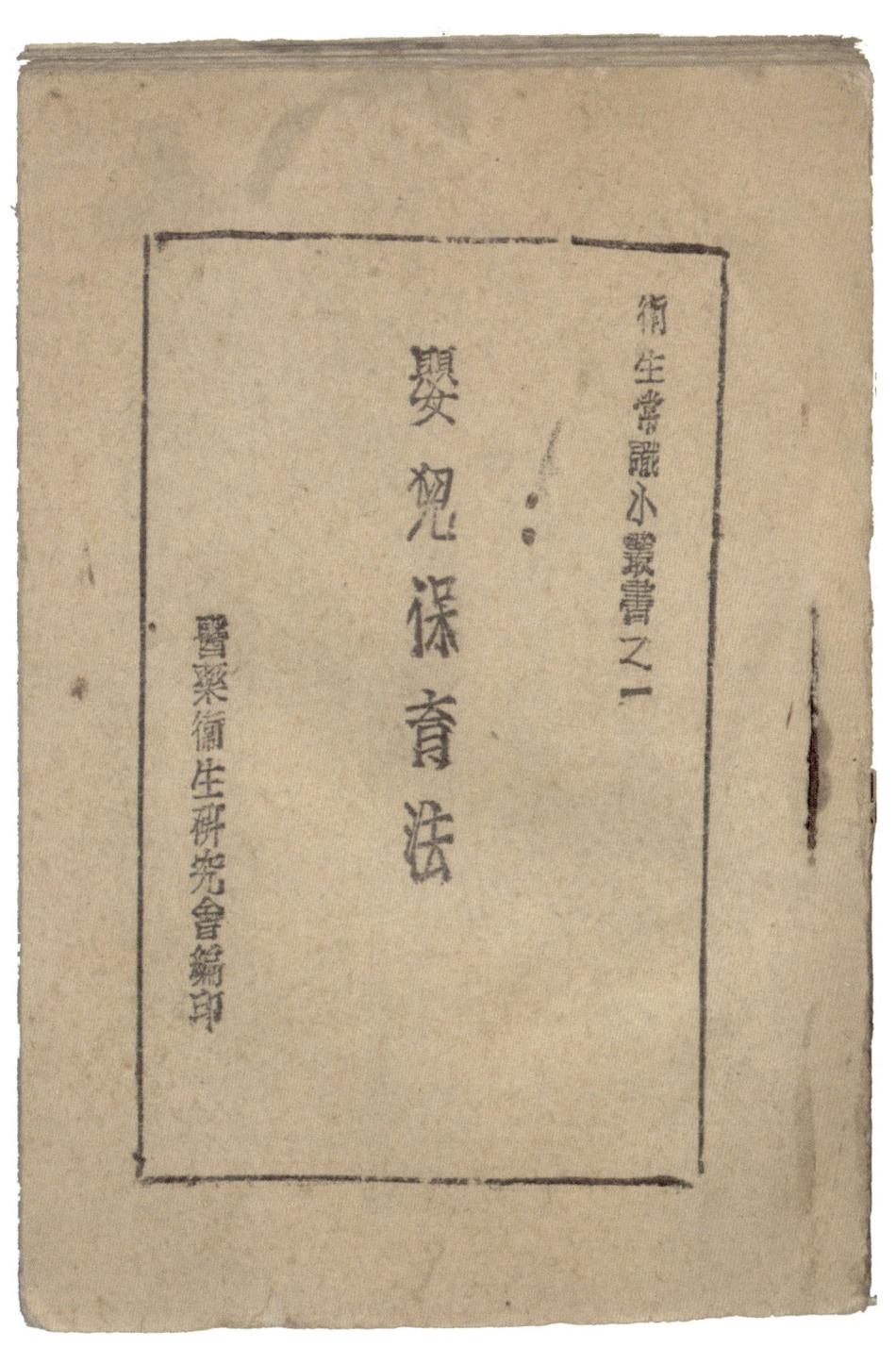

《婴儿保育法》封面

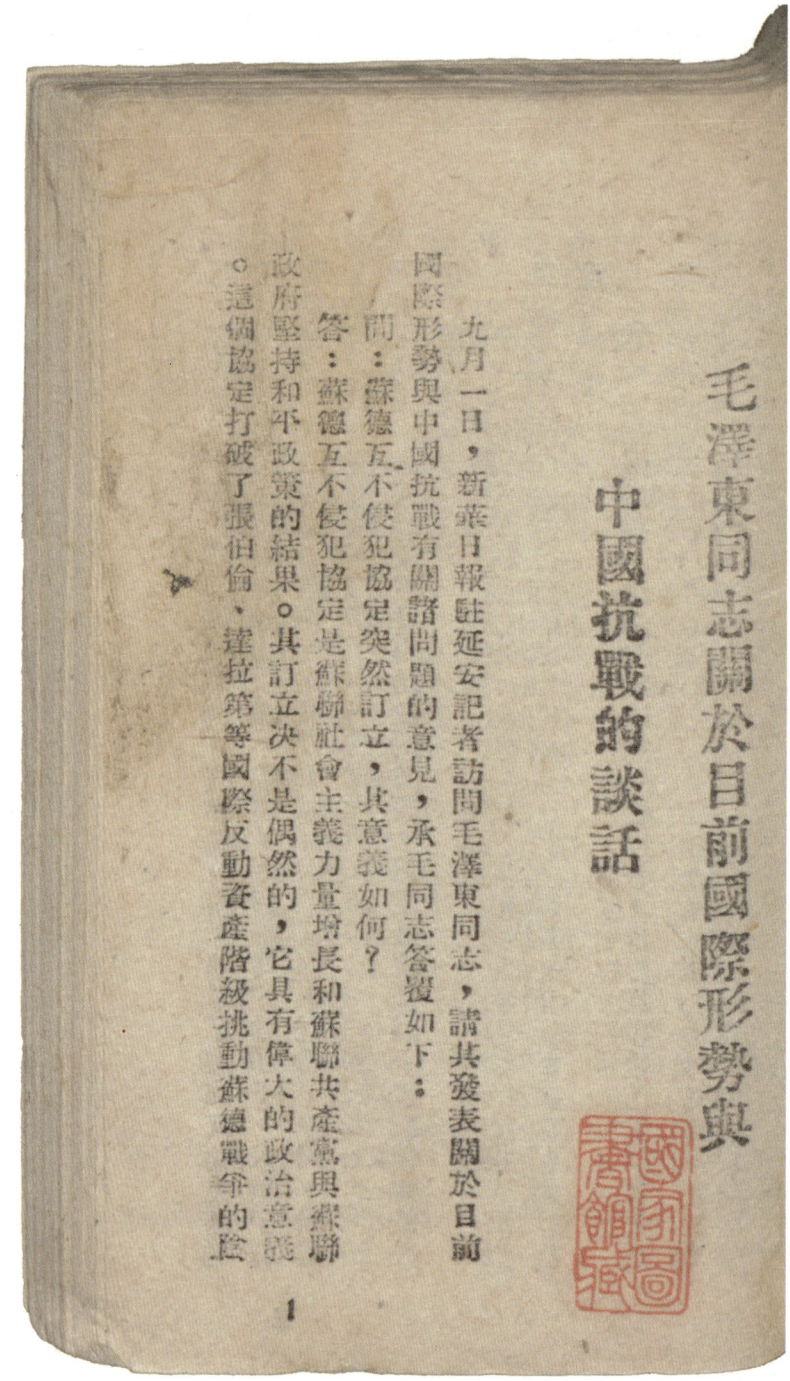

《婴儿保育法》正文第1页

## 中共中央關於反法西斯國際統一戰線的決定

——一九四一年六月二十三日——

德國法西斯統治者已於六月二十二日進攻蘇聯，此種背信棄義的侵略罪行，不僅是反對蘇聯的，而且是反對一切民族的自由獨立的。蘇聯抵抗法西斯侵略的神聖戰爭，不僅是保衛蘇聯，而且是保衛正在進行反對法西斯奴役的解放鬥爭之一切民族的。

目前在全世界的任務是動員各國人民組織國際統一戰線，為着反對國

《嬰兒保育法》正文第30頁

## 中共中央關於太平洋反日統一戰線的指示

——一九四一年十二月九日——

（一）如同本黨中央對太平洋戰爭的宣言所說，英美及太平洋各國的抗日戰爭是正義的解放的戰爭，英美對日的勝利就是民主與自由的勝利。因此，我全國人民、全體海外僑胞及南洋各民族在抗日戰爭中的中心任務，就是建立與開展太平洋各民族反日法西斯的廣泛統一戰線。這個統一戰線的組成部份，應當包括反對日本侵略的一切民族的政府、黨派及一切階層的人民，日本國內的反戰人民和日本殖民地朝鮮、台灣、越南的人民在內。這個統一戰線，應當是上層的，同時又是下層的，是政府的，同時

《婴儿保育法》正文第 36 页

## 二、期刊

### （一）《新民会分会员必携》

本书为《祖国呼声》半月刊第二十四期伪装本。32开，正文48页，竖排铅印。封面为白底黑字，居中竖向印有伪装题名《新民会分会员必携》，右上印有"民国三十二年一月"，左下印有"新民会雁门道总会"。翻开伪装封面，可见到目录页，最右侧印有真实题名《祖国呼声半月刊》，左侧印有"第廿四期目录 民国三十四年四月十六日"。伪新民会是抗日战争时期日本帝国主义在华北沦陷区建立的一个反动政治组织。本书从外表看是汉奸组织伪新民会出版的读物，实际上却是地地道道的抗日刊物。

本书目录如下：

记晋绥边区各界国事座谈会
在国事座谈会上的讲话（王岐）
如何处理战后日本（《美亚杂志》）
大后方一月概况
反对假民主
敌后半月战报
　　晋绥边区三分区独立游击大队成立宣言
论旧金山会议（《真理报》）
苏联废止苏日中立条约
　　《解放日报》发表苏日废约评论
　　美国务院表示欢迎
　　盟邦好评继续传来
议"发展的解消"（骞）
风声鹤唳的太原（夏君友）
铁蹄下一斑
　　大批青年逃来解放区
　　暴敌洗劫汾阳平川（烈人）
　　宁武日寇惨杀伪工警队（徐世杰）

敌伪军的所谓"战果"（窝集）

伪"建设团"的崩溃（金兴）

琉球群岛的登陆战（铭）

长篇连载

吕梁英雄传（李欣）

欧洲战讯辑要

补白

敌占区青年参加我军

今日北平

《祖国呼声》前身为中共晋西区委宣传部编印的《正义报》，1942年春在山西省兴县创刊，为半月刊，原为8开单页，后改为32开，每期约二三十页，甚至更多。1943年，晋绥边区整风，《正义报》停刊。1944年4月1日，《正义报》复刊并更名为《祖国呼声》，仍为半月刊。创刊号为特大号，后续仍为32开，篇幅有所增加，有时多至七八十页。

《正义报》和《祖国呼声》这两种刊物分别以"正义报社"和"祖国呼声社"的名义编辑出版，但实际上并没有这两个机构。主编这两种刊物的先是毛大风，后是张友。当时根据地处在日军和国民党顽固派的包围之中，纸张非常缺乏，这两种刊物都用当地制造的草纸印刷。主要内容是向沦陷区人民介绍国际反法西斯战争的真实情况，传播八路军、新四军和各地人民抗日武装斗争的胜利消息，揭露国民党当局消极抗日、积极反共、一党专政和残害国统区同胞的行径，宣传中国共产党的抗日民族统一战线和减租减息、奖励生产等政策，报道抗日根据地的经济、文化建设的成就和根据地人民生活的改善等。《祖国呼声》出到1945年7月15日第三十期后停刊。

《祖国呼声》在发刊词中指出，刊物"专为适应敌占区同胞们的需要而办"。在根据地印刷后，《祖国呼声》通过党的秘密交通站系统向沦陷区发送。《正义报》出版时引起了敌人的高度警觉和恐慌，沦陷区的读者曾将刊物糊上《西游记》《西厢记》等伪装封面，巧妙地与敌周旋。为了更好地躲过敌人的搜查，《祖国呼声》

曾印刷过多种伪装本。① 由于《祖国呼声》存世多为零散分册，尚无确切统计一共出过多少种伪装本。笔者在山西省兴县关向应图书馆（前身为晋绥图书馆）见到 20 多期《祖国呼声》，其中以伪装形式出版的有第三期"华北政务委员会政务厅情报局"编印的《国民政府还都、华北政务委员会成立三周年纪念特刊》，伪托出版时间为"中华民国三十二年三月三十日"；第二十一期和二十二期合刊、第二十三期、第二十五期伪装为"民国三十二年一月""新民会雁门道总会"编印的《新民会分会员必携》；第二十九期伪装为"民国三十三年"出版的《美国人眼中的重庆》。此外，山西省图书馆藏有托名《美国人眼中的重庆》的《祖国呼声》第三十期伪装本；《全国解放前革命期刊联合目录（1919—1949）》记载，该刊还出版过托名《建设大东亚读本》（第六期）、《防空常识》（第七期）的伪装本。

---

① 参见毛大风：《从〈正义报〉到〈祖国呼声〉》，载中国人民政治协商会议山西省委员会文史资料研究委员会编《山西文史资料》第十八辑，1981 年，第 158 页。

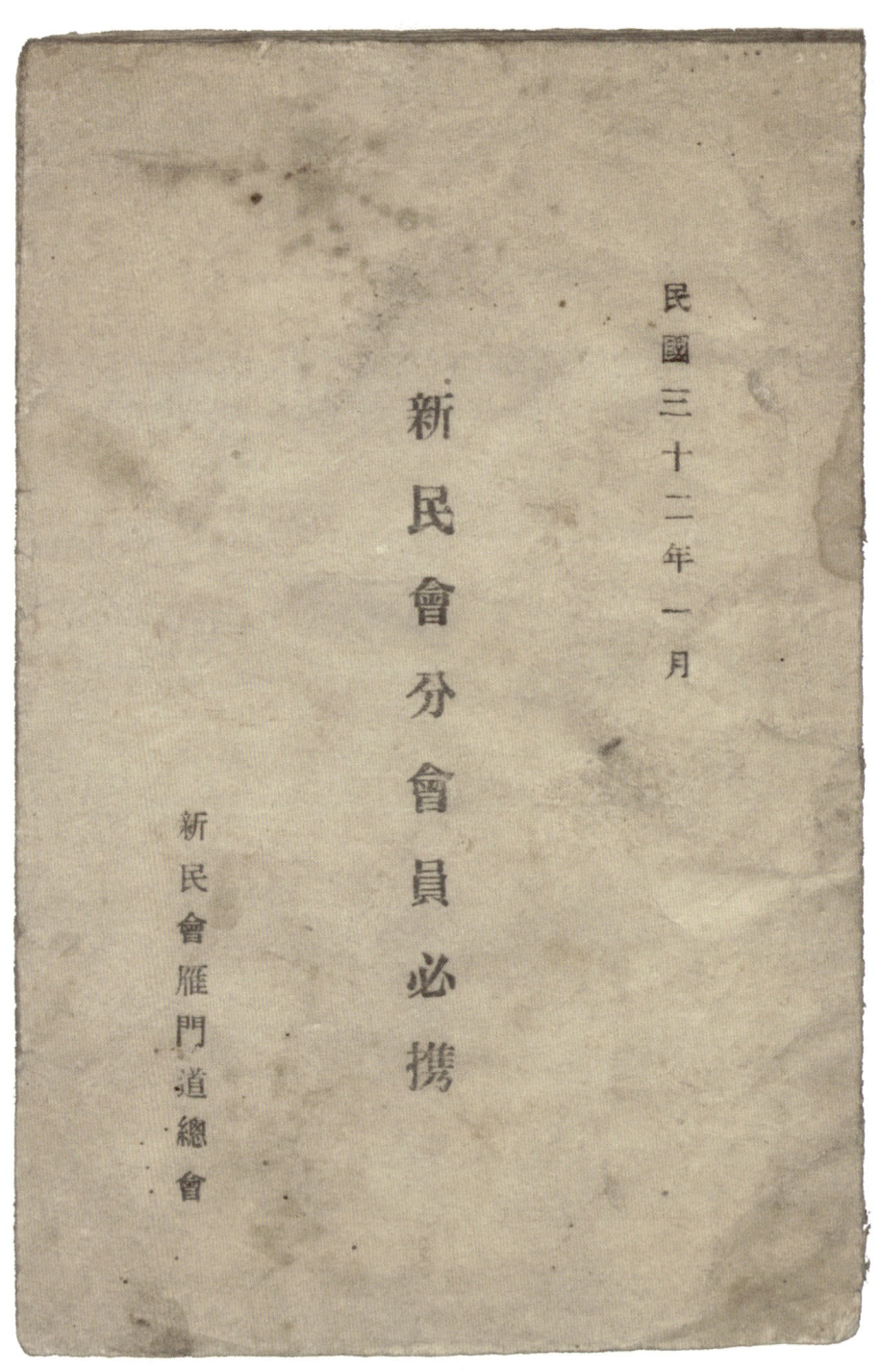

《新民会分会员必携》封面

## 祖國呼聲半月刊 第廿四期目錄

民國三十四年四月十六日

| | |
|---|---|
| 記晉綏邊區各界國事座談會 在國事座談會上的講話 | 美亞雜誌（一） |
| 如何處理戰後日本 | 毓（三） |
| 大後方一月概況 | 嵐理報（七） |
| 反對假民主 | （九） |
| 敵後半月戰報 | （一一） |
| 晉綏邊區三分區獨立游擊大隊成立宣言 | （一三） |
| 論舊金山會議 | （一六） |
| 蘇聯廢止蘇日中立條約 | （一七） |
| 解放日報發表蘇日廢約評論 | （二〇） |
| 美國務院表示歡迎 | （二三） |
| 墨索里尼被傷來 | （二五） |
| 叢「發展的解消」 | （二六） |
| 風聲鶴唳的太原 | 夏君友（三〇） |

### 鐵路下二版

| | |
|---|---|
| 大益青年遠來解放區 | 人（三五） |
| 暴敵洗劫汾陽平川 | （三六） |
| 寧武日冠邊發僞工警院 | 徐世馨（三七） |
| 敵僞軍的所謂「戰果」 | 金隄（三八） |
| 僞「建設團」的崩潰 | （三九） |

### 琉球羣島的登陸戰

| | |
|---|---|
| | 主銘（三九） |

### 陸篇譯載 呂梁英雄傳

| | |
|---|---|
| | 李欣（四二） |
| 滿洲戰訊輯要 | （四六） |
| 一敵估區青年参加我軍 | |
| 白一今日北平 | （四八） |

《新民会分会员必携》目录

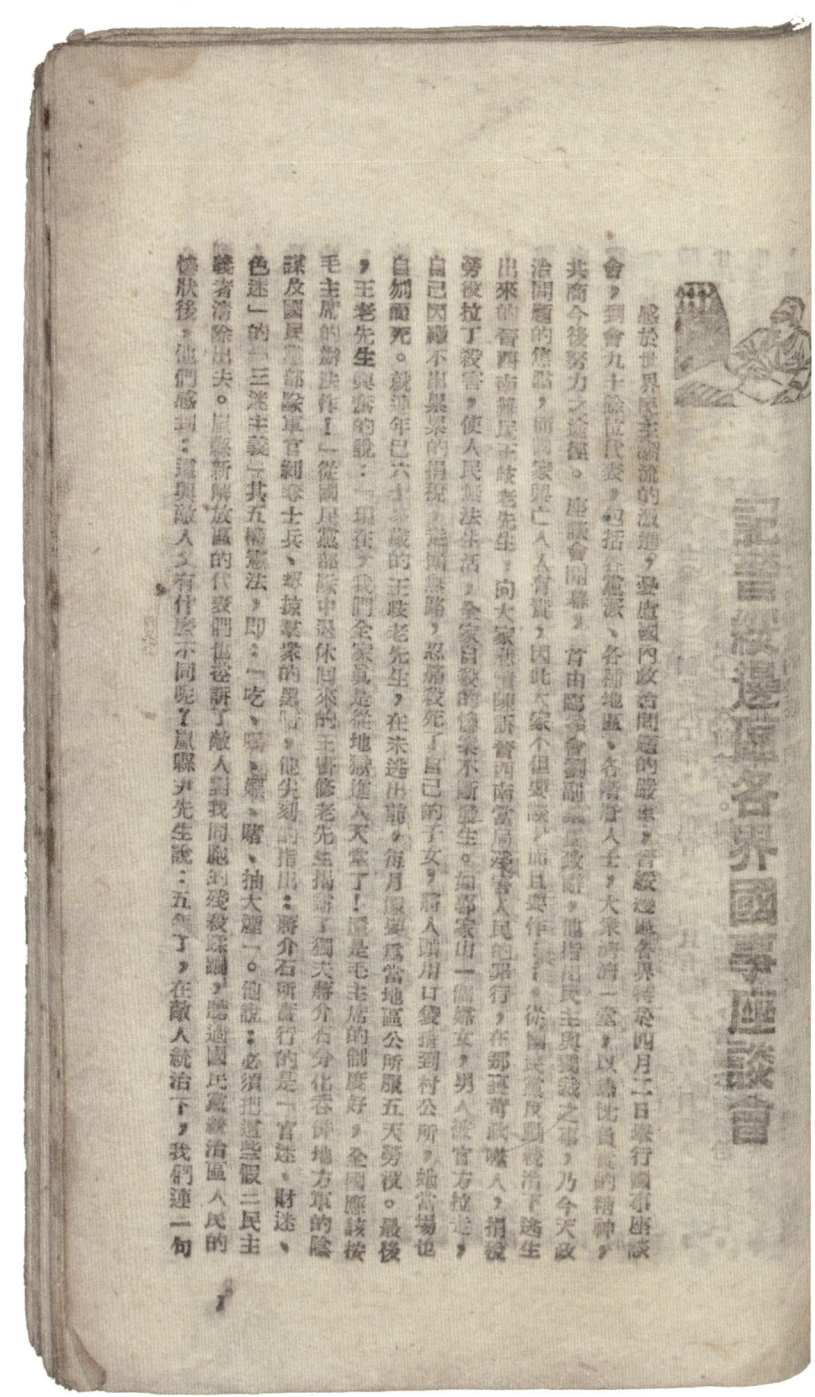

《新民会分会员必携》正文第 1 页

## 琉球群島的登陸戰

銘

繼琉璜島佔領的大勝利之後，美軍復以排山倒海之勢同琉球本島進攻。三月二十六日先在慶島西南端的克良間登陸，到四月一日，美陸軍及海戰戰隊組成的新第十軍，就直撲琉球中心的沖繩島登陸，展開大戰，冲繩島距日本本土的九州僅三二五英里。

戰役開始前，美軍會作了週密的佈置，前在大西洋和地中海區的美巨型艦多艘已調來遠東，以太平洋艦隊僅有威力的特種混合部隊，亦與美英並肩作戰。因此在四月一日正式登陸時，就有

世界最大的特種艦隊掩護，同時就艦來機，西南太平洋區的海岸各基地飛機和第二十航空隊的飛機，也都紛紛出動，轟炸敵本土，以支持琉球艦隊的登陸，英太平洋艦隊特種混合艦隊則擔負轟炸琉球最南端的先島羣島，以扈策應。

登陸的地點，在冲繩的西南岸。在艦隊、飛機、重砲的掩護下，登陸部隊共有六個師（陸軍和陸戰隊各三個師），另外還有兩屬人員或後勤掃清先頭部隊登陸的道路。登陸時，日軍幾乎一彈未發，聽任美軍在五英里長的灘頭陣地上幾成百的水陸坦克和登陸艇，蜂擁登陸，大量裝運在一日上午八時，登陸的坦克、大砲和機械化裝備在空前短促的時間內就建立了強固陣地，並按

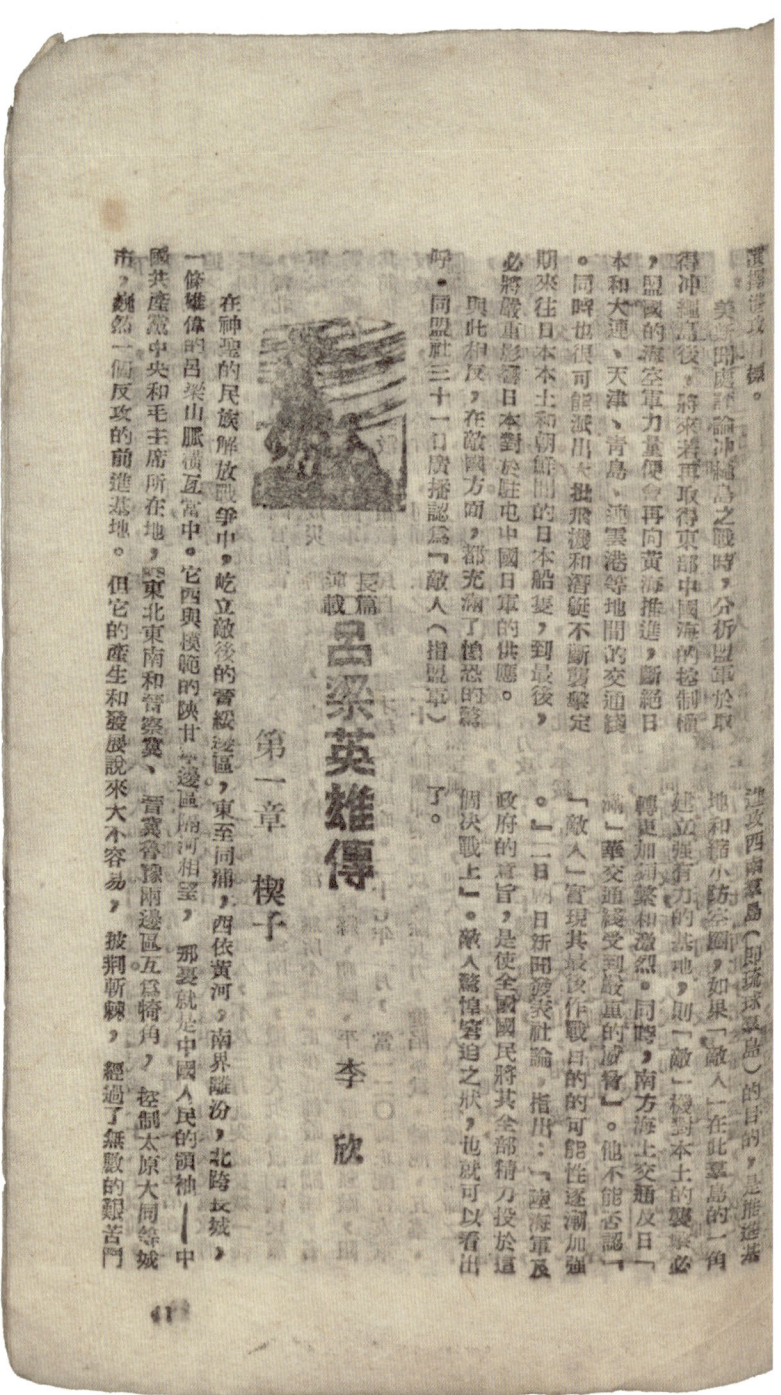

《新民会分会员必携》正文第 41 页

（二）《自由祖国》半月刊系列伪装本

《自由祖国》半月刊系列伪装本的版本特征一致，均为32开，竖排铅印。封面为白底黑字，黑色线框内靠上的位置自右向左印有伪装题名《食粮增产问题研究》，题名之下竖排要目内容：

增产之方策如何（对增产上困难之检讨）
津市周边之食粮增产及运输分配情形
都市增产之特殊性格及津市增产运动现状（增产与勤劳）

要目之下印有"天津特别市政府宣传处编印"。封面后的一页为简短的序。接下来的第1—3页是1944年4月28日伪天津特别市政府宣传处编制的《食粮增产座谈会纪录》，出席会议的有伪天津特别市政府宣传处周姓处长、天津日本总领事馆调查官金泽、华北农事试验场军粮城支场场长中森、中野农场主任中野、华北兴亚翼赞会津支部事务局长堀越、天津米谷统制会业务课长仓永等。书籍的最后两页印的也是《食粮增产座谈会纪录》，其页码均为第40—41页。从第4页开始才是《自由祖国》半月刊的内容，每期50~70页。

《自由祖国》系列伪装本的封面、目录、序言、正文和书尾都进行了深度伪装，内页标题字号与正文内容一致，如果不仔细甄别，极易将其误认为是天津沦陷后的日伪出版物。经查阅多种伪装本目录，均未见著录该伪装本。

《自由祖国》系列伪装本实际上是晋察冀抗日根据地出版并输送到沦陷区的进步刊物。该书的编印与长期从事地下工作、领导平津地下斗争的中共中央晋察冀分局城市工作部部长刘仁有着密切的联系。

1944年9月，中共中央晋察冀分局根据中央指示和通知的要求，在原城市工作委员会的基础上成立了城市工作部，刘仁担任部长。随着世界反法西斯战争的胜利推进，中国共产党召开第七次全国代表大会前后，各解放区对日军发动了大规模的攻势，城市工作也达到了高潮。为了给沦陷区的城市供给必要的宣传材料，"刘仁就在分局城工部内指派专人编印各种伪装书籍和小册子，把党的文件，如《论联合政府》《论解放区战场》《论党》和党报社论文章等，编印成《自由祖国》刊物，在外面加上一些社会上流行的书籍封面予以伪装，通过各种渠道运进城内，供地下党组织成员学习和向群众宣传之用。日本投降之初，刘仁利用当时城内环境松弛，出入城交通比较方便的条件，把上述材料和《中共中央对时局的宣言》等大量运进城内"①。

国家图书馆藏有《自由祖国》第五期至第八期伪装本。

---

① 中共北京市委《刘仁传》编写组编：《刘仁传》，北京：北京出版社，2000年，第100页。

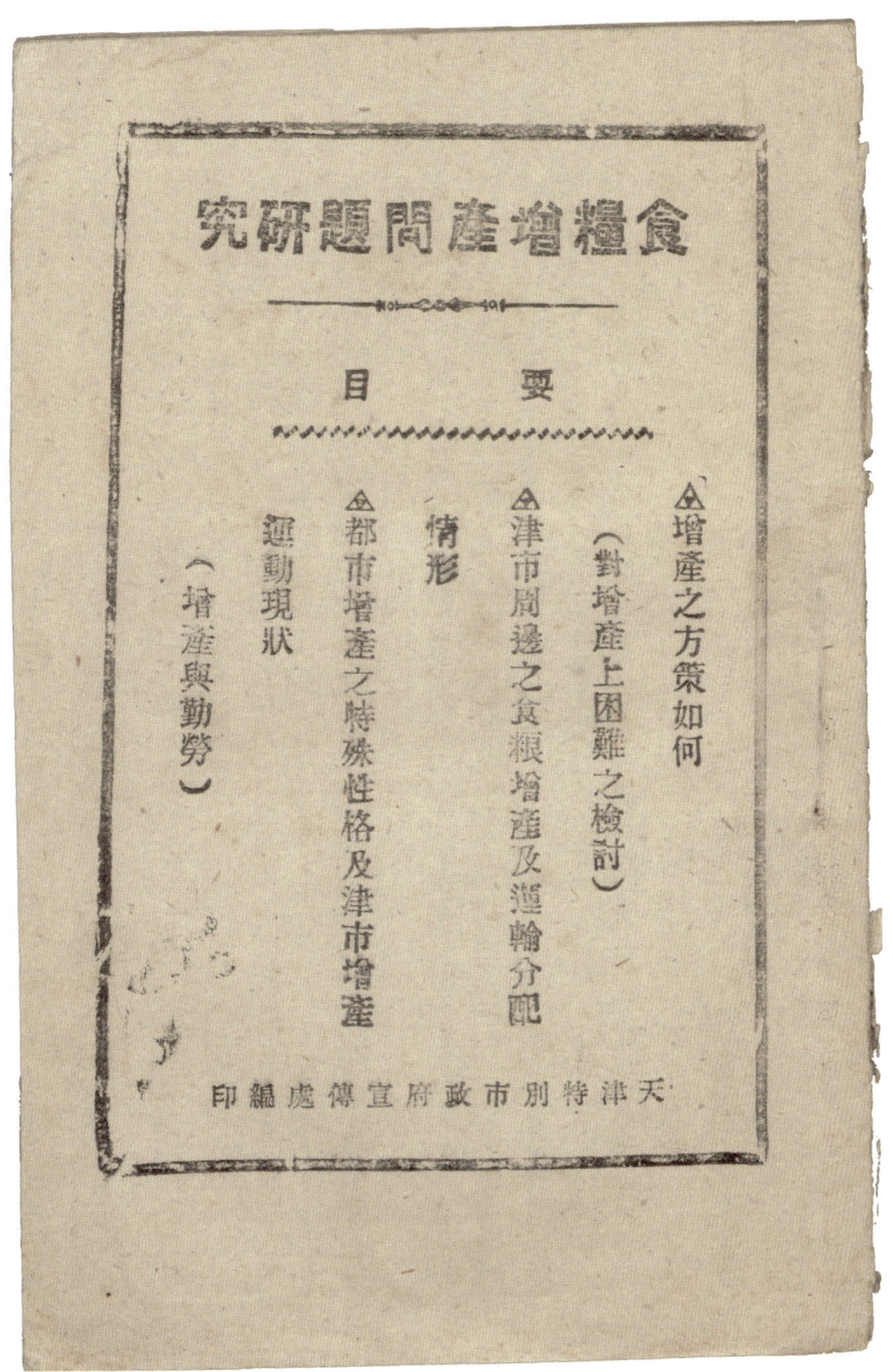

《食粮增产问题研究》封面

## 序

食糧問題已是當前列強國家一致認爲最嚴重的問題,雖然中國五千年來一向是以農立國的國家,但是現在食糧增產,已是社會各階層人士所一致最重視的問題。

爲了使都市民衆對於這個問題更能澈底瞭解認識,本處曾邀請各方農業專家舉行一個食糧增產座談會,在會席上各位參加的人士極熱心懇切的提供了許多珍貴的材料無論在理論方面在實際方面都會經開述得極爲詳盡精闢,使該次的座談會得到了超乎資料以上的收穫。

爲了把這些珍貴的資料貢獻給關心增產問題的人士將該次座談會的內容記錄下來印成這本小册希望這本小册對於食糧增產的問題至少會是能夠有一點點的貢獻。

《食粮增产问题研究》序

## 食糧增產座談會紀錄

日時　三十三年四月二十八日下午三時

地點　中原公司五樓

出席者
　　　天津特別市政府周宣傳處長
　　　天津日本總領事館金澤調查官
華北農事試驗場　　中森場長
軍糧城支場　　　　中野農場主任
中野農場
華北興亞窰業會津支部　堀越專務局長
同　　　　　　　　　吉村總務部長
天津米穀統制會　　　倉永業務課長
同　　　　　　　　　伊勢屋技師

《食粮增产问题研究》用于伪装的《食粮增产座谈会纪录》第1页

列席者 張秘書 楊科長 吳主任
天津特別市立農事試驗場 譚俊傑場長
天津特別市政府教育局 陳藻光科長
津海道公署 桑景玉建設科長
河北省合作社天津辦事處 趙琨事業科長

司會 周處長 吳主任

紀錄 吳主任 李詩實

座談要項

一、增產之方策如何（對增產上困難之檢討）
二、津市周邊之食糧增產及運輸分配情形
三、都市增產之特殊性格及津市增產運動現狀（增產與勤勞）

座談內容

司會：今天市政府宣傳處舉辦食糧增產座談會，承各位專家在百忙之中來參加，使今天的座談會能夠

《食糧增產問題研究》用於偽裝的《食糧增產座談會紀錄》第 2 頁

很有意義的舉行，覺得非常榮幸，關於增產，實在是當務之急，尤以食糧補給更為重要，在大東亞戰爭節節勝利的今日，他的重要性大家都早已深切明瞭，以前在臺北推行過新建設運動，現在第一次已經完了，從四月起又推行第二次運動，此次運動尤着重於食糧增產，在這個時候，不禁感到今後都市增產的問題，實有詳細研究的必要，即以津市一帶糧食增產及運輸等問題而言，如使此種問題得到一個更完善的打開和解決的方策，然後由我們官民合力去實行，多少總會有相當的貢獻，所以宣傳處邀請各位專家來會談的意義，亦即在此，就請各位盡量發表高見，以便作為今後增產工推進的寶貴參考材料。

（介紹各座談出席者）

**鹽調查官**：臺北食糧增產政委會已有既定的方策，各地正依照實施，可是內中或有因治安關係未能充分實行的，因此就不能不採取重點主義，依地域而分別進行，天津周圍情形特殊，因河流較多，故宜種植水稻，在津市一帶適合的土地有三千町步，約五十萬畝之多，都市增產應注重利用空地，可種植食糧蔬菜，但在戰時情形下因各種物資統制，在器材運輸或有時略感困難，八路軍的看得見或看不見的破壞工作，如電化施設之破壞，食糧之掠奪等，對增產很有防碍，惟有一方

《食糧增產問題研究》用於偽裝的《食糧增產座談會紀錄》第3頁

對症畏是張本力量,如同農機具、種子、肥料、消毒劑、防虫藥以及揚水機等,農村是要依賴都市供給。再統制經濟為完遂東亞聖戰最後勝利是再好也沒有的措置了。現在農產品的配給以及運輸,加工,配給,等都是統制的,仍希望在食糧增產上,政府要統制搭種和統制配給生產資材等,於增產是本力量得益不少,此外培育優良人材担當理給生產資材等,於增產是本力量得益不少,此外培育優良人材担當滑了。再有激勵農民增產如舉辦品評會觀摩會,那麼食糧生產量增加以激負荷運銷配給人材都圍技術指導,是增產實量的方策,技術指導員直接指導農民有力得多,再有在這食糧增產高潮之本身傳播優良的增產技術知識比較技術員直接指導農民有力得多,再有在這食糧增產高潮之下,津市有為的有增產熱意的青年,當局將他們組織起來,實際足踏田塊屑荷鋤把到農村去熱心食糧增產,使他們盡力於食糧的自給自足,改正他們從來在津市享受的生活,這於新國民運勵及自肅生活都是最脗合的,總納起來,津市食糧增產要有以下八點(一)喚起市民增產意念(二)激勵增產熱意青年(三)獎勵到農村去實踐增產(四)加强生產資材送到農村(五)獎勵食糧浪我為為消極之增產(六)吸收津市奢侈及有用資金送到農村以利使用(七)激勵農民自動增產,行自助之技術改良(八)獎勵細品評會農民自助會産的原動力。

四〇

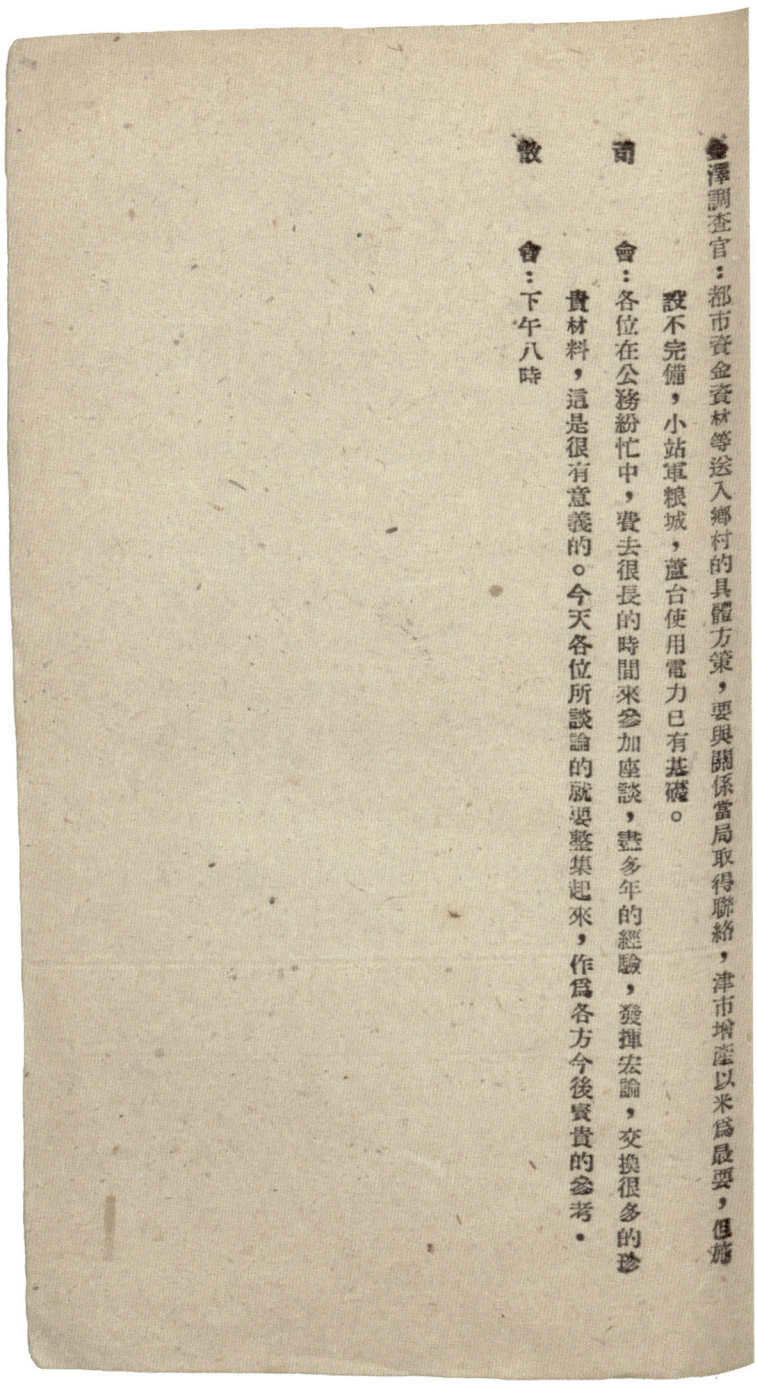

《食粮增产问题研究》用于伪装的《食粮增产座谈会纪录》第 41 页

1.《自由祖国》第五期

自由祖国社 1945 年 5 月 16 日出版。32 开，正文 67 页，竖排铅印。本期目录如下：

  中国共产党举行第七次全国代表大会
  中共七代大会开幕日负责同志相继致词
  毛主席政治报告摘要
  积极扩大解放区半月余我连克十五城
  德寇无条件投降欧洲战事结束
  庆祝爱国战争完全胜利斯大林广播讲演
  欧战胜利举世狂欢
  苏最高苏维埃主席团宣布五月九日为胜利纪念日
  延安庆贺欧战胜利并欢宴盟国友人
  庆祝红军解放柏林与中共七代大会晋察冀边区举行万人盛会
  庆祝红军解放柏林中共七代大会群众大会上程子华同志的讲话
  组织沦陷区青年知识分子晋察冀边区沦陷区同学会宣告成立

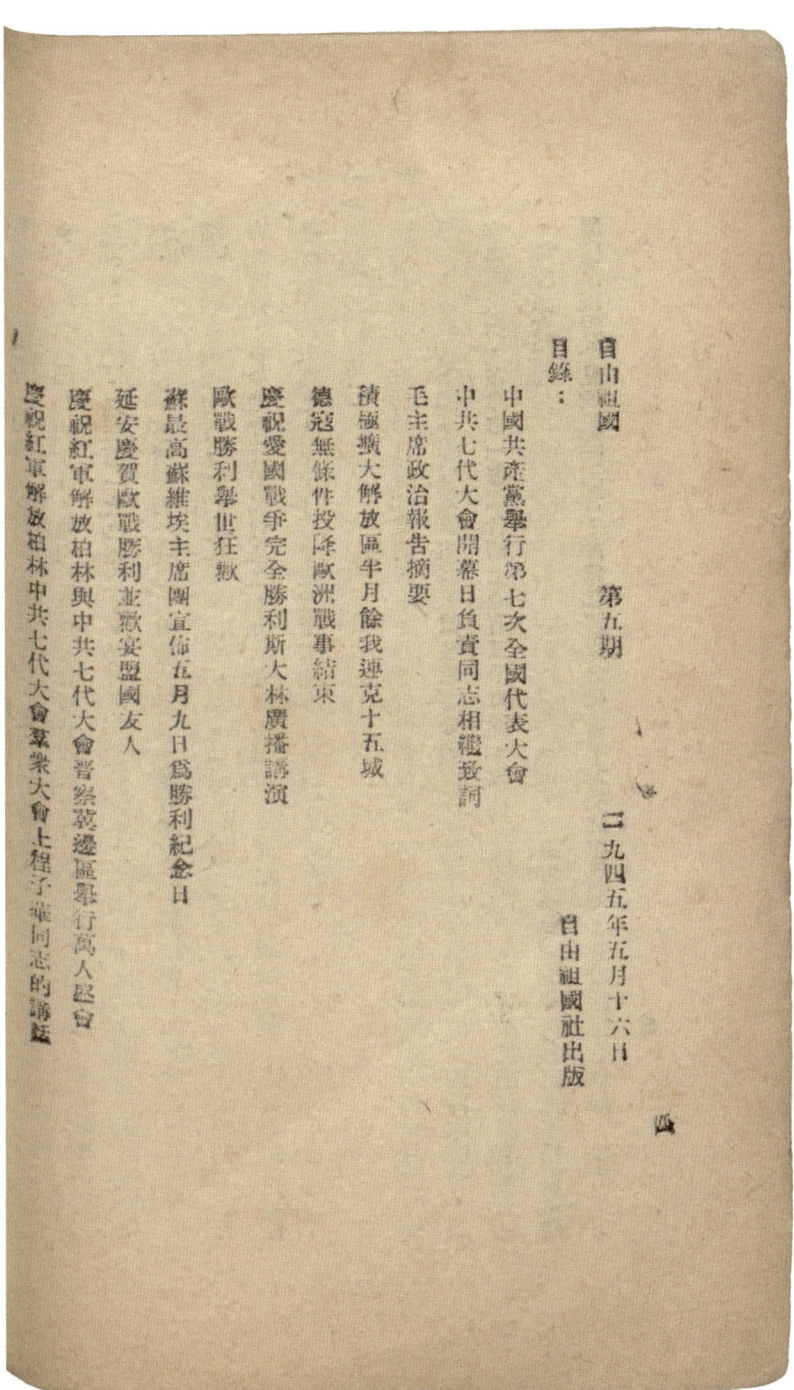

《自由祖国》第五期伪装本目录第1页

组织沦陷区青年知识份子晋察冀边区沦陷区同学会宣言报导

中國共產黨舉行
第七次全國代表大會

新華社延安一日電：中國共產黨四月下旬在延安舉行了第七次全國代表大會。這是現代中國歷史上的最重要事件之一。這次大會的任務是：在中國反攻的前夜團結全國人民，挽救由於國民黨政府錯誤政策所造成的時局危機，徹底打敗和消滅日本侵略者，建立獨立、自由、民主、統一與富強的新中國。

團結全黨，團結全民族，打敗日本，建立新中國

大會正式代表五百四十四名，候補代表二百零八名，共七百五十二人，代表著中國共產黨全黨的一百二十一萬黨員。大會選出毛澤東、朱德、劉少奇、周恩來、任弼時、林伯渠、彭德懷、康生、陳雲、陳毅、賀龍、徐向前、高崗、洛甫、彭真等十五人為主席團，任弼時為大會秘書長，李富春為副秘書長。大會的議事日程共有四項，即毛澤東同志的政治報告，

《自由祖國》第五期偽裝本目錄第2頁和正文第1頁

二、華中方面：

a. 黃河凹角及隴海綫東端左翼要衝——阜寧城已於四月二十四日爲我新四軍黃師攻克，俘虜七百餘，繳獲機槍二十二挺。

b. 我羅師部隊，活躍津浦綫兩側，威迫蔽僞，適敵嘉山縣僞安大隊王占螯懼敵改編，舉義反正，我軍遂進佔嘉山縣城，把祖國國旗插到津浦綫旁。

c. 蘇南新四軍於四月中旬將淪陷敵手之德淸、武康兩縣城相繼收復，中國避暑聖地莫干山，也在我軍控制下，當地人民重回祖國懷抱，極感興奮，並紛紛慰勞我軍。

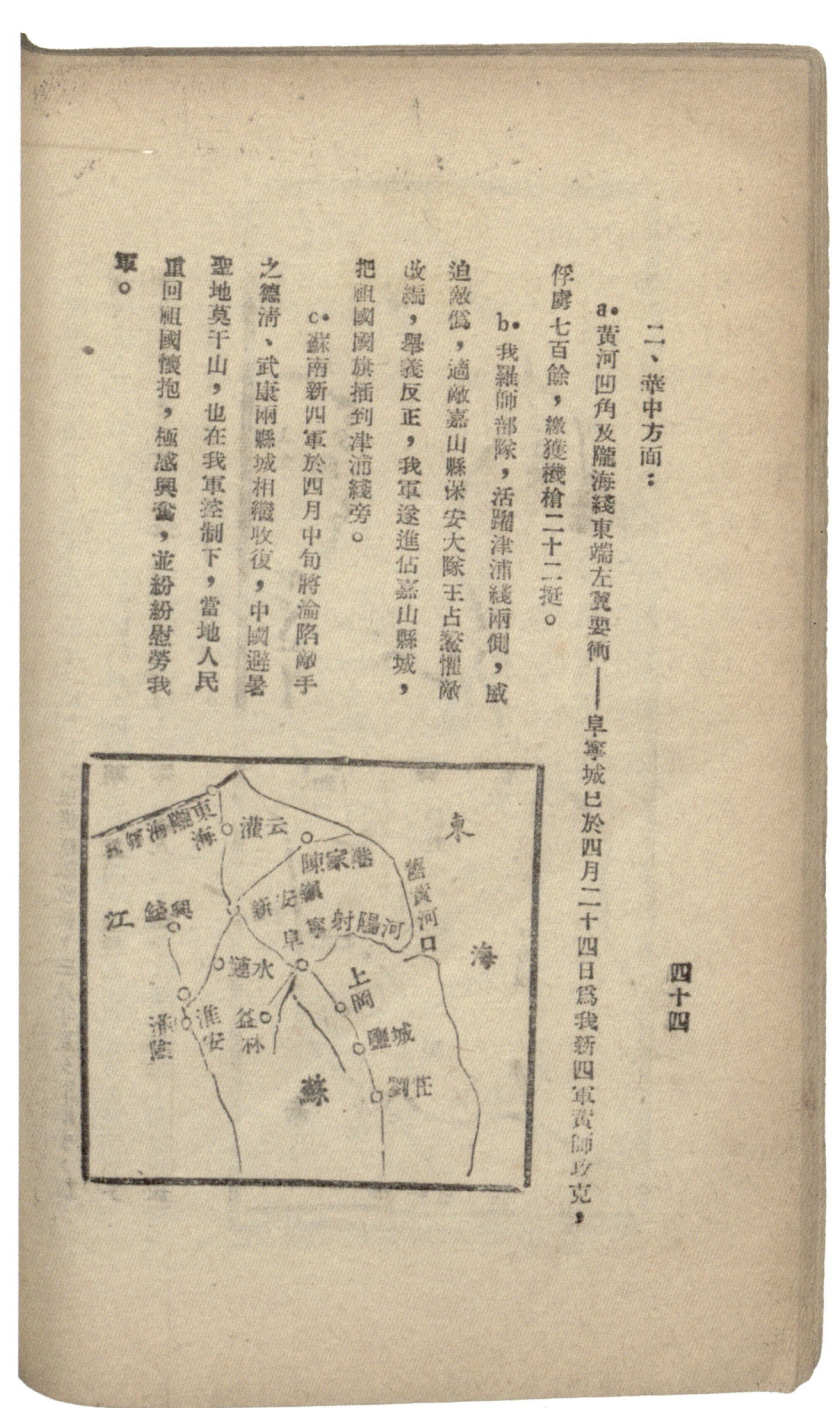

**2.《自由祖国》第六期**

自由祖国社 1945 年 6 月 1 日出版。32 开，正文 61 页，竖排铅印。本期目录如下：

中国人民胜利的指南
滕参谋长"五一"演讲，中国解放区四月来的伟大胜利
新解放的东河南镇
新华社评国民党第六次全国代表大会
评国民党大会各文件
国民党统治区一月述评
记张奚若先生讲"国是前途"
附：转载：
　一、重庆文化界发表《对时局进言》
　二、成都文化界发表对时局献言
　三、昆明文化界对时局宣言
　四、昆明妇女界对时局宣言
　五、浙江大学学生发表为促进民主宪政宣言

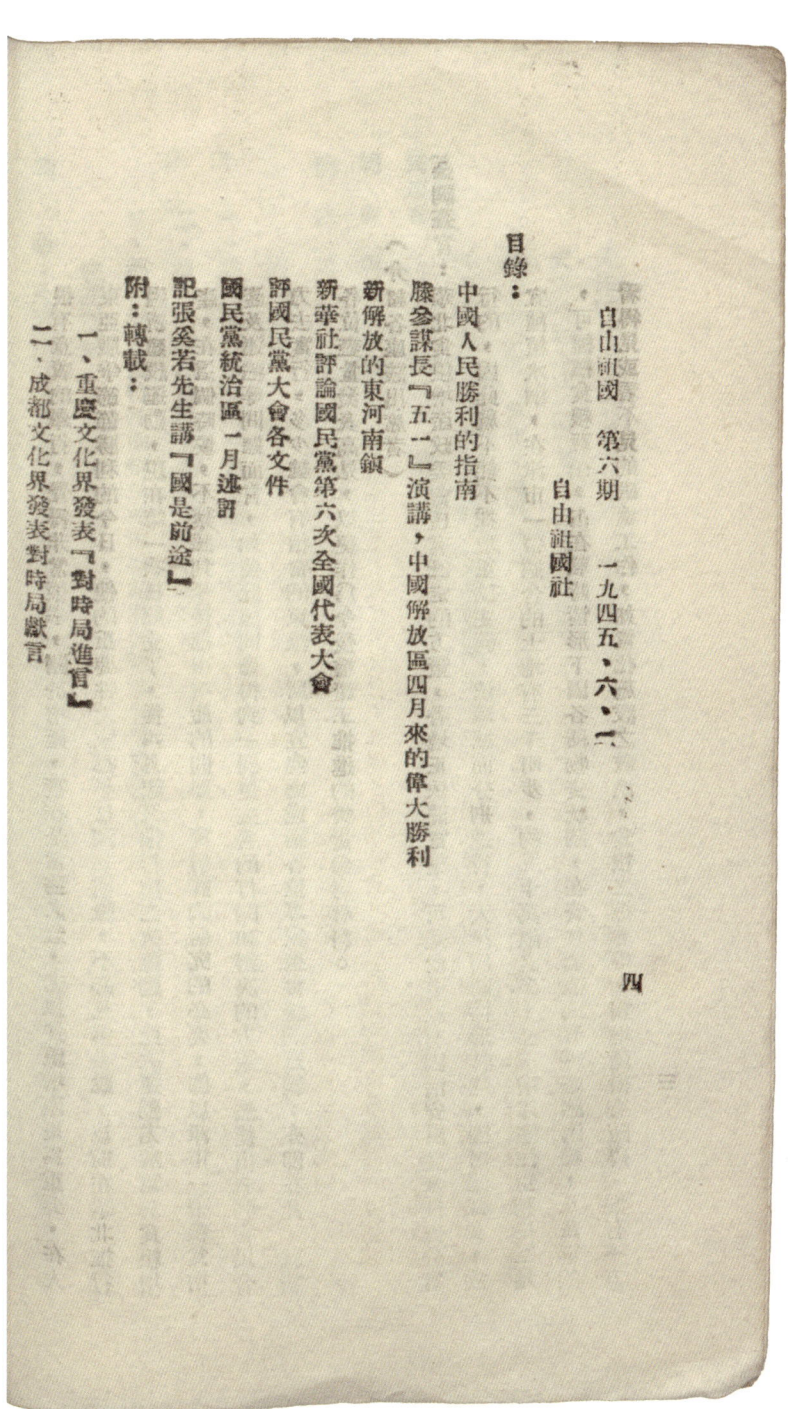

《自由祖国》第六期伪装本目录第1页

三、昆明文化界對時局宣言

四、昆明婦女界對時局宣言

五、浙江大學學生發表爲促進民主憲政宣言

中國人民勝利的指南
——讀毛澤東同志的「論聯合政府」

解放日報社論 （五月五日發表）

毛澤東同志在中國共產黨第七次代表大會上面做了政治報告，題目叫做「論聯合政府」。這個報告提出了中國人民的基本要求，分析了國際形勢與國內形勢，對比了抗日戰爭中兩條不同的路綫，規定了中國共產黨的一般綱領與具體綱領，規定了在國民黨統治區、淪陷區與解放區的工作任務，最後指示了怎樣團結全黨來實現黨的任務。這個五萬餘言的文獻，以馬克思主義的科學方法，總結了八年來抗戰的經驗，總結了二十四年來新民主主義運動的經驗，總結了百年來中國民主運動的經驗；分析了國際國內形勢，國民黨統治區與解放區的形勢，還分析

五

《自由祖國》第六期偽裝本目錄第 2 頁和正文第 1 頁

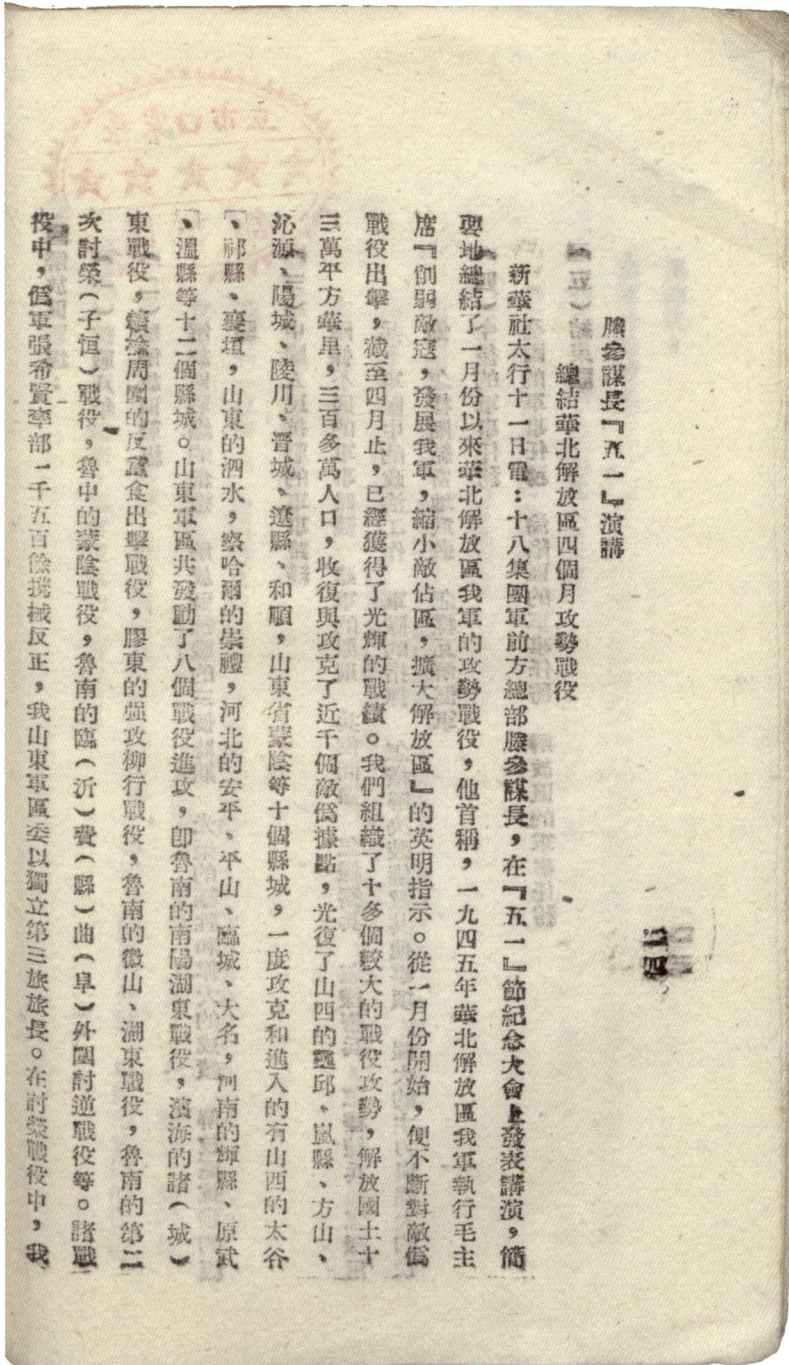

《自由祖国》第六期伪装本正文第24页

**3.《自由祖国》第七期**

自由祖国社 1945 年 6 月 16 日出版。32 开，正文 55 页，竖排铅印。本期目录如下：

半月国际述评
旧金山会议第一大组会通过世界宪章序言
解放区战场一月战况——敌后解放区现有六十五个完整县
国民党内外政策动向
国民党代表大会与中国实际情况
国民党当局所谓民主运动的真相
渝市各报评议国民党六代大会
重庆特务横行，奸淫杀掠，为所欲为
成都国特横行，捣毁华西日报、晚报两社
军布承织户、《商务日报》抗议重庆军需剥削压迫
告沦陷区同学书
一坛血
专载：中共中央晋察冀分局关于学习毛泽东同志、朱德同志在党的第七次全国代表大会上报告的通知

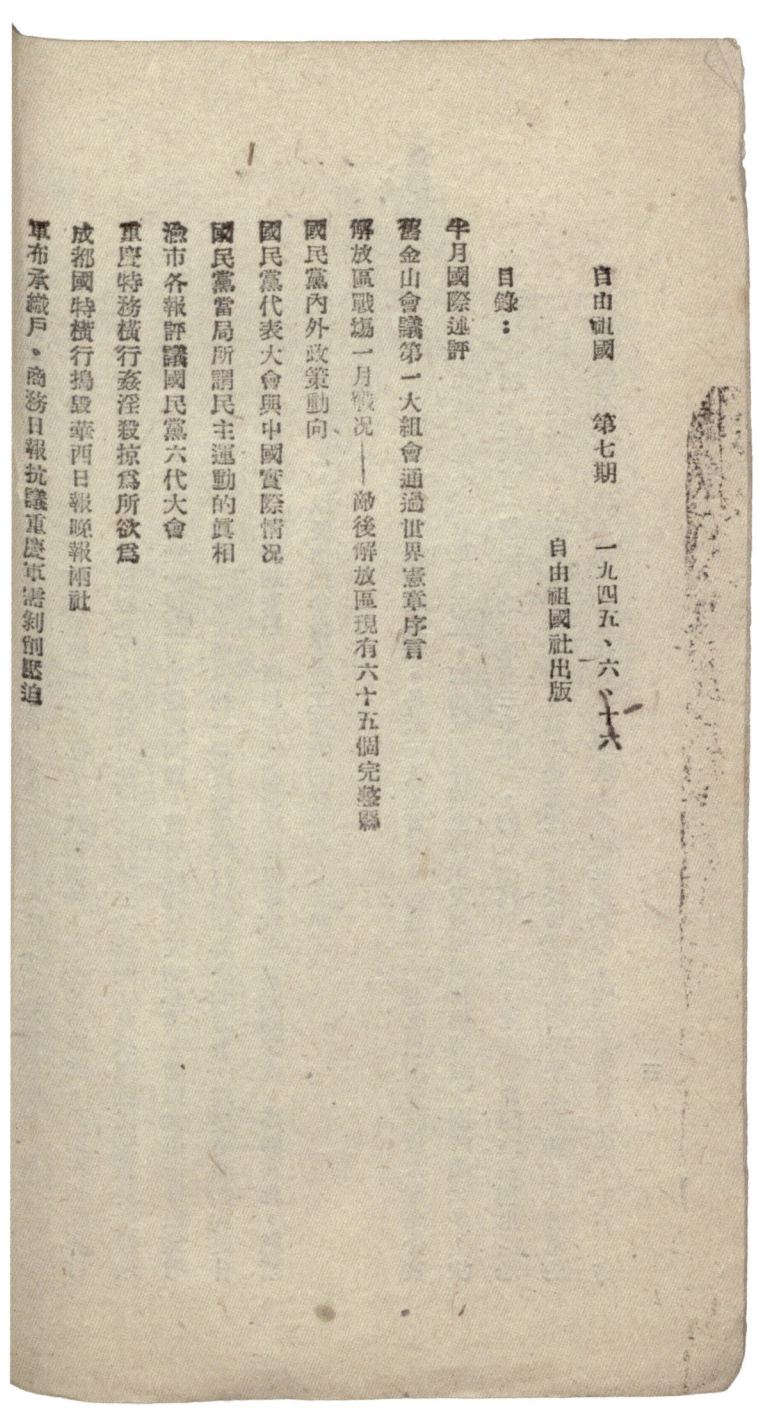

自由祖國 第七期 一九四五、六～十六

自由祖國社出版

目錄：

半月國際述評

舊金山會議第一大組會通過世界憲章序言

解放區戰場一月戰況——前後解放區現有六十五個完整縣

國民黨內外政策動向

國民黨代表大會與中國實際情況

國民黨當局所謂民主運動的眞相

渝市各報評議國民黨六代大會

重慶特務橫行姦淫殺掠爲所欲爲

成都國特橫行搗毀華西日報晚報兩社

軍布承織戶，商務日報抗議軍警非刑刑壓迫

《自由祖國》第七期偽裝本目錄第1頁

## 当前党区同学習

二 嘔血

專載：中共中央晉察冀分局關於學習毛澤東同志朱德同志在黨的第七次全國代表大會上報告的
通知

牛月國際述評  解放日報

英國政局

牛月來國際政治生活中的重大事件是英國執政五年的各黨派聯合內閣解體。

邱吉爾內閣成立於一九四零年五月，是保守黨、工黨、自由黨的聯合內閣，以保守黨為主。五年來邱吉爾內閣會領導英國人民，與蘇聯合作，進行了勝利的反法西斯戰爭，這是它的成就。但是在邱吉爾內閣的政策中，仍然保持着英國的傳統的保守方面，諸如逮捕印度國民大會領袖，支持波蘭及其他反動流亡集團，釋放英國法西斯領袖莫斯萊、武裝干涉希臘等等。特別在歐戰勝利前後，于涉南斯拉夫解邱吉爾內閣的保守方面更逐漸增長了：庇護所謂鄧尼茲政府及戈林等法西斯罪犯，

五

《自由祖国》第七期伪装本目录第2页和正文第1页

舊金山特派記者朱可夫報導：「美國代表團，特別是英國代表團，對於這個決定性的問題，還設有盡一分力量去袪一切不好的保留和誤會。」因而，這個問題現在倚懸而未決。聯合國的廣大人民都希望會議在這最後階段中，能本著過去協商的精神，解決倚存的一切爭論，訂立聯合國憲章，建立維持世界和平安全的國際組織。

（新華社延安四日電）

舊金山會議第二大組會通過世界憲章序言

新華社延安十日電：舊金山訊，世界憲章序言，於五日夜在序言宗旨及原則委員會中，組長時間的討論後，已獲通過如下：「我們聯合國的人民，決心拯救我們的後代免致在受戰爭的災難，此種戰爭在我們的生活中，已兩度給予人類以無窮的悲苦。我們決心重申對於基本人權和大小國家

十二

《自由祖国》第七期伪装本正文第 12 页

**4.《自由祖国》第八期**

自由祖国社 1945 年 6 月□6 日出版，具体的日期模糊不可辨。32 开，正文 71 页，竖排铅印。

本期设有《中共七次大会报导》《敌后战况》《正面战况》《国际消息报导》等栏目。目录如下：

团结的大会胜利的大会
中共七次大会报导
  中国共产党第七次大会胜利闭幕
  中委名单
  拥护毛泽东为首的新中央晋绥分局拍电致贺
  中共晋察冀分局致电拥护新中央领导
抗议国民党专制独裁中共不参加新参政会
陕甘宁边区各界发起筹备解放区人民代表会议
敌后战况
  山东连续发动讨逆战役毙俘敌伪六千余众
  绥中连克十余据点我军直逼归绥城下
  曲定公路我军告捷生擒曲阳伪县长
正面战况
  闽浙桂敌再撤退国民党地区和谣甚炽
  敌寇攻陷定南
叫嚣"统一救国运动"，敌伪阴谋招降反共
国际消息报导
  波兰流亡政府的内幕
  苏京进行讨论组织波兰临时政府
  波兰全国各报控诉反动派滔天罪行
  波全国人民大示威要求立即消除法西斯党徒
  《消息报》论述波流亡政府的分化
  举国一致政府组成后波兰将参加联合国
  克里姆林宫欢宴波兰政治领袖

在六大政党支持下意新阁即将组成
意新阁组成
日暮穷途下的敌酋哀鸣
西班牙人民在战斗着

自由祖國 第八期 一九四五、六、廿六 自由祖國社

目錄：

團結的大會勝利的大會

中大
中國共產黨第七次大會勝利閉幕
共會
中委名單
七報
擁護毛澤東為首的新中央晉綏分局拍電致賀
次導
中共晉察冀分局致電擁護新中央領導
抗議國民黨專制獨裁中共不參加新參政會
陝甘寧邊區各界發起籌備解放區人民代表會議

敵後戰況
山東連續發動討逆戰役斃俘敵偽六千餘眾
綏中運克十餘據點我軍直逼歸綏城下
定公路我軍告捷生擒曲陽偽縣長
閩浙桂敵再撤退國民黨地區和誇甚熾

正面戰況
豫遠攻略定南

《自由祖國》第八期偽裝本目錄第1頁

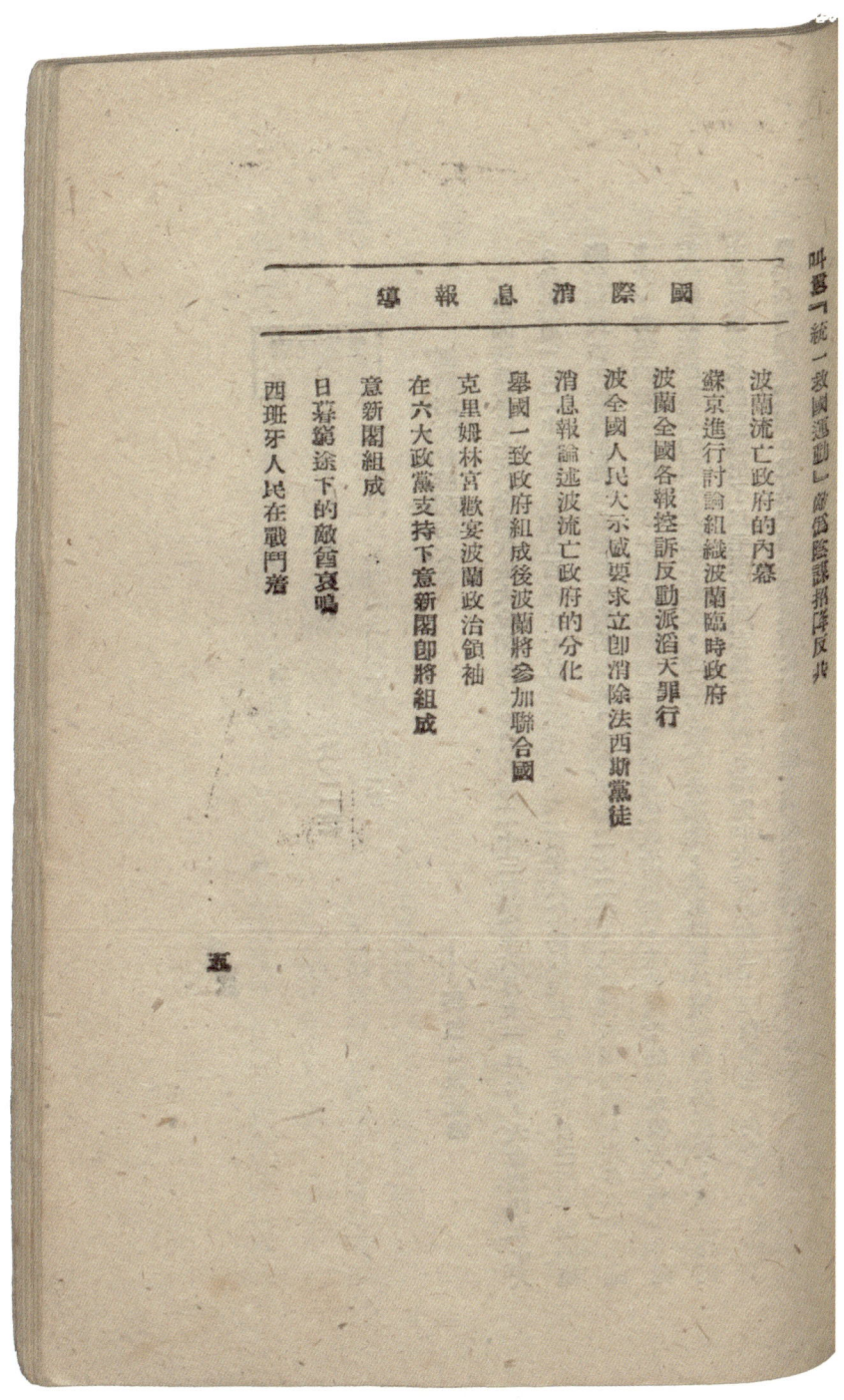

《自由祖国》第八期伪装本目录第 2 页

東站與普集車站之間,炸毀敵火車一列,敵二百餘(內敵官八名)、僞軍僞組織人員六百餘,亦隨車至部斃命。

● 綏中連克十餘據點
● 我軍直逼歸綏城下

新華社晉西北十三日電:綏遠中部我軍於收復活佛灘等八據點後,繼續展開攻勢,五月中旬又先後攻克十頃地、黑老(武川東北)、克梟、廠漢營(歸綏東北)、米粮局、太腦包及綏西之三道窩、大小堡、大小命、西土城子、後腦包等部據點,直逼歸綏城。敵驚慌異常,在歸綏、武川、烏蘭花至百靈廟交通綫及平綏路集結兵力,企圖實行重點守備。現我軍正乘勝擴大戰果。又綏南清水河在我圍困下,守備僞軍已大部逃散,本月初旬我軍又連克王莊窩、石灣子等據點,當地羣衆極為振奮。

(三二)

### 勘定公路我軍告捷
### 生擒曲陽僞縣長
### 斃敵櫻井中隊長

冀晉軍區司令部十一日發表作戰公報稱：我軍主力某部，於本月九日在曲定公路上伏擊敵僞，斃滅定縣運送給養與曲陽接護的敵僞，計共斃敵櫻井中隊長以下四十九名，斃僞大隊副馬尚書以下六十四名，俘敵三名，俘曲陽僞縣長張潛昌及僞軍三十六名，特務系長一名，軍夫二名，繳輕機槍三挺，擲彈筒兩個，步槍六十八枝，短槍兩枝，子彈二千六百餘發，戰刀十把，刺刀十七把，望遠鏡一個，鋼盔十個，戰馬十四，白麵一百八十袋，大米三十包，文件一箱另一部，燒汽車四輛，我傷六十二亡十五名。自我軍配合民兵，以軍事進攻與政治攻勢相結合，對靈山至曲陽一綫據點團圍以來，會不斷予敵打擊，使敵困守點碉中，被饑渴與恐怖所包圍，靈山這一突出而孤立的據點，更加顯其孤立和恐慌。五月以來，敵以三百至一千兵力，到靈山解圍達三次，均被我軍民擊退，自我逼克大赤澗後，敵集三百餘到靈山解圍，其勞跑跑，結果被我殲滅達百人，敵吉田中隊長也在此襲

三三